미국은 왜 아웃사이더 트럼프를 선택했는가

■ ■ ■ ■ ■ ■ ■

소박한 생각을 하는 시대는 끝났다. 치졸한 싸움을 하는 시대도 지났다.

우리는 우리 가슴을 가득 채우는 꿈을 공유할 용기만 있으면 된다.

우리 영혼을 뒤흔드는 희망을 표현할 용기가 있으면 된다.

그리고 그러한 희망과 꿈을 행동에 옮길 자신감이 있으면 된다.

지금부터 미국은 두려움에 짓눌리지 않고 우리가 품은 열망에서 힘을 얻게 된다.

과거의 실패에 얽매이지 않고, 미래에서 힘을 얻고, 의구심에 눈이 멀지 않고,

미래에 대한 혜안을 지침으로 삼게 된다.

도널드 트럼프

■ ■ ■ ■ ■ ■ ■

두 개의 미국과 트럼프주의
그리고 2020 대선

미국은 왜
아웃사이더
트럼프를
선택했는가

The Case for
Trump

빅터 데이비스 핸슨 지음
홍지수 옮김
VICTOR DAVIS HANSON

김앤김북스

미국은 왜 아웃사이더 트럼프를 선택했는가

초판 1쇄 발행 2020년 11월 3일

지은이 빅터 데이비스 핸슨
옮긴이 홍지수
펴낸이 김건수

디자인 이재호 디자인
펴낸곳 김앤김북스
출판등록 2001년 2월 9일(제12-302호)
주소 서울시 마포구 월드컵로42길 40, 326호
전화 (02) 773-5133 I 팩스 (02) 773-5134
E-mail apprro@naver.com
ISBN 978-89-89566-80-9 (03340)

"한심한 종자들(Deplorables)"[1] 에게 이 책을 바친다.

차례

2019년 가을, 나는 『미국은 왜 아웃사이더 트럼프를 선택했는가The Case for Trump』 원고를 개정했다. 2019년 3월에 이 책이 출간된 이후에 일어난 사건들을 수록하고 원래 내용에서 오류를 바로잡기 위해서였다. 이를 제외하고는 처음 출간했던 내용에서 달라진 게 없다. 처음 이 책을 출간할 때 내가 했던 예측은 2019년에 일련의 사건들이 일어나면서 대체로 맞아떨어졌다. 멀러 특검은 트럼프를 기소할 만한 범죄를 찾아내지 못했고, 미국의 경제는 2019년 내내 활황을 보였으며, 정치적 양극화는 더욱 심해졌고, 언론매체, 학계, 양쪽 해안 지역을 지배하는 엘리트 계층의 정서는 여전히 집요하게 트럼프 지지자들을 매도하고 있다. 그들은 여전히 트럼프 지지자들을 이해하지 못하고 있다.

『미국은 왜 아웃사이더 트럼프를 선택했는가』는 도널드 J. 트럼프가 2016년 선거에서 이긴 이유를 설명한다. 그리고 나를 비롯해 6298만 4827명의 다른 미국인들(일반유권자의 46퍼센트)이 선거 당일에 트럼프에게 투표한 이유도 설명한다. 이 책을 읽는 독자들은 트럼프를 비판하는 이들이 단순히 트럼프에 대해 반대하기보다 경멸하는 수위를 점점 높여가는 이유를 깨닫게 되기를 바란다. 그들이 쏟아내는 독설은 변덕스러운 트럼프 통치 방식의 실체에 반대하는 정서 못지않게 그들 자신의 실체와 그들이 이 나라에 대해 갖고 있는 사고방식을 드러낸다.

도널드 트럼프는 철저히 굴러들어온 돌로서 선거운동을 했다. 그는 정치적 경험이나 군사적 경험이 전혀 없는 최초의 미국 대통령이다. 답답한 심정이었던 유권자들은 2016년, 독특하게도 정치적 경험이 없다는 이력을 단점이 아니라 장점으로 여겼고, 따라서 대통령이 될 승산이 전혀 없다고 간주된 후보를 선출했다. 그 이후로 실시된 대부분의 여론조사 결과들을 보면 트럼프를 지지한 이들 가운데 변심한 이들은 거의 없다. 미국 대통령 역사상 가장 떠들썩하고 논란이 들끓었던 지난 3년이었지만 말이다.

70을 코앞에 둔 억만장자 대통령 후보는 예비선거에 출사표를 던진 경쟁자들과는 달리 돈이 궁하지 않았고 다른 사람들로부터 선거자금을 조성할 필요도 거의 없었다. 지명도도 전혀 문제가 되지 않았다. 그는 이미 유명했다. 아니, 악명 높다는 표현이 더 정확하겠다. 그는 위험을 감수했다. 양쪽 해안 지역의 엘리트 계층이 자신을 증오하든 말든 개의치 않았다. 이러한 현실적 여건들은 뜻밖에도 그에게 유리하게 작용했다. 이러저러하게 엮여서 잘못되어가는 상황을 바로잡을 엄두도 내지 못하는 정치인들에게 넌더리가 난 대부분의 유권자들이 누군가가 나타나 바로잡아주기를 바라고 있었다는 점을 고려하면 말이다. 트럼프를 지지하는 이들은 이제 트럼프가 당선되었으니 뭐든 가능하다는 기분이 들었다. 이따금 트럼프는 뜯어고치지 못할 것은 없애버리겠다는 메시지로 머리카락을 쭈뼛하게 했다.

트럼프는 정치 기득권층이 밀어붙이는 의제와 기정사실들에 정면으로 맞서는 일 이상을 해냈다. 트럼프가 선거운동을 한 방식과 통치 방식, 그리고 그의 말투와 차림새 자체까지도 워싱턴 정계와 언론계에게는 모욕이었고 그들이 생각하는 정치적 담론과 행동 규범에도 어긋났다. 트럼프 지지자들은 트럼프에게 약이 올라 광분하는 이들을 바라보면서 십 년 묵은 체증이 내려가는 카타르시스를 느꼈다. 그의 거친 언행은 정계와 언론계 인사들의 행동 규범과는 정면으로 배치되는데도, 한 입으로 두말하고 어느 쪽이 유리한지 저울질하고 비빌 언덕을 만들어놓는 오늘날 정치인들의 행태에 넌더리가 난 그의 지지자들은 오래전에 기득권층인 그들이 겪었어야 할 자업자득이라면서 트럼프의 행태를 열렬히 환영했다.

당선 전에도 그리고 대통령직을 수행하는 동안에도 트럼프는 오랫동안 침묵을 지켜온 다수가 요란스러운 진보 성향 소수가 밀어붙이는 새로운 정설에 반격을 가할 무기가 되었다. 그를 지지하는 유권자들은 다른 이들이 그를 혐오한다는 게 상당히 마음에 들었다. 트럼프를 반대하는 이들이 부리는 광란 덕분에 그들이 "한심한 종자들"과 "구제불능인 종자들"에 대해 품어온 독극물 같은 정서가 마침내 드러났다. 언론매체와 진보 진영은 도널드 트럼프와 욕설을 주고받아봤자 승산이 없다는 사실을 깨닫지 못했다. 적어도 오늘날 언론인과 정치인들이 프로답고 균형 감각이 있으며 시민의식도 철저하다는 척이라도 하고 싶다면 그러지 말았어야 한다. 트럼프는 대통령으로서 불법 체류자 문제에서부터 인종과 젠더와 관련한 문화적 마찰에 이르기까지 자신이 한 도발적인 발언들의 수위를 한층 높였다. 트럼프의 적들은 트럼프가 발언할 때마다 인종차별적 발언이라거나 제정신이 아니라는 반응을 보였다. 무당층이나 부동층은 트럼프가 일부러 낚시성 발언을 하거나 반대자들을 약 올린다고 주장하면서 트럼프가 그런 언행을 그만두기를 바랐다. 트럼프의 지지기반은 트럼프의 언행에 점점 짜증을 내면서 검열하려 드는 이들이 지닌—대체로 역겨운—시각을 드러내도록 유도하기 위해 트럼프가 3차원의 체스를 둔다며 우쭐해했다.

그러나 트럼프는 73년째 계속된 냉전 질서가 이제 저물어가는 시점에서 오래전에 누군가가 나라 안팎을 상대로 했어야 할 말과 행동도 했다. 2018년 7월 전직 국무장관 헨리 키신저는 트럼프가 미국 바깥에서 불러일으키는 뜨거운 논란에 대해 알 듯 모를 듯한 다음과 같은 발언을 했다. "내가 생각하기에 트럼프는 역사상 한 시대가 종언을 고할 때 등장해 해묵은 가식을 벗겨내는 그런 인물이다."

선거유세에서 그리고 당선된 후에 트럼프가 표방한 정서는 미국 내륙 지역이 낡고 뒤처진 지역으로 치부되어서는 안 된다는 정치적 신념이기도 했다. 세계화에 편승하지 못한 게 그 지역의 잘못은 아니었다. 공화당이 강세인 중서부와 경합 지역들이 새로운 인구 구조에 밀려나거나 양쪽 해안 지역에 새롭게 부상한 문화와 금융의 중심지들에 대해 절망감을 느끼면서 정치적으로 영원히 거세당하지도 않았다. 한때 산업의 심장부였던 지역들은 기회만 주어진다면 다시 부활할 태세가 되어 있었다. 그런 공약을 믿은 유권자들은 트럼프를 당선시켜 산업의 심장부의 꺼져가는 불씨를 막판에 살릴 수 있었다.

어쩌면 트럼프가 당선된 가장 중요한 이유는 그가 힐러리 클린턴이 아니었기 때문일지 모른다. 대부분의 대통령 선거에서 각 당이 후보를 선출하는 예비선거가 막을 내리고 양당의 후보가 결정되면, 노련한 정치적 프로와 정치에 문외한인 아마추어 간의 양자택일 혹은 선한 후보와 악한 후보 간의 양자택일이 되는 경우는 거의 없다. 보통 최악과 차악 중에 양자택일로 귀결된다.

클린턴과 트럼프 둘 다 추문에 휩쓸린 채 2016년 선거전에 돌입했다. 그러나 클린턴의 악행은 사뭇 다르게 간주되었다. 그녀는 대중의 시선에서 벗어나본 적이 거의 없다. 대통령 영부인으로, 상원의원으로, 국무장관으로, 또 대통령을 지낸 남편의 선거운동원으로, 대리인으로, 그리고 본인도 대통령 후보로늘 대중의 시선 하에 놓여 있었다. 다시 말해서 힐러리 클린턴의 삶은 승패에 따라 득실의 부침이 심한 정치에 늘 엮여 있었다. 2016년 대선이 끝나자 정치말고는 딱히 직업이 없는 클린턴은 자신의 패배를 되새김질하며 모두를 놀라게 한 자신의 패배를 두고 예상대로 각종 사건과 남들 탓을 하는 데 1년을 보냈다. 힐러리는 자기 남편과 마찬가지로 공직을 이용해 억만장자가 되었다—빌 클린턴이 아칸소주 주지사 시절 클린턴 부부가 친구인 제임스 맥두걸 부부와 함께 세운 화이트워터(Whitewater) 부동산개발 회사의 지역 토지개발을 둘러싼 사기 사건, 가축선물시장 투기, 빌 클린턴의 성추문에 연루된 여성들에 대한 중상비방과 협박, 클린턴 재단의 미심쩍은 기부금 모금 행태, 힐러리가 국무장관 재직 시 발생한 리비아 벵가지에 있는 미국 공관의 테러습격 사건, 러시아 국영기업에 미국의 우라늄 매장량의 20퍼센트를 팔아넘긴 우라늄 원 거래(Uranium One Deal), 국무장관으로서 정부의 보안 서버를 이용하지 않고 보안이 허술한 사설 서버로 공적인 이메일을 주고받아 국가기밀이 유출될 위험에 노출시킨 행위, 영국의 전직 정보기관원 크리스토퍼 스틸(Christopher Steele)을 고용해 도널드 트럼프를 비방하는 문서를 날조하도록 한 행위 등은 별도로 하고 말이다. 또한 힐러리는 자신이 결국 대통령의 배우자가 될 가능성을 현금화해서 부자가 되었고, 나아가 훗날 본인이 대통령이 될 가능성을 현금화해서 영부인이 될 가능성을 현금화했을 때보다 훨씬 짭짤한 수익을 올렸다.

반면 트럼프가 저지른 죄(예컨대, 여러 차례의 파산, 판매에 실패한 상품들, 끊임없이 이어진 소송전, 천박한 성추문, 소란스러운 공방전, 거친 발언, 쓸데없이 잔인하게 구는 버릇)는 민간 기업을 경영하는 자칭 거래의 달인인 억만장자의 언행으로 치부되었다. 트럼프가 대통령이 되기 전, 과거에 저지른 저속한 언행은 유감스러운 일이고 때로는 그를 법적으로 궁지에 몰아넣기도 했다. 그러나 트럼프는 공직자로서 아직까지는 비윤리적인 행동을 함으로써 국민의 신뢰를 저버리지는 않았다. 물론 이전에 선출직이나 임명직 직책을 맡아본 적이 없다는 이유가 가장 크기는 하지만 말이다. 2016년 대선에서 유권자들은 평생 공직을 맡아 표리부동한 모습을 보인 착한 여자보다 자신의 본모습을 숨기지 않는 민간 부문에서 잔뼈가 굵은 나쁜 남자를 선택했다. 거칠고 천박하지만 솔직함이 진정성 없는 통설을 꺾었다.

도널드 트럼프가 내세운 공약 또한 버락 오바마를 내세운 새로운 민주당의 공약에 정면으로 배치되었다. 2008년 오바마가 집권하면서 민주당은 점점 노골적으로 사회주의적 정책을 표방했다. 국경을 개방하고, 정체성 정치(identity politics)를 내세우고, 세금을 인상하고, 정부 규제를 늘리고, 대학 학비를 무료로 하고, 정부로 일원화한 의료보험 체계를 내세우고, 세금으로 친환경 에너지

개발을 지원하고, 화석연료 생산을 줄이고, 유럽연합 체제와 비슷한 외교정책을 추진했다. 진보 진영은 이러한 좌익적인 미래상을 자기들끼리 논하면서 자기들과 다른 대다수가 그런 정책들을 어떻게 생각할지는 전혀 감을 잡지 못했다. 이제 우익이 그들을 사회주의자로 일컬으면 이를 우익이 내뱉는 욕설로 치부하지 않고 자랑스러운 영광으로 여겼다. 2018년 말 무렵 트럼프를 비판하는 민주당 진영은 2018년 중간선거에서 약진한 데 고무되어 오바마 집권 시절보다 더 왼쪽으로 자코뱅 식으로 돌진했다. 그들은 거리낌 없이 불법 체류자를 단속하는 이민세관국(ICE) 폐지를 주장하고 공개적으로 사회주의자임을 표방하는 후보들에게 아첨을 하는 한편, 노예제도에 대한 금전적 보상, 부유세, 영아 살해에 준하는 임신 말기 낙태, 70~90퍼센트 소득세 구간 설치, 16세로 선거연령 하향 조정과 흉악범 전과자에게 투표권 부여를 주장했다.

그러나 대중적이라고 여겨진 이러한 제안들은 수많은 자영업자들과 도시에 거주하는 산업근로자 계층뿐만 아니라 농촌의 전통적인 노동자 계층에게는 반감을 샀다. 민주당은 이러한 정책들을 밀어붙이면서 중하류 계층과 농촌 거주자들을 문화적으로 경멸했다. 21세기 진보주의는 점점 피라미드 구조를 띠게 되었고 이는 아마도 최고 부자들이 빈곤층을 위한 부의 재분배를 옹호하는 "독과점적 사회주의"라고 일컫는 게 가장 적절한 표현일 듯싶다. 엘리트 계층은 상층부에 군림하면서 그들이 표방한 정책이 야기할 후유증에는 전혀 노출되지 않았다. 정부 보조금으로 연명하는 빈곤층은 저 밑바닥에서 그들의 부름에 응했다. 이 두 계층은 그 사이에 끼어 고군분투하는 계층에 대한 경멸을 공유했다.

2009년 이후로 민주당의 이러한 좌클릭에 대해 공화당은 반사이익을 얻어 주 차원의 선거와 지역 차원의 선거에서 기록적인 승리를 거두고 연방정부 상하원을 모두 장악했다. 그러나 공화당은 1988년 이후로 대통령 선거에서는 51퍼센트 과반수를 득표한 적이 없다. 공화당은 과거 여섯 차례 대통령 선거에서 다섯 차례나 일반유권자 투표에서 졌다. 전국적 차원에서 공화당 지도부가 뭔가 대단히 잘못하고 있는 게 분명했다. 로버트 돌, 작고한 존 매케인, 미트 롬니를 비롯해 기존의 정치인들은 공화당 진영의 기수 역할을 제대로 하지 못했다.

공화당은 열렬한 호응을 끌어내지 못하는 대선후보들을 내세웠을 뿐만 아니라 그들 나름의 인기 없는 정책적 도그마에 빠졌다. 공정한 무역은 자유무역보다 덜 중요하다고 여겼다. 기업들에게 값싼 비숙련 기술 노동력을 제공해주기 위해 불법 이민자 문제는 대체로 묵살했다. 해외 정세에 끊임없이 개입하는 정책은 세계를 이끄는 강대국으로서 치러야 할 비용이라고 여겼다. 어마어마한 연간 연방 예산 적자도 못 본 척했다. 정치적 영향력이 막강하고 부유한 계층은 무역적자를 감내할 여유가 있고, 더 이상 제 기능을 못하고 화석화된 군사동맹과 선택적인 군사 모험주의적 개입에 비용을 댈 여유도 있었다. 양쪽 해안 지역에 주로 거주하는 엘리트 계층의 문화와 관심사가 그 사이에 위치한 지역들의 정서와 관심사보다 훨씬 중요했다. 마치 민주당과 공화당 모두 동부 해안 지역과 서부 해안 지역에서 인재들을 발굴하고 그 지역 거주자들에게 우선적으로 봉사하는 듯했다.

이 모든 주제들—기존의 정치인들과는 전혀 다른 트럼프는 누구이고, 그가 어떻게 행동해왔으며, 공화당 지지세가 강한 내륙 지역 거주자들이 느끼는 분노, 트럼프의 대안으로서는 너무나도 매력이 없었던 힐러리 클린턴, 민주당을 접수한 진보 진영, 이에 대한 공화당의 무능하기 짝이 없는 대응—이 이 책의 각 장의 틀을 구성한다.

그런데 후보 트럼프가 응당 선출되었어야 한다면 대통령 트럼프는 그러한 확신을 정당화하고 있는가? 그는 그저 양당 기득권 세력이 추구해온 것에 반대만 하는 데 그치지 않고 긍정적이고 적극적으로 의제를 추구해왔는가? 그리고 논쟁을 불러일으키고 종종 혼돈스러운 그의 통치 유형은 그럼에도 불구하고 효과적이었는가?

임기 2년차 막바지에 접어든 지금, 이에 대한 대답은 "그렇다"이다. 『미국은 왜 아웃사이더 트럼프를 선택했는가』는 트럼프가 대통령에 취임한 후 첫 600일 동안 나타난 경제적 성과는 지난 10년 동안 그 어느 시기보다도 바람직했다. 대대적인 규제 철폐, 에너지 생산 증진, 세금 삭감, 국경통제 강화, 미국 제품 구매하기 운동 등은 서로 상승작용을 일으켜 경제를 성장시켰다. 이는 국내총생산(GDP) 성장률, 고공행진하는 주식시장, 거의 기록적으로 낮은 실업률이 입증해준다. 해외에서 트럼프는 군사적 억지력을 회복했고 과거에 묻지도 따지지도 않았던 기존의 세계질서, 즉 묘책으로 간주되던 우방과 부상하는 적 모두에 대해 의문을 제기했다.

2016년 대선 당시 트럼프만은 절대로 안 된다고 집요하게 부르짖었던 공화당 진영 일부는 2018년 중반 무렵이 되자 대체로 무력해지거나 트럼프의 정책을 지지하기 시작했다. 그리고 2019년 가을 이 책을 수정 보완하는 현재, 트럼프는 여전히 국내총생산에서 강한 연간 성장 기조를 유지하고 있고, 실업률은 3.8퍼센트, 기록적으로 낮은 소수인종 실업률을 보이고 있으며, 주식시장은 부침이 있긴 하나 여전히 기록적인 고공행진을 하고 있고, 낮은 이자율, 낮은 물가상승률, 제조업 일자리의 급격한 증가 등의 성과를 보이고 있다.

이러한 주제들이 이 책의 형식적인 틀을 구성한다. 2015년 7월 트럼프가 대선에 출사표를 던진 이후로 임기 3년의 막바지에 접어드는 2019년 말까지 4년을 다룬다.

이 책의 첫 3장인 1부에서는 1) 트럼프가 대통령이 되는 데 지렛대 역할을 한 분열된 미국의 속성, 2) 그가 후보로서 그러한 분열을 성공적으로 이용하면서 내세운 대표적인 이슈들, 그리고 3) 분열을 조장하는 메시지에 논란의 불을 더 지피면서 이를 자신에게 유리하게 이용한 영리한 수법 등을 다룬다.

2부에서는 공화당 후보 지명을 두고 트럼프에게 맞선 이들의 면면을 살펴보고, 대안으로서 무기력했던 이들이 어떻게 트럼프가 당선되는 길을 터주었는지 살펴본다. 민주당이 지속적으로 꾸준히 좌클릭하면서 트럼프의 당선을 훨씬 순탄하게 만들었다. 민주당은 백인 산업근로자 계층이 처한 절박한 처지와 그들이 겪는 고충에 더 이상 관심이 없었다.

처음부터 트럼프는 현실감각을 상실한 공화당의 무능을 딛고 보수 성향의 유권자들을 열광시켰다. 공화당은 전국적인 차원에서 현실적으로 설득력도 없고 그저 싱크탱크 이론이나 만들어내는 당이라는 고정관념이 굳어졌다. 월스트리트, 미국상공회의소, 공화당은 그들이 추진하는 경직된 의제들로는 가까운 장래에 누구에게든 도움이 된다는 논리를 내세워 미국의 절반을 설득하지도 못했고, 경합 지역인 중서부의 부동층 유권자들 400만에서 600만 명을 투표장으로 끌어내 공화당 후보에게 투표하도록 만들지도 못했다.

트럼프가 당선된, 그 못지않게 중요한 이유는 트럼프가 양당이 "딥스테이트(Deep state)"의 그림자 정부와 깊이 연루되어 있다고 주장했기 때문이다. 그 애매모호하고 논란이 많은 "딥스테이트"라는 용어는 트럼프가 휘두른 전가의 보도였다. 정치를 초월해 정부에 기생하면서 자의적으로 권력을 행사하게 된 관료집단을 일컬을 때도 있었다. 관료집단의 주요 목표는 더 이상 공공에 대한 봉사가 아니라 생존하고 번식하는 일이었다. 부지불식간에 국민의 삶에 점점 깊숙이 파고들면서 권력을 휘두르는 국세청, 국민이 선출하지도 않았고 법을 집행하는 게 본연의 임무인데도 입법부 행세를 하면서 법을 만드는 사법부, 정보기관들과 사회복지 관료들, 규제당국들도 점점 미국 국민의 삶을 통제하고 위협하고 병들게 했다.

따라서 트럼프는 썩은 물이 고인 이 "늪"이 자신을 표적 삼아 대통령이 되지 못하게 하려고 한다며 늪을 대청소하겠다고 주장했다. 그들을 적으로 규정한 트럼프는 제3의 정당 후보로 나섰던 로스 페로(Ross Perot)가 어설픈 포퓰리즘을 내세운 이후로 사반세기 만에 양당의 유권자들을 열광시켰다.

3부에서는 트럼프의 정치적 의제의 틀을 구성하는 세 가지 주제에 대해 살펴보겠다. 첫째, 미국은 더 이상 위대한 나라가 아니다. 적어도 예전의 미국은 아니라는 주장이다. 그는 분명히 힐러리 클린턴은 아니었다. 그리고 어떤 의미에서 보면 "대통령답지 않은" 누군가가 백악관에 입성해야 할 필요가 절실했다. 트럼프는 쉬지 않고 미국이 쇠락하고 있다고 경고했고 차세대의 삶을 그들 부모 세대의 삶보다 낫게 만들겠다고 약속했다. 그러나 트럼프의 "미국을 다시 위대하게(Make America Great Again)"라는 주제는 비현실적인 장밋빛 낙관주의도, 쇠락할 운명이라는 비관주의도 아니었다. 미국 국민의 절반에게 이 주제는 "할 수 있다"라는 자신감으로 비춰졌다. 본질적으로 위대한 국민인데 엉뚱한 정치인들에게 나라를 맡겨 나라가 곤경에 빠졌다. 그러나 지도자와 추구하는 의제를 바꾸기만 하면 이 곤경에서 벗어나 예전의 위대함을 되찾을 수 있다는 뜻이었다. 재원이 부족하거나, 적이 턱밑까지 추격해왔다거나, 경제체제나 사회체제가 실패해서가 아니라 미국의 정신과 영혼이 병들었다는 게 문제였다.

트럼프는 기득권 세력인 힐러리 클린턴이 특히 대통령으로서 부적격자라는 점을 집요하게 강조했다. 그는 클린턴을 그저 한낱 부패한 정치인("사기꾼 힐러리")이나 리버럴 성향의 악녀로 만드는 데 그치지 않고 닳고 닳은 직업 공무원의 화신이자 그 연장선상에서 기존의 미국 정치에서 잘못된 점을 모조리 대표하는 상징물로 각인시켰다.

대통령 후보로서 또 대통령으로서 트럼프는 역사적 맥락을 벗어나 언론매체 평론가들의 비판을 받았다. 과거의 대통령들도 때로는 트럼프와 비슷한 독설을 쏟아냈지만 아무도 트럼프가 받은 비판에 상응하는 비판을 받지 않았다. 과거에는 인터넷이 활성화되기 전이었고 언론매체는 백악관 대통령 집무실의 연장선상에 있다는 인식이 만연해 있었기 때문이다. 게다가 트럼프를 비판하는 이들이나 트럼프의 지지자들은 그가 전달하는 메시지와 전달 방법을 구분하지 못했다. 다른 정치인들이 트럼프의 정책을 채택하되 (2016년 대선 공화당 경선에서 공화당 기득권층이 선호한 대통령 후보인) 젭 부시(Jeb Bush)나 마코 루비오(Marco Rubio)가 전달하는 방식으로 전달했다면 당선되지 못했을 가능성이 높고, 설사 당선됐다고 해도 내세운 정책들을 모두 실행에 옮기지 못했을 가능성이 높다. 그러나 다른 후보들이 부시나 루비오가 제시한 공약들을 수용하되 트럼프처럼 전달하고 트윗을 날렸다면 더욱더 처참하게 실패했을 게 틀림없다.

4부에서는 신임 대통령에게 운신의 폭을 넓게 허용하는 밀월기간도 누리지 못한 채 대통령직을 시작한 트럼프의 굴곡 많은 임기를 평가해본다. 트럼프가 당선된 다음 날 아침부터 그는 그가 추진하는 공약을 무산시키고 그를 대통령직에서 끌어내리려는 세력의 광란에 직면했다. 과거의 공화당 출신 대통령들과는 달리, 트럼프는 좌익의 증오를 자신의 존재를 위협하는 도전으로 보았다. 한때 리버럴이었던 트럼프는 자신을 향한 적개심에 놀랐을 게다. 맨해튼에서 문화적, 정치적 좌익 인사들과 쉽게 어울려 지내왔기 때문이다. 그러나 대통령 후보였고 이제 대통령이 된 트럼프는 "가짜 뉴스"를 퍼뜨리는 언론을 패배시키든가 본인이 패배하든가 생사가 걸린 상황에 놓이게 되었다. 비길 수도, 휴전할 수도, 타협할 수도 없었다. 자비를 베풀지도 않았고 자비를 구하지도 않았다. 트럼프는 대통령은 천박하고 치사한 비판에 일일이 대응하는 수준까지 추락하면 안 된다는 예법을 결코 받아들이지 않았다. 오히려 그는 자신을 공격하는 이들이 공격할 때마다 일일이 대응하고 그들처럼 치사하게 굴든가, 한술 더 떠서 거칠게 상대해야 한다고 고집했다.

4부는 취임 후 첫 18개월 동안 통치한 트럼프의 행적을 비판하고 그가 어떻게 경제적, 외교적 정책에서 한 세대 동안 본 적이 없는 성과를 냈는지 살펴보는 한편, 이 개정판에서는 2019년 9월까지 일어난 사건들을 포함했다.

짤막한 후기에서는 트럼프의 국가 재건 노력이 야기할 지속적인 효과가 있다면 어떤 것이 있을지, 특히 2020년 선거가 다가오면서 트럼프주의(Trumpism)가 보수주의 운동이나 공화당에 가져온 변화가 지속될지 여부에 대해 예측해 보겠다.

마무리는 몇 가지 당부로 갈음하겠다. 이 책의 초안은 트럼프가 대통령에 취임하고 600일이 지난 2018년 중엽에 썼다. 2016년 수많은 여론조사의 예측이 완전히 빗나간 이후로 여론조사 예측의 정확성, 대부분이 반 트럼프 성향인 주류 언론에 대해 대중이 신뢰를 잃게 되고 트럼프 본인이 예측 불가능한 성정을 드러내면서, 트럼프 행정부의 궁극적인 운명은 고사하고 향후 860일은커녕 다음 주에 일어날 일련의 사건들도 가늠하기가 불가능하다. 지금 이 개정판에도 똑같은 논리가 적용된다. 나는 지난해에 일어난 사건들에 비추어서 이 책에 수록된 그 어떤 주장도 바꾸지 않았다. 그러나 이 책의 내용에 대해 확신한다고 해서 2019년 8월 이 글을 쓰는 현재, 트럼프의 위상이 2019년 1월에도 그대로이리라는 뜻은 아니다. 우리는 변화무쌍한 시기를 살고 있고, 이 시기는 1861년이나 1968년에 비유할 만큼 예측 불가능하며, 그 두 시기에는 일어날 가능성이 있는 일은 일어났다는 사실을 유념해야 한다. 트럼프에 대한 여론조사 결과와 대중의 인식이 서로 모순되는 한 가지 사례를 들어보자. 2018년 7월 중순, 워싱턴 정가의 전문가들은 트럼프가 취임 후 최악의 열흘을 보냈다고 주장했다. 이러한 혹평에 이어 러시아와의 정상회담이 성과를 내지 못했고, 뒤이어 핀란드 헬싱키에서 푸틴 러시아 대통령과의 허술한 기자회견으로 공화당 정치평론가와 정치인들로부터 신랄한 비판을 받았다. 트럼프는 과거에 자신의 개인 변호사를 지냈고 특검에서 정부 측 증인으로 나설 가능성이 높은 마이클 코언(Michael Cohen)과 설전을 주고받았다. CNN은 코언이 트럼프와 오래전에 관계를 했던 여성에게 입막음용으로 돈을 지불하는 건에 관해 트럼프와의 대화를 몰래 녹음한 내용을 공개했다. 트럼프가 자신에 대한 수사를 방해했다는 공무집행 방해 혐의와 러시아와 공모해 2016년 대선 결과를 조작했다는 혐의에 초점을 둔 로버트 멀러의 끝 모를 특검 수사에 대한 언론의 예측이 난무했다. 그러나 이런 온갖 사건이 난무했는데도 불구하고 NBC/월스트리트 저널 여론조사에서 트럼프의 지지율은 45퍼센트까지 올랐고 공화당 진영에서는 거의 기록에 가까운 지지율을 보였다. 트럼프를 비판하는 이들은 트럼프의 지지율이 아직 50퍼센트에 이르지 못하고 있다고 공개적으로는 기뻐했지만, 2016년에 예상을 완전히 뒤집고 선거에서 승리한 공교롭고 모순된 결과를 아직 제대로 소화하지 못한 상태에서 내심 두려움을 느끼고 있었고 여전히 그러한 모순이 작동하고 있다고 생각했다.

2019년 7월에도 똑같은 현상이 일어났다. 트럼프는 "4인방(Squad)"이라고 불리는 이들의 끊임없는 공격에 일일이 대응한다는 이유로 조롱거리가 되었다. 자칭 "4인방"인 민주당 초선 하원의원 네 명, 알렉산드리아 오카시오-코르테스(뉴욕주-민주당), 일한 오마르(미네소타주-민주당), 아이아나 프레슬리(매사추세츠주-민주당), 라시다 틀라이브(미시간주-민주당)가 바로 그들이다. 네 사람은 모두 민주당이 하원에서 40석을 새로 확보한 2018년 중간 선거를 통해 의회에 입석한 이들이다. 이 가운데 세 명은 1세대 이민자이거나 2세대 이민자다. 네 사람 모두 성향이 비슷하고 거리낌 없이 인종, 계층, 젠더 의제를 앞세우는 강경한 좌익이다. 그리고 그들은 트럼프가 대통령으로 통치하는 체제하에서 마침내 미국의 사악한 결함이 드러났다고 주장한다.

트럼프는 트위터로 반격을 쏟아내면서 맞대응했고, 미국에 대해 불만이 그렇게 많으면 떠나온 나라로 되돌아가서 한번 겪어보고 깨달음을 얻은 후 되돌아오라면서 다음과 같이 맞받아쳤다.

'진보적인' 민주당 하원의원들, 정부가 철저한 재앙인 나라에서 온 이들, (그나마 기능을 하는 정부가 있다고 해도) 세계 그 어떤 나라보다도 부패하고 무능한 정부가 통치하는 나라에서 온 이들이 미국 국민들에게,

세상에서 가장 위대하고 막강한 나라에 대고 독설을 퍼부으면서 정부가 어떻게 운영되어야 하는지에 대해 이래라저래라 하는 꼴을 보자니 정말 재미있다.

그들은 자기들이 떠나온 나라로 되돌아가서 완전히 망가지고 범죄가 들끓는 나라부터 바로잡기나 한 다음 돌아와서 어떻게 하면 문제가 고쳐지는지 보여주는 게 어떤가. 그러나 그들이 떠나온 나라들이야말로 그들의 도움이 절실히 필요한데 그들은 허겁지겁 자기 나라를 떠났다. 낸시 펠로시 하원의장이 주저하지 않고 기꺼이 무료로 고국으로 돌아가도록 일정을 마련해주리라고 믿어 의심치 않는다!

트럼프는 미국 시민을 추방하자는 게 아니라 미국과 그들이 떠나온 나라가 천양지차라는 사실을 제대로 인정하지 않는 배은망덕한 언행을 보인 네 의원에게 창피를 주려는 의도에서 한 말이라고 주장했다. 그러나 트럼프의 지지기반은 트럼프의 반격에 담긴 의도를 포착한 듯, 그의 지지자들은 시끌벅적한 유세장에서 "돌려보내!"라고 외쳤다. 아마도 트럼프에게 가장 공격적으로 맞서는 소말리아 출신의 하원의원 오마르를 겨냥해서 한 말인 듯하다.

민주당과 언론매체는 미국을 노골적으로 비판한다는 이유로 미국 시민인 네 사람 가운데 누구에게든 떠나라고 한다면 트럼프는 인종차별주의자, 미국에서 태어나지 않은 사람은 국민으로 여기지 않는 출생지주의자, 외국인을 혐오하고 여성을 혐오하는 셈이라고 맹비난했다. 트럼프는 유세장에 모인 군중들이 도가 지나쳤다고 꾸짖는 척하면서도 미국에 불만이 있는 사람은 미국보다 여건이 나은 곳에 가서 살아보라며 공격수위를 한층 높였다. 그는 자신이 날린 트윗에서 특정한 사람의 이름을 거론하지도 않았고 강제로 추방한다고 하지도 않았으며, 다만 미국을 비판하는 이들에게 "그들이 떠나온 몰락하고 범죄의 온상인 나라들"을 다시 가보라고 제안했을 뿐이라고 주장했다. 트럼프의 문제는, 대부분의 사람들이 그가 넌지시 뜻하는 바가 뭔지 알아챘다는 사실이다. 즉, 적어도 미국에서 태어난 이민 2세대인 두 의원(오마르와 틀라이브)은 아직 완전히 미국인이 아니라는 뜻 말이다.

대부분의 공화당 하원의원들과 보수 진영의 언론인들은 트럼프가 한 말 때문에, 그리고 낫살이나 먹은 백인 남성이 젊은 유색인종 여성 네 명과 맞붙는 상황에 움찔했다. 그러나 공화당 진영에서 트럼프의 지지율은 7포인트 급등하면서 직관에 반하는 결과를 낳았다. 몇 개 주요 여론조사에서 트럼프의 지지율은 거의 50퍼센트로 치솟았다. 현직 대통령이 재선을 확신할 수 있는 마법의 숫자였다. 그리고 지지율이 급등한 이유는 인종차별적 발언이어서가 아니라 "4인방"에 대한 지지가 트럼프에 대한 지지보다 지지부진했기 때문일 가능성이 높다.

도널드 트럼프의 정치적 여정은 2015년 중엽 그가 대선에 출마한다고 발표하면서 시작되었다. 트럼프는 과거에 타블로이드를 장식하는 유명인이었고 폭넓은 여러 가지 이슈에 대해 인쇄매체와 TV에서 서로 엇갈리는 주장을 하곤 했지만, 사람들은 그의 정치관과 지도자로서의 자질 등 구체적인 사항들은 대부분 그가 선거운동을 하고 통치한 3년을 통해 알게 되었다. 트럼프에 대한 정보가 거의 없는 상태에서 나는 트럼프의 화법, 공약, 업적을 분석하기 위해 그가 선거운동 기간 동안 그리고 취임 후 대통령으로서 한 언행을 증거 삼아 자유롭게 인용했다. 선거운동 기간과 취임 후 기간 동안 얻은 자료들을 융합해 시간 순서대로 분석한 정당한 이유가 두 가지 있다.

지금까지 트럼프는 당선 전에 하겠다고 한 공약을 실천해온 대통령임을 입증했다. 역대 대통령 가운데 그런 사람은 매우 드물다. 그는 또한 2015년부터 2016년까지 자신이 하겠다고 약속한 바와 2017년부터 2019년까지 실제로 행한 바가 크게 다르지 않다. 공약이 실천으로 이어지는 이 연속성이 바로 그를 비판하는 이들은 그를 두려워하고 그의 핵심 지지자들은 그를 비판하는 이들이 두려워한다는 사실을 만끽하는 이유다.

트럼프를 비판하는 이들은 그가 당선된 후에 가서야 그의 지지자들에 대한 경멸감을 보다 대담하게 표했다. 아직 경합 주 유권자들의 표를 얻는 게 중요했던 때에는 트럼프 지지자들에 대한 역겨움을 노골적으로 표현하는 게 현명하지 않았기 때문이다. 2016년에 민주당 지지 성향의 주들이 트럼프 지지자들에 대해 느낀 감정은 2017년부터 2019년 사이의 기간 동안 노골적으로 드러났다. 막상막하인 선거에서 이기는 게 관건이 아니라 트럼프의 대통령직의 정당성을 훼손하는 게 관건이었기 때문이다.

나는 "트럼프 지지자"나 "트럼프 지지기반"이라는 표현을 자주 쓴다. 트럼프를 지지하는 이들은 "공화당 지지기반"이나 "보수 진영 지지기반"과 반드시 같지는 않다. 로스 페로의 이미지와 대선후보로서의 로널드 레이건의 이미지, 그리고 (오바마 정권 때 작은 정부를 내세운 풀뿌리 시민운동) 티파티(Tea Party)의 이미지를 얼기설기 합해 놓은 새로운 지지기반이다. 그들은 민주당 지지자일 수도, 부동층일 수도, 아니면 공화당에 불만이 많은 공화당 지지자일 수도(이 경우가 가장 많다) 있다. 그들 없이 트럼프는 대통령 선거에서 이길 수도 없었고 지지율을 유지할 수도 없다. 하지만 그는 그들의 지지만으로는 성공할 수 없었다. 그들은 도저히 이길 승산이 없다고 간주된 핵심적인 주들에서 공화당 후보가 대통령이 되도록 표의 확장성을 지닌 이들이었다. 그러나 그들은 딱히 기존의 공화당 후보들에게로 지지를 전환하는 성향은 아니었다.

트럼프는 정치적 현상에 머물지 않는다. 그의 개성은 뉴스, 대중문화, 세계의 이목을 집중시킨다. 트럼프에 관해서 중립적인 견해를 유지하거나 침착하게 의견을 개진하는 이는 아무도 없다. 트럼프는 지난 반세기 동안 진보주의가 미국에서 행한 일을 무산시키거나, 프랭클린 D. 루즈벨트 이후로 그 어떤 대통령도 하지 못한 문화적 정치적 부흥에 불을 붙이거나, 아니면 미국의 전통적인 정치 기득권 세력과 그들의 행동 규범을 완전히 파괴하든가, 뭔가 거대한 흐름을 의미한다는 데 모두가 동의한다. 트럼프는 부시, 클린턴, 오바마와 전혀 다른 인물이라는 사실을 모두가 알고 있다. 미국인들은 트럼프가 정치인이라는 새로운 역할을 맡게 된 첫날 이러한 현실을 받아들였고, 대통령직을 수행하기 시작한 이후로 날마다 자신이 받은 느낌이 옳았음을 확인하고 있다.

마지막으로 나는 도널드 트럼프를 만난 적이 없다는 점을 밝힌다. 나는 트럼프 행정부로부터 그 어떤 직책도 제안 받거나 내가 먼저 구하거나 받아들인 적도 없다. 트럼프 선거운동본부 관계자와 소통한 적도 없고 트럼프 행정부의 그 누구와도 연락을 취한 적이 없다. 캘리포니아 중부 지역에 있는 농장에 살면 워싱턴 정가의 내부자만 알 수 있는 지식을 얻지는 못하지만, 일정한 거리를 유지함으로써 객관적으로 분석할 수 있다는 장점이 있다.

이 책 초안 원고를 읽고 여러 가지 조언을 해준 제니퍼 핸슨, 브루스 손튼, 데이비드 버키, 메건 링, 그리고 내 출판 에이전트 글렌 하틀리와 린 추에게 감사드린다. 베이직 북스(Basic Books)에서 내 책 편집을 맡은 라라 하이머트의 건설적인 비판과 격려에도 감사드린다. 지난 15년 동안 나는 스탠퍼드 대학교의 후버연구소에 적을 두고 연구소의 지원과 전현직 연구소장, 존 레이지언과 토머스 길리건의 격려를 받았다. 특히 후버연구소를 관장하면서 지속적으로 도움을 준 마틴 앤더슨, 류 데이비스, 짐 제이미슨, 로버트 레베카, 제니퍼 머서, 로저 머츠, 제러마이어 밀뱅크, 빅토 트라이원, 그리고 나를 믿고 지원해준 로저와 수전 허토그에게도 빚을 많이 졌다. 로저는 여러 가지 문제에 대해 소중한 조언을 해준 10년 지기 소중한 친구다.

트럼프는 그 이름만으로도 논쟁을 불러일으키고 논쟁을 곧 설전으로 돌변시키는, 호불호가 분명한 인물이다. 다시 말하지만, 『미국은 왜 아웃사이더 트럼프를 선택했는가』를 쓴 목적은 트럼프가 왜 대통령에 출마했고 그가 2016년 공화당 예비선거와 대통령 선거에서 이기면서 트럼프를 비판하던 이들이 놀란 이유는 무엇이며, 언론매체의 광란과 멈추지 않는 트위터 폭탄 투하에도 불구하고 트럼프가 임명한 공직자들로 꾸려진 행정부와 그의 통치를 통해 경제가 개선되었고, 개입주의 외교정책과 고립주의 사이에서 드물게 균형점을 찾았고, 오래 전에 책임을 물었어야 할 기득권 세력에 도전장을 내밀고 정치문화에 변화를 일으키게 된 이유를 설명하는 일이다.

빅터 데이비스 핸슨
캘리포니아주 셀마에서

도널드 J. 트럼프를 소개한다

대체로 보통 사람이 재능 있는 이보다 공무를 더 잘 처리
한다.
— 투키디데스, 『펠로폰네소스 전쟁사』에서 클레아에네투스의 아
들 클레온이 한 말

20 15년 6월 16일, 유권자들은 현란한 언행으로 유명한 69세 억만장자로서 자신의 이름을 딴 자기 소유의 맨해튼 고층건물 엘리베이터를 타고 내려와 공화당 대통령 후보로 출사표를 던진 트럼프를 정치인으로서 처음 만났다.

정치에 문외한인 그는 정치 경력이 전무한 대통령 후보로서 승리를 약속하면서 아무런 변명도 늘어놓지 않았다. 트럼프는 그 엘리베이터를 타고 내려오면서 언론과의 끝모를 전쟁과 공화당 내에서의 내부 갈등을 예고했다. 그는 금지된 루비콘강을 가뿐히 건넌 카이사르 같은 몸짓을 취하면서 기존의 정치 관행을 끝장내겠다고 엄포를 놓았다.

트럼프는 선거운동 전문가들을 거느리고 정치판에 등장하지 않았다. 그는 정치에 오염되지 않기 위해서 파격적으로 소규모 선거운동 본부를 꾸렸다고 자랑했다. 그는 선거운동 비용은 자비로 충당한다고 떠벌렸다. "내 돈으로 선거운동 할 거다. 로비스트는 쓰지 않을 예정이다. 큰손 기부자의 도움도 받지 않는다. 관심 없다. 나는 정말 부자다."

그러나 짜기로 소문난 억만장자가 거의 자비로 선거운동 비용을 충당하기로 한다면 대통령 선거운동 역사상 상대방보다 가장 선거 비용을 덜 쓰는 선거가 될 가능성이 높다는 뜻이었다—적어도 일반유권자 투표에서는 말이다. 아니나 다를까, 선거 당일 무렵 트럼프는 대략 6억 달러의 선거자금을 조성한 반면, 힐러리 클린턴은 그보다 거의 5억 달러가 더 많은 선거자금을 조성하고도 선거인단 투표에서 지게 된다. 트럼프는 순진하게도 본인의 재력보다는 남의 돈을 끌어오는 능력이 관건이라는 현실에 대해 안이한 생각을 하고 있는 듯했다.

뒤이어 역대 가장 해괴한 대통령 선거 출마 선언 연설이 나왔다. 준비한 원고를 읽다가 말다가 중간 중간 생각나는 대로 즉흥적인 내용을 집어넣는 식으로 트럼프는 연설을 이어갔다. 기자들은 트럼프의 저속하고 때로는 거친 논조와 그 내용에 경악하면서도 매료되었다.

정치 평론가들은 트럼프의 횡설수설하는 듯한 연설을 정치적 자살 행위라고 명명했다. 그들은 그가 말한 내용에 경악했다기보다 감히 그런 말을 했다는 사실 자체에 경악했다. 트럼프의 그 연설이 처음이자 마지막이 되리라고 장담하는 이들도 있었다.

대부분의 정치인들과는 달리 트럼프는 자신이 자기중심적이고("중국은 나한테 번번이 깨진다. 항상!") 허풍이 심하다는("신이 창조한 대통령 중 가장 일자리를 많이 만드는 대통령이 될 거다!") 사실을 숨기지 않았다. 그는 거리낌 없이 거짓말도 했다("우리나라 핵무기도 작동이 안 된다."). 정치적으로 금기시 하는 발언도 서슴지 않았다("버그달[2]을 돌려받았다. 반역자를 말이다. 하등 쓸모가 없는 반역자를.") 로스 페로나 팻 뷰캐넌(Pat Buchanan) 이후로 그 근처에라도 가는 발언을 한 정치인은 아무도 없었다. 게다가 그 두 사람은 대통령 선거에서 이기는 근처에도 가지 못했다.

트럼프가 하는 말을 유심히 살폈다. 설득력 있는 주장을 하는지 판단하기 위해서. 정말로 설득력이 있었다. 여러모로. 모두 다 선거운동에서 다루기에 타당한 이슈는 아니었을지 모르지만 말이다. 트럼프의 회사들이 중국에서 선전했는지 여부는 몰랐다. 그러나 미국이 보유한 핵무기의 준비 태세에 대해서는 우려할 만한 문제가 있다는 글을 읽은 적이 분명히 있다. 전 국가안보 보좌관 수전 라이스는 보 버그달 병장이 탈영했는데도 "명예롭고 타의 모범이 될" 군복무를 했다고 주장하면서 국민을 속였다. 실제로 그는 반역자가 맞다. 2009년 6월 30일 아프가니스탄 전선에서 동료 병사들을 버리고 탈영해 탈레반에게 체포되어 그를 찾으러 수색에 나선 동료 군인들을 위험에 빠뜨렸다.

오바마도 트럼프와 비슷하게 자기도취적으로 "나", "나", "나"를 되풀이하지만, 오바마와는 달리 트럼프가 단조로운 어조로 내뱉는 1인칭 대명사는 야릇하게 중독성이 있다. 그는 언제 어디서 누구에게든 어떤 얘기도 할 수 있었다. 트럼프가 금기시 되는 발언을 거리낌 없이 하자 사람들은 충격을 받았다— 얘기를 하더라도 적어도 트럼프처럼 해서는 안 된다고 생각했다. 그러나 트럼프는 아무도 말하지 않는 진실을 전달하는 독특한 재능이 있었다. 비록 세부사항을 과장하기는 했지만 말이다.

트럼프를 어떻게 분류해야 할까? 그는 정통 공화당원 같지도 않고 리버럴 성향으로 보였던 과거와도 일관성이 없었다. 트럼프는 불공정한 무역에 저주를 퍼붓는 데 그치지 않았다. 그는 중국을 비방했다. 그러나 한편으로는 너무나도 쉽게 미국을 등쳐먹은 중국에 대해 감탄하는 야릇한 논조를 풍기기도 했다. 트럼프가 생각하기에 편법적인 상거래와 중국은 동의어였다. "무역 거래에서 우리가 중국을 이긴 가장 최근의 사례가 언제 있었나? 중국은 우리를 죽이고 있다." 이러한 주장은 자명해 보였다.

경제 전문가들은 관세라는 망령이 다시 출몰할 가능성에 대해 코웃음을 쳤다. 그러나 〈월스트리트 저널〉을 펼쳐보면 날마다 중국이 뻔뻔하게 무역 규정을 위반하고 미국의 기술을 도용했다는 기사가 실렸다. 이러한 선정적인 기사에는 보통 거의 3500억 달러에 달하는 연간 무역적자가 별일 아니라며 독자를 안심시키는 논설이 나란히 실렸다. 무역적자가 별일 아니라면 중국은 왜 그렇게 주도면밀하게 무역흑자를 증가시키지 못해서 안달했을까? 그리고 중국이 환경, 노동, 금융, 저작권, 특허권 상업 규정을 모조리 위반해 그렇게 어마어마한 무역흑자를 쌓아올렸다면, 이를 시정하려는 조치는 이루어졌나? 과거에 대통령이 말로 한 회유와 협박은 번번이 실패하지 않았나?

대부분의 정치인들은 버릇처럼 "포괄적인 이민정책 개혁"을 요구했지만, 그게 무슨 의미인지는 정확히 규정하지 않았다. 아니, 국민의 대표들은 멕시코와 중앙아메리카에서 외국인 근로자들을 유입시키는, 정치적으로 달갑지 않은 정책을 "포괄적"이라는 완곡한 표현으로 대체했다. "개혁"이라는 용어는 입에 담기 어려운 "사면"이라는 용어를 피하기 위한 편법이었다.

트럼프는 그러지 않았다. 그는 자신의 의도를 분명히 밝혔다. "언제 국경에서 멕시코를 물리칠 건가? 멕시코가 우리를 비웃고 있다. 멍청하다고." 실제로 캘리포니아의 드넓은 센트럴 밸리 지역에 사는 나는 멍청한 미국을 비웃는 멕시코 국적자들을 많이 알고 있다. 그들은 내게 자기들이 어떻게 국경을 넘었는지 설명해주었다. 내가 해외에 나갔다가 세관을 통해 미국에 재입국하는 방법보다 훨씬 쉽다고 했다―그리고 자신의 법적 지위에 대해 거짓말을 하면 겪을 일에 대해서도 훨씬 걱정을 덜한다고 했다.

그러더니 트럼프는 철퇴를 날려 자신의 의도를 분명히 밝혔다. "국경에 높은 장벽을 쌓겠다. 장벽 건설을 나보다 잘할 사람은 없다. 장담한다. 그리고 나는 아주 저렴한 비용으로 장벽을 건설할 거다. 우리나라 남쪽 국경에 높은 장벽을 건설하고 멕시코가 비용을 대도록 하겠다."

그가 이렇게 장담하자 트럼프를 지지하는 군중은 다음과 같이 연호했다. "비용은 멕시코가 댄다!" 선거용 구호로는 참신하나 구체적인 실천 방안은 없었고, 강제력을 쓰지 않는 한 자국의 이익에 반하는 프로젝트에 돈을 대는 나라는 없다.

1993년 전 어느 때인가 내 집에 도둑이 들어 기물이 파손된 적이 있다. 6피트 높이, 550피트 길이의 담장을 쌓은 후 불법 침입이 90퍼센트 줄었다. 역사적으로도 장벽은 효과가 있었다. 오늘날에도 효과가 있다. 이스라엘과 요르단강 서안 지구(West Bank) 사이에 있는 장벽이든, 페이스북 소유주 마크 저커버그가 자기 저택 주변에 설치한 담장이든 말이다. 말리부에 있는 저택치고 담장과 경비가 지키는 출입문이 없는 집을 보지 못했다.

트럼프의 이러한 협박은 기자들에게는 정신 나간 소리로 들렸다. 그러나 어처구니없는 일이 일상화된 현재도 정신 나가기는 마찬가지였다. 멀리서 불법 체류에 대해 기사나 쓰는 게 아니라 직접 겪어본 사람에게는 말이다. 이들은 대부분이 멕시코 국적자이고, 공공지원을 받는 이도 있고, 연간 300억 달러를 본국에 송금한다. 트럼프가 멕시코에 장벽 건설 비용을 대게 만들겠다는 말은 멕시코 국적자들에게 본국에 보내는 송금에 10퍼센트의 세금을 부과해 해마다 건설되는 분량의 장벽 비용을 충당하겠다는 걸까?

언급되지 않은 사실은 멕시코가 미국과의 무역에서 710억 달러의 무역흑자를 내고 있다는 점이었다. 멕시코의 엘리트 계층은 자국의 시민들에게 미국 이민법을 어기라고 부추기는 경우도 종종 있었다. 멕시코 내에서 사회적 갈등을 완화하고 멕시코 정부가 외화를 벌어들이는 방편으로써 말이다. 멕시코 대통령 안드레스 마누엘 로페스 오브라도르는 후보 시절 트럼프의 비판이 사실임을 입증했다. 멕시코는 마음만 먹으면 언제든 자국민이 국경을 넘게 할 수 있고 미국은 자국의 주권을 행사하지 못한다는 발언으로써 말이다.("우리는 아메리카 대륙 전역에 있는 이주자들을 보호하고 미국에서 삶을 찾기 위해 자기 마을을 버려야 하는 전 세계 이주자들을 보호할 것이다. 우리가 보호하려는 대상은 인권이다.")

그러자 트럼프는 비판의 수위를 높였다. "멕시코가 자국민을 우리에게 보낼 때 최상급 시민들을 보내지 않는다. 그들은 여러분 같은 이들을 보내지 않는다. 문제가 많은 사람들을 보낸다. 그들이 올 때 문제가 같이 딸려온다. 마약도 들여온다. 범죄도 들여온다. 그들은 강간범이다. 그리고 아마 선량한 이들도 간혹 있겠지."

언론인들은 과장된 표현으로 피아를 양분하는 이 발언을 비난했다. 그들은 여전히 "강간범" 발언을 인용하면서 트럼프가 모든 멕시코 국민을 비방했다고 주장했다. 사실은 미국에 불법으로 입국하는 폭력범의 숫자를 과장한 어설픈 표현이었는데 말이다. 그러나 범죄 집단은 논외로 하고, 국세청은 불법 체류자는 가짜이거나 도용한 신분을 이용한 이가 100만 건 이상에 달한다고 했다. 내 신분도 도용당한 적이 있다.

자기 과수원에 부품이 다 뜯겨나간 도난당한 트럭에 가금류 사체와 썩어가는 투견 사체가 발견되거나, 노르떼뇨스 조직폭력단원이 저지르는 수많은 범죄 가운데 예컨대 관개시설 펌프에서 구리선을 뜯어가는 범죄의 피해를 당하거나, 병원 응급실에 갔는데 대기실에서 불독 조직범죄단원 가족들이 경쟁관계인 수레뇨스 조직범죄단원들과 한판 붙고 있는 광경을 목격하게 되면, 트럼프가 쏟아내는 폭언이 젭 부시나 힐러리 클린턴이 하는 발언보다 평범한 미국인이 처한 현실을 훨씬 정확하게 반영한다고 생각하게 된다. 부시나 힐러리는 아마 밤에 총소리가 들리거나, 미국 우정국이 승인한 우편함에 총탄 구멍이 뚫리고 너덜너덜해져서 이를 시골에서 쓰는 외장이 튼튼하고 견고한 우편함으로 바꿔본 적이 없으리라고 생각한다.

뭐든지 피아로 양분하는 트럼프는 말을 계속 이어갔다. 그는 외교정책을 해외의 그들과 미국 내의 우리 간의 주먹다짐으로 격하시켰다. 트럼프는 우리 경쟁자들을 물리치고 그들이 시작한 제로섬 전쟁에서 이기겠다고 호언장담했다. 대통령이 된 트럼프는 경악할 만한 이설(異說)을 트위터로 날렸다. "한 나라(미국)가 거래하는 나라와의 교역마다 족족 수십억 달러를 손해 보면 무역전쟁은 바람직하고 이기기도 쉽다."

그리고 트럼프는 마침내, 로널드 레이건이 예전에 다짐했던 문구 "미국을 다시 위대하게"를 외쳤다. 이 보복은 트럼프가 불공정 무역에 대해 반격을 가할 때 실현될 예정이었다. 그는 제조업 일자리를 미국으로 다시 가져오겠다고 했다. 그는 국경의 보안을 강화하고 불법 이주를 막겠다고 했다. 트럼프는 전쟁을 하겠다고 마음먹으면 이기든가, 아니면 아예 싸우지 않겠다고 약속했다.

아무도 이기는 자가 없고 도덕적 상대주의가 만연한 오늘날의 미국에서 트럼프는 워싱턴 어빙의 동명 소설 주인공 립 밴 윙클(Rip van winkle) 같았다. 1950년대에 깊이 잠든 사이 먹든가 먹히든가 둘 중 하나인 제로섬 세계관의 시대는 지나고, 오늘날 형체를 알아볼 수 없는 문화가 만연한 시대에 잠에서 깨어나고 있었다. 그러나 트럼프가 제시한 대표적인 이슈들에 대한 여론은 그의 견해를 뒷받침했다. 이런 현실 때문에 그의 경쟁자들이 그런 이슈들을 방기해왔다는 사실은 더욱더 해괴해 보였다.

트럼프가 제시하는 메시지와 후보 유형은 딱히 새롭지는 않았다. 중산층 포퓰리즘—작은 정부, 해외 군사적 개입에 대한 회의, 재분배와 세계화에 대한 두려움, 문화적 엘리트 계층에 대한 불신—은 기원전 411년 아테네와 스파르타가 펠로폰네소스 전쟁을 하는 동안에 일어난 혁명으로 고대 아테네 민주주의 정부가 전복되고 과두정치로 대체되었을 때만큼이나 오래 전으로 거슬러 올라가는 개념이다. 트럼프가 워싱턴 정가를 쓰레기 취급하는 행태는 희극작가 아리스토파네스가 우익 포퓰리스트 식으로 아테네의 상류 계층과 그들에게서 떡고물을 받아먹는 추종자들을 조롱한 방식과 대체로 비슷하다. 사실 과두제 지지자(Old Oligarch)[3]에서부터 투키디데스, 플라톤, 크세노폰, 아리스토텔레스에 이르기까지 대부분의 아테네 저자들은 아테네의 급진적인 민주주의보다 훨씬 바람직한, 합의에 기초한 정부를 꿈꿨다. 아테네 민주주의는 의회에서 51퍼센트 과반수 표를 확보한 쪽은 언제든 다수의 의견에 동의하지 않는 사람을 파멸시키는—아니면 죽이는—경향이 있었다.

트럼프 본인은 엘리트 지도층도 풀지 못하는 문제를 해결해달라고 그에게 도움을 청한 이들까지도 겁에 질리게 할, 고대 희곡에 등장하는 험악한 구세주 역할을 했다. 바로 뛰어난 통찰력과 전략적 교활함으로 아테네인들을 공포에 몰아넣고 아테네에 일편단심으로 봉사한 대가로 결국 추방당한 테미스토클레스 말이다. 그런 의미에서 트럼프는 호메로스의 『일리아드Iliad』 중심인물인 아킬레우스(Achilles), 소포클레스의 비극 『아이아스Ajax』에서부터 현대 서부영화 〈와일드 번치The Wild Bunch〉와 〈더티 해리Dirty Harry〉의 등장인물에 이르기까지 반감을 불러일으키는 비극적인 영웅과 크게 다르지 않았다.

미국이 쇠락하고 있다는 암울한 전망을 토대로 미국을 되살리겠다는 트럼프의 선거 문구도 새로운 게 아니었다. 트럼프가 내세운 "미국을 다시 위대하게"는 역사적으로 보면 아마 로마 황제 아우구스투스로 거슬러 올라가는 오랜 전통의 연장선상일 뿐일지도 모른다. 18년 동안 계속된 전쟁과 한 세기 동안 계속된 내부 혼돈을 종식시키고 장엄한 로마를 재건하겠다고 약속한 위대한 건설자("나는 벽돌로 로마 도시의 토대를 마련해 대리석의 도시로 변신시켰다.") 말이다.

아니면 트럼프의 일갈은 1517년 타락한 교회를 꾸짖는 95항목의 논제를 나열한 문건을 독일 비텐베르크에 있는 만성교회 문에 못 박아 게시함으로써, 종교개혁의 물꼬를 튼 격노한 마르틴 루터("크게 죄를 짓되 더 크게 믿으라.")가 하는 말처럼 들렸을지 모른다. 공화당 기득권 세력은 루터가 꾸짖은 타락한 주교와 부패한 관리 역할을 하는 셈이었다.

선거운동 첫날부터 분명했던 점은 과거에 민주당 지지자였다가 이제는 공화당으로 적을 옮긴 트럼프는 조지 H. W. 부시가 1988년 공화당 전당대회에서 대통령 후보 지명 수락연설을 하면서 언급했던 "천 개의 불빛", 다양성이 수많은 별처럼 평화로운 하늘을 장식한다는 감상적인 표현은 전혀 쓰지 않았다. 그는 아버지 부시가 레이건주의는 차갑고 비정했다면서 이를 시정하겠다고 내세운 "보다 온화하고 품위 있는 국가"라는 진부한 문구를 되살리지 않았다. 아들 부시의 "온정적인 보수주의"도 트럼프의 입맛에 맞지 않았다. 적어도 아들 부시는 치유의 느낌을 주는 구절을 썼다. 공화당 대선후보 미트 롬니가 내세운 "미국의 미래를 위한 진정한 힘"이나 "미국에 대한 믿음" 같이 아무런 감흥도 불러일으키지 않는 문구와는 전혀 달랐다.

트럼프는 미국의 과거에 대해 변명을 늘어놓지 않았다. 과거가 아니라 미래가 중요했다. 미국의 지도자들은 너무 "나약했다." 남성성은 독극물이라며 훈계를 하는 시대에 사용하기가 부적절하다고 간주되는 진화론적 관점의 용어였다. 트럼프가 내세운 문구에서 핵심적인 단어는 "다시"였다. 즉, 미국은 한때 "위대"했고, 따라서 다시 쉽게 위대해질 수 있다는 뜻이었다.

트럼프는 "위대하다"는 최상급의 단어를 사용함으로써 쇠락을 니체가 말한 선택의 문제로 간주했다. 망각 속으로 몰락하는 것은 정해진 운명이 아니었다.

미국은 1945년 승전한 영국이 폭격으로 초토화된 독일이나 잿더미에서 부활한 일본에게 곧 추월당했듯이 증발할 운명이 아니었다. 위대함이란 "승리"를 뜻했고 해외의 적과 동맹 모두로부터 존중받는다는 뜻이었다. 트럼프에게 이는 수단의 문제가 아니라 단순히 의지의 문제였다. 그런 사고에 대해 정치인들은 거부감을 느꼈다. 1930년대 유럽 독재자들의 정서가 묻어난다고 여겼다. 기존의 정치인들은 이미 위대한 미국을 개선한다고 약속하는 편을 택했다. 더 나은 과거의 모습으로 재건하는 편이 아니라.

언론매체도 트럼프의 제안이 어처구니없는 모순이라며 맹공을 퍼부었다. 미국이 제조업에서 탈피한 시대, 문화적으로 포스트모더니즘 시대, 탈종교 시대의 미국에서 어떻게 안정과 번영과 바람직한 통치의 시대를 열겠다는 것인가? 국민총생산 부양책은 친환경 정서와 중국이 세계를 주도하는 국가가 될 운명이라는 개념과 모순되지 않나?

대부분의 미국인은 14년 동안 인기를 모은 트럼프의 리얼리티 쇼 〈어프렌티스The Apprentice〉를 본 적이 없다. 트럼프의 베스트셀러 저서들 가운데 하나인 대필 저서 『거래의 기술The Art of the Deal』도 읽은 적이 없다. 그들은 트럼프가 과장하거나 황당무계한 이야기를 지어내 협상 수단으로 이용하거나, 적을 혼란에 빠뜨리기 위해 말로 위협하기도 하고, 계략에 휘말린 상대방에게 찬사를 퍼붓는 등, 트럼프의 협상 스타일이 어떤지 전혀 알지 못했다.

과거에 미국인들이 트럼프에 대해 전해 들은 이야기는 대부분 그의 방탕한 사생활을 다룬 타블로이드 기사를 읽거나 B급 유명인사나 정치인들과 모욕적인 표현이 섞인 설전을 주고받는 모습을 텔레비전에서 보았을 뿐이다. 이 모든 정보는 트럼프가 제시하는 메시지가 유권자들 사이에서 반향을 불러일으킬지 여부를 판단하는 지침이 전혀 되지 못했다. 유선방송 보도 프로그램에 출연해 트럼프를 보고 코웃음을 치거나 업신여기는 정치 평론가들은 트럼프가 이길 승산을 논하기는커녕 이길지 여부에 대한 분석도 하지 못했다. 리버럴 성향의 언론매체들은 하나같이 반 트럼프 정서만 노골적으로 드러냈고, 트럼프가 이길 수 있을지 여부와 트럼프가 이겨야 하는지 여부, 이 두 핵심적인 사안을 혼동했다. 그래서 그들은 선거인단 쓰나미가 몰려오고 있다는 사실을 감지하지 못했다.

그러나 트럼프가 입을 열고 폭탄을 쏟아내기 시작한 후 각계각층의 미국인들은 트럼프가 쉽게 사라지지 않으리라고 감지했다. 다른 건 몰라도 대부분 리버럴 성향인 언론매체들이 초기에 트럼프 덕분에 급등한 시청률을 포기할 리가 없었다. 언론매체들은 공화당 대선후보들 간의 토론에서 트럼프가 촉발한 무자비한 혈투를 처음에는 즐겼다. 결과적으로 후보 트럼프는 수억 달러에 달하는 공짜 홍보의 덕을 톡톡히 봤다. 예비선거에 출마한 훨씬 경륜 있는 경쟁자들인 젭 부시, 크리스 크리스티, 스캇 워커 같은 주지사들과 테드 크루즈와 마코 루비오 같이 참신한 상원의원들 같은 이들보다 트럼프가 훨씬 재미있었기 때문이다. 언론매체들은 트럼프가 공화당을 잿더미로 만들고 자폭하리라고 생각했다. 그러면서 한편으로는 그가 그렇게 함으로써 민주당의 승산을 높여놓으리라고 생각했다.

게다가 전국적인 선출직 후보로 첫선을 보일 때도 트럼프는 언론매체와 정치 평론가들을 약 올리고 그들이 광적으로 발작하게 만드는 독특한 재능을 과시했다. 트럼프에 대한 분노를 표하는 과정에서 그들은 그들 자신이 지닌 품성의 결함, 불안정한 정서, 열등감, 무지를 드러냈다. 많은 사람들이 예전에 본 적이 없는 방식으로 말이다. 언론매체 거물들은 자신들이 곧 프랑켄슈타인 괴물이라고 탄식하게 될 인물을 탄생시키는 데 일조하고 있다는 사실을 까맣게 모르고 있었다. 그들이 통제 불가능하고 자기를 탄생시킨 주체들을 거의 파멸에 이르게 할 생명체를 탄생시켰다는 사실을 말이다.

트럼프는 기존의 질서를 위협하는 아주 위험한 굴러들어온 돌이었다. 고리타분하고 선거자금도 빠듯했던 랄프 네이더(Ralph Nader) 같이 제3정당의 뜬

구름 잡는 후보로 출마하지 않았기 때문이다. 그는 로스 페로처럼 음모론을 퍼뜨리지도 않았다. (그런데도 그는 1992년 선거에서 18.9퍼센트나 득표했고, 조지 H. W. 부시의 표를 갉아먹어 재선에 실패하게 만들었다.) 트럼프는 공화당을 낚아채 자기 것으로 개조하려는 훼방꾼, 즉 숙주를 접수하는 바이러스 같은 존재였다.

2015년 6월 16일 출사표를 던지는 연설을 한 이후로 이어진 사건들도 마찬가지로 전례가 없었다. 트럼프는 대선후보의 자격이 충분한 16명의 공화당 경쟁자들을 연달아 완전히 박살냈다. 언론매체의 기준으로 볼 때 16명 모두 현안에 대해 트럼프보다 훨씬 해박했고, 모두 트럼프보다 나이가 어렸다. 대부분이 트럼프보다 훨씬 준비를 잘했고 생각이 정리된 듯이 보였다. 그러나 그들은 하나같이 공화당 진영의 억눌린 분노를 "그들"을 향하게 할 역량이 없었다.

프린스턴 선거 컨소시엄(Princeton Election Consortium) 같은 권위 있는 여론조사는 선거 전날 트럼프가 이길 가능성을 1퍼센트로 보았다. 선거운동 막판 24시간 동안 〈뉴욕타임스〉가 다양한 여론조사 모델들을 추적한 결과, 트럼프가 이길 확률은 각각 15퍼센트, 8퍼센트, 2퍼센트, 그리고 1퍼센트 미만으로 나왔다면서 독자들을 안심시켰다. 클린턴 지지자들은 투표 직전에 자기들과 비슷한 성향인 진보주의자 여론 전문가 네이트 실버(Nate Silver)에게 분통을 터뜨렸다. 그가 언감생심 트럼프가 선거인단 득표에서 이길 가능성을 29퍼센트라고 주장하면서 변절했기 때문이다.

선거 관련해 기존의 상식에 비추어볼 때 트럼프는 대통령직을 차지할 가능성조차도 없었어야 했다.(트럼프가 출마 선언을 한 후 몇 주 동안 힐러리 클린턴보다 10-15퍼센트 지지율이 뒤처진 적도 있다.) 그런데도 그가 대통령 선거에서 이기자 그토록 많은 이들이 그의 승산에 대해 그토록 빗나간 예측을 했다는 사실, 그리고 그토록 많은 미국 국민들이 자신이 누구를 지지할지 드러내지 않거나 솔직히 밝히지 않았다는 사실은 놀라웠고 충격적이기까지 했다. 트럼프에 관한 책을 쓰려거든 누구든 첫머리에 기존의 상식으로는 설명하기 어려운 일련의 모순들을 다루고 설명해야 한다.

여론조사 전문가들과 평론가들은 트럼프가 후보 지명을 받지 못한다고 예측했고, 낙선한다고 예측했고, 취임 후 초기에는 대통령직을 제대로 수행하는 데 실패하리라고 예측했다. 많은 이들이 언론으로서의 규율과 전문직 언론인으로서 지켜야 할 지침과 윤리를 저버리고 자신들이 원하는 바가 실현되기를 바라면서 현실을 재구성했다. "집단사고"에 빠지지 않도록 가장 큰 목소리로 경고하던 이들이 집단사고의 희생자가 되었다. 언론인의 윤리와 불편부당한 분석을 부르짖으며 훈계하던 이들이 비윤리적이고 편파적인 행태를 보였다. 트럼프 같은 괴물을 상대하려면 비상한 조치들이 정당화되고 전문가로서 지켜야 할 규율로부터 면제라도 된다는 듯이 말이다.

트럼프를 비판하는 이들은 그를 혐오했다. 이 유례없는 증오는 단순히 트럼프의 과거 파란만장한 사생활과 사업에서 비롯되지 않았다. 트럼프에 대한 증오는 즉흥적이고 어디로 튈지 모를 무자비한 호언장담이나 대통령이 되는 데 적합한 이력을 갖추지 못했다는 사실만으로 설명될 수도 없었다. 이따금 트럼프에 대한 반감은 계층의 차이에서 비롯되었다. 트럼프의 야릇한 주황색 피부빛, 숱이 점점 빠지는 금발로 염색한 머리카락을 빗으로 빗어 넘긴 모습, 지나치게 긴 넥타이, 신경에 거슬리는 뉴욕 퀸즈 지역 말투 모두가 양쪽 해안 지역에 사는 엘리트 좌익의 취향에 역겹게 느껴졌다.

설상가상으로 트럼프는 오바마와 정반대로 하겠다고 선거운동을 했다. 그는 2009년부터 2017년까지 오바마가 이루어놓은 것을 몽땅 무산시키겠다고 협박했다. 오바마는 한때 미국을 "근본적으로 변모"시키겠다고 약속했다. 그러나 트럼프는 오바마가 변모시킨 것을 전부 근본적으로 허물어뜨림으로써 미국을 근본적으로 변모시킬 가능성이 높았다. 오바마는 후임자가 수정 가능한 행정명령을 남발함으로써 통치했기 때문이다.

워싱턴과 뉴욕의 보수 기득권층은 트럼프를 증오하는 진보 진영의 적들보다 트럼프를 더욱 경멸하게 되었다. 트럼프는 확실히 말투나 화법이 그들과는 달랐다. 많은 이들이 보수 성향이 아니었던 트럼프의 과거를 들먹이면서 현재도 그는 보수주의자가 아니라고 우겼다. 워싱턴 정가의 터줏대감이나 뉴스 진행자들 가운데 트럼프 행정부에 고용되기는커녕 백악관으로부터 초청장을 받을 사람도 거의 없었다. 트럼프의 외교정책 저변에는 뉴욕과 워싱턴의 초당적인 외교정책 기득권 세력을 실업자로 만들겠다는 정서가 깔려 있었다. 그들이 만든 세상은 이제 한물갔고 아프가니스탄 전쟁, 이라크 전쟁, 리비아 내전, 시리아 내전은 미국 개입주의가 얼마나 탁월한 정책이었는지를 보여주는 빛나는 사례들이 아니라는 단 한마디로 말이다. 유엔, 북미자유무역협정, 북대서양조약기구도 비판과 과감한 개혁으로부터 면제되지 못했다.

한 가지 주의해야 할 사항이 있다. 트럼프의 인기를 평가하는 데 있어서 한 가지 문제는 유권자들이 트럼프에 대한 견해를 솔직하게 밝히지 않는다는 점이었다. 솔직하게 밝히면 사회적으로 따돌림을 받을까봐 두려워서다. 실리콘밸리의 IT 기업들이 언제 어디서든 감시하는 이 시대에 컴퓨터상에서 혹은 전화로 익명의 여론조사자들에게 트럼프를 선호한다고 한마디라도 했다가는 무슨 데이터 목록에 이름이 오르고, 이 데이터가 답변자에게 바람직하지 않은 방향으로 결국 사용될지 모른다는 두려움이 점점 높아지고 있다. 미국인들은 2016년에 어느 후보가 마음에 드느냐는 질문에 솔직히 답한 사람들에 대해 그 친구들이 등을 돌리는 모습을 보고 "트럼프"라는 한마디를 입 밖에 내기도 두려워했다.

트럼프 지지자들이 "육신을 빼앗겼다"는 우스갯소리도 퍼졌다. 1956년 공포영화 〈신체 강탈자의 침입The Invasion of the Body Snatchers〉에 비유한 농담이었다. 멀쩡하다가 어느 날 갑자기 외계인에게 조종당하게 되는 사람들 얘기다. 트럼프에게 투표했다고 하면 친구들로부터 품성에 뭔가 심각한 결함이 있었는데 그동안 눈에 띄지 않다가 이제야 표면화된 사람 취급을 받았다.

그러나 몰래 트럼프에게 투표한 유권자들이 인정하지 않는 또 다른 막강한 요인이 있었다. 보수 성향과 부동층 미국인들이 트럼프에 대한 공감을 숨겼듯이, 리버럴 성향이거나 중도 성향인 이들도 점점 과격한 진보주의 성향으로 변하는 민주당에 대한 거부감을 숨겼다. 어느 쪽이든 결과는 마찬가지였다. 언론 매체는 트럼프의 지지율을 과소평가하거나 눈치채지 못했다. 때로는 무지해서였지만 그보다는 의도적인 경우가 더 많았다.

도널드 트럼프는 뜻밖의 포퓰리스트일지 모르지만, 어쨌든 중산층 포퓰리즘을 내세우고 그가 내세운 의제들도 대부분 포퓰리스트적이었다는 사실은 변함이 없다. 왜 그런지 그 이유를 밝히는 게 이 책의 주제이고, 이 책은 트럼프의 전기도 아니고 트럼프 선거운동본부와 대통령직을 내부자의 시각으로 연대순으로 기술하는 책도 아니다.

나는 트럼프를 악마든 신이든 어느 쪽으로도 증명하는 데 전혀 관심이 없다. 그는 독특하고 시대가 요구하는 인물이거나 앞으로 오랫동안 지속될 뭔가의 전조 현상이다. 나는 대부분의 문제에 관해 보수주의자이고, 5대째 농업에 종사하고 있는 사람으로서 여러 권의 책에서 각종 맥락에서 농업을 중시하는 포퓰리즘에 대해 우호적인 글을 썼다. 나는 지금 살고 있는 집에서 어린 시절을 보내면서 성장했고 해리 트루먼과 존 F. 케네디를 우러러보는 민주당 성향으로서, 민주당으로 출마한 후보라면 누렁이에게라도 투표하는 집안 출신이다.

2016년 내 형제자매들은 모두 버니 샌더스나 힐러리 클린턴에게 투표했다. 하나같이 트럼프는 뭔가 불길한 예감이 든다고 했다. 어쩌면 자기들과 동기인 내가 일반국민 투표에서 트럼프에게 투표한다는 사실 또한 불길한 징조라고 여겼을지도 모른다. 캘리포니아주 판사에 임명되었던 내 모친, 지금은 세상을 떠난 제리 브라운 여사는 트럼프의 출마를 탐탁지 않게 여겼을지 모른다. 당신 아들이 2016년에 트럼프에게 투표하고 그 이후로 트럼프가 이룬 업적을 대부분 지지한다는 사실도 마뜩잖게 여겼을지 모른다.

1부

무엇이 그리고 누가
트럼프를 탄생시켰을까?

잘난 척하는 소리로 들릴지 모르지만, 상원의원과 얘기를 해보면, 그가 나보다 정책 분야는 훨씬 잘 알지 모르지만 정치 철학에 대해서는 나보다 잘 알지 못한다. 버락 오바마는 이 두 분야 모두 나보다 잘 안다는 느낌을 받았다. …생생하게 기억하는 장면이 있다. 우리 둘이 소파에 앉아 있었는데, 칼날처럼 주름을 빳빳이 세운 그의 바지통을 보면서 이런 생각을 했다. 이 사람은 대통령이 되겠다. 그리고 아주 훌륭한 대통령이 되겠다.

— 2009년 8월, 데이비드 브룩스 —

01

두 개의 미국

평론가들은 우리나라를 빨간 주와 파란 주로 잘게 쪼개기 좋아한다. 공화당을 지지하는 빨간 주와 민주당을 지지하는 파란 주로 말이다. 그러나 알려줄 게 있다. 우리는 하나의 국민이고 우리 모두 성조기 앞에서 충성을 맹세하고 우리 모두 미국을 지킨다고 맹세한다.

—2007년 7월 27일, 버락 오바마, 민주당 전당대회 기조연설

미국에서 점점 심해지는 분열은 중산층이 사라지고 남은 빈곤층과 부유층이라는 식상한 "두 개의 미국"이 아니다. 가장 최근의 예로 백만장자 변호사 출신의 전직 상원의원이자 대통령 후보가 되는 데 실패한—그리고 추문으로 추락한—존 에드워즈가 만들어 대중의 호응을 얻었지만 케케묵은 선거 문구였다.

새로 등장한 분열은 2008년 이후로 점점 확산되는 현상이다. 소외된 중산층과 정치적, 문화적, 사회적으로, 그리고 우려스럽게도 점점 지리적으로도 나타나고 있는 불길한 현상이다. 첨단기술의 시대인 오늘날 나타나는 차이점들 가운데 일부는 그리스의 도시국가를 잠식한 문화적 분열만큼 오래 전으로 그 역사가 거슬러 올라간다. 해상력을 갖추고, 사해동포 정서가 만연하고, 도시가 발달하고 민주적인 아테네는 그리스 도시국가의 영혼을 두고 농업 중심적이고 내부지향적이고 목가적이고 과두정치 체제인 스파르타와 싸웠고, 대부분의 다른 그리스 도시국가들은 스파르타가 이기기를 바랐다. 그리고 스파르타가 이 전쟁에서 이겼다. 스파르타가 졌다면 그리스 문명의 미래에 보다 폭넓은 갈등을 예고했을지 모른다.

1970년대 초 화려한 컴퓨터그래픽 기술을 터득한 TV 방송은 미국을 색색으로 표시한 지도를 보여주며 대통령 선거방송을 시작했다. 민주당을 지지한 주는 본래 붉은색으로 표시했다. 공화당을 지지하는 주는 파란색으로 표시했다. 그러나 2000년 선거 무렵부터 양당을 표시하는 색을 맞바꿨다. 아마도 리버럴 성향의 언론매체들이 붉은색은 거부감을 주는 볼셰비키 색상이라는 전통적인 인식을 불식시키고 전통을 소중히 여기거나 안도감을 주기 위해 파란색을 선택했지 싶다.

1990년대에 미국의 제조업이 공동화되고, 세계화 경제체제가 탄력을 받고, 불법 이주가 증가하고, 민주당이 대도시 시장직을 독식하면서 미국은 새롭게 지역을 따라 분열되었다. 선거인단에서 기존의 당파적인 갈등을 대체하는 새로운 패턴이 나타났다. 미국은 더 이상 과거 남북전쟁 시대처럼 남북으로 양분되지 않았다. 19세기를 풍미한 서부 개척지와 동부 해안 기득권층 간의 갈등은 새로운 뭔가로 변했다.

대신 새로운 좌익·우익으로 주들이 갈라졌는데 해안선이 가장 중요한 결정 요인이었다. 민주당은 양쪽 해안 지역에 위치한 주들 전부와 5대호 연안의 주 일부를 장악했다. 공화당은 그 사이에 놓인 광활한 내륙 지역을 대부분 장악했다. 지도상으로 각 당이 장악한 주의 색을 칠해보면 선거판 지도는 온통 붉은색 투성이었다. 미국 영토의 거의 80퍼센트를 붉은색이 차지했다. 그러나 이 지도를 인구 규모를 토대로 풍선으로 표시하면 파란 풍선이 부풀어오르면서 붉은색 공간을 거의 다 잠식했다. 파란색 주의 인구는 붉은색으로 칠한 주의 공간의 거의 절반을 잠식했다.

이를 대통령 선거로 전환하면 놀라운 결과가 나왔다. 미국은 51퍼센트 다수결로 결정하는 아테네 식의 직접 민주주의가 아니라 선거 결과가 선거인단에 의해 결정되는 대의제 공화국이다. 그렇다면 민주당이 훨씬 적은 수의 주에서 일반유권자 투표에서 약간 더 많은 지지를 받지만 승자를 가리는 대세에 크게 영향을 미치지 못한다는 뜻이다. 바로 이러한 이례적인 현상이 2000년과 2016년 선거에서 일어났다. 이런 결과가 나온 까닭은 공화당이 전국적으로 일반유권자 투표에서 이기지 못해도 경합주인 중서부 지역 주들에서 1-2퍼센트 정도 근소한 차로 이기기만 해도 그 주의 선거인단을 확보할 수 있으므로 선거에서 승산이 있고, 트럼프도 틀림없이 이를 알고 있었다.

트럼프는 이처럼 분열된 미국을 통치하게 되었고 오바마 집권 당시 점점 벌어진 이러한 간극을 역으로 이용했다. 한때 "눈부신" 일리노이 상원 후보였던 버락 오바마는 2004년 민주당 전당대회에서 연설로 청중을 사로잡았다. 그 연설은 오바마가 전국적으로 이름이 알려지는 정치인으로 자리매김하게 된 첫 무대였다. 그러나 5년이 채 지나지 않아, 오바마는 정말로 두 개의 미국이 존재한다는 태도로 미국을 통치하기 시작했다. 선거운동 당시 내세운 "희망과 변화"라는 포용적인 구호와는 달리 "이긴 건 나야"라는 우쭐한 태도로 말이다. 이러한 당파성을 보인 대통령이 그가 처음은 아니지만, 그를 추종하는 언론매체들이 한목소리로 "신"이라고 일컫고, 자기 말로 해수면을 낮추고 뜨거워진 지구의 열을 식히겠다고 신 행세를 한 사람이 그런 편파성을 보였다는 사실은 뜻밖이었다.

물론, 오바마가 취임하기 전에 미국은 이미 분열되어 있었다. 그런데 그는 그 분열을 이용해 승산이 있는 쪽에 자기 직을 걸었다. 오바마는, 대부분의 선거운동 분석가들과 마찬가지로, 성급하게 민주당을 지지하는 주들이—인구구조적으로, 문화적으로, 그리고 정치적으로—미국의 21세기 미래라는 데 자기 직을 걸었다.

그러나 적어도 향후 몇십 년 동안은 양쪽 해안 지역 도시인 로스앤젤레스와 보스턴이 중서부 도시인 솔트레이크시티와 오클라호마시티를 잊히게 만들 가능성은 없다. 캘리포니아의 문화가 가까운 장래에 유타주와 테네시주, 혹은 와이오밍주와 조지아주로 전파될 가능성은 없다. 다문화주의를 표방하는, 서로 다른 문화들이 융합되지 않고 뒤섞여 있는 샐러드 볼(Salad Bowl)의 시대에도 결혼과 동화라는 용광로(Melting pot)는 서로 나뉜 부족과 같은 집단들을 이념이 다소 희석된 미국인으로 변신시킬 힘을 여전히 지니고 있다. 동화 정책이 실패한다면, 백인 산업근로자 계층은 여느 소수집단과 마찬가지로 자신들도 부족으로서의 정체성을 누리겠다고 결심할지도 모를 일이다. 그러한 부족적 연대감이 인권운동 이전의 미국의 과거를 묘하게 닮았다는 느낌을 줄지 모르지만 말이다.

오바마가 추진한 정책들의 결과로, 그가 두 차례 대통령 임기를 마치고 물러나면서 남긴 정치적 유산은 붉은 바다에 떠 있는 푸른 산호초였다. 그의 임기 동안, 민주당은 하원을 잃었다. 상원도 포기했다. 주 의회 의원직 비율(99

대 69)과 주지사직 비율(33 대 17)은 2017년 무렵 공화당 우위로 바뀌었다. 오바마는 2016년 대선에서 공화당이 선거인단 투표에서 이기는 데 혁혁한 공을 세웠고, 선거가 끝나고 나서, 공화당은 1920년 이후로 그 어느 때보다도 막강해졌다. 이런 말 하면 불경죄에 해당할지 모르나, 버락 오바마는 물러나고 적어도 첫 2년 동안 연방, 주, 지역 차원에서 다수당으로서 민주당의 역할을 모조리 파괴시키고 그 자리에 새로운 사회주의가 부상할 길을 마련했다.

분열이 극에 달했던 오바마 임기 동안, 선거에서 승패를 가르는 결정적 역할을 하는 중서부 지역 주들은 대부분 적어도 주 차원에서는 공화당으로 돌아섰다. 2018년 무렵, 미네소타를 제외하고 중서부의 모든 주들이 공화당 주지사를 선출했다. 일리노이주를 제외하고 공화당이 중서부 주의 하원을 모조리 휩쓸었다.

2018년 〈이코노미스트〉와 YouGov가 합동으로 실시한 여론조사에 따르면, 중서부 거주자의 53퍼센트가 민주당에 대해 비호감을 표했다. 칼럼니스트 줄리 켈리는 오바마가 선거 지형에 미친 후유증으로 1960년대에 남부 지역이 민주당에서 공화당으로 지지를 바꾼 현상이 중서부에서 재현되고 있다고 주장했다.

그러나 지역 차원과 주 차원에서 이렇게 대대적으로 선거 지형의 변화가 일어나는 근본적인 이유는 해안 지역 엘리트 계층에 대한 분노라는 사실을 파악한 관측자가 거의 없었다. 중도 성향의 유권자는 세계화가 바람직한지 여부에 대해 의심을 품기 시작했다. 그들은 문화적으로 좌경화되는 민주당에 저항했다. 대부분은 정체성 정치에 집착하는 민주당이 거부감을 일으키는 새로운 종류의 인종차별주의를 밀어붙인다고 여겼다. 처음부터 트럼프는 중서부 지역에서 이미 오래 전에 대통령 선거에서 지지자를 바꾸는 현상이 일어났어야 한다고 전제하고 시작했다.

트럼프는 출마 선언을 하면서 오바마가 남긴 후유증을 반면교사 삼아 정반대의 해법을 마련했다. 그는 그동안 잊힌 내륙 지역의 지지를 받으면 해안 지역을 패배시키고 전국 선거에서 이길 승산이 있다고 생각했다. 직관에 반하는 듯이 보이는 이 전략은 1984년 레이건처럼 나라를 통합해 압도적 승리를 거두는 게 아니었다. 21세기 미국에서 선거에 출마한 정치 후보는 이런 구도로 승리하기가 불가능했다. 심지어 오바마처럼 역사의 한 획을 긋는 기념비적인 후보조차도 불가능하다. 더군다나 호불호가 극명하게 갈리는 도널드 트럼프에게는 언감생심이다.

트럼프 이전의 공화당 대통령 후보들, 무늬만 보수주의자인 존 매케인과 미트 롬니 같은 이들이 고배를 마신 이유는 그들이 내륙 지역 주들을 모두 확보하지 못했기 때문이다. 공화당 후보는 캘리포니아(선거인단 수 55), 일리노이(20), 매사추세츠(11), 뉴욕(29) 같이 민주당 강세인 주들은 처음부터 포기하고 시작하므로 승리하는 데 필요한 선거인단 270표 가운데 115표를 포기하고 나면 실수할 여지가 별로 없다. 트럼프 이전의 공화당 후보가 미시간, 오하이오, 펜실베이니아, 위스콘신 같은 주들에서 계속 패배한 까닭은 환멸을 느낀 백인 산업근로자 계층의 지지를 끌어내지 못했거나 끌어내려는 노력을 하지 않았기 때문이다.

그들은 특히 대학 졸업장이 없는 이들의 지지를 끌어내는 데 실패했다. 대부분이 선거 당일날 투표소에 나가지 않았다. 이들은 경직된 자유시장 옹호 성향, 철저히 자유롭지만 공정하지는 않은 무역을 옹호하는 공화당 기득권층에게 환멸을 느꼈듯이 진보주의적인 정체성 정치 옹호 성향으로 국경을 개방하자고 주장하는 민주당에도 환멸을 느꼈다. 결과적으로 한때 민주당 텃밭으로 간주되었던 세 개의 핵심적인 주들에서 트럼프가 승리했다. 미시간(0.2퍼센트 차), 펜실베이니아(0.7퍼센트 차), 그리고 위스콘신(0.8퍼센트 차)이 바로 그 세 주다. 다시 말하면, 트럼프가 대선에서 이긴 까닭은 이 세 주에서 8만 명의 유권자가 그를 지지했기 때문이다.

그러나 이 주들은 과거에 공화당은커녕 공화당 할아버지가 나와도 절대로 이기기가 불가능하다고 간주되었다. 트럼프가 신박하게 성공한 비결은 이 세 주에서 최근의 그 어떤 공화당 후보보다도 선전했기 때문이다. 2012년 대선에서 공화당 후보였던 미트 롬니와 비교해보면 트럼프는 롬니보다 펜실베이니아에서 29만 표, 오하이오에서 18만 표, 미시간에서 16만 5000표를 더 얻었다. 무엇보다도 트럼프는 플로리다주에서 2012년 공화당 후보보다 45만 표를 더 얻어서 가뿐하게 이겼다는 사실이 중요하다.

분노한 트럼프 지지자만이 트럼프를 지지한 게 아니라는 사실을 주목해야 한다. 트럼프는 공화당 진영에서 거의 90퍼센트의 지지를 받았다. 트럼프는 절대불가(Never Trump)라고 목소리를 높인 공화당 진영의 반대 세력들은 선거 당일에 거의 영향을 미치지 못했다. 트럼프는 공화당 내에서 존 매케인과 미트 롬니가 받은 만큼의 지지율을 얻었다. 공화당 진영의 유명 인사들을 총망라하는 트럼프 절대불가 세력은 격렬하게 트럼프에 반대한 이들인데 트럼프가 당선되자 이 사실을 어떻게 설명할지 난감해했다. 트럼프는 부동층뿐만 아니라 백인 남녀 대다수, 교외에 거주하는 전문직 유권자들의 지지를 확보했다. 트럼프를 지지한 유권자들은 대부분 과거에 공화당 후보에게 투표한 유권자들과 소득과 학력 면에서 동일했다. 트럼프의 선거유세는 산업근로자 계층을 겨냥해 마련되었고 대단한 관심을 끌었다. 그러나 공화당을 지지하는 재계 고위인사들, 기업가들, 보수주의 주류를 형성하는 이들은 말없이 트럼프가 또 다른 존 매케인이나 미트 롬니라는 듯이 트럼프를 공화당 후보로 보고 트럼프에게 표를 던졌다.

그러나 핵심은, 그 구도에서도 과거 존 매케인과 미트 롬니 같은 공화당 후보들은 선거에서 졌다는 사실이다. 공화당 텃밭의 산업근로자 계층 유권자가 트럼프의 유일한 지지기반이라기보다(그는 백인 대졸 이하 학력 유권자 가운데 66퍼센트의 지지를 얻었다) 그들이 그 어떤 계층보다 압도적으로 가장 중요한, 트럼프의—그리고 모든 다른 공화당 후보들의—승패를 가르는 결정적인 요인이라는 뜻이다. 그들의 압도적인 지지 없이는, 아니면 선거 지형을 바꾸는 레이건 같은 또 다른 후보가 나오지 않고는, 트럼프든 오늘날 그 어떤 공화당 후보든 다시는 대통령이 될 가능성이 없다.

무엇보다도 중요한 점은 트럼프가 십분 활용한, 해안 지역-내륙 지역 간에 점점 간극이 넓어지는 근본적인 원인이 뭔가 하는 점이다.

농촌과 도시로 분열되었던 1990년대에 제조업이 공동화된 공화당 텃밭인 주들은 상대적으로 경제적 영향력을 잃었다. 그들은 점점 더 변방 지역이 될 가능성이 높았다. 디트로이트, 클리블랜드, 밀워키 같은 도시들은 죽어가고 있는 반면 포틀랜드, 시애틀, 샌디에이고 같은 도시들은 부상하고 있었다. 한동안 민주당 텃밭인 주들은 성장하고 훨씬 도시화되었다. 이러한 양극화는 다면적이지만 매우 일관성이 있다. 예로부터 바다를 마주한 지역은 자유로운 사해동포주의 정서가 강해 안으로 눈을 돌리는 보수적인 전통주의 성향과 늘 갈등을 빚었다.

해안 지역의 민주당 텃밭은, 오만한 아테네가 스파르타를 편협하다고 업신여겼듯이, 자기들이 문화 전쟁에서 이기고 있다고 믿었다. 민주당 지지자들은 오만해져서 이따금 문화 전쟁에서 한 치도 양보해서는 안 된다고 주장했다. 2018년 초 온라인 블로그 〈미디엄Medium〉에 게재되어 널리 확산되고 인용된 에세이에서 진보주의자 피터 레이든(리인벤트Reinvent라는 기업의 최고경영자)과 레이 텍세이라(미국진보센터Center for American Progress 연구원)는 이러한 분열은 실존적이고 항구적이며 돌이킬 수 없다고 주장했다. 그들은 리버럴 진영에게 좌고우면하지 말고 무자비하게 밀어붙이라고 촉구했다. 그리고 그들은 자기들의 적과 타협은 없다, 적을 물리치고 제거해야 한다며 다음과 같이 분명히 밝혔다.

타협의 기회는 사라졌다. 이게 미국이 처한 오늘의 현실이다. …어느 시점에 가면 이쪽이든 저쪽이든 이겨야 한다. 그것도 아주 크게. 변화에 저항하는 쪽은 보통 과거의 체제와 기존의 이해관계에 가장 깊이 뿌리를 두고 있는 쪽인데, 이들을 철저히 패배시켜야 한다. 선거 한두 차례에서가 아니라 한두 세대 동안.

이와 같이 양보와 타협은 절대 없다는 태도는 2019년 7월, MSNBC 앵커 크리스 헤이즈가 수위를 높였다. 헤이즈는 트럼프 지지기반("암흑 세력")을 파괴시키자고 거리낌 없이 주장했다—자기 나름의 방식으로 애정과 동정으로써 그들을 섬멸하자는 뜻이라고 털어놓기는 했지만 말이다.

트럼프 지지기반에 대해 애정과 동정과 결의로써 평화롭게, 비폭력적으로, 정치적으로 맞서고 파괴시켜야 한다. 이 연합세력을 해체시킬 방법은 그뿐이다. 여기저기 뜯어내서는 소용없다. 너무 뿌리 깊다. 그들은 너무 큰 치욕을 자초했다. 이 지지기반의 심장을 뜯어내야 한다. 암흑 세력은 척결해야 한다.

"철저하게 패배시켜야" 하거나 "파괴시키고" "뜯어내야" 할 일부가 존재하는 분열된 현실은 늘 여러 가지 다양한 요인들 때문에 더욱 다변화되고 극심해진다. 한 가지 요인은, 새로이 유입된 미국인들—미국에 거주하는 거의 5천만 명에 달하는 외국 국적자들—은 기후, 경제적 기회, 가족 관계, 물리적인 환경과 같은 기존의 기준뿐만 아니라 부족, 문화, 정치 성향을 토대로 분류된다. 소수자와 동성애자는 도시와 리버럴 성향의 주를 선호할 가능성이 높다. 해안 지역에 사는 이민자와 불법 체류자는 훨씬 넉넉한 지원을 주정부로부터 받고 이민법 집행 당국을 덜 두려워한다. 현재 복지수당으로 사는 미국인들 가운데 3

분의 1이 캘리포니아주에 거주한다. 미국 불법 체류자의 4분의 1이 캘리포니아에 거주한다. 캘리포니아주 총인구 가운데 4명당 1명 이상이 미국에서 태어나지 않았지만, 캘리포니아주 인구가 미국 총인구에서 차지하는 비율은 12퍼센트 남짓하다.

분열을 심화시키는 두 번째 요인은 세율이 높고 규제가 심한 민주당 텃밭에 거주하는 공화당 지지자들이 다른 주로 이주하는 경우가 흔하다는 사실이다. 특히 은퇴할 나이가 되어 소득보다 지출과 세율이 더 큰 관심사가 되면 그렇다. 작은 정부를 선호하고 사해동포적인 성향이 덜한 공화당 텃밭에 살면서 문화적 박탈감을 느끼는 민주당 지지자들도 다른 주로 이주한다. 예비선거 정치는 강경 좌익과 강경 우익 모두 새롭고 보다 획일화된 주 정당들을 반영하도록 바꾸어놓았다. 타협 불가 성향의 예비선거 후보들은 자기 지지기반에 충성을 다짐했다. 다시 말하지만, 트럼프가 이러한 분열을 조장한 게 아니다. 오바마 대통령과 마찬가지로 그도 단지 이미 존재하는 분열을 정치적으로 유용하다고 보고, 앞선 공화당 후보들보다 훨씬 능수능란하게 이러한 분열을 지렛대로 활용했을 뿐이다.

세 번째 이유는 소셜 미디어의 본거지이고 세율이 높고 큰 정부를 선호하고, 리버럴한 사회 정책, 작은 가족 규모, 고급 문화, 고소득이 특징인 이른바 민주당 텃밭의 문화적 영향력이 강화되었기 때문이다. 민주당 지지 세력은 대학, 재단, 연예계, 언론매체를 장악하고 있다. 전 세계로부터 수조 달러가 해안 지역에 본부를 둔 아마존, 페이스북, 구글, 마이크로소프트(이들의 시가총액을 합하면 3조 달러는 족히 넘는다), 그리고 이들에서 파생된 첨단기술 기업들과 최신 유행하는 문화 현상에 수십 조 달러가 쏟아져 들어갔다.

명문 대학교들—아이비리그, 캘리포니아 공과대학, MIT, 버클리—은 해안 지역에 있다. 이런 대학교들은 세계화된 상업과 무역 여건에서 앞서나가는 데 필요한 기술을 연마시켜준다. 팔로알토에 있는 유니버시티 애비뉴의 한 식당에서 저녁을 먹을 때, 음식과 분위기와 사람들의 말투와 옷차림을 보고 있으면 다른 별에 온 느낌이 든다. 거기서 자동차로 3시간이면 닿는 캘리포니아 프레스노 남쪽에 있는 내 집에서 외식을 할 때의 느낌과 천양지차다.

할리우드, 월스트리트, 혹은 네브래스카에 있는 스탠퍼드나 켄터키는 아주 독특한 곳이다. 인구가 4천만 명인 캘리포니아주는 대략 15만 명의 납세자로부터 세수의 절반 정도를 거둬들인다. 새크라멘토에 있는 주정부는 첨단기술과 세계화된 세계를 십분 활용할 역량을 지닌 캘리포니아의 독특함 덕분에 최고 부유층이 부자가 됐다고 생각하든가, 수백억 달러 이상의 소득을 올리는 이들은 캘리포니아주 최고 세율 구간인 13.3퍼센트도 너끈히 감당할 여력이 있다고 생각한다. 트럼프는 처음부터 자신이 다듬고 있던 포퓰리즘 개념을 이용해 진보 성향의 최고 부유층에 맞설 수 있다고 보았다. 특히 그들이 지지하는 정책이 낳는 부작용은 대부분 그들보다 훨씬 삶의 여유가 없는 계층이 감당하는 결과를 낳는 그들의 위선적인 행태를 고려한다면 말이다. 다시 말해서, 인구의 극소수에 불과한 이들의 영향력은 만연한 대중문화와 세계화된 경제 구조 때문에 실제보다 과장되었다는 사실을 간파했다.

미국이 서로 정반대인 두 개의 문화로 나뉜 네 번째 이유는 창출된 부가 점점 고르지 않게 분배되는 현상 때문이다. 공화당 텃밭의 중산층은 적어도 1970년 이후로 실질임금에서 볼 때 소득이 정체되어왔고, 경제적 보상이 향상된 근로자 생산성을 따라잡지 못했다. 한편 민주당 텃밭의 엘리트 계층은 그 어느 때보다도 부유해지고 있었다. 그리고 이를 대놓고 떠벌였다. 이 사실은 진보주의자들이 보기에도 모순이었다. 예컨대, 1980년 워싱턴 DC의 1인당 소득은 다른 지역 미국인들 평균보다 겨우 29퍼센트 높았다. 그런데 2013년 무렵 워싱턴 DC의 평균 소득은 미국의 나머지 지역 평균보다 68퍼센트 높았다.

캘리포니아주의 샌프란시스코만 지역에서 1인당 평균소득은 미국 나머지 지역보다 50퍼센트 높았는데 이제는 88퍼센트 더 높아졌다. 이렇게 소득이 증가한 가장 큰 이유는 흔히 말하는 상위 1퍼센트의 소득이 천문학적으로 증가했기 때문이다. 캘리포니아의 해안 지역에 위치한 주택의 1제곱피트 단위면적당 가격은 여기서 자동차로 3시간 거리에 있는 프레스노에서 베이커스필드에 이르기까지 캘리포니아 내륙 지역에 있는 동일한 단위면적당 가격의 10배를 호가한다. 세계 투자와 금융의 중심지인 뉴욕시의 1인당 평균소득은 1980년에 미국 평균 1인당 소득보다 80퍼센트 높았다. 그로부터 33년 후, 소득 차이는 무려 172퍼센트로 폭발적으로 증가했다.

다시 말하지만 그 이유는 복잡한 설명이 필요 없다. 금융과 법률 서비스, 은행, 보험회사, 자산운용사, 기술기업, 대학교들은 독특한 서비스와 상품으로 전 세계에서 74억의 고객을 확보했다. 이론상으로는 그렇다. 이와 정반대 처지에 놓인 이들이 미국 내륙 지역에 거주하는 이들이다. 이들이 만들고 팔고 키운 상품들은 이제 해외에서 훨씬 쉽고 싸게 복제되고 대체되고 추월당했다.

세계화로 인해 일자리와 상거래가 비용이 저렴한 아시아와 라틴아메리카로 빠져나가면서 미국 내륙 지방은 초토화되었다. 그러나 그동안 이러한 불균형을 십분 활용한 정치인이 아무도 없었다(2008년 펜실베이니아 농촌 지역에 거주하는 이들을 총기를 소지할 권리와 종교에 매달리는 이들이라고 폄하하는 발언을 한 오바마처럼 이따금 부정적으로 언급하는 경우 말고는 없었다).

세계가 점점 서로 연결되면서 미국에서 육체노동 일자리와 공장 제조업은 점점 사라지기 시작했다. 그런 일자리와 공장은 임금이 싸고 규제가 거의 없는 나라들로 옮겨갔다. 그 결과 내륙 지역에는 경제성장이 정체되었고 엘리트 계층은 내륙 지역 거주자들에 대해 시대에 뒤처지고 과거에 고집스럽게 매달리더니 당해도 싸다는 듯, 아니면 적어도 게을러서 사전에 그런 사태를 방지하려는 아무런 조치도 취하지 않았다는 듯, 내륙 지역에 대해 "내 그럴 줄 알았지"라는 식으로 도덕적으로 단죄하는 태도를 보였다. 한때 강도 높은 육체노동을 숭고하게 여겼던 태도는 이제 아무 생각 없이 단조롭고 고된 일에 어리석게 매달리는 행태로 변질되었다.

자신만만하고 세련된 해안 지역 부유층은 마치 예정된 운명이 실현되었다는 듯, 아니면 적어도 그들이 당연히 받아야 할 보상을 받았다는 듯이 인식되었다. 태도가 문제였다. 이른바 승자들은 "패자"를 향해 이념적 훈계를 쏟아놓으며 잘잘못을 따졌다. 트럼프는 "잊힌 이들"을 위한 정책을 펴겠다고 함으로써, 미트 롬니처럼 인정머리 없는 기업가로 비춰지거나 금수저 물고 태어난 젭 부시처럼 비춰질 염려가 없었다. 민주당은 트럼프를 인종차별주의자, 성차별주의자, 미국에서 태어난 사람만 국민으로 취급하는 출생지주의자, 동성애 혐오자 등 온갖 낙인을 찍었지만 인정머리 없다고 매도하기는 힘들었다. 2016년 선거에서 미국에서 가장 부유한 지역들이 그를 지지하지 않았고 가장 빈곤한 지역이 그를 지지했으며, 힐러리 클린턴이 부유층으로부터 수억 달러 더 많은 선거자금을 받았다는 사실로 미루어볼 때 말이다.

민주당 텃밭 거주자들은 마치 내륙 지역에 약물 중독이 만연하고 이동주택에 살면서 떠돌이 생활을 하는 이들 때문에 상점과 넓은 농장과 타이어 공장이 다 떠나갔다는 투로 내륙 지역 거주자들을 깔보았다. 세계화로 일자리가 빠져나가면서 실직해 절망에 빠졌기 때문에 그들의 병세가 더 깊어졌는데 말이다. 시가총액과 수익성이 중요한 이들의 관점에서 보면 전통적인 광업, 농업, 에너지와 철도 회사는 첨단기술, 금융, 서비스, 정보 관련 거대기업들에게 영향력을 빼앗기는 게 당연했다.

철저히 득실만 따지자면, 미국 해안 지역이 제공하는 서비스에 대한 전 세계의 수요는 날이 갈수록 높아졌고 이는 미국에 이득이 되었다. 그러나 이미 오래 전에 세계는 미국 내륙 지방의 부와 제조업과 산업화를 도용하거나 베꼈다. 컴퓨터 엔지니어링 기업보다 포도 농사를 멕시코로 아웃소싱하는 게 훨씬 쉬웠다. 중국은 하버드나 프린스턴에 버금가는 교육시설을 창립하기보다 철강 파이프를 만들기가 훨씬 쉬웠다. 그리고 베트남은 헤지펀드나 컴퓨터 소프트웨어 설계보다 의류 제조에 더 뛰어났다.

한때 제조업 중심지로 철강 벨트(Steel Belt)로 불렸던 지역은 가랑비에 옷 젖듯 제조업 시설이 해외로 이전하면서 러스트 벨트(Rust Belt)로 전락했고, 이 지역에서 2016년 도널드 트럼프라는 후보의 씨앗이 배태되었다. 그리고 이 지역은 트럼프가 대통령직을 수행하는 데 있어서 핵심적인 버팀목이 되어준다. 1990년대에 캘리포니아 중부 농촌 지역에서 나는 가난한 실업자들이나 실직한 산업근로자 계층 백인들을 만나기 시작했다. 그들은 눈에 초점이 없었기 때문에 금방 눈에 띄었다. 그들은 백인으로서 누리는 특권도 없고 잃을 특권도 없었다. 반면, 내 직장이 있는 팔로알토에서는 사람들의 눈빛이 초롱초롱하고 서로 수다가 끊이지 않았다. 길 가는 사람들은 거의 뛰다시피 바삐 걸었다. 삶이 너무나도 만족스러워서 오감으로 제대로 다 즐기기가 버거울 정도였다. 생활 수준이 뽕에 취한 듯 치솟기 시작했다. 팔로알토에 있는 건널목은 보행자의 지옥이었다. 거리에 넘쳐나는 BMW와 벤츠가 달리다가 급정거했다. 내가 사는 마을에서는 길을 건너다 보면 교차로에 서 있는 자동차 운전자들은 축 처져서 잠들어 있는 듯했다.

나라를 새롭게 분열시킨 다섯 번째 원인은 인터넷과 소셜 미디어였다. 둘 다 부지불식간에 계층 인식과 문화적 갈등을 왜곡하고 증폭시켰다. 1990년 이전에, 멤피스에서 주먹다짐 끝에 편협한 백인이 흑인을 쏘거나 시카고에서 십대 흑인이 가게 손님을 두들겨 패거나 정서불안에 시달리는 한 좌익 교수가 총장을 비방하면, 2억 5000만 명 인구의 큰 나라이지만 지역 뉴스에서나 단신으로 다루었다. 이제는 그런 이례적인 사건이 소셜 미디어를 타고 전염병처럼 급속도로 확산되면서 마치 그 사건이 나라 전체의 정신 건강에 대해 내려진 진단인 듯 호들갑을 떤다. 이런 사건이 소셜 미디어를 타고 퍼지면 뒤이어 뉴스를 퍼 나르는 이들이 분노에 찬 댓글을 달면서 증오의 불에 기름을 끼얹는다. 그리고 순식간에 병적인 수준에 도달한다. 정치인이나 유명인사가 인터넷에서 기사 하나를 읽고 자극을 받으면 생각도 해보지 않고 충동적으로 기사를 트윗한다. 군중을 제치고 선수 치거나 자신이 분노한 독보적인 존재임을 과시하려고 말이다. 뒤이어 너도나도 격분해 비난을 쏟아내면 이에 대한 반박으로 맞대응하는 이들이 독설을 쏟아내며 설전이 격화된다.

지역에서 발생한 아주 사소한 사건이 조회 수가 치솟아 수백만 회에 달하면, 전국으로 방송되는 유선방송 채널이 이 "기사"를 보도하면서 마치 지구가 실존적 위기에 처하고 거창한 이념이 증명되기라도 한 듯이 호들갑을 떤다. 이러한 순환 구조는 주 단위나 하루 단위로 되풀이되는 게 아니라 시간마다 되풀이되면서 문화적, 정치적 진영을 초월해 수백만, 수천만 명을 분노한 상태에 머무르게 만든다.

그러다가 수 시간 내에 그 사건에 대한 관심이 시들해지고 흥분이 가라앉으면 곧 한층 더 분노를 일으키는 새로운 사건이 온 나라를 들썩이게 만든다. 이러한 묻지마 분노 사건 하나하나는 따로 놓고 보면 별일 아닌 듯 보이지만, 총체적으로 보면 좌 대 우, 우 대 좌의 고정관념과 편견이 확인된다. 일생을 바친 직업과 평생 쌓은 업적이 인터넷 상에서 누군가 내뱉은 한 마디로 순식간에 물거품이 되고, 이는 곧 지금까지 알려지지 않았던 사악한 면을 들여다보는 새로운 관문이 된다.

마지막으로 민주—공화 양분된 구조에 인종과 계층이 더해지면, 정치적 분열은 더욱 깊어진다. 대도시 정부들은 점점 흑인이 장악하고 로스앤젤레스와 새너제이 같은 남서부 대도시들은 히스패닉이 장악했다. 한편 해안 도시 지역에 거주하는, 유행에 민감한 독신 전문직 종사자 계층이 새로 부상했다. 이들의 가처분소득은 고급 콘도와 타운하우스, 고급 부티크 호텔 휴가, 고급 식당, 과시적인 소비에 불을 붙였다. 그리고 그들은 교외 지역에 침실 3개, 화장실 2개짜리 내 집을 마련하고 자녀들 치아 교정이나 집 근처의 좋은 학교에 보내기 위해 저축하는 데는 크게 관심이 없다.

환경정비 정책으로 부동산 가격이 치솟고 격조 높은 취향은 복음처럼 전파된다. 민주당 텃밭은 상류층의 문화적 관심사와 생활 방식에, 그리고 대부분 소수자인 빈곤층에게 주정부 차원에서 넉넉히 지원해주는 문제에 집중하기 시작했다. 그들이 누리는 특권과 성공은 유행하는 진보적 정치관의 겉치레로 위장했다. 규제, 개발 제한, 경제성장 없는 정책, 높은 세율로 중산층이 붕괴되고 해안 지역에 노숙자가 무더기로 탄생했는데도 아랑곳없었다. 높은 언덕 위에 지은 널찍한 대저택들 사이에 녹지 공간을 마련하는 선택지와 중산층이 내 집 마련할 기회를 주기 위해 주택 건설 부지를 확대하는 선택지 사이에 양자택일을 해야 하는 경우 열이면 열, 환경보호주의자 엘리트 계층의 뜻대로 되었다.

캘리포니아 북부 지역에서 부엌 조리대에 고급 대리석을 깔고 전문가용 스테인리스 스틸 가전제품을 갖춰놓고 천연목 나무로 바닥을 깐 고급 주택에 사는 전문직 종사자들은 싸구려 포마이카 조리대에 백색 구식 냉장고를 갖춰 놓고 리놀륨으로 바닥을 깐 허름한 주택에서 빈곤층과 이웃하고 사는 중하류 계층보다 노숙자와 빈곤층과 비백인들의 처지에 대해 훨씬 더 우려하고 관심을 보였다. 이론상으로는. 가처분소득이 상대적으로 많은 이들이 남에게 동정심을 보일 여유가 있는 게 당연했다. 그러나 금전적 여유가 없는 중하류 계층을 인정머리 없다고 폄하하는 태도는 불가해했다. 그런데 하고많은 사람 중에 하필 억만장자인 트럼프가 중하류 계층 편을 들면서 이런 정서가 바뀌었다.

예컨대, 2016년 선거 과정에서 일어난 최악의 참사는 힐러리 클린턴이 "트럼프 지지자의 절반"을 "한심한 종자들"이라고 다음과 같이 매도한 사건이다.

좀 심하게 일반화하자면, 트럼프 지지자들 절반은 한심한 종자들로 분류할 수 있다. 그렇지? 인종차별주의자, 성차별주의자, 동성애 혐오자, 외국인 혐오자, 이슬람 혐오자, 없는 게 없다. 유감스럽지만 그런 사람들이 있다. 그리고 트럼프는 그런 이들을 부추긴다. 회원이 겨우 1만 1000

명인 웹사이트에 힘을 실어줘서 이제 1100만 명으로 늘었다. 트럼프는 그런 자들이 쏟아내는 불쾌하고 증오에 찬 역겨운 발언을 쉬지 않고 트윗한다. 그 가운데 일부는 구제불능이다. 그러나 다행스럽게도 그들이 미국을 대표하지는 않는다.

클린턴은 자신에게 투표하지 않을 거의 6300만 명의 절반 이상을 폄하하고 나서 트럼프를 지지하는 "나머지 절반의 종자들"을 본인이 동정해야 할 순진하고 정신이 혼미한 사람들이라고 업신여겼다 ("그들도 우리가 이해하고 동정해야 할 사람들이다"). 다시 말해서, 2016년 선거를 겨우 60일 앞두고, 클린턴은 투표권을 행사할 가능성이 있는 수천만 명의 유권자를 트럼프를 지지하는 사악한 이들이거나 어리둥절해서 재교육이 절실히 필요한 사람들로 매도해버렸다. 공교롭게도, 힐러리가 "미국을 대표하지 않는" "구제불능"이라고 깔아뭉갠 백인 산업근로자 계층뿐만 아니라 동정의 여지가 있는 이들이 바로 2008년 그녀가 민주당 경선 후보로 나섰을 때 오바마가 지닌 인종을 기반으로 한 호소력에 맞불을 놓기 위해 힐러리가 (트럼프보다 훨씬 더 노골적으로) 표를 애걸하려던 대상이었다.

클린턴은 오래전에 예비선거 선거유세를 하는 동안 이런 말을 했었다. "열심히 일하는 백인 노동자들 사이에서 오바마 상원의원의 지지가 다시 약해지고 있고 2개 주 모두에서 대학을 졸업하지 못한 백인들은 나를 지지하고 있다. …여기서 패턴이 드러난다. 민주당원이 선거에서 실제로 이기려면 충분한 표를 확보해야 하는 대상이 있다. 삼척동자도 아는 사실이다." 힐러리 클린턴은 2008년 펜실베이니아 예비선거에서 오바마에게 이겼다. 그러나 오바마는 도시에 거주하는 소수자들이 대거 투표장으로 몰린 데 힘입어 두 차례 일반유권자 선거에서 펜실베이니아주를 확보했고, 그 후 클린턴은 2016년 대선에서 도널드 트럼프에게 펜실베이니아를 빼앗겼다. 게다가, 오바마는 2008년 선거 유세 과정에서 힐러리가 과거에 무시했던 백인 산업근로자 계층에게 다각도로 지지를 얻으려고 애쓰자 이를 두고 천박한 선거용 깜짝쇼라고 일축했다. "그녀가 말하는 걸 보면 꼭 저격수 애니 오클리(Annie Oakley) 같다. 힐러리 클린턴은 일요일마다 오리 사냥 나가서 눈에 띄지 않게 숨어만 있는 꼴이다. 6연발 권총을 쥐고서. 왜 이러시나, 겨우 그 정도야. 힐러리 클린턴이 쓰는 정치 술수, 참 대단하다."

산업 공동화된 내륙 심장부에서 시쳇말로 백인 산업근로자 계층 남성은 점점 약물에 중독되었고 자살과 같은 다른 병리 현상에 시달렸으며, 수명도 짧아졌고, 건강은 악화되고 불법 행위도 증가하고 이혼과 가족 해체도 빈번해졌으며 출생율도 하락했다. 상당 기간 동안 그러한 병리 현상은 국가적인 위기의식에 불을 지피지 못했다. 삶이 무너진 상태에서 실직한 기계공은 자기보다 삶의 여유가 있는 부모와 조부모처럼 유권자로 등록하고 투표장에 가서 투표하는 데 흥미를 잃었다. 평론가들은 본래 보수주의자인 유권자들이 2008년과 2012년에 투표소에 나가지 않은 이유는 이런 사정에 둔감한 부자 존 매케인이나 미트 롬니 때문이 아니라 이러한 자기혐오와 무관심 때문이라고 주장했다.

트럼프가 등장하기 전만 해도 내륙 지역의 잊힌 산업근로자 계층을 대변하면 정치적 기회가 열리겠다고 본 정치인이 거의 없었다. 이 계층은 생각보다 규모가 훨씬 컸다. 그리고 아나 다를까, 2016년 선거가 끝난 후 전문가들은 머리를 긁적이면서 그들이 행한 이른바 출구조사에서 트럼프의 지지가 치솟은 점을 간과한 이유를 다시 살펴보았다.

〈퓨 리서치〉 분석에 따르면, 대졸 학력의 백인이 유권자의 36퍼센트를 차지한다는 인식은 사실이 아니었다. 대졸자는 겨우 유권자의 30퍼센트를 차지했다. 그리고 그들보다 대학 졸업장이 없는 산업근로자 계층 백인의 수가 훨씬 많았을 가능성이 있다. 여론조사 전문가들은 자기들처럼 대졸 학력인 사람들이 여론조사에 응하고 설문지를 작성하고, 보통 자기 견해를 공개적으로 밝힐 가능성이 가장 높다는 너무나도 뻔한 사실을 고려하지 않았던 게 틀림없다. 학사 학위가 없는 이들은 자기 견해를 드러내지 않고 입을 다물었을 가능성이 높다. 트럼프를 지지한다고 공개적으로 말하면 모종의 데이터 목록에 기록으로 남을지 모른다는 두려움도 있었다.

트럼프가 당선되면서 진보주의자들이 계산착오를 인정하고 태도를 수정했어야 했다. 아니면 적어도 현실과 유리되어 살고 있던 리버럴의 환상이 깨졌어야 한다. 그러나 그러지 않았다. 2018년 3월, 뜻밖에 트럼프를 지지하고 나선 코미디언 로잰 바(Roseanne Barr)가 오래 전에 종영한 시트콤을 되살려내자 할리우드는 충격을 받았고 온 나라가 어안이 벙벙했다. 백인 중산층의 생활 방식을 공감 있게 그려내고 트럼프를 지지하는 정서를 담은 대사를 곳곳에 삽입한 새 시트콤 〈로잰Roseanne〉은 기록적인 시청률을 올렸다. 그러나 오바마의 최측근으로서 막강한 영향력을 행사한 흑인 여성 밸러리 재럿(Valerie Jarrett)에 대해 로잰 바가 "무슬림 형제단 & 혹성 탈출이 낳은 아기 = VJ."라는 트윗을 날렸다가 인종차별이라는 논란에 휩싸이면서 로잰 바의 시트콤은 취소되었다.

백인 중하류 계층이 겪는 병리 현상은 좌익에게 중학교 생물 시간에 포름알데히드 냄새를 짙게 풍기면서 해부된 뒤 사후경직으로 뻣뻣해진 채 책상 위에 널브러진 개구리처럼 인식되었다. 이러한 병리 현상은 찰스 머리(Charles Murray)의 통계적인 분석 『입지를 잃다: 미국 사회 정책, 1950-1980Losing Ground: American Social Policy, 1950-1980』과 로버트 D. 퍼트넘(Robert D. Putnam)의 『우리의 자녀들: 위기에 빠진 아메리칸 드림Our Kids: The American Dream in Crisis』, 그리고 직접 겪은 절절한 사연을 담은 J. D. 밴스(J. D. Vance)의 『힐빌리의 노래Hillbilly Elegy: A Memoir of a FAmily and Culture in Crisis』를 통해 널리 알려졌다.

그러나 정부는 구제 노력을 거의 하지 않았다. 한때 중산층이었던 몰락하는 백인 계층은 진보주의적 부유층의 문화적 취향이 없었다. 그리고 그들은 빈곤층이 얻는 공감을 이미 오래전에 박탈당했다. 아니, 이보다 더 심각했을지도 모른다. 백인 엘리트 계층은 끼리끼리 어울리고, 전문직 학위를 소지하고, 부를 쌓고, 유산을 물려받고, 영향력을 행사하는 그들 자신이 누리는 진정한 백인 특권에 대해 면죄부를 발행하는 수단으로써 허물어져가는 중산층의 "백인 특권"에 대한 역겨움을 표했다. 트럼프가 건드린 이 분노는 이미 오래 전부터 축적되어왔다. 그러나 이를 직접 경험한 정치인은 고사하고 그들이 분노하는 데는 그럴 만한 이유가 있다거나 이를 정치적으로 쓸모 있다고 생각한 정치인도 거의 없었다.

엘리트 계층 진보주의자들이 얼마나 세상물정을 모르고 잘난 척하는지 가늠해보려면 2016년 대선 후 진보주의자들이 얼마나 침울해했는지 들여다보면 된다. 2017년, 바로 직전에 일어난 대선 참패에서 뼈아픈 교훈을 얻기는커녕 그들은 여전히 망상 속에 살고 있었다. 부유하고 공감 능력이 뛰어나다고 자부하는 백인 엘리트 계층과 그들이 하대하는 열등한 내륙 지역 백인 간의 간극은 트럼프가 대통령에 취임하기 직전에 캘리포니아 북부 지역의 기업가 멜린다 바이얼리가 한 말에 집약되어 있다. 그녀는 프랑스 혁명이 일어나고, 나폴레옹이 황제에 등극했다가 폐위된 후 복귀한 부르봉 왕가에 대해 일갈한 프랑스 외교관 샤를 모리스 드 탈레랑 페리고르의 현대판임을 입증했다. 깨달은 바도 없고 예전 버릇 그대로였다.

실리콘밸리 기업 타임셰어(Time-share)의 최고마케팅책임자 바이얼리가 페이스북에 올린 악명 높은 글은 클린턴 지지자들의 정신 상태를 들여다보게 해준다. 그녀는 이 글에서 클린턴의 패배로 분기탱천한 해안 지역의 엘리트 계층이 자기들과 다른 사람들을 증오하는 이유를 잘 드러낸다.

미국 중산층이 알아야 할 게 한 가지 있는데, 제대로 교육받은 사람이라면 아무도 멍청한 사람들이 사는 거지 같은 소굴에서 살고 싶어 하지 않는다는 점이다. 특히 폭력적이고 인종차별적이고 여성을 혐오하는 인간들 하고는 말이다. …기업이 본사나 공장, 개발본부를 둘 지역을 선정할 때는 해당 지역이 기업에게 제공할 뭔가가 있는지도 염두에 두어야 한다. 기간시설도 없고 달랑 술집 몇 군데에다가 학교도 엉망인 곳에는 갈 이유가 없다.

바이얼리는 트럼프가 부상한 이유가 인종차별주의와 여성혐오 정서 때문이라는 전형적인 진보주의적 해석을 했다. 미국이 지금까지 겪은 병리 현상은 대부분 세계화의 승자들이 희생양 삼은 패자들의 경제적 불만과 피로감이 누적되었기 때문인데 말이다. 바이얼리는 세상물정 모르고 현실과 유리되어 사는 진보주의자의 오만함도 드러냈다. 먼로파크와 팔로알토의 기간시설—특히 도로—은 수준 이하다. 실리콘밸리에서는 사립학교들이 급격히 늘어나고 있다. 점점 다양한 학생들이 입학하지만 수준이 떨어지는 공립학교에 자녀들을 보내지 않으려는, 첨단기술 부문에 종사하는 엘리트 계층의 수요에 부응하기 위해서 말이다.

레드우드시티와 팔로알토 동부의 우범지대는 애플, 페이스북, 구글 본사에서 자전거로 가 닿을 수 있는 거리에 있다. 근처에는 도로를 따라서 밤새 SUV와 캠핑용 차량이 빈틈없이 빽빽이 들어차 있다. 아파트 임대료를 감당할 여력이 없는 허드렛일하는 노동자들이 사실상 집으로 삼고 있는 차량들이다. 장담컨대, 1인당 술집의 수는 미시간 시골 작은 마을보다 팔로알토가 더 높다. 그리고 인디애나폴리스, 콜럼버스, 피츠버그의 시골 마을보다 샌프란시스코 거리에 더 많은 마약 주삿바늘과 배설물과 쥐와 간염 병균이 득실거린다.

선거 후에 나온 이러한 일화들은 공화당 진영–민주당 진영의 간극이 어느 정도인지 가늠하게 해준다. 트럼프가 힐러리 클린턴보다 선거에서 이런 국가적인 분열을 훨씬 잘 이용한 이유가 뭔지 보여준다. 진보주의자들은 선거 기간 동안에는 혹시라도 표를 잃을 빌미를 줄까봐 조심했지만, 선거가 끝나고 나자 공화당 텃밭에 사는 이들에 대해 그들이 어떤 생각을 갖고 있는지 훨씬 솔직하게 속내를 드러냈다.

선거가 끝나고 16개월이 지난 2018년 3월, 여전히 패배의 상처를 어루만지면서 뿌루퉁해 있던—그러나 언행을 삼가야 할 필요가 없어진—힐러리 클린턴은 인도를 방문하는 동안 공개석상에서 바이얼리가 보인 경멸감에 동조하는 발언을 했다. 선거 유세에서 트럼프의 지지자들을 "한심한 종자"이고 "구제불능"이라고 매도했던 클린턴의 악명 높은 발언이 실언이었다고 하려면 언론인 마이클 킨슬리가 실언을 냉소적으로 정의한 의미에서만이 실언이라고 할 수 있다.("실언은 정치인이 진실을 말하는 행위—정치인이 입에 담지 말아야 할 명백한 진실을 발설하는 행위다.") 외국인 청중의 환심을 사겠다며 자기와 같은 국민인 미국인을 쓰레기 취급하는 발언을 하니 그녀가 선거에서 진 게 러시아와 트럼프의 공모 때문이라는 주장은 설득력이 없었다. 뭄바이에서 클린턴은 트럼프를 지지한 공화당 텃밭의 한심한 종자들을 경멸하는 공개적 발언의 수위를 한층 높이면서 자신의 지지기반이 모인 선거 유세에서 특정 유권자 집단을 비자유적이고 망상에 빠졌다고 싸잡아 매도한 발언이 진심이었음을 다음과 같이 상기시켜주었다. "낙관적이고, 다양하고, 역동적이고, 전진하는 지역들에서는 내가 이겼다." 그렇다면 힐러리 클린턴에게 투표하지 않은 미국인은 비관적이고, 단조롭고, 무기력하고, 퇴행적이라는 뜻이었다. 이 맥락에서 2016년 선거에서 공화당원으로 등록하고 투표권을 행사한 사람의 90퍼센트가 트럼프를 지지했다는 사실을 기억하라.

2016년 선거 기간 동안 힐러리 클린턴을 수행하면서 취재한 〈뉴욕타임스〉 기자 에이미 초직이 선거가 끝난 후 한 증언에 따르면, 클린턴은 자신의 패배가 확정된 날 저녁에 뿌루퉁해서 다음과 같이 푸념을 했다. "그들은 절대로 내가 대통령 되는 꼴을 두고 볼 수가 없었어." 초직은 패배에 분통을 터뜨린 클린턴의 핵심 측근들에 대해서도 다음과 같이 보도했다. "한심한 종자들은 약방의 감초처럼 조롱의 대상으로 그들의 입에 오르내렸다. 햄튼에 있는 부자들의 별장 거실에서 오가는 잡담에서, 별빛이 쏟아지는 마사즈 비녀드(Martha's Vineyard) 만찬 모임에서, 비벌리 힐즈 파티에서 오르되브르를 서로 건네면서, 실리콘밸리에서 해질 무렵 열리는 칵테일 파티에서." 물론 초직은 선거 유세 동안이 아니라 선거가 끝나고 나서야 그들이 트럼프 지지층에 대해 지닌 경멸감을 폭로했다.

2018년 9월 조 바이든 전 부통령은 신임 대통령 임기 2년째 치르는 총선인 중간선거 전날 선거 유세에 등장해, 힐러리 클린턴이 과거에 트럼프 지지자를 한심한 종자라고 했던 표현보다 한술 더 떠 "사회의 쓰레기"라는 참신한 별명을 선보이면서 다음과 같이 말했다. "이번 선거에서는 그들—당신들이 아니라—이 백악관에 동맹 세력이 있다. 이번 선거에서 그들은 동맹군이 있다. 그들은 미국 국민들 가운데 극소수다—사악한 사람들이다. 일부는 사회의 쓰레기다." 바이든이 말한 "그들"은 미국 국민 가운데 소수가 아니었다. 2016년 선거에서 투표권을 행사한 미국인 가운데 46퍼센트를 차지했고, 그들은 "쓰레기"와는 거리가 멀었다.

트럼프가 선거 유세할 때마다 쉬지 않고 지지자들에게, 해안 지역에 사는 엘리트 계층은 그들을 증오하지만 자신은 좋아한다고 한 발언은 과장이 아니었다. 그러나 워싱턴 정가와 진보주의자 엘리트 계층의 속내를 제대로 파악하려면, 공개할 생각이 없었는데 부주의로 우발적으로 방송을 탄 경멸조의 발언과 선거가 끝나고 나서 미시간이나 오하이오에서 더 이상 선거인단을 확보할 필요가 없어졌을 때 그들이 터뜨린 분노를 유심히 살펴보아야 한다.

미국 내륙 지역에 대한 엘리트 계층의 경멸은 이따금 병적인 수위에 도달했다. 트럼프를 비판하는 이들은 트럼프 지지자들이 정상적인 미국인들과는 체취도 다르고 웃는 모습도 다르다고 생각했다. 선거가 끝난 직후 연방수사국 요원 피터 스트로크—트럼프에 대한 수사뿐만 아니라 힐러리 클린턴의 이메일 추문 수사도 담당했던 인물—는 자신의 정부(情婦) 리사 페이지에게 문자 메시지를 보내 트럼프에게 투표한 이들에 대한 경멸감을 다음과 같이 드러냈다. "버지니아 남부에 있는 월마트에 갔었어. 트럼프 지지자 냄새가 진동하더라."

같은 맥락에서 2016년 선거 다음 날, 신원 미상의 연방수사국 직원 한 사람도 또 다른 연방수사국 변호사에게 문자 메시지를 보내 트럼프 지지자와 미국 내륙 지역에 대한 경멸감을 다음과 같이 드러냈다. "트럼프 지지자들은 전부 가난하거나 중산층이야. 못 배워 처먹고 게으른 쓰레기 같은 것들." 2018년 여름, 〈폴리티코〉의 기자 마크 카푸토는 트럼프 집회에서 본 군중에 대해 다음과 같은 트윗을 날렸다. "이 동영상에 등장하는 사람들 치아를 다 모아야 가까스로 성인 한 명의 치아 수만큼 된다." 그는 뒤이어 한술 더 떠서 으르렁거렸다. "다른 사람에게 거짓말을 했다고 누명을 씌우고 가운뎃손가락을 날리면서 야유하는 쓰레기 같은 인간들을 내가 조롱하다니. 세상에! 쓰러지겠어, 누가 소파 좀 갖고 와."

〈뉴욕타임스〉 편집부에 최근 배정된 기술 부문 담당기자 새라 정은 예전에 "백인"에 대한 인종혐오적인 경멸감을 연속해서 다음과 같이 트윗으로 날렸었다. "백인은 유전적으로 햇볕에 빨리 타기 때문에 기어 다니는 마귀처럼 땅 밑에서만 사는 게 논리적으로 맞지 않나?" "늙은 백인 남자에게 잔인하게 굴면서 얼마나 희열을 느끼는지 모른다." "멍청한 백인들이 인터넷을 자기주장으로 도배를 한다. 개가 소화전에 오줌으로 영역 표시하듯 말이다." 등등. 과거에 인종혐오적인 발언을 한 기자들에 대해서는 불관용 원칙을 적용했던 〈뉴욕타임스〉는 새라 정은 눈감아주었다. 다소 표현이 거칠기는 했으나 인터넷에서 댓글로 괴롭히는 이들에 대한 대응 차원에서 한 말일 뿐이지 인종혐오적인 트윗은 그녀의 본심이 아니라고 주장했다.

이런 사례들을 소개하는 이유는 고학력 엘리트 계층(카푸토는 마이애미 대학교 언론학과, 새라 정은 하버드 법학대학원, 스트로크는 조지타운 대학원을 졸업했다)이 특정 인구집단에 대한 천박하고 거친 고정관념을 적나라하게 드러내면서 전혀 역풍을 두려워하지 않고 오히려 자기 동료들이 당연히 동의하리라고 넘겨짚고 있다는 점을 보여주기 위해서다. 수십 년 동안 인종과 젠더 연구 학자들은 백인에 대해 노골적으로 인종차별적인 정서를 드러내도 이는 인종차별이 아니며 과거에 백인에게 억압받았던 맥락에서 해석해야 한다고 주장해왔다. 트럼프에 대한 광분과 거친 욕설이 난무하는 시대에 그들의 이론은 대학가를 벗어나 보다 넓은 공감대를 형성했다. 그러나 그들은 일반 대중으로부터의 동의는 구하지 않는 듯했다. 공교롭게도, 이러한 전문직 종사자들은 그들이 표적 삼아 매도하는 대상, 냄새나고 치아가 다 빠졌다며 경멸하는 대상보다 훨씬 인간미가 떨어지는 표현을 서슴지 않는다는 사실이다. 트럼프에게 거칠고 천박하다고 손가락질하면서 트럼프 못지않게, 때로는 트럼프보다 한술 더 떠 천박한 표현을 일삼으면서 도덕적으로 우월한 척하기가 쉬운 일이 아니다.

미국 내륙 지역에 대해 이렇게 노골적으로 경멸감을 드러내는 진보주의자들의 사례들을 보면 묘한 점은, 정치인과 언론인 중에 이런 견해를 밝히는 사람이 한둘이 아닐 뿐만 아니라 냄새나고, 치아가 다 빠지고, 게으른 "쓰레기 같은 인간들"이라는 표현을 너무나도 솔직하고 자신 있게 되뇐다는 사실이다. 그런 의미에서 트럼프와 트럼프가 대표하는 대상을 증오하는 그들을 보면 왜 그 많은 사람들이 투표소에 몰려가서 트럼프에게 투표를 했는지 그 이유가 정확히 보인다. 그리고 트럼프의 거칠고 천박한 언행은 오래전부터 누적되어온 엘리트 계층의 트럼프 지지 계층에 대한 경멸과 증오에 대해 그들의 반격이 이제 시작되었다는 맥락에서 살펴보아야 한다. 엘리트 계층이 트럼프를 지지하는 악취가 진동하는 백인 계층에 대해 소리 높여 빈정거리는 동안, 그들이 경멸하는 대상은 묵묵히 투표권을 행사했다.

워싱턴 DC에 거주하는 진보 성향의 저자이자 버니 샌더스 지지자인 로라 모저는 최근 텍사스주로 이주해 의회에 출마했으나 낙선했다. 예비선거에서 그녀와 맞붙은 민주당 경쟁자들은 신났다는 듯이 그녀가 텍사스에서 사는 건 생각만 해도 끔찍하다며 경멸을 표했던 과거 발언을 들춰내며 호들갑을 떨었다. 모저는 과거에 〈워싱토니언〉 잡지에 기고한 글에서 그런 오지에서 왕족처럼 사느니 차라리 주거비가 비싸고 범죄의 온상인 워싱턴 DC에서 사는 게 훨씬 낫다며 다음과 같이 말했었다.

> 글쟁이의 쥐꼬리만 한 월급으로도 텍사스주 패리스에서는 호화롭게 살 수 있다. 그곳에 있는 내 조부모의 농장 스타일의 집이 최근에 12만 9000달러에 팔렸다. 어, 아니다. 거기서 내 소득은 여기서 버는 소득에 비하면 쥐꼬리의 쥐꼬리밖에 되지 않을 테고 소득을 늘릴 기회도 거의 없을 것이다. (게다가 곧 마취도 하지 않고 발치하게 되겠지만, 이 얘기는 나중에 따로 하겠다.)

그녀는 다음과 같이 덧붙였다. "워싱턴 DC에서의 삶은 따분할 새가 없이 바쁘고 충만하고 현실에 안주하지 못하게 한다. 털사(Tulsa) 외곽에 있는 고관대작의 장엄한 저택을 준다고 해도 네 개의 주요 버스노선 가까이 있는 누추한 내 집하고 바꾸지 않는다. 가격이 얼마든 상관없이." 공화당 텃밭인 지역 사람들을 조롱하는 데 그치지 않고 스스로 훨씬 덕망 있고 문화적으로 깨었다고 자찬한다는 게 요지다. 고학력이 도덕성을 설명해준다는 듯이.

선거 전후로 미국 국민의 절반을 폄하한 견해들을 이처럼 대조해보는 또 다른 목적은 트럼프주의는 본질적으로 이러한 견해를 촉발한 촉매제가 아니라 그런 견해에 대해 경멸 대상인 이들이 보인 반응이라는 점을 다시 한 번 상기시키기 위함이다. "근근이 연명하는" 미국인들을 향해 엘리트 계층이 이토록 강렬한 혐오감을 보였다는 사실로 미루어볼 때, 트럼프의 당선을 둘러싸고 풀리지 않는 유일한 의문은 그들이 마침내 반응을 보이기까지 왜 그토록 오래 걸렸냐는 점이다. 〈내셔널 리뷰〉 잡지에서 예전에 함께 일했던 내 동료인 보수 성향의 사회 비평가 케빈 윌리엄슨은 백인 하층민이 겪는 병리 현상에 대한 유일한 해독제는 이주—해당 지역에서 탈출해 벗어나는 길—뿐이라고 다음과 같이 감히 주장했다가 홍역을 치렀다.

> 제구실을 못하는 몰락해가는 지역 공동체는 사라져야 한다. 경제적으로 볼 때 이런 지역들은 손해만 야기하는 자산이다. 도덕적으로는 변명의 여지가 없는 지역들이다.
>
> 백인 하류층은 오로지 비참함과 재사용하는 헤로인 주삿바늘만 양산해내는 사악하고 이기적인 문화에 볼모잡혀 있다. 도널드 트럼프의 연설을 들으면 그들은 기분이 몽롱해진다. 그들이 마약 대신 사용하는 중독성 진통제 옥시콘틴도 마찬가지다. 그들에게 필요한 건 진통제가 아니다. 실제 약물이든 약물에 준하는 정치적 발언이든. 그들에게는 진짜 기회가 필요하다. 진정한 변화가 절실히 필요하다는 뜻이다. 그러려면 그들은 이삿짐을 실을 트럭이 필요하다.

나도 캘리포니아 센트럴밸리에 있는 작은 마을 외곽에서 자랐고 여전히 살고 있다. (1880년부터 1980년까지) 한 세기 동안 이 마을은 여러 인종과 민족들로 구성된 산업근로자 계층과 중산층 가족들이 모여 사는 풍요로운 마을이었다. 1971년에 고등학교를 졸업한 250여 명 가운데 4년제 대학에 진학한 이는 겨우 10명 정도였다. 대부분이 이 마을 셀마를 떠날 필요를 못 느꼈다. 마을에 인력 수요가 있었다. 이 지역에 있는 다양한 의류와 제조업 공장에 수입이 짭짤한 일자리가 많았기 때문이다. 아니면 부모로부터 건실한 가족농장을 물려받거나 노동조합이 있는 통조림 공장이나 식품가공 공장에서 교대 근무를 했다.

1990년 무렵, 이러한 공장들이 거의 대부분 문을 닫았다. 2000년 무렵, 대부분의 농장들은 매각되고 토지는 기업이 매입해 통합했다. 2010년 무렵, 만성적으로 높은 실업률을 보이면서 약물중독이 만연하고 범죄가 심심치 않게 일어났다. 1970년에는 대문을 열쇠로 잠그고 살지도 않았다. 2018년 현재, 나는 집을 지키는 개가 여섯 마리다.

대부분이 2000마일 떨어진 멕시코 남부 와하카주에서 온 불법체류자 수천 명이 떠나간 이들 대신 자리를 잡았다. 대부분이 불법으로 미국으로 넘어와 체류하고 있었다. 멕시코에서 온 대부분의 사람들은 영어를 할 줄 몰랐다. 스페인어와는 상당히 다른 원주민 언어로 대화하는 이들도 있었다. 그리고 대부분이 고등학교 졸업장도 없었다. 대부분이 글을 읽을 줄도 몰랐고 지역 은행에 가면 서명하는 난에 X 표시를 하거나 그 비슷한 표시를 하는 이도 있었다. 그들은 회계장부상으로 잡히지도 않는 허드렛일자리뿐만 아니라 근근이 입에 풀칠할 정도의 벌이밖에 안 되는 일자리라도 닥치는 대로 열심히 일했다. 마을 인구의 절반 정도가 어떤 식으로든 사회복지 서비스의 혜택을 받기는 했지만 말이다. 마을에서 가장 장사가 잘 되는 축에 드는 가게는 웨스턴유니언 지점이었다. 이곳에서 불법 체류자들은 수천 달러를 달마다 와하카에 있는 가족들에게 송금했다. 좀 더 성공한 불법 체류자들은 건축이나 농장 중견급 관리인 같이 임금이 비교적 높은 일자리를 찾았지만 그들은 시민권을 딸 절실한 필요를 느끼지 못했다.

셀마는 이제 프레스노에서 일을 하는 사람들이 거주하는, 인구가 거의 2만 5000명에 가까운 마을이다. 그러나 1인당 소득은 여전히 한 해에 1만 2000달러 남짓하다. 18세 이하인 청년층의 3분의 1이 빈곤선 이하의 생활을 한다. 셀마를 떠날 생각이 없거나 떠날 능력이 되지 않아서 아직 이 마을에 남아 있는 빈곤한 토박이 백인들, 소수인종들, 그리고 멕시코계 미국인 2세와 3세는 이 도시의 경제적 사회적, 문화적 환경이 완전히 바뀐 데 대한 책임이 없다. 그런 변화는 대부분 허술한 이민 정책, 값싼 노동력의 유입, 세계화된 무역 정책과 농업의 수직적 통합의 결과였다. 한때 번성하고 안정적이던 지역 공동체는 이렇게 몰락을 겪어야 할 아무런 잘못도 하지 않았다. 그들은 예전에도 아니었고 지금도 절대로 게으르거나 멍청한 사람들이 아니다. 그들은 자신이 처한 곤경에서 빠져나오고 자기 마을을 구해보려고 별짓을 다해본 사람들이다. 그러나 오늘날도 새로운 셀마는 결코 손해만 끼치는 자산은 아니다. 트럼프는 힐러리 클린턴보다 훨씬 세계화의 다각적인 잠식의 결과에 대해 훨씬 심정적으로 공감하면서 당선에 결정적인 역할을 하는 경합 주들의 유권자들의 마음만 사는 데 그치지 않았다. 그를 미트 롬니처럼 피도 눈물도 없는 사람으로 낙인찍기가 훨씬 힘들게 만들기도 했다. 그런데 트럼프가 당선된 후 경제가 급속히 되살아나는 게 육안으로도 보일 정도였다. 2011년에 18.3퍼센트였던 프레스노 카운티의 실업률이 2019년 5월 64퍼센트로 급격히 하락하면서 완전히 변했다. 지역적으로 고용주들이 겪는 가장 큰 애로사항—그리고 실직 상태였던 이들 간에 가장 자부심을 느끼게 해주는 현상—은 일손을 구하지 못해서 발을 동동 구르는 고용주들이 임금을 더 많이 준다면서 인력시장에서 구직자를 서로 앞다퉈 데려가려는 해괴한 사태가 벌어지고 있다는 사실이다.

몰락은 항상 닭이 먼저냐 달걀이 먼저냐의 공방이다. 그러나 1980년 즈음, 갑자기 공화당 텃밭인 내륙 지역의 주민들이 사람 구실을 못 하고 게을러져서 고용주들이 떠나갔음을 입증할 증거보다는 미국 경제의 산업과 제조업 기반이 산업혁명 이후로 본 적이 없는 세계 경제 구조의 변화와 구조조정으로 완전히 변했기 때문이고, 따라서 이는 산업근로자 계층이 모여 사는 지역 공동체가 흡수할 만한 충격이 아님을 보여주는 자료가 압도적으로 많고 차고 넘친다. 트럼프 본인의 사업 명운도 부침을 겪었는데 이 또한, 자초한 면도 있기는 하나,

세계 경기침체와 변화에 기인한 바가 크다. 정당하든 그렇지 않든, 그렇게 상업적으로 취약한 처지에 놓였던 경험이 그는 다른 사람들이 직면한 재앙을 꿰뚫어볼 혜안이 생겼다.

트럼프는 진보주의자들의 오만과 편견에 넌더리가 난 대중을 선동했을지 모르지만 그리 어려운 일도 아니었다. 언론매체와 정치인들이 너무나도 아무렇지 않게 거리낌 없이 그들을 매도했기 때문이다. 특히 선거가 끝나고 더 이상 말조심할 필요가 없어지자 더욱 극렬하게 그들을 매도했다. 예컨대, 공화당 텃밭인 지역에 대한 민주당 텃밭의 경멸은 이 시대의 거의 모든 정치적 논쟁에 스며들었다. 하원정보위원회 의장 데빈 누네스 하원의원(캘리포니아주-공화당)이 해외정보감시법(Foreign Intelligence Surveillance Act) 담당 법원의 부당한 법 적용과 연방수사국 제임스 코미 전 국장과 연관된 연방수사국의 직권남용 혐의에 대한 조사를 둘러싸고 벌어진 논쟁에도 일정 부분 스며들었다. 누네스는 (내 농장에서 그리 멀지 않은) 낙농업 농가에서 자랐다. 설상가상으로 그는 샌루이스오비스포(San Luis Obispo)에 있는 캘리포니아 폴리테크닉 주립대학에서 농업경영을 전공했으니 엘리트 계층이 보기에 깜냥도 안 되었다.

다시 말하면, 그들 눈에는 누네스가 워싱턴에서 활개치고 다니는 게 그의 분에 넘치는 꼴사나운 짓거리였다. 해안 지역의 엘리트 평론가들은 누네스를 시골뜨기 무지렁이 취급했다. 워싱턴 DC에 본부를 둔 인터넷 신문 〈롤콜Roll Call〉의 데이비드 호킹스는 혀를 끌끌 차면서 다음과 같이 말했다. "누네스의 성장 배경과 그의 지위가 전혀 어울리지 않는다는 사실이 그가 분수도 모르고 어마어마한 판돈이 걸린 게임에 무모하게 발을 담그고 있다는 인식을 강조하는 데 도움이 된다."

MSNBC 분석가 엘리즈 조던은 농사를 무능과 동일시하면서 다음과 같이 말했다. "공화당 의원들은 왜 데빈 누네스에게 진실을 파헤치는 임무를 위탁했을까? 과거에 낙농업 농부였고 하원정보위원회 소속 직원들이 쥐뿔도 모르는 사람이라는 뜻에서 ˝비밀요원˝이라고 일컫는 사람을 말이다." 조던은 소규모 농장을 운영하는 데 필요한 정보력과 분별력은 유선방송 TV에 나오는 진행자의 정보력과 분별력만 못하다고 넘겨짚은 게 분명하다. 〈허핑턴포스트〉의 피터 랜스도 코웃음을 치며 다음과 같이 말했다. "그의 이력을 보면 하원정보위원회 의장을 맡을 자격이 될 만한 이력은 전무하다."

해안 지역의 엘리트 계층은 트럼프의 백악관 대변인 새라 허커비 샌더스에 대해서도 비슷한 경멸감을 표했다. 그녀는 진보주의자들의 눈 밖에 날 여러 가지 요소들을 갖추고 있었다. 자녀 셋을 둔 엄마에 독실한 기독교 신자에, 오클라호마 출신에, 전직 주지사이자 보수 성향의 대통령 후보였던 마이크 허커비의 딸이었으니 말이다. 그녀를 비판하는 이들은 그녀의 외모에서부터 종교, 말투, 행동거지 등에 대해 과거 역대 정권의 대변인을 대할 때와는 다르게 사사건건 트집을 잡았다. 영화배우 짐 캐리는 그녀를 흉측하게 그린 만화를 트윗하면서 이런 문구를 달았다. "이게 이른바 기독교 신자의 초상화다. 사악한 이들을 위해 거짓말을 하는 게 삶의 유일한 목적인 사람이다. 흉측해라!"

앞서 〈로스앤젤레스 타임스〉 칼럼니스트 데이비드 호시는 샌더스의 외모를 조롱하면서 그녀는 "가짜 눈썹을 달고 정장을 입고 기자들 앞에서 브리핑하는 대변인보다 운동경기하는 아이들에게 줄 간식을 마련하는 약간 뚱뚱한 맘충 역할이 더 어울린다. 샌더스는 펑퍼짐한 운동복에 운동화를 신는 게 더 어울릴 것 같다."라며 조롱했다. 2018년 6월, 버지니아주 렉싱턴에 있는 아담한 식당이 대서특필되었다. 새라 샌더스와 그 가족에게 음식을 서빙하지 않겠다고 했기 때문이다.

〈뉴욕타임스〉 칼럼니스트 프랭크 브루니는 오클라호마 촌뜨기인 샌더스에 대한 해안 지역 엘리트 계층의 경멸을 다음과 같이 되풀이했다. "그녀가 '우선순위'라는 단어를 발음하는 소리를 듣고 있으면 마치 구멍 난 타이어에서 바람 빠지는 소리와 비슷하게 들린다. 자음 절반은 길모퉁이에 던져버리는 듯하다." 2018년 4월 백악관 출입기자단 만찬에서, 대부분 리버럴이고 거만한 언론매체 종사자들은 코미디언 미셸 울프가 샌더스의 말투를 흉내 내자 환호했다. 울프는 샌더스 대변인의 외모와 아칸소주에서 자란 성장 배경을 집중적으로 조롱했다. "나는 새라가 정말 마음에 든다. 그녀는 수완이 아주 좋다고 생각한다. 그러나 그녀는 사실에 불을 질러 홀라당 태우고 그 재를 눈두덩에 바르면 완벽한 스모키 아이를 연출할 수 있다."

영화배우 피터 폰다는 아칸소 출신인 샌더스에게 다음과 같이 저주를 퍼부었다. "SS(새라 샌더스)는 거짓말쟁이 개**(g*sh, 여성의 성기를 일컫는 속어)이다. 그리고 '개**'는 그냥 **(c*nt)보다 더 나쁘다. 어쩌면 그녀의 자녀 양육권을 박탈하고 아칸소로 추방한 다음 그녀의 아이들은 히틀러의 최측근인 선동가 괴벨스에 버금가는 스티븐 밀러(백악관 선임고문—옮긴이)에게 맡기는 게 안전할지 모르겠다."

해안 지역의 엘리트 계층은 그들이 내륙 지역의 주민들에 대해 보이는 경멸이 본인들에 대한 더 큰 경멸을 불러오면서 역풍을 맞을지는 고사하고, 그들을 경멸하는 데 어떤 특별한 기준을 적용하는지에 대해서 곰곰이 생각하거나 되돌아보지도 않는 듯했다. 케리도, 호시도, 브루니도 하버드 법학대학원 출신인 버락 오바마를 그런 식으로 조롱한 적이 없다. 오바마는 군인들이 좀비라도 되는 양 군대를 뜻하는 단어로서 'p'가 묵음인 "코어멘(Corpsmen)"을 시체를 뜻하는 '코프스(corpse)'처럼 'p'를 발음해 "코프스멘'이라고 여러 차례 말하거나, 영국을 엿 먹이려고 포클랜드를 스페인어로 일컫는 단어인 말비나스(Malvinas)라고 하려다가 몰디브(Maldives)라고 했는데도 말이다. 다시 말하지만, 선거가 끝난 후에 일어난 이런 사례들은 대도시의 거만한 엘리트 계층이 그들이 보기에 엘리트라고 간주될 자격이 없는 수많은 이들에게 트럼프의 메시지가 공감을 얻은 이유가 무엇인지를 보여준다.

그런데 트럼프가 재정 건전성을 내세우는 중도 성향의 민주당원, 레이건을 지지한 기존의 산업근로자 계층, 작은 정부를 지향하는 티파티운동 회원들을 어떻게 자기 편으로 끌어들였을까?

2012년 대선에서는 공화당이 박빙으로 이긴 피닉스, 오클라호마시티, 포트워스—그리고 모르몬 신도들이 대부분인 솔트레이크시티에서는 좀 더 큰 차이로 이겼다—를 제외하면, 미트 롬니는 단 하나의 주요 도시에서도 이기지 못했다. 공화당 세가 강한 주들에서도 도시 지역들은 여전히 민주당이 가뿐히 이겼다. 2012년에 텍사스주의 오스틴, 댈러스, 휴스턴, 샌안토니오는 민주당을 지지했다. 2012년에 미국 30개 주요도시 가운데 27개가 민주당을 지지했다.

이처럼 한쪽으로 쏠리는 현상에서 선거 관련해 두 가지 결론이 도출된다. 첫째, 리버럴 성향의 도시들이 있는 해안 지역 주들은 지난 30년 동안 공화당이 패배했듯이 트럼프도 이길 가망이 없었다. 둘째, 경합 주들을 거의 다 이기려면 트럼프는 내륙 지역에서 어마어마한 지지표를 얻어서 클리블랜드, 콜럼버스, 필라델피아, 피츠버그, 또는 앤아버와 디트로이트에서 민주당이 일방적으로 승리해도 상쇄할 수 없을 정도가 되어야 했다.

트럼프는 "한심한 종자들" 대부분이 리버럴도 경멸하지만, 정체성 정치를 내세우는 민주당보다 공화당 엘리트 기득권층을 더욱 경멸한다는 사실을 파악했다. 2012년 대선 직전에 나는 자동차공장 노동자로 일하다 은퇴한 이가 모는 셔틀을 타고 미시간주 남부를 90마일 정도 달렸다. 나는 거의 두 시간 동안 60세의 이 운전자가 하는 얘기를 잠자코 듣기만 했다. 그는 오바마케어에서부터 푸드스탬프에 의존하는 빈곤층의 급증에 이르기까지 오바마가 첫 임기 동안 저지른 실책을 거론하며 욕설을 퍼부었다. 차에서 내리면서 나는 그에게 격려의 한 마디를 한답시고 이렇게 말했다. "몇 주 후에 롬니에게 투표해서 오바마에게 본때를 보여줄 기회가 있겠죠."

내 말이 끝나기 무섭게 그 운전사의 표정이 일그러졌다. 그는 분을 삭이지 못해 부들부들 떨었다. "롬니? 롬니라고? 천만에! 눈물을 머금고 오바마를 찍을 거요. 아니면 기권하든가. 제기랄! 롬니가 미시간에 왔는데, 아 글쎄 빳빳하게 풀 먹인 청바지에 윙팁(wing tip) 스타일의 구두를 신었더라고."

앞으로 이 책의 여러 장에서는 트럼프가 미시간과 오하이오에서 이기기 위해 다듬은 독특한 메시지와 스타일에 대해서 살펴보겠다. 그러나 보다 일반적인 의미에서 트럼프는, 연설과 행동거지와 치유책을 통해서 롬니에게 반감을 품고 있는 은퇴한 노조 조합원, 미시간 시골에 거주하는 셔틀 운전사 같은 사람들의 지지를 얻어야 했다. 거부감을 주는 억만장자 트럼프는 민주당 텃밭인 해안 지역과 민주당은 내륙 지역을 경멸한다는 사실—이 운전사의 문화와 가치관과 그런 사람들 자체를 경멸한다는 사실—을 인식시켜야 했다. 그리고 트럼프의 연기가 어설프긴 했지만, 이 난관은 그다지 극복하기 어렵지 않았다. 트럼프의 경쟁자들이 트럼프 본인보다 트럼프를 지지한 사람들을 더 매도하고 경멸하는 경향을 거리낌 없이 보였기 때문이다. 2016년에 공화당 지지자들을 향해 진보주의자들이 쏟아낸 독설이 독특한 점은, 2008년 매케인을 공격한 방식과 2012년 롬니를 향해 내뱉은 논조와 달리, 트럼프뿐만 아니라 그의 지지자들까지도 공격의 대상으로 삼았다는 사실이다.

2008년 오바마 선거운동과 2016년 트럼프의 선거운동은 계층과 어느 정도는 인종에 따라 나누어지는 각자의 지지기반에 활기를 불어넣어 투표장으로 끌어내는 게 관건이었다. 오바마의 2008년 선거운동의 저변에 깔린 메시지는 물론 미국 공화당 텃밭 지역에 대한 경멸이다. 그러나 이에 맞불을 놓을 정치적 기회를 무기력한 매케인 선거운동본부는 십분 활용하지 못했다. 코맹맹이 소리를 내는 알래스카주 시골의 새라 페일린을 부통령 러닝메이트로 지명하고도 말이다. 그녀의 활달함 덕분에 지지도가 올라갔을 것이다. 그러나 그녀는 경험이 일천했고 준비가 제대로 되어 있지 않았으며 종종 매케인의 보좌관들한테 조리돌림을 당했고, 결국 머지않아 적대적인 문화적 환경에서 그녀에 대한 언론매체의 경멸이 쇄도하면서 매장되어버렸다. 그럼에도 불구하고 매케인이 손만 내밀었다면 그를 지지해줄 여지가 있는 산업근로자 계층이 많이 있었다.

2008년 선거운동 기간 동안, 오바마는 이따금 "백인 남성"을 부정적인 현상에 비유하는 버릇이 도졌다. 과거에 자서전 『내 아버지의 꿈Dreams from My Father』에서 그랬듯이("그래도 나로 하여금 그에 대해 경계심을 품게 하는 뭔가가 있었다. 너무 자신만만하달까. 백인처럼…"). 2008년 3월 큰 반향을 불러일으킨 연설("보다 완벽한 연방A More Perfect Union")——(오바마 결혼 주례를 섰고 두 딸의 세례를 주관했으며, 기도할 때 신에게 미국을 축복해달라고 하지 말고 미국을 저주해달라고 해야 한다고 설교한) 제러마이어 라이트 목사와의 오랜 친분에 대한 변명——에서 미래의 대통령 오바마는 인종차별주의자인 독설가 라이트와 자기의 백인 외조모를 도덕적으로 등가로 취급했다. 그녀는 알뜰하게 저축해서 오바마를 사립학교에 보냈다. 그러나 자기 할머니가 자기를 위해 그런 희생을 했는데도 그런 노력에 대해 오바마는 배은망덕한 태도를 보였다. "나는 내 백인 할머니를 버릴 수 없듯이 그(라이트 목사)도 버릴 수 없다."

나중에 라이트 목사의 인종차별적 태도와 세상물정 모르는 외할머니가 거리에서 흑인 청년과 단둘이 마주치면 두려워했다는 얘기(제시 잭슨 목사, 억만장자 마크 큐번, 연예인 레나 더넘 같은 진보주의자들도 그와 비슷한 두려움을 토로했었다)를 동일 선상에 놓은 데 대해 비판이 일자, 오바마는 한술 더 떠 다음과 같이 자기 외조모를 폄하해 빈축을 샀다. "그녀는 전형적인 백인이다." 오바마는 "백인"과 "전형적인" 두 단어를 경멸조로 병치하면서 2억 3000만 명의 미국인을 모욕하고 그들에 대한 고정관념을 조장할 위험을 감수했다.

훗날 트럼프를 지지하게 된 수천만 명은 수년이 지난 후에도 오바마가 백인에 대해 드러낸 그러한 경멸을 잊지 않고 있었다. 미국이 지금 이렇게 분열된 이유는 오바마가 일부러 조장한 면이 크다고 인정하면 신성모독으로 간주될지 모르겠다. 부드러운 논조로 학자로서의 권위라도 있다는 듯이 그는 인종적 문화적 차이를 강조했다. 그리고 그가 그렇게 한 까닭은 승리를 향한 성공의 궤적을 그리기 위해 민주당 텃밭의 지지를 새롭게 다지기 위해서였다.

2008년 펜실베이니아 예비선거에서 패배한 후, 오바마는 조금도 뉘우치는 기색이 없이 한술 더 떠서 자기를 지지하지 않은 사람들을 인종차별을 하고 외국인을 혐오하는 좀비로 낙인찍으며 백인 산업근로자 계층에 대해 다음과 같이 말했다. "놀랄 일도 아니지만, 그들은 분을 품고 이를 표현하는 방법으로서, 총기를 소지할 권리나 종교에 매달리고 자기들과 다른 사람들에 대해 반감을 품거나, 이민자를 적대시하거나 무역에 반대한다."

인류학자인 체하는 오바마가 앞서 "전형적"이라는 경멸조의 단어를 사용하면서 대부분의 백인이 인종차별적 경향이 있다는 뜻으로 한 말인지 아닌지 모르겠으나, 펜실베이니아 시골에 사는 대부분의 백인들을 겨냥한 발언임은 분명했다. 그러나 도시에서 유권자로 등록하고 투표권을 행사한 사람이 기록적인 수준에 달하고 시골 지역의 투표율은 저조했기 때문에, 그는 2008년 펜실베이니아에서 존 매케인을 상대로 10퍼센트 넘는 격차로 가뿐히 이겼다. "총기를 소지할 권리와 종교에 매달리는" 사람들은 투표소에 나가지 않았을 가능성이 높다. 그들은 자기들을 모욕하는 리버럴 민주당 후보를 제치고 엘리트 계층으로 인식되는 공화당 후보에게 투표해봤자 소용이 없다는 결론을 내렸다. 아니면 그들을 비판하는 이들이 주장한 대로, 국민으로서의 권한을 행사하고 참여하기를 완전히 포기했는지도 모른다.

오바마가 재임할 무렵이 되자, 언론은 내륙 지역 거주자들을 진화가 덜 된 백인으로 조롱하기가 시들해졌는지 대체로 무시하게 되었다. 2016년 9월 라오스를 방문한 자리에서, 오바마는 또다시 미국인들이 인종차별주의자라며 단골 메뉴인 "전형적인"이라는 단어를 이용해 매도했다. "사람들이 스트레스를 받으면 자기랑 생김새가 다른 사람들에게 화풀이를 하는 게 전형적인 반응이다."

오바마는 외국어를 구사하지도 못하고 다른 나라와 대륙에 대해서도 아는 게 없는 듯했다(예컨대, 그는 자기 고향인 하와이주를 아시아에 있다고 했고, 오스트리아인들은 오스트리아어를 쓴다고 했다). 라오스에서 행한 연설에서는 또 다른 이야기도 했는데, 나중에 공화당 엘리트 계층도 오바마가 한 이 말을 되풀이하게 된다. 즉, 미국이 정체되어 있고, 고립되어 있고, 격조 없는 이유는 오만하고 게으르기 때문이라는 다음과 같은 발언이었다. "미국에서는 이따금 나태하다는 느낌이 든다. 너무 덩치가 커서 다른 사람들에 대해 알려고 할 필요도 없다고 생각한다." 그러나 미시간주의 대부분의 유권자들은 하와이가 태평양에 있는 미국의 주라는 사실을 알고 있고, 미국인이 미국어가 아니라 영어를 구사하듯이 오스트리아인은 오스트리아어가 아니라 독일어를 구사한다는 사실쯤은 알고 있다.

한마디로, 주류 언론은 오바마가 네 편 내 편 가르고 나라를 분열시키는 토대를 마련해 판을 깔아놓았고, 이에 대한 역풍이 불어 트럼프 같은 사람이 나타나 이를 십분 활용하게 되었다는 사실을 감지하지 못했다. 라디오 토크쇼, 보수 성향의 유선방송 뉴스, 인터넷이 오바마를 무자비하게 공격한 이유는 그가 흑인이어서가 아니라 진보적인 정치관과 성마르고 속물적인 발언 때문이었다.

오바마가 고정관념을 노골적으로 표현하는 행태를 거든 이들이 많다. 오바마의 8년 집권 기간 동안 민주당과 공화당으로 편을 가르는 행태를 모방하는 이들은 점점 대담해졌다. 트럼프가 등장하기 전 인종적 양극화라는 새 시대에, 미네소타 주지사 마크 데이턴보다 거친 언행을 보인 인물은 없었다. 2015년 그는 신분도 확인되지 않은 소말리아 난민들이 미네소타주에 유입시키는 게 현명한 처사인지 의문을 제기하는 이들을 다음과 같이 공격했다. 일부는 이슬람 테러리스트와 연관되어 있는 게 입증되기도 했는데 말이다. "그렇게 인정머리 없다면, 그 정도로 인종차별주의자이고 편협하다면, 다른 주에 가서 살아라. 소수자 인구가 1퍼센트 정도이거나 뭐, 그런 주를 찾아가라." 그러더니 데이턴은 백인 산업근로자 계층에 대한 경멸을 다음과 같이 표했다. "미네소타에서 태어난 B⁺ 수준의 백인만으로는 경제가 팽창하지 못한다. 충분치 않다."

도대체 B⁺ 주민은 뭔가? 데이턴이 말하는 A에서 F까지 인간을 평가하는 척도의 기준이 뭔가? 소말리아인은 데이턴이 정한 B⁺기준을 통과했지만 대부분의 미네소타 주민들은 그 기준에 못 미친다는 뜻인가?

2015년 전에 이미 정상적인 행태로 새로이 자리 잡은 이런 해괴한 경멸적인 논조의 일반화는 트럼프가 등장하기 전까지 계속되었다. 보통 금기시 되던 성차별적 발언과 계층을 폄하하는 발언이 세라 페일린에게 쏟아졌다. 그녀는 시골에 사는 가난한 백인 산업근로자 계층에 대한 경멸을 상징하는 일종의 판단 기준이 되었다. 늦은 밤 토크쇼를 진행하는 코미디언 데이비드 레터맨은 페일린의 14살짜리 딸 윌로우가 법적 강간을 당하는 내용의 우스갯소리를 했다. "세라 페일린이 뻘쭘해질 상황이 있다면, 뉴욕양키스 팀이 출전한 야구경기 7회에 그녀 딸이 알렉스 로드리게스한테 겁탈당하는 상황일 거다." 에세이스트 앤드루 설리번은 페일린의 장애인 아들 트리그가 사실은 페일린의 딸 브리스톨이 낳은 사생아인데, 브리스톨이 출산할 때까지 숨겨두고 페일린 자신이 낳은 것처럼 꾸미려고 임신을 가장했었다는 음모론을 끊임없이 들먹였다.

백인을 죄인 취급하면서 온갖 저주와 비난을 받아도 싼, 동정할 가치가 없는 인간으로 낙인찍는 행태는 끈질기게 이어졌다. 레터맨과 설리번이 예상한 대로 그런 발언을 해도 전혀 손해 될 게 없었다. 인기 있는 흑인 에세이스트 타-네히시 코츠는 백인에 대한 경멸을 다음과 같이 아주 고품격으로 표현했다. "흑인이 아닌 사람들이 내가 하는 일에 관심을 보이면, 솔직히 말해서 그럴 때마다 놀란다. … 백인에 대한 내 기대치가 낮아서 그런가, 잘 모르겠다."

중도 성향의 공화당원 콜린 파월도 2016년에 절정으로 치닫던, 엘리트 계층이 백인 산업근로자 계층에 대해 품은 경멸감을 드러냈다. 2016년에 해킹당해 공개된 그의 이메일을 보면, 그는 "가난한 백인들"이라고 낙인찍으면서 인종 갈등을 조장하고 트럼프를 천민 취급하는 한편, 부자들의 별장이 집결된 뉴욕 햄튼과 캘리포니아에 위치한 회원제로 운영되는 남성 전용 클럽인 보히미언 그로브에서 교류하는 유명인사들의 이름을 들먹이고 힐러리 클린턴이 대학 강연료를 너무 올려놓는 바람에 자기에게 돌아올 몫이 줄었다고 칭얼댄다. 공개된 이메일에서 그가 한 비방은 곧 잊혀졌다. 총체적으로 리버럴은 내륙 지역을 경멸하는 이들이라는 이미지가 굳어지면서 트럼프가 보복용으로 쓸 무기가 점점 쌓여만 갔다.

코츠가 드러낸 백인에 대한 낮은 기대치라는 정서가 지닌 보다 대중적인 측면은—오바마가 툭하면 백악관으로 초청한—래퍼 켄드릭 라마의 앨범 재킷 커버에 드러난다. 백악관 잔디밭을 배경으로 흑인 청년의 발치에 백인 판사의 난자당한 시신(눈은 좀비처럼 X자로 그어졌다)이 널브러져 있고, 그 청년은 그의 죽음에 축배를 들고 있다. 2018년 초 은퇴한 대통령으로 더 이상 재선에 대해 걱정할 필요가 없었던 오바마는 퇴임 대통령의 공식적인 초상화를 그릴 화가로 케힌데 와일리를 선정함으로써 라마가 지닌 백인혐오 정서에 동조했다.

와일리는 정체성 정치를 내세우는 개념미술가로서 흑인이자 동성애자인 자신의 정체성을 작품에서 강조한다. 과거에 그는 인종 간의 갈등을 폭력적으로 그린 두 점의 그림으로 논란을 불러일으켰다. 이 두 점의 그림에서 흑인 여성이 한 손에 칼을 쥐고 자기가 막 참수한 백인 여성의 잘린 머리끄덩이를 다른 한 손으로 쥐고 있다. 케힌데 와일리는 흑인이 백인을 참수하는 이러한 그림을 〈뉴욕타임스 매거진〉과의 인터뷰에서 다음과 같이 묘사한 적이 있다. "백인과 관련된 것은 없애자는 그런 뜻이다." 훗날 트럼프가 퇴임할 즈음 백인이 아닌 인종에 대해 그런 인종차별적인 발언을 한 화가를 자신의 공식적인 초상화를 그릴 화가로 선정한다면, 트럼프는 편협한 인종차별주의자로 낙인이 찍힐 게 틀림없다.

더욱더 해괴한 점은, 2016년 선거가 끝나고 한참 후에—백인과 공화당 텃
밭의 산업근로자 계층에 대한 엘리트 계층의 실제적이고 정치적인 경멸이 선
거에서 역풍을 불러일으킨다는 경고가 분명히 됐음직한 시점에—트럼프 절
대불가 세력인 공화당 인사들 일부는 한층 수위를 높여 트럼프에 대한 역겨움
을 표했다. 트럼프가 패배하지 않았으므로 패배의 원인 제공자라는 비난에서
자유로워진 그들은 애초에 트럼프를 대통령에 당선시켰고 또다시 당선시킬지
모르는 저변에 흐르는 바로 그 기류를 부지불식간에 더욱 공고히 해주었다. 무
엇보다도 이제 노골적으로 경멸을 표하는, 트럼프 절대불가를 외치는 공화당
엘리트 계층의 정서는 그들이 지닌 편견이 정치적이라기보다 문화적이고 지
역적이라는 사실을 나라 전체에 상기시켜주었다. 그들이 트럼프를 혐오한 이
유는 트럼프 본인의 결함뿐만 아니라 그들이 트럼프보다 한층 더 역겨워하는
절반의 국민들이 트럼프에게 동조한다는 사실 때문이기도 했다.

〈뉴욕타임스〉 소속으로 보수 성향인 데이비드 브룩스는 경제적으로 낙후된
이른바 백인 일색인 미국 지역에 대한 칼럼에서, 이들에 대해 자신이 지닌 경
멸감을 억누르지 못하고 다음과 같이 쏟아냈다.

> 이 시골 지역들은 95퍼센트가 백인이다. …이런 지역들은 높은 사회적
> 결속력, 경제적 역동성, 치솟는 임금, 건전한 가족 가치관이 특징일까?
> 아니다. 정반대다. 보통 경제적으로 정체되고, 사회적으로 고립되고, 가
> 족은 해체되고, 약물중독 비율이 높다. …이는 엄연한 현실이다. 요즘은
> 이민자들이 미국 출생자들보다 이러한 미덕을 훨씬 더 갖추고 있다.

브룩스는 포괄적이고 일반적인 "이민자"라는 표현을 사용함으로써 불법 체
류자와 합법적인 이민자를 의도적으로 뒤섞어놓고 있다는 점을 주목하라. 불

법 체류자의 유입을 반대하는 산업근로자 계층이 합법적인 이민도 반대하는 출생지주의자와 같다는 식으로 말이다. 브룩스는 특정한 지역의 경제적 번영으로 이어지는 모든 다른 요인들을 폄하했다. 천연자원, 훌륭한 정부, 위치, 기후, 주변의 지리적 여건 등을 완전히 무시했다. 대신 특정한 지역의 상대적인 물질적 성공을 인종과 미국에서 출생한 인구 비율을 바탕으로 판단을 내리고 있다.

캘리포니아의 센트럴 밸리에서는, 브룩스가 말하는 출생지주의자들과 국가주의자들은 그가 묘사한 특성과 정반대의 특성을 지니고 있다. 엑스터와 킹스버그 같은 작은 마을에서 그들의 1인당 소득 수준은 훨씬 높다. 거의 대부분이 라티노인 피폐한 오린지 코브와 팔리에 같은 두 지역보다 이른바 미국에서 출생한 백인 인구가 훨씬 높고 불법체류자 수는 훨씬 낮다. 후자의 경우 범죄 발생률이 훨씬 높고 학교도 훨씬 형편없다. 한마디로 민주당 성향의 평론가들은 소수자를 대상으로 하면 인종차별주의자라는 비난을 받을 발언들을 백인에 대해서는 거리낌 없이 천편일률적으로 내뱉고 있다.

워싱턴에 있는 한 싱크탱크에서 촬영한 패널 토론에서 트럼프 절대불가 성향의 공화당 기득권 계층인, 〈위클리 스탠더드〉의 빌 크리스톨은 트럼프 지지자에 대한 고정관념을 가까스로 숨긴 채 그들에 대한 경멸감을 다음과 같이 즉흥적으로 내뱉었다. 선거가 끝난 후라 그는 훨씬 더 노골적이고 솔직하게 표현했다.

솔직히 말하자면, 백인 산업근로자 계층이 처한 여건이 그렇게 심각하다면 새로 미국인들을 들여오고 싶지 않소? 존 애덤스가 이런 말을 했던 것 같은데… 자유로운 자본주의 사회에서 열심히 일해도 두 세대나 세 세대가 지나면 하나같이 좀 타락하고 게을러지고 버릇이 나빠지는 게 당연한 이치 아니겠소.

여기서 오바마가 거론했던 게으른 미국인이라는 고정관념이 다시 등장한다. 다른 이들처럼 거리낌 없이 백인 산업근로자 계층을 "개차반"이라거나 "쓰레기"라면서 게으름과 두드러지게 결부시키지는 않았지만 말이다. 이런 발언을 뉴욕이나 워싱턴의 몇몇 평론가들이 어쩌다 툭 던진 발언이라고 치부하기는 쉽다. 그러나 실제로 백인 중산층을 경멸하는 정서는 대선 전후로 대부분의 엘리트 계층에 만연해 있었고 이 또한 트럼프라는 역풍에 불을 지폈다.

캘리포니아주의 연방 탈퇴를 주장하는 샹카 싱컴은 TV에 나와서 미국인을 더 나은 사람들로 대체하자는 마크 데이턴의 주장을 중산층이 떠나는 캘리포니아 상황에 대입했다. 그들이 떠나야 그들보다 우월한 이민자들이 정착할 여지가 생기므로 환영할 만한 일이었다. 싱컴은 미국이 "우리에게 감사해야 한다"라면서 다음과 같이 장담했다. "중산층이 모조리 떠나면 바람직한 일이다. 그들이 떠나야 새로 이민자들이 정착할 여지가 생긴다. 우리 이민자들이 하는 일이 그거다."

전에 공화당원이었고 트럼프 절대불가 성향의 맥스 부트는 2018년 6월 인구 맞교환이라는 주제에 대해 자세히 기술했다. 미국에서 공화당의 트럼프 지지자들을 추방하고 이들을 법적 지위가 불분명한 라틴아메리카의 "신규 유입자들"로 대체하자면서 다음과 같이 말했다. "열심히 일하는 라틴아메리카 신규 유입자들을 그대로 두고 역겨운 공화당 비겁자들을 추방할 수만 있다면 진정으로 미국이 더욱더 위대해질 텐데."

선거가 끝난 후 "한심한 종자들"을 추방하자며 농담이라고 한 비유가 공교롭게도 불법 체류자를 추방하는 문제를 더 부각시켰다. 〈뉴욕타임스〉 칼럼니스트 브렛 스티븐스는 다음과 같이 말했다. "이른바 진짜 미국인들이 미국을 망치고 있다. 그들은 이 나라를 떠나야 한다. 그들보다 훨씬 나은 새 사람들로 대체하게끔 말이다. 미국이 베푸는 것에 대해 감사할 줄 알고, 자신과 자신의 자녀들에 대해 훨씬 큰 야망을 품고, 미래를 위해 기꺼이 희생할 의향이 있는 새로운 사람들로 말이다. 다시 말해서, 예전의 우리와 같은 사람들로 대체해야 한다는 말이다. '우리'가 막 배에서 내려 이 땅에 발을 디뎠을 때처럼 말이다." 그러나 이게 다 비유라고 주장하고 나서 스티븐스는 사실상 비유가 아님을 다음과 같이 확인하면서 칼럼을 마무리했다. "우리나라는 이민자들의 나라다. 이민자들에 의한 이민자들을 위한 나라이기도 하다. 이 점을 이해하지 못하는 미국인은 떠나야 한다." 불법 이주는 법치를 훼손한다고 주장하면서 불만을 제기하면 자발적으로 나라를 떠날 충분한 자격이 있다는 주장에 다름 아니었다.

미국에서 태어난 미국인들이 보인다는 병리 현상은 대부분 백인 중산층을 겨냥한 발언임을 주목하라. 하지만 도심 빈민가나 주민이 대부분 스페인어를 쓰는 지역 사람들은 이런 죄악을 범한다고 간주하지 않았다. 자격을 갖춘 합법적인 이민을 불법 체류와 뒤섞어 이민자의 고결함을 강조하기도 했다.

트럼프에 대한 반감과 그의 지지자들이 속한 계층에 대한 경멸이 토대인 정서를 지닌 이들이 트럼프 지지자들을 "추방"하자고 목소리를 높인다니 어이가 없다. 트럼프 지지자들은 미국 국민이고 연방이민법을 의도적으로 어기고 사실상 국경도 활짝 개방해 1100만 명은 족히 넘는 불법 체류자들이 쏟아져 들어오게 만든 정책에 대해 우려할 권리가 있다. 엘리트 계층이 보이는 어리석은 언행의 사례를 일일이 거론하려는 게 아니라 해안 지역이 그들과 대척점에 있는 이들의 문화를 얼마나 경멸하고, 트럼프 본인은 물론이고 트럼프가 나타나기 이전부터 그들을 얼마나 경멸해왔는지를 보여주기 위함이다.

2019년 7월 모순적인 행태는 계속 이어졌다. 트럼프는 "4인방" 중 세 명과 설전을 주고받으면서 그들의 노골적인 유대인 혐오 정서와 반미 정서에 대해 트윗을 날리자 광란이 휘몰아쳤다. 트럼프가 조롱한 세 여성 하원의원은 모두 미국 국민이고, 그 가운데 둘은 이민 2세대였다. 그러나 트럼프는 인종차별주의자이자 출생지주의자로 맹공격을 받았지만, 트럼프는 그저 60년대에 방영된 드라마가 유행시킨 "마음에 안 들면 떠나!"라는 표현에서 파생된 자발적인 이주를 일컫고 있다는 사실은 완전히 잊었다. 트럼프 절대불가 세력(대부분이 이제는 미국이 마음에 안 드는 사람들은 자발적으로 이 나라를 한동안 떠나있어 보라는 트럼프의 제안에 맹공을 퍼붓고 있었다)이 품은 환상, 즉 미국 국민을 새로운 이민자들과 맞바꾸든가 강제로 추방했으면 하는 환상에 빗댄 표현이었다.

정치 분석가, 정치인, 평론가들 가운데 이런 엘리트적인 경멸감을 드러내는 말을 한 사례를 쉽게 찾을 수 있지만, 트럼프를 제외하면, 그들이 경멸하는 대상 가운데 반격을 한 사례는 찾기가 힘들다. 그러한 경멸감이 어떤 위험을 초래하는지에 대해 글을 쓴 이들이 있기는 하다. 그러나 반격은 주로 라디오 토크쇼나 소셜 미디어나 뉴스 기사에 달린 분노의 댓글을 통해서 이루어졌고, 별일 아닌 듯이 치부되었다. 언론매체는 역풍이 점점 거세지고 있다는 사실을 눈치채지 못했고 별일 아닌 듯이 치부했으며, 따라서 한술 더 떴다.

2008년 본선에서 매케인이 오바마를 상대로, 민주당 경선에서 클린턴이 오바마를 상대로 포퓰리즘을 시도하는 데 실패한 이유—그리고 두 사람보다 포퓰리즘을 훨씬 성공적으로 이용한 트럼프에 대해 2016년 자기들은 언제 그랬냐는 듯이 안면몰수하고 트럼프를 비난한 이유—는 같다. 바로 진정성이 없었기 때문이다. 트럼프는 거칠고 매끄럽지 않을지는 모른다. 평생 사업을 하면서 카멜레온처럼 변신을 해왔을지 모른다. 그러나 2016년 그는 "총기 소지 권리와 종교에 매달리는 자들", "한심한 종자들", "정신 나간 자들"에 대해 진정으로 관심을 보인다는 인상을 주었다. 유권자들은 그러한 공감을 감지했다. 그들은 2024년 도널드 J. 트럼프가 어디에 있든, 2016년 매케인과 클린턴이 그랬던 것처럼, 태도를 돌변해서 한때 그를 지지했던 자기들의 뒤통수를 치지 않으리라고 생각했다.

2016년, 웨스트팜비치와 비벌리힐스에 대저택이 있고 맨해튼에 근거지를 둔 도널드 트럼프는 공화-민주 간의 극심한 분열을 적극적으로 활용할 의지를 보였다. 공화당 예비선거에 나온 다른 후보들과 위스콘신 주지사 스캇 워커나 오하이오 주지사 존 케이식처럼 포퓰리즘을 제대로 활용할 수 있는 내륙 지역의 정치인들은 이러한 분열을 이용하지 않으려 했거나 이용할 수가 없었다. 좌익이 그런 시도를 꺼리게 만드는 분위기를 조성했다. 백인 산업근로자 계층에게 소구하면 인종차별주의라고 매도당했다. 리버럴이 정체성 정치를 하면 전혀 그런 비난을 받지 않았는데 말이다. 그리고 대부분의 보수 성향의 정치인은 진보주의자들이 쏟아내는 독설의 표적이 될 언행은 꺼렸다.

트럼프는 고군분투하는 중서부 산업근로자 계층에게 거리낌 없이 지지를 구했다. 대부분의 후보들이 자신이 정치적으로 성공하는 데 걸림돌이 되거나 적어도 금기라고 여긴 언행을 트럼프는 이점이자 기회로 보았다. 트럼프는 1만 달러짜리 양복과 구두를 신고서도 볼링 한판 하고 떠들썩하게 호들갑을 떨며 볼링장을 나서는 허풍쟁이처럼 보이는 기지를 발휘했다. 퀸즈 말투에 젊어 보이려고 그런 게 분명한 인공 태닝한 피부, 염색한 머리, 성형 수술, 두툼한 허리둘레, 패스트푸드를 좋아하는 취향 등이 중서부의 잊힌 이들이 지닌 어쩔 수 없는 습관과 입맛을 대변하는 듯이 보였다. 동부 해안 지역의 부유층이 트럼프를 경멸하면 할수록 오하이오주 영스타운이나 요크에서는 트럼프에게 열광하는 이들이 늘어났다. 그는 자신보다 훨씬 두드러지게 부유하지 않은 미트 롬니, 버락 오바마, 힐러리 클린턴보다 훨씬 더 경합 주의 유권자들과 비슷했다.

『힐빌리의 노래』 저자이자 선거 초기에 트럼프를 맹렬히 비난한("트럼프는 '미국을 다시 위대하게' 만들겠다는 선거공약을 내세워 잔뜩 기대를 부풀려 정치적 희열을 느끼게 해놓고 그 공약을 어떻게 달성할지 아무런 구체적인 방안을 제시하지 않는다.") J. D. 밴스는 억만장자 트럼프의 포퓰리즘이 호소력을 발휘하는 이유를 다음과 같이 날카롭게 분석한다:

미국 안팎에서 많은 이들이 자기과시가 심한 억만장자가 어떻게 상대적으로 훨씬 가난한 유권자의 마음을 사게 되었는지 놀란다. 하지만 트럼프의 행동거지나 말투에서 산업근로자 계층은 자신의 모습을 본다. 여론조사로 분석하고 컨설턴트들이 승인하는 정치 분석은 한물갔다. 자기 생각을 거리낌 없이 밝히고 등짝을 스매싱하는 거친 허장성세가 먹히는 시대가 왔다. 워싱턴 DC와 뉴욕의 엘리트 계층은 트럼프에게서 말 한마디 내뱉을 때마다 수십 년 동안 지켜온 정치적 관례를 모조리 깨부수는 불쾌하기 짝이 없는 정신 나간 사람을 보지만, 그의 지지자들은 저녁 식탁에 둘러앉아서 격의 없이 정치와 정책을 논하는 참신한 인물을 본다.

이러한 모순이 트럼프라는 수수께끼를 푸는 열쇠일까? 트럼프보다 가난하고 중산층과 훨씬 유사한 경쟁자들을 철저한 속물이자 진정성 없는 독설가로 보이게 만드는 능력일까? 마치 포퓰리즘은 정신 상태와 태도이지 계층으로 미리 결정되는 게 아니라는 듯이? 버니 샌더스 상원의원은 2016년 민주당 예비선거에서 자신은 새로운 사회주의 포퓰리스트라고 천명하고 선거를 뛰었다. 트럼프가 퀸즈 말투를 구사한다면 그는 브루클린 말투를 쓰고 구겨진 양복을 입고 선거운동을 했다. 그는 청년들의 등이 휘게 하는 학자금 부채와 부패한 엘리트 기득권 계층에 대한 맹렬한 공격을 퍼부었다. 대학 총장을 지낸 자기 부인이 금융사기로 연방수사국의 조사를 받고 있을 때도 말이다.

인정머리 없고, 버릇없고, 제멋대로이고, 특권의식에 사로잡혔다는 비난을 받는 트럼프는 선거운동 초기에 내륙 지역의 낙오자들을 자신과 한데 묶어 "우리"라는 1인칭 복수 대명사를 쓰기 시작했다. (언론매체는 완전히 묵살한) 그런 애정 어린 표현은 롬니나 클린턴은 생각지도 못했다(공화당 텃밭의 포퓰리스트에 훨씬 가까운 워커나 케이식조차도 말이다). 갑자기 온 나라에 "우리 광부들", "우리 농부들", "우리 참전용사들", "우리 근로자들"이라는 소리가 들리기 시작했다. 진심이든 가식이든, "우리"라는 표현은 힐러리가 2016년 선거운동에서 제조업 전체를 폄하하면서 "그들"이라 하거나 롬니가 "그 사람들"이라고 칭하며 경멸감을 표한 것보다 훨씬 더 똑똑한 용어 선택이었다.

선거운동을 하는 동안 힐러리 클린턴은 "한심한 종자들"에 대한 경멸이 불쑥불쑥 튀어나오는 걸 애써 감추려고 했지만 소용이 없었다. 그녀는 웨스트버지니아에 도착하기가 무섭게 다음과 같이 주 전체의 경제를 갈아엎자는 발언을 한 셈이 되었다.

예컨대, 탄광촌에 경제성장의 기회를 마련하는 비결로 청정 재생에너지를 이용할 정책을 제시하는 유일한 후보가 나다. 많은 탄광 광부와 탄광 업체들이 사라지게 된다.

클린턴은 "탄광 광부들의 일자리가 사라지게" 하겠다고 공약을 내걸면 트럼프가 분열을 조장한다는 증거가 되리라고 생각했을까? 제정신인 후보라면 어떻게 웨스트버지니아에 가서 수만 명의 밥줄을 끊어놓겠다는 공약을 내걸면서 이를 그들의 공감을 얻을 에너지 정책이라고 내세울 수 있을까? 더군다나 트럼프가 웨스트버지니아 시골을 둘러보고 "아름다운, 청정 석탄"이라 일컬으며 애틋한 마음을 표현했는데 말이다.

다시 말하지만, 누가 무엇이 트럼프를 탄생시켰는지 파악하기는 어렵지 않았다. 트럼프는 급속히 허물어져가는 자신의 삶에 분노한 경합 주 주민들이 어마어마하게 많고 이들은 잠재적인 지지자가 될 수 있다는 사실을 간파했다. 그들은 엘리트 계층이, 특히 힐러리 클린턴과 버락 오바마 같은 이들이 그들을 향해 보이는 경멸감에 대해 분개했다. 그리고 그들은 세계 경제에서 낙오자가 된 게 그들 잘못이라는 태도를 보이는 세계화의 승자들에게 분노했다.

오바마 임기 동안 사회적 변화의 회오리바람이 온 나라를 휩쓸었다. 그러한 변화는 법원의 판결을 통해서, 평생 직업 공무원인 패거리들을 통해서, 행정명령의 형태로 휘몰아쳤다. 동성애자 결혼, 전투부대에 여성 투입, 트랜스젠더의 여성 화장실 사용 문제, 국경 개방, 불법 체류자 사면 등이 그러한 변화였다. 이러한 변화를 소화할 시간도 주지 않았고 그런 문제들을 입법 차원에서 의회가 다룰 기회도 주지 않았다.

트럼프 지지자들은 좋은 일자리가 있어야 충만한 삶을 꾸릴 수 있다고 믿었다. 오로지 좋은 일자리를 통해서만이 안정적인 부모가 있는 안정적인 가족을 꾸리고, 내 집을 마련하고, 자신감과 자부심을 느낄 수 있었다. 좋은 일자리가 없으면 모든 게 허사가 되었다. 그러한 생각은 그 자체로서 도덕적인 사고였다. 진보주의자들은 중서부의 산업 공동화를 당연하게 받아들이는 태도는 매우 도덕적이지 못하다는 반론을 제기하는 트럼프를 천박하고 부도덕하다고 맹비난했고, 트럼프가 중서부의 경제를 되살리겠다는 공약을 내걸자 오바마가 비꼬듯이 제조업을 미국으로 돌아오게 만들 "마법의 지팡이"는 없다고 하거나 경제학자 래리 서머스가 빠진 치아를 돈과 맞바꿔주는 "치아 요정"에게 소원을 비는 셈이라고 했듯이, 트럼프의 공약에 대해 빈정거렸다. 날카로운 정치학자 헨리 올슨은 양당이 트럼프의 일자리 창출 공약이 지닌 호소력이 얼마나 큰지 가늠하는 데 실패했다면서 다음과 같이 말했다.

> 이번에 도널드 트럼프에게 몰표를 준 이들이 2012년 대선에서 미트 롬니 대통령—폴 라이언 부통령 후보에게 등을 돌렸던 바로 그 사람들인 게 우연이 아니다. …좌익은 이 문제를 단순히 물질적인 문제로 간주하는 패착을 저지르는 경향이 있다. 그들은 정부 보조금을 인상하고 최저임금을 올리면 문제가 해결된다고 생각한다. 그러나 둘 중 어느 해결책도 일에서 오는 자부심을 느끼게 해주지도 않고, 절대로 이길 승산이 없는 끊임없는 경쟁에 사람들을 처하게 하는 경제체제를 바로잡지도 못한다. 그런 해결책들은 육체적인 고통을 누그러뜨려주는 진통제는 될지 모르지만 영혼의 고통을 치유해주지는 못한다.

트럼프의 공화당 경쟁자들과, 버락 오바마, 그리고 힐러리 클린턴은 중서부의 잊힌 이들을 이미 정치적 효용이 다한 세력으로 간주했지만, 트럼프는 그들을 가장 중요한 유권자로 보듬어 안았다. 불굴의 대장장이라면 활활 타오르게 만들 휴화산 같은 존재로 여겼다. 트럼프의 생각으로는 선거인단제도 하에서는 오하이오 남부의 사무원이나 펜실베이니아의 기계공이―다시 투표소에 나와 권리를 행사하기만 한다면―샌프란시스코나 뉴욕의 유권자 천 명의 가치가 있었다. 민주당 텃밭인 주들의 선거인단은 절대로 공화당 지지로 돌아설 리가 없었고, 따라서 그러한 주들의 유권자들은 결정적이고 실제적인 영향력을 행사하기보다는 없는 셈이나 마찬가지였고 상징적인 존재였다.

트럼프 본인도 세계화를 거꾸로 뒤집었다. 선거인단의 위력으로 치면 뉴욕과 캘리포니아 같은 해안 지역 주들에서 우주의 주인인 양 행세하는 이들이야말로 그들이 던진 한 표가 별 가치가 없는 진짜 패배자였다. 트럼프가 산업근로자 계층이라는 잠든 용을 완전히 잠에서 깨워 경합 주에서 이기려면 구체적인 공약, 1994년 공화당이 하원을 장악할 때 내세운 정부 규모 축소, 낮은 세율, 기업 활동 장려 등의 내용을 담은 "미국과의 계약(Contract with America)"의 개정판이 필요했다. 트럼프는 자신의 지지기반에 생명을 불어넣고 결국 중도 공화당원, 부동층, 이탈한 민주당원들의 마음까지 살 선거 공약이 필요했다. 그리고 머지않아 그는 양당이 방치해온―아니면, 어쩌면 알지 못했던―쐐기를 박아 넣을 이슈들을 찾아냈다.

02

트럼프주의

1960년대 골드워터–록펠러 노선을 따라 공화당 안에서 내전이 일어나고 있다. 당의 마음과 영혼과 미래를 차지하기 위해 벌이는 전쟁이다.

— 『우익은 어디서부터 잘못됐을까Where the Right Went Wrong』, 페트릭 J. 뷰캐넌

문 화적 계층적 분열을 지렛대 삼아 공화당 예비선거에서 이기고 대선후보 가도에 들어서기 위해, 트럼프는 여러 가지 간판 공약들에 집중했다. 모두가 과거에 여러 차례 우익이, 때로는 좌익 포퓰리스트들이 내세운 이슈들을 마구 뒤섞어놓은 공약이었다. 그러나 트럼프는 출마를 선언한 순간부터 이러한 이슈들을 집중적으로 파고들었다―선거운동을 하는 내내, 대통령 인수인계 과정에서, 그리고 취임 후 첫 2년 동안 내내 마치 자신이 처음 제시한 참신한 이슈인 양 말이다.

트럼프는 2015-2016년에 내세운 공약들을 대통령이 되자마자 2017-2018년에 즉시 실행하기 시작했다. 이러한 일관성 덕분에 그의 지지기반이 똘똘 뭉쳤다. 이에 그를 비판하던 이들도 놀랐다. 트럼프가 선거에서 이기고 나자 그들은 내심 "말만 저렇게 하지 진심일 리가 없어."라는 식의 태도로 스스로를 위안했다.

그러나 트럼프는 진심이었다. 그리고 그는 "약속을 지켰다"는 점을 내세우면서 이를 분명히 했다.

후보로서, 그리고 대통령으로서 트럼프는 이라크에서 리비아에 이르기까지 비싼 대가를 치르고 별로 중요하지도 않고 반드시 할 필요도 없었던 전쟁을 한 데 대해 오바마의 민주당 못지않게 부시의 공화당도 비판했다. 해외 문제에 개입하는 게 딱히 비도덕적이어서 반대하는 게 아니었다. 그렇게 개입해서 싸워줘도 도움을 받은 당사자들은 고마운 줄 모르고 미국인들, 특히 산업근로자 계층에게 손해만 끼치기 때문이라는 이유에서였다. 정치적으로 보면, 트럼프는 현재의 초당적인 외교정책 기득권층과 아프가니스탄, 이라크, 리비아에 개입했던 과거 세 차례 행정부에 맞서기로 결심하고 출마했다. 그리고 항상 선거인단을 유념했다.

트럼프가 끊임없이 "우리는 더 이상 전쟁에서 이기지 못한다."라고 한 말의 뜻은 미국이 갈등을 종식시키기 위해 더 무력을 써야 한다는 뜻이 아니었다.

미국은 선제적보다는 대응 차원의 전쟁을 해야 하고, 오로지 미국이 현실적으로 이길 수 있는 갈등에만 개입해야 한다는 뜻이었다. 트럼프는 2016년 2월 다음과 같이 말했다. "싸워도 된다. 하지만 우선 이기는 게 무엇보다도 중요하다. 우리는 전쟁에서 이기지는 못하고 그저 죽어라 싸우기만 한다. 욕지기가 날 지경으로 그저 싸우고, 싸우고, 또 싸운다."

트럼프가 "싸워도 된다."라고 한 것은 "아이시스(ISIS)를 폭탄으로 묵사발을 만들고 철수할 수 있다는 뜻이었다. 아니면 북한을 상대로 우리 핵무기 발사 단추가 "훨씬 크다"라고 협박하거나 이란에게 트럼프의 인내심을 시험하지 말라고 경고할 수 있다는 뜻이다. 그러나 아프가니스탄에 계속 주둔하거나 거기서 철수하려고 애쓰는 일을 "욕지기"에 비유했다. 트럼프 입장에서 보면, 지리적 전략적 이해득실보다는 미식축구팀 오클랜드 레이더스 소유주인 알 데이비스가 "이기기만 하면 돼"라고 말했듯이, 이기는 게 더 중요했다.

트럼프는 전쟁과 대전략을 재계의 속성에 비유해 냉소적으로 이해했다. 사람들이 하는 주장은 성공에 대한 인식과 성공이 낳는 자긍심이 그 근거가 된다. 전쟁에서 이기면, 그 전쟁이 왜 어떻게 시작됐는지는 그다지 중요하지 않다. 전쟁에서 지면, 갑자기 누가 그런 엄청난 실책을 저질렀는지에 대한 비난이 쏟아진다. 2400년 전, 그리스의 역사학자 투키디데스는 보다 일반적인 의미에서 이와 똑같은 말을 했다. 그는 전쟁의 구실과 진짜 원인을 구분했다. 트럼프는 사람들이 내세우는 구실을 쳐내고 그들이 주장하는 바가 아니라 그들이 진정으로 어떤 생각을 하는지 그 핵심을 파고드는 비상한 능력이 있다. TV 스타이자 사업가인 트럼프는 시청률과 수익에도 높은 가치를 부여했다. 상업적 가치 체계에서 전쟁은 거래였고, 너무 빨리 지지를 잃게 되고 비용도 급증하기 때문에 의도한 결과를 얻기 위해 어려움을 감수할 가치가 없는 손해가 막심한 거래인 경우가 허다했다.

그러나 전략적으로 논리적인 목표를 위해서 이길 수 있는 전쟁만 싸우기란 말이 쉽지 실행하기는 어렵다. 취임하자 트럼프 본인도 아프가니스탄에서 철수한다던 선거 공약 일부를 철회했다. 2015년 10월, 트럼프는 다음과 같이 말했다. "애초에 그 지역에 개입한 게 대단한 실수였다. 우리에게는 뛰어난 전략가들이 있는데 그들도 도대체 자기가 무슨 짓을 하고 있는지 몰랐다. 엉망진창이다. 엉망진창…. 그리고 이 시점에서는 아마 계속 머물러야 할 것 같다. 철수하자마자 그 지역이 붕괴될 게 뻔하기 때문이다."

취임 후 첫 한 달 동안, 트럼프는 백악관을 방문하는 고위인사들에게 이러한 선거 공약을 계속 전달하고 있었다. "우리가 중동에 쏟아부은 돈이 6조 달러다. 얻은 게 아무것도 없다. 아무것도 없어. 아주 작은 유정 하나도 못 건졌다. 단 하나도. 내가 그랬다, '석유를 지켜라.'"

대통령으로서 트럼프는 곧 미국이 전 세계에 70여 개의 군사시설을 두고 있고 동맹국들과 맺은 협정을 준수할 책임이 있으며, 이 동맹국들의 자치권을 미국 폭격기, 미군, 전함이 지키고 있다는 사실을 알게 된다. 그렇다면 딜레마가 생긴다. 시리아가 아이들을 대상으로 화학무기를 사용하지 못하게 막는 한편 시리아를 선동하는 러시아에게 시리아 대통령 바샤르 알 아사드에 대한 지원을 중단하라고 경고하고, 북한과 이란 같은 적국들에게 미국이 열 받으면 어디로 튈지 모른다는 언질을 주는 동시에, 비용도 많이 들고 하지 않아도 될 전쟁을 하는 패착을 저지른 중동 지역에서 발을 뺄 방법이 뭔가?

이처럼 트럼프의 호들갑스러운 독자적인 외교정책 입장에는 위험과 모순이 내재되어 있고, 그의 입장에 공감하는 사람은 예비선거에서 트럼프의 경쟁자였던 이들 가운데 랜드 폴 상원의원뿐이었다. 정부는 국민에게 위임받은 권력만 행사해야 한다는 앤드루 잭슨이 표방한 국민주권주의를 자기 나름대로─공격을 받으면 공격자를 압도할 정도로 보복을 감행할 임전태세를 갖추되, 하지 않아도 될 선택의 여지가 있는 전쟁은 먼저 시작하지 않는다─설명하면서, 트럼프는 늘 이라크 전쟁(2003-2008)을 언급했다. 해외에 개입해 국가 건설을 한다는 네오콘(neocon)의 결함투성이인 신념을 상징하는 전쟁이었다. 이와는 대조적으로, 2016년 공화당 대선후보 경선에서 대부분의 공화당 후보들은 이라크 전쟁에 대해 입 다무는 게 현명하다고 생각했다. 트럼프는 그렇지 않았다. 그는 기회를 포착하고 거머쥐었다.

트럼프는 자기 경쟁자인 공화당 상원의원과 주지사들이 13년 전 사담 후세인 제거를 지지한 사실에 대해 어느 정도 당혹스러워한다고 생각했던 게 분명하다. 그러나 다른 한편으로는, 이라크에서 폭력 사태가 절정에 달했던 2004-2006년에는 처음에 전쟁을 지지했던 수많은 이들이 부시 행정부의 무능과 이라크를 점령하고 재건하는 정책을 비난하면서 이미 오래 전에 지지를 철회한 후였다. 그들이 새로 내세운 입장은 "단기간에 사담 후세인을 제거한 건 내 뛰어난 전략이었지—그 후 4년 동안 엉망이 된 건 뒤처리를 잘못한 네 탓이야"에 비유할 만했다.

2006-2008년 데이비드 페트레이어스 장군이 이라크 파병을 증원하면서 2008년 중엽 무렵 반전 열기가 잠잠해졌다. 2009년 1월 오바마가 취임하면서 이라크에서 적의 적대적인 행동보다는 전 세계에서 사고로 날마다 죽어나가는 미군이 더 많았다. 이라크와 이라크가 암시하는 불길한 전조는 2004년 선거에서와는 달리 더 이상 첨예한 이슈가 아니었다. 2008년 선거 막바지 두 달 동안, 오바마는 당시에 휴면상태에 들어간 이라크 전쟁이 아니라 9월 금융위기를 두고 부시에게 맹공을 퍼부었다.

공화당 내에서는 이라크가 마침내 "제대로 작동하게 되었다"는 합의가 새로이 확산되었다. 2010년 부통령 조 바이든조차도 다음과 같이 우쭐댔다. "나는 이라크에 대해 아주 낙관적이다. 이 행정부의 가장 위대한 업적으로 손꼽히리라고 생각한다." 오바마 본인도 이라크가 "주권을 행사하는 안정적이고 자립적인 국가로서 대표성 있는 정부가 들어섰다"라고 선언했다. 이와 같이 성공했다고 선언함으로써 그는 2011년 말 재선 선거운동을 시작하면서 미국 평화

유지군 전원을 철수시키는 결정을 정당화했다.

그런데 2012년 이라크가 급속히 무너지자, 공화당은 천편일률적으로 오바마가 안전하고 안정적인 나라를 훼손해 공백상태를 만들고 아이시스(ISIS)에 힘을 실어줘 그 공백을 메우게 만들었다며 분통을 터뜨렸다(오바마는 아이시스를 신참내기 대학 운동선수나 아마추어 테러리스트에 비유하며 별로 위험하지 않은 이들이라는 듯이 일축했다). 뒤이어 어떤 혼돈이 야기됐는지 감을 잡으려면 다음과 같은 가정을 살펴보면 된다. 아이젠하워 대통령이 1956년 한국의 비무장지대에서 미군 전원을 철수시키고 "트루먼이 시작한 전쟁"을 끝내겠다는 선거공약을 실천했다. 그러고 나서 남한이 북한과 주변의 공산주의 적국들 틈바구니에서 살아남으리라고 생각했다.

그렇다면 도널드 J. 트럼프가 이라크 전쟁 과정을 사사건건 맹비난하면서 이미 죽어서 널브러진 말을 채찍질하는 쓸데없는 짓을 하는 게 현명했을까? 2015년 중엽 무렵, 트럼프는 날마다 오바마가 철군한 방식에 대해 비판하기보다는 조지 W. 부시가 이라크에 개입한 게 잘못이라고 떠들어댔다(대량살상무기가 있다고 "거짓말"했다고 주장했다). 굴러들어온 돌인 트럼프는 이라크를 공화당과 민주당이 연속해서 전쟁 후에 개입을 하는 멍청한 짓을 상징하는 사건이라고 생각했다. 오바마와 힐러리 클린턴 국무장관이 리비아 벵가지에서 패착을 둔 사건이 그들 나름으로 벌인 소규모 이라크 전쟁이었고, 아프가니스탄에서 15년 연속으로 무의미한 전쟁을 질질 끌었다는 듯이 말이다. 다시 말하지만, 사업가 트럼프는 그런 결정들이 모두 이익이 비용을 절대로 정당화하지 못하는 "손해가 막심한 거래"라고 생각했다. 트럼프가 표면상으로는 좌익의 입장에서 민주당원들을 전쟁광이라고 공격하니 클린턴 선거운동본부는 분통이 터졌다.

그러나 트럼프가 이라크 문제를 들춰내면 위험한 이유가 몇 가지 더 있었다. 트럼프 또한 서로 모순되고 진정성 없는 입장을 취한 적이 있기 때문이다.

트럼프가 강력히 부인하기는 했지만 초기에 그도 이라크 전쟁을 지지했었다. 라디오 진행자 하워드 스턴이 2003년 트럼프에게 미국이 이라크를 침공해야 한다고 생각하는지 묻자 트럼프는 "그렇다고 생각한다. 아버지 부시가 처음 침공했을 때 제대로 했었다면 좋았을 텐데." 사담 후세인이 사망하고 폭력이 점증하자, 트럼프는 교착상태에 점점 분노했다. 그는 초기에 전쟁을 지지했던 사실을 어설프게 부인하고(대부분의 사람들과 마찬가지로), 부시가 탄핵당할 만한 잘못을 했다는 정도로 맹렬하게 부시를 비난하기 시작했다. 트럼프가 하는 주장은 좌익 영화제작자 마이클 무어나 반전 운동가 신디 시한 같은 좌익 인사들이 하는 주장과 크게 다르지 않았다.

펜실베이니아주와 오하이오주의 잭슨주의자들[4]이 이라크 전쟁이 발발하고 10년이 지난 시점에서 그 전쟁이 인명과 재산의 낭비였다는 말을 듣고 싶을까? 2016년 한 인터뷰에서 트럼프는 다음과 같이 말했다. "한 가지 해줄 말이 있다. 아주 간단하게 말하겠다. 최악의 판단이었을지 모른다. 이라크 침공이 사람이 한 결정 가운데 최악의 결정이었을지 모른다. 이 나라의 역사에서 그 어떤 대통령이 한 결정보다도 최악의 결정이었다. 그 정도로 끔찍한 잘못이었다, 알겠나?"

정치적으로 보면, 보수주의 포퓰리스트로서 트럼프의 주장은 공화당 기득권 세력이 보기에 1992년 조지 W. H. 부시와 경쟁한 팻 뷰캐넌의 신고립주의적 입장과 비슷하게 들리기 시작했다. 트럼프의 주장은 뷰캐넌의 주장과 그리 다르지 않았지만 시대적 맥락은 완전히 달라졌다. 국경이 개방되고, 중국이 부상하고, 국가부채가 기록적인 수준에 달하는 시대에 하지 않아도 될 선택지가 있는 개입은 피하자는 주장은 훨씬 공감을 얻었다. 트럼프가 이라크 전쟁을 비판할수록 북대서양조약기구에서부터 유엔, 이스라엘-팔레스타인 "평화 과정"에 이르기까지 미국이 해외에서 관여한 모든 정책들로 인해 치러야 하는 비용에 대해 폭넓게 의문을 제기하기가 수월해졌다.

여기서 극복해야 할 난관은 트럼프가 고립주의자라는 혐의를 받으면서 그가 찰스 린드버그와 (1940년 9월에 창립된) 미국우선위원회의 잔재라는 비난이 공고해졌다는 사실이다. 린드버그는 히틀러와 무솔리니가 유럽의 민주주의 국가들을 점령하는 사태에 대해 좋게 해석하면 침묵으로 일관했고, 나쁘게 해석하면 미국이 해외에 개입하는 결정은 세계 유대인과 영국 왕실과 그밖에 온갖 음모꾼들이 꾸민 농간이라고 주장함으로써 최초로 쉬지 않고 대서양을 횡단한 비행사로서의 국민 영웅 지위에 먹칠을 했다.

트럼프가 정치적으로 극복해야 할 난관은 일반적으로 해외에서 미국이 지켜야 할 협약들뿐만 아니라 이라크와 국가 건설을 둘러싼 논쟁을 지렛대 삼아 국내에서 자기 이익을 추구할 방법을 찾아내는 일이었다. 그는 자신이 미국의 개입주의에 분노하는 게 악역과 선한 역을 분담해서 거래를 하는 전략임을 암시했다. 북대서양조약기구의 필요성에 의문을 제기함으로써 트럼프가 (미국보다 지리적으로 적국과 가까운) 유럽 회원국들에게 그들이 한 약속을 지키도록 할 수 있다는 뜻이었다. 유럽 국가들이 쥐꼬리만 한 국방예산을 증액해야 지리적으로 멀리 떨어져 있는 미국의 도움을 받을 자격이 있었다. 그렇게 함으로써 여전히 서구 진영의 이익에 부합하는 동맹 체제를 개정하고 개선할 수 있었다.

2018년 무렵 과거에 구두쇠 노릇을 한 북대서양조약기구 회원국 몇 개 나라가 국방예산을 올리겠다고 적어도 약속은 했다. 트럼프는 이게 자기 덕이라고 생색을 냈고 동맹관계가 새롭게 강화되었다고 떠벌렸다.("북대서양조약기구가 무용지물이라고 말했다가 욕을 엄청 먹었다. 테러에 대처하지 못했기 때문에 무용지물이다. 이틀 동안 욕을 엄청 먹었다. 그러더니 전부들 트럼프가 옳다고 말하기 시작했다.") 2019년 6월 무렵, (북대서양조약기구 회원국들 가운데 트럼프가 가장 격렬하게 비판한) 고집불통인 독일조차도 오래전에 약속한 대로 GDP 대비 국방비 비율을 올리는 노력에 박차를 가하겠다고 발표했다.

미국이 시리아, 리비아, 아프가니스탄 같은 패착과 구렁텅이에 빠지지 않고 이들을 멀리할수록 아이시스를 격파하고 이란, 북한, 중국에 맞설 재원을 더 많이 확보할 수 있다고 트럼프는 주장했다. 아니면 그 돈을 국내에서 쓰든가. 트럼프의 외교정책 스타일을 다시 한 번 주목하라. 협박과 허풍으로 자신이 하는 말이 진심이거나 정말 위기상황임을 전달하면, 위기임을 감지한 상대방이 오래 전에 했어야 할 개혁을 즉각 시행하고, 마침내 그러한 개혁을 통해 미국과 동맹국들의 관계를 더욱 공고히 만든다. 우발적인 군사갈등이 일어나거나 동맹국들과의 관계가 영원히 소원해질 위험이 있으나 감수할 만한 가치가 있는 위험이었다.

트럼프는 미국 내륙 지역의 유권자들에게 미군과 참전용사들을 위해서 더 많은 미사일과 탱크와 전투기와 핵무기를 마련하고 더 많은 재정적 지원을 하고 싶다고 했다. 단, 조건이 있었다. 미국인들은 나라 안에서 경제적으로 고통을 겪고 있는데 배은망덕한 이라크, 아프가니스탄, 리비아에게 그 돈을 낭비하지 않는다는 전제하에. 예비선거 초기에 트럼프가 이와 같이 인명과 재산의 낭비를 내륙 지역의 경제 침체까지는 아니더라도 경제 정체와 연관 지으면서 마코 루비오와 테드 크루즈 같은 매파 경쟁자들의 입장이 약화되었다. 나중에 대통령이 되고 나서 트럼프는 고립주의가 아니라 국민우선주의자로서 자신의 정책을 다듬어 미국의 힘을 약화시키기는커녕 더 강화시키고, 문제를 조용히 묵살하기는커녕 적극적으로 해결할 방안을 찾음으로써 서구진영의 안보를 증진시키는 방향으로 전환했다.

트럼프는 잘못하는 적은 폭격으로 처벌하고 국방예산을 증액하겠다고 하는 한편 랜드 폴 상원의원 같은 신고립주의자들과는 거리를 두었다. 랜드 폴은 트럼프의 외교정책을 종종 비판했고 2019년 6월 무렵 이란과의 긴장을 고조시킨다며 트럼프를 맹비난했다. 트럼프는 이를 상쇄하기 위해서 기회가 있을 때마다 유세장에서 힐러리 클린턴을 맹렬히 비난했다. 과거에 이라크 전쟁을 지지하고 보다 최근에는 리비아에서 재앙을 초래했고 나중에는 수수방관했다면서 말이다. 리비아 벵가지에 있는 미국 공관에 테러리스트가 침입해 크리스 스티븐스 대사를 살해했는데, 전후 시대에 목숨을 잃은 대사는 스티븐스 대사를 포함해 6명뿐이었다. 앞서 2011년 10월, 클린턴은 리비아의 무아마르 카다피가 길거리에서 참혹하게 살해된 후 섬뜩한 웃음을 터뜨리면서 "우리는 왔노라, 우리는 보았노라, 그는 죽었노라."라고 말했다. 카다피가 몰락하고 몇 주가 지나지 않아 폭력사태가 악화되자, 오바마 행정부 내의 그 누구도 더 이상 리비아에 개입한 결정이 성공적이었다고 주장하지 않았다. 클린턴은 외교정책과 관련해 공격 표적으로 삼을 만만한 대상이 되고 있었다. 트럼프가 좌익적인 시각에서 클린턴을 무능한 전쟁광이라고 공격하자 클린턴은 자기만큼 외국의 국민들에게 폭탄을 투하하려는 열정이 없는 성차별주의자 트럼프의 공격에 어떻게 대응을 해야 할지 몰라 우왕좌왕했다.

트럼프의 스타일은 적어도 한 가지 면에서는 결함이 있었다. 그는 벼랑 끝 전술이 원하는 결과를 얻어내는 거래의 기술로 인정을 받으리라고 생각했지만, 그의 협상 상대인 이들은 이에 대해 늘 동의하지는 않았다. 그들은 심지어 오래전에 그들이 동의했어야 마땅한 사안에 대해서도 트럼프가 우격다짐을 한다며 분개했다. 그들은 트럼프가 자기들에게 창피를 주고, 외교적인 이중적 의미의 용어로 말하자면, "우방과 동맹국들" 사이에 "건전하지 못한 분위기"나 "바람직하지 않은 분위기"를 조성한다며 트럼프를 비난했다. 거래의 기술 패러다임이 지닌 모순은 이 수법이 대체로 사업을 할 때 1회성 협상용으로 쓰였다는 점이다. 이러한 협상에서 유리한 위치를 점유한 트럼프는 상대방에게 앙심을 품게 만들지만, 합의한 양측은 보통 다시는 만날 일이 없으므로 앙심을 품은들 소용이 없었다. 그러나 외교 관계와 경쟁 관계에 놓인 나라들과는 오랜 기간에 걸쳐서 지속적이고 끊임없이 협상을 할 필요가 있으므로 호통치고 지나친 술책을 쓰는 트럼프의 기법은 외교적으로 씁쓸한 뒷맛을 남겼다. 다시 말해서, 분개한 북대서양조약기구 동맹국들이 오랜 시간이 흐른 끝에 결국 국방비 증액 약속을 지켜야겠다는 결론을 내리든가, 아니면 트럼프가 써먹는 거래의 기술이 그저 공허한 협박임을 곧 꿰뚫어보고 무시해버리든가 둘 중 하나다. 트럼프가 일단 상대방으로부터 양보를 받아내고 나면 상대방을 칭송했다는 사실은 "거래의 기술" 절차의 일환이라는 점은 잊혔다.

트럼프가 해외에서 추진하는 의제는 어떻게 설명해야 할까?

2016년 4월, 대통령 후보 트럼프는 이러한 의문에 대해 포괄적인 전략을 담은 연설로 답하려고 했다. 그는 과거 행정부들이 추진한 정책의 결함을 지적하고 "무작위를 분명한 목적으로, 이념을 전략으로, 혼돈을 평화로" 대체하겠다고 약속했다. 핵심은 미국의 새로운 외교정책은 미국 국민의 이익을 토대로 적어도 단기적으로는 투명하게 조정되어야 한다는 뜻이었다. "트럼프 행정부 하에서는 그 어떤 미국인도 외국 국민의 이익이 미국 국민의 이익보다 우선한다는 느낌이 절대로 들지 않도록 하겠다."라고 트럼프는 끊임없이 되뇌었다.

좋다. 그러나 다시 말하지만, 북대서양조약기구가 존재하고 일본, 남한, 대부분의 유럽 국가들에게 핵우산을 씌워주고 이스라엘, 대만, 쿠르드족, 그리고 위험에 노출된 여러 다른 나라 사람들을 그들의 탐욕스러운 이웃들로부터 보호해줘야 하는 실제 세계에서 그런 선언은 무슨 의미가 있을까? 다시 말해서, 트럼프는 전 정권으로부터 물려받은, 이행하려면 비용이 많이 들고 엉망진창인 미국의 의무들을 어떻게 할 작정인가? 미국이 그러한 의무들을 이행해온 덕분에 그럭저럭 전후 세계가 유지되어왔는데 말이다. 이란이 호르무즈 해협을 봉쇄하면, 북한이 일본 영공으로 미사일을 쏴대면, 아니면 블라디미르 푸틴이 에스토니아를 합병해버리면 어쩔 텐가?

대통령 후보 트럼프는 연설에서 동맹국이 공격받으면 보호하겠지만, 이론적으로 장기적인 관점에서 미국에게 이익이 될지 모른다는 막연한 이유로 개입하는 선택을 하지는 않겠다고 약속했다. "나는 우리의 정예부대를 절대로 전투에 투입하지 않겠다. 반드시 꼭 필요하지 않는 한 말이다. 그리고 반드시 승리할 계획이 마련되어 있는 경우에 한해서만 그렇게 하겠다." 다시 말하지만, 트럼프는 미국이 아프가니스탄에서 17년째 하고 있는 전쟁에서는 어떻게 이길 것이며, 학살이 자행되고 있는 시리아에서 소규모이긴 하나 계속되고 있는 지상 작전 지원은 어떻게 할 것이며, 예멘에서 시아파 후티족과 맞서고 있는 사우디아라비아와의 긴밀한 협력은 어떻게 할 것인지 거의 언급하지 않았다. 다른 행정부에서 시작한 이러한 작전들을 중단해야 한다고 하면 매파 공화당원들의 분노를 사고 (트럼프를 나약해 보이게 하지는 않더라도) 고립주의라는 비난에 불을 붙이게 되고, 이러한 개입에서 목숨을 잃는 군인이 거의 없으므로 미국이 얼마나 깊이 개입해 있는지 파악하는 미국인도 거의 없으리라고 생각했다.

트럼프가 미국 우선주의 정책에서 훨씬 효과를 본 지역은 남쪽 국경이었다. 2019년 민주당 예비선거 후보 토론회가 진행되는 동안, 트럼프는—거의 대부분의 불법 체류자에게도 "모두를 위한 의료보험"을 약속한—민주당 후보들을 향해서 모든 미국 국민의 복지를 보장하는 일보다 미국 법을 어기는 외국 국적자들을 더 걱정한다고 맹공을 퍼부었다.

트럼프는 선거운동 기간 동안 외교정책에 대한 공식적인 연설 외에도 오바마의 외교정책이 안고 있는 다섯 가지 문제점을 다음과 같이 나열했다. 1) "과도한 지출을 하고 있다." 2) "우리 동맹국들이 제몫을 하지 않고 있다." 3) "우리 우방국들이 미국에게 의존할 수 없다고 생각하기 시작했다." 4) "우리 경쟁국들이 더 이상 우리를 존중하지 않는다." 5) "미국은 더 이상 외교정책 목표가 뭔지 분명히 이해하지 못하게 되었다." 그리고 나서 트럼프는 해결책을 제시했는데, 대부분이 해외에서 국내로 지출을 전환하는 공통점을 지닌 해결책들이었다.

트럼프의 선거 유세를 지켜보던 이들은 전후로 미국이 초당적으로 주도해 온 질서를 파괴한다고 즉각 비난을 퍼부었고, 이들이 한목소리로 비판을 하자 트럼프는 이를 딱히 인기도 없는 정책들로부터 자신을 차별화해주는 반응이라고 흡족해했다. 워싱턴의 외교정책 권위자인 리처드 하스는 트럼프의 외교정책을 통렬히 비판하는 글(2018년 3월 21일, 〈프로젝트 신디케이트〉, "자유주의 세계질서, 영면하다")을 썼는데, 파리기후협약을 탈퇴하거나 이란협정과 북미자유무역협정의 대폭 개정 같은 굵직한 결정들을 근거로 드는 해괴한 논리를 폈다. 이와 비슷하게 트럼프의 외교정책을 비판하는 글들이 줄을 이었다. 워싱턴 외교정책의 기득권 세력이 주로 쓴 이러한 글들은 국제형사재판소 규정 준수나 팔레스타인 "난민"에 대한 원조 등과 같이 과거에 미국이 한 수많은 약속들을 트럼프가 폐기한다고 비난하는 내용이었다.

그러나 하스는 자신의 글에서, 트럼프의 거래의 기술 식의 협상 스타일의 속성이나 그 모든 합의들이 늘 미국의 국익에 부합하지만은 않았다는 현실—어쩌면 애초에 미국의 이익에 부합하도록 설계되지 않았을지도 모른다—을 분석에 반영하지 않았다. 예컨대, 유럽 국가들이 일제히 미국의 파리기후협약 탈퇴를 비판했지만, 탈퇴한 후 미국은 오히려 탄소 배출이 줄었다. 이란협정을 폐기한 후 유럽에서 이란이 계획한 테러 활동을 미연에 방지했고, 이란 국내에서 신정체제에 맞서는 국민 시위가 일어났으며, 페르시아만에서 미국 전함을 상대로 이란이 시비를 거는 사건이 단 한 건도 일어나지 않았다.

트럼프의 과장이 심한 발언은 거래에서 더 유리한 결과를 얻어내기 위해 협박하고 허점을 찾아내고 어르고 달래는 그의 상투적인 수법임이 드러났다. 아프가니스탄, 이라크, 리비아에 개입했던 패착을 되풀이하지 않겠다는 진정한 의지가 담긴 수법들도 있었다. 자신의 정적들과 기득권 세력이 열 받아 펄펄 뛰게 하려고(예컨대, 2018년 3월 하스가 글을 기고하게 만들었듯이) 약 올리는 문구를 의도적으로 써서 끊임없이 자신의 발언이 공짜로 언론매체에 오르내리도록 논란을 불러일으키려는 의도도 있었다. 그러나 트럼프가 이 연설에서 언급한 내용은 대부분 사실상 과거의 국방비 삭감을 비판한 셈이었다. 트럼프는 이 연설을 통해 미국이 상실한 억지력을 복원하겠다고 약속했다. 우방국들에 대한 확고한 지원을 새롭게 다지기도 했다. (쿠바, 이란, 베네수엘라 같은) 적국과 경쟁국들에게 더 이상 숙이고 들어가지 않겠다는 의지이기도 했다.

나중에 트럼프 대통령의 국가안보팀은 그가 여기저기서 한 선거공약들을 통합해 "원칙 있는 현실주의(principled realism)"라는 일관성 있는 개념으로 묶었다. 바로 이 표현이 뜨거운 논쟁을 불러일으킨 "힘 있는"과 "잭슨주의" 같은 형용사를 대체했다. 그러나 원칙 있는 현실주의는 여전히 미국은 자국의 이익이나 동맹국의 이익에 부합하는 변화를 일으킬 수 있는 경우에만 행동에 나선다는—그리고 노력을 기울일 가치가 있을 정도의 비용을 들이고 이길 여건이 충족되는 경우에 한해 행동에 나선다는—입장을 표방했다.

현실적으로 보면, 국가안보보좌관 H. R. 맥매스터 장군 하에서 처음 작성된 트럼프 국가안보전략 문서는 아이시스에게 폭격을 가하고 북한을 굴복시켜 비핵화하게 만들고, 이란협정을 폐기하고, 이집트와 페르시아만 국가들의 왕족들처럼 퇴짜 맞은 동맹국들에 더 가까이 다가가고, 남중국해 스프래틀리 군도에 인공 섬 기지를 만드는 중국에게 경고를 하고, 북대서양조약기구 회원국들이 국방비 증액 약속을 이행하도록 만들고, 이스라엘에 한층 더 영적 물질적 지원을 당당하게 제공한다는 의미를 띠게 되었다.

트럼프 대통령의 첫 국방장관 제임스 매티스 장군, 두 번째 국가안보보좌관 H. R. 맥매스터, 그리고 그의 후임인 존 볼턴, 전직 국무장관 렉스 틸러슨, 첫 유엔 대사 니키 헤일리, 그리고 첫 중앙정보국 국장(그리고 틸러슨 후임으로 국무장관에 임명된) 마이크 폼페이오는 2016년 4월 트럼프가 포괄적인 외교정책 연설을 할 당시에 트럼프 선거운동본부에 관여하지 않았다. 그러나 그들을 임명하고 트럼프 임기 첫 2년 동안의 업적을 보면 대체로 국제무대에서 불필요하게 도발을 하거나 개입하지 않고 강경한 입장을 취하는 정책이 그려진다.

다시 말해서, 트럼프는 오바마처럼 해외 순방길에 외국을 상대로 과거에 미국의 잘못을 반성하는 "사죄 순방"을 하지도 않았고 야심한 틈을 타 비행기에 현금다발을 실어 이란에 보내는 이면 계약을 실행하지도 않았다. 그리고 2011년 리비아에 대한 공격에 상응하는 불필요한 폭격을 자행하지도 않았다. 2018년 초, 매파인 폼페이오와 볼턴을 임명하면서 트럼프는 화염과 분노로 협박하면서 보다 침착하고 전문적인 판단을 하는 보좌관들의 만류에도 말을 듣지 않는 "악역"에서 벗어났다. 이제 트럼프는 외국 지도자들을 상대로 "선한 역"을 하면서 외국의 공격적인 행동을 인지하면 이에 강력히 대응하기를 바라는 볼턴과 폼페이오 같은 일부 보좌관들을 오히려 진정시키는 입장에 놓인 듯한 발언을 한다.

트럼프는 2016년 선거에서 이기려는 목적으로 오바마처럼("나는 허풍 떨지 않는다.") 목청 높여 허세를 부리다가 막상 이란이 핵확산과 관련해 약속한 마감 시한을 어기거나 시리아가 자국민을 상대로 화학무기를 사용하면서 넘지 말라고 한 선을 넘어도 꿀 먹은 벙어리가 되지는 않았다. 지미 카터처럼 더할 나위 없이 부드러운 말로 회유하고 꼬리를 내리지도 않았다. (예컨대, 카터는 취임 직후인 1977년 노터데임 대학교 졸업식에서 한 연설에서 이렇게 말했다. "우리의 미래에 대해 자신하게 된 지금, 더 이상 공산주의에 대한 터무니없는 두려움 때문에 그러한 두려움을 공유하는 독재자를 포용할 필요가 없게 되었다."라면서 인권을 더욱 강조할 뜻을 밝혔다.)

테디 루즈벨트 대통령은 부드러운 말로 회유하되 말을 안 들을 경우 무자비하고 강경하게 대응하라고 했지만, 트럼프는 그러지도 않았다.

결국 트럼프는 목청 높여 허세를 부리며 으름장을 놓았을 뿐만 아니라 강경한 행동을 하게 된다(아이시스를 폭탄으로 박살내겠다고 장담했고 실제로 거의 말한 대로 실행했다). 트럼프가 정서 불안한 북한의 김정은을 "폭탄놀이 하는 꼬마"라거나 "땅딸막한 뚱보"라고 조롱하자, 트럼프를 비판하는 이들은 이제 포틀랜드나 샌디에이고에 폭탄을 투하할 수 있게 된 불안정한 핵 보유국을 모욕하는 유치한 짓을 한다며 비명을 질렀다. 그들은 세상일이라는 게 대부분 서로 모욕을 주고받는 유치한 일이고, 과거에 예측 가능한 전략적 자제가 예측 불가능성보다 훨씬 위험한 상황을 만들어내곤 했다는 사실을 깨닫지 못하고 있었다.

결국 수위를 점점 높인 무역제재를 몇 달 동안 당한 끝에 마침내 북한의 김정은은 비핵화 논의를 재개하기로 합의했다. 김정은이 보기에 트럼프도 자신처럼 무슨 짓을 할지 모르는 인물로 보였기 때문에 두려웠을 가능성이 높다.

트럼프가 추진한 두 번째 간판 공약은 무역을 비롯해 세계화와 전후 세계질서에 대한 미국의 접근 방식을 재조정하는 일이었다. 외교정책에서와 마찬가지로 트럼프는 현재 상태를 타파하는 역할을 자임했다. 그는 자신이 변덕스럽고 무식하고 위험하다는 비난을 거의 환영하다시피 했다. 오래전에 개혁했어야 할 제도와 기구들 ―북대서양조약기구, 유엔, 유럽연합, 북미자유무역협정 등―을 변호하는 부담을 져야 할 이들은 트럼프를 비판하는 이들이었으니 말이다.

『거래의 기술』과 『억만장자처럼 생각하기』의 저자인 트럼프에 따르면, 자유무역을 부르짖는 공화당과 민주당 의원들을 모조리 열세에 몰아넣기는 식은 죽 먹기였다. 공정무역이 아니라 자유무역이라는 미명하에 그들은 중국과의 불공정한 무역협정에 합의하는 치욕스러운 짓을 저질렀다("더 이상 중국이 우리나라를 능욕하도록 내버려둬서는 안 된다. 그게 바로 지금 우리가 하는 일이다."). 트럼프에 따르면, 순진한 이들이 세계화를 옹호하는 엘리트 계층과 그들의 외국 상대들이 내세우는 이론에 부응하기 위해 미국 산업근로자 계층에게 손해를 끼치고 미국의 국익을 팔아넘겼다. 2008년에 버락 오바마도 "우리 자녀들의 이름으로 중국 은행에서 발급받은 신용카드로" 마구 긁어대서 국가 부채를 늘리고 적자 예산을 증가시키는 "애국적이지 않은" 짓을 했다며 조지 W. 부시를 매도했다.

트럼프는 이념이 철저하다기보다 현실주의자이고 자국우선주의자였다. 그는 무역전쟁에 대해서는 그다지 걱정하지 않았다(사실 대통령으로서 그는 "무역전쟁은 좋은 것이여."라는 도발적인 트윗을 날렸다). 그리고 무역협상에서 양보를 얻어내기 위해서라면 무역전쟁을 먼저 시작해 말을 행동으로 실천하겠다는 의지도 보였다. 결국 관세 협박 말고 자유롭고 공정한 무역을 달성할 방법이 뭐가 있겠는가? 현명한 외교관은 위기가 터지기 직전에 무력 사용 가능성을 배제하지 않는다.

트럼프는 세계무역기구의 규정에 딱히 애착이 없었다. 수입 제한이 장기적으로 소비자가격에 미칠 영향을 조정하지도 않았다. 대신 그는 정부보조금을 받아 만든 상품을 시장에 쏟아내고, 자국에서 사업을 하는 미국 회사들에게 기술 이전을 요구하거나, 불균형적 무역에 점점 익숙해진 나라들이 그런 태도를 지니게 된 까닭은 그게 그들의 이익에 부합하기 때문이라고 생각했다. 그러나 다른 모든 나라가 중국의 극단적인 선례를 좇아간다면 세계 무역 관행을 더 이상 지탱하기가 불가능했다.

2018년 중엽 무렵, 트럼프는 중국뿐만 아니라 캐나다, 멕시코, 유럽연합 회원국에게까지 관세를 부과하겠다고 협박했다—아니, 미국과의 무역에서 엄청난 흑자를 기록하는 나라라면 어느 나라든 관세로 협박했다. 2019년 7월 무렵, 미국은 사실상 중국과 '이에는 이, 눈에는 눈' 무역 전쟁을 하고 있었다. 트럼프의 보좌진은 그러한 으름장은 "거래의 기술"에 나오는 야바위 속임수이고 결국 현재의 불균형적인 무역관계보다 적어도 미국 근로자들에게 더 이익이 되는 모종의 합의가 도출되리라고 비공식적으로 귀띔을 했다. 그러나 트럼프를 비판하는 이들은 겨우 무역적자를 조금 줄이자고 동맹국들과 결과적으로 사이가 틀어지면서까지 무리수를 둘 가치가 없다고—그리고 주식시장을 늘 불안하게 만들어서는 안 된다고—주장했다.

트럼프가 후보로 등장하기 전까지만 해도 경제학자들은 무역 불균형에 대한 그러한 우려를 일자리, 국민총생산, 가격이 아니라 회계장부의 수입과 지출의 균형을 맞추는 데 골몰하는 치기 어린 열렬한 자국우선주의라고 코웃음을 치곤했다. 그들은 미국인들에게 무역적자는, 중국과의 연간 무역 불균형이 거의 4000억 달러에 달하는데도, 국내 소비자가격을 낮게 유지해주고 미국 기업들이 저렴한 수입상품과 경쟁하기 위해서 악착같이 생산비용을 줄이고 효율성을 향상시킨다고 안심시켰다. 해외무역에 보조금을 지원하고 덤핑 판매하는 나라는 수출보조금에 의존하게 되고 그런 정책은 지속 불가능하므로 그런 나라는 결국 함몰된다고 주장했다.

워싱턴의 외교정책 기득권 세력은 이에 덧붙여 무역적자는 손해를 입히기는 하지만 미국의 전후 질서를 유지하기 위해서는 그만한 대가를 지불해야 한다고 주장했다. 그런 무역적자의 부담을 감당함으로써 미국은 제3차 세계대전을 모면했고, 냉전에서 승리했으며, 민주주의를 확산시키고, 법치를 토대로 한 세계 상거래 체제를 구축하고 그 질서를 미군이 안전하게 지켰다고 주장했다. 그리고 물론 미국 기득권 세력은 막강한 미국—적어도 그들이 알고 그들이 거주하는 지역들—이 외국의 불공정 무역 관행이나 상업적으로 편법을 쓰는 행위를 못 본 척할 여력이 충분하다고 주장했다.

2018년 3월 트럼프가 수입 철강과 알루미늄에 관세를 부과하겠다고 하자, 국가경제위원회 자유무역국장이자 수석 경제자문인 게리 콘이 갑자기 사임했다. 골드만삭스 회장과 최고운영자를 역임한 콘은 미국의 무역적자와 상관없이 세계화된 무역을 확대하는 데서 오는 이득을 모색하는 역할을 하라고 초당적으로 내세운 얼굴마담이었다. 콘이 사임했어도 트럼프의 지지기반은 조금도 이탈하지 않았다.

트럼프는 무역을 제약하고 관세부과 협박을 하겠다는 약속을 이행하면서 이에 대해 조금도 변명하지 않았다. 표적을 정해 관세를 부과하면 미국 경제의 다른 부문의 상품 가격이 인상될 뿐이라는 주장도 개의치 않았다. 트럼프는 멕시코, 캐나다, 중국, 일본, 몇몇 아시아의 호랑이 국가들, 그리고 유럽연합을 지목해 그들이 교묘한 술수로 자국의 이익을 추구하는 행태를 부러워하는 기이한 태도를 보였다. 트럼프는 그들이 자국 근로자의 이익을 우선시 하고 그럴 만한 이유도 있다는 결론을 내렸다. 무역적자가 그렇게 바람직하다면, 아니면 적어도 그다지 중요한 문제가 아니라면, 미국의 경쟁국들은 왜 무역적자를 피하려고 그토록 애쓸까? "우리는 공장을 폐쇄하고 멕시코는 공장을 연다. 우리는 도대체 무슨 짓을 하고 있는가? 여러분, 이제 그런 일은 더 이상 안 일어난다."

트럼프는 중국이 불공정 무역에서 이득을 보고 엄청난 무역흑자를 보아도 자국의 정치체제를 자유화할 생각이 없다는 사실을 꿰뚫어봤을 뿐이다. 오래전부터 좌우 막론하고 기득권 세력은 초당적으로 경제적으로 풍요로워지면 정치적으로도 자유로워진다는 허황된 믿음을 품어왔다. 그런데 웬걸, 경제성장으로 더욱 힘을 얻은 중국은 한층 더 독재를 강화하고 저작권, 특허를 위반하거나 반덤핑 세계협약을 위반하는 행위를 더욱더 서슴지 않았다. 중국이 첨단기술을 수입해 이용하면 중국 국민이 보다 체제에 적극적으로 참여하고 더 많은 정보를 습득하게 되는 결과를 낳기는커녕 정부가 자국민을 감시하고 염탐하는 노력을 배가할 뿐이었다. 트럼프가 보기에 중국은 미국의 인내와 자제를 순진함으로 해석하고 비웃거나 나약함으로 해석하고 이용해먹었을 뿐, 미국의 이런 태도를 관용으로 간주하고 이에 상응하는 관용으로 보답하지 않았다. 어쩌면 트럼프를 비판하는 사람들 중에도 이에 동의하는 이들이 있었는지 모른다. 그러나 비공개석상에서 그들은 중국의 공격적인 무역 관행을 오래전에 중단시켰어야 한다고 털어놓았다. 이제 와서 그 어떤 맥락에서든 중국의 무역흑자에 대해 의문을 제기하면 백안시했고 보호무역주의자라든가 세계 상거래질서의 적이라든가 중국이 세계의 패권을 장악하게 되는 필연적인 미래에 맞서는 경제적 러다이트(Luddite, 직조기계가 도입되자 노동자들이 기계를 파괴한 사건)라는 비난이 쏟아졌다.

중국이 약속한 바를 이행하도록 만들려는 그 어떤 노력도 전면적인 무역전쟁을 야기한다는 주장이 상식처럼 되어버렸다. 중국이 무역에 접근하는 방식은 1930년대에 독일이 군사적 임전태세와 공격에 임하는 자세에 상응했다. 상승일로에 있던 이 두 독재국가는 지쳐서 기진맥진한 자유민주주의 국가들이, 이 두 국가가 세계를 불안정하게 하고 격변을 일으킬 의지가 있다는 점을 인식하고, 인내심을 발휘해 회유책을 제시하리라고 믿었다.

그러나 2018년 중엽 무렵 신문 사설에서 유선방송 평론가들이 세계 무역 전쟁이 일어나 경제가 붕괴된다고 예측하는 와중에도, 유럽연합과 중국은 미국과의 무역 불균형과 중국과 독일이 올리는 어마어마한 경상수지 흑자가 세계 상거래를 왜곡해온 것에 대해 논의할 준비가 되어 있음을 내비쳤다. 2018년 가을 무렵 중국은 위안화 약세, 불안정한 주식시장, 성장 둔화, 그리고 그런 모든 징후들이 미국이 새로 부과한 몇 가지 관세에서 비롯된 결과라는 불안감으로 고군분투하고 있었다. 1년 후 중국은 2020년 트럼프가 재선에 실패하면 미국이 관세를 완화하고 중국에 지나치게 유리하다고 간주되는 미국과의 기존 거래 방식으로 되돌아가게 되리라고 희망하고 있었다.

트럼프가 거래하는 방식은 한결같이 투명했다. 똑같은 방식이 이전에는 한결같이 무모하다고 지탄을 받았지만 말이다. 그는 호혜적이어야 할 무역에서 어처구니없을 정도로 비대칭인 사례들을 엄선했다. 그리고 나서 그는 앞으로 무역전쟁이 일어나고 관세를 부과하겠다며 으름장과 엄포를 놓았다. 그러더니 결국 국내에서 "승리"하게 된다고 자랑스럽게 떠벌이는 한편 예전의 경쟁자들에게 찬사를 퍼부으면서 그들은 그러한 자신을 인정하게 될 수밖에 없다고 했다. 트럼프가 매번 똑같은 각본을 그대로 반복하면 할수록, 그리고 일정 부분 성공을 한다는 사실도 부인할 수 없으므로, 그를 비판하는 이들은 그의 행동이 비교할 대상이 없을 만큼 천박하고 인류에게 위험하다며 혹독하게 비난했다.

2016년 선거운동 기간 동안에 후보 트럼프는 존 F. 케네디 식으로 민간 기업들의 급소를 가격하고 괴롭혔다. 그는 민간 기업들에게 해외로 아웃소싱하거나 본사나 공장을 해외로 이전하면 무역조치와 과세로 처벌하겠다고 협박했다. 그는 그런 말을 할 때마다 늘 세계주의자들의 정설을 파괴함으로써 얼마나 많은 일자리를 보존할 수 있는가 하는 맥락에서 언급했다. 대통령으로서 그는—그리고 그의 지지자들도—민간 기업들을 협박해 국내에 머물게 하거나 해외에서 돌아오도록 하는 데 성공한다면, 최고경영자들도 기꺼이 곧 입장을 바꾸리라고 생각했다. 특히 세금 감면과 규제 완화라는 유인책을 준다면 말이다. 그리고 대체로 그가 말한 대로 되었다.

근로자들은 마침내 고용주들을 상대로 응당한 보상을 받았다. 혁명적인 노조원으로서가 아니라 국민우선주의적인 보수주의자로서 말이다. 단순하게 말해서 트럼프가 성공한 비결은 일자리였다. 좋은 일자리는 궁극적으로 사람을 독립적이고 행복하고 생산적으로 만든다. 일자리가 없으면 정부가 비대해지고 범죄가 늘어나고 가족이 해체된다. 묘하게도 트럼프를 제외하면 실업률을 인명 손실의 측면에서 바라보는 공화당 정치인이 거의 없었다. 백분율 수치는 일자리를 잃은 수백만 명의 미국인을 나타내지 않는다는 듯이 말이다.

트럼프가 기업들을 가격하면서 선거 이후에 조금씩 효과가 나타나기 시작했었다. 2016년 12월 무렵 트럼프가 당선된 직후, 몇몇 기업들이 해외로 이전하려던 계획을 재고하기 시작했고, 해외 기업들은 미국에 새로 공장을 짓겠다고 약속하기까지 했다. 기업들은 트럼프가 변덕이 죽 끓는 듯하고 충동적이어서 다른 대통령이라면 생각조차 하지 않을 짓을 하고도 남으리라고 생각하고 겁이 났다. 진짜로 무역전쟁이 일어나고, 높은 관세를 부과하고, 공개적으로 끊임없이 창피를 당할까봐 두려웠다. 새로 개정된 송환세법(repatriation tax law)이 통과되자, 애플 한 회사만도 2018년 과거에 해외 지사가 벌어들인 수익에서 세금을 추가로 380억 달러를 더 내겠다고 약속했다. 송환세율은 155퍼센트로 과거의 35퍼센트의 절반 이하라는 사실로 미루어볼 때, 기업들이 해외에 꿍쳐둔 1조 달러 이상이 미국으로 돌아오리라고 예상하는 경제학자들도 있었다.

무역과 세계화에 대한 트럼프의 독특한 시각뿐만 아니라 그의 일반적인 경제정책들을 관통하는 한결같은 주제가 있다. 급속한 경제성장과 급여가 쏠쏠한 수백 만 개의 새로운 일자리라는 해법이었다. 파격적인 경제성장이 여전히 가능하다고 생각한다면 과거에 미국인들이 부자연스럽게 족쇄가 채워져 있었고 잘못 억눌려 있었고 잘못된 방향으로 인도되고 있었다는 데 동의한다는 뜻이었다. 따라서 그들을 해방시켜야 했다. 일을 해서 삶이 풍요로워지고 성실하게 일한 대가를 누리면서 삶에 대해 자신감을 얻도록 해주어야 했다. 그러면 그들은 높은 생산성과 탐구심을 보이면서 세상을 놀라게 할지도 모른다.

세일즈맨이자 사업가이자 부화방탕한 트럼프 생각으로는, 사람에게 돈을 더 주고 존중해주면 온갖 인종과 젠더에서부터 계층과 지위에 이르기까지 온갖 무슨 주의(~ism)와 무슨 학(~ologies) 같은 탁상공론은 움츠러들게 된다. 보다 폭넓은 의미에서 트럼프는 무역 이슈는 너무 미묘하고 복잡해서 선거유세에서 다루거나 커피숍에 앉아서 대화의 주제로 삼을 성질의 것이 아니라는 전문가의 공식적인 입장에 상식적으로 맞섰다. 빈곤층이 거주하는 도심 지역에서 일손이 모자라 발을 동동 구르는 고용주들이 걸어놓은 "직원 구함"이나 "급구" 같은 구인 광고가 눈에 띄기 시작하면 인종은 그 누구의 품성을 판단하는 데도 본질적인 기준이 되지 못한다.

관건은 트럼프가 말하는 관세와 보호주의 같은 포퓰리스트 정책이 어느 정도나 자본의 자유로운 흐름을 제한하고 미국의 국내 성장을 촉진하기보다 둔화시키는 결과를 초래할지였다. 결과를 얻기 위해서는 협박이 필요했다. 그리고 위협이 효력을 발휘하려면 진짜 관세 부과로 뒷받침되어야 했다. 그리고 세계적으로 높아지는 무역 장벽이라는 망령도 출몰하게 된다.

경제성장과 일자리 창출에 관한 한 트럼프가 제시하는—아니, 그 어떤 자유시장주의 포퓰리스트가 제시하는—무역정책에는 내적인 모순이 있다. 규제완화, 세금 감면, 에너지 탐사, 경제에 대한 정부의 개입 자제 등으로 자유로워진 기업가들이 관료들보다 더 효율적이고 현명한 판단을 내린다면 어설프고 아둔한 연방정부 규제 관계당국자들, 수입 철강과 알루미늄에 관세를 때리지 못해 안달인 그들이 시장에 대해, 무엇이 미국 경제가 자체적으로 바로잡히는 데 도움을 주는지에 대해 더 잘 안다고 볼 이유가 있겠는가?

강한 경제 성장세가 야기한 인력난으로 임금이 점점 상승했다. 예컨대, 캘리포니아에 있는 칙필레이(Chick-Fil-A)라는 패스트푸드 프랜차이즈 식당 소유주는 2018년 6월 직원들에게 시간당 17달러라는 기록적인 임금을 지불한다고 발표했다. 9월 무렵 실질임금은 앞선 12달러보다 29퍼센트 증가했다. 임금이 상승하면서 최저임금을 법으로 의무화하자는 닳고 닳은 주장이 쏙 들어갔다. 그렇다면 트럼프가 실행하는 신규 세제, 에너지 탐사, 규제정책이 수출입에 대해 정부가 내놓는 해결책과 같지 않고, 관세와 경제제재를 쓸모없게 만드는 이유는 뭘까?

세계화가 초래한 무역불공정은 트럼프의 선거운동에 활력을 불어넣은 또 다른 이슈였고 곧 트럼프 행정부의 간판 이슈가 되었다. 워싱턴 정가는 좌우가 한 목소리로 오래전부터 제약 없는 세계화를 옹호해왔다. 세계화가 미국 경제를 구성하는 요소들을 잠식하고 미국인들을 대부분의 다국적인 (그리고 때로는 미국에 적대적인) 국제기구들에게 굽히고 들어가게 했는데도 말이다.

트럼프는 이러한 이슈를 또 다른 제로섬 게임으로 규정했다. 뉴욕과 워싱턴 같은 대도시에 사는 닳고 닳은 이들은 아이오와와 노스캐롤라이나에 사는 촌뜨기들을 속이고 자기들에게 유리하도록 조작된 주사위를 던졌다. 트럼프가 보기에 도시인들은 부자가 됐고 촌뜨기들은 사기당했다. "세계화는 정치인들에게 기부하는 금융 엘리트 계층을 무지무지 부자로 만들어주었다. …하지만 우리나라 근로자 수백만 명에게는 가난과 두통만 안겨주었다."

이를 전형적인 포퓰리스트 대중선동으로 무시해버리기는 쉽다. 그러나 선택적인 개입과 불리한 무역협정이 몰락한 제조업 중심지 러스트 벨트의 이익에 부합했는지 여부를 정확히 판단하기는 훨씬 어렵다. 중국이 저작권법을 위반하고, 특허와 상표권을 침해하고, 중국에서 사업을 하는 미국 기업들에게 기술 이전을 강요하고, 체계적으로 산업스파이 행위를 하고, 정부보조금으로 생산된 중국 상품을 세계 시장에 헐값으로 쏟아내 미국 산업들을 표적 삼아 부당이득을 취하는 행태를 정책적으로 추진했다는 사실을 부인한 사람이 있는가? 그런 불법 행위를 용인한 논리가 정확히 뭐였나?

2016-2017년 러시아가 미국 선거에 개입하고 트럼프가 러시아와 "공모"했다는 주장을 두고 논란이 들끓었지만, 이미 오래전부터 중국이 해온 첩보 활동에 비하면 러시아의 은밀한 행동은 애들 장난처럼 보였다. 2018년 한 해에만도 중앙정보국은 중국의 최고위급 첩자로 손꼽히는 제리 전 싱 리가 오래전부터 중국에 포섭되어 활동해왔다고 밝혔다. 리는 중국 내 중앙정보국(CIA) 직원들의 신분을 노출시켜 체포되고 처형당하게 함으로써 중국 내에서 미국의 첩보 활동을 사실상 끝장냈을 가능성이 높다. 늦은 감이 있기는 하나 다이앤 파인스타인(민주당-캘리포니아주)의 운전사가 20년 동안 중국의 간첩으로 일해왔다는 사실이 드러났다. 이 사실이 밝혀졌을 때, 파인스타인은 상원법사위원회 의장을 하고 있었고 상원정보위원회의 고위급 위원이었다. 그녀의 남편이자 세계금융가인 리처드 블룸은 중국인들과 상당히 중요한 사업을 하고 있었다. 2019년 7월, UCLA 전기공학과 부교수 이-치 시는 군사적으로 다양하게 응용되는 미국산 반도체칩을 중국으로 수출할 음모를 꾸민 죄로 연방교도소에서 219년 징역을 살 가능성에 직면하고 있었다.

이 모든 우려에 대해 워싱턴 정가와 정부의 터줏대감들은 "그래서 어쩌라고?"라며 어깨를 한 번 으쓱해 보이고 말았다. 해석하자면, 미국 경제의 특정

부문들이 중국의 무역 중상주의에 영구적으로 희생되어야 한다는 뜻이었다. 그들은 중국을 "국가들로 구성된 가족", 즉 세계의 일원으로 받아들이고 중국을 풍요로운 정상국가로 개과천선시켜 더 큰 규모의 일본(미국과의 무역흑자가 연간 690억 달러)이나 남한(미국과의 무역흑자가 연간 230억 달러)으로 만들고 세계 "자유" 무역의 규범을 제도화하기 위해 미국이 치러야 할 대가라고 주장했다.

2018년 3월, 트럼프가 대통령에 취임한 지 13개월이 되는 시점에, 에세이스트 월터 러셀 미드가 트럼프의 의제를 〈월스트리트 저널〉에 일목요연하게 다음과 같이 정리했다. 트럼프가 중국을 비롯해 여러 나라가 미국에 수출하는 알루미늄과 철강에 관세를 부과하자 온 나라가 발작을 일으키고 있을 때였다.

> 트럼프 씨에게는 자유무역과 민주주의 증진이 오래전부터 그가 반대해 온 세계주의자 의제의 일환이었고, 그는 미국의 대중이 더 이상 이러한 의제를 지지하지 않는다고 믿는다. 그는 또한 무역전쟁에서 이길 수 있고 공화당 지지기반이 기득권 세력에 맞서 자신을 지지하리라고 믿는다. 그는 다른 나라들이 미국 시장에 크게 의존하므로 충분히 양보를 받아낼 수 있고, 그리함으로써 자신의 입장이 옳았음이 입증되리라고 믿는다.

그런 생각을 하는 이는 트럼프뿐만이 아니었다. 그는 세계화에 불만이 있는 보다 광범위한 세력을 수렴했다. 서구 진영이 비서구 진영의 이주민들을 받아들여 그들의 삶을 경제적으로 뒷받침해왔다는 정서가 서구 진영에서 점점 팽배해졌다 트럼프는 혼자 좌충우돌하는 미국 카우보이가 아니었다. 영국이 유럽연합을 탈퇴했고, 유럽인들은 불법 이주를 허용한 문제를 두고 앙겔라 메르켈이 이끄는 독일에 분노했으며, 동유럽과 남유럽, 스칸디나비아반도에서 포퓰리스트 운동이 부상했고, 무역수지 격차, 불법 이주, 반서구적인 정책들을 수용해온 유엔, 유럽연합, 세계은행, 국제통화기금 등에 근무하는 세계 엘리트 계층들에 대해 대중이 환멸을 느꼈다.

후보로서 그리고 대통령으로서 트럼프가 유럽연합, 북미자유무역협정, 파리기후협약, 범아시아동반자(TPP)협정, 그리고 유엔을 상대로 맹공격을 퍼붓자, 엘리트 계층은 트럼프가 대중을 선동한다며 공개적으로 비난했지만, 대다수는 말없이 트럼프의 주장에 동의했다. 알파벳 약자로 표기되고 "협정" "협회" "기구" "동반자" "연합" 등의 명사가 붙은 범국가적 기구는 모조리 세계주의자들이 만든 조직으로서 반미적이고 경합 주 유권자들을 불공정하게 대하는 주체들로서 트럼프의 조롱을 사는 듯했다.

그러나 무엇보다도 가장 두드러지게 주목을 받은 이슈(트럼프의 또 다른 간판 이슈)는 불법 이주였다. 트럼프는 미국 근로자들의 임금을 동결시키고 범죄를 폭등시키고 이민자를 동화시키는 용광로 기능을 훼손하고 국가안보를 위협하는 요소라면서 국경 개방과 무절제한 불법 이주를 끊임없이 비판했다. 트럼프는 다음과 같이 일갈했다. "전 세계에 경고한다. 미국에 불법으로 입국하면 법적인 지위를 얻거나 미국 시민이 될 수 없다. 몰래 들어와서 숨어 지내면서 합법적인 지위를 받을 때까지 기다린다고 해도 사람들이 다 안다. 이제 그게 가능하던 시절은 끝났다. …우리는 남쪽 국경을 따라서 높은 장벽을 건설할 작정이다." 트럼프는 다음과 같이 덧붙였다. "그리고 장벽 건설비용은 멕시코가 낼 거다. 몽땅. 멕시코는 아직 이 사실을 모른다. 하지만 그들이 장벽 건설비용을 내게 된다."

트럼프가 "그런 시절은 끝났다."라고 성급하게 선언할 당시에는 공화당 내에서 말없이 국경 개방정책을 지지하는 이들이 어느 정도나 되는지 제대로 파악하지 못한 상태였다. 주로 건설회사, 호텔 같은 고객 서비스업, 농업, 복지 서비스 등 중노동에 저임금 인력을 해외에서 지속적으로 들여오기를 바라는 이들이었다. 불법 이주에 대해 강경한 입장을 취하자—이미 존재하는 이민법을 제대로 집행하고, 남쪽 국경에 장벽을 건설하고, 상당수에 달하는 불법 체류자들을 추방한다고 하자—리버럴과 보수주의자들이 결사반대하고 나섰다. 좌익은 논외로 하고, 공화당 예비선거에 출마한 트럼프의 경쟁자들도 대체로 "포괄적인 이민법 개혁"에 동의했다. 말이 개혁이지 사실은 "사면"을 에둘러 말한 표현이다. 예비선거 경쟁자였던 젭 부시처럼(그는 불법 이주를 "사랑의 행위"라고 일컬었다) 일부는 거리낌 없이 국경 개방을 옹호했다. 그들은 기존의 이민법이 아니라 노동시장이 월경 여부를 결정하도록 내버려두는 데 아무 이의가 없었다.

그러나 트럼프는 불법 이주 문제의 타당성 여부는 별도로 하고, 불법 이주 문제를 파고들면 현실과 유리된 엘리트 계층, 경직되고 무능한 기득권 세력을 공격하면서 그들이 보통 국민들에게 피해를 입힌다는 보다 포괄적인 선거운동 논조와 맞아떨어진다는 점을 간파했다. "미국 우선주의"는 멕시코나 남아프리카의 빈곤층이 아니라 미국의 빈곤층에게 돈을 쓰겠다는 뜻이기도 했다. 일부 소수인종 유권자들에게도 드러나지 않게 호소력을 발휘할지 모르는 발언이었다.

미국 이민법은 세계적인 인권이나 관행보다 우월적인 지위를 누리는 주권의 문제로 남아 있어야 했다. 트럼프는 멕시코—미국 내에 거주하는 멕시코인이 본국에 송금하는 300억 달러에 달하는 금액의 수혜자이자 자국 내의 사회적 긴장을 완화하는 안전한 배출구 역할을 미국이 영원토록 해주기를 바라는 나라, 즉 멕시코는 더 이상 미국의 인구 구조를 좌지우지해서는 안 된다고 생각했다. 중국이 무역정책을 좌지우지해서는 안 된다는 맥락과 마찬가지였다.

무역과 세계화에 대한 트럼프의 공격이 지닌 공통분모는 일자리였다. 특히 내륙 지역의 고소득 일자리 손실이었다. 트럼프는 불법 체류하는 외국인 노동자 문제에 강력히 대응함으로써 경제가 회복세를 보이기 시작한 임기 첫해에 무경험 초보 구직자들의 수가 줄었다고 떠벌릴 수 있었다.

구인난을 겪게 된 고용주들은 미국 근로자들에 대한 편견을 지녔든 무슨 이유로 채용을 꺼리든 상관없이 그들을 채용하는 수밖에 선택의 여지가 없었다. 트럼프는 외국인 노동자의 수요가 줄고 미국인 인력의 활용이 최대화 되는 게 경기가 호황을 알리는 신호라는 논리를 폈는데, 이는 공화당 기득권 세력의 인식과는 정반대였다. 워싱턴 정가 기득권 세력은 보통 경기가 활황이면 극심한 인력난을 겪게 된다고 주장했다. 그 인력이 외국의 인력이든, 미국 내의 외국인 근로자든, 합법적인 이민자든, 불법 체류자든 상관없었다.

트럼프가 흑인, 멕시코계 미국인, 가난한 백인 근로자 모두 그들의 고용주보다 유리한 지위를 점하고 임금을 올려 받게 해주겠다고 큰소리치니 좌익은 트럼프를 인종차별주의자, 외국인혐오자, 출생지주의자로 낙인찍기가 훨씬 어려워졌다. 2017년 12월 무렵, 두 분기 동안 경제가 강한 성장세를 보이고, 자발적으로 본국으로 돌아가는 불법 체류자가 늘어나고, 불법 이민자가 급격히 줄어들자, 트럼프는 흑인 근로자의 실업률이 6.8퍼센트로 하락했다는 노동통계국의 통계를 자랑스럽게 발표하게 되었고, 이 수치는 2018년 여름 무렵 59퍼센트로 더 하락했다. 이러한 통계를 수집하기 시작한 지 45년 만에 최저 실업률이었다. 20만 명의 흑인이 취직 대열에 합류했다. 무엇보다도, 2018년 6월 무렵 흑인 실업률과 나머지 인구 실업률의 격차(3.8퍼센트)도 2.1퍼센트로 역대 최저로 줄어들었다. 그리고 2018년 9월 무렵 노동부는 실업률이 4퍼센트를 계속 밑돌면서 2017년에 근로자 임금이 거의 3퍼센트 증가했다고 발표했다.

라티노 실업률도 역대 최저를 기록했다. 트럼프의 딸 이방카는 다음과 같은 기사를 트윗했다. "히스패닉 실업률이 47퍼센트로 하락했다—미국 역사상 최저다. 트럼프 행정부와 @realTrump(트럼프 대통령의 트위터 계정 ID)가 모든 미국 국민에게 기회를 마련해주려고 불철주야 일하고 있다. … 그리고 이는 시작일 뿐이다!" 2018년 4월 무렵 실업수당 신청이 40년 만에 최저 수준으로 떨어졌다.

국경에 장벽을 건설하는 작업을 마무리하겠다는 공언도 미국의 안보를 강화하겠다는 트럼프의 공약 실천을 입증해주었다. 부동산개발과 건설로 잔뼈가 굵은 자신의 재능을 십분 발휘해서 후버댐 건설과 같은 대역사(大役事)에 착수하면서 "우리는 이제 더 이상 아무것도 건설하지 않는다."라는 지난 10여 년 동안 좌우 양 진영이 모두 제기해온 불만을 한껏 이용했다. 불법 이주에 강력하게 대응하는 정책은 미국 남서부 지역에게 중요한 지역적인 문제였다. 실제로 이 문제는 미국 시민의 완전고용이라는 의제를 강력히 뒷받침해주었고, 오하이오와 펜실베이니아의 분노한 유권자들도 겨냥한 문제였다. 2018년 10월, 중앙아메리카에서 북상하는 이주자들이 미국의 남쪽 국경을 넘겠다고 위협하자, 트럼프는 이를 "내 탓"이라면서 다만 그 이유는 "내가 경제를 되살리고 일자리를 너무 많이 만들었기 때문이다. 내가 이 나라를 너무나도 위대하게 만들어서 너도나도 오고 싶어 한다!"라고 너스레를 떨었다.

과거에 공화당이 불법 이주에 미온적인 태도를 보인 이유는 "가족이라는 가치"에 대한 시대에 뒤떨어진 고정관념에서 비롯되었다. 멕시코와 라틴아메리카 출신의 스페인어를 구사하는 불법 이민자들은, 사면을 받으면 쿠바 이민 3세대 중산층 공화당 지지자들처럼 자기들 표밭이 되리라고 생각했다. 국경을 활짝 열어놓고 멕시코와 중앙아메리카에서 불법으로 미국으로 유입되는 수십만 명을 받아들이면 말이다.

그러나 트럼프는 그런 생각은 값싼 저숙련 노동력을 대거 수입해야 한다고 공개적으로 떠들면서 미국 대기업들의 나팔수 역할을 하는 미국 상공회의소와 〈월스트리트 저널〉이 만들어낸 황당무계한 낭설이라고 생각했다. 사면 받은 불법 체류자들과 그들이 미국에서 낳은 자녀들은 연방정부와 주정부의 넉넉한 지원과 보조금에 맛을 들여 진보 진영에 합류할 가능성이 훨씬 높았다.

게다가 불법 체류자의 절반은 멕시코에서도 가장 빈곤한 최남단 지역 출신들로서 고등학교 졸업장도 없고 영어를 구사하지도 못했으므로 허술한 이민정책과 불법 체류자에게까지 지원을 하자고 주장하는 민주당 지지 대열에 합류할 가능성이 높았다.

공교롭게도, 와하카 출신의 이주자들을 보수 성향의 쿠바 이민자들처럼 중산층 유권자로 변신시킬 유일한 방법은 국경을 폐쇄하고 자격을 토대로 다양하고 합법적인 이민을 받아들이는 방법뿐이었다. 그렇게 해야만 결혼, 동화, 통합이라는 막강한 힘이 효력을 발휘해 미국 내 불법 체류자들도 예컨대 과거의 이탈리아 출신 가톨릭교도들이 밟은 동화의 길을 따라가게 된다. 오늘날 줄리아니 전 뉴욕시장이든 쿠오모 현 뉴욕 주지사든 이탈리아계 미국인의 성(姓)은 유권자의 정치적 성향을 가늠하는 믿을 만한 지표가 되지 못한다. 수십 년에 걸쳐 50만 명의 이탈리아인들이 한꺼번에 대거 불법으로 미국에 입국한 게 아니기 때문이다.

불법 이주는 미국인들이 하지 않으려는 저임금 일자리를 찾아 남쪽 국경을 넘어오는 몇천 명의 이주자나 비자가 만료된 후에 눌러앉는 불법 체류자의 문제가 더 이상 아니었다. 이미 자리를 잡은 이른바 "서류 미비(undocumented)" 외국인 불법 체류자들을 어떻게 할지의 딜레마도 아니었다. 이 문제는 미국 선거의 미래, 민주당이 향하는 방향, 미국은 여럿이 하나가 되는 용광로라는 전통적인 사고와 서로 다른 정체성을 지닌 이들이 여전히 서로 다른 정체성을 유지하고 사는 샐러드 볼이라는 사고가 충돌하는 문제였다. 2018년 봄 CBS/YouGov가 실시한 여론조사에 따르면, 불법 체류자들을 직접 겪어본 미국인 대다수는 불법 체류자들이 자기가 사는 지역사회의 여건을 악화시킨다고 대답했다. 흑인 지역공동체의 대다수 견해도 마찬가지였다.

트럼프는 이 문제가 대중 대 엘리트 계층 구도를 강조해준다는 사실을 잘 알고 있었다. 불법 이주를 찬성하는 이들은 보통 외국인 노동자를 이웃, 학부모

교사모임 회원, 집에 놀러 와서 하룻밤 자고 가는 10대 자녀의 친구로서 아는 게 아니라 하인(유모, 요리사, 정원사, 보모)처럼 부리는 이들이었다. 불법 체류자들을 가장 강력하게 옹호하는 이들은 멕시코 출신 시민의 자녀들이 다니는 학교에 자기 자녀를 보내거나 와하카에서 막 이주한 이들과 이웃하고 살 가능성이 가장 낮은 사람들이었다.

1990년대에는 국경 개방에 반대했던 빌과 힐러리 클린턴, 척 슈머 상원의원 등은 더 이상 이 문제를 거론하지 않았다. 민주당이 오래전부터 외국인 혐오 정서와 인종차별 정서를 품어왔고 임금, 노조, 빈곤층에 대한 우려에서 불법 이주에 강력히 반대했었다는 사실은 21세기가 되기 전까지는 대체로 잊혔다. 이러한 "리버럴" 입장은 농장노동자연대 회장인 세자르 차베스가 1960년대와 1970년대 내내 부르짖었다. 전미트럭운전사조합이 불법으로 저임금 노동자를 실어 나르자 이에 분개한 차베스는 1974년 불법 입국을 막기 위해 "불법 입국자 반대운동"을 시작했다. 차베스의 사촌인 마누엘과 노조원들은 멕시코 국경에 진을 치고 노조원들이 인간 띠를 형성해 국경을 건너는 "쓰레기들"을 멕시코로 돌려보냈다.

오래전에 민주당이 폐기한 논조와 정책들을 이제 트럼프가 되살려낸다니 묘했다. 과거에 민주당은 대부분의 불법 이민자인 저임금 노동력을 대거 미국으로 유입시키면 경력 없는 초보 근로자의 임금 수준을 끌어내린다고 생각했다. 노조의 활동도 약화시킨다고 했다. 민주당 지지층인 빈곤층 유권자들에게 제공되어야 할 사회복지 서비스에 부담을 주게 되고 고용주들이 이를 악용해 미국 근로자들보다 임금이 낮은 불법 체류자들을 고용한다고 생각했다. 지역 사회에서 노동자를 위한 사회운동가로 활동했던 버락 오바마도 2008년까지만 해도 이민법을 엄격하게 집행하겠다는 선거공약을 내걸었다. 대통령 첫 임기 4년 동안 오바마는 대부분이 라티노인 압력단체들에게 자신이 그들을 일괄 사면하고 국경을 개방할 수 없는 이유에 대해 다음과 같이 여러 차례(정확히 22

번) 밝혔다. "나는 대통령이지 왕이 아니다. 나 혼자 힘으로는 할 수 없는 일들이다."

2016년 트럼프가 선거운동을 할 무렵, 무엇이 정치를 바꿨고 이민을 트럼프가 내세우는 간판 이슈로 만들었을까? 한마디로 말하자면 이렇다. 주요 주들에서 인구 구조를 급격히 변화시켰고, 무엇보다도 선거인단 자체를 바꿔버렸으며, 농장 일꾼과 세자르 차베스의 농장 노동자 노조의 중요성이 점점 줄어들었다.

국경 개방을 지지하는 이들은 여전히 "1100만 명의 서류 미비 이민자(불법 체류자의 PC적인 표현—옮긴이)"에 대해 떠들고 있지만, 이미 10년도 더 된 얘기다. 더 이상 현실을 반영하지도 않는다. 해마다 유입되는 불법 이민자는 한 해에 50만 명은 족히 넘는다. 2016년 불법 체류하는 외국인은 1500만 명에서 2000만 명 사이였을 가능성이 높다. 최근에 예일/MIT가 합동으로 실시한 조사에 따르면, 불법 체류자의 수는 실제로 2200만 명에 육박할 가능성이 있다.

1986년 로널드 레이건은 심슨-마졸리 법안에 서명해 200만 명의 불법 체류자들을 사면하면서도 국경과 그 주변 지역들의 보안은 강화하지 않았다. 오래전부터 이른바 원정출산 출생자를 시민으로 인정하는 이민법 해석에 따라 미국에 불법 체류하는 사람들에게서 태어난 수백만 명이 즉시 미국 시민이 되었다. 그들은 자기 부모가 지닌 두려움과 분노를 공유하는 게 당연했다. 그리고 이제 그들이 미국 남서부에서 투표권을 행사하는 연령에 도달했다. 연쇄 이민—외국 국적자가 합법적으로 영주권이나 시민권을 얻으면 본국에서 직계가족이 아닌 친인척들을 초청 이민할 수 있도록 한 제도—도 불법 이민자의 수를 폭발적으로 증가시켰다.

과거에 경합 주들은, 투표 관련법이 허술해 투표소에서 투표권이 있는 시민인지를 철저히 확인하지도 않았고 이제 점점 민주당 세가 강해지고 있었다. 불법 이주가 선거인단에 미치는 인구 구조적 영향의 사례를 하나 든다면, 캘리포

126

니아, 네바다, 뉴멕시코, 그리고 콜로라도는 모두 1988년 대통령 선거에서 공화당 후보인 조지 H. W. 부시가 차지했다. 이러한 주들은 보수 성향의 부유층이 은퇴 후 노년을 보낼 곳으로 선호하는 지역이었고 1930년대와 1940년대 오클라호마주와 아칸소주에서 극심한 모래폭풍으로 흉년이 들고 생태계가 파괴되었을 때 이주한 이들의 입김이 여전히 강한 지역이었다.

그러나 2000년 무렵, 그의 아들인 조지 W. 부시는 캘리포니아와 뉴멕시코에서 패했다. 2008년에 버락 오바마는 이 4개 주를 모두 차지했다. 그 이후로 민주당은 4개 주 가운데 단 하나도 놓치지 않았다. 인구 구조는 산술적이 아니라 기하급수적으로 변하고 있었다. 특히 이런 주들에 거주하던 보수 성향의 중산층이 세율이 낮거나 거의 없고 복지지원 비용이 높지 않고 학교가 형편없지 않은 주로 이주하면서 변화를 가속화시켰다. 처음 주민들이 대거 빠져나간 이후에도 캘리포니아는 여전히 유입되는 인구보다 빠져나가는 인구가 연평균 15만 명이 더 많았다.

오바마 정권 동안 "다양성"을 강조하는 정체성 정치가 심해지면서 기존의 흑인과 백인, 백인과 흑인/짙은 피부색 인종을 양분해 소수자 우대정책을 적용하던 기존의 관행에서 새롭게 "유색인종"이라는 개념이 등장했다. 이 개념은 곧 백인 인도 펀자브 혼혈 미국인과 아랍계 미국인에서부터 중국계 미국인과 동남아 몽족계 미국인까지 거의 모두를 망라해 백인을 뺀 모든 인종을 규정하는 정치적인 개념으로 자리 잡았다. 점점 그 수와 정치적 영향력이 줄어드는 집단이라고 인식된 다수 백인에 대한 집단적인 불만과 한풀이가 점증하기 시작했다. 특히 가는 곳마다 논란을 불러일으키는 하원의원 "4인방"은 특색이 제각각이었다. 푸에르토리코 이민 2세인 알렉산드리아 오카시오 코르테스, 소말리아 이민 1세대 일한 오마르, 흑인 아이아나 프레슬리, 그리고 팔레스타인계 미국인 라시드 틀라이브다. 이들의 급진적인 정치 성향 말고 이들이 지닌 유일한 공통점이라고 한다면 자칭 "유색인종 여성"으로서 진보 성향이 강한 지역에서 당선돼 안전한 의석을 차지하고 있다는 사실이다. 이렇게 새로운 방식으로 집단을 분류하는 데 있어서 종교와 계층은 더 이상 중요하지 않았다.

불법 이주 측면에서 보면, 새로운 정체성 정치를 통해 흑인과 히스패닉, 아니면 히스패닉과 아시아인 간의 전통적인 경쟁관계가 희석되면서 이들은 쇠락해가는 다수 백인에 대한 불만과 한을 공유하게 되었다. 소수인종 지도자들은 "백인이 누리는 특권"과 "백인 우월주의" 문화로 불만의 방향을 재설정했다. 흑인 목사이자 정치인 제시 잭슨이 제시한 실현 가능성 없고 수사에 불과한 "무지개 연합"이 마침내 오바마 시대에 가시화되고 있었다.

좌익은 이따금 불법 체류 외국인들을 어릴 때 부모를 따라 불법 체류하게 된 "드리머(DREAMers)"[5]의 고충과 한데 묶어 문제를 한층 혼란스럽게 만들었다. 드리머는 2012년 오바마가 불법 체류 미성년자 추방유예(Deferred Action for Childhood Arrival, 이하 다카(DACA)로 표기)라는 행정명령을 내려 이민법 적용을 유예해주었다. 진보주의자들은 어렸을 때 미국으로 온 수천 명의 학생과 군인이 대학 교정과 군부대에서 끌려나와 낯선 멕시코로 추방될 위험에 처한 것처럼 호들갑을 떨었다.

실제로 정확한 통계수치를 얻기는 어렵다. 대부분의 연구조사에서 다카(DACA) 행정명령이 적용되는 대상자(2016년 현재 평균 연령이 약 25세) 가운데 겨우 5퍼센트가 대학을 졸업했다. 이 집단의 20퍼센트에서 40퍼센트는 고등학교를 중퇴했다. 얼마나 많은 이들이 주정부의 복지 수혜 대상자인지 아무도 모른다. 다카(DACA) 대상자 1000명 가운데 1명 꼴로 군에 입대했다.

2018년 여름과 가을 무렵, 중앙아메리카에서 가족 단위로 대거 국경을 향해 북상하던 무리들은 자기들은 경제 난민이 아니라 정치 난민이라는 근거로 정치적 망명을 요청하겠다고 했다. 이에 대처하기 위해 트럼프는 국경 보안을 강화하기로 하고 이민법을 법조문 그대로 철저히 따르겠다고 했고, 이러한 정책으로 이따금 망명을 신청하려는 부모와 자녀들이 따로 떨어지는 결과를 낳았다.

이러한 혼란 때문에 언론매체가 들고 일어났다. 2014년 버락 오바마("여러분의 자녀들을 국경으로 보내지 마시오. 국경을 넘는 데 성공한다고 해도 다시 돌려보낼 겁니다.")와 힐러리 클린턴도 자녀를 이용해 월경하는 꼼수를 써도 추방을 면치 못한다고 부모들에게 경고했었다. 힐러리도 분명한 어조로 다음과 같이 경고했다. "우리는 분명히 이는 우리 법을 위반하는 행위라는 경고의 메시지를 보내야 한다. 그러지 않으면 아이들이 그런 위험한 여정을 하도록 부추기게 된다." 2019년 첫 여섯 달 동안에만도 불법으로 월경한 사람이 거의 100만 명에 달하지만, 트럼프가 취임한 후보다 오바마 행정부 때 해마다 국경을 넘으려다가 목숨을 잃는 불법 이민자 수가 훨씬 많았다.

우익은 좌익이 겉으로는 인도주의를 내세우지만 그 이면에는 인구 구조에 대한 냉철한 계산이 깔려 있다고 우려했다. 트럼프는 무직이거나 전과자거나 학교에 다니지 않거나 복지 수혜자인 일부 불법 이민자들을 비판할 때면 스페인어로 "나쁜 인간들"이라고 지칭했다. 불법 체류자 규모는 너무나도 크고 통계 자료는 정치적으로 조작되거나 얻기가 불가능하므로, 좌우 양측의 주장이 모두 맞을 가능성도 있다. 수백만 명의 불법 체류자들은 생산적인 미국 시민이지만, 몇백 만 명은 일도 안 하고 전과가 있거나 정부 지원을 받고 살거나 사면받을 수 있다는 낌새를 채고 막 도착한 이들이다.

좌익 진영은 추방이라는 개념 자체를 금지했다. 우익 진영은 사면의 '사' 자도 입에 올리지 않았다. 에둘러 표현하면서 이슈가 불분명해졌다. "불법 체류 외국인(illegal alien)"은 "불법 이민자(illegal immigrant)"로 바뀌었고 이는 다시 "서류 미비 이민자(undocumented immigrant)"에서 "서류 미비 이주자(undocumented migrant)"로 바뀌었다. "이주자(migrant)"는 사람들이 쌍방향으로 왕래하고 합법성이나 주권은 고려사항이 아니라는 언어혼란 전술이었다. 조지 오웰도 울고 갈 전체주의적(Orwellian) 말장난의 끝판왕이이었다.

그러나 트럼프가 이민을 보는 시각은 달랐다. 그는 민주당 텃밭인 주를 공화당 지지로 바꾸는 문제는 그리 간단한 문제가 아님을 간파했다. 지금까지는 이를 제대로 파악한 공화당원이 거의 없었다. 라티노는 대부분 미국의 남서부 지역에 정착했다. 그러나 캘리포니아, 콜로라도, 네바다, 뉴멕시코는 다시 공화당 지지로 돌아서게 될 가능성이 희박한 반면, 텍사스와 애리조나는 새로 민주당을 지지하는 주가 되기는 쉽지 않았다.

이미 민주당 텃밭으로 변했고 쉽게 공화당으로 돌아서지 않을 주에 거주하는 라티노 대부분의 순효과는 점차 이 문제를 정치적으로 완화하는 경향이 있었다. 리버럴은 이러한 모순을 종종 놓쳤다. 그러나 트럼프는 그렇지 않았다. 트럼프는 어딜 가든 자기가 늘 이긴다고 허풍을 떨지만 분명히 캘리포니아에서는 지고, 텍사스는 쉽게 이기고, 콜로라도, 네바다, 뉴멕시코는 잃어도 살아남을 수 있다는 사실을 분명히 감지했다. 단, 중서부 지역의 경합 주들을 확보한다는 전제하에 가능했다. 경합 주들에는 라티노 인구가 더 적지만 많은 유권자들이 불법 이주의 현실보다 그 개념에 대해 심란해했다.

트럼프의 지지기반은 자기들에게는 적용되지 않는 방식으로 외국인에게 이득이 되도록 연방법을 선택적으로 적용하고 집행하는 게 불만스러웠다. 그들은 시 당국이 "은신 도시(sanctuary city)"라고 선언하고 이 도시에 불법 체류자가 들어와 은신해도 연방요원이 이 불법 체류자를 색출해 추방시킬 수 없다면서 연방법 적용을 면제받는다고 주장하는 게 마음에 들지 않았다. (인디애나폴리스나 영스타운에서 연방 총기등록법을 무시하거나 멸종위기동식물보호법을 무시할 수 없듯이 말이다.)

게다가 하버드를 졸업한 드리머(DREAMer)의 미담이 전국 언론매체를 도배할 때마다, 다섯 차례나 추방되었고 7개 중범죄로 기소된 불법 체류자—게다가 보석으로 풀려났다—의 총격에 사망한 샌프란시스코의 케이트 스타인리 같이 비극적인 사건도 그 못지않게 자주 발생한다. 아이오와에서 대학을 다니는 스무 살의 몰리 티베츠는 남의 신분을 도용한 불법 체류자에게 살해당했다. 그러나 언론이 보도하는 태도는 천양지차다. 전국 언론매체들은 불법 체류자의 성공사례를 불법 체류자 집단 전체가 인종적, 문화적, 정치적으로 보이는 전형적인 특징인 양 보도한다. 언론은 불법 체류자의 범죄 성향은 툭하면 무시하고 범인의 신상정보를 축소하거나 감춘다. 그러면서 진실을 보도하면 불법 체류자에 대한 부정적인 고정관념만 확산시키고 "증오"로 이어지거나, 그런 범죄를 보도하면 비자유적인 의제를 확산시키는 데 "이용당할" 염려가 있다는 논리를 내세운다.

트럼프 본인도 선거운동 첫날 막말로 멕시코계 미국인을 불쾌하게 만들긴 했고, 윤리적으로 논란을 불러일으킨 트럼프 대학교를 상대로 한 민사소송 사건에 배정된 판사 곤잘로 큐리얼을 상대로 비하하는 표현("멕시코 자손")을 쓰기도 했다. 트럼프가 정확하지만 정치적으로 신중하지 못하게 큐리얼의 혈통을 "멕시코계"라고 하면서 비판이 쏟아졌다. (미국인들은 종종 조상의 출신 국가를 앞에 붙여서 표현한다. 스웨덴계 미국인을 "스웨덴계"라고 하거나 아일랜드계 미국인을 "아일랜드계"라고 할 때는 이 같은 호들갑이나 법석을 떨지는 않는다.)

트럼프는 한술 더 떠서 "그는 매우 친-멕시코적인 클럽인가 협회의 회원인데, 다 좋다."라고 한마디 덧붙였다. 보통 그렇듯이 트럼프는 표현이 서툴고, 큐리얼 판사가 트럼프에 대해 인종적 문화적 편견을 지니고 있다는 견해는 틀릴 가능성이 높고, 그가 민사소송에서 불리한 상황에 처해 있었을지도 모른다. 그러나 큐리얼은 정말로 "친-멕시코적인" 클럽 회원이었다. 바로 캘리포니아 라 라자(La Raza)[6] 변호사 협회다. 그러나 트럼프는 앵글로색슨계 판사라고 해도 그가 큐리얼 판사가 회원인 협회의 명칭에 상응하는, 특정한 인종을 위한 이익집단에 소속되어 있는 인물이라면 편견을 지녔다고 똑같이 비판했을 것이다. 더군다나 매우 논란을 불러일으키는 공인이 관련된 사건에서는 말이다.

더욱 이상한 점은 선거운동에 뛰어들기 전에 불법 이주에 대한 트럼프의 입장은 중구난방이었다. 2011년 〈폭스뉴스〉의 진행자 빌 오라일리와의 인터뷰에서 트럼프는 훗날 반 트럼프 진영의 주장과 비슷한 발언을 했다. "일반화하기는 어렵지만, 개인을 보고, 그들이 어떤 일을 해왔고, 얼마나 생산적이었는지, 추천한 사람이 누군지 등을 보고 판단을 내려야 한다. 하지만 우리나라에 들어오는 이들 가운데 아주 생산적인 사람들도 있다."

2012년 트럼프는 공화당 대선후보 미트 롬니가 제시한 "자발적 추방"을 비현실적이라며 비판했다. ("그(롬니)가 제시한 자발적 추방은 정신 나간 미친 사람이나 내놓을 정책이다. 표현만큼 실제로도 어처구니없는 제안이고, 이 때문에 라티노 표를 몽땅 잃었다. 그는 아시아인 표도 잃었다. 그는 이 나라에 오고 싶어 하는 모든 이의 마음을 잃었다.")

자발적 추방은 일단 이민법이 엄격히 집행되면 대대적인 추방을 할 필요가 없다는 개념이었다. 이민 당국과 맞닥뜨리면 어차피 즉각 추방될 게 뻔하므로 불법 체류자들은 자발적으로 국경을 넘어 돌아가게 된다는 제안이었다. 이 정책은 새로운 이민법이 없는 상태에서 2017-2018년 사실상 트럼프의 입장이 되었다. 2018년 무렵 자발적 추방 정책 덕분에 불법 체류자가 일정 정도 줄어들었을지도 모른다. 트럼프는 자기 덕이라고 생색을 냈다.

간단히 말해서, 트럼프가 자신의 지지기반이 열광할 이민에 관한 입장을 정하고 다른 의제들과의 일관성을 계속 유지하면서도, 1500만에서 2000만 불법 체류자 중 일부를 추방한 후에도 격렬한 반발을 촉발하지 않으면서 기존의 법을 집행해 국경을 안전하게 만들고 게다가 추가로 장벽까지 설치할 수 있었던 비결이 뭘까?

고전시대 아테네 식으로 표현하면 폴리프라그몬(polypragmon, 참견하기 좋아하는 사람)처럼 후보 트럼프는 공화당 예비선거 토론회에서 불법 이주에서 이러저러한 이유로 이익을 보는 이들을 남김없이 모조리 공격하면서 다음과 같이 주장했다. 멕시코는 자국 나름의 경제적 이익과 국가 이익 때문에 이주자를 미국으로 보냈다. 민주당은 자기 당을 지지할 유권자들을 원했다. 인종우월주의자들은 자기들 같은 특권층이 대신 목소리를 내줄 대상인 집단적인 하층민의 존재를 꿈꿨다. 공화당은 값싼 노동력을 원했다. 리버럴은 세계가 보기에 인도주의적이고 선하게 보이고 싶었고 행정부의 규모가 비대하고 부의 재분배를 한층 확대하고 싶었다.

그럼 트럼프는? 다른 모든 사람이 이기적이지만 오로지 그만은 사심이 없었다. 그는 모든 사람이 이민법도 다른 모든 법처럼 제대로 집행되기를 바란다고 했다. 다른 모든 이와 마찬가지로 트럼프도 영주권이 절실히 필요한 근면 성실하고 선한 이민자 알곡을 범죄를 저지르고 복지수당이나 갉아먹는 "나쁜" 불법 체류자 쭉정이와 구분하고 싶었다. 그는 미국 근로자들이 불공정한 외국과의 경쟁에서 벗어나 수입이 괜찮은 번듯한 일자리를 얻기를 바랐다. 다른 모든 이들과 마찬가지로 트럼프도 "다양한" 합법적 이민을 바랐다. 니카라과나 베트남에서 기술을 보유하거나 전문지식이 있는 준법정신이 투철한 이민자도 똑같이 아메리칸드림을 실현할 기회가 주어지기를 바랐다. 대부분의 사람들과 마찬가지로 그도 합법적이고 점진적인 이민 수용으로써만이 가능한 용광로로 되돌아가기를 바랐다. 그리고 그는 멕시코가 태연하게 자국의 빈곤층을 미국으로 보내는 대신 한 해에 300억 달러를 송금 받으면서도 트럼프의 이민정책을 비난하면서 도덕적으로 우월한 척하지 않기를 바랐다.

이민에 대한 트럼프의 입장에서 가장 이례적인 점은 불법 이주를 종식시키면, 값싼 노동력이 줄어드는데도, 엄청난 경제적 이득이 있다고 믿었다는 점이다. 그러면 최저임금은 오르게 되어 있다. 멕시코로 송금되는 수십억 달러도 줄어들게 된다. 사회복지서비스 수혜자도 상당히 줄어들면서 비용이 절감된다. 신분 도용도 줄고, 통역관의 필요도 줄어들고, 2개 언어로 행정 메시지를 배포할 필요도 줄어들고, 이민자들도 보다 빠르게 동화되고 통합되므로 체제의 효율성이 높아진다.

불법 체류자 구금에 대해 그가 독설을 쏟아내고 행정적으로 어설프게 처리한 면도 있지만, 결국 트럼프의 생각이 논리적으로도 정치적으로도 훨씬 바람직했다. 주권, 합법성, 시민권, 다양성에는 토를 달기가 어려우니 말이다. 불법 이주 문제는 트럼프가 공화당 후보로 지명되고 선거인단 투표에서 힐러리 클린턴을 물리치는 데 기여했다는 사실은 분명하다. 2019년 여름 무렵, 트럼프는 불법 이주를 두고 여전히 좌익과 공방을 벌이고 있었고 2020년 대선이 다가오고 중앙아메리카에서 수백만 명이 불법으로 국경을 넘겠다고 북상하고 있었는데, 대부분이 정치적 난민이라는 근거 없는 주장을 하고 있었다.

표면적으로는 이 문제에서 트럼프가 불리했다. 국경에 장벽을 건설하려는 다양한 구상을 법원이 거의 다 봉쇄했고, 불법 입국자와 중앙아메리카에서 북상하는 이들의 수도 다시 치솟고 있었다. 그러나 민주당이 새롭게 급진강경 좌익으로 선회하면서 트럼프를 도와주었다. 2018년 이후로 국경의 보안을 강화하려는 노력을 리버럴 성향의 판사들이나 민주당이 장악한 하원이 가로막는다는 그의 주장은 옳았다. 게다가 2020년 대선에 나선 민주당 후보들은 대부분 이민세관국(ICE)을 해체하고, 불법 체류자들을 일괄 사면하고, 불법 월경 행위를 범죄로 간주하지 말고, 모든 불법 체류자들에게 무료 의료보험 혜택을 주자고 주장했다. 코리 부커 상원의원(뉴저지주–민주당)이나 텍사스에서 상원에 출마했다가 고배를 마신 "비토" 오루크 같은 후보들이—진보 진영의 언론 매체들에 사진이 찍히고 싶어 안달이 나—멕시코에서 국경을 넘어오는 불법 체류자 무리를 직접 호위하기도 했으니, 트럼프로서는 남쪽 국경의 보안이 완전히 붕괴되고 미국의 주권을 상실하는 사태를 온몸으로 막고 서서 미국 국민을 보호하는 이는 자기뿐이라고 주장하기가 어렵지 않았다.

국경 장벽을 둘러싸고 멕시코와 설전을 주고받은 트럼프의 묘안은 특히 탁월한 정치 행위였다. 멕시코 정부는 과거에 아무 이유 없이 미국 국민의 신경을 거슬리게 하는 묘한 재능을 발휘했으니 말이다. 2018년 봄, 멕시코는 1000

여 명 이상의 중앙아메리카 국적자들을 자국 국경을 통과하도록 허락해 미국 국경으로 북상하도록 내버려두었다. 멕시코는 불법 이민자의 대거 유입 가능성을 불안하게 지켜보는 미국인들을 보면서 기쁨을 감추지 못했다.

멕시코 평론가들은 좌익 성향의 멕시코 대통령 후보이자 곧 대통령이 될 안드레 마누엘 로페스 오브라도르의 부상을 열렬히 환영했다. 그는 반 트럼프 공약을 내걸었다—미국의 이민정책에 대해 멕시코가 이래라저래라 할 권리가 있다는 듯이 행동했다. 평론가들은 미국이 범죄자인 불법 체류자들을 추방하고 국경보안을 강화하려는 적대적인 행위를 하는 데 대해 오브라도르의 부상을 경고의 차원으로 받아들여야 한다고 주장했다.

그러나 이번에도 능란한 트럼프는 멕시코가 그렇게 노골적으로 적대감을 보이면 미국 내에서 자신에 대한 지지가 더 강해지리라고 간파했다. 오브라도르가 구체적으로 어떻게 비협조적인 미국에게 벌을 줄 수 있을까? 자기들도 국경에 장벽을 건설해 미국인들이 못 오게 막고, 연간 300억 달러를 송금을 통해 이전 받는 것을 거부하고, 미국과의 무역흑자액 710억 달러를 줄이고, 멕시코 국민들이 미국을 못 가게 막고, 일방적으로 북미자유무역협정을 철회하고, 미국 기업들을 추방하기라도 하겠단 말인가? 멕시코 대통령 후보가 그런 공약들을 내걸었다면 트럼프 지지자들이 아마 "약속해! 약속해!"라고 연호를 했을지 모른다. 2018년 가을 무렵, 오브라도르는 북미자유무역협정을 보다 균형 잡힌 내용으로 재조정하기로 트럼프와 합의했고, 멕시코 남쪽 국경의 단속을 강화해서 중앙아메리카에서 북상해 미국 국경을 불법으로 넘으려는 이들에 대해 조치를 취하겠다고 했다. 2019년 6월 무렵 멕시코 여론조사 결과에 따르면, 멕시코 국민들도 불법 이민을 분명히 반대하고 있었고, 중앙아메리카인들이 자국의 남쪽 국경을 불법으로 넘어 미국으로 가는 경유지로 이용하려는 데 분노를 느끼고 있었다. 비공식적으로는, 미국 국경 보안요원들은 갑자기 멕시코 국경 보안요원들이 협조적인 태도를 보이는 변화를 느꼈다. 미국에서 오는 송금이 중단되고 대미 무역에서 유리한 입지가 바뀌기를 바라지 않거나 아니면 자국을 경유해 미국으로 가려는 중앙아메리카 불법 이민자들에게 화가 났든가, 둘 중 하나였든가, 둘 다였을지 모른다.

트럼프의 현실주의적 외교정책, 무역과 세계화의 재조정, 불법 이민 관련 정책 등을 제외하면, 트럼프는 나머지 문제들에 있어서는 공화당의 기본적인 입장을 고수했다. 공화당의 기본적인 입장을 반영한 가장 두드러진 정책들이 에너지 개발, 규제 철폐, 학부모에게 자녀의 학교 선택권 부여, 미국의 토지와 자원들을 십분 활용하려는 의지 등이었다. 2018년 3월 무렵, 보수 성향의 〈헤리티지 재단〉은 트럼프 행정부가 통치 1년 남짓한 시점에서 이미 334개 공약 가운데 3분의 2를 실행했다고 발표했다. 〈헤리티지 재단〉의 보수적인 청사진을 기준으로 한 평가에 따르면, 보수 진영이 숭배하는 로널드 레이건은 취임 후 같은 시점에 공약 이행률이 겨우 49퍼센트였다는 비교 분석도 내놓았다. 이는 놀라운 찬사였다. 경제, 사회 문제, 외교정책, 이민에 관한 트럼프의 공약과 정책이 일관성이 없다거나 리버럴하다고 비판하면서 "트럼프 절대 불가(Never Trumpers)"라고 하던 공화당 세력의 주장을 무색하게 만들었다.

2018년 2월, 워싱턴에서 열린 연례 보수정치행동회의(CPAC)에서 트럼프는 취임 후 1년 동안 벌어진 여러 가지 사건들을 통해서 공화당 예비선거에서 제기되었던 우려, 트럼프가 중도라거나 "무늬만 공화당원(Republican In Name Only, 이하 라이노(RINO)로 표기)"이라는 우려는 이제 틀렸음이 입증되었다고 자랑했다. 맞는 말이다. "내가 처음 출마했을 때 기억하나? 다행히 나는 정치인이 아니었지만, 내가 출마하자 사람들이 저 사람 보수주의자 맞아? 했었던 사실 말이다. 이만하면 나는 보수주의자임을 증명했다고 생각한다." 트럼프 절대 불가 입장인 이들도 동의했다. 2016년에는 대부분이 트럼프가 흡족할 만한 정도로 보수주의자가 아니라는 이유로 트럼프에게 반대했다면, 2020년 무렵에도 여전히 트럼프 절대 불가 입장을 고수한 이들 가운데는 트럼프가 지나치게 오른쪽으로 쏠렸다고 주장하는 이들도 나왔다. 정치에 몸담은 이후로 거의 평생 동안 자기가 수용한 정책과 비슷한 정책을 트럼프가 이행하는데도 이를 거부하는 이들도 허다했다.

트럼프의 구상들 가운데는 가스, 석유, 송유관 건설을 추진하겠다고 한 공약도 있었고 트럼프는 이를 실천했다. 그는 "아름답고 청정한 석탄" 산업도 되살리게 된다. 그는 낙태에 반대하고 총기 소지에 찬성하고 세금 삭감에 찬성하고, 헌법과 법률의 본래 취지에 충실해야 한다는 엄격한 법 해석관을 지닌 판사들만 임명했다. 트럼프가 처음 대법관에 임명한 닐 고서치는 보수주의적 법 해석자일뿐만 아니라 뛰어난 법학자였고, 안토닌 스칼리아 전 대법관의 정신을 열렬히 옹호하는 인물이었다. 과거에 트럼프보다 훨씬 믿음직스럽고 신중하다는 평가를 받았던 공화당 대통령들이 임명한 진보주의자 존 폴 스티븐스나 데이비드 수터와는 천양지차였다. 트럼프가 두 번째로 임명한 대법관은 연방항소법원 판사 브렛 캐버너인데, 마찬가지로 젊고 보수주의적이었고 트럼프를 비판하는 리버럴 법률가들의 표적이 되었다. 그는 인준 청문회에서 무자비한 공격을 받고 역사상 가장 긴 상원 청문회를 거친 끝에 임명되었다. 트럼프는 가까운 장래에 세 번째 보수주의자 대법관을 임명할 가능성을 내비쳤는데, 그렇게 되면 대법원은 6 대 3으로 보수 성향 대법관이 다수인 구조로 재편된다.

그러나 트럼프는 자기가 보기에 부차적이거나 쓸데없이 논란을 불러일으킨다고 생각되는 이슈에는 관심이 없거나 별 문제라고 생각하지 않았다. 지속 불가능한 사회보장 비용 증가, 어마어마한 예산 적자, 동성애자 결혼, 트랜스젠더의 여성 화장실 사용 허용, 소수자 우대정책 등이 바로 그런 이슈다. 다시 말하지만, 2016년에 다른 후보들과 트럼프를 차별화한 점은 전쟁, 무역과 일자리, 세계화, 불법 이민에 대한 그의 입장이었다. 아니, 과거 어떤 선거에 출마한 후보들과도 차별화되었다.

이 책의 첫 장에서는 민주—공화로 분열된 나라에서 호불호가 극명하게 갈리는 트럼프 같은 후보가 어떻게 그리고 왜 당선되었는지를 알아보았다. 트럼프는 적절한 선거 공약들을 찾아내 승리로 가는 길을 정교하게 닦았다. 그러면 다른 이들—훨씬 경험이 풍부하고 훨씬 침착하고 신중한 성정을 지녔다는 평가를 받고, 더 많은 인력과 자금을 동원할 역량이 있고, 지식도 훨씬 풍부한 직업 정치인들—은 왜 트럼프가 내세운 이슈들을 선점하거나 대체하지 못했을까?

마코 루비오가 트럼프의 공약을 내걸었다면 당선됐을까? 테드 크루즈가 트럼프주의를 기술적으로 흡수했다면 당선됐을까?

아니면, 트럼프주의는 트럼프와 불가분의 관계일까?

03

"요즘 대통령다움"

우리와 갈등을 빚고 있는 필립 2세는 제국과 절대 권력을 얻기 위해 자기 눈을 파내고, 쇄골뼈를 부러뜨리고, 손과 다리를 잘라내고, 운명이 그에게서 빼앗아가겠다는 그 어떤 신체 부위도 기꺼이 내줄 인물임을 보았다. 남은 신체 부위가 명예롭고 영광스럽게 살 수만 있다면 말이다.

— 『왕위에 관하여On the Crown』, 데모스테네스

지 금까지 본 바와 같이 트럼프는 기존의 경합 주 유권자들의 호응을 얻는 데 전념했다. 그런 다음 그들을 열광시키되 경합 주를 초월해 호응을 얻을 만한 이슈들을 다듬었다. 그래도 여전히 트럼프라는 수수께끼를 풀기에는 뭔가 미진한 점이 있다. 여느 정치인 같았으면 트럼프를 승리로 이끈 공식을 따랐을 가능성이 희박하다(아니면, 당선됐어도 정책이 중구난방인 보수주의자가 되고 말았을지 모른다).

다시 말해서, 트럼프라는 인물—우여곡절이 많은 그의 과거에도 불구하고, 아니 어쩌면 그 때문에, 허물도 많고, 천박하고, 거칠고, 편을 가르지만 그러면서도 타인과 공감하고 염려할 줄 아는 인물—이 그가 권좌에 오른 이유를 대부분 설명해준다. 트럼프라는 인물은 그가 내세우는 이슈들을 초월했다. 어떻게, 그리고 왜 트럼프라는 인물이 그가 내세운 이슈들을 무색케 하고 공화당후보 지명을 따내고 마침내 선거에서 이겼는지를 설명하는 게 이 장의 주제다.

유권자의 3분의 1은 트럼프를 화학요법에 비유했다. 훨씬 지독한 암과 싸우는 데 사용되는 치료법 말이다. 맹독성을 이겨내야 암세포(즉, 정치권과 딥스테이트로 불리는 관료조직 터줏대감)를 죽일 수 있었다. 아주 힘든 치료를 받는 동안(트럼프에 집착하는 언론매체가 주야장천 떠들어대는 동안) 그 복용량이 환자(트럼프에 투표한 유권자)를 거의 죽음에 이르게 할 수 있을지라도 말이다. 트럼프 지지자들은 매케인이나 롬니 같이 통증이나 완화해주는 또 다른 아스피린은 필요 없었다. 그리고 그들은 당시의 하원의장 폴 라이언이 아무리 훨씬 더 보수주의적 발언을 한다고 해도 성공할 수 있다고 더 이상 믿지 않았다.

앞의 두 장에서 살펴봤듯이, 후보로서 그리고 이제는 대통령으로서 트럼프 지지자들이 그를 버리지 않은 한 가지 이유는, 트럼프가 먼저 험악한 발언을 하기보다는 트럼프에게 먼저 싸움을 건 상대방에게 보복하는 차원에서 한다고 생각했기 때문이다. 그들이 생각하기에 트럼프는 산업근로자 계층에게 거칠고 인종비하적인 말을 쏟아부으며 공격해온 자들을 향해 오래 전에 이미 발사했어야 하는데 이제야 발사된 탄도미사일이었다. 트럼프는 멜린다, 바이얼리, 마크 카푸토, 새라 정, 피터 스트로크, 언론매체, 정부, 실리콘밸리, 정치인들 그리고 힐러리 클린턴이 오만불손하게 자행해온 틀에 박힌 조롱에 반격을 가할, 오래전에 등장했어야 할 강적이었다.

트럼프는 출마 선언을 하자마자 예비선거 공화당 후보 경선 토론에 나선 16명의 공화당 후보를 제치고 선두를 달렸다. 2015년 6월 30일, 퀴니피악 대학교가 실시한 여론조사에서 트럼프는 공화당 유권자들 가운데 20퍼센트의 지지를 얻으면서 민주당 후보인 힐러리 클린턴에게 적어도 12포인트 뒤졌다. 트럼프는 부정적인 평가에서도 최고를 기록했다. 조사 대상인 공화당 지지자의 30퍼센트가 절대로 트럼프를 찍지 않겠다고 답했다(공화당 유권자의 거의 90퍼센트가 결국 트럼프를 지지하게 된다). 이러한 결과를 보고 진보 성향의 평론가들은 희열에 들떴다. 트럼프가 공화당 후보 지명을 받겠지만—그리고 반드시 받아야 하지만—본선에서 공화당을 몰락시킬 게 틀림없다고 생각했다. 대부분은 트럼프가 또 다른 우익 정치인, 1964년 대선에서 린든 B. 존슨에게 패한 배리 골드워터나 1972년 대선에서 리처드 닉슨에게 패한 진보 성향의 조지 맥거번이라고 생각했다—세상물정에 어둡고 덜떨어진 충실한 지지기반 앞에서 잘난 척하지만 대부분의 미국인들은 자신을 괴짜이거나 섬뜩하다고까지 생각하고 밥맛없어한다는 사실을 까맣게 모르는 사람들 말이다.

그러나 트럼프를 지지하는 흔들림 없는 핵심 지지층은 점점 늘어났다. 트럼프가 부상한 이유는 단순히 그와 다툰 경쟁자들이 반 트럼프 성향의 유권자 표를 분산시켰기 때문만은 아니다. 적어도 초기에는 트럼프가 40년 동안 맨해튼에서 유명인사들에 대한 뒷공론에 오르내리면서 쌓은 지명도도 한몫했다. 또한 앞서 언급했듯이, 트럼프는 14시즌 동안 〈어프렌티스The Apprentice〉라는 리얼리티 쇼 진행을 맡기도 했다(나중에는 〈유명인사 어프렌티스Celebrity Apprentice〉의 진행도 맡았다).

이 리얼리티 쇼 출연으로 트럼프가 거래의 달인이자 변덕이 심한 성정을 지닌 상사라는 신화가 더욱 탄력을 받았다. 매주 그는 무능한 참가자 한 명을 해고했다. 그는 근면 성실하고 재능 있고, 따라서 상을 받을 자격이 있는 사람에게 보상을 했다. 호소하거나, 의사 진행을 방해하거나, 발의하거나, 표결에 붙이거나, 관료사회의 합의를 도출할 필요 없이 즉각적으로 말이다. 툭하면 교착 상태에 빠지고 되는 일이 없는 워싱턴 정가에 넌더리가 난 국민은 최고해고자(Firer In Chief)라는 참신한 발상에 귀가 솔깃했다. 버락 오바마가 일리노이주 의원으로서 표결에서 툭하면 "기권"을 했던 시대에, 그리고 대통령으로서 넘어서는 안 될 선을 넘고, 넘어도 될 선은 넘지 않고, 마감 시한을 정하고 이행하지도 않았던 시대에, 결단력은 그 자체로서 호소력을 발휘했다.

〈어프렌티스〉가 방영된 15년여에 걸쳐 이 프로그램을 본 시청자는 2000만에서 3000만 명에 달했다. 이 수치는 공화당 후보 경선에서 트럼프가 처음 얻었던 지지율과 묘하게 맞아떨어진다. 달리 말하자면, 〈어프렌티스〉 시즌 1(2003-2004)의 마지막 회 시청자인 2810만 명이 2016년 선거에서 등록한 유권자 수의 17.6퍼센트를 차지했다. 민주, 공화 양당 모두에 대해 점점 진절머리가 난 분열된 나라에서, 특히 이라크, 아프가니스탄, 리비아 전쟁이나 경제에 관해 어려운 결정을 내리기 꺼리거나 내릴 능력이 없게 된 나라에서, 〈어프렌티스〉의 경륜 있는 진행자는 탈출구를 제시했다. 강하고 말본새가 거칠지만 투박한 외모를 한 꺼풀 벗겨내면 철두철미해 보이는 그가 워싱턴 정가에서 무위도식하는 자들, 점잔 빼는 위선자들, 실력이 형편없는 이들을 제거하게 된다—매주 TV에서 그리했듯이 말이다.

게다가 후보 트럼프는, 독설을 쏟아내고 언론매체의 증오를 불러일으켰지만, 유인력, 유머 감각, 존재감이 있다는 사실도 부인할 수 없었다. 그의 이런 기술과 화면에서 능수능란하게 존재감을 과시할 줄 아는 능력은 오랜 세월에 걸쳐 트럼프가 되고 싶어 하는 수많은 참가자들과 재치 있는 질의응답을 주고

받고 즉흥적으로 상황을 모면하고 그들의 사람 됨됨이를 가늠하면서 갈고닦은 실력이었다. 독설로 보복을 서슴지 않는 그의 스타일은 점잔 빼는 대통령 경선—그리고 훗날 수행하게 되는 대통령직과는 상반되었다. 그런데 트럼프는 최고위 공직에 출마하는 행위 자체에서도 점점 엄숙함이 사라지고 있다는 냉소적인 태도를 지녔다.

짜증이 난 공화당 지지 유권자들이 처음부터 원했던 바도 "점잖게" 지는 대통령 후보가 아니었다. 그들은 이기고 백악관에 입성해서 행동으로 보여주는 후보를 원했다. 트럼프는 말하는 속도, 차림새와 행동거지를 리얼리티 쇼의 주간 시청률에 맞춰서 조정하고 다듬었다. 많은 미국인들이, 칼럼니스트들이 써 갈기는 선정적인 맨해튼 뒷공론 기사가 아니라, 트럼프의 TV 쇼를 보고 그를 알게 되었다. 그리고 그들은 어디까지가 한계인지 밀어붙여보지만 한계를 넘지는 않은, 논란의 대상인 흥행사에게 투표하게 된다.

트럼프는 리얼리티 쇼를 진행하면서 무엇이 팔리고 무엇이 팔리지 않는지에 대해 그 어떤 정치인보다도 탁월한 감각을 연마하게 되었다. 그는 시청자(실시간 투표자들)가 자신의 현란하고 거칠고 심지어 악의적이기까지 한 진행 방식을 역겨워하지 않는다고 결론 내렸다. 시청자는 오히려 이번에는 그가 또 어떤 황당하고 어처구니없는 발언을 할지 기대하고 채널을 고정했다. 그러나 시청자들은 진정성이 없고 억지로 변화를 만들어내는 천편일률적 낌새가 포착되면 바로 채널을 돌린다. 트럼프는 수년 동안 계속해서 충성도 높은 시청자가 계속 시청을 하게 만들어야 하는 난제를 풀면서 맨해튼 부동산 업계에서 연마한 현실 감각과 요령을 다듬었다. 그는 동물적 본능을 발달시켰다. 로널드 레이건 이후로 본 적이 없는 임기응변의 재치와 빌 클린턴 이후로 본 적이 없는 상대방에 대한 아첨과 프랭클린 루즈벨트 이후로 본 적이 없는 상대방을 꿰뚫어보는 노련함을 연마했다. 트럼프의 교활함은 대통령이 되고 나서도 그대로였다. 그리고 언론매체는 계속해서 그의 교활함을 폄하했다.

시청률이라는 개념은 여론조사 지지율로 전환되었다. 시청자는 유권자가 되었다. 시청률은 항상 트럼프에게는 중요한 기준이었다. 시청률은 수익으로 연결되고 수익률은 성공의 객관적인 지표였다. 대통령에 취임한 후 대부분의 기간 동안 트럼프는 그가 표적으로 삼는 대상이 시청자/독자를 얻느냐 잃느냐를 토대로 그 표적을 칭찬하거나 공격했다. 그를 비판하는 이들은 이 점을 까맣게 잊어버렸다. 트럼프는 앙심을 품는다기보다 적응력이 뛰어났다. 그는 공화당 후보 경선의 경쟁자인 텍사스 주지사 릭 페리와 켄터키주 상원의원 랜드 폴, 그리고 상원 다수당 지도자 미치 매커널 같은 예전의 적들을—그들이 쓸모가 있다고 판단되면—자기 편으로 끌어들였다. 현재 유리하다고 판단되면 과거에 품었던 사적인 원한이나 반목은 깨끗이 잊었다.

트럼프는 심지어 적을 평가할 때도 그가 트럼프 본인을 공격하는 데 성공했는지 실패했는지 여부를 기준으로 평가했다. 가장 비근한 예로 미셸 울프의 사례를 살펴보자. 그녀는 트럼프를 가장 무자비하게 공격한 사람으로 악명 높은 천박한 코미디언으로서 2018년 백악관 출입기자단 만찬에서 트럼프의 대변인 새라 허커비 샌더스를 두고 아칸소주 출신이라는 점과 그녀의 외모를 비하해 행사를 망쳐놓은 장본인이다. 그런데 트럼프는 청중의 분위기를 제대로 읽지 못했다는 이유로 그녀를 조롱하면서 다음과 같은 폭언을 터뜨렸다. "백악관 출입기자단 만찬은 아주 성대하고 따분한 행사였다. …이른바 코미디언이 말 그대로 행사를 폭망하게 했다."

트럼프는 언행이 거칠지 모르지만, 상스러워 보이는 겉모습 이면에는 자신이 내뱉는 독설의 정치적인 효과에 대한 치밀한 계산이 깔려 있다. 트럼프가 야비하다며 역겨워하는 이들은 동의하지 않을 게 틀림없다. 그들은 그의 입에서 그의 품성이 흘러나온다고, 품성이 운명을 결정한다고 주장한다. 따라서 아무리 일 잘하는 최고사령관이라도 언행이 대통령답지 않으면 대중에 대한 호소력을 유지할 수 없다고 주장한다.

그러나 2016년 무렵, 사람들은 이런 의문을 가지고 있었다. 도대체 누가, 아니면 무엇이 대통령답지 않음이 뭔지를 궁극적으로 판단할까?

누군가 대통령다우면서 무능력하거나 대통령답지 않으면서 설득력이 있을 수 있을까? 2008년 대선에서 오바마처럼 감미로운 목소리로 공화당을 적으로 규정해 "우리 적을 응징하자"라고 한다거나, "들이대고 약 올려라"라고 한다거나 "그들이 싸움에 칼을 갖고 오면 우리는 총을 갖고 가자."라고 부르짖는 행위가 트럼프처럼 유치하게 "울보 척 슈머"와 "로켓놀이 하는 꼬마" 김정은이라고 트윗을 날리는 행위보다 대통령답지도 않다. 이어지는 장에서는 트럼프의 메시지와 트럼프라는 메신저의 관계에 대해서 좀 더 심층적으로 살펴보겠지만, 트럼프가 미국 대통령 정치의 오랜 역사상 유례없는 추하고 역겨운 인물이라는 주장은 전혀 설득력이 없다. 트럼프가 그저 마냥 천박한 인물이었으면 TV나 정치에서 절대로 성공하지 못했을 게 틀림없다.

트럼프는 다른 유명인사들에게서는 볼 수 없는 아우라가 분명히 있다. 두 차례 캘리포니아 주지사를 지낸 대형스타 아놀드 슈워제네거가 2015년 트럼프로부터 〈어프렌티스〉 진행자 역할을 이어받고 나서 한때 시청률 고공행진을 한 대히트 시리즈는 졸지에 폭망했다. 슈워제네거는 대형 스크린에서는 트럼프보다 훨씬 존재감이 있을지 모른다. 그리고 훨씬 정치 경험이 많았다. 그리고 2004-2005년 〈어프렌티스〉 시리즈가 시작되었을 때 트럼프보다 훨씬 유명했을 것이다. 슈워제네거는 영화 〈터미네이터〉 시리즈 덕분에 거의 트럼프만큼 부자가 되었다. 아놀드 슈워제네거는 트럼프보다 독성은 덜하고 훨씬 친근감이 있었을 게 틀림없다. 그러나 그는 뜻밖에 1차원적이었다. 아놀드는 정치적으로는 적하고 치고받는 재능이 떨어지며, 독설도 뒤처지고 거리낌 없는 태도도 덜했다. 그래서 쇼는 폭망했다.

트럼프를 비판하는 사람들 가운데 트럼프의 외모와 행동거지가 그의 지지 기반은 물론이고 그의 공약과 개인사에 대해 역겨워했을지도 모를 중도층에게서 반향을 불러일으킨 이유를 분석한 사람이 거의 없다. 60대와 70대에 접어든 미국 남성들은 젊음과 활력을 유지하려고 이상한 짓을 할 때가 있다. 머리를 염색하고, 피부 태닝을 하고, 주름을 펴고, 망가지는 몸매를 감추려고 화려한 옷으로 바꾼다. 트럼프는 이런 짓을 몽땅 하고도 한술 더 떴다. 그는 워싱턴 정가 기득권 세력에게 촌스러워 보였다. 그러나 젊어 보이려고 발악하는 늙어가는 할리우드 유명인사들과는 달리, 트럼프는 그렇게 수단과 방법을 안 가리고 젊어 보이려는 발악을 함으로써 중산층으로부터 역겨움보다는 공감을 더 얻었다. 늙어가는 억만장자도 결국 삭신이 쑤시고 삐걱거리고 자신감을 잃어가는 범부와 다를 게 없다는 증거라는 듯이 말이다. 워싱턴 정가의 정치인들은 자기 지역구에서 벌어지는 행사나 농산물 박람회에 통상적으로 플란넬 셔츠와 청바지를 걸치고 나타난다. 그러나 트럼프는 엉뚱하게 양복을 입고 나타났다. 그 특유의 펑퍼짐한 양복과 화려한 색상의 아주 긴 넥타이를 매고 나타났는데도 가식 없고 진정성 있어 보였다.

2015-2016년 대부분의 미국인들은 트럼프의 야릇한 말투가 어디서 온 건지 알지도 못했고 관심도 없었다. 그러나 분명히 워싱턴 정가의 말투는 아니라는 사실을 간파했다. 그는 힐러리 클린턴처럼 손톱으로 칠판 긁는 소리를 내지도 않았고, 버락 오바마처럼 운율을 타듯이 말하지도 않았으며, 테드 크루즈처럼 코맹맹이 소리를 내지도 않았고, 마코 루비오처럼 뻣뻣하지도 않았다.

트럼프의 문법이나 말투도 클린턴이나 오바마 같이 교외 부촌에 거주하는 정치인처럼 대상에 따라서 정신분열증적으로 돌변하지 않았다. 오바마는 흑인을 상대로 말할 때 흑인 특유의 말투를 썼지만 트럼프는 그러지 않았고, 클린턴은 선거운동 차 볼링장이나 지방 행사에 가면 말꼬리를 길게 빼는 남부 특유의 유치한 말투를 썼지만 트럼프는 그러지 않았다. 트럼프는 누굴 만나든 한결같이 교양 없는 일자무식 같은 말투를 쓴다. 따라서 그는 속셈이 없이 투명하고 평범해 보인다. 조지아주 농부에게는 남부 사투리를 흉내 내려고 고군분투하는 힐러리 클린턴의 말투보다 트럼프의 뉴욕 퀸즈 지역 말투가 훨씬 낮게 들린다.

트럼프의 이렇게 튀는 언행이 어느 정도나 사전에 짜인 각본인지 분별하기는 어렵다. 대중문화에 어느 정도 일가견이 있는 그로서는 1980년대에 히트한 코미디 영화 〈캐디쉑Caddyshack〉의 관객이 압도적으로 가장 열광한 등장인물이 성가시고 거친—그리고 속셈이 뻔히 보이는—말썽꾼 알 크저빅(로드니 데인저필드가 분함)이었다는 사실을 알고 있을지도 모른다. 이제는 컬트무비가 된 이 영화에서 크저빅은 용모가 단정하고 툭하면 화를 내고 컨트리클럽 규정과 기준을 철저히 준수하는 아첨꾼 엘리후 스마일스 판사(테드 나이트가 분함)보다 훨씬 친근감을 주었다. 어찌 보면 트럼프와 클린턴은 2016년 선거에서 각각 이 두 등장인물의 역할을 재현했다.

트럼프의 외모와 말투가 경합 주 중산층 유권자들에게 호소력을 발휘하는 데 일정 부분 역할을 했다. 그의 외모와 말투가 그가 전하려는 메시지에 힘을 실어주었다. 적어도 그의 지지기반인 이들에게는 말이다. 그의 외모와 말투와 메시지는 속성상 반골이고 기득권 세력의 트럼프에 대한 분노에 불을 붙였다.

그러나 트럼프의 메시지를 대대적으로 확산시킨 요인은 트럼프의 외모나 말투가 아니라 메시지의 내용이었다. 조지 W. 부시는 단어를 뭉개거나 말실수를 할 때마다 무자비하게 조롱거리가 되었다. 거의 날마다 적대적인 언론매체들이 부시가 "언더에스티메이트(underestimate)"를 "미스언더에스티메이트(misunderestimate)"로, "스트레티지(strategy)"를 "스트레티저리(strategery)"로, "뉴클리어(nuclear)"를 "뉴큘러(nucular)"로 발음했다며 조롱했다. 뉴욕–워싱턴의 기득권 세력이 보기에 이는 부시가 집안 덕에 아이비리그 대학에 들어간 텍사스 출신 촌뜨기 멍청이라는 증거였다.

부시는 주로 정계에서 납득할 만한 수준의 발음과 비교되어 조롱을 받았다. 뉴욕–워싱턴을 아우르는 해안 지역 엘리트 계층은 예일과 하버드를 나온 부시가 정치 엘리트 계층의 말투를 정말로 따라하고 싶어 한다고 넘겨짚었다. 이와는 달리 트럼프는 워싱턴 정가의 문법, 문장 구조, 어휘를 뭉갰을 뿐만 아니라 형체를 알아보지 못할 정도로 폭파시켜놓고도 아랑곳하지 않았다.

정치인들은 대중에게 1년 정도 노출되고 나면 하나같이 망가진 녹음기처럼 했던 말을 반복한다(버락 오바마가 "역사의 궤적"이라는 표현을 얼마나 우려먹었으며, 툭하면 미국을 두고 "우리는 그런 사람들이 아니다."라고 찌든 냄새가 나도록 꾸짖었는가?). 그런데 트럼프의 동어 무한반복은 개념과 문구의 반복이 아니라 선거용으로 비축해둔 500개 단어에 집중된다. 형용사 몇 개(대부분 최상급)면 족하다. "기차다(awesome)", "아름답다(beautiful)", "환상적이다(fantastic)", "대단하다(great)", "엄청나다(huge)", "놀랍다(incredible)", "슬프다(sad)", "멍청하다(stupid)", "끔찍하다(terrible)", "큰물에서 논다(big-league)", "빵이다(zero)", 여기에 "어마어마하게(tremendously)" 같은 부사를 곁들여준다. 늘 쓰는 명사와 강조하는 문구도 있다. "정말이야(believe me)", "수천만 수십억(millions and billions)", "멍청이(moron)"도 있다. "이기기(winning)"와 "승자(winners)"는 따라해야 할 대상이고 "지기(losing)"와 "패자(losers)"는 "망신살(disgrace)"이었다.

트럼프가 맞서 싸우는 대상은 하나같이 "재앙(disaster)"이었다. 그렇다면 트럼프도 동어 무한반복 하는가? 물론이다. 그게 중요한 문제인가? 아마 아닐 것이다. 적어도 2016년 선거기간이라는 단기간으로 볼 때는 말이다.

동어반복 몇 음절로 전달하는 기본적인 메시지를 한층 강조했다. 게다가 트럼프는 애정을 표하는 단어를 이상한 데 갖다 붙였다. 제정신인 정치인이라면 누가 "아름다운 청정 석탄(beautiful clean coal)"이나 남쪽 국경에 설치된 "아름다운 장벽(beautiful wall)"이라는 도발적인 표현을 생각해내겠는가?

트럼프는 데모스테네스나 키케로의 글을 읽어본 적이 없다. 그러나 귀동냥으로, 아니면 본능적으로 그는 형용모순, 음의 조화, 두운, 생략, 앞 구절 반복과 같은 기법들을 이용했다. 물론 그는 존 F. 케네디나 로널드 레이건이나 정제된 글을 화면에 비춰주는 텔레프롬프터를 읽는 버락 오바마 수준으로 철저히 훈련된 연사는 아니다. 그러나 어쩌면 즉흥으로 말을 주고받을 때는 오바마보다 훨씬 재미있고 존 F. 케네디, 빌 클린턴, 레이건 못지않은 임기응변의 실력을 발휘한다.

트럼프를 비판하는 이들은 트럼프를 전형적인 대중선동가에 비유해왔다. 아마 귀족인 투키디데스가 경멸한 대중선동가, 아테네 장군 클레온처럼 말이다. 트럼프의 적들은 그를 조폭 같은 로마의 포퓰리스트 루키우스 세르기우스 카틸리나와 비교했을지도 모르겠다. 살루티우스의 역사서를 보면 카틸리나는 쿠데타와 봉기를 일으켰지만 불발에 그쳤다. 그러나 그럼에도 불구하고 고대 역사학자들은 클레온과 카틸리나의 연설을 직설적이고 힘 있는 화술의 본보기로 간주한다. 군중을 상대로 연설할 역량이 없는 사람은 대중선동가가 될 수 없다.

그렇다고 해도 언론매체의 보도에서 착한 트럼프는 말썽꾸러기 트럼프에 묻혀서 빛을 보지 못하는 경우가 종종 있었다. 처음부터 트럼프는 힐난하는 듯하고, 심지어 모욕적이기까지 한 발언을 일부러 하면서 즐기는 듯했다. 언행이 관행을 벗어나지 않는 공화당 후보 경쟁자들과 자신을 차별화하고, 공짜로 TV에 노출되어 홍보비 수천만 달러를 절약하는 방편으로 말이다. 그는 상대방이 자신을 공격하기를 꺼리게 만드는 억제 효과를 얻기 위해서 늘 공세를 취해야 했다(트럼프를 공격했다가는 엉망진창이 되니까 건드리지 않는 게 상책이다). 그러지 않았다면 트럼프는 선거운동 기간 내내, 그리고 대통령이 되고 나서 임기 내내, 자신의 부화방탕한 과거를 변명하느라고 허송세월하게 될지도 몰랐다. 집중력을 흐트러뜨리고, 치졸한 공방을 주고받고, 전달하고자 하는 메시지에서 벗어나는 시간낭비라고 해도 할 수 없었다.

공화당 후보를 뽑는 예비선거에서 앵커와 진행자들이 학구적인 루이지애나

주지사 바비 진덜이나, 카리스마 있는 상원의원 마코 루비오나, 믿음직한 젭 부시를 인터뷰하면 시청자들은 예상을 벗어나지 않는 답변을 얻었고—사실과 통계수치 거론, 상투적인 표현, 임시변통, 차이를 뭉뚱그려 일반화하는 화법—채널을 돌렸다. 방송사들이 트럼프의 한바탕 쇼를 화면에 띄우면 시청자들은 정신이 번쩍 들었다. 트럼프는 무슨 소리를 하든지 가장 이상하게—종종 무자비하게—말했다. 트럼프가 과거에 여성편력이 심했거나 사업이 부도가 났다는 비난을 받으면, 이런 사실이 대통령 자격과는 상관없다든가 사실이 아니라고 변명할 여지가 없었던 트럼프는 "너도 마찬가지잖아."라는 식으로 공세를 취했기 때문에 트럼프를 공격하려다가도 자기 자신이 저지른 죄도 트럼프의 죄 못지않을지 모른다고—그리고 더 이상 비밀로 남아 있지 않게 될지 모른다고—생각하고 마음을 고쳐먹게 만들었다.

대선에 출사표를 던지고 첫날부터 트럼프가 일부러 목소리 높인 내용들은 보수 성향의 인터넷 정보지 〈드럿지 리포트Drudge Report〉 표제기사에서부터 리버럴 성향의 〈구글 뉴스〉까지 인터넷을 뜨겁게 달구었다. 트럼프가 독설을 뱉으면 삽시간에 우익 성향의 라디오 토크쇼와 좌익 성향의 국립공영라디오(NPR)의 전파를 탔다. 트럼프가 먹어치운 건 〈폭스뉴스〉 방송뿐만이 아니었다. CNN과 MSNBC는 둘 다 트럼프를 경멸했지만 힐러리 클린턴보다 트럼프에게 더 많은 방송시간을 할애했다. 재정난에 허덕이고 유선방송 시청률이 바닥을 헤매던 CNN은 본의 아니게 서커스단장 트럼프에게 왕관을 씌워주고 1억 달러를 추가로 벌어들였다. 그러자 트럼프는 CNN더러 대통령 토론회 방송에서 얻은 수익을 참전용사들에게 기부하라고 했다.

CBS 회장을 역임한 레스 문베스는 자기 방송사가 트럼프에게 광적으로 집착하는 데 대해 다음과 같이 뻐기기도 했다. "돈이 굴러들어온다, 재미 보고 있다." 그가 말하는 "재미"에는 어릿광대 같은 후보 트럼프가 황당하기에 시청률이 올랐지만 유효기간이 짧다는 의미가 깔려 있다. 그러나 2016년 7월 트럼프가 공화당 후보에 지명되고 나자 그에게 패한 경쟁자들은 과거를 돌이켜보면서—트럼프가 공화당 후보가 되자 클린턴 선거운동본부는 한동안 희열에 들떠 환호했다—트럼프가 공짜로 언론매체에 노출되는 1억 달러에 달하는 홍보효과를 누렸다며 씁쓸해했다. 어찌 보면 트럼프는 CNN과 MSNBC를 파산의 위기에서 구했다. 그는 두 방송국에 존재 이유를 부여해주었다. 비록 그들의 목적은 노골적이고 정제되지 않은 맹독을 뿜어내는 일이었지만 말이다.

당연히 트럼프가 대통령이 되자, 클린턴은 언론매체가 트럼프의 손아귀에 놀아났다고 칭얼댔다. 선거가 끝나고 사후분석 내용을 담은 자신의 저서 『자초지종What Happened』에서 클린턴은 정치담당 기자들이 "트럼프 당선에 자신들이 기여했다는 사실을 견디기 힘들어한다."면서 불만을 토로했다. 힐러리는 언론매체가 본선에서 질 게 뻔한 트럼프를 공화당 후보로 당선시켜 본선에서 힐러리가 이기도록 선물을 줬다며 민주당 후보 경선 선거운동 관계자들이 희희낙락했다는 사실을 까맣게 잊어버렸다. 게다가 클린턴 본인도 자신을 비판하는 이들을 전방위로 공격했지만, 트럼프가 쏟아내는 독설만큼 흥미진진하지도 효과적이지도 않았다.

트럼프를 보고 있으면 시청자들의 병적인 호기심을 자극하는 게 분명하다—자동차 사고 현장이 참혹하지만 조금 더 가까이 다가가서 보고 싶은, 죄책감을 느끼게 만드는 욕망과 비슷하다. 아니면 술집에서 주먹다짐을 하는 사람들에게 시선을 고정한 채로 서서 구경하면서 화난 척하는 경우와 비슷하다. 그러나 무엇보다도 미국의 많은 약자들이 미꾸라지처럼 흙탕물을 튀기는 트럼프에게 공감했다. 그가 언론매체를 향해 어떤 욕설을 뱉어내든 이미 오래전에 매체들이 그렇게 당했어야 했다. 트럼프가 누리는 인기는 사실상 트럼프를 비판하는 언론매체들이 트럼프보다 훨씬 인기가 없다는 증거였다. 2017년 11월 퀴니피악 여론조사에 따르면, 응답자의 58퍼센트가 언론매체가 트럼프를 보도하는 방식에 반대했다. 38퍼센트만이 찬성했다.

존경받는 참전용사이자, 전쟁포로이자, 영웅이자, 상원의원이자, 대통령 후보였고, 국가적인 우상이었던 작고한 존 매케인은 트럼프가 가장 먼저 표적 삼아 사심을 갖고 공격한 대상이었다. 2015년 7월, 트럼프는 코웃음 치며 "그는 전쟁영웅이 아니다."라고 거칠게 한마디 했다. "그는 전쟁영웅이 아니다. 포로가 됐으니까." 그러더니 그는 다음과 같이 구체적으로 그 이유를 덧붙였다. "나는 잡히지 않은 사람들이 좋다." 설상가상으로 트럼프는 사회정책에서 보수 성향이고 신앙심 깊은 국방 부문 활동가 3000여 명이 모인 패밀리 리더십 서밋에 참석해 매케인을 폄하했다. 앞서 트럼프는 매케인이 해군사관학교 졸업 동기들(899명) 가운데 거의 바닥의 성적(894)으로 졸업했다며 "멍청이"라고 불렀다. 그랜트 장군이나 패튼 장군 같은 미국의 수많은 영웅들도 육군사관학교 성적이 그다지 좋지 않다는 사실을 감안하지 않고 말이다.

트럼프가 드디어 약점이 잡혔다고 보고 피 냄새를 맡은 공화당 대선후보 경쟁자들은 트럼프에게 모두 달려들어 그의 거친 언행을 맹렬히 비판했다. 텍사스 주지사를 지냈고 훗날 트럼프의 에너지부 장관이 되는 릭 페리는 트럼프가 대통령이 되기에 "부적격"이고, 따라서 경선에서 "즉각 사퇴"해야 한다고 말했다. 플로리다 주지사를 지낸 젭 부시는 "중상비방"이라면서 트럼프에게 맹공을 했다. 아이오와주 서부에서 선거운동을 하고 있던 위스콘신 주지사 스캇 워커는 매케인을 "의심할 여지없는 미국 영웅"이라고 칭송했다. 마코 루비오 플로리다주 상원의원은 "미국의 전쟁포로의 멸사봉공은 도널드 트럼프가 모욕적인 막말로 의문을 제기할 만한 대상이 아니다."라고 조롱했다.

트럼프가 이런 맹비난을 받고 사과했을까? 천만에.

베트남 전쟁 시기에 미심쩍은 징집유예 판정을 받은 트럼프는 전열을 가다듬어 매케인의 전문 분야인 군사 문제와 관련해 새롭게 공격의 날을 세웠다. "존 매케인은 참전용사들을 위해 최선을 다하지 않았다. 이 나라 참전용사들은 고통받고 있다. 이 나라 참전용사들은 3등 시민 취급을 받고 있다. 존 매케인은 말만 무성하지 실제로 하는 일이 없다."

포로로 잡혔던 매케인의 부인할 수 없는 영웅적인 과거에 더 이상 관심이 없다고 생각했다. 그는 매케인이 40년 동안 본인 스스로 희생을 했다고 우려먹을 만큼 우려먹었으니 이제 단물이 다 빠졌다고 생각했다. 결국 트럼프-매케인 공방의 핵심은 무엇이었을까?

아마도 근본적인 이유는 2008년 매케인이 공화당 대선후보가 됐을 때 트럼프는 그를 강력히 지지했지만, 2016년에 트럼프가 대선후보가 됐을 때 매케인이 은혜를 갚지 않았기 때문일지 모른다. 의리와 상부상조는 트럼프가 늘 가장 중요하게 여긴 윤리적 계율이었다. 그러나 보다 직접적인 이유는, 트럼프가 패밀리 리더십 서밋에서 매케인을 공격하기 며칠 전, 매케인이 트럼프 지지자들을 "미치광이들"이라고 매도하고 비방했기 때문이다—물론 매케인은 자기가 그들을 그렇게 매도해도 언론매체가 아무런 잘못이 아니라고 여기리라고 생각하고 한 말이다. 트럼프가 누군가를 비방할 때는 보통 선제공격이 아니라 상대방이 먼저 공격했을 때 보이는 반응이었다.

트럼프는 엘리자베스 워런 상원의원이 평생 아메리카 원주민 후손이라고 거짓말을 해왔다는 사실이 드러나면서 비판을 받자, 그녀에게 "포카혼타스"라는 별명을 붙여주었다. 그러자 또 한 번 난리가 났다. 2016년 선거 이후 트럼프, 매케인, 워런이 연루된 분쟁이 격화되었다. 2017년 11월, 매케인은 "포카혼타스"는 "아메리카 원주민 참전용사들의 희생에 대한 모욕이다. 우리나라는 참전해 암호를 해독한 나바호족에게 큰 빚을 졌고, 그들의 용기와 기술과 집요함 덕분에 제2차 세계대전에서 폭군과 억압에 맞서 결정적인 승리를 거두게 되었다."라고 발끈했다.

공방이 오가는 모습을 지켜보던 트럼프 지지자들은 정의로운 척하는 워런이 날조한 혈통으로 소수자 우대정책을 악용해 학교와 직장에서 승승장구했다가 사기를 친 사실이 탄로나자 당혹감을 숨기기 위해서 지레 펄펄 뛴다고 생각했다. 트럼프를 비판하는 이들은 트럼프가 "포카혼타스"라고 정치적으로 부적절한 말을 했다고 목청 높여 비판하면 할수록 워런의 미심쩍은 혈통에 대해 대중의 이목을 더 집중시킬 뿐이라는 사실을 까맣게 몰랐다. 워런의 날조에 이목을 집중시킨 행위와 경력상 이득을 보려고 혈통을 날조한 행위 둘 중 어느 쪽이 더 큰 죄악일까?

이 3류 희극은 2018년 10월 마침내 막을 내렸다. 답답해진 워런이 아메리카 원주민 혈통이라는 자기 주장이 옳음을 증명하려고 DNA 검사 결과를 공개했다가 개망신을 당했기 때문이다. 놀랍게도 유전자 검사 결과 워런 몸속에 흐르는 아메리카 인디언 피는 1퍼센트 미만이었다. 평균적인 백인의 몸속에 흐르는 아메리카 인디언의 피보다 더 낮은 수치였다. 트럼프는 자신을 비판하는 이들을 너무 갈구는 나머지 그들이 홧김에 자기 파괴적인 행동을 하게 만드는 신묘한 재능이 있다.

이보다 수위는 낮지만, 트럼프는 이어서 논란의 여지가 있는 희미한 60년 전 사진을 언급하면서 테드 크루즈의 부친이 존 F. 케네디 암살범으로 체포된 후 이감 호송 중 나이트클럽 주인 잭 루비에게 암살당한 리 하비 오스월드를 지지하는 공산주의자들과 어울렸다고 주장했다. 예비선거가 막판으로 치달으면서 트럼프는 정치인이 되기 전의 본연의 모습으로 돌아가 티격태격했다. 오래전부터 앙숙인 한물간 TV 유명인 로지 오도널을 향해 "뚱뚱하고" "칠칠맞다"고 거친 말로 모욕을 주었다.

공화당 후보 경선 첫 토론회에서 진행자인 〈폭스뉴스〉 앵커 메긴 켈리가 트럼프에게, 당신은 여성을 모욕하고 여성에게 무례하게 군 화려한 경력이 있다면서 물고 늘어졌다("후보는 후보 마음에 들지 않는 여성을 '뚱보 돼지', '개'라고 부르고 '칠칠맞다'느니 '역겨운 동물'이라고 했다). 트럼프는 켈리의 주장을 부인하지는 않았지만 "오로지 로지 오도널"에게만 그랬다고 답했다. 토론이 끝난 후 트럼프는 켈리가 광분해서 "어디선지 모르지만 그녀의 어딘가에서 피가 흘러나왔다."라고 했고 이 발언에 대해 여성혐오적이고 역겹다는 비판이 쏟아졌다. 메긴 켈리는 곧 〈폭스뉴스〉를 그만두면서 "트럼프로부터 괴롭힘을 당한 섬뜩한 한 해"였다고 말했다. 그 말이 사실이라면 반 트럼프 정서가 만연한 언론계에서 손꼽히는 유명인사로 등극해 방송 시장에서 몸값이 급격히 향상되었을지 모른다.

훗날 김정은을 "뚱보"라고 공격하거나 캐나다 총리 쥐스탱 트뤼도를 "비실비실하다"고 폄하한 발언도 트럼프의 선거운동을 승리로 이끈 수법의 연장선상이었다. 대통령이 된 다음에는 만성적으로 써먹기보다 가끔씩만 써먹으면 훨씬 효과적일지도 모르지만 말이다. 트럼프의 거친 언행은 처음에는 언론매체의 이목을 집중시켰다. 언론매체는 트럼프처럼 시청률을 올리는 사람은 단기적으로 볼 때 수익에 도움이 된다고 보지만 언론은 그런 사람에 대해 결국 싫증을 느끼고 쉽게 폐기처분하게 되며, 그러면 그 사람은 절대로 대통령이 될 수 없다.

트럼프 선거운동에서 보복 대상 목록에 오른 인물들은 나날이 증가했다. 2016년 트럼프는 벤 카슨(나중에 트럼프 행정부의 주택부 장관이 된다)을 돌팔이 의사라고 불렀다. 그는 유능한 칼리 피오리나에게 못생겼다고 했다.("그 얼굴을 보라! 누가 그 얼굴을 보고 표를 주겠나? 우리 차기 대통령이 그런 얼굴이라는 게 상상이 가나?") 그보다 몇 년 앞서 비슷한 방식으로 아리아나 허핑턴을 공격했었다.("아리아나 허핑턴은 안팎이 모두 매력 없다. 그녀의 전 남편이 왜 그녀를 버리고 다른 남자한테 갔는지 충분히 이해한다—그는 현명한 판단을 내렸다.") 트럼프에게 투표한 이들은 대부분 트럼프가 대통령이 되면 그런 막말은 그만 하기를 바랐다. 그런데 그러지 않았다. 툭하면 치고 빠지는 대통령의 언행에서 비롯되는 정치적 여파가 어느 정도인지 아무도 몰랐다. 특히 트럼프의 지지율이 정체되거나 약간 오르는 기미가 보이면 트럼프의 언행은 더욱 거칠어졌다.

2017년 무렵, 트럼프는 자신이 국무장관에 임명한 렉스 틸러슨(그는 트럼프를 멍청이라고 부른 것으로 알려졌다)이 자기보다 지능지수가 낮다고 주장했다. ("그가 정말로 그런 말을 했다면 IQ 검사결과를 비교해봐야겠다. 누가 이길지는 자신 있게 말할 수 있다.") 오랫동안 고생한 법무장관 제프 세션스는 특검을 임명하는 권한을 법무차관인 로드 로젠스타인에게 넘겨줘 로버트 멀러를 특검에 임명하게 하는 오판을 해 "나약하다"고 조롱을 당했는데, 로젠스타인은 트럼프가 취임한 후에 차관직을 계속 맡았다. 거의 2년 동안 트럼프는 드러내놓고 자기가 임명한 세션스 법무장관을 거칠게 닦달하면서 세션스가 특검 임명을 기피해 멀러가 특검에 임명되는 판단오류를 저지른 죗값을 치르는 의미에서 사임하기를 바랐다.

취임하고 거의 30개월이 지난 후 여전히 활황인 경제 여건에 역대 최고의 지지율을 기록하면서, 트럼프는 처음 출사표를 던졌을 때 못지않게 자신을 비판하는 사람들을 갈구고 싶은 유혹을 뿌리치지 못하고 그들을 약 올리는 트윗을 날렸다. 지금은 세상을 떠났지만, 살아생전 끊임없이 트럼프에 맞섰던 하원 정부감시개혁위원회 의장 일라이자 커밍스(민주당-메릴랜드주) 하원의원이 트럼프의 가족을 소환하겠다고 협박하고 국경 지역의 처참한 상황에 대해 트럼프가 도덕적인 책임을 져야 한다고 주장하자 트럼프는 다음과 같이 되받아쳤다.

> 일라이자 커밍스 하원의원은 남쪽 국경의 상황을 두고 훌륭한 국경 순찰대원들에게 악을 쓰고 소리를 지르면서 무자비하게 그들을 괴롭혀왔다. 그런데 정작 자기 지역구인 볼티모어는 국경 지역보다 훨씬 처참하고 훨씬 위험하다. 커밍스의 지역구는 역겹고 쥐가 들끓고 엉망진창이다. 그가 볼티모어에서 좀 더 시간을 많이 보내면 그 위험천만하고 더러운 곳을 깨끗이 청소하는 데 도움이 되지 않을까 싶다.

트럼프를 비판하는 이들은 즉각 "인종차별주의자"라고 외쳤다. 트럼프 지지자들은 커밍스가 트럼프를 쫓아다니며 괴롭히는 데 집착하고 있고 실제로 자기 지역구 주민들이 위험하고 처참한 동네에서 살도록 방치하고 있으며 자신은 전혀 딴판인 생활을 하고 있다고 응수했다. 예컨대, 2016년 신사회주의자로서 무소속으로 민주당 대통령 후보 경선에 나섰던 버니 샌더스는 커밍스의 지역구에 속한 볼티모어를 "제3세계"라고 불렀다. 볼티모어 시장 본인도 트럼프가 이 도시에 대해 언급하기 1년 전, 자기가 시장인 도시에 쥐가 들끓는다고— 그리고 죽은 쥐가 썩어가는 악취가 코를 찌른다고— 탄식했었다.

　정치인들은 트럼프가 하지 않아도 될 공방을 벌이자 헷갈려했다. 그가 인종차별주의자인 성정을 숨기지 못하고 경제적 정치적으로 긍정적인 보도에서 시선을 돌리는 자기 파괴적인 행동을 하는 건지, 아니면 특유의 동물적 본능이 발동해 국경의 처참한 상황에 대해 탄식하는 정적들이 그보다 언론의 주목을 받지 못하는 자기 지역구의 처참한 상황은 방치하는 위선적인 태도를 온 나라에 상기시켜줌으로써 정적들로부터 트럼프 자신을 공격하는 무기를 빼앗으려는 건지 헷갈렸다. 여기서도 일관성이 나타난다. 트럼프는 소수인종인 상대방과 치고받는 게 어떻게 보일지 신경 쓰지 않고 여전히 보복을 했다. 그를 비판하는 이들은 흑인에게 분노를 쏟아내는 행위는 인종차별이라고 응수했고, 트럼프의 지지자들은 트럼프가 자신의 모든 정적들을 똑같이 혹독하게 되받아친다고 생각했다. 하원의장 낸시 펠로시든, 하원정보위원회 의장 애덤 쉬프든, 하원감시위원회 의장 일라이자 커밍스든 상관없이 말이다. 언론매체는 대부분의 미국인들이 트럼프의 다툼에 싫증을 느끼고 있다고 보도했지만 트럼프의 지지율은 그대로이거나 약간 올랐다.

　후보로서 그리고 대통령으로서 트럼프가 내뱉은 말 가운데 가장 포악하다는 비판을 받은 말은 상대방을 묘사하는 모욕적인 형용사였다. 공화당 후보 경선에 나선 경쟁자들이 당연히 첫 번째 표적이었다. 마코 루비오는 "꼬맹이 마코(Little Marco)"로 전락했다. 젭 부시는 "저질 체력 젭(Low-energy Jeb)"으로, 벤 카슨은 "부시보다 더 저질 체력(Lower energy than Bush)"으로 격하되었다. 테드 크루즈는 "뻥쟁이 테드 크루즈(Lyin' Ted)"라는 꼬리표가 붙었다. 툭하면 연설 도중 눈물을 글썽거리는, 상원 소수당 지도자 척 슈머 상원의원은 트럼프를 공격하다가 "울보 척(Cryin' Chuck)"으로 낙인이 찍혔다.

버니 샌더스가 트럼프를 치졸하다고 공격하자 트럼프는 "미치광이 버니(Crazy Bernie)"라고 되받아쳤다. 머리도 헝클어지고 후줄근한 샌더스의 평소 차림새에다가 거리낌 없이 사회주의 공약을 내거는 그의 모습에 어울리는 별명이었다. 본인도 추문과 소문에 시달리던 힐러리 클린턴은 1년 내내 "사기꾼 힐러리(Crooked Hillary)"라는 별명을 달고 살았다. 트럼프를 비판하는 전직 상원의원 알 프랭켄은 "알 프랑켄슈타인(Al Frankenstein)"으로 이름이 조금 길어졌다. 트럼프의 측근이자 자문이었던 스티브 배넌이 트럼프의 백악관을 조롱했다는 보도가 나가자 트럼프는 보통 헝클어진 차림새인 배넌을 "칠칠맞은 스티브(Sloppy Steve)"라고 반격했다. 버락 오바마조차도 트럼프의 꼬리표 달기를 피해가지 못했다. 2018년 무렵 오바마 행정부 하에서 연방수사국과 법무부가 직권을 남용했다는 보도가 쏟아져 나오자, 오바마 전 대통령은 "협잡꾼 오바마(Cheatin' Obama)"라는 별명이 붙었다.

트럼프의 숙적이자 해고당한 연방수사국 국장 제임스 코미가 트럼프 대통령과 독대한 자리에서 나눈 대화 내용을 기밀인데도 불구하고 언론에 유출시킨 후, 코미는 "줄줄 새는 제임스 코미(Leakin' James Comey)"라는 별명이 붙었다. 코미가 해고당한 후 출간한 책에서 트럼프의 결혼생활이 원만하지 못하다고 하고, 그의 외모를 조롱하고 자기보다 손이 작다고 깔보자, 트럼프는 줄줄 새는 코미는 "너절한 인간(slime ball)"이라고 되받아치면서 공방이 점입가경으로 치달았다.

근래에 와서 그처럼 지속적으로 비방을 쏟아낸 대통령은 없었다. 대통령의 온갖 험담을 접한 국민은 어쩔 바를 몰랐다. 역대 대통령들도 분명히 거칠고 때로는 악의적인 말을 한 적이 있다. 하지만 트위터가 등장하기 전 시대에는 욕설을 해도 사적인 자리에서 주로 했고 공개 석상에서는 우발적으로 알려지는 경우만 있었다. 그런데 트럼프는 공격할 대상을 엄선했다. 표적을 공격할 욕설은 더욱 신중하게 골랐다. 예컨대, 코미가 기밀을 유출했다는 사실을 아무도 부인할 수 없었다. 그리고 코미의 비윤리적인 행동에 대한 보도가 점점 많이 나오자 대중은 고결한 척하는 코미의 유치한 훈계에 짜증이 났다. 트럼프 선거운동본부에 대한 도청 영장 청구를 하면서 증거로 제시한 정보의 작성에 트럼프의 정적인 힐러리 진영이 연루되었다는 사실을 법원에 알리지 않아 해외정보감시법 법원을 오도했고, 영국 전직 첩보원 크리스토퍼 스틸이 날조한 문서를 해외정보감시법 도청 영장을 발부받는 주요 증거로 제출했다는 사실도 부인했으며, 트럼프 대통령에게 그에 대한 뒷공론에 대해서는 언질을 주었지만 그 뒷공론이 연방수사국 정보원과 힐러리 클린턴이 고용한 크리스토퍼 스틸로부터 비롯되었다는 사실을 밝히지 않았고, 언론에 비밀을 유출하고 그 중 하나는 대통령과 독대한 대화를 기록한 메모인데 이는 기밀로 분류된 정보일 가능성이 높다.

그래서 트럼프의 유치한 화법이 초래한 궁극적인 효과가 뭔가?

2016년 선거 기간 동안 초기에는 그러한 효과는 두 갈래였고 서로 모순되었다. 일반 대중에게 비방은 부정적으로 각인되었다. 2015년 내내 그리고 2016년 초 트럼프의 지지율은 하락했다 그리고 몇 개 여론조사에서는 취임 후 대통령 재임 기간 동안 50퍼센트를 넘지 못했다. 그의 지지율은 이따금 40퍼센트를 밑돌기도 했다(그리고 선거 후에 대통령직 인수인계 기간 동안 트윗을 날리는 횟수가 급격히 증가하면서 지지율은 더욱 하락했다). 2015년 말과 2016년 내내, 힐러리 클린턴—당시에 그녀는 여러 가지 이메일과 관련된 추문이 연달아 터지고 경쟁자인 버니 샌더스와의 민주당 후보 경선 흥행이 부진을 겪는 등 악재가 겹친 상황이었다—과 가상 대결을 붙였을 때, 트럼프는 힐러리보다 5퍼센트에 서 15퍼센트 뒤지는 결과가 나오는 경우가 많았다.

2016년 5월 4일 무렵, 트럼프의 마지막 경쟁자가 공화당 후보 경선에서 탈락한 시점에 공화당 예비선거 유권자 전체의 60퍼센트가 트럼프에 반대표를 던졌다. 트럼프는 그 어떤 주에서도 공화당 후보를 선출하는 예비선거에서 50 퍼센트를 얻지 못했다. 테드 크루즈와 마코 루비오가 얻은 표를 합하면 첫 35 개 예비선거 가운데 25개 선거에서 트럼프가 얻은 표를 능가했다. 모든 예비 선거에서 오직 인디애나만 과반수가 트럼프를 지지했다. 결국 일반 선거 유권 자들 가운데 놀랍게도 10퍼센트가 트럼프에 대해 부정적인 인상을 받았지만 그래도 그에게 투표했다. 유권자가 트럼프에 대해 불만인 이유는 보통 트럼프 의 인신공격 행태와 저속한 표현 때문이었다.

그러나 트럼프가 내뿜은 독설은 훨씬 야릇한 또 다른 효과도 낳았다—그의 지지기반을 열광시키고 어쩌면 부동층과 보수 성향의 민주당 지지자들의 흥 미를 끌기까지 했다는 사실이다. 트럼프가 그의 열렬한 지지자들을 묘사한(그 리고 그 때문에 언론매체의 맹렬한 비난을 받았던) 다음과 같은 발언이 맞은 셈이 다. "내가 뉴욕 5번가 한복판에 서서 누군가를 총으로 쏴도 내 지지자들은 나 를 버리지 않는다." 트럼프는 한계만 넘지 않는다면 자기가 무슨 말을 하고 무 슨 짓을 하든 30에서 35퍼센트의 핵심 지지층을 잃지 않는다는 사실을 알았 다—불법 이민자, 무역, 일자리, 외교정책에 대한 공약들을 어기지 않고, 그를 지지하는 보수 유권자들을 모욕하거나 비방하지 않고, 자신이 먼저 공격하지 않고 누가 자신을 인신공격하는 경우에만 대응하는 한 말이다.

그러나, 다시 말하지만, 트럼프라는 후보와 그가 툭하면 내뱉는 독설과 트 윗을 맥락에 놓고 이해한 이는 트럼프 지지자뿐만이 아니었다. 그의 지지기반 이 아닌 이들조차도 트럼프가 도가 지나친 언행을 해도 냉소적인 반응을 보였 다. 성서에 등장하는 인물 삼손이 타락한 블레셋 성전을 무너뜨리는—그리고 무너진 잔해가 삼손을 덮치는—장면이 이 정서를 가장 잘 포착한다.

다시 말해서, 파격적인 메시지와 이슈들을 내세워 공화/민주로 분열된 여건을 십분 활용하는 데 더해 트럼프 본인이 기득권층이라는 용의 목을 베는 보통사람이 되었다—표적인 비늘 덮인 괴물만큼이나 역겨운 독설이라는 무기를 갖고서 말이다. 언론매체는 펄쩍펄쩍 뛰고, 공화당 기득권 세력은 망연자실하고, 민주당은 희열에 들떠서 모두 다 트럼프의 1차원적 공격의 저변에 깔린 중요한 의미를 놓쳤다. 돌이켜보면, 이러한 함의를 놓쳤기 때문에 트럼프가 대통령에 취임한 후에도 유치한 독설을 쏟아내고도 멀쩡할 뿐만 아니라 오히려 이득도 보는 이유가 설명된다. 여론조사 전문가들도 트럼프가 국가적인 우상과 다투면서 금기까지 깼는데도 지지율이 좀처럼 폭락하지 않자 분통을 터뜨렸다.

트럼프가 거의 선제공격을 하지 않았고, 대중적으로 인기 있는 인물과 엮이는 경우가 거의 없었다는 사실 말고도, 트럼프의 지지율이 요지부동인 이유는 더 있다. 하나는 트럼프가 좀처럼 독설을 그만두지 않다가 대통령 임기 2년을 넘어가면서 횟수가 좀 줄어들었다는 데 있다. 그러나 그 까닭은 트럼프가 자신에 대해 깊이 성찰하고 지난날을 후회했기 때문이 아니다. 진화론적으로 말해서—설계에 의해서든 아니든—진화가 덜된 네안데르탈인하고 엮여봤자 이득이 될 게 없다는 식의 억지력이 생겼기 때문이다. 조 바이든 전 부통령에서부터 툭하면 트럼프를 갈군 CNN의 기자 짐 어코스타에 이르기까지 정치인과 언론인들은 트럼프와 욕설을 주고받으며 진흙탕 싸움을 해봤자 되로 주고 말로 받는다는 사실을 깨달았다. 따라서 트럼프에게 싸움을 거는 사람이 줄어들었다. 트럼프를 비판하는 이들은 상처받은 검투사 트럼프를 상대로 모래밭에 뒹굴고 싶지 않았다.

피츠버그의 〈트리뷴 리뷰〉에서 일하다가 나중에 〈뉴욕포스트〉로 자리를 옮긴 날카로운 칼럼니스트 살레나 지토 또한 트럼프는 언론매체가 그의 부고를 쓴 후에 반드시 되살아나는, 목숨이 아홉 개인 인물임을 다음과 같이 언론에 경고했다. "언론은 그를 액면 그대로 받아들이지만 진지하게 받아들이지는 않는다. 그의 지지자들은 그를 진지하게 받아들이지만 액면 그대로 받아들이지는 않는다." 다시 말하면, 언론은 트럼프의 실언에 집착하느라 그가 하는 말이 지닌 보다 폭넓은 메시지를 놓쳤다. 그 메시지는 바로 잊힌 산업근로자 계층을 되살리려는 노력이었다.

트럼프 지지기반은 트럼프가 툭하면 내뱉는 독설, 그리고 종종 자초하는 공방전을 무시하고 그가 그들에게 경제적 정의를 실현해주려는 한결같은 노력에만 집중했다. 트럼프가 언론의 귀염둥이가 되어 기존의 공화당 중도 성향으로 이동했다면 그의 지지자들은 대거 그를 버렸을지 모른다. 트윗으로 그 누구에 대해서 험담 한마디 날린 적이 없는 훨씬 점잖은 마이크 펜스 부통령이나 샌님 같은 상원 다수당 지도자 미치 매코널은 2016년에 절대로 대통령 선거에서 이기지 못했을 것이다.

둘째, 트럼프는 선제공격을 하기보다는 누가 먼저 공격하면 되받아치는 경우가 훨씬 많았다. 아니면 트럼프가 뻐기면서 말했듯이 그는 그저 "반격의 달인"이었을 뿐이다. 대부분의 경우 트럼프는 아무 이유 없이 먼저 싸움을 걸기보다는 반격을 했다—그런데 언론은 이러한 공격의 순서가 많은 이들에게 매우 중요하다는 사실을 포착하지 못했다. 트럼프가 날렸던 가장 비열하고 유치한 트윗들을 한 번 예로 들어보자. 상원의원 밥 코커의 키, 자기가 임명한 국무장관 렉스 틸러슨의 지능지수, 화난 메긴 켈리의 어딘가에서 흘러나오는 피, 포로로 잡혀 있었던 전쟁 영웅 존 매케인. 이러한 사례들의 공통분모는 유치하고 비열하다는 점 외에도 상대방이 먼저 공격한 데 대한 보복이었다는 점이다.

이들은 하나같이 먼저 트럼프를 공격했고 때로는 트럼프 못지않게 독설을 내뱉었다. 코커는 트럼프의 백악관이 혼돈상태에 빠진 리얼리티 쇼이며 제3차 세계대전을 촉발할 위험에 처해 있다고 주장했다. 사실상 트럼프가 미치광이라는 비난이었다. 익명의 소식통은 틸러슨이 트럼프를 멍청이라고 했든가 적어도 그런 뜻을 내비쳤다고 주장했다. 틸러슨 국무장관은 이러한 주장을 분명히 부인하지는 않았다. 다만 그런 주장이 보도되고 확산되는 언론매체의 환경에 대해 통탄했을 뿐이다. 메긴 켈리는 토론 질문을 자의적으로 바꿔 트럼프가 여성을 혐오한다고 주장하면서 호통을 쳤다. 앞서 말한 바와 같이 매케인은 트럼프의 지지자들을 "미치광이"라고 폄하하는 오만한 태도를 보였다—이 발언이 힐러리 클린턴의 "한심한 종자들" 발언보다 앞서 나왔다는 사실은 까맣게 잊혔다. 분명히 미국 국민의 절반은 "쟤가 먼저 싸움을 걸었다. 그래서 내가 반격으로 끝장냈다."라는 애들 주장에 일리가 있다고 생각한다. "4인방"도 그들이 2017년 하원 출마를 선언하는 순간부터 트럼프에게 집착했다. 라시다 틀라이브 하원의원은, 심지어 후보가 되기도 전부터, 트럼프 선거유세장에 나타나 분란을 일으키다가 발버둥치고 고성을 지르며 보안요원에게 끌려 나갔다. 틀라이브는 당선되자 군중을 향해 자기가 취임한 순간부터 트럼프를 탄핵하는데 기여하겠다고 자신의 어린 아들에게 약속했다고 욕설을 섞어서 얘기했다. "우리는 저 안에 들어가서 니미씨팔놈(motherfucker)을 탄핵할 작정이다."

셋째, 누구든 트럼프의 사각 링에 뛰어드는 건 자살행위나 마찬가지였다. (트럼프는 실제로 미국 프로레슬링 단체 WWE가 해마다 주최하는 "억만장자들의 한판 대결" 행사에 프로 레슬매니아로 참가했었다.) 반세기 동안 트럼프를 둘러싸고 온갖 추문과 소문이 난무했었다는 사실로 미루어볼 때, 유권자들은 그에 대한 주장이 무엇이든 믿을 만했다. 그러나 어찌 보면 그렇기 때문에 아무것도 믿지 않았다.

트럼프는 매일 아침 눈을 뜨면 모욕당하고 조롱당하는 게 일상이었다. 언론매체와 정치계에 몸담고 있는 그의 적들은 그렇지 않았다. 전자는 공격을 받으면 눈에 불을 켜고 보복했지만, 후자는 놀라서 포기해버렸다. 2015년 공화당 대선후보를 뽑는 예비선거 경쟁자들이 그랬고 2016년에 힐러리 클린턴이 그랬으며, 2017-2018년에는 이란과 북한의 독재자들까지도 그랬다.

트럼프에게는 포르노 배우 스토미 대니엘스에 대한 추문이나, 그의 개인 변호사였다가 배신한 마이클 코언이나, (《어프렌티스》에 출연했었고 트럼프가 백악관에 입성하고 나서 백악관에도 직원으로 채용되었다가) 해고당한 오마로사의 "몰래 녹음파일"은 그저 일상적으로 있는 일이었다. 그러나 미트 롬니나 폴 라이언 같은 인물이었다면 그런 미심쩍은 인물들이 나타나 그런 주장을 하면 본인 스스로 지닌 도덕 감정이 박살나고 그들이 윤리적이라고 생각했던 유권자들도 돌아섰을지 모른다. 김정은은 서구 진영의 지도자들을 중상비방해왔다. 그러나 그 누구도 트럼프처럼 같은 방식으로 맞받아치리라고는 전혀 기대하지 않았다. 트럼프는 "4인방"과 커밍스 하원의원을 공격함으로써, 민주당이 간판으로 내세우는 젊은 네 명의 하원의원이 유대인에 반감을 지녔다는 사실을 민주당 거물급 의원들이 인정하지 않을 수 없게 만들고, 커밍스 같은 공직자들이 머나먼 남쪽 국경의 상황에 대해서는 통탄을 하면서 정작 폭력과 빈곤이 만연하고 쥐가 들끓는 민주당 텃밭인 볼티모어 같은 도시는 완전히 방치하고 있는 위선적인 태도를 인정하지 않을 수 없게 만들려고 했다.

트럼프의 표적들이 트럼프와 한판 맞대결을 한 후에 왜 뒤끝이 좋지 않은지 정확히 알기는 어렵다. 보통 트럼프가 훨씬 그악스럽게 구는데 말이다. 그런데 트럼프와 한판 붙은 트럼프의 적들을 설전이 벌어지고 한참 지난 후까지 따라다니는 미이라의 저주 같은 게 있다. 트럼프를 먼저 갈군 사람은 끝이 안 좋다.

트럼프가 이미 대중적 지지가 시들해지는 대상을 간파하고 그들을 의도적으로 표적으로 삼는 걸까? 아니면 대중의 호응이 없거나 도저히 변명의 여지가 없는 주장이나 보다 거창한 우주의 섭리와 엮인 사람들을 표적으로 삼는 걸까? 메긴 켈리는 후보 토론회를 진행하고 나서 트럼프와 맞붙어 얻은 명성을 발판으로 어마어마한 몸값을 받고 NBC로 이적했는데, 거기서 과대평가된 프리마돈나라는 악평을 받고 지지부진한 시청률을 보이면서 천문학적인 연봉의

값어치를 하지 못한다는 소리를 들었다. 밥 코커나 제프 플레이크 같은 트럼프의 적들은 자기 지역구의 예비선거나 총선에서 패배를 예상하고 미리 은퇴를 발표했다. 둘 중 아무도 왜 갑자기 자기는 트럼프가 추진하는 정책에 반대하는지 밝히지 않았고, 그들이 평생 함께 추구해온 메시지를 트럼프가 추구한다고 해서 갑자기 트럼프가 그 메시지를 더럽힌다고 생각하는지 해명하지 않았다.

넷째, 싫증이 나기 시작했고 이는 트럼프에게 유리하게 작용했다. 트럼프의 인신공격은 더 이상 늘 뉴스 머릿기사를 장식하지는 못했다. 묘하게 상식이 뒤바뀌어서 대통령 후보, 대통령 지명자, 대통령 트럼프는 "트럼프는 본래 그러려니" 하고 그냥 너그러이 봐 넘기게 된 반면, 에드워드 R. 머로우와 월터 크롱카이트 같은 전설적인 언론인을 탄생시킨 유수의 언론들은 맨 정신을 잃고 기레기 정신으로 무장한 채 선정적인 보도나 하는 3류 신문으로 전락했다. 2018년 봄 무렵, 몇몇 여론조사에서 트럼프의 지지율은 거의 50퍼센트에 육박한 반면, 그의 숙적 CNN은 프라임타임 시청자의 30퍼센트를 잃으면서 유선방송 뉴스 채널들 가운데 꼴찌를 기록했다.

대중은 〈어프렌티스〉의 진행자는 비열하게 굴 거라고 예상했다. 그러나 작고한 전쟁영웅 존 매케인이 일찍이 2015년 7월 수많은 유권자들을 "미치광이"라고 폄하하면서 솔선수범해서 비열하게 구는 한편(그는 그 전에는 초선 상원의원 랜드 폴과 테드 크루즈를 "또라이들"이라고 폄하했었다), 뒤로는 퓨전 GPS가 크리스토퍼 스틸을 고용해 날조한 (트럼프를 모함하는) 문서를 연방수사국에 전달하기도 했다. 이 사실이 밝혀지자 매케인은 그 날조된 문서에 담긴 정보가 사실이 아닌지 전혀 몰랐다고 인정하면서도 자기를 비판하는 이들을 향해 다음과 같이 말하면서 발끈했다. "내 해명이 마음에 들지 않으면 꺼져."

다섯째, 트럼프가 되받아칠 때 하는 말에는, 그 말이 아무리 입에 담을 수 없을 정도로 거칠고 천박해도, 어두운 진실이 숨어 있는 경우가 있다. 트럼프가 이러한 현실에 대한 주의를 환기시킨 경우가 있다. 엘리자베스 워런이 실제로 아메리카 원주민 후손이라고 혈통을 날조한 사실이 밝혀졌을 때나 CNN이 가짜 뉴스를 보도했을 때였다. 트럼프가 조롱하듯 부르는 별명은 쉽게 사라지지 않는다. 그의 거친 경멸조의 발언도 마찬가지다. 조지 S. 패튼 장군이 다음과 같은 발언을 해 군인과 민간인을 모두 경악하게 만든 적이 있다. "내 휘하에 있는 군인은 부상당한 경우가 아니라면 절대로 적에게 생포되어서는 안 된다. 부상당했다고 해도… 명심해라. 어떤 후레자식도 조국을 위해 죽음으로써 전쟁에 이긴 적이 없다." 1970년에 상영된 고전영화 〈패튼Patton〉에서 주인공 패튼 장군 역할을 한 조지 C. 스캇이 영화 첫머리에서 한 연설이다. 트럼프가 매케인을 조롱했을 때 어쩌면 이 구절을 약간 바꾸고 줄여서 어설프게 표현했는지도 모른다. 패튼의 이 적나라하게 솔직한 발언은 후대에는 찬사를 받았지만 당대에는 비난이 빗발쳤는데, 그 이유는 인간의 본성에 대한 진실을 무자비하게 드러낸 발언이기 때문이다. 트럼프는 아마 이 사실을 몰랐을 것이다.

트럼프 대통령이—비공개로 한 대화였는데 곧 언론에 유출되어 알려졌다—아이티 같은 나라를 똥간(shit hole)이라고 거친 표현을 썼다는 보도가 나오자 비난이 쇄도했다. 그의 지지자들은 그럼 아이티가 엉망진창이 아니란 말이냐고 하거나, 다른 대통령들이라고 해서 백악관에서 비공개로 한 언행이 트럼프의 언행 못지않게 거부감을 준 적이 없냐면서 트럼프를 비판하는 사람들을 반격했다. 영부인 낸시 레이건이 점성술사가 점지해준 길일과 흉일에 따라서 대통령 연설을 하는 날과 중요한 결정을 내리는 날을 택일하도록 도왔다는 사실이 밝혀졌거나, 힐러리 클린턴이 영부인일 때 엘리노어 루즈벨트의 영혼과 대화를 하는 강령회 같은 행사를 했다는 정보가 유출됐을 때, 언론은 이 정도로 광란을 부리지 않았다.

다시 말하지만, 트럼프의 거친 언사에 대한 반응은 "솔직하지만 천박한 발언은 에둘러 말하지만 오도하는 발언보다 더 나쁜가?"에 대한 토론으로 변질되고, 뻔한 사실을 군이 무례하게 발설하지 말고 조용히 입 다물고 있으면 된다는 세 번째 선택지는 전혀 논의되지 않는다. 트럼프 지지자들은 기존의 질서는 부패해서 맹렬한 공격을 받을 필요가 있다고 주장했다. 트럼프를 비판하는 이들은 손볼 데는 있지만 천박한 속사포 공격을 견뎌내는 데는 한계가 있다고 주장했다.

트럼프는 트위터가 등장하기 이전에 통치했던 과거 대통령들의 대화는 툭하면 공개된 적이 없고 그들보다 자신이 딱히 언행이 거칠지도 않다고 생각했다. 역대 대통령들의 비행은 그들에게 고분고분하거나 편파적인 언론매체들이 못 본 척하든가 은폐했다. 게다가 역대 대통령들은 그들에게 공감하는 TV 거물 인사들과 보도의 수문장 역할을 하는 언론인들이 포진한 여건에서 통치했다. 트위터를 비롯한 소셜 미디어가 보편화된, 무슨 수를 쓰든 이기기만 하면 되는 원형 경기장 격투 같은 환경에서 통치하지 않았다.

대통령다운 처신에 관한 논쟁은 아직 결론이 나지 않았고 다음 장에서 다룰 예정이지만, 트럼프의 야비한 발언을 둘러싸고 벌어지는 논란의 저변에 깔려 있는 논리가 바로 대통령다운 처신인가 하는 점이다. 대통령의 천박한 언행이 새삼스럽게 논쟁거리가 될 만한가? 아니면 트럼프가 유독 전례 없이 빈번하게 천박한 언행을 일삼는가? 그가 논란거리를 만들면 그가 전달하고자 하는 메시지에 대한 관심을 희석시키는가, 아니면 메시지 전달에 효과적인가?

아니, 트럼프의 언행이 2018년 미국의 상황에서 그렇게 충격적인가? 유대인에 대해 반감을 지닌 인종차별주의자 루이스 패러칸(흑인)이 미국 국회의원의 찬사를 받고, 2018년 가수 아레사 프랭클린의 장례식에 참석해 클린턴 전 대통령 가까이 자리를 잡고 앉아 있는데 말이다. 민주당 초선 하원의원 4인방이 툭하면 노골적으로 유대인을 비하하는 발언을 하고, 미국이 이스라엘을 지지하는 이유가 유대인으로부터 뇌물을 먹어서라거나, 국경의 불법 이민자 구치소를 제2차 세계대전 때 나치의 "집단수용소"에 비유하는 시대에 말이다. 아니면 연방수사국 국장이라는 자가 대통령과 독대하면서 나눈 대화를 기록한 문건을 기밀인데도 불구하고 일부러 언론에 유출시켜 자신의 정치적 입지를 다지는 한편, 대통령의 태닝한 피부와 손 크기를 조롱하는 수준으로 추락하는 시대에 말이다. 분야를 막론하고 총체적으로 21세기는 끊임없이 재조정되고 있다.

여섯째, 가장 중요한 이유인데, 트럼프가 날리는 트윗과 언론에 보도되는 발언은 언론계에 종사하는 그의 적들을 광란으로 몰아넣는다. 평론가들은 트럼프가 자신에게 맞서는 언론인들의 입을 통해 자기가 전하고 싶은 메시지를 공짜로 전파하고 있다고 주장하거나, 언론인들이 이미 지니고 있는 편견과 속물적인 태도를 드러내도록 유도해 그런 그들의 언행이 얼마나 어처구니없는지 폭로하고 있다고 주장했다. 2017년 7월, 트럼프는 쉬지 않고 트윗을 날리는 데 대한 변명은커녕 또 하나 트윗을 날려 MSNBC를 조롱하면서 언론매체들을 한층 약 올렸다. "내가 소셜 미디어를 사용하는 게 대통령답지 않단다. 무슨 소리. 요즘 대통령다운 거지. 미국을 다시 위대하게!"

언론인들은 트럼프가 날리는 문장 하나하나에 대해 구구한 억측과 온갖 해석을 해가면서 신경질적으로 집착하는 바람에 그들이 혹평하는 대상인 트럼프보다 더 제정신을 잃은 듯이 보였다. 이 또한 트럼프가 의도한 바일지도 모른다. 2016년 7월, 당시 후보였던 트럼프는 힐러리 클린턴이 삭제한 3만 건의 이메일을 사악한 블라디미르 푸틴이 찾아내면 쓸모가 있다고 판단할지 모른다고 태연히 말했다. 당시에 푸틴은 러시아 해커들을 고용해 2016년 미국 대선을 망쳐놓으려 했다는 혐의를 받고 있었다. ("러시아, 듣고 있냐? 사라진 3만 건의 이메일을 찾기를 바란다.") 트럼프는 이 말을 하면 리버럴 진영이 펄펄 뛰리라는 사실을 알고 있었다. 그는 자기 지지기반을 즐겁게 해주었다. 그는 이 트윗 한 문장으로 몇 시간 동안 언론에 주요 뉴스로 오르내렸다. 그는 자신을 비판하는 언론인들에게 자신이 러시아 공모의 수혜자라는 비난에 개의치 않는다는 사실을 상기시켜주었다. 그리고 그는 힐러리가 이메일을 허술하고 안이하게 관리해 기밀 정보를 블라디미르 푸틴 손에 쥐어줬을지 모른다는 점을 강조했다.

트럼프 대통령이 2018년 3월 선거조작으로 대통령에 당선된 푸틴에게 당선축하전화를 했을 때도 마찬가지였다. ("우리는 아주 화기애애한 대화를 나누었다. 우리는 아마도 머지않은 장래에 만나서 무절제한 무기경쟁에 대해 논의할 예정이다.") 로버트 멀러의 특검이 1년 넘게 트럼프가 러시아와 공모한 증거를 찾느라 눈이 벌게 있는데도 자기는 개의치 않고 러시아를 언급한다는 듯이, 심지어 유구한 현실주의 외교정책 구상이 그가 러시아와 공모한 모종의 증거라고 주장하면서 자신을 비판하는 이들에게 어디 해볼 테면 해보라는 듯한 발언이었다. 진주만 공습을 받기 전, 루즈벨트 행정부는 독일의 공격을 받고 궁지에 몰린 소련에 무기를 대여해주는 정책을 승인했다. 소련 독재자 이오시프 스탈린이 과거에 무고한 러시아 국민 수백만 명을 학살하는 정책을 폈는데도 말이다. 리처드 닉슨은 중국의 20세기 최악의 대량학살 살인마, 마오쩌둥에게 손을 내밀었다. 닉슨의 국무장관인 헨리 키신저는 소련을 부추겨 중국과 척을 지게 만들었다. 버락 오바마는 쿠바의 피델 카스트로와 이란의 신정정치 지도층을 상대로 유화적 태도를 취했다(그리고 둘의 잘못을 지적하기보다 찬사를 보냈다). 이들은 자국민을 학살하는 데 있어서 푸틴에 맞먹거나 푸틴을 능가했는데도 말이다. 게다가 오바마는 푸틴과 더불어 러시아에 대한 미국의 정책을 재설정하겠다고 열의를 보였다.

트럼프는 자신의 서투르고 치졸하고 저속한 언행에 대해 사과하거나, 해명하거나, 그런 말을 한 맥락을 설명한 적이 거의 없기 때문에 그의 보좌진도 어리둥절하게 만들 때가 종종 있었다. 그 결과 트럼프가 소셜 미디어로 날리는 메시지를 두고 갑론을박이 한층 심해졌다. 트럼프는 1차원적 머리에 생각이 떠오르자마자 내뱉는 어설픈 어릿광대일까, 아니면 다각적 입체적으로 생각하는 전략가로서 언론을 비롯한 엘리트 계층에게 미끼를 던져 덥석 물게 만든 다음 발작하는 그들을 조롱하고 그런 이들을 다른 사람들이 보고 희열을 느끼게 만드는 걸까?

아무도 확실히 알 길은 없다. 어쩌면 바로 이게 그가 원하는 바인지도 모른다. 트럼프가 트윗에서 언론 "커버리지(Coverage, 보도)"를 언론 "코브페페(Covfefe)"라고 오타를 내자(아마 스마트폰이나 아이패드로 입력하다가 서툴러서 실수했을 가능성이 높다), 언론인들은 그 단어의 숨은 뜻을 두고 갑론을박했다. 트럼프는 그들의 아둔함을 조롱하고 약 올리려는 듯이 다음과 같이 트윗으로 응수했다. "'코브페페'의 참뜻을 밝혀낼 사람은 누규??? 재미 보세여~" 분해서 이성을 잃고 펄펄 뛰는 언론매체들 덕분에 대통령의 허술하고 서툰 언행은 복잡한 음모가 숨어 있거나 암호화된 메시지라도 되는 듯이 비쳤다.

결국 트럼프의 화학요법은 모순투성이였다. 메시지를 강화하는 한편 부동층이 등을 돌리게 만들었다. 메시지를 훼손하는 동시에 강화하는 트럼프의 화학요법은 트럼프의 메시지와 분리하기가 불가능했다. 트럼프의 거친 성정을 증명하는 동시에 솔직하고 진정성 있게 보이게 했다. 다시 말하지만, 트럼프의 독설이 존중할 만한 진정성의 증거인지 천박한 독설일 뿐인지에 대한 판단은 궁극적으로 유권자들의 몫이다. 정치계 인사들은 트럼프를 맹렬히 비판하는 이들은 주로 캘리포니아, 일리노이, 뉴욕 같은 민주당 텃밭에 집중적으로 거주하고 있는 반면 그의 지지자들과 그가 겨냥하는 부동층 유권자들은 2016년에 힐러리 클린턴의 버팀목이 되지 못하고 무너진 "민주당의 푸른 장벽"이라 일컬어지는 주요 경합 주들에 넓게 분포되어 있다고 우려했다.

그렇다고 해도 트럼프는 정치적인 진공 상태에 존재하지 않았다. 그는 공감할 이슈들과 처음에는 환영받은 특이한 성품과 언행을 십분 활용해 마음 줄 곳 없는 유권자들을 자기 편으로 만들었지만, 그래도 트럼프에 대한 대안은 얼마든지 있었다. 트럼프가 그토록 유독하다면 트럼프보다 훨씬 독설을 덜 쏟아내는 다른 후보들이 트럼프를 물리치지 못한 이유는 뭘까?

이른바 딥스테이트(터줏대감 관료조직)뿐만 아니라 민주당과 공화당도 모두 뭔가 단단히 잘못되어 있었다. 트럼프가 십분 활용한다는 바로 그 질병들에 대해 정치 엘리트 계층과 평생 관료 계층 둘 다 치유책을 제시하지 못하고 있었다.

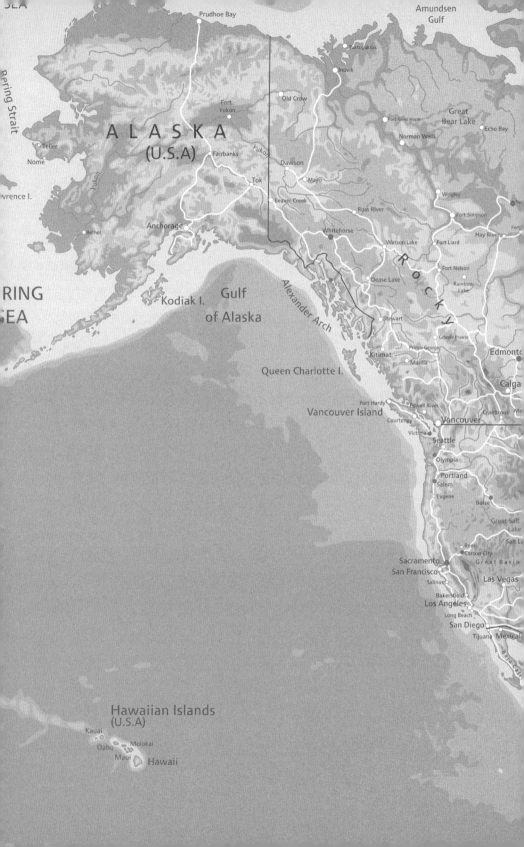

2부

답 없는 기득권 계층

언더샤프트(Undershaft): 아, 바로 그게 그가 하고 싶어 하는 것이다. 그는 아무것도 모른다. 그런데 자기가 뭐든지 안다고 생각한다. 바로 그 때문에 정치하기에 최적이다. 그를 차관에 임명할 권한이 있는 누군가의 개인비서 직책을 그에게 맡겨라. 그런 다음 그를 내버려둬라. 결국 재무부에서 천성에 맞는 적절한 지위를 찾게 된다.

— 〈바버라 소령Major Barbara〉[7] 조지 버나드 쇼 —

04

민주적 부족주의

인간의 마음속에는 평등이라는 타락한 취향이 내재되어
있는데, 이는 약자로 하여금 강자를 자기 수준으로 끌어내
리라고 부추기고, 자유롭되 불평등한 상태보다 노예로 평
등하게 사는 쪽을 선호하는 정신 상태로 전락시킨다.

　　—『미국의 민주주의Democracy in America』, 알렉시 드 토크빌

20 16년, 힐러리 클린턴은 도널드 트럼프를 비방하는 부정적인 광고에 2500만 달러라는 기록적인 액수를 쏟아부었다. 이런 광고에서 트럼프는 호색한, 블라디미르 푸틴과의 공모자, 탈세자, 부정직한 부동산개발업자, 편협한 자, 대안우익 성향의 인종차별주의자, 외국인혐오자, 음험한 포퓰리스트, 신파시스트, 사악하고 교활한 정치꾼, 세계를 폭파시킬지 모르는 미치광이─또는 어릿광대, 웃음거리, 엉망진창, 얼간이─로 묘사되었다. 이러한 광고를 통해 힐러리가 전하려는 핵심적인 메시지는 "나는 괴물 트럼프가 아니다!"였다.

그러나 대통령 후보가 내세운 공약과 의제와 그가 속한 정당이 아니라 후보에 대한 인신공격을 토대로 선거운동을 하는 전략은 최근 미국 정치 역사에서는 잘 먹혀들지 않았다. 적어도 부동층 유권자들의 표를 확보하는 데는 효과가 없다. 1984년 재선에 출마한 로널드 레이건 대통령 대항마로 나선 전 상원의원이자 부통령 월터 먼데일은 카리스마 넘치고, 진보적이고, 아는 게 많았다. 그러나 먼데일은 애매모호한 리버럴 의제만 제시했다. 그는 레이건을 피눈물 없는 부자에게 아첨이나 하고 해외에서 말실수나 일삼는 멍청이로 묘사하면서 그에게 맞선다는 내용에 선거운동의 초점을 맞추었다.

1983년 11월부터 1984년 11월까지 연간 경제성장률이 7퍼센트에 달한 상황에서 레이건이 멍청이라거나 대기업과 한통속이라는 주장은 허공으로 흩어졌다. 먼데일은 대안으로 제시할 미래상이 없었다. 그는 미국 역사상 일곱 번째로 압도적인 패배를 했다.

공화당 상원 다수당 지도자이자 전 부통령 후보 로버트 돌은 1996년 대선에서 이렇다 할 메시지가 없었다. 반면 당시 재선에 출마한 클린턴 대통령은 좌익과 우익 사이에서 적당한 입지를 포착했다. 그는 경제를 본 궤도에 올려놓고 산업근로자 계층 유권자들을 확보하면서 보수주의적 의제들을 고려했다. 제3당 후보로 나선 로스 페로도 보수 성향의 표를 일부 떼어갔다. 돌은 참패했다.

민주당 대선후보 지명자 존 케리는 2004년 딱히 인기가 그다지 높지도 않았던 조지 W. 부시 당시 대통령을 패배시켰어야 한다. 그러나 그는 포괄적인 대안을 제시하지 못했다. "부시는 거짓말을 했고 수천 명이 목숨을 잃었다."라는 메시지는 전시 상황에 놓인 현직 대통령을 투표로 물러나게 만들 충분한 이유가 되지 못했다.

존 매케인과 미트 롬니도 비슷한 이유로 똑같은 운명을 맞았다. 둘 다 오바마에 맞선다는 메시지 말고는 본인이 당과는 독자적인 입장을 취하는지, 아니면 공화당 기득권 세력에 속하는지 자신이 없었다. 경기가 부진하고, 오바마케어는 대실책으로 드러났으며, 과거에 급진적인 활동을 한 오바마가 앞으로도 급진적인 성향을 보일 가능성이 있음에도 불구하고 이에 맞선 공화당 후보 두 사람 중 어느 하나도 보다 나은 대안을 제시하지 못했고 미시간주나 펜실베이니아주 유권자들의 공감을 얻지 못했다.

2016년, 먼저 공화당 예비선거에서 그리고 일반유권자 선거에서도 트럼프에 맞서는 전략만으로는 테드 크루즈도 마코 루비오도 역부족이었다. 물론 후보들은 과거에 실패한 선거운동 전략을 일부러 답습하지는 않는다. 따라서 그런데도 여전히 인신공격에만 선거운동을 집중하는 실책을 저지르는 경우, 좋은 아이디어가 없기 때문일 가능성이 높다.

2016년 민주당과 공화당 후보들 공히 트럼프에 맞서는 후보라는 사실 말고는 뾰족한 선거 전략이 없었다. 그리고 이는 2020년에 되풀이될지 모른다. 우리는 이미 왜 트럼프가 부상했고 어떻게 그의 공약과 성정이 정권을 잡는 데 기여했는지 살펴보았다. 그러나 트럼프는 경직된 두 당이 제시하는 뻔한 공약과 평생 관료집단에 대한 피로도의 덕을 톡톡히 보기도 했다. 공화당과 민주당은 분명히 트럼프는 아니었지만, 딱히 내세울 게 없었다.

2008년 버락 오바마는 거의 중도로서 선거운동을 했지만, 일단 당선되자 진보 성향의 정책을 펴는 한편 강경 좌익에게 힘을 실어주면서 당을 훨씬 급진 좌익 쪽으로 끌고 갔다. 그는 경쟁자인 존 매케인 상원의원을 대체로 무시하면서, 한때 공화당 당 노선을 따르지 않고 독자적으로 행동한다는 명성을 얻은 매케인이 너무 나이 들고 너무 총기가 흐려져서 변하는 미국을 제대로 인식하지 못한다고 주장함으로써 당선되었다. 2008년 처음 대선에 출마했을 때, 오바마는 당시 레임덕에 빠진 부시 대통령의 이라크 전쟁을 비판하는 데 집중하면서 선거운동을 했다. 오바마는 사담 후세인이 대량살상무기를 보유하고 있다는 거짓 주장을 토대로 시작되어 큰 대가를 치른 전쟁이라고 주장했다.

2008년 무렵 이라크 전쟁에 대한 관심이 거의 사그라지자, 그 다음 오바마는 조지 W. 부시의 무모한 금융정책으로 2008년 9월 금융시장 붕괴를 초래했다고 주장했다. 실제로 부시는 두 차례 임기 동안 이른바 "중국 은행(Bank of China)" 신용카드를 남용해 국가부채를 두 배로 만들었다(물가상승률을 감안하면 70퍼센트 증가했다).

이처럼 오바마는 거의 중도에 가까운 민주당 후보인 양했다. 그는 동성애자 결혼에 반대했다. ("결혼은 남녀 간의 결합이라고 생각한다. 기독교도인 나로서는 결혼은 또한 성스러운 결합이기도하다. 신이 주관하신다.") 2008년에 오바마가 트랜스젠더의 화장실 사용 문제를 거론했다면 어처구니없었을지 모른다.

2008년에 오바마는 국경 개방과 불법 이민에 반대하는 선거운동을 했다. 남쪽에 온갖 장벽을 만들겠다고 공약을 내걸었었다. "우선 국경 보안을 강화하고, 접경 지역 주지사들이 그러한 국경들을 잘 지키도록 만들겠다." 오바마는 불법 체류자들이 "영주권을 원한다면 벌금을 물어야 한다."라고 주장했다. 오바마는 불법 체류자들이 영주권을 취득하려면 그 어떤 전과도 없어야 한다고 덧붙였다. 게다가 그는 미국에 살려면 영어를 배워야 한다고도 했다. 마지막으로 불법 체류자들보다 합법적으로 미국에 이주한 이들에게 시민권을 취득할 우선권을 줘야 한다."라고도 말했다.

보수 성향의 공화당원이라고 해도 이보다 더 바른 말을 할 수 없었을지 모른다.

2012년 6월 15일 재선 선거운동이 본격적으로 시작되면서 행정명령 다카(DACA)를 전격적으로 발행하기 전까지만 해도, 오바마는 20여 차례에 걸쳐 이른바 드리머(DREAMer)를 대통령 마음대로 사면해주는 행위는 헌법에 어긋날 뿐만 아니라 독재자에 준하는 권력남용이라고 주장했었다.

인종 문제와 관련해 후보 오바마는 자신은 급진주의자가 아니라 리버럴이라고 했다. 그는 과거 자신이 쓴 두 권의 책에서 솔직하게 밝혔던 극단적 태도, 시카고에서 그의 개인 목사였고 두 번째 회고록의 제목『담대한 희망The Audacity of Hope』에 영감을 준 제러마이어 라이트 목사와의 친분 등과 거리를 두었다. 오바마는 과거에 루이스 패러칸과 모임에서 홍보용으로 찍었던 사진을 감춰왔고 이따금 도심 빈곤층 청소년들에게 자기관리와 자조(self-reliance)의 필요성에 대해 훈계를 했다.

다시 말해서, 2008년 선거운동에서 오바마는 한동안 1992년과 1996년의 빌 클린턴 식으로 전형적인 민주당 리버럴로 위장하면서 힐러리 클린턴보다 정치 스펙트럼상 왼쪽에 위치한 세력에게 추파를 던졌다. 오바마의 두 번째 임기 동안, 미국은 "촉발 경고문(trigger warnings)",[8] "안전 공간(safe spaces)"[9] 그리고 "백인 특권(white privilege)" 같은 새로운 개념에 익숙해졌지만, 2008년에만 해도 이러한 개념들은 정체성 정치와 인종적 민족적 연구를 하는 비주류 학문 영역에 국한되어 논의되었다. 유권자들은 2008년 후보 오바마가 선출돼 2009년 대통령에 취임한 다음 돌변해, 하버드 대학 교수 헨리 루이스 게이츠[10]가 연출한 사이코 드라마, 흑인 트레이본 마틴이 조지 지머먼[11]과의 격투 끝에 숨진 사건, 미주리주 퍼거슨에서 일어난 폭동,[12] 그리고 흑인 범죄 혐의자를 경찰이 총으로 쏜 후 볼티모어에서 일어난 폭동 등, 당시 수사가 아직 진행 중이던 사건에 대해 단정적으로 자기 견해를 피력하는 행태를 보일 줄은 까맣게 몰랐다.

오바마의 일견 성공적으로 보이는 선거 전략은, 전형적인 미국 정치 스타일로서, 본심을 감췄다가 당선된 후에 가서야 진보적인 정책들을 수용하는 수법이었다. 〈내셔널 저널〉에 따르면, 2007년 오바마 상원의원의 의회 표결 성향을 보면 미국 상원에서 가장 진보적이었다(힐러리 클린턴은 16번째였다). 그러나 2008년 그가 택한 교묘한 선거운동 방식에서 이를 포착하기는 어려웠다. 강경 좌익은 본심을 가면으로 가린다. 그러지 않으면 설자리가 없다. 오바마는 당선된 후에 진보주의적 정책을 펴려면, 선거운동 할 때는 절대로 진보 성향을 드러내 유권자들이 자신이 좌익임을 눈치채게 해서는 안 된다는 사실을 깨달았다. 이러한 속임수는 2008년과 2012년 두 번 다 통했지만, 2016년 무렵 민주당을 거의 풍비박산 낼 뻔했고, 트럼프에 대항할 메시지를 제시할 여지를 남겨놓지 않았으며, 2020년 민주당 대선후보를 선출하는 예비선거가 강경 좌익 성향의 진보적 후보들 간의 각축전이 될 토대를 마련했다.

2008년 유권자들은 금융위기를 초래한 은행들을 정부가 구제해주고 자기 은퇴자금 계좌가 폭락하는 상황을 겪으면서 몇 달 동안 분노하고 있었고, 따라서 최초의 흑인 대통령을 지지하는 쪽으로 생각이 점점 기울 여건이 갖춰져 있었다. 오바마는 강경 좌익 메시지를 제시하지 않아도 흑인을 비롯해 소수인종 유권자들이 대거 등록을 하고 투표를 하리라고 생각했다. 그리고 거의 모든 경우 오바마의 예상은 적중했다. 그는 일반유권자 투표에서는 529퍼센트 득표율을 올렸고 선거인단 투표에서는 192표 차이로 존 매케인을 상대로 압도적인 승리를 거두었다. 20년 앞서 1988년 조지 H. W. 부시 대통령이 일반유권자 투표에서 534퍼센트 지지를 얻은 이후로 그 어떤 공화당 후보도 달성하지 못한 격차였다.

2009년 4월 무렵, 오바마 대통령을 배출한 민주당은 상원에서 60석의 압도적 다수, 하원에서 76석이 더 많은 과반수를 차지하고 있었다. 그는 마음만 먹으면 어떤 법안이든 통과시킬 수 있었다. 희열에 붕 뜬 오바마 시대에는 2017

년 트럼프가 대통령이 되리라고는 상상하기도 어려웠다. 오바마는 취임하면서 엄격한 총기 규제, 다카(DACA) 사면, 탄소배출량 감소를 위한 국제조약 의무 이행, 보다 리버럴한 낙태법 등을 즉시 밀어붙이지 않고 후일을 도모하겠다고 계산했다. 그는 나중에 재임하면 행정명령을 통해서 진보적인 정책들을 밀어붙이기로 했다. 한동안 오바마는 빌 클린턴 식으로 중도를 유지하고 지지기반을 확대하겠다는 신호를 보냈다. 오바마가 정말로 그렇게 했다면 도널드 트럼프는 절대로 대통령이 되지 못했을 가능성이 높다.

그러나 오바마는 2008년 자신이 당선된 이유를 재해석했고 민주당이 장악한 의회의 힘을 빌려 급진적인 진보 정책을 펴면서 민주당을 왼쪽으로 끌고 가기 시작했다. 2010년 3월 무렵, 오바마는 오바마케어를 밀어붙여서 철저히 민주, 공화로 소속 당을 따라 찬반이 명확하게 갈린 의회 투표를 통해 관철시켰다. 클린턴의 제3의 길 식의 민주당은 퇴출되었다. 정체성 정치와 진보주의적인 재분배가 곧 그 빈자리를 차지했다.

외교정책은 유럽 동맹국들과 보조를 맞춰 "뒤에서 이끄는(Leading from behind)" 미국으로 재조정했다. 공화당은 오바마가 선명한 당성을 보였던 과거 상원의원 시절로 회귀하니 이게 웬 떡인가 했다. 오바마는 민주당이 트루먼, 험프리, 케네디, 클린턴 민주당의 방식으로 초당적인 노동자 운동을 탄생시킬 기회를 완전히 차단해버렸다.

그래도 아랑곳하지 않았다. 실존적인 의미에서 오바마는 민주당이 과거에 처했던 딜레마를 영원히 해소해버렸다. 최저임금법, 실업보험, 소수자우대정책, 장애와 노후 사회보장보험 등과 같은 리버럴한 사회적 정책은 1970년대에 대체로 실행되었다. 레이건 혁명기 동안 대중은 추가로 어떤 사회적 재분배 정책이 필요한지 고민했다. 정부는 수조 달러의 부채를 졌다. 대대적인 개혁과 신규 과세를 하지 않고는 복지수당 규모를 지탱하기가 점점 불가능해지고 있었다. 기술적인 돌파구가 마련되면서 몇 년 전만 해도 아주 부유한 계층만 향유하던 장치들에 평균적인 국민도 접근하게 되었다.

오바마는 인간이 경험하는 거의 모든 영역에서 급진적인 결과의 평등이라는 목표를 추진함으로써 이 모든 모순을 일거에 해결하려고 했다. 이는 국민의 삶에 깊이 관여하는 자비롭고 막강한 정부만이 도달할 수 있는 목표였다. 그가 생각하기에 역사적으로 인종차별적, 성차별적, 동성애혐오적, 출생지주의적, 그리고 외국인혐오적 사회에서는 법적으로 보호되는 기회의 평등만으로는 충분치 않았다. 자상하고 막강한 국가가 결과의 평등을 강제해야 과거에 범한 인종차별과 편협함이라는 죄악을 지속적으로 바로잡을 수 있었다. 그러나 첫째, 그러한 진보주의적 정책이 오바마 본인의 인기에 덧붙여진 한낱 일시적인 사족으로 끝나지 않으려면, 그러한 정책이 대다수 미국인에게 호소력이 있어야 했다. "호소력"이란 대부분의 미국인들이 국가가 규정한 평등을 보장하기 위해 자신의 자유를 구성하는 요소들을 포기하도록 설득당해야 한다는 뜻이다.

따라서 은밀하게 국민을 호도하는 온갖 홍보에도 불구하고 차세대 진보주의적 정책은 결국 직접적인 수혜자가 아닌 유권자들에게 강요하는 수밖에 없다. 2008년 10월 승리를 감지한 오바마는 색다른 정치를 할 기회를 엿보게 되자 경계심을 낮추고는 미주리주 콜럼버스 선거유세에서 다음과 같이 말했다. "자, 미주리, 오늘밤 여러분에게 딱 한마디만 하겠다. 5일이다 5일. 수십 년 동안 워싱턴 정치가 제 기능을 하지 못했고 지난 8년 동안 조지 W. 부시가 펼친 정책들이 실패로 돌아갔다. 메인주의 험준한 해안 지역부터 눈부신 캘리포니아주까지 21개월의 선거 대장정을 한 끝에 이제 닷새만 있으면 미국을 근본적으로 변모시킬 기회가 온다."

오바마는 정말로 미국을 근본적으로 바꿔놓으려고 했다. 어찌어찌해서 민주당은 오바마 정권 하에서 2008년 한동안 의회의 상하 양원과 행정부를 모두 장악했고, 한 세대 동안 대법원의 법관 구성을 결정할 권한까지도 넘볼 수 있게 되었다. 그런데 민주당이 희열에 들떠서 좌클릭한 결과, 2017년 무렵 공화당이 의회, 대법원, 그리고 주 의회들과 주지사직까지 장악하게 되었다. 뭐가 잘못된 걸까?

오바마는 미국을 변모시켰다기보다 기업에 대한 수백 가지의 신규 규제와 세율 인상과 정부가 관리하는 의료보험, 국방예산 삭감, 복지 확대, 기업에 대한 기존의 규제 확대 적용, 정부 규모의 상당한 확대, 미국의 역사적 과오에 대한 잦은 훈계 등을 통해 민주당을 급격히 쪼그라들게 만들었다. 새롭게 간판으로 내세운 거창한 진보주의적 이념은 급진적인 환경보호주의와 재분배였다. 민주당은 공화당 텃밭, 중산층을 총기에 환장하고 탄소를 마구 배출하고 인종차별하는 방해꾼들로 희화화했다. 오바마를 사회주의자라고 일컫는 행위는 죄악으로 간주되었지만, 그가 남긴 발자취 덕분에 2018년 총선에 출마한 수많은 민주당 후보들은 대놓고 사회주의자로서 선거운동을 했고 사회주의자라는 딱지가 붙는 데 자부심을 느꼈다.

결국 오바마의 진보주의는 미국 유권자들 사이에서 실제로 일어난 급진주의를 반영한 게 아니었다. 2008년이라는 독특한 해에 집단적으로 희열에 들뜬 리버럴이 탄생시킨 이념일 뿐이었다. 부시 대통령은 인기 없는 전쟁을 치르고 레임덕에 빠져 허덕이고 있었고, 젊고 카리스마 있고 통상적인 민주당 후보와는 색다른 후보인 오바마가 등장했고, 금융위기로 경제가 붕괴되면서 공화당이라는 브랜드의 가치가 퇴색했기 때문이다. 2018년 오바마 전 대통령 본인도 트럼프의 당선을 두고 탄식했다고 전해졌다. "내가 10년 혹은 20년 너무 일찍 등장하지 않았나 싶을 때가 있다." 2016년 무렵까지도 미국은 오바마의 독특한 통치와 미국을 신사회주의 국가로 재조정하려는 그의 영웅적인 노력을 감사히 여길 만큼 진화하지 않았다는 뜻이었다.

그래도 진보주의자들은 우주의 행성들이 일렬로 정렬하는 운이 따라준 결과 "영원히 민주당을 지지할 다수"의 메시아인 오바마가 나타났다고 선언했었다. 〈뉴스위크〉의 에반 토머스는 2009년 TV에 출연해 다음과 같이 말했다.

"어찌 보면, 오바마는 이 나라 위에, 세계 위에 우뚝 서서 군림하고 있다. 그는 말하자면 신이다."

언론매체 종사자들 가운데 오바마의 초기 인기와 두 차례 대선 승리는 신사회주의 성향인 국민이 대대수거나 오바마의 신격적인 성품 덕분이 아니라 처음 출마했을 때 오바마가 본색을 숨겼고 2008년 선거운동 시기의 독특한 여건의 덕을 봤기 때문이라는 사실을 인식한 사람이 거의 없었다. 오바마는 현직 대통령이라는 이점에 힘입어, 그리고 재선에 나서서도 선거 기간 동안 (전통, 법, 관습을 급격하게 바꿈으로써 근본적인 변화를 모색하는) 진보주의자가 아니라 일시적으로 (기존의 규범 내에서 개인의 자유를 강조하는) 리버럴인 척하는 능력 덕분에 2012년에 다시 당선된다. 물론 경쟁력 있고 가망 있는 후보를 내는 데 또다시 실패한 공화당 기득권층의 무능함도 그의 당선에 도움이 됐다. 그러나 진보적인 사회주의를 지지하는 대대적인 추세에 힘입어 당선된 게 아니었다. 오바마는 유권자들이 미국 최초로 흑인 대통령을 선출하고 싶어 한다는 정서를 감지했다. 오바마처럼 예비선거와 본 선거에서 온건하고 안정감을 준 인물 말이다.

2015년 도널드 트럼프가 대선에 뛰어들 무렵, 이미 오래전부터 미국은 2008년에는 상상할 수도 없었던 방향으로 치달아온 상태였다. 인종적 차이가 야기하는 효과와 인종에 따라 일정 비율을 할당하자는 주장 등과 같은 난해한 학문적 이론들이 환경보호청(EPA)부터 연방법원 법관 지명에 이르기까지 정책에 반영되었다. 국경은 열려 있는 셈이었다. 2016년 무렵, 은신도시들이 연방이민법을 위반한다는 말도 틀린 주장이 되었다. 연방 이민세관국 요원들 스스로가 법을 제대로 집행하지 않고 있었으니 말이다.

2013년 오바마케어(또는 환자보호 및 적정부담보험법)를 지지하던 이들은 보험 가입자를 확대하려고 "파자마 보이(Pajama Boy)"라는 해괴한 홍보물을 만들었다. 이 홍보물에는 도시에 거주하는 유행에 민감한 청년이 한때 유행했던 안경을 쓰고 체크무늬 잠옷을 입고 등장해 핫 초콜릿이 담긴 머그잔을 손에 쥔 채 능청맞은 표정을 짓고 있다. 이 사진에 다음과 같은 문구가 적혀 있다. "파자마 입고 핫 초콜릿을 마신다. 의료보험 수혜자라는 게 바로 이런 거지." 펜실베이니아 시골이나 오하이오 남부 지역에서는 이런 홍보물에 대한 반응이 좋지 않았다. 이 홍보물을 비판한 이들은 보수주의자들을 약 올리려고 일부러 삶의 권태에 빠진 메트로섹슈얼(도시에 거주하면서 외모 가꾸는 데 관심이 많은 리버럴 성향의 젊은 남성)의 이미지를 썼는지 여부를 두고 갑론을박했다. 그러나 파자마 보이의 능청맞은 표정과 성장을 멈추고 부모에게 얹혀살면서 편법으로 의료보험 혜택까지 받는다는 메시지는 이제 수백 만 도시거주자들이 멋지다고 생각하는 모습이 되어버렸다. 느지막이 일어나 옷도 안 갈아입고 어렸을 때 즐겨 마시던 음료를 홀짝거리고 있는 모습 말이다. 그는 말보로 담배 광고에 등장하는 거칠고 남성적인 인물이 아니었다. 20년 전만 해도 대부분의 민주당 지지자들은 이런 홍보물을 보고 비웃거나 당혹스러워했을지 모른다.

현실은 허구를 닮는다. 홍보물에 등장한 이슨 크럽은 진보 성향의 단체인 오거나이징 포 액션(Organizing For Action)의 직원이었다. 그는 소셜 미디어에서 홍보물 사진의 이미지와 똑같은 실제 자기 사진을 포스팅했다. 그는 스스로를 "리버럴 등신(liberal fuck)"이라며 다음과 같이 설명을 덧붙였다. "리버럴 등신은 민주당 지지자가 아니라, 정치적 데이터와 이론, 극좌 시각, 그리고 상대방을 기분을 잡치게 만들면서 어떤 논쟁에서든 이기는 냉소주의를 모두 갖춘 사람이다. 나는 딱 한 번 빼고 모든 논쟁에서 이겼다." 크럽이 "기분을 잡치게 만든 상대방"은 동네 기계공이나 노조원인 전기기술자 같은 사람을 말로 위협한다는 게 아니라 자기랑 교류하는 또래들을 말할 가능성이 높다. 크럽은 다수가 지지하는 당을 상징하는 인물이 아니었다.

오바마가 전하는 메시지에는 해방된 미혼 여성들이 오로지 정부에 의존함으로써 동등한 대우를 받을 수 있는, 인구가 줄어드는 도시화된 나라라는 전제가 깔려 있었다. 오바마 대통령은 그의 전임 민주당 대통령들 가운데 일부가 그랬던 것과는 달리, 남편과 함께 자영업을 시작하려고 고군분투하면서도 자녀 셋을 키우고 침실 세 개, 화장실 두 개짜리 집을 교외에 마련하기 위해 저축을 하는 자신감 있는 젊은 여성을 겨냥하지 않았다. 진보 운동 진영에서 진보적인 정치가 정치적 역풍을 부르고 있다는 사실을 간파한 이가 거의 없었다.

2014년 1월 무렵, 오바마의 민주당은 중간선거에서 상하 양원을 모두 잃었다. 그는 단순히 법을 집행하는 데 그치지 않고 법을 만들기도 하면서 입법기관 행세를 하겠다고 으름장을 놓는 처지로 전락했다. "우리는 미국인들에게 절실히 필요한 도움을 주기 위해서 법이 통과되기를 마냥 기다리지는 않을 작정이다. 내게는 펜도 있고 전화기도 있다. 일을 진행시키기 위해서 나는 펜으로 행정명령에 서명하고 대통령으로서의 권한과 행정 권한을 행사할 수 있다."

공화당이 장악한 의회가 방해만 일삼고 협력하지 않는다면 자기 나름대로 법을 만들겠다는 뜻이었다. 그리고 그는 이를 실천함으로써 대통령이 권한을 과도하게 행사하는 참담한 선례를 만들었고, 공교롭게도 트럼프 대통령이 이를 유용하게 써먹게 된다. 결국 오바마는 방대한 연방 소유 토지를 절대로 손대지 못하게 국립공원으로 지정했고, 이와 비슷한 크기의 연방 소유 토지에서 석유와 가스 탐사를 금지했다. 그가 힘을 실어준 환경보호청은 기존의 환경보호 규정을 확대 해석해 사실상 직접 법안을 만들어냈다.

오바마는 자신의 임기 동안 의료보험을 거의 국영화해 가입하는 의료보험 종류와 의사와 환자의 의무를 정부가 엄격히 감독하게 만들었다. 그는 소득세 최고세율을 인상했다. 자본이득에 부과하는 세금도 인상했다. 법인세도 인상했다. 그런데도 오바마는 전임 부시 행정부와 마찬가지로 여전히 연간 예산적자를 폭등시켰고 두 차례 임기 동안 국가부채를 두 배로 늘렸다. 의회에서 지출을 동결하기 전까지 복지수혜를 전례 없는 수준으로 증가시키고 무차별적으로 지출했으니 당연하다.

규제가 강화되고 세금이 인상되면서 산업과 기업은 몸을 사렸다. 제로 이자율에 대대적인 양적 완화로 경제성장은 정체되었을 뿐만 아니라 부채상환을 낮춤으로써 연방정부는 대대적인 융자를 지원받았다. 중산층의 저축통장에는 사실상 이자가 쌓이지 않았고, 근검절약에 대한 보상이 줄어드는 한편, 저렴하게 융자를 받아 빚을 지는 행위는 보상을 받았다. 2008년에 닥친 재앙 못지않은 급격한 경기하락은 그 못지않게 급격한 경기회복이 뒤따른다. 그러나 2009년의 경기 반등은 근대 역사상 가장 지지부진한 경기회복이었다. 당시에는 대부분의 공화당원들을 포함해서 거의 아무도 오바마의 정책이 어떤 현상을 야기하는지 깨닫지 못했다. 일자리가 성장하지 않고 정부가 나라 안으로 재분배에 골몰하고 나라 밖으로는 미국이 영향력을 상실한다고 인식되면서 포퓰리스트 국민우선주의가 다시 등장할 여건에 서서히 불을 지피고 있었다.

오바마의 두 차례 임기는 근대 역사상 처음으로 연간 GDP 성장률이 3퍼센트에 못 미친 기간이었다. 이러한 경기침체에는 분명히 심리적인 요인도 있다. 성장을 가로막는 "동물적인 근성"이라는 게 있다고 한다면, 오바마는 성공하고픈 동물적 욕구를 일장훈계로 거세해버렸다. 오바마는 2009년 1월 취임하자마자 기업들을 상대로 다음과 같이 훈계했다. "수익을 올릴 때도 있고 성과급을 받을 때도 있겠지만, 지금은 그럴 때가 아니다."

2010년 4월, 오바마는(백악관을 떠날 때쯤 영부인 미셸 오바마와 더불어—만약 사실이라면 역사상 최고액의 출간계약 선인세에 해당하는—6500만 달러에 달하는 계약금을 받고 공동 저서를 출간하기로 하고, 이 못지않게 거액을 받고 넷플릭스와 영화 제작 계약을 체결했다) 다음과 같이 훈계했다. "우리가 금융개혁을 하려는 이유는 정당한 방법으로 성공한 이들을 시기해서가 아니다. 어느 시점에 가면 그만하면 충분히 벌었다고 생각하는 시점에 다다르게 된다고 생각한다."

2012년 7월 재선 선거운동을 하는 동안, 오바마는 엘리자베스 워런이 하던 주장을 빌려와서 궁극적으로 국가가—"줄리아의 일생(The Life of Julia)"13에서처럼—개인의 성공을 책임져야 한다며 다음과 같이 말했다. "내 말에 동의하는 부유하고 성공한 미국인들이 많이 있다. 그들은 성공에 대해 뭔가 보답하고 싶어 하기 때문이다. 그들은 아직 보답하지 못했다는 사실을 알고 있다. 성공하기까지 혼자 힘으로 된 게 아니다. 혼자 힘으로 그 자리에 있게 된 게 아니다."

뜻하지 않게, 오바마는 2016년 대선에서 부의 창출은 바람직하다며—다다익선이라는—오바마와 정반대 주장을 할 후보라면 누구에게든 판을 깔아주고 있었다. 트럼프는 개인이 부를 쌓으면 쌓을수록 그 개인 주변의 모든 사람이 더 잘살게 된다고 생각한다. 개인인 그도 자기 사업을 일구는 데 성공했다. 그의 사업이 성공하면 성공할수록 그의 주변 사람들도 모두 잘살게 된다.

마찬가지로 오바마는 나라 밖에서도 미국의 외교정책을 파격적으로 재조정하거나, 적어도 말로는 그리하겠다는 대대적인 변화를 예고했다. 과거에 미국이 저질렀다는 과오에 대한 사죄, 페르시아만 국가들의 왕실들과 이스라엘 같은 예전의 동맹국들로부터 거리를 두고 이란과 쿠바와 새롭게 관계를 설정하는 정책, 러시아와의 관계를 재설정하려는 노력, 국방예산을 삭감하고 보유하고 있는 핵무기를 줄이고 미사일방어계획을 미루는 등의 정책들은 모두 그렇게 함으로써 세계가 더 안전해지리라는 새로운 사고를 뜻했다. 이러한 재설정 정책들은 극적인 결과를 초래하든가 실패해 2016년에 역풍을 불러일으키게 되어 있었다.

오바마의 외교정책은 유토피아적이고 독선적이고 순진하다는 비판이 점증했다. 그의 외교정책은 예측 가능한 인간적 열망과 행동의 집합체로서 일정한 억지력, 힘의 균형, 서로를 지켜줄 동맹 체결 등에 인간이 영향을 받는다는 사실을 인정하지 않았다. 그 결과 우크라이나 동부와 크리미아반도에서 러시아는 일련의 공세를 취했을 뿐만 아니라 미국 선거에 개입해 사이버 조작을 했고, 부상하던 중국은 남중국해를 1930년대 일본이 표방한 대동아공영권과 유사한 무엇으로 변질시키려고 했으며, "안정적인" 이라크가 붕괴되면서 "도주 중"이라던 아이시스(ISIS)가 부상했고, 이란-시리아-헤즈볼라로 이어지는 중동 축이 확대되었고 북아프리카 전역과 중동 대부분의 지역에서 새로운 형태로 정세가 불안정해졌다.

오바마 행정부가 물러날 즈음, 민주당은 지역 차원, 주 차원, 연방정부 차원에서 새롭게 소수 세력의 지위로 전락했을 뿐만 아니라 오바마가 시작한 민주당의 변신은 여러 가지 상징적인 면에서도 완성되었다. 그리고 오바마의 정책과 마찬가지로 이렇게 변신한 민주당도 곧 후보 트럼프와 대통령 트럼프의 손에 놀아나게 된다.

한마디로, 이제는 산업근로자 계층 가운데는 보수적인 민주당 지지자는 고사하고 중도 성향의 민주당 지지자도 없었다. 2016년 민주당 대선후보를 뽑는 예비선거에서 유일하게 트루먼 같은 과거 유형의 민주당원 성향을 보인 제임스 웹 전 상원의원은 넉 달 만에 환멸을 느끼고 중도에 사퇴했다. 그는 고리타분한 정책(예컨대, 가스와 원유 생산을 늘리자, 역사적으로 노예제도의 피해자인 흑인에게만 적용되도록 본래 취지에 맞게 소수자우대정책을 다듬자, 중국과 러시아가 도발할 경우 강력한 억지력을 발휘하는 외교정책을 유지하자)들을 제안한다며 모욕을 당했다.

공교롭게도 2018년 무렵 중도 성향의 주들에서 몇몇 똑똑한 민주당 후보들이 낙태, 총기 규제, 무역, 이민과 관련해 공화당의 입장을 모방함으로써 지역과 주 선거에서 이기고 있었고 보궐선거에서도 하원 의석을 차지했다. 그러나 냉소적인 사람들은 그들이 일단 당선되어 취임하면 진보주의적인 경직된 입장으로 되돌아가리라고 예상했다.

새로운 진보 성향이 민주당을 접수했음을 보여주는 또 하나의 척도는 힐러리 클린턴의 2016년 선거공약이 2008년에 비해 급진적으로 바뀌었다는 사실이다. 이 변화는 아찔할 정도였다. 클린턴의 2016년 민주당 후보 경선 경쟁자 버니 샌더스는 그보다 8년 앞선 오바마 못지않게 좌익이었다. 그러나 이번에 클린턴은 어리석게도 우클릭하지 않았다. 그녀는 2008년에 그랬던 대로 중도로 이동하기보다 좌익 지지기반을 확보하려고 샌더스보다 한술 더 떴다.

클린턴은 더 이상 산업근로자 계층을 위한 정책을 제시하거나, 술 좋아하는 보일러 제작업자의 애로사항을 귀담아듣거나, 육체노동을 하는 백인들과 볼링을 하면서 어울리지 않았다. 그녀는 사회주의자 샌더스는 우스꽝스러운 존재로, 트럼프는 섬뜩한 존재로 묘사했다. 그러나 클린턴 본인은 최초의 여성 대통령이라는("나는 그녀와 함께한다(I am With Her)."라는 구호를 내세웠다) 메시지밖에 없었다. 흑인임을 내세우면서 흑인 유권자들을 끌어들인 오바마와 마찬가지로 여성임을 내세우는 정체성 정치로 여성 유권자들을 끌어들이려고 했다. 흑인 대통령을 여성 대통령으로 바꾸면, 오바마 당선 때와 마찬가지로 사회적 약자로 간주되는 여성들이 대거 투표장에 나와서 또 다른 70대 백인 남성 억만장자 공화당 후보를 패배시키리라고 생각했다. 마치 트럼프는 또 다른 매케인이나 또 다른 롬니에 불과하며 다시 한 번 여성판 오바마인 힐러리 클린턴에게 박살날 듯이 말이다.

2016년 선거가 끝난 후 민주당이 변신했다는 세 번째 불길한 징후—그리고 힐러리 클린턴이 선거에서 진 이유—는 2017년 1월 민주당전국위원회 의장 경선에서 나타났고, 이는 2020년 민주당 대선후보 경선을 예고한, 사소하지만 상징적인 행사였다. 진보적인 사이코드라마를 연출한 이 행사는 2016년 선거에서 힐러리 클린턴이 패배한 요인들이 여전히 작동할 뿐만 아니라 민주당을 완전히 장악했음을 보여주었다.

트럼프의 승리를 지켜본 현명한 한 사람은 힐러리 클린턴이 어리석게도 승패를 가르는 가장 중요한 12개 정도의 경합 주들에서 산업근로자 계층 민주당 표를 트럼프에게 내주었다는 결론을 내렸다. 그런데 민주당은 클린턴이 패배한 까닭은 진보 성향을 더 강하게 보이지 않았기 때문이라고 주장하면서 2017년 즉각 이를 교정하고 한층 더 좌클릭하게 된다. 2018년 민주당이 중간선거에서 하원을 다시 장악하게 된 이유는 민주당 텃밭인 선거구에서 급진적인 성향의 후보들이 당선되었기 때문이 아니라 2016년 트럼프가 이긴 지역구들에서 의료보험과 초당적인 문제 해결에 집중한 중도 성향의 경륜 있는 후보 20여 명이 당선되었기 때문이다.

2017년 민주당 전당대회 의장 경선은 급진적인 진보주의자 톰 페레스와 그보다 한층 더 급진적인 하원의원 키스 엘리슨(그는 곧 선거 유세에 스페인어로 "나는 국경이라는 존재를 믿지 않는다."라는 문구가 박힌 티셔츠를 입고 나타나게 된다) 두 사람 간의 각축전이 되었다. 가장 급진적인 세 번째 후보 샐리 보인튼 브라운은 트럼프의 승리에 맞설, 민주당의 새로운 정체성 정치를 다음과 같이 잘 요약했다.

나는 백인 여성이다. …그리고 다른 백인들이 남의 말을 가로막으려 할 때 그들의 입을 틀어막는 게 내가 할 일이다. 내가 할 일은 다른 백인들이 "아냐, 난 편견 없어. 나는 민주당원이야. 나는 다른 이들의 의견을 받아들여."라고 말하려고 하면 그들의 입을 막는 일이다.

브라운은 트럼프가 당선된 이유가 바로 자신과 같은 사람 때문일지 모른다는 사실을 까맣게 모르고 있는 듯했다.

새롭게 변신한 민주당이 어느 방향으로 향하는지 보여준 마지막 지표는 예전에 선전하던 경합 주들에서 점점 빈번하게 실패한다는 사실이었다. 선거인단 투표에서 승리하기 위한 가늠자 역할을 해온 오하이오에서 가장 이러한 현상이 두드러졌다. 오하이오 인구의 55퍼센트가 대학 졸업장이 없는 백인 산업 근로자 계층으로서 과거에 민주당의 지지기반이었다. 그러나 2017년 무렵 연방의회에서 오하이오주를 대표하는 의원들의 비율은 12명이 공화당 소속, 4명이 민주당 소속이었다. 민주당은 오하이오주 의회에서 하원의 3분의 1, 상원의 4분의 1을 차지하는 데 그쳤다.

민주당 소속으로 유일하게 요직을 맡고 있던 이는 셰로드 브라운 상원의원인데, 그는 세계화로 삶이 황폐화된 오하이오 주민들의 마음을 사는 데 성공한 것으로 알려졌다. 오하이오는 텍사스처럼 탄탄한 공화당 텃밭도 아니고, 캘리포니아처럼 민주당의 안전한 텃밭도 아니었다. 대통령 선거의 승패를 가르는 중요한 격전지였다. 오하이오주는 2016년에 8포인트 차이로 트럼프를 지지했고, 1932년 이후로 그 어느 때보다도 공화당 세가 강해지고 있었다. 민주당은 오바마 행정부 동안 왜 이런 현상이 나타나는지 전혀 몰랐거나 관심이 없었다. 그들의 기본 전략은 거친 트럼프 대통령이 공화당을 초토화시키면 대안 없는 유권자들이 사회주의를 표방하더라도 민주당으로 돌아오리라는 계산이었다.

물론 민주당은 2016년에 힐러리 클린턴이 일반유권자 투표에서는 이겼다면서 2018년 중간선거에서 민주당이 선전했다는 사실은 당이 건강하다는 증거라고 주장했다. 선거인단 제도만 아니었다면 클린턴이 대통령이 되었을 것이라고 주장했다. 그러나 다른 모든 후보들과 마찬가지로 트럼프도 직접선거라는 환상이 아니라 헌법에 명시된 규정이라는 현실에 맞춰 선거운동을 했다는 사실 외에도, 캘리포니아의 독특한 속성만으로도 어떤 의미에서는 클린턴이 일반유권자 선거에서 이긴 까닭을 설명할 수 있다(힐러리 클린턴은 2016년 대선에서 286만 4903표 차이로 일반유권자 투표에서 이겼는데, 캘리포니아주에서만도 426만 9978표라는 전례 없이 압도적인 차이로 이겼다).

수수께끼는 트럼프가 이겼다는 사실이 아니다. 정치 경력이나 군 경력이 전무하고, 거의 대부분 적대적인 언론매체의 표적이 되었으며, 편파적인 현직 대통령이 민주당 소속이었고, 선거자금 규모가 거의 2대 1로 불리한 상황에 놓인 후보인데도—영부인을 지냈고, 상원의원과 국무장관을 역임했으며, 전통을 격파하는 버락 오바마의 뒤를 이어 미국 최초의 여성 대통령으로 기대를 한 몸에 받고 있던—힐러리 클린턴이 그를 패배시키지 못했다. 2016년 선거운동은 역사상 가장 한쪽으로 쏠린 대통령 선거로서 상상하기 어려운 가장 놀라운 결과를 낳은 선거였다.

민주당에 무슨 일이 일어났을까? 지금까지 이 책에서 살펴본 바와 같이 중서부의 핵심적인 경합 주들에 거주하는 이들이 보기에 정체성 정치는 다양성에 대한 배려에서 "백인 우월주의"와 "백인 특권"을 타도하자는 구호로 변질되었다. 민주당은 전체 유권자의 67퍼센트가 여전히 백인이고 그들 대부분이 부유하지도 특권을 누리지도 않는다는 사실을 망각한 게 틀림없다. 그들의 제로섬 논리에 따라 백인을 제외한 다른 모든 집단들이 인종이나 종족에 따라 일치단결해서 똑같이 민주당에 투표를 한다고 해도 집권하는 데 필요한 수를 채울 수 없었다. 오히려 그리스, 아르메니아, 독일, 아일랜드, 폴란드계 미국인, 그리고 동화된 라티노와 아시아계 미국인들이 백인의 몰표집단에 합류하게 만들고 이들을 소수자, 젊은 도시거주 전문직 종사자, 독신 여성, 부동층의 몰표만으로는 쉽게 상쇄하지 못하게 될 가능성이 높았다.

이 못지않게 우려스러운 점은 민주당이 표면적으로 드러나는 외양은 쉽게 규정할 수 있고 변하지 않으며 계층보다 중요하다고 여겼다는 사실이다. 유권자의 투표 성향은 인종과 성별을 토대로 예측하면 절대 틀리는 법이 없을까? 게다가 멕시코와 미국 혼혈이거나 조부모 네 명 가운데 한 명이 일본인이거나, 조부모 가운데 세 명이 이른바 앵글로색슨계인 사람의 정확한 혈통이나 투표 성향을 어떻게 파악할 수 있는가?

민주당이 개개인들이 놓인 공통적인 인간적 여건을 무시하기 시작하면서 서로 다른 인종이나 민족 간의 결혼, 통합, 동화 등의 효과를 제대로 파악할 수 없게 되었다. 엘리자베스 워런이나 워드 처칠(워런처럼 자신이 아메리카 원주민 혈통이라고 날조한 콜로라도 대학교 교수)과 같은 사기꾼들이 아니어도 21

세기 미국은 깔끔하게 인종별로 나누어 고정관념을 만들기가 점점 어려워지고 있다.

특정인이 속한 계층을 부족이라는 등식에 입력하면 정체성 정치에 관한 더 많은 모순들이 생겨난다. 예컨대, 오바마 정부에서 법무장관을 지낸 특권층인 에릭 홀더의 자녀들은 흑인 혈통이라는 이유로 불리한 여건에 놓인 반면, 웨스트버지니아주에서 가난한 백인 광부에게 태어난 자녀들은 그들의 "백인 특권" 때문에 우대를 받나? 남편과 세 자녀가 있는 웨이트리스가 갑부인 연예인 레나 더넘이나 대학을 나온 여권 운동가인 샌드라 플루크와 자기 자신을 정말로 동일시할까?

오바마는 카리스마가 있고 그는 두 차례 대통령에 당선되었다는 사실로 미루어볼 때, 미국은 그와 더불어 좌클릭했어야 한다. 더 많은 복지수혜와 정부의 공공서비스, 그리고 부유층에 대한 높은 과세는 고대 아테네에서 근대 유럽의 사회주의 국가에 이르기까지 역사적으로 볼 때 민주주의에서 대다수 대중의 지지를 얻었다. 그러나 미국은 진보주의적인 재분배 정책을 따르지 않았다. 경제성장이 부진했고, 국경이 개방되어 있었으며, 기록적인 실업률을 보이고 있었고, 외교정책에서 주변머리 없이 굴었고, 국세청, 보훈처, 법무부에서 추문이 연달아 터져 나왔고, 일반 국민이 젠더와 인종에 관해 날이면 날마다 도덕적인 훈계를 듣는 데 지쳤기 때문이다.

흑인 버락 오바마는 2008년 전통적인 리버럴로서 선거운동을 했고 백인 표의 43퍼센트를 얻었다. 백인 여성인 힐러리 클린턴은 2016년 새롭게 좌익 진보주의자로 거듭나 백인 표의 겨우 37퍼센트를 얻었다. 따라서 진보 진영의 문제는 인종차별주의자인 백인이 우글우글한 미국에서 인종에 따라 엄격하게 표가 갈리지 않는다는 데 있다. 산업근로자 계층이 좌클릭하는 데는 한계가 있고, 결국 다시 중도로 회귀하게 된다는 데 함정이 있었다. 한 해 두 해, 한 달 두 달, 시간이 갈수록 점점 버락 오바마는 유권자를 극단적으로 분열시키고 중산층 전반에게 제시하는 메시지가 없는 상태에서 도널드 트럼프나 그와 비슷한 누군가가 등장할 토대를 마련하고 있었다.

오바마 집권 시기는 그동안 억압됐던 지속 불가능한 온갖 이념들과 정치적으로 생존 가망이 없는 개념들이 갇혀 있던 유리병에서 다 튀어나오게 만든 요술 램프 지니를 떠올리면 쉽게 이해된다. 오바마 개인의 인기에 힘입어 이러한 이념과 개념들은 한동안 주류처럼 보였다. 그러나 진보주의는 본질적으로 역동적인 이념이라 가장 최근에 등장한 개념도 금방 한물간 개념, 심지어 비자유적인 개념으로 끊임없이 전락시킨다. 어찌 보면, 민주당은 프랑스에서 러시아에 이르기까지 유럽이 겪은 혁명의 주기를 모방하고 있었는지 모른다. 오늘의 급진주의는 곧 어제의 반혁명적 배신 행위가 되고, 곧이어 보다 진정성 있고 화려한 좌익 이념이 등장하게 된다. 2016년 민주당의 대선 선거운동에서는 지겹도록 되풀이된 다음 세 가지 함의를 제외하면 트럼프주의에 맞설 일관성 있는 메시지가 없었다. 첫째, 민주당은 버락 오바마가 소속된 당이다. 둘째, 트럼프는 사악하므로 퇴치해야 한다. 셋째, 힐러리 클린턴은 미국 최초의 여성 대통령이다. 그녀가 하는 말과 행동 때문이 아니라, 혹은 과거에 그녀가 한 말과 행동 때문이 아니라 그녀가 현재에 하는 언행과 과거에 한 언행에도 불구하고 그녀는 최초의 여성 대통령이 되어야 한다.

2019년 여름 무렵, 거리낌 없는 신사회주의자와 급진주의자들은 민주당을 접수했다. 민주당 대통령 후보 경선에 나선 이들은 자기들보다 왼쪽으로는 경쟁자들이 없어야 한다고 주장했다. 로스 페로에게 투표했던 이들, 레이건 시대에 민주당에서 공화당으로 지지를 바꾼 사람들, "한심한 종자들", "구제불능인 자들", "찌꺼기들", "과거에 매달리는 이들"은 자기 자신이 누리는 백인 특권을 인정하고 코리 부커부터 시작해서 카말라 해리스, 베토 오루크, 버니 샌더스, 엘리자베스 워런 같은 진보적인 (그리고 부유한) 도덕군자들로부터 용서를 구해야 했다. 2020년 민주당 대선주자들은 대부분 오바마가 너무 온건하다고 공격했고, 그의 부통령 조 바이든은 현실에 영합하는 배신자라며 공격했다. 민주당 후보들은 번갈아가며 분노하고 발끈하는 행태를 보이면서 급진적인 화석연료 사용을 종식시키고, 국경을 개방하고, 노예제도에 대한 보상을 하고, 영아살해에 준하는 낙태를 찬성하고, 부유세를 부과하고, 국가가 모두에게 의료보험을 제공하고, 불법 체류자에게 무료로 대학 학자금과 무료 의료보험을 제공하고, 최상위 소득세율을 70에서 90퍼센트로 높이고, 대법원에 대법관의 수를 늘리고, 이민세관국과 선거인단 제도를 폐지하는 등 반 트럼프 공약들을 내걸었다. 공교롭게도 오바마가 씨를 뿌린 급진주의는 곧 시대에 뒤떨어진 것으로 간주되었고 오바마 본인도 사실상 배반자로 낙인이 찍혔다. 2019-2020년 민주당 후보경선 토론 초기 단계에서는 미국 국민의 절반이 트럼프를 민주당 후보 본인들과 같은 독선적인 극단주의에 반드시 필요한 해독제로 간주한다는 사실을 아무도 감지하지 못한 듯했다.

2016년 초, 민주당은 급진적인 환경보호주의가 이로운 이유를 오하이오 중산층에게 어떻게 설명할지에 대해서, 혹은 진보주의자들이 부자에 대해 분노하면서 페이스북 억만장자, 제프 베조스, 조지 소로스, 말리부 저택에 거주하는 유명 인사들, 엘리트 앵커우먼과 부유한 민주당 기득권층에게는 분노하지 않는 이유를 어떻게 설명할지에 대해서 막연한 생각만 지니고 있었다. 국경을 개방하면 도심에 거주하는 빈곤층 청년과 소수자와 백인 산업근로자 계층 미국인들이 구직하는 데 어떻게 이득이 될 수 있을까?

도널드 트럼프가 민주당의 정책과 민주당 경쟁자들을 무능하고 무기력해 보이게 만들려고 아무리 애썼어도, 2008년 이후 민주당이 자초한 정도보다 더 무능해 보이게 만들지는 못했을지 모른다. 민주당이 그리던 궤적 덕분에 트럼프는 그의 지지기반으로부터 "나는 트럼프를 지지한다."라는 충성심을 얻었을 뿐만 아니라 부동층이 트럼프 말고 "대안이 뭔데?"라고 자문하게 만들었다. 그리고 앞으로도 살펴보겠지만, 참신한 아이디어도 없고 강경 좌익에게 점령

당한 민주당의 치유책은 분명히 힐러리 클린턴은 아니었다. 그녀의 부정적이고 무기력한 선거운동은 트럼프 후보를 띄우는 데 안성맞춤이었다.

그러나 트럼프가 뜻밖에 부상하게 된 결정적 이유는 대선에서 민주당이 전혀 감을 잡지 못했기 때문만이 아니다. 트럼프는 다른 두 세력들로부터도 도움을 받았다. 민주당 못지않게 혼란에 빠져 트럼프에게 대선후보를 상납한 공화당, 그리고 과도한 권력과 권한을 휘두르면서 점점 국민의 지지를 잃고 위험한 세력으로 간주되기 시작한 비대해진 행정 관료집단이었다.

05

공화당, 이기고도 지다

언젠가는 만사형통하겠지— 이는 우리의 희망이다.
지금은 만사가 순조롭다— 이는 망상이다.
　　　— 〈리스본 재앙[14]에 관한 시Poem on the Lisbon Disaster〉, 볼테르

공화당 기득권층은 툭하면 김빠진 선거공약을 만들었고 이를 제시할 때
는 한층 더 설득력이 없었다. 공화당은 그들이 제시하는 기존의 공약
이 대통령 당락을 결정하는 힘이 점점 강해지는 경합 주의 선거인단에게 더 이
상 호소력이 없다는 위기에 처했다. 그리고 설사 호소력이 있다고 해도 이를
전달하는 주체가 그나마 있는 호소력을 깎아버렸다.

2016년 공화당 대선후보를 선출하는 예비선거 선거운동에서 대부분의 공
화당 후보들은 공화당이 지역 차원, 주 차원, 연방 차원에서 선거마다 거의 족
족 이기는데 대통령 선거에서는 지는 모순에 내심 침통해 있었다. 과거 여섯
차례의 대통령 선거에서(그리고 2016년도 전혀 다르지 않았다) 공화당은 다섯 차
례나 일반유권자 투표에서 패배했다. 그러나 앞서 지적했듯이, 오바마가 집권
8년 동안 어찌 보면 민주당을 파멸시켰다. 적어도 자신의 임기에 뒤이은 2년
동안은 그랬다. 오바마 집권 기간 동안 민주당은 하원 79석과 상원 12석을 잃
었다는 사실을 기억하라. 이와 더불어 상하 양원을 다수당으로서 장악할 기회
는 사라졌고 대법원을 변모시킬 기회도 물 건너갔다.

지역 차원과 주 차원에서 민주당의 몰락은 더 심각했다. 2009년 오바마 임
기 첫해에 민주당은 주 의회의 59퍼센트를 장악했다. 그러나 2017년 무렵 민
주당이 다수인 주 의회는 겨우 31퍼센트였다. 1920년대 이후로 민주당이 이
처럼 맥이 없었던 적이 없다. 주지사 13석을 잃고 50개 주지사 가운데 겨우 16
석을 유지했으니 말이다. 전국적으로 민주당은 순손실로 따지면 1100개의 지
역 선출직을 잃었다. 2018년 중간선거에서 민주당이 반등했는데도 불구하고
오바마 집권 당시 겪은 피해는 여전히 회복하지 못했다. 공화당은 주 의회에서
다수당 지위를 여전히 유지하게 되었다. 언론매체는 중간선거에서 공화당이
대학살을 당했다고 설레발을 쳤지만, 공화당이 주지사와 주 의회의 상하 양원
을 장악한 주의 수는 민주당(42퍼센트에서 34퍼센트)을 가볍게 넘어섰다.

일반적으로 현직 대통령을 배출한 당은 그 하위 수준의 선거에서는 패배하

는 경향이 있다. 그러나 오바마 정권 때처럼 대통령의 인기와 대통령이 소속한 당의 참패가 극과 극으로 벌어졌던 사례는 없었다. 물론 민주당이 상하 양원의 장악력을 잃었지만 대통령에 재선된 오바마의 사례를 트럼프가 넘어설지는 두고 볼 일이다.

이러한 모순들을 설명해주는 공통점은 무엇이고 민주당의 실패는 2016년에 공화당에게, 특히 트럼프에게 어떻게 작용했을까? 여러 가지 해석이 있다.

핵심적인 보수적 메시지와 이슈들—작은 정부, 감세, 국방력 강화, 국경 보안강화, 재정 건전성, 용광로로의 귀환—은 대중문화를 리버럴이 장악하고 있음에도 불구하고 공감을 얻었다. 전통적으로 소수당인 공화당 구성원들이 접촉하는 거액의 기부자들은 상대적으로 적었지만, 이론상으로는 당대에 훨씬 설득력 있는 메시지를 제시하고 보다 헌신적인 풀뿌리 당원들이 있었다. 민주당은 점점 좌클릭을 하면서 점점 넓어지는 중간지대를 공화당에 넘겼다. 그런데도 공화당은 전국적으로 공화당을 대표할 인재 발굴에 어려움을 겪고 대통령 후보는 참담할 정도의 결과를 보였다. 그리고 공화당은 전국적으로 선거에서 이기기보다는 일반 대중문화에서 어떻게 비쳐질지에 대해 훨씬 신경을 쓰는 듯했다.

2016년에는 아직 파악되지 않은 요인들도 많았다. 오바마를 지지하면서 기록적인 투표율을 보여 미국 최초의 흑인 대통령을 탄생시킨 소수인종 몰표 집단이 오바마와 같은 리버럴이자 거부에다가 백인인 69세의 여성으로 얼마나 옮겨갈 것인가? 리버럴에게 몰표를 주는 소수인종 집단들의 성향이 동화와 통합과 서로 다른 인종 간의 결혼을 통해서 어느 정도 희석될까? 공화당이 인종보다는 일자리와 산업공동화에 대한 우려를 공유하는 계층을 토대로 유권자들에게 호소력을 발휘할 수 있을까? 공화당이 어떤 후보를 내세워야 민주당 후보를 패배시킬 수 있을까? 지난 두 차례 선거에서 실패한, 기득권층이 그동안 내세운 정통 의제들을 내세워서 이길 수 있을까?

공화당이 의회에서 승리한 사례들은 수없이 많지만—연방정부 지출 삭감에서부터 오바마가 지명한 리버럴 성향의 대법관 임명을 무산시키는 등—공화당의 지지기반은 공화당 지도자들이 무능하다고 인식하면서 점점 답답해하고 있었다. 공화당은 2011년 이후로 하원을 장악했다. 2014년 중간선거 후, 공화당은 2015년 초 무렵 상원 다수를 확고하게 장악했다—1918년 민주당 소속 우드로 윌슨 대통령 임기 6년차에 치른 중간선거에서 민주당이 상원을 장악하는 데 실패한 이후로 처음이었다.

그런데도 공화당은 국가부채를 두 배로 늘리고, 세금을 인상하고, 사실상 의료보험을 국유화하고, 국방비를 삭감하고, 행정명령을 통해서 에너지법과 이민법을 멋대로 다시 쓰는 오바마를 막지 못했다.

보수 진영의 유권자들은 답답했지만 "펜과 전화"로 행정명령을 남발해 권력을 행사하는 대통령에 대해 체념하기 시작했다. 오바마처럼 설득력 있는 통수권자는 적대적인 의회조차 어쩔 줄 모르게 만들고, 행정명령을 확대하고, 관료들이 규제라는 미명하에 새로운 법을 제정하고, 외교정책을 재조정할 수 있었다. 다시 말해서, 제로섬 게임에서는 대통령이 의회의 상하 양원을 장악한 다수당보다 훨씬 성공적으로 의제를 추진할 수 있었다.

그러나 보다 근본적으로 공화당 지지기반은 대통령 선거에서 체면불구하고 싸워 이기기보다 점잖게 패배하겠다는 공화당의 태도에 점점 분노가 치밀었다. 공화당이 상대방의 급소를 찌르는 공격적인 선거운동을 한 마지막 사례가 1988년이었다. 당시 거친 리 애트워터가 선거운동본부장을 하면서 무자비하지만 성공적으로 선거운동을 펼쳐 점잖다고 평가받는 조지 H. W. 부시를 당선시켰다. 애트워터가 예절 바른 마이클 듀카키스 민주당 대선후보(당시 매사추세츠 주지사였다)를 끝장낼 무렵—군복을 걸치고 어설프게 탱크를 모는 모습에서부터 청정지대라는 보스턴 항구에 악취 나는 쓰레기가 둥둥 떠다니는 장면, 교도소를 들락거리면서 중범죄를 연달아 저지른 직업 범죄자 윌리 호튼의 모습을 담은 흐릿한 동영상 등 듀카키스가 국방에 무지하고, 입으로만 환경보호를 부르짖고, 범죄자에게 온정적이라는 인상을 주는 부정적인 선거광고들을 제작했다―부시는 듀카키스에게 뒤지고 있던 지지율 가운데 10포인트를 만회했다. 부시는 일반유권자 투표에서는 8포인트 차로 이겼고, 선거인단 투표에서는 압도적인 승리를 거두었다. 2008년과 2012년 대선에서 공화당 경쟁자들을 이기적이고 못된 사람들로 각인시키며 거칠고 공격적으로 선거운동을 한 오바마 진영과 비슷한 선거 전략이었다.

그러나 승자인 공화당이 1988년 이후로 보인 모습은 유럽이 제1차 세계대전이라는 대유혈극에 보인 반응을 연상케 했다. 승전국인 영국과 프랑스는 어떻게든 또 다른 전쟁과 그 전쟁에서 승리하려면 반드시 겪어야 할 잔혹한 참상을 모면하려고 패전국들에게 거의 무엇이든 다 양보하기로 했다가 결국 뒤이은 사태에 심리적으로 물질적으로 직면할 준비가 전혀 되어 있지 않았다. 한편, 한때 패배하고 모욕당했던 독일은 2차 대전을 자국에게 유리한 조건하에서 재현해 두 번째 전쟁에서는 어떤 대가를 치르더라도 이기고야 말겠다며 수단과 방법을 가리지 않았다.

1992년 빌 클린턴은 패배자 듀카키스의 부드러운 접근방식과 정반대로 완전히 새로운 민주당 선거 원칙을 도입했다. 애트워터(Atwater) 스타일의 민주당원들은 가장 신랄하게 공격하는 광고물을 제작했다. 민주당은 제임스 카빌과 조지 스테파노풀로스 같이 인정사정없는 정치 전략가들의 지휘 하에 "전시작전본부(war room)"와 신속대응팀을 꾸렸고, 두 사람은 1992년 선거를 거리낌 없이 "전쟁"으로 간주했다. 민주당은 월스트리트 금융가를 구워삶아 공화당보다 훨씬 많은 군자금을 모았다. 민주당은 유권자들에게 사랑받기보다 선거에서 이기고 싶어 하는 후보들을 물색했다. 듀카키스가 클린턴보다 훨씬 존경받을 만한 신사였다는 데는 의심의 여지가 없지만, 클린턴은 이기기 위해 필요하다고 생각하는 언행을 듀카키스보다 훨씬 더 기꺼이 하려는 자세가 되어 있었다. 클린턴과 그의 러닝메이트 앨 고어는 남부 사투리를 걸쭉하게 구사하면서 경합 주 유권자들 앞에서는 품행이 방정한 보수적인 사내인 척했고, 교외 지역 거주자들 앞에서는 전문 지식인처럼 굴었다.

반면 안이해진 공화당은 1991년 3월 리 애트워터가 40세에 뇌종양으로 세상을 떠나고 1992년 부시 재선 선거운동 열기가 막 달아오를 무렵, 과거에 리 애트워터가 썼던 초토화 전략을 버렸다. 애트워터 본인도 훗날 과거에 마이클 듀카키스에 대해 다음과 같이 "노골적으로 잔인한" 발언을 했다는 데 대해 심심한 사과를 표했다. "나는 그 쬐그만 녀석의 껍데기를 벗기고 윌리 호튼을 그의 러닝메이트로 만들 작정이다." 애트워터도 훗날 인정했듯이 1988년의 승리 전략은 이제 되풀이하기보다 피해야 할 전략으로 간주되었다.

트럼프가 등장하기 전까지 전국적인 차원에서 공화당 후보들에게 재앙이 뒤따랐다는 사실이 종종 잊힌다. 1992년 재선에 출마한 조지 H. W. 부시, 1996년 공화당 대통령 후보로 나섰던 로버트 돌, 2008년 존 매케인, 2012년 미트 롬니는 거의 하나같이 부유한 백인 남성이거나 뻔한 기득권층이라는 고정관념에 시달렸다. "인품이 중요하다"라는 메시지를 내세우고 직업 정치인과 거부로서 눈부신 개인적 업적을 쌓았다는 점을 내세우면 민주당의 거칠고 시끌벅적한 선거운동을 꺾을 수 있다고 생각했다면 대단한 착각이었다. 부시 가문 출신의 귀족이라는 사실보다는 포퓰리스트 텍사스 뿌리를 더 강조해 재선에 성공한 조지 W. 부시조차도 2000년 대선에서는 일반유권자 선거에서 패했다. 2004년에는 약체인 민주당 후보 존 케리를 상대로 일반유권자 투표는 50.7퍼센트로 가까스로 이겼고, 선거인단 투표에서도 아슬아슬하게 이겼다.

1992년 여름 무렵, 당시 대통령이던 조지 H. W. 부시를 클린턴 선거운동본부가 무능하고 인정머리 없는 대통령으로 전락시켰다. 클린턴 선거운동본부는 부시가 역대 최악의 경기침체를 촉발했다고 주장했다("바보야, 문제는 경제야."라고 민주당은 주장했다). 부시는 클린트 이스트우드처럼 약속은 반드시 지키는 강인한 사내인 척하면서 세금을 올리지 않겠다고 했던 공약을 깼고("내 입을 잘 보라. 신규 세금은 없다"), 1991년 제1차 페르시아만 전쟁에서 사담 후세인을 상대로 거둔 탁월한 승리를 제대로 마무리하지 않았다.

부시는 결코 "겁쟁이"가 아니라 전쟁 영웅이고 클린턴은 징집 기피자이며, 부시는 가족적인 이상적인 남성이고 클린턴은 바람둥이이며, 부시는 마약에 손댄 적이 없지만 클린턴은 60년대 마약 문화에 발을 담갔던 적이 있다는 사실들은 전통적인 유권자들에게 크게 중요하지 않았다. 보수 성향의 텍사스 출신이고 부시를 증오하는 로스 페로가 제3당 후보로 부시에 맞서 대선에 뛰어들었을 때, 부시는 사실상 가망이 없었다. 그는 일반유권자 투표에서 겨우 37퍼센트를 얻어 43퍼센트를 얻은 클린턴에게 승리를 빼앗겼다. 미래에 트럼프를 지지하게 될 유권자들은 기권하거나 페로에게 표를 던지거나, 클린턴을 남부 중도 성향의 민주당원이라고 인식하고 클린턴을 지지했다.

그 후 20여 년에 걸쳐 똑같은 현상이 되풀이되었다. 공화당은 비교적 부유하고 경륜 있는 당원을 후보로 지명했고, 민주당은 보다 젊고 멋져 보이는 후보— 클린턴, 고어, 오바마—를 지명했다. 2004년 조지 W. 부시가 간신히 이겼던 재선 선거운동이 하나 예외였다. 부시는 인기 없는 이라크 전쟁과 국가방위군 복무를 둘러싼 중상비방을 극복하고, 현직 대통령이라는 이점과 9·11 이후로 안정적인 국정운영과 강력한 경제성장을 토대로 답답하고 위선적이고 거부감을 주는 억만장자 존 케리를 가까스로 물리쳤다—선거운동을 책임진 칼 로브가 리 애트워터의 "노골적인 잔인함" 전략을 일부 되살려 부정적 광고를 잠깐 한 덕도 있었다.

2012년 공화당 대선후보를 뽑는 예비선거에는 역대 선거 역사상 가장 경쟁력 없고 제정신이 아닌 후보들이 일부 등장했다. 미트 롬니, 릭 센토럼, 뉴트 깅리치 같은 경륜 있는 직업 정치인들 말고도 론 폴, 허먼 케인, 미셸 바크먼 같이 정치에 문외한인 온갖 오합지졸이 등장했는데, 이들은 정치적으로 너무 괴짜들인 데다가 이를 상쇄할 카리스마도 갖추고 있지 못했다. 한동안 정치적 촉이 발달한 뉴트 깅리치가 산업근로자 계층의 지지를 호소하며 포퓰리스트 선거 전략을 펼치기도 했다. 그러나 공화당 자유시장주의자들은 계층을 토대로 한 깅리치의 효과적인 전략("탐욕스러운 자본가(vulture capitalist)")을 사업에 성공해 부를 축적한 미트 롬니를 시기하고 질투한다고 비웃었고, 미트 롬니는 상대적으로 가난한 경쟁자들보다 어마어마하게 많은 선거자금을 조성했다. 공화당 대선후보가 판판이 깨지면서 풀뿌리 유권자들은 공화당의 유약함에 점점 더 분노하게 되었다. 정당한 비판이든 아니든, 보수 성향 유권자들은 공화당 후보들이 민주당 후보들보다 훨씬 정면대결을 회피하고 민주당 후보들은 공화당 후보들의 약을 올리는 데 훨씬 적극적이라고 느꼈다.

2008년 대선에서는 오바마의 결혼식 주례를 서고 두 딸의 세례식을 주관한 오바마의 평생 정신적 스승인 제러마이어 라이트 목사가 등장해 "신이여, 미국을 저주하소서."라고 부르짖는 동영상을 틀면 비열한 짓으로 낙인을 찍었지만, 존 매케인이 거의 노망이 났고 자기가 집을 몇 채 소유하고 있는지도(여덟 채다) 기억하지 못한다고 주장하면 아무 문제 없었다. 최초로 흑인 대통령으로 백악관에 입성할 가능성이 있는 후보로부터 그러한 기회를 박탈하려는 매케인이 인증된 인종차별주의자라는 주장을 해도 아무 문제 없었다. 트럼프가 2008년 공화당 대선후보였다면 라이트 목사와 오바마의 관계를 갖고 어떻게 요리했을지 상상해보라.

2012년에도 버락 오바마의 파란만장한 젊은 시절과 미심쩍은 과거 친구들과 연관자들, 그리고 그의 가족은 절대로 건드리면 안 되는 대상이었다. 미트 롬니는 만만한 대상이었다. 그는 반세기 전 고등학교에 다닐 때 동아리 회원 신고식에서 신참을 괴롭혔고, 자기 애완견을 자동차 지붕에 싣고 달렸고, 장애인을 벼랑에서 떠밀었고, 암환자의 의료보험을 취소시켰고, 자택에 엘리베이터를 설치했고, 쓰레기를 수거해가는 사람에게 말 한 번 걸어본 적 없는 인정머리 없는 인간이라고 연속해서 난타당했다. 암과 다발성경화증을 극복한 롬니의 부인은 전업주부로서 상류사회의 고상한 승마 애호가로 전락했다. 미셸 오바마가 과거에 했던 모진 발언("미국은 뼛속까지 못된 나라다." "어른이 되고 나서 처음으로 나는 정말로 우리나라가 자랑스럽다.")은 언제 그랬냐는 듯이 아득한 옛일이 되었다.

보수 성향의 풀뿌리 시민은 공화당을 중상 비방하는 민주당이 아니라 민주당이 공격하는 대로 얻어맞는 공화당이 잘못이라는 인식이 다시 한 번 점점 강해졌다. 민주당이 1970년대와 1980년대에 느꼈던 식으로 말이다. 2016년 트럼프가 공화당을 "저질 체력"이라고 모질게 폄하하기 시작하자, 예비선거에 참여한 유권자들은 마지못해서이긴 하나 동의할 수밖에 없었다.

성난 보수 진영 지지기반은 정치가 사적인 공간을 거의 남기지 않고 자신들의 삶 전체를 휩싸는 공화-민주 내전이 되었다고 생각했다. 진보주의자들이 벌이는 기업 불매운동과 최고경영자를 C. S.루이스가 일컬은 "가슴 없는 인간(men without chests)"[15]으로 매도하고 일상적인 구매 행위를 불매운동과 불만 제기의 정치적 지뢰밭으로 변질시킨 행위는 자유주의에 반한다고 여겼다.

연예오락도 진보주의자들이 끊임없이 설교를 해대는 통에 위안을 주지 못했다. 아카데미 시상식은 진보주의자들이 자신이 얼마나 미덕 있는 인간인지를 앞다퉈 과시하는 경연장이 되었고, 그들이 하는 발언의 저변에는 성차별적이고 자유주의에 반하는 성향에 구제불능인 백인 남성 타도라는 의미가 깔려 있었다. 2018년 아카데미 시상식 진행을 맡은 지미 키멜은, 정작 자기도 과거에 외설적이고 거친 성적 농담을 쏟아내는 쇼의 공동 진행자였으면서, 오스카 상을 가리키며 남성의 성기를 떼어낸 듯한 모습이 할리우드가 새롭게 추구해야 할 가치를 단적으로 보여준다고 다음과 같이 선언하며 우쭐댔다. "오스카는 할리우드에서 가장 사랑받고 존경받는 남성이다. 그는 늘 손을 보이는 곳에 놓는다. 무례한 말은 한마디도 하지 않는다. 그리고 무엇보다도 남근이 없다."

2016년 8월 미식축구연맹(NFL) 소속 선수들이 경기장에 국가가 울려 퍼질 때 항의하는 표시로 한쪽 무릎을 꿇기 시작한 이후로 경기 시청률은 하락했고, 사실상 격투가 벌어지는 로마제국 원형경기장과 다름없는 소셜 미디어에서는, 황제의 엄지손가락이 위아래 어느 쪽으로 향하느냐에 따라 검투사의 목숨이 왔다 갔다 하듯, 좋아요와 나빠요를 눌러대는 폭도들 때문에 한 사람의 평생 바친 일자리가 순식간에 날아갔고, 총기 소지에서 종교에 이르기까지 보수 진영의 병리 현상에 뿌리를 두었다고 간주되는 사건들이 거의 쉴 새 없이 터지면서 공화당 지지기반은 투쟁력이 있는 인물을 절실히 원했다. 때로는 거칠게 공격하고 얼굴도 좀 두껍고 목청이 크면 금상첨화였다.

물론 보수주의자들은 단지 공화당의 안이하고 비겁한 태도에만 분노한 게 아니었다. 보수주의적 원칙도 지키지 않는다는 데 분개했다. 조지 H. W. 부시는 증세하지 않겠다는 약속을 깼다. 조지 W. 부시는 정부지출을 엄청나게 확대했고 처방전이 필요한 의약품 비용지원 혜택과 공통 핵심 평가기준 구상(Common Core State Standard Initiative)과 낙오학생방지(No Child Left Behind) 같은 새로운 정책들에 대한 자금지원을 시작했다. 존 매케인의 선거운동은 리버럴 성향의 공화당 부통령이자 억만장자였던 넬슨 록펠러의 개정판이었다. 매케인은 2008년 표면적으로는 불법 이민 단속과 신중한 해외 파병에 집중했지만, 본질적으로 국경 개방에 찬성하고 해외에서 선제적으로 개입해 국가건설을 주도하는 데 찬성하는 입장이었다. 미트 롬니는 매사추세츠 주지사로서 오바마케어와 유사한 정책을 탄생시켰었다. 옳든 그르든 보수 진영의 민중은 그들이 지지하는 당이 연거푸 대선에서 지는 이유는 거의 하나같이 선비 같은 억만장자이거나 정치 기득권 세력이거나 둘 다 갖춘 후보가 등판해 최상류층과 빈곤층만 겨냥한 진보주의가 가미된 정책들을 내세우고, 그 사이에 위치한 계층들에 대해서는 거의 신경을 쓰지 않기 때문이라고 생각했다.

2016년, 상처받고 모욕당한 공화당 핵심 지지자들은 뭔가 색다른 것을 시도할 준비가 되었다. 아니면 새로운 동시에 옛것을 추구했는지도 모른다. 참신한 보수주의적 이슈는 아니라 해도, 적어도 새롭고 보다 역동적이며 이따금 비전통적이기도 한 후보들이 등장했다. 마코 루비오와 테드 크루즈 같은 소장파 상원의원들은 로버트 돌과 존 매케인과는 달리 흡인력이 있다고 생각되었다. 젭 부시, 크리스 크리스티, 마이크 허커비, 바비 진덜, 존 케이식, 릭 페리, 그리고 스캇 워커 같은 주지사들은 개혁적인 통치 실력을 증명한 탄탄한 이력을 보유하고 있었다. 정치계 바깥에서 온 벤 카슨과 칼리 피오리나 같은 외부 인사들은 2012년에 출마한 허먼 케인 부류보다는 훨씬 강인한 인상을 주었다. 랜드 폴 상원의원은 부친인 론 폴보다 훨씬 온건하다고 간주되었다. "다양성"의 측면에서 공화당 예비선거판에는 민주당보다 여성, 히스패닉, 흑인이 훨씬 많았고, 민주당 경선은 곧 노령의 백인 두 사람—버니 샌더스와 힐러리 클린턴—의 한판 승부로 수렴되었으며, 결국 클린턴이 후보로 결정된 후 예비선거가 조작되었다는 주장도 일었다.

평론가들은 근래 공화당이 배출한 최고의 후보군이라고 찬사를 보냈다. 트럼프가 경선에 뛰어든다는 소문은 트럼프의 상표를 널리 알리고 다양한 상업적 기회를 모색하기 위한 깜짝쇼로 폄하되었다. 트럼프의 출사표가 설사 진심이라고 해도, 그는 (같은 뉴욕 출신으로 2004년 민주당 예비선거에 출마했던 알 샤프턴 목사처럼) 금방 보기 좋게 나가떨어지든가 론 폴이나 랄프 네이더처럼 제3당 후보로 출마해 한동안 성가신 존재가 되든가, 둘 중 하나이리라고 생각했다. 다만 공화당 후보들은 떨어질 게 뻔한 트럼프가 일단 후보지명자가 결정되고 나면 그 후보를 지지하지 않겠다고 할까봐 걱정했을 따름이다. 힐러리 클린턴이 나중에 일반유권자 선거에서 분명히 패배할 트럼프가 패배를 받아들이지 않고 당선을 도둑맞았다고 주야장천 칭얼댈지 모른다고 안달했듯이 말이다.

그러나 등판하자마자 도널드 트럼프는 69세의 고령에도 불구하고 어찌된 일인지 그보다 훨씬 젊고 정치 경험도 많은 16명의 공화당 경쟁자들보다 훨씬 활기 있고 정치적으로 감각이 있는 것으로 드러났다. 과거에 TV에 출연한 경험이 있어서인지 트럼프는 재치 있게 즉답하는 데 훨씬 능수능란했다. 그는 저급한 3류 희극에서부터 고품격 코미디에 이르기까지 자유자재로 오갔고, 활기가 넘쳤으며, 조명과 카메라 앞에서 긴장한 기색도 보이지 않았다. 그리고 롬니처럼 자신이 쌓은 부에 대해 얼버무리고 변명조로 일관하지 않고, 오히려 순자산의 규모를 부풀렸다. 공화당 지지자들은 쭈뼛거리거나 죄책감에 빠진 백만장자보다는 허풍선이 억만장자가 낫다고 보리라는 데 트럼프는 도박을 걸었다.

선거운동 초기에 트럼프는 "나는 내 757기를 타고 다닐 건데, 가장 비싼 자동차를 타고 다니는 셈이다."라고 잘난 척했다. 다른 사람들이 눈살을 찌푸리면, 트럼프는 다음과 같이 코웃음을 쳤다. "대통령직이 자기가 평생 해본 일 가운데 가장 고액연봉 직이 될 사람이 대통령이 되기를 바라나?" 부유한 공화당 후보가 부를 성공적으로 축적한 데 대해 이렇게 잘난 척을 한 적이 거의 없었다. ("나는 전통적인 보수주의 가치를 대표한다. 나는 매일 아침 일어나 출근한다. 열심히 일한다. 나는 정직하게 돈을 벌었고 매우 성공했다. 내가 소유한 수십억 달러? 한 푼도 허투루 벌지 않았다.") 트럼프는 후보들이 자기선전을 하기 꺼리는 이유는 자부심을 느끼기보다는 "나약"하거나 죄책감이 들어서라고 생각했다. 그리고 그렇게 소심하게 굴면 천박한 비판만 불러들일 뿐이라고 트럼프는 생각했다.

그 결과 모욕과 반격이 점입가경으로 치달았다. 선거운동이 점입가경으로 치달은 한 사례를 보자. 공화당 대선후보 경선 첫 토론회가 시작되자 랜드 폴은 도널드 트럼프를 겨냥해 그가 "정치인들을 매수하는 데 도가 텄다."라고 주장했다. 그의 주장은 사실일 가능성이 높다. (트럼프가 한때 정치인들에 대해서 다음과 같이 언급했다. "2년 후든 3년 후든, 내가 그들로부터 뭔가를 얻어낼 필요가 있을 때 그들은 나를 도와준다.") 그러나 트럼프는 폴의 주장을 완전히 뒤집었다. 트럼프는 폴 본인도 트럼프로부터 정치자금을 기부해달라고 애걸한 적이 있다고 꾸짖었다. 그리고 트럼프는 기꺼이 정치자금을 지원했다고 주장했다(그가 정말로 정치자금을 기부했는지 여부는 나중에 따질 문제였다). 트럼프는, 힘에 겨워 허덕이는 숙주보다 숙주에 기생하는 못돼먹은 기생충을 더 혐오하듯이, 트럼프는 맨해튼 같은 곳에서 사업을 하려면 대가성 청탁은 치러야 할 대가라고 생각하는 트럼프 같은 냉소적인 기업가들보다 위선적이고 돈을 구걸하는 정치인을 대중은 훨씬 증오한다고 생각했다.

트럼프가 불법 이민을 비판하면서도 불법 체류자들을 고용한 위선적 행위를 루비오가 논리적으로 지적하자, 트럼프는 상당히 정확한 비판을 별것 아닌 듯 치부하더니 다음과 같이 한층 해괴하고 기발한 논리로 루비오를 조롱했다. "나는 일하면서 지금까지 수만 명을 고용했다. 당신은 아무도 고용한 적이 없다. 당신은 신용카드를 긁어대서 문제를 일으킨 것밖에 한 게 없다." 트럼프는 불법 체류자를 고용하는 게 죄악이라면, 불법 체류자를 고용할 능력이 없는 게 더 큰 죄악이라고 말하는 듯했다.

무엇보다도 트럼프는 말투가 공화당의 예의 바르고 공손한 정치인이 아니라 싸움꾼 같았다. 그는 오로지 트럼프만 만만하게 보고 겨우 애들 수준의 비판을 해서 점수나 따는 경쟁자들을 압도하는, 결함이 있으나 행동하는 남자의 역할을 맡았다. 유권자들은 본선에서 그런 핏불의 목줄을 풀어놓으면 유리하겠다고 생각했다. 비록 말을 안 듣고 달아나거나 엉뚱한 사람을 물어뜯을지 알수 없는 일이긴 하지만 말이다.

게다가 트럼프는 자신의 문제는 백만 달러 단위의 도박에서 비롯됐지만, 루비오의 문제는 몇천 달러 단위로 씀씀이가 헤픈 데서 비롯된 문제임을 내비쳤다. 그러나 무엇보다도 미국인들은 가짜에 신물이 났다. 트럼프가 어떤 사람이든—그는 수많은 결함이 있다—적어도 숨기지 않고 자기 모습을 보여주었고 때로는 자기를 비하하기도 했다. 때로는 그러한 솔직함이 일부러 자기 자신을 풍자하는 지경까지 가기도 했다. 어마어마하게 큰 전용기와 리무진을 과시할 때처럼 말이다. 술을 한 방울도 입에 대지 않는 트럼프는 대통령이 되고 난 후 음주와 관련한 얘기를 하면서 스스로를 비하했다. "솔직히 나는 내 평생 맥주 한 잔 한 적이 없다. 손에 꼽을 만한 내 장점 중에 하나다. 내가 술꾼이었으면 얼마나 엉망진창이 됐을지 상상이 가는가? 아마 세계 최악의 주정뱅이가 됐을 게 틀림없다."

루비오는 주야장천 "미국을 다시 위대하게"만 되풀이하는 트럼프를 맹렬히 비난했다. 그럴 만도 했다. "트럼프는 매일 밤 똑같은 말만 되풀이한다. 그는 딱 다섯 가지만 말한다. 모두가 멍청하다, 나는 미국을 다시 위대하게 만들 작정이다, 우리는 이기고, 이기고, 또 이긴다, 나는 여론조사에서 이기고 있다." 루비오의 주장은 모두 사실이었을지도 모르지만(그리고 뉴저지 주지사 크리스 크리스티도 준비한 각본대로 똑같은 주장만 반복한다고 루비오를 공격했다), 이 또한 별무소득이었다. 트럼프는 미국을 되살리기 위해 모든 역경에 맞서 이기겠다는 하나의 메시지에 성공적으로 천착하고 있었기 때문이다. 트럼프는 루비오가 제시하는 여러 가지 다양한 메뉴는 언제든 습득할 수 있지만, 자신의 담대함은 타고난다고 생각했다.

테드 크루즈가 (선견지명을 발휘해) 트럼프의 "뉴욕 가치관"을 조롱하자(아마 트럼프의 사업과 성추문을 일컬었을 가능성이 높다), 싸움꾼 트럼프는 뜻밖에 9·11 테러공격을 언급하며 고상하게 크루즈를 박살냈다. "뉴욕 시민들은 싸우고, 싸우고, 또 싸웠고, 우리는 죽음을 목격했고 죽음의 냄새도 맡았다. 아무도 이해하지 못했다. 우리는 맨해튼 다운타운을 재건했고 세계 모든 이들이 뉴욕과 뉴욕 시민들을 지켜보고 아꼈다. 테드가 한 말은 매우 모욕적인 발언이다."

여기서 트럼프는 드물게 반성하는 측면도 드러냈는데, 이는 그가 대통령이 된 다음 이따금 다시 드러낸다. 훨씬 자주 보이는 거친 말투와 상충되는 모습이다. 다른 사람도 아니고 트럼프가 더 도덕적으로 나오면 상대방은 그쯤에서 멈추는 게 현명하다. 훗날 트럼프를 지지하게 된 이들 가운데 일부는 트럼프가 보인 "선한" 모습을 떠올리면서, 그가 독설을 그만두고 품격 있게 처신하기를 바란다. 그러나 그들은 트럼프가 툭하면 비열하게 처신하기 때문에 이례적으로 품격 있는 발언을 하면, 준비된 각본에 따라 틀에 박힌 말로 위로랍시고 하는 정치인들보다 훨씬 감동적으로 와 닿는다는 사실을 간과하고 있는지도 모른다.

2016년 공화당 후보 경선에서 공화당의 문제는, 경륜은 있지만 뻔한 사업가와 직업 정치인들 가운데 선택해야 한다는 한계뿐만이 아니었다.

케케묵은 메시지로 일관했다는 점도 문제였다. 늘 제약 없는 자유무역, 늘 묻지도 따지지도 않고 세계정세에 개입, 늘 무조건 국가건설을 위한 개입주의, 그리고 여지없이 늘 민주당의 국경 개방, 불법 체류자 사면, 젭 부시와 마코 루비오가 대체로 동의해온 외국인 노동자 유입 찬성 등으로 점철된 "포괄적인 이민정책 개혁"을 부르짖었다.

공화당을 지지하는 유권자들은 절박한 처지에 있는 사람들을 고려하지 않은 이런 메시지를 딱히 믿지 않았다. 대부분이 이미 보수주의적 의제를 지지하면서도 트럼프의—보수주의 가치관에 반하는 방탕한 사생활뿐만 아니라—간판 공약인 공정무역, 피해를 주는 세계화, 불필요한 해외 개입 자제, 불법 이민 단속강화를 받아들일 여지를 남겨두는 모순된 선택을 했다.

보수주의자들은 공화당의 전통적인 입장이었던 세계화에 정말로 찬성하는지 여부조차도 점점 헷갈렸다. 그들은 정통 보수주의를 표방하고 선거운동을 하는 후보라고 해서 당선 후 반드시 보수주의적 통치를 하지는 않는다는 사실을 깨닫기 시작했다. 조지 W. 부시는 빌 클린턴보다도 훨씬 적자를 많이 냈다. 그의 교육정책은 존 케리가 내세웠어도 손색이 없었을지 모른다. 로널드 레이건, 조지 H. W. 부시, 그리고 조지 W. 부시 모두 기업의 이익을 위해 값싼 노동력을 확보하는 데 열을 올렸고 빌 클린턴보다도 국경보안 강화에 안이하게 대처했다.

민주당은 늘 뼛속까지 리버럴 성향인 인사를 대법원에 임명했다—스티븐 G. 브라이어, 루스 베이더 긴즈버그, 소냐 소토마이요, 그리고 엘레나 케이건 등을 임명했고, 공화당도 대법관을 리버럴이나 중도 성향으로 낙착을 보는 경우가 너무 잦았다. 해리 블랙먼, 윌리엄 브레넌, 앤서니 M. 케네디, 샌드라 데이 오코너, 루이스 F. 파월 주니어, 데이비드 H. 수터, 존 폴 스티븐스, 포터 스튜어트 그리고 얼 워런 등이다. 아니면 조지 해롤드 카스웰, 클레멘트 헤인즈워스, 해리엇 마이어스 같은 듣도 보도 못한 인물을 지명하기도 했다. 공화당은 대법관을 지명할 때 "유연하고" "초당적"인 인물이라는 평을 듣고 싶어 했고, 민주당은 "신념이 투철한", "충직한", "원칙 있는" 인물을 선정했다.

무엇보다도 진지하고 전문가다운 조지 H. W. 부시 같은 보수주의자들은 리버럴이 자신을 좋아하고 존경하기를 간절히 바랐다. 조지 W. 부시는 자기를 부당하게 전쟁범죄자로 매도하고 의도적으로 흑인들이 카트리나 허리케인의 피해를 입도록 내버려두었다는 무자비하고 무례한 공격에도 대응하지 않았다. 반면 버락 오바마 같은 리버럴은 선거에서 이기면 자기가 선거에서 이겼으므로("선거에는 결과가 있기 마련이고, 결국은 내가 이겼다."라고 오바마는 공화당 의원들에게 상기시켜주었다) 세금을 삭감하거나 국방비를 증액하는 등 공화당원들과 협치할 생각이 전혀 없다며 공화당원들을 조롱했다. 리버럴에게 "초당적 법안"은 리버럴 의제를 통과시킨다는 뜻이었고, 불만을 품은 보수주의자들은 속이 부글부글 끓었다.

지금까지 트럼프가 몇몇 이슈를 보수 유권자들의 호응을 얻어내도록 재조정하고 진보주의자, 좌익 민주당과 정통 공화당이 포기해서 자신과 같은 후보가 이용할 수 있게 된 정치적 공간을 십분 활용했다는 사실을 살펴보았다. 그렇다면 2016년 초 무렵 트럼프가 제시한 이슈들이 대규모 유세에서 호응을 얻고 여론조사에서도 반응이 나타나고 있었는데도 불구하고, 공화당의 다른 경쟁자들은 트럼프가 내세운 이슈들을 적어도 이용하거나 다듬거나 아니면 타파하지 않은 이유가 뭘까?

한마디로 그들은 경직된 공화당 이념에 볼모로 잡혀 있었다. 그런 경직된 이념이 자기들의 지지기반을 멀어지게 했는데도 말이다. 에드먼드 버크와 알렉시 드 토크빌이 제시했었거나, 중서부 출신으로 자수성가한 로널드 레이건이 한동안 표방했던 사회적, 문화적 보수주의는 더 이상 존재하지 않았다.

관습, 전통, 토지 소유와 자영업을 토대로 한 중산층의 지속성을 보호하는 개념은 공화국을 건설하고 한니발을 패퇴시킨 로마 토지균분론자부터 18세기 말부터 20세기 초까지 유럽에서 발생한 혁명이라는 솔깃한 유혹에 저항했던 영국의 근로자 계층 시민들에 이르기까지 고전적인 공화주의의 본질이었다. 그러한 보수주의 전통에서는 신성하고 활기 있는 중산층이 방종한 부유층보다 현실인식이 뛰어나고 빈곤층보다 훨씬 신중하고 상식적이었다. 1장에서 살펴본 바와 같이, 공화당 텃밭의 정서는 도시는 부자와 빈자의 주거지이고 시골은 그 사이에 위치한 사람들의 거처라는 개념을 토대로 한다. 작은 마을과 농촌 생활은 전통적으로 온건함을 배양하는 곳이었고, 뜬구름 잡는 이론이 현실적인 관행과 만나고 육신이 정신으로 하여금 현실에 발을 딛게 하는 곳이었다. 공화당은 세계화된 자본주의의 피눈물 없는 무자비한 경쟁에 충성을 바치느라 그런 경쟁이 중서부 산업지대를 초토화시켰는데도 불구하고 이 모든 걸 잊어버렸다.

이는 그저 추상적인 얘기가 아니었다. 2016년 공화당 대선후보를 선출하는 예비선거에서 공화당 후보들은 애덤 스미스에서부터 오스트리아 학파인 미국 경제학자 조지프 슘페터가 주장한, 시장에서 끊임없는 생산성 향상을 추구하는 기업, 농장, 사업의 지속적인 생성과 파괴를 통한 "창조적 파괴"에 이르기까지 유구한 전통을 자랑하는 원칙적인 보수주의 이론에 대한 충성을 서약했다. 그러한—무자비할지 모르지만 비논리적이지는 않은—유기적 시장은 규모의 경제와 효율성을 창출했다.

수요와 공급, 그리고 시장의 법칙들은 명령경제나 계획경제와는 달리, 결국 사회의 모든 구성원들을 풍요롭게 해주는 게 사실이다. 시장의 수요와 임금과 자본의 흐름에 따라서 국경이 안전하게 유지되면 오가는 통행량은 결국 안정화된다. 현실적으로 말하면, 멕시코가 미국 자본주의와 정치체제를 모방하고 미국에서 일하는 자국민이 보낸 송금으로 부유해지면 곧 체제 개혁을 하고 캐나다와 비슷해진다. 그래서 캐나다와 미국은 그들의 시민을 이웃나라에 수출할 필요가 없었다.

이처럼 공화당이 표방하는 순전히 상업적인 정설에 따르면, 자유무역은 경쟁을 장려했다. 경쟁은 효율성을 더욱 증진시켰다. 효율성이 높아지면 가격이 하락하고 모두의 생활수준이 향상된다. 마치 중하류층 미국 국민이 시간제 근무를 하고 연방정부와 주정부에서 지급하는 보조금에 의존해 살면서 월마트에서 대부분이 중국산인 싸구려 제품을 구매하면서 사는 게 벌이가 좋은 일자리를 가지고 스스로의 힘으로 살면서, 제대로 된 물건을 파는 개인 철물점에서 더 높은 가격을 주고 물건을 구매하는 삶보다 훨씬 낫다고 주장하는 셈이다.

공화당 엘리트 계층은 민주주의 국가가 많아질수록 전쟁이 발생할 가능성은 줄어든다고 믿었다. 합의를 토대로 운영되는 사회는 갈등을 먼저 일으키거나 선제공격을 하기 꺼린다는 이유에서 말이다. 미국이 때로 무역 협상에서 양보하고 미국에 무임승차하는 동맹과 중립 국가들을 위해 출혈을 해도 세계 자유주의 질서를 유지함으로써 장기적으로 얻는 이득을 생각하면 미국이 그 정도 대가는 치를 만하다고 생각했다.

중국이나 러시아가 더 부유하고 더 시장경제 체제에 가까워질수록 그들은 국제적으로 합리적인 태도를 보이게 되고 어쩌면 곧 민주화될지도 몰랐다. 그렇게 되면 미국을 포함해 세계의 여건이 개선된다. 국경 개방 정책을 고수하고 "자유" 무역 질서를 유지하고 제국주의적인 군사개입에 드는 비용을 대느라 연방정부의 부채가 늘어나도 크게 문제되지 않았다. 미국은 막강하고 재원이 끊임없이 샘솟는 화수분 같은 나라니까. 적어도 부시 부류의 공화주의는 그런 가정을 하는 듯했다.

이러한 개념들은 〈월스트리트저널〉, 〈위클리스탠더드〉, 그리고 〈커멘터리〉 같은 보수 성향의 언론매체들이 제도화했다. 적어도 경제학적으로는, 적어도 장기적으로 볼 때, 대부분의 미국인들에게는 이득이 되고 제대로 작동했기 때문이다. 이러한 개념들은 미국기업연구소(AEI)와 헤리티지재단을 비롯해 워싱턴에 있는 싱크탱크들이 새로 취임하는 공화당 행정부에 연구 보고서로 제출하거나 싱크탱크 소속원이 임명직 공직자로 행정부에 입성했다.

오스트리아 경제학파는 루드비히 폰 미제스와 프리드리히 하이에크 같은 걸출한 사상가들을 배출했고 밀턴 프리드먼에게 영향을 미쳤으며 사회주의, 공산주의, 케인즈의 정부 주도 경제체제를 상대로 신자유주의적인 논쟁에서 승리했다. 그러나 그런 자유 시장 이론은 곧 전체를 규정하게 되었고 지나치게 확장되어 그런 이론이 적용 대상으로 의도하지 않은 정치, 문화, 사회적인 생활에까지 적용되었다. 경제학자들은 더 이상 자신들을 한 분야만 파고드는 두더지로 생각하지 않고 전지전능한 여우 행세를 하면서 자부심을 느꼈다.

그들의 경직된 자유 시장 이념은 이민에서 정부의 역할, 교육, 국방에 이르기까지 훨씬 폭넓은 사회적 문화적 문제에 대한 해법을 제시했다. 무지막지하게 단순히 요약하자면, 시장이 사회를 풍요롭게 만들고 개인을 존중하고 자유를 보호하려면 단기적으로는 승자와 패자가 있어야 한다는 뜻이었다. 그리고 승자와 패자는 자신의 삶을 끊임없이 수정하고 거부하고 적응해야 했다.

변하지 않는 것은 아무것도 없었고 성역도 없었다. 지역사회의 토대가 되는 본질적인 가치로서, 6대째 이어져온 가족 농장이라는 진기한 개념은 오로지 각 세대가 시장의 현실에 얼마나 현명하게 적응하는지에 달려 있었다. 현실과 동떨어진 낭만주의자 한 세대만으로도 그들이 남긴 유산을 쉽게 파괴할 수 있다. 그리고 냉정한 실용주의자들은 이를 영속시킨다. 지역공동체를 결속하는 제철소를 보호하려면 남한에서 수입한 경쟁상품보다 철강 1파운드당 10센트를 더 지불해야 했고, 따라서 그러한 상징적인 공장은 방치된 채 녹슬어야 했다.

대니얼 벨(《자본주의의 문화적 모순》)에서부터 크리스토퍼 라쉬(《엘리트 계층의 반란과 민주주의의 배신》), 로버트 니스벳(《공동체 추구와 현 시대》)에 이르기까지 각양각색의 사회과학자들은—트럼프와 그를 보좌하는 대부분의 자문역들이 등장하기 훨씬 전에—보수 진영이 상호배타적인 간판 이념들 간의 충돌을 향해 치닫고 있다고 경고했었다. 자유무역을 중시하는 자본주의가 생활수준을 향상시키고 개인에게 힘을 실어주면서 사회가 전통적인 사회적, 보수적, 문화적 관습들을 보존할 필요성이 훼손된다. 오로지 이러한 전통적인 관습만이 점점 무모해지는 물질적, 세속적인 취향, 결국 자본주의의 근로윤리를 훼손하게 되는 이러한 취향을 완화시킬 수 있는데 말이다.

트럼프가 후보일 때 그리고 대통령인 지금, 트럼프에 비판적인 공화당 사람들이 처한 딜레마는 트럼프 본인이 처한 딜레마와 같지 않고, 어찌 보면 훨씬 심각하다. 그들은 트럼프처럼 새로운 이슈를 발굴하고 공화당 텃밭인 지역이 몰락을 모면케 하고 되살리기 위해 제시한 분산된 정책들에 일관성을 부여하는 이론을 제시할 필요가 없었다. 트럼프 시대에 공화당 기득권층 후보들은 기존의 도그마와 닳고 닳은 정설, 일반유권자의 처지에 대해 점점 무감각해지고 그들의 지지를 잃을 게 분명한 정설을 새롭게 단장해서 의구심을 품은 유권자들에게 제시하는 선택지밖에 없었다.

트럼프는 뜬금없이 전략을 뒤바꿨다. 그는 우선 유권자들의 개인적인 삶에 와 닿게 호소하고 난 다음에 자신이 닥치는 대로 제시한 정책들을 체계화하고 일관성을 부여하는 데 필요한 규범들을 엮었다. 즉, 그는 실직한 선반(旋盤)공에게 중국이 "훔쳐갔던" 일자리를 도로 찾아오겠다고 약속한다. 광부들은 점점 유해물질 배출이 줄어들고, 점점 가격이 저렴해지는 천연가스라는 경쟁 상품이 아니라 환경보호청 때문에 실직했다. 미국 아이들은 불법 체류하는 음주운전자들 때문에 목숨을 잃고 불법 체류자들에게 폭행을 당하고 있는데, 이들은 애초에 연방이민법을 어기고 마음대로 돌아다니도록 놔두지 말았어야 하고 자기 나라로 돌아가야 했다. 값싼 인력이 경제를(그리고 트럼프 본인의 건설 프로젝트를) 얼마나 윤활하게 돌아가도록 하는지는 부차적인 문제였다.

앞서 살펴본 바와 같이 트럼프가 제시하는 메시지는 분명히 선거에서 유리하게 작용했다. 부화방탕한 억만장자인 맨해튼 해결사 트럼프가 표면적으로는 국민을 우선시했다. 뒤이어 이론이 제시되었다. 2018년 7월, 트럼프는 일리노이주 그래닛 시티에서 철강제조공장을 재개하는 행사에 참석해, 반대를 무릅쓰고—해외 생산자들을 대상으로 거래의 기술을 발휘해 호혜성을 확보하는 지렛대로써—철강에 관세를 부과하는 방침을 관철시킨 끝에 미국의 철강 산업 근로자들에게 공정한 경쟁을 할 입지를 확보해주고 일자리를 되찾아주었다고 으스댔다. "공장을 폐쇄하고 인력을 감축한 지 오랜 세월이 흐른 끝에 그래닛 시티에 있는 이곳 용광로에 다시 불길이 활활 타오르게 된 오늘, 근로자들이 일자리를 되찾았고, 미국의 철강을 쏟아부어 미국의 근골을 튼튼하게 세우고 있다." 장기적으로 볼 때 관세는 세계 무역을 침체시키고 미국의 일자리를 잃는 결과를 초래할지 모른다는, 설득력 있지만 추상적인 반박 논리는 실직했거나 정부보조금을 받고 생산된 값싼 해외 철강제품이 미국 시장에서 팔리는 데 넌더리가 난 이들에게는 공감을 얻지 못했다. 게다가 트럼프는 약속을 지켰다. 2019년 7월 무렵, 그는 중국 제품에 각종 관세를 부과했고 뒤이을 무역전쟁에서 승리하겠다는 결의를 다졌다. 미국이 실직한 근로자들—중국이 특허와 저작권을 침해하고, 기술을 도용하고, 덤핑을 일삼고, 환율을 조작해 피해를 당한 이들—을 위해 지금 결연히 맞서지 않는다면 때는 너무 늦으리라고 트럼프는 일갈했다.

트럼프에게 맞서는 이들은 크게 공감하지 않는 듯했다. 그들은 우선 논리를 내세운 다음에 사람들이 그 논리를 따르게 만들었다. 트럼프는 피해자라고 인식되는 대상 모두를 위한 새로운 이론을 제시한 반면, 그의 공화당 경쟁자들은 피해자들을 기존의 협소한 해결책에 억지로 끼워 맞췄다. 언론매체는 예상대로 트럼프의 재산, 천박함, 미심쩍은 윤리관, 과거에 겪었던 파산, 험악한 말투, 일천한 정치 경험, 아마추어 같은 보좌진에 매몰되어 바로 눈앞에 있는 대상을 보지 못했다. 다른 사람도 아니고 트럼프가 국민을 거론했다는 사실, 특히 잊혔고 심지어 경멸의 대상인 이들을 대변했다는 사실을 말이다.

트럼프의 열혈 지지자이자 평생 친구인 한 인사는 예비선거 기간에 나와 대화를 하다가 내가 트럼프의 공약과 그의 과거에 대해 꼬치꼬치 따지자 다음과 같이 답했다. "실직자로 아침에 눈을 떠본 적 있나? 중국이나 베트남에 있는 누군가가 당신이 받는 원고료의 절반만 받고도 당신 못지않게 훌륭한 칼럼이나 책을 쓰지는 못할까? 모두가 당신처럼 평생직장을 얻지 못할 이유가 뭔가? 왜 대학은 값싼 인력을 수입해서 고용해 당신 연봉의 절반만 주고 당신을 해고하지 않는가?"

트럼프는 과거에 거물급 기부자로부터 정치자금을 받은 이력이 없다. 그는 대통령이 되기 전에는 정치를 한 적도 없고, 대통령직에서 퇴임한 후에도 정치를 계속하지는 않을 것이다. 그는 싱크탱크를 방문한 적이 거의 없다. 그는 아마 보수 성향의 잡지나 시사저널을 구독하지도 않을 가능성이 높다. 그가 어울리는 지식인들이 이끄는 "보수 운동"도 없었다. 그는 과거에—사업, 납세, 성추문 등—수없이 많은 우여곡절을 겪었으므로 또 한 번의 시련이 닥친다고 해도 겁날 이유가 없었다. 고소하고 고소당하는 게 그에게는 면역력을 키워주는 모유와 같았다. 그는 현재 공화당 기득권층에 대한 충성심도 없었고 그들에 대한 지식도 거의 없었을 게 틀림없다. 우익 주류 계층과 기득권층은 트럼프의 선거운동과 엮이지 않으려 했고, 그가 대통령이 되고 나서도 거리를 유지했다.

220

공정무역과 합법적 이민만을 인정하고 우방을 돕고 적을 무찌르는 잭슨주의적인 국방정책, 그리고 미국우선주의는 트럼프 본인이 조합했고 나중에 스티븐 밀러, 스티브 배넌 같은 보좌진이 새로운 국민우선주의적 포퓰리즘으로 전환시켰다. 트럼프의 강점은 그가 공화당의 지식층과 정치조직을 벗어나 활동했다는 점이다. 그의 약점은 극한 상황에 처할 경우, 그가 후보가 되거나 대통령이 되는 데 투자한 바가 없는 이들로부터 제도적인 차원의 지지를 기대할 수 없으므로 과거 행정부의 경우와는 달리 그가 추진하는 의제를 방어하거나 그의 비행을 해명해줄 조력자가 거의 없다는 점이다.

사실 "미국을 다시 위대하게"라는 선거 문구는 트럼프가 사업을 하는 방식의 정치적 연장선상이다. 그가 영리하고 교활하다는 것은 부인할 수 없는 사실이다. 그는 인간의 본성을 파악했고, 과묵하고 강인한 사람을 존중하고 나약함이 드러나는 사람은 경멸했다. 트럼프는 회의실에 말없이 앉아서 고개를 끄덕여 결정을 승인하는 억만장자를 존경했다. 묘하게도 트럼프는 자신보다 훨씬 부자인 사람들 사이에서 (본인 같이) 목청을 높이고 우쭐거리는 억만장자를 비교적 덜 존중했다.

트럼프는 사람들이 단기적인 문제에 대한 장기적인 해결책은 듣고 싶어 하지 않는다는 사실을 파악했다. 특히 추상적인 이론을 내세우면서 정작 본인은 그러한 이론의 부정적 측면을 모면할 능력을 갖추고 있는 사람들이 제시하는 해결책은 듣고 싶어 하지 않았다. 시행착오를 통해서, 그리고 공략하기 좋은 지점을 찾아내면서, 트럼프는 갑작스러운 실패와 파산을 겪었지만 실패할 때보다 더 빠른 속도로 재기해 부자가 되었고, 순전한 의지력, 호통, 배짱 같은 기질은 엘리트 계층에서는 놀라울 정도로 드물다는 사실을 터득했다. 그리고 중산층과 마찬가지로 트럼프도 은행, 연방준비제도, 월스트리트를 항상 불신했다. 그런 기관들은 트럼프 자신이 추진하는 야심만만한 프로젝트와 꿈을 가로막는 방해물인 경우가 잦았고, 사무용 건물, 골프장, 리조트처럼 구체적인 현물보다는 추상적으로 돈을 다루는 이들이었다.

거의 어떤 이슈에 대해서도 트럼프는 자기 경쟁자들을 능가했다. 연구조사, 데이터, 상식을 무시하고, 이슈를 상대적인 자기이익의 문제로 격하시키고, 비판하는 상대에게 도로 들이대면서 반격하는 임기응변으로 말이다. 자유무역이 좋다고? 그럼 중국은 왜 자유무역 규정을 안 지켰지? 북대서양조약기구가 반드시 필요하다고? 그럼 그 기구가 가장 절실히 필요한, 최전선에 놓인 회원국들은 왜 미국만큼 방위비를 지출하지 않지? 불법 이민은 그다지 중요하지 않다고? 그럼 멕시코는 왜 자국과 과테말라의 국경을 순찰하지? 세계화가 필수적이라고? 그럼 우리는 공장 문을 닫는데 중국은 공장을 새로 짓는 이유가 뭐지?

이런 식으로 선거운동 기간 내내 그리고 대통령이 된 다음에도 되풀이하면서 이슈를 "그럼 쟤네는 왜 그러는데?"라는 논점으로 단순화시켰다. 이런 그의 주장이 대중의 공감을 얻은 까닭은 다른 모든 공화당 후보들과 트럼프 대통령을 비판하는 이들이 절대로 답할 수 없는 핵심적인 진실이 있기 때문이다. 결국 미국은 늘 너무나도 부유하고 막강하므로 세계적인 프로젝트가 계속 진행되도록 재정적으로 뒷받침할 여유가 있고 그렇게 해야만 한다는 전제 하에 다른 나라들이 세계무역, 제2차 세계대전 이후 구축된 상업적, 군사적 규정들을 이용하도록 미국이 기꺼이 허락했기 때문이다.

트럼프는 이에 대해 이의를 제기했다. 미국은 거덜 났다. 다른 나라들은 무임승차하거나 편법을 썼다. 세계는 엉망진창이다. 아니, 그게 아니라, 지금 이 체제는 당신을 파산시켰고 이 체제를 영속시키는 이들을 부유하게 만들었다고 트럼프는 미국인을 향해 다음과 같이 일갈했다.

우리 정치인들은 적극적으로 세계화 정책을 추진해왔고 우리 일자리, 우리의 부와 공장들을 멕시코와 해외로 이전시켰다. 세계화는 정치인들에게 기부하는 금융 엘리트 계층을 아주아주 부유하게 만들어주었다. 나도 그중 하나였다. 이런 얘기하기는 싫지만 나도 그중 하나였다. 그러나 수백만 근로자들에게는 가난과 마음의 상처만 남겼다. 정부보조금으로 생산한 외국산 철강이 우리 시장에 쏟아져 들어와 우리 공장의 생사를 위협할 때, 정치인들은 손가락 하나 까딱하지 않았다.

그러나 대통령이 되려면 트럼프는 민주당과 공화당 외에도 아마 훨씬 더 버거운 난관을 하나 더 극복해야 했다. 딥스테이트라 불리는 행정조직, "워싱턴의 늪"이라 불리는 "평생 관료조직"이었다—점점 비대해지고 그 촉수를 멀리까지 뻗으며 행정규제를 만들어내면서, 결국 행정부와 대통령은 임기가 끝나고 사라지지만 절대로 사라지지 않고 자기 나름대로 독자적 생명체로 변신하는 영원한 '늘공' 말이다.

트럼프는 이 늪의 일원이 아니었다. 늪에 서식하는 이들은 트럼프의 공화당 경쟁자들과 민주당 적수들보다 트럼프를 훨씬 더 증오했다. 그리고 이 늪에 서식하는 이들은 도널드 트럼프도 상상하기 힘든 방법으로 굴러들어온 돌을 축출하는 음험한 힘을 지니고 있다.

그런데 딥스테이트가 정확히 뭘까? 왜 딥스테이트는 도널드 J. 트럼프를 경멸하게 됐을까? 어떻게 하면 트럼프는 그들을 우회할 수 있을까?

06

앙시앵레짐

파시즘, 민주주의, 프롤레타리아 독재 등, 가면에 뭐라고 꼬리표가 달려 있든 상관없이 우리의 최대의 적은 여전히─관료조직, 경찰, 군 등─기관이다.
─ 〈전쟁에 관한 성찰Reflections on War〉, 시몬 베유

20

18년 9월 5일, 〈뉴욕타임스〉는 트럼프 행정부의 "고위관리"가 익명으로 기고했다는 글을 게재했다. 놀랍게도 이 글을 기고한 익명의 관리는 자신이 트럼프가 임명한 행정부 고위직과 정부 관료들과 함께 트럼프의 명령을 묵살하고 트럼프에게 제대로 정보를 제공하지 않거나, 그의 지시와 상관없이 독자적으로 행동함으로써 트럼프의 대통령직 업무수행을 방해하기 위해 적극적으로 활동하고 있다고 주장했다. 익명으로 기고한 이 관리는 거리낌 없이 다음과 같이 말했다.

> 트럼프는 근대 미국의 그 어떤 지도자도 직면한 적이 없는 시험에 직면하고 있다.
>
> 그를 옥죄어오는 특검만 문제가 되는 게 아니다. 트럼프 씨의 지도력을 두고 나라가 첨예하게 분열되어 있다는 사실도 가장 큰 난관은 아니다. 그를 몰락시키기 위해 눈에 불을 켜고 달려드는 야당에게 하원을 내어줄지 모르는 공화당도 가장 심각한 문제가 아니다.
>
> 그가 제대로 파악하지 못하고 있는 딜레마는 그의 행정부 소속 수많은 고위 관리들이 그가 추진하는 정책을 일부 무산시키고, 그의 성질을 돋우려고 불철주야 힘쓰고 있다는 사실이다.
>
> 난 안다. 나도 그들 중 한 사람이니까.

그러더니 〈뉴욕타임스〉에 위의 글을 기고한 인물은 트럼프 대통령의 국정수행을 방해하기 위해 일종의 점진적인 쿠데타를 일으키고 있다고 다음과 같이 털어놓는다.

> 이 혼돈의 시대에 일말의 위안이 될지 모르겠지만, 미국인들은 이 행정부에 성숙한 어른이 있다는 사실을 알았으면 한다. 우리는 무슨 일이 벌

어지고 있는지 충분히 인지하고 있다. 그리고 우리는 도널드 트럼프에 맞서는 한이 있어도 옳은 일을 하려고 한다.

결론적으로, 트럼프 대통령의 국정수행은 두 갈래로 진행되고 있다는 뜻이다.

그러더니 이 글의 저자는 트럼프가 저지른 죄악을 나열하고, 자발적으로 반역을 자행하기로 한 사람들 입장에서 그와 같은 비상한 전복의 명분을 다음과 같이 제시한다.

이는 이른바 딥스테이트가 하는 일이 아니다. 안정적인 스테이트가 하는 일이다.

많은 이들이 불안정한 이 정권을 목격하면서 내각에서도 헌법 수정안 제25조[16]를 발동시키자는 은밀한 논의가 초기에 있었다. 이 수정안을 발동하면 대통령을 제거하는 복잡한 절차가 진행된다. 그러나 아무도 헌정 위기를 초래하고 싶어 하지 않았다. 따라서 우리는 이 행정부가—어떤 식으로든—임기를 다할 때까지 어떻게든 올바른 방향으로 이끌고 가기 위해 최선을 다할 작정이다.

보다 우려되는 점은 트럼프 씨가 대통령직을 어떻게 훼손하는가가 아니라 하나의 국가로서 우리가 그로 하여금 우리에게 무슨 짓을 하도록 내버려둘지다. 우리는 그와 더불어 천박해졌고, 그가 우리의 담론에서 서로에 대한 예절을 걷어내도록 내버려두었다.

그러나 저자는 트럼프가 수많은 죄악을 저질렀다고 나열하면서도 대통령 역사상 전례 없는 죄악은 고사하고 그 정의상 불법이라든가, 위험하다든가, 비윤리적이라고 간주될 만한 대통령의 특정한 행위를 단 하나도 언급하지 않는다. 게다가 로버트 멀러가 특검 수사에서 이미 수백만 달러를 들여서 트럼프가 후보였던 당시와 대통령 취임 후 어떤 잘못을 했는지 티끌만 한 흠이라도 찾아내려고 샅샅이 뒤지고 있는 때에 말이다. 이 익명의 관리는 트럼프가 임기 중에 성공적으로 국정을 수행했다는 사실을 다음과 같이 인정한다. "오해는 말기 바란다. 언론이 트럼프 행정부를 거의 쉬지 않고 부정적으로 보도하지만 이들이 포착하지 못하는 긍정적인 면도 있다. 효과적인 규제 철폐, 역사적인 세제 개혁, 보다 강력해진 군 등, 그 밖에도 더 있다." "더 있다."라는 말에는 가스와 원유 생산, 근로자 연봉이 무려 2-3퍼센트 인상되었다는 사실, 그리고 평화적인 시기로 치면 거의 기록적으로 낮은 실업률도 포함되지 않을까 싶다.

그러나 이 익명의 관리는 그러한 기념비적인 성공적 국정수행은 다른 사람들 덕분이며, 트럼프 덕분이 아니라 트럼프라는 걸림돌이 있음에도 불구하고 이룬 쾌거라고 다음과 같이 주장한다. "그러나 이러한 성공은 대통령의 지도자 유형 덕분이 아니라 트럼프 같은 유형이 대통령임에도 불구하고 가능했다. 그는 충동적이고, 적대적이고, 치졸하고, 무능하다."

그렇다면 트럼프가 저질렀다고 그가 주장하는 죄악들은 대체로 통치 "스타일"이고, 그가 보기에 대통령답지 않은 품성에서 비롯된다는 뜻이다. "그와 회의를 하다 보면 얘기가 삼천포로 빠지고, 그는 똑같은 얘기를 반복하며, 충동적이라서 제대로 알아보지도 않고 어설프고 무모한 결정을 내리는 바람에 나중에 취소해야 하는 경우도 있다." 이 익명의 관리는 어떻게 그토록 무능하고 위험한 지도자가 자기도 인정하다시피 그렇게 훌륭한 업적을 쌓았는지 그 모순을 설명하지 못한다. 트럼프보다 훨씬 자질이 풍부한 제정신인 역대 공화당 대통령들이 보여준 역량을 훌쩍 뛰어넘는 업적을 말이다.

기고자는 자신과 생각이 같은 비선출직 공직자들과 관료들이 "저항세력(resistance)"을 결성해 국민이 선출한 대통령의 지시를 무산시키고 그들이 생각하는 올바른 방향으로 나라를 이끄는 정책들을 시행하겠다고 국민들에게 약속하고, 이러한 정책 시행의 결과는 트럼프보다 우월한 그들의 직업의식의 산물이라면서 그들이 생각하기에 대통령다운 다음과 같은 어조로 이 기고문을 갈무리한다.

> 나라를 최우선에 두고자 마음먹은 사람들이 행정부 내에서 조용한 저항
> 을 시작하고 있다. 하지만 진정한 변화는 정치를 초월하고 당파적 입장
> 에서 벗어나 미국인이라는 하나의 이름표만을 지니기로 한 일상의 시민
> 들이 만들고 있다.

이 글을 기고한 이도 〈뉴욕타임스〉 9월 5일자 신문에 익명으로 게재한 이 글에 대해 정보원, 시기, 목적을 밝히지 않았다.

첫째, 이 글은 〈워싱턴포스트〉 탐사보도 기자 밥 우드워드가 트럼프의 백악관에 대해 폭로한 책『공포Fear』가 출간되기 직전에 게재되었다. 이름을 밝히지 않은 정보원들을 인용하고 정보 출처도 밝히지 않은 그의 19번째 폭로 저서인 이 책은 위의 기고문이 게재되고 겨우 엿새 후에 출간될 예정이었다. 사전에 공개한 요약본은 대체로 익명의 기고문이 주장하는 바와 맞아떨어졌다. 대통령은 경험이 일천하고 성정이 불안해서 정부 관료들을 "두렵게" 만들고 그들로 하여금 대통령의 지시를 우회하거나 방해할 방법을 모색할 수밖에 없도록 만든다는 주장 말이다.

이 기고문은 우연히도 존 매케인 상원의원의 장례식이 치러진 지 나흘 후에 실렸다. 이 익명의 기고문에서 매케인은 트럼프의 적절한 대항마로 미화되었다. ("우리의 곁에는 더 이상 매케인 상원의원이 없다. 하지만 우리는 늘 그를 본보기 삼을 것이다—공직자의 삶과 국가적인 담론에 품격을 회복해줄 길잡이로서 말이다.")

매케인의 장례식에서 추모사를 한 인사들은 하나같이 그 기회를 빌려 존 매케인을 찬양했을 뿐만 아니라 도널드 트럼프를 맹렬히 비난했다. 묘하게도, 과

거에 매케인을 비판했던 이들과 그의 정적들이 매케인의 마지막 가는 길에 그를 칭송한 이유는 대부분 도널드 트럼프와의 끊임없는 반목과 불화 때문이었고, 이 덕분에 조지 W. 부시와 버락 오바마 같은 역대 대통령들이 인생 말년에 매케인을 성인의 반열에 올려놓았다. 이 두 전직 대통령은 과거에 대통령 선거운동을 하면서 매케인을 방탕하고 무모하다고 비방한 적이 있고(2000년 특히 사우스캐롤라이나 예비선거에서 부시), 2008년에는 그를 거의 치매에 걸린 인종차별주의자로 비방했다(2008년 대선 선거운동에서 오바마). 트럼프와 불화를 겪었다는 이유로 매케인은 그가 살아생전 이따금 그를 비방했던 바로 그 장본인들에 의해 사후에 악마에서 천사로 변신했다.

게다가 매케인은 숫기가 없는 인물도 아니었다. 그는 트럼프 지지자들을 "미치광이"라고 폄하했고 트럼프를 비방하는 내용을 담은 날조된 문건인 "스틸 도시에(Steele dossier)"를 돌리기도 했으며, 공화당 의회가 오바마케어를 폐지하고 개혁할 기회를 원천 봉쇄하는 표결을 했다. 앞서 적정부담보험법을 폐지하겠다고 여러 차례 약속했는데도 불구하고 말이다. 2016년 연방 상원 공화당 후보를 선출하는 애리조나주 예비선거에서 켈리 워드 후보와 치열하게 다투던 매케인의 선거광고는 "오바마케어는 애리조나 주민들을 실망시키고 있다."라는 문구로 시작했다.

마지막으로 매케인의 장례식과 익명의 기고문은 버락 오바마 전 대통령이 선거유세 현장으로 귀환하는 신호탄이었다. 그는 2018년 중간선거 직전에 분노가 담긴 연설을 여러 차례 했다. 그러면서 트럼프를 위험하고 무능하다고 매도하는 동시에 분명히 유능한 트럼프 덕분에 살아나는 경제를 자기 덕이라고 우기는 모순을 보이기도 했다. 동시다발적인 이 모든 우발적인 사건들을 관통하는 공통점은 기득권 세력이 집단적으로 트럼프를 증오할 뿐만 아니라 딥스테이트가 대단히 위험한 굴러들어온 돌이라고 간주하는 트럼프를 몰락시키기 위해서 수단과 방법을 가리지 않는다는 사실이었다.

보통 전직 대통령은 국가 장례식에서 전임자를 비판하지 않는다. 퇴임한 대통령은 선거유세에 참여해 현직 대통령에 대한 비난을 쏟아내지 않는다. 국가 장례식은 보통 선거 유세장으로 변질되지 않는다. 그리고 밥 우드워드의 선정적이고 출처도 밝히지 않은 주장들을 토대로 한 기고문을 행정부 소속 인사가 익명으로 선도적인 언론인 〈뉴욕타임스〉에 게재할 인맥도 없다.

냉소적인 사람이라면 2018년 중간선거에 앞서 동시다발적으로 트럼프를 중상비방하려는 모종의 공모가 있었다고 믿을지도 모른다. 주류 언론매체, 기자들, 기득권층 정치인들, 그리고 행정부 내의 수십 명의 관리들이 합심해서 짜고 치는 고스톱인 듯이 말이다. 그러나 그런 생각이 딱히 음모론적인 결론이라고 치부하기도 어렵다. 익명으로 글을 기고한 인물이 정부 내에 조직화된 "저항세력"이 존재한다고 으스댔으니 말이다.

마지막으로 한층 더 심란한 사실. 딥스테이트가 무엇을 비판하는지 분명하지도 않고 비판에 대한 자신감도 없다. 거의 정부 전복을 꾀할 정도의 노력을 하는 이들이 누군지 밝힐 정도의 자신감도 없다. 전직 대통령들과 존 매케인의 딸 메건 매케인은 장례식 추모사를 통해 트럼프를 쓰레기처럼 깔아뭉갰고, 주류 언론들은 이를 사설에서 다루면서 희열에 들떠 어쩔 줄 몰랐다. 그러나 장례식을 정치적 행위로 변질시키면서도 도널드 트럼프의 이름을 직접 언급한 이는 아무도 없었다. 익명의 기고가도 이름을 밝히거나 공개적으로 나서서 트럼프가 무슨 잘못을 했는지 구체적인 사례들을 제시하지도 않았다. 밥 우드워드도 일차적인 정보원을 대부분 밝히지도 않고, 정보제공자의 이름도 밝히지 않았으며, 각주에 자료를 제시해 독자들이 그가 하는 선동적인 주장이 진실인지 확인하도록 해주지도 않았다. 기득권층은 그렇게 할 만한 권력과 특권과 권한을 누리므로 그런 정보를 어떻게 어디서 얻었는지 밝힐 필요조차도 없다는 태도를 보였다. 심지어 자기들은 도덕적으로 우월하고 2016년 선거 결과를 뒤엎을 권리가 있을 뿐만 아니라 그럴 의무까지도 있다고 주장한 적도 있다.

과거 모든 대제국은 정부가 바뀌어도 변함없이 자리를 지키는 딥스테이트를 탄생시켰다.

'늘공' 관료조직과 엘리트 계층은 제국의 여건이 허락하는 대로 적응했다. 마드리드 외곽에 있는 스페인 제국의 엘 에스코리알, 르네상스 시대 베니스의 궁정, 비잔티움 제국의 콘스탄티노플, 18세기 베르사유 궁전에 살았던 수천 명은 모두 궁정의 직원들이었다. 그들은 끊임없이 음모와 쿠데타를 배태했고, 독재자 국가수반 밑에서 정기적으로 각료가 교체되어도 그들은 끄떡없었다.

비잔티움 제국의 유스티니아누스 황제는 기원후 532년 니카("승리"라는 뜻)의 반란이 일어나자 폭도들을 무자비하게 진압하고서야 자신에게 맞서는 관료조직의 영향력을 대폭 축소하고 억제할 수 있었다. 딥스테이트 평생관료의 핵심적인 목표는 시공을 초월한 멸사봉공이 아니라 생존이었다. 5세기 신출귀몰한 약방의 감초였던 아테네 장군 알키비아데스는 아테네의 민주주의적 제국주의자이자 과두정치 공모자로 의심받기도 했고, 아테네 국가에서 현상수배된 범법자였으며, 스파르타를 위해 일한 배신자였고, 아테네로 귀환해 민주주의자가 되었으며, 페르시아 제국의 보호 하에서 귀족적인 유배생활을 하기도 했다—이 모든 변신을 관통하는 공통분모는 그리스 도시국가 정치에서 살아남은 교묘한 술수의 달인이자 끊임없이 정계를 들락날락하는 정치꾼이었다.

이와 비슷한 인물의 사례가 훨씬 훗날 등장한 "노련한" 프랑스 외교관 샤를 모리스 드 탈레랑-페리고르였다. 탈레랑은 40년 이상 파리의 궁정에 붙박여 있으면서 앙시앵레짐, 프랑스 혁명, 나폴레옹, 그리고 왕정 복고시대를 차례로 옹호하고 배반했다. 그가 충성을 바치는 대상은 탈레랑 씨의 경력관리이지 프랑스가 아니었고 군주, 혁명, 공화정, 독재자는 더더군다나 아니었다.

제2차 세계대전 이후로 미국의 주정부와 연방정부는 해마다 기하급수적으로 성장했다. 2017년 무렵에 연방정부 민간인 직원은 거의 300만 명이었고,

군에는 130만 명이 있었다. 2200만 명에 달하는 지역, 주, 연방정부 관리들로 정부는 가장 규모가 큰 고용주가 되었다. 미국 3대 노조는 각각 국립교육협회(대부분이 교사와 공교육 기관 직원들), 서비스 피고용인 국제연맹, 그리고 주, 카운티, 시 피고용인 미국연맹이다. 모두 통상적으로 진보 성향의 후보를 지지했다.

21세기에 노조는 보통 정부 공무원들 사이에서만 성장했다. 지난 40년에 걸쳐 석사나 박사학위가 없는 공공부문 피고용인은 대부분 그들의 직급에 상응하는 민간부문의 피고용인들보다 높은 급여 수준에 도달했다. 2018년까지 대부분의 공공부문 직원들은 노조에 의무적으로 가입해야 했다. 대법원 판결로 금지되기 전까지만 해도 노조들은 실제 회원인지 여부와 상관없이 노조 회비를 원천징수했다.

관료조직은 큰 정부를 유지하려면 세금을 많이 걷어야 하고 이는 공화당보다 민주당이 훨씬 지지해주는 이슈라는 전제 하에 관료조직이 정치화되었고, 더 나아가 정치적 의제를 밀어붙이고 공무원 고용과 봉급을 삭감하지 못하게 무기화되었다. 대부분의 연방노조들은 공화당 후보보다 민주당 후보에게 훨씬 많은 액수의 정치자금을 기부했다. 〈더 힐The Hill〉의 보도에 따르면, 2016년 연방정부 직원들이 두 대선후보에게 기부한 정치자금 총액의 약 95퍼센트가 힐러리 클린턴에게 돌아갔다. 명백히 더 많은 규제, 더 높은 세율, 더 많은 복지혜택을 부르짖는 클린턴의 공약이 더 많은 연방정부 일자리와 더 높은 급여로 이어지고, 일반적으로 국가의 행정조직이 미국인의 삶과 문화에 중심적인 역할을 한다는 철학을 공유하기 때문이다.

비선출직 행정 관료들이 은밀히 휘두르는 권력은 파악하기 쉽다. 오늘날 미국인의 삶에서 가장 막강한 측면들을 관장하기 때문이다. 납세, 감시, 형사 절차, 국가안보, 그리고 규제다. 독립적으로 일하는 화물트럭 운전사나 소규모 자영업자의 악몽은 국세청의 감사를 받거나 통신을 감청당하거나 정부 규제 당국이나 검찰의 수사 대상이 되는 일이다.

딥스테이트가 이처럼 촉수를 멀리까지 뻗는 이유는 두 가지 믿는 구석이 있기 때문이다. 첫째, 정부 공무원의 부적절한 행동은 감사하거나 책임을 묻기가 어렵다. 노조 계약과 공무원법의 보호를 받기 때문이다. 두 번째, 정부가 임명한 인사나 관료 출신 감사는 국가의 재원을 무한정 쓸 수 있지만, 연방정부에 기소당하거나 세무사찰을 받거나 규제 위반으로 표적이 된 민간인은 무한한 재원은 고사하고 적절한 법적 방어 수단을 마련할 여건도 마땅치 않다.

국세청에서 기관들을 평가해 면세 지위를 부여하는 부서의 국장 로이스 러너는 2012년 대통령 선거 전에 대부분 보수 성향의 단체들만 표적을 삼아 세무감사를 하고도 처벌받지 않았다. 그녀는 수십 개의 비영리 단체들에게 즉각 면세 지위를 부여하지 않고 지연시킴으로써 오바마의 정책에 반대하는 활동을 못 하도록 막았다. 에릭 홀더 법무장관은 AP통신 기자들을 여러 명 감청했고, 특히 〈폭스뉴스〉의 제임스 로젠을 집중적으로 감시했다. 그들이 오바마 행정부의 정보원으로부터 유출된 정보를 받고 있다는 의심이 감시의 근거였다.

이른바 딥스테이트는 당대의 주류 정서를 반영하는 무기로 이용되기도 한다. 지난 30년 동안 딥스테이트는 다문화주의, 페미니즘, 정체성 정치, 다양성을 전제로 작동했는데, 이는 대부분 트럼프가 공격의 표적으로 삼은 성역이었다. 예컨대, 2009년부터 2016년까지의 기간 동안 오바마 행정부는 테러와의 전쟁을 재조정해 국가가 승인한 은유적인 표현을 통해 현실을 바꾸려고 했다. 오바마는 급진 이슬람이 테러리즘과 본질적으로 관계가 없고 이슬람 추종자들은 다른 종교 추종자들보다 특별히 서구 진영을 상대로 폭력을 교사하려는 성향이 더 강하지도 않다는 인식을 제도화하는 데 딥스테이트 세력을 이용하려고 했다. 트럼프는 2016년 내내 이러한 정치적 정도(Political Correctness)에 맞서 선거운동을 했다.

그럼에도 불구하고 딥스테이트는 그 상당한 영향력을 이용해 언어와 현실을 바꾸었다. 중앙정보국과 미국항공우주국같이 다양한 관료 집단들로부터 비롯되는 일관된 메시지를 주목하라. 워싱턴 정가 내부자이자 전 중앙정보국 국장이며, 한때 오바마 대통령의 대테러 수석보좌관이었던 존 브레넌은 다음과 같이 강조했었다. "우리는 우리의 적을 지하디스트라고도 이슬람주의자라고도 명명하지 않는다. 지하드는 성스러운 투쟁이고 이슬람의 합법적인 교의로서 자신이나 자신이 속한 공동체를 정화한다는 뜻이기 때문이다." 브레넌이 자신의 무지를 드러내면서 감상적인 표현으로 그들을 묘사하는 발언을 들었다면 시리아에서 활동하는 아이시스(ISIS)의 지하디스트 같은 지하디스트 본인들도 이의를 제기했을지 모른다.

전 국가정보국 국장 제임스 클래퍼는 "무슬림형제단이라는 용어는 여러 가지 다양한 운동을 포괄적으로 지칭하는 용어다. 이집트의 경우 무슬림형제단은 매우 이질적인 구성원들이 모인 집단이고 대체로 세속적이다."라고 주장했다. 물론 무슬림형제단은 "대체로 세속적"인 역할을 반영하도록 "세속적 형제단" 같은 이름으로 명칭을 변경하는 데 반대했을지 모른다.

미국항공우주국 국장 찰스 볼든은 2010년 알자지라 방송과의 인터뷰에서 다음과 같이 말했다. "오바마 대통령은 내가 미국항공우주국 책임자가 되자 세 가지 임무를 주었다. 무엇보다도 우선, 그는 무슬림 세계에 다가가 대부분이 무슬림인 국가들과 더욱더 밀접해지고 그들이 역사적으로 과학, 수학, 공학에 기여한 바에 대해 자부심을 느끼도록 도와줄 방법을 모색하기를 바랐다." 미국항공우주국 창립 헌장 그 어디에도 무슬림의 심리적 복지 상태를 개선하라는 사명은 제시되어 있지 않다.

육군참모총장 조지 케이시 장군은 2009년 텍사스주 포트 후드에서 니달 말릭 하산 소령이 총기를 난사해 13명을 숨지게 한 총격 사건이 일어나고 나서 딥스테이트가 추종하는 정치적 정도(PC)를 수용하겠다며 다음과 같이 말했다. "육군뿐만 아니라 우리나라에서도 다양성은 우리의 장점이다. 이 사건은 끔찍한 비극이지만, 우리의 다양성이 희생된다면 이는 더욱 끔찍한 비극이다." 정말로 끔찍한 사실은, 니달 하산 소령의 급진적인 이슬람 성향은 오래전부터 알려져 있었지만 육군 내부에서 대부분이 묵살했다는 점이다.

국토안보부 제닛 나폴리타노 국장은 테러리즘의 의미를 바꾸면 급진 이슬람에서 비롯된 테러리스트 공격을 막을 수 있다고 생각했다. "나는 '테러리즘'이라는 용어는 쓰지 않았다. 대신 '인간이 야기한' 재앙이라는 표현을 썼다. 그저 미묘한 차이에 지나지 않을지 모르지만, 우리가 두려움의 정치에서 벗어나, 일어날 가능성이 있는 모든 위험에 대비하는 정책을 추진하는 방향으로 나아간다는 의지의 표명이다."

유조선 원유 유출이 해외주둔 미군 막사를 폭파시키는 행위와 다를 바가 없다는 셈이었다. 관리예산국은 국방부에 다음과 같은 메모를 전달했다. "이 행정부는 '장기전'이나 '세계 테러와의 전쟁'이라는 용어 사용을 삼가고자 한다. '해외 비상 작전'이라는 용어를 사용하기 바란다." 대테러 활동은 이제 해외에서 홍수나 가뭄 피해자를 돕는 작전과 같은 통상적인 활동과 비슷해졌다.

워싱턴에서 도널드 J. 트럼프를 "신"으로 일컫은 이는 아무도 없었다(2017년 1월 오바마가 취임했을 때, 언론인 에반 토머스는 오바마를 신이라 일컬었다). 트럼프가 발언을 할 때 자기 다리가 후들거린다는 이는 아무도 없었다. 언론인 크리스 매튜는 오바마의 연설을 들으면 다리에 전율이 느껴지고 후들거린다고 했다. 트럼프가 양복바지의 날을 빳빳이 세웠다고 감탄한 뉴스 진행자나 평론가는 아무도 없었다. 적어도 입에 침이 마르도록 오바마의 단정하고 흠잡을 데 없는 옷매무새에 탄복한 〈뉴욕타임스〉의 데이비드 브룩스처럼 트럼프에게 탄복한 이는 없었다. 정반대로 워싱턴 정가의 언론매체들과 식자층은 트럼프를 마치 요한계시록에 등장하는 첫 번째 짐승처럼 대했다. "일곱 개의 머리에 열 개의 뿔이 달리고, 뿔에 열 개의 왕관을 쓰고 머리에는 신성모독이라고 쓰인 괴물이 바다에서 솟구치는" 광경을 목격한 듯이 말이다.

워싱턴 정가의 언론과 평론가 패거리 말고도 도널드 트럼프는 이들보다 훨씬 막강한 세 번째 적수와 맞섰다. 연방정부와 주정부의 고위급 평생 공무원들의 문화, 그리고 재계, 싱크탱크, 로비회사, 대학, 언론매체들을 들락날락하면서 정부의 정치적인 요직에 임명되는 이들 말이다. 행정 권력을 연구하는 법률학자 필립 햄버거 말마따나, "미국은 여전히 공화국이지만, 행정부 내의 행정 권력은 아주 색다른 종류의 정부다. 국가 안에 존재하는 국가인 셈이다. 헌법에 명시된 미국 안에 존재하는 행정 국가다." 딥스테이트의 힘은 두 갈래다. 개인을 상대로 싸울 때 정부의 재원을 무한정 사용할 수 있다. 정부가 어떻게 작동하는지 알기 때문에 그들이 봉사하는 대상인 국민들보다 훨씬 더 정부를 잘 이용해먹을 수 있다.

이론적으로 딥스테이트는 초당적이고 능력 위주로 선발된 정부 관리들로서 대통령이 바뀌어도 그 자리를 지키면서 미국인들에게 봉사해온, 멸사봉공의 지킴이들이었다. 최고위급 정부 규제당국자들, 법관, 고위급 인사들, 관료들은 동부 해안 지역에 위치한, 비정치적이라고 알려진 신격화된 기관들로부터 자문을 받는다. 세계은행, 외교관계위원회(CFR), 연방준비제도, 아이비리그 교수진, 월스트리트, 그리고 워싱턴과 뉴욕의 일류 법률회사들이다.

그러나 실제로 딥스테이트는 점점 정치적 성향을 띠게 되었고, 진보 성향과 세계주의자 성향이 강해졌다. 그 구성원들과 그들이 지닌 문화적 가치관은 동부와 서부 두 해안 지역과 해외에서 안락한 삶을 영위하는 이들이 지닌 가치관의 영향을 받았다. 국무부의 고위직이 되는 엘리트 코스는 인종이나 젠더가 아니라 합당한 자격이라고 전직 외교관이자 『미국의 보수주의자』를 쓴 에세이스트 피터 밴 뷰런이 다음과 같이 말했다.

"요직"을 맡으려면 적합한 배경이 필요하고 아이비 출신이면 더 좋다. 오하이오 주립대학 졸업생이라는 데 자부심을 느낀다고 해도 그런 자부심은 한계가 있었다. 나는 척할 수 없었다. 그들은 끼리끼리 다 안다. 그들의 아버지들끼리도 서로서로 안다. 그들은 돈도 있었다. 아니, 돈이 많은 부모가 있었다. 중서부 지역의 10대 명문대를 일컫는 빅 텐(Big Ten) 동창생들은 패거리 지어 상부상조하지 않았고, 따라서 대부분이 중견급에 머물렀다.

4년 혹은 8년마다 정권이 바뀌면, 직업공무원 관료조직과 여러 부문을 넘나들며 정치적으로 임명되는 고위직들은 보통 신임 공화당 대통령이나 신임 민주당 대통령보다는 화려한 이력에 유사한 조직에 몸담았던 과거가 있고 그들과 시각이 동일한, 두 당을 섞어놓은 듯한 대표자들을 환영했다.

그런데 트럼프라는 굴러들어온 돌이 끼어들어 산통을 깼다.

트럼프는 딥스테이트의 규율과 그들이 내세우는 안정적인 통치에 대해 비판적이라기보다 무지했다. 트럼프는 평생 공무원을 해고할 의지가 있음을 보여주었다. 그는 워싱턴의 "현인"이라는 이들이 제시하는 냉철하고 권위가 실린 조언을 묵살했다. 그는 기득권 세력을 대변하는 기구들에 대해 미심쩍어하는 "미치광이" 외부 인사들을 임명했다. 그는 진보주의 운동가 행세를 하는 고위관료들을 숙청했다. 그리고 그는 딥스테이트가 이설과 신성모독으로 간주하는 정책과 발언을 포용했다. 관세 부과를 고려하고, 북대서양조약기구 회원국들의 재정 분담률에 의문을 제기하고, 북미자유무역협정의 효용에 대한 의구심을 표하고, 연방법원 판사들에 대해 불평하고, 이자율을 깎았다. 그리고 공석인 핵심적인 직책들을 채우지 않고 내버려두었다. 딥스테이트 목소리가 하나라도 덜해야 비판하는 이가 하나라도 더 줄어들고, 오바마가 저지른 일들을 무위로 돌리는 데 걸리적거리는 방해물을 하나 더 덜어내는 셈이라는 논리에서였다.

트럼프를 정돈되지도 치밀하지도 못하거나 제대로 된 정보를 얻지 못한다고 쉽게 폄하했다. 임기 2년차 중반에 접어들 무렵에도 여전히 연방정부의 수천 개의 직책을 공석으로 남겨두었다고 해서 말이다. 실제로 의회 인사청문회를 거쳐야 하는, 백악관에 임명해야 할 직책 250개가 2018년 여름 무렵까지도 여전히 공석이었다. 트럼프가 취임한 지 6개월 시점까지 확정된 행정부 임명직은 겨우 26퍼센트였다.

트럼프는 2015-2016년 선거운동본부에서 활동하면서 논란의 대상이 된 인물들을 다수 영입해 행정관료들을 경악하게 했다. 트럼프는 본인이 지닌 결함을 빼다박은 부하직원들을 물색하고 임명하는 듯했다. 트럼프가 임명한 미심쩍은 무리는 짧은 기간 동안 일했고 주변부에 머물렀을 뿐이지만 말이다. 개인 변호사였던 마이클 코언은 곧 기소되고 트럼프를 배신했고, 선거운동본부에서 일했던 코리 레완다우스키는 곧 해고당했으며, 초기에 잠깐 선거운동본부장을 맡았던 폴 매너포트는 기소되었고, 선거운동본부에서 외교정책 자문을 했던 조지 파파도풀로스는 연방수사국의 감시를 받았다. 트럼프는 백악관 직원들을 새로운 인물들로 채웠고 이들은 자주 바뀌었다. 해고당한 스티브 배넌, 사임한 호프 힉스, 강요받고 사임한 로버트 포터, 해고당한 앤서니 스카라무치 등이 있는데, 스카라무치는 공식적으로는 겨우 6일 동안 홍보수석을 하고 해고된 뒤 자기 상사인 트럼프를 맹렬히 비판하게 된다. 이들에 대해서는 다음 장에서 자세히 다루도록 하겠다.

트럼프의 정치 경험이 일천하고 기득권층에서는 트럼프 행정부에서 일하려는 이가 없었으므로 그는 자신에게 충실한 딸 이방카와 사위 재러드 쿠슈너에게 종종 의존했다. 트럼프는 역대 대통령들이 너무 많은 가족 구성원을 백악관에 들여 일을 맡기지 않은 데는 그만한 이유가 있다는 데 대해 개의치 않든가, 알지 못했든가 둘 중 하나다. 도널드 닉슨, 빌리 카터, 로저 클린턴, 닐 부시, 말리크 오바마 등처럼 말이다.

취임 후에도 채워지지 않은 공석이 그토록 많았고 정치적인 신참내기들을 기용한 데는 이해할 만한 이유도 있다. 명백히 드러난 이유도 있고 숨은 이유도 있다. 다시 말하지만, 트럼프는 외부자로 출마했다. 다시 말하면, 트럼프 본인도 말했듯이, 연방정부 직원은 이미 차고 넘치고 직업공무원도 너무 많았다. 자격이 있는 공무원들로 쉽게 빈자리를 채울 수 있고 내부 승진시키면 되므로 정치적 임명직을 채우자고 더 많은 사람들을 고용할 필요를 느끼지 못했다. 트럼프는 후보로서 자격이 있는 전문가들이 경제성장을 견인하지도 못했고, 해외에서 미군을 승산 없는 끝 모를 전쟁에 휘말리게 했으며, 중국의 중상주의를 허락했다는 점을 힘주어 강조했다.

트럼프는 2017년 10월 자신을 비판하는 이들에게 다음과 같이 응수했다. "나는 통상적으로 하듯이 많은 사람들을 임명하지 않을 작정이다. 필요 없기 때문이다. 연방기관들을 좀 봐라. 덩치가 어마어마하다. 전혀 불필요하다. 수십만 명이 근무한다." 그러나 대통령 자문인 스티브 배넌은 답답했고 그는 해고당한 후, 짜증나고 고립된 트럼프가 나중에는 그 많은 직책들을 공석으로 남겨둔 결정을 번복하면서 다음과 같이 말했다고 주장했다. "공석을 채워야겠다. 기득권층을 끌어안아야겠다."

트럼프는 민주당, 공화당 기득권층, 딥스테이트와 각을 세웠기 때문에 선거에 이기고 난 후 워싱턴 사정을 잘 아는 내부자들 가운데 뽑아서 쓸 만한 사람이 거의 없었다. 기껏해야 내각 장관자리 정도 채울 수 있었다. 다시 말하지만, 보수 성향의 평론가들이나 워싱턴 터줏대감들 가운데는 트럼프의 공약을 체계화하고 이를 뒷받침하는 입장보고서를 작성하면서 트럼프를 지지하는 이가 없었다. 게다가 전투에 단련된 "미국을 다시 위대하게" 지지자들을 백악관에 추천하지도 않았다. 트럼프가 자격 있는 외부인을 찾아내면 딥스테이트 관료들이 그들의 임명을 지연시키거나 급수가 낮은 직원으로 분류할 방법을 모색했다.

그러는 사이 기득권 성향의 기관들은 트럼프가 하는 일을 사사건건 능수능란하게 반박했다. 그들이 바로 〈뉴욕타임스〉에 익명으로 글을 기고한 사람이 일컬은 "고위관리들"일 가능성이 높다. 트럼프의 국정수행을 훼방하기 위해서 정부 내에서 활동하는 "저항세력" 말이다. 과거에는 공화당 후보가 대통령이 되면 뉴욕과 워싱턴의 평론가들과 내부자들에게 조언을 구했고, 이들을 내각의 공식적인 직함은 없지만 비공식적으로 백악관 부엌에 둘러앉아 격의 없이 조언을 한다고 해서 부엌 내각(kitchen cabinet)이라고 불렀다. 현 세대로 치면 데이비드 브룩스, 데이비드 프럼, 조나 골드버그, 빌 크리스톨, 브렛 스티븐스, 조지 윌 같은 이들이다. 그러나 지금은 이들이 트럼프를 가장 맹렬하게 비판하고 있다. 법관 임명에서만이 트럼프는 임명되기를 희망하거나 승진하기를 희망하는 경륜 있고 경험 있는 보수주의자들을 찾아낼 수 있었고, 연방주의자 협회 같은 권위 있는 단체들이 트럼프가 보수 성향의 판사들을 임명하도록 적극적으로 도왔다.

트럼프 취임 후 초창기에는 오바마 정권에서 근무했던 이들이 행정부와 내각의 각 부서들 도처에 여전히 자리를 차지하고 있었다. 그들은 당장 떠날 생각이 없었고, 그들이 트럼프가 하는 일을 방해하다가 적발되면 오로지 찬사만 쏟아졌다. 트럼프가 멕시코 대통령 엔리케 페냐 니에토와 오스트레일리아 총리 맬컴 턴불 같은 외국 지도자들과 전화로 나눈 대화 내용의 필사본이 즉시 언론에 유출되어 〈워싱턴포스트〉에 실렸다.

오바마가 임명한 법무부 서열 4위인 브루스 오는 트럼프 행정부의 법무부에서도 여전히 자리를 차지한 채, 트럼프에 대한 추문과 관련해 연방수사국 정보원인 크리스토퍼 스틸과 계속 만났다. 그것도 대선이 끝난 다음에 말이다. 브루스 오의 부인 넬리 오는 크리스토퍼 스틸 밑에서 일했고(브루스 오는 이 사실을 자기 상관에게 보고하지 않았다), 브루스 오는 퓨전 GPS가 스틸을 고용해 날조한 트럼프에 대한 뒷조사 자료를 은밀히 연방수사국에 전달했다. 연방수사국이 스틸을 정보원으로 고용하면서 지키기로 한 합의사항을 스틸이 위반해 그와의 관계를 단절한 후인데도 말이다. 역대 정권 가운데 내각 부서의 최고위

관리가 연방수사국과 합심해 적극적으로 대통령의 임기를 훼손하려 했던 적은 거의 없었다.

신임 대통령 트럼프와 관련된 일화는 거의 족족 유출되었다. 의회 지도자들과 은밀히 나눈 대화든 보좌진과 한 회의 내용이든 상관없이 말이다. 유출된 정보에 따르면, 트럼프는 주위의 보좌진들에게 쉬지 않고 소리치고 협박하고 욕설을 퍼붓고 거짓말을 했다. 내부자들은 트럼프가 정서가 불안하고 정신적으로 문제가 있다는 소문을 퍼뜨렸다. 린든 존슨 대통령은 백악관에서 온갖 욕설과 협박을 일삼았지만 전 세계에 실시간으로 중계되지 않았다. 존 F. 케네디가 백악관 수영장에서 벌인 음탕한 성적 행각이 유출되어서 날마다 뉴스에 보도되지도 않았다. 린든 존슨 정부의 내부자들은 존슨이 변기에 앉아서 업무 지시를 내리거나 보좌진들 앞에서 바지를 내리고 성기를 노출시켰다고 해서 그가 제정신이 아니라는 결론을 내리고 "저항세력"을 구축해 무슨 수를 써서든 끌어내려야겠다고 하지 않았다.

워싱턴의 언론매체 터줏대감들은 자기들이 헤엄치고 노니는 바다 전체를 트럼프가 오염시키려 한다고 생각했다. 그래서 그들은 이른바 가짜뉴스를 보도했다. 백악관 웨스트 윙에 진열되어 있던 마틴 루터 킹 주니어 목사의 흉상을 트럼프가 치웠다거나, 트럼프의 유세 현장에 사람이 없어서 휑하다거나, 트럼프가 일본을 방문했을 때 일본 총리와 잉어연못을 방문해 모이를 주는데 모이가 담긴 상자를 통째로 들이부어 잉어가 과식하게 만들었다든가 하는 보도들 말이다. 사설을 쓰는 언론인들은 이따금 트럼프의 운명에 대해 암울한 시나리오를 제시하기도 했다. 데이비드 브룩스는 침울한 〈뉴욕타임스〉 독자들에게 트럼프는 사임하든가 임기 첫 해가 가기 전에 끌려 내려올 가능성이 높다고 장담했다.

멜라니아 트럼프가 신장수술을 받고 회복하는 동안 공개석상에 모습을 드러내지 않자, 트럼프 절대불가 세력(Never Trumper)의 일원인 데이비드 프럼은 트럼프가 부인을 두들겨 팼고 이 범죄를 은폐하려는 게 아니냐고 했다("트럼프 대통령이 백악관에서 영부인을 한 대 친 다음 경호원들에게 폭행을 은폐하라고 지시했다면?"). 프럼은 트럼프를 미국인의 도덕적 타락에 대한 일종의 집단적인 처벌로 간주하는 듯 다음과 같이 말했다. "우리가 선량한 기준에 못 미치는 국민이라 도널드 트럼프라는 벌을 받았다."

프럼은 이처럼 입증 불가능한 주장을 해놓고 본인과 같이 트럼프에게 맞서는 사람들은 정의로운 도덕적 성전(聖戰)을 치르고 있다며 다음과 같이 말했다. "트럼프 대통령은 잔인하고, 복수심에 불타오르고, 이기적이고, 무식하고, 게으르고, 탐욕스럽고, 반역적이므로, 우리가 유순하고, 용서하고, 책임 있고, 제대로 된 정보를 접하고, 열심히 일하고, 너그럽고, 애국적이어야 한다. 트럼프를 부추기는 이들은 부주의하고, 냉소적이고, 근시안적이고, 도덕적으로 둔감하고, 악의적이므로, 트럼프에게 맞서는 이들은 사려 깊고, 이상주의적이고, 현명하고, 도덕적으로 민감하고, 화해를 추구해야 한다. '그들이 비열하게 굴면 우리는 품격 있게 행동해야 한다.'[17]라고 한 현명한 여성이 말했듯이 말이다."

그런데 "품격 있게" 행동하고 "유순"하고 "제대로 된 정보를 접하는" 사람이 미국 대통령이 가정폭력을 저질렀다고 거짓말을 하나?

워싱턴에서 행정부 내의 그림자 정부와 트럼프에 맞서라고 부추기는 언론매체의 다각적인 방해는 이념적 투쟁인 동시에 밥그릇 지키기다. 다시 말하지만, 딥스테이트는 자유지상주의 성향이기보다 국가주의적 성향이 점점 강해져왔고 일반적으로 보수 성향이라기보다 진보 성향이 강하다. 그러나 항상 그렇지는 않았다.

그리 오래지 않은 과거에 리버럴은 퇴임하는 드와이트 아이젠하워 대통령이 "군산복합체"에 대해 경고하자 이에 한목소리로 동조했다. 리버럴은 국가안보국과 국세청이 시민의 자유에 가하는 위협과 중앙정보국과 연방수사국이 우익 성향이 지나쳐 과잉 수사를 할까봐 경계했다. 오래전 시민의 자유를 최우선시 하는 자유지상주의자들은 우드로 윌슨 대통령의 선전선동 조직에 대해 우려했다. 프랑스 혁명의 냄새가 물씬 풍기는 "공공정보위원회"라는 완곡한 표현으로 조직의 이름을 지었다고 말이다. 그들은 프랭클린 루즈벨트의 의회 동맹 세력이 "모욕죄 법안"을 통과시켜 정부에 비판적인 언론인들의 입에 재갈을 물리려 한다며, 그리고 대법원에 뉴딜 정책에 우호적인 판결을 내릴 판사들을 추가로 "채워 넣으려" 한다며 저항했었다. 그들은 존 F. 케네디가 자신의 사생활을 캐는 기자들을 도청했다는 사실을 알고 경악했다.

지금은 그렇지 않다. 지난 10년 동안 다양성, 젠더, 동성애자 인권, 정치적 정도(PC), 사회운동 참여와 같은 문제에서 견제받지 않고 책임지지 않는 딥스테이트 세력은 위협이라기보다 동맹으로 간주되었다. 버락 오바마의 법무부가 AP통신 기자들의 통신 내역을 들여다봐도 개의치 않았다. 오바마가 국세청을 무기처럼 휘둘러도 공격받아도 싼 사람들이 표적이 되었다고 보았다. 대법원 판사의 수를 늘리자는 주장은 트럼프 정권 하에서 점점 보수 성향이 강해지는 대법원을 견제할 정당한 대안으로 다시 거론되고 있다. 결국 정부 권력은 문화적, 정치적, 사회적 변화가 필요하다고 생각되면 의회의 타협과 셧다운과 의사진행 방해 같은 골치 아픈 절차에 휘말려 교착상태에 빠지는 광경을 보느니 행정명령으로 처리할 수 있었다.

테러와의 전쟁을 완곡하게 표현하는 정도를 훨씬 능가하는 사안들과 관련해 비민주적인 수단들을 급진적이고 민주적인(그러나 공교롭게도 국민이 그다지 호응하지 않는) 정책들을 실행하는 유용한 방편으로 간주했다. 행정명령을 통해 미군에서 전투부대에 여성의 진입을 허용했고 군 공식 문서에 트랜스젠더들의 성별을 생물학적인 성별이 아니라 그들이 원하는 대로 기록하도록 했다. 법무부는 주택담보대출을 줄 때 차별대우를 한다는 이유로 은행들에게 소송을 걸어 협박하고 표적이 된 은행들이 기부를 하는 선에서 합의를 보았으며,

그 기부금은 거의 예외 없이 피해자와 무관한, 정치적 정도(PC)를 지키는 제3자로서 사회정의를 실현한다고 부르짖는 진보 성향의 단체들에게 돌아갔다.

1970년대에 군 장교단과 중앙정보부, 법무부, 연방수사국의 최고위 관료들은, 좌익이 보기에 〈세븐 데이스 인 메이Seven Days In May〉[18]나 〈맨츄리안 켄디데이트Manchurian Candidate〉[19]의 줄거리 같은 음모와 동일했다. 그런데 2016년, 사회정의를 수호한다고 자부하는 진보주의자들이 그들의 기득권을 침해하고 현상을 타파하려는 도널드 트럼프에 맞서는 데 바로 이 정부기관들을 이용했다. 백악관 내부에서 대통령이 추진하는 정책을 무산시키려고 암약하는 비선출직 관료 패거리가 두려운 존재인지 필요한 존재인지 여부는 대통령이 누군지에 따라 달라졌다.

로버트 멀러 특검 수사가 진행되는 동안, 진보주의자들은 해외정보감시법 (Foreign Intelligence Surveillance Act, 이하 파이자(FISA)로 표기)[20] 법원으로부터 영장을 발부받아 민간인의 통신을 감청한 연방수사국을 옹호했다. 오바마 행정부의 연방수사국과 법무부 변호사들이 민간인 도청을 정당화하기 위해 법원에 제출한 스틸 도시에(Steele dossier)를 작성하는 데 트럼프의 정적 힐러리 클린턴이 돈을 댔다는 사실을 파이자(FISA) 법원 판사들에게 알리지 않고 속여서 영장을 발부받았는데도 말이다. 트럼프를 비판하는 리버럴들은 오바마 법무부와 연방수사국의 수많은 이해충돌 때문에 스틸 도시에를 법원에 제출한 행위 자체가 빗나간 행위라고 의문을 제기하는 것 자체를 공무집행 방해라거나 반애국적이라고 주장했다.

2016년 트럼프 선거운동본부에 연방수사국이 정보원을 침투시켰다는 보도가 전해졌지만 아무도 경악하지 않았다. 오바마 행정부의 국가안보위원회 위원들이 도청 문건에서 비공개로 가려진 미국 시민의 이름을 노출시키고 유출했다는 사실이 밝혀졌을 때도 아무도 개의치 않았다. 오바마 행정부에서 각각 중앙정보국 국장과 국가정보국 국장을 지낸 존 브레넌과 제임스 클래퍼는 유선방송국에 채용되어 진보 성향의 평론가로 활약했다. 그들은 정보수장을 역임한 이들에게 허용되는 기밀접근 권한을 여전히 보유한 채, 트럼프를 러시아 첩자라느니, 외국의 간첩이라느니, 역모를 꾀했다느니, 반역자라느니 하며 맹렬히 공격했다.

두 사람 모두 리버럴 진영의 우상이 되었다. 워싱턴의 재계와 공직 사이를 오가며 쏠쏠한 수입을 올리고, 의회에 출석해 증인 선서를 한 상태에서 거짓말을 일삼았는데도 불구하고 말이다.

딥스테이트는 오바마 임기 때도 트럼프 임기 중에도 동일한 성질을 지닌 하나의 거대한 조직으로 규정하기에는 너무나도 방대한 조직이지만, 대체로 딥스테이트의 규모를 확장한 오바마를 우러러보았고 이를 축소하겠다고 공언한 트럼프를 혐오했다. 게다가, 대부분의 정치인들은 취임하거나 이임할 때 워싱턴의 기구들을 입에 침이 마르도록 칭찬했지만 트럼프는 그러지 않았다. 앞서 살펴본 바와 같이 트럼프에게 성역이란 없었다. 선거운동 기간 중에 그리고 선거가 끝난 후 그는 중앙정보국, 연방수사국, 국세청, 법무부를 무능하거나 편파적이라고 맹렬히 비판했다.

트럼프가 보훈처를 언급할 때도 보훈처가 제대로 챙기지 않은 피해자들 편을 들었지 그 조직에 소속된 행정요원이나 유구한 역사를 찬양하지는 않았다. 트럼프가 생각하기에 연방기구의 문제는 이 기구들이 권한 밖의 일까지 간섭하고 무기화되었을 뿐만 아니라 관료조직이 겹겹이 비대해지고 무능해졌다는 데도 있었다. 최근에 발생한 테러사건 중에 하나만 예를 들어보면—포트 후드 총기난사 사건, 보스턴 마라톤 폭탄테러, 샌버나디노 테러공격, 또는 올랜도 나이트클럽 총기난사 사건—범인들은 이미 연방수사국이나 해당 지역 사법당국 또는 두 조직 모두가 이미 알고 있는 요주의 인물이었는데도 선제적인 조치를 취하지 않았다.

트럼프는 딥스테이트를 점점 자라서 나라의 살을 먹어치우는 일종의 종양으로 간주하고 이에 맞서는 선거운동을 전개한 최초의 공화당 후보였다. 선거유세에서 그는 일부러 "급진 이슬람 테러리즘!"이라고 목청껏 외치면서 관료조직의 완곡어법을 조롱하고, 기독교도가 아닌 다른 종교인들에게 불쾌하다는 이유로 "행복한 명절 보내세요(Happy Holidays)"라고 바꾸었던 연말의 인사말을 본래의 "메리 크리스마스"로 바꿔 마음껏 쓰게 해주겠다고 약속했다.

2017년 3월 17일, 존 브레넌은 연방수사국 부국장 앤드루 매케이브가 해고당한 데 대해(해고되고 머지않아 그는 감찰관의 조사를 받았고, 그 결과 연방수사관에게 네 차례 거짓말을 했고 대배심 수사에서도 법적인 곤경에 처했다고 알려졌다) 이의를 제기하면서 미국 현직 대통령에 대해 다음과 같은 트윗을 날렸다. "당신의 진부함, 도덕적 간악함, 정치적 타락의 전모가 만천하에 드러나면 치욕당한 대중선동가로 역사의 쓰레기통에 던져지면서 제자리를 찾아가게 될 것이다. …미국은 당신을 꺾고 승리하게 된다."

4월 중순 무렵, 브레넌은 트럼프에 대한 또 한 번의 공격을 시도했다. "당신의 악당정치는 그 통탄스러운 여정 끝에 몰락하고 있다. 역사상 가장 위대한 나라로서 우리는 이 악몽을 극복하고 당신에게 처참하게 기만당한 이들을 포함해 모든 미국인들에게 보다 나은 삶을 누리도록 해주는 데 더욱 전념하고 더 강한 나라로 거듭날 기회를 얻게 된다."

세계 최고의 첩보기관의 전 수장이자 현재 MSNBC/NBC 평론가로 활약하는 사람이 그런 광란을 부리면서 현직 대통령을 거의 협박했고, 오바마 행정부에서 유엔 대사를 지냈고 과거에 하버드 대학교에서 윤리를 가르쳤던 서맨사 파워가 이를 다음과 같이 기정사실로 확인해주었다. "존 브레넌을 열 받게 하면 신상에 해롭다."

파워 본인도 연방수사국이 파이자(FISA) 법원으로부터 도청영장을 발부받아 2016년 트럼프 선거운동본부 관련자들을 감시한 내용을 담은 사본을 요청한 것으로 드러났다. 거기다가 한술 더 떠서 그녀는 이러한 문서에 등장하는 미국 시민들의 (비공개로 가려진) 이름들을 밝히라고(unmasking)[21] 요구했고, 그렇게 밝혀진 많은 이들의 신분이 언론에 유출되었다. 유엔 대사가 선거가 한창 진행 중일 때—그리고 선거가 끝난 후—공화당 관리들의 이름과 신상정보를 알아야 할 이유가 없다는 사실 외에도, 파워는 하원정보위원회에 출석해 증인 선서를 한 상태에서 해명도 하지 않고 서맨사 파워 본인 이름으로 기록을 요청해놓고 자기가 했다는 사실을 부인했다. 누가 왜 요청을 했으며 다른 이들을 시켜서 요청을 했는지 여부는 밝혀지지 않았다.

브레넌은 오바마 대통령이 처음에 대테러 수석자문으로 임명했다가 나중에 중앙정보국을 맡겼다—2012년 선거가 끝난 후 갑자기 데이비드 페트레어스 장군이 무슨 이유인지 모르지만 사임했기 때문이다. 오바마 임기 8년에 걸쳐 브레넌은 온갖 거짓말과 위증을 하다가 적발됐지만 거의 곤욕을 치르지 않았다. 2009년 브레넌은 속옷에 폭탄을 감추고 미국 민항기를 폭파하려 한 우마 파루크 압둘무탈라브에 대해 사전에 그가 테러를 저지를 명백한 징후가 있었음에도 정보기관들이 이를 놓쳤다는 사실을 부인했는데, 거짓말이었다. 바로 며칠 후, 사실을 부인했다는 이유로 조롱을 당하자 브레넌은 꼭지가 돌아서 기강이 해이하다며 정보기관들을 맹폭했다. 2011년 브레넌은 증인 선서한 상태에서 의회를 상대로 2010년 오바마가 파키스탄에서 드론 공격을 가했지만 민간인이 단 한 명도 사망하지 않았다고 위증을 했다. 실제로는 수십 명이 사망했다. 같은 해 브레넌은 미국이 오사마 빈 라덴을 암살한 경위에 대해 여러 번 말을 바꿨다. 그는 오해의 소지를 불러일으키는 여러 가지 주장들을 하다가 끊임없이 자기가 한 말을 정정해야 했다.

2014년 3월, 브레넌은 그가 중앙정보국 분석가들을 시켜 미국 상원 보좌관들의 컴퓨터에 접속해 증강심문(enhanced interrogation)에서 중앙정보국이 했을 만한 역할에 대해 그들이 정확히 뭘 알고 있는지 알아내라는 불법을 저질렀다는 추궁을 받자 이를 부인했다. 브레넌은 중앙정보국 감찰관의 조사 결과

명백히 거짓말을 한 사실이 드러나자 상원정보위원회 위원들에게 마지못해 사과를 했다. 2017년 5월, 브레넌은 증인 선서한 상태에서 의회를 상대로 2016년 선거운동 당시 퓨전 GPS의 의뢰로 크리스토퍼 스틸이 날조한 도시에 (dossier)의 기원과 속성과 자금원에 대해 전혀 알지 못했다고 증언했다. 브레넌은 연방수사국과 법무부가 공히 이 악명 높은 날조 문건을 이용해 선거 전과 선거 후에 파이자(FISA) 법원으로부터 도청영장을 발부받았다는 사실도 몰랐다고 주장했다. 그의 이 모든 발언들은 미심쩍은 주장이다.

몇몇 소식통에 따르면, 브레넌은 스틸 문건에 대해 알고 있었을 뿐만 아니라 연방수사국이 이 문건을 이용해 트럼프에 대한 소문을 추적하기를 바랐다. 그는 해리 리드 상원의원(민주당-네바다주)에게 도시에에 대해 보고했다고 알려졌다. 리드는 트럼프에 대한 소문을 듣고 의기양양해서 2016년 선거 전에 이를 유출시켜야 한다고 주장했다. 유구한 역사를 자랑하는 법률과 대통령 지침에 따르면, 브레넌처럼 중앙정보국을 이용해 미국 민간인의 활동을 감시하는 행위는 금지되어 있다는 사실을 기억하라.

내가 브레넌을 강조하는 이유는 그가 트럼프에 맞설 세력을 동원한 딥스테이트 터줏대감의 상징적인 인물이기 때문이다. 특히나 그는 의회나 조사관들에게 자기가 거짓말을 해도 처벌을 받지 않으리라고 자신했기 때문에 이런 짓을 했다. 전 국가안보보좌관 수전 라이스는 트럼프를 맹렬히 비판하는 인물인데, 그녀는 벵가지 비극, 아프가니스탄에서 보우 버그달 병장의 탈영, 이란 핵협정에 뒤이은 인질 맞교환, 시리아에 대량살상무기의 존재 여부, 감시당한 미국 시민들의 신분 공개에서 그녀가 한 역할 등에 대해 거짓말을 했을 가능성이 높다. 그녀도 연달아 거짓말을 했지만 경력이 조금도 훼손되지 않았다.

해고당하고 나서 순교자인 체하는 연방수사국 부국장 앤드루 매케이브는 말을 잘못했다고 대놓고 인정했다.("내가 혼동이 되고 정신이 없었다.") 그는 수사관들에게("내 답변 중 일부는 전적으로 정확하지는 않았다.") 트럼프-러시아 공모 혐의에 대해 전적으로 트럼프에 대해 부정적인 내용인 배경 정보를 유출시킨 정보원이 아니라고 거짓 주장을 했다. 감찰관은 매케이브가 연달아 거짓 답변을 했다고 비판하는 내용을 담은 조사 보고서를 발표했다. 매케이브는 본인이 힐러리 클린턴을 수사할 때—그의 부인이 버지니아주 의회에 출마하면서 클린턴과 연관된 정치활동위원회(PAC)로부터 선거자금 수십만 달러를 받았기 때문에—이해충돌이 있다는 점을 묵살했다는 혐의에서 관심을 다른 데로 돌리기 위해 연방수사국의 업무 내용을 유출시키고 있었다.

연방수사국 국장을 지낸 제임스 코미는 트럼프 선거운동본부 관련자들에 대한 도청 영장을 청구할 때 증거로 제출한 스틸 도시에 대한 전모를 파이자(FISA) 법원에 제공하지 않음으로써 법원을 오도했을 가능성이 높다. 그리고 나서 나중에는 증인 선서를 한 상태에서 의회를 상대로 도시에는 법원에 트럼프-러시아 공모 증거로 제출한 주요 증거가 아니었다고 거짓말했을 가능성이 높다.

의회에 출석해 증인 선서한 상태에서 코미가 클린턴 이메일 추문과 관련해 힐러리 클린턴을 심문하기도 전에 미리 조사결과 발표문을 작성하지 않았고 연방수사국 정보를 언론매체에 유출한 적이 없다고 한 발언들도 거짓일 가능성이 높다. 코미는 대통령에게 대통령이 수사 대상이 아니라고 안심시키는 한편, 다른 사람들에게는 트럼프가 사실상 수사 대상이라는 정보를 유출했다. 그가 증인 선서를 한 상태에서 한 발언은 전 법무장관 로레타 린치나 전 연방수사국 부국장 앤드루 매케이브가 한 발언과 아귀가 맞지 않았다.

2018년 봄 출판기념 전국 순회 행사를 하는 동안, 코미는 쉬지 않고 언론과 인터뷰를 하면서 트럼프의 얼룩덜룩한 피부 태닝에서부터 아담한 크기의 손에 이르기까지 뭐든 비판했다. 그는 회고록 『숭고한 충절Higher Loyalty』에서 트럼프를 "거짓말쟁이"라고 일컬으면서 "도널드 트럼프 대통령의 국정수행은 이 나라의 바람직한 많은 측면들을 위협하고 있다."라고 주장했다. 한편 코미는 힐러리 클린턴이 선거에서 이길 가능성이 있음을 염두에 두고 그녀에 대한 수사를 진행했다고 인정했고, 2018년 여름 무렵 감찰관의 수사를 받고 있었다. 기밀일 가능성이 높은 공식 문서들을 유출시키는 부적절한 행위를 했고, 이 가운데 일부는 그가 연방수사국에서 해고된 후에 자기 집으로 가져가는 부적절한 행위도 저질렀다. 코미의 운명은 정부의 독자적인 여러 명의 감찰관들과 연방정부 변호사들의 권고에 따라 2020년에 결정될 가능성이 높다.

전 국가정보국 국장 제임스 클래퍼는 2013년 3월 12일 상원정보위원회에 출석해 증인 선서를 한 상태에서 국가안보국 관계자들이 미국 국민들에 대한 데이터를 수집하지 않았다고 위증을 했다. 이러한 답변에 대해 몇 달 후 클래퍼는 "진실이 아닐 가능성이 가장 낮은" 답변을 했다는 궤변을 늘어놓았다.

2017년 말 무렵, 클래퍼도 트럼프를 맹공하면서 미국 대통령이 틀림없이 반역자이고 러시아의 꼭두각시라고 주장하면서 그 어떤 증거도 제시하지 않았다. "지난 주말 블라디미르 푸틴이 얼마나 대단한 공작원인지 여실히 드러났다. 그는 자기가 포섭한 대상을 어떻게 요리해야 할지 잘 안다. 그가 트럼프 대통령에게 한 짓이 바로 그 짓이다."

나중에 클래퍼는 또다시 거짓말을 했을 가능성이 높다. 하원정보위원회에 출석해 증인 선서를 한 상태에서 자기가 스틸 도시에 내용을 언론매체에 유출시키지 않았다고 주장했는데, 후에 CNN에 출연해 진행자 제이크 태퍼에게 자신이 유출했다고 털어놓았다. 클래퍼는 나중에 CNN 분석가로 채용되어 그가 연달아 거짓말을 했다고 말한 이들을 비판했다.

브레넌, 클래퍼, 코미, 매케이브, 라이스는 이처럼 위증과 왜곡을 일삼고도 책임을 진 적이 없다. 앞의 세 사람은 해고당하거나 직책에서 물러나고 한참 후에도 여전히 기밀에 접근할 수 있는 보안 등급을 유지했다. 그들은 TV에 출연해 자기가 확보한 내부자 정보를 이용해 트럼프를 공격하면서 자신의 주장의 타당성을 뒷받침하는 근거로 삼았다. 전문 관료나 재계, 언론계, 싱크탱크

등을 회전문처럼 들락날락하면서 발탁되어 임명되는 인물은 정부의 고위직에 이르면 대부분의 미국인들이 직면하게 될 위증 혐의나 사회적으로 배척당하는 상황으로부터 면제된다.

딥스테이트의 일원으로 평생을 바친 이들은 "투사(projection)"라고 알려진 심리적 상태에 놓여 있다는 특징이 있다. 진실이 아닌 내용을 억지로 현실에 끼워 맞추기 위해서 이른바 소수정예라는 그들은 자기들이 버릇처럼 하는 행동을 다른 이들이 한다고 뒤집어씌운다. 내가 이 몇몇 사람들을 평생 딥스테이트 일원으로 살아온 사례로 거론하는 이유는 그들이 워싱턴에서 막강한 영향력을 행사하는 여러 직책을 맡았었고, 모두가 도널드 트럼프를 맹렬히 비판하고 있으며, 모두가 공개적으로 혹은 증인 선서를 한 상태에서, 혹은 두 가지 상황 모두에서 거짓말을 했고, 모두 다 자기 직책이나 자신의 정치 성향 덕분에 자기들이 표적 삼아 독설을 쏟아놓는 대상은 기대할 수 없는 면죄부를 자기들은 누릴 수 있다고 생각했기 때문이다.

막강한 영향력을 휘두르는 딥스테이트 행정관료 조직이 지닌 또 다른 특징은 기만이다. 정부에 자문을 하고, 재계, 학계, 연구소, 정부를 회전문처럼 들락날락하면서 직책을 맡고, 내부자와의 인맥으로 이득을 보고, 선출되지 않았고 책임도 지지 않으면서 막강한 권력을 휘두르는 이들은 자기가 그런 특권을 누릴 자격이 있다는 생각을 하게 되고 끼리끼리 우러러보고 상부상조하는 부류에 소속된다. 그러면서 그들에게 월급을 지급하는 일반 국민들을 멸시하는 특징도 생긴다.

공교롭게도, 딥스테이트 불량배들은 과거에 지탄을 받았어도 트럼프에 대한 반감만 보이면 그게 정치적 자산이 되어 진보 진영에서 각광받는다. 딥스테이트 행정관료 엘리트의 오만함을 보여주는 이 몇 가지 사례들은 트럼프가 이들을 공격하는 게 훌륭한 정치 행위인 이유를 보여준다.

조너선 그루버를 기억하는가? 그는 자기도취적인 MIT 교수로서 나중에 오바마케어를 설계한 자다. 그루버가 적정부담보험 법안을 미국인들의 목구멍에 억지로 쑤셔 넣기 위해서 멍청한 미국인들을 어떻게 속였는지 과시하는 발언이 녹음된 테이프가 공개되었다. 그러면서 자기는 보건복지부와 분석가로 계약을 체결하고 이 법안을 의회에 통과시키는 대가로 거의 30만 달러를 받았다고 말이다.

오바마 대통령은 초기에 미국인들에게 주치의와 가입되어 있는 보험 상품을 그대로 유지할 수 있다고 안심시켰지만 사실이 아니었다. 미국인들 본인의 호주머니에서 내야 할 보험수가가 인하되리라고 했다. 그러나 대통령이 장담했던 발언들은 모두 사실이 아닌 것으로 드러났고, 그루버는 유권자들이 너무 멍청해서 적정부담보험법이 통과되면 자기한테 어떤 영향이 있는지 파악하지 못했다고 자랑스럽게 다음과 같이 말했다. "그리고 기본적으로 이를 미국 유권자가 멍청하기 때문이라고 하든 뭐라고 하든 맘대로 해석해. 그렇지만 기본적으로 법안이 통과되도록 하는 게 아주아주 중요했어."

벤 로즈—대통령 보좌관이자 전략적 홍보와 연설 관련 국가안보 부국장이며, 2009년 6월 4일 오바마 대통령이 이집트 카이로에서 한 연설 "새로운 시작" 작성에 여러 사람들과 함께 관여했으며, 벵가지 사태에 대해 틀린 사항들을 제시해 언론을 호도하고 미국 총영사관에 대한 공격 사건의 실제 전모를 왜곡한 인물—는 이란이 진행 중인 핵무기 개발 프로그램과 관련해 이란 협정을 납득시키기 위해 허접한 언론매체들을 어떻게 조종했는지 과시하며 빈정거렸다. 로즈는 〈뉴욕타임스 매거진〉과의 인터뷰에서 워싱턴-뉴욕의 외교정책 "전문가들"을 자처하는 속이기 쉬운 신참내기 언론인들 사이에 이란 협정을 밀어붙이기 위해 오바마 행정부가 어떤 전략을 구사했는지 설명했다. 그런 진보 성향의 언론인들은 경험이 일천한 아마추어라서 자기가 던진 미끼를 순진하게 덥석 물 것이라고 예상했다면서.

로즈는 다음과 같이 소상히 밝혔다. "우리가 상대하는 평균적인 기자는 27

세에 기자 경험이라고 해봐야 정치 선거운동 주변을 얼쩡거린 게 전부다. 그런 이들을 잘 요리하면 사건을 보는 관점이 확 달라진다. 그들은 말 그대로 쥐뿔도 모른다." 로즈는 이런 가짜 전문가들을 속여서 그들에게 뉴스를 주입하고 퍼뜨리는 사기를 치는 데 완벽하게 성공했다고 다음과 같이 설명했다. "우리는 서로 똑같은 말만 메아리처럼 주고받는 울림 방을 만들었다. …그들은 우리가 그들에게 보도해도 좋다고 확인해준 내용을 떠들어댔다.

포스트모더니스트 로즈는 직접적인 경험의 가치와 현재 언론인을 육성하는 교육을 경멸하므로 관료인 자기가 원하는 현실을 무엇이든 인위로 구축할 수 있다고 여겼다. 그리고 그가 대체로 옳았다. 다음과 같이 발언한 사실로 미루어보면 말이다. "이성적인 담론이 부재한 상황에서는 우리가 뱉 꼴리는 대로 담론을 만들어내면 된다. …누가 우리 메시지를 효과적으로 확산시킬지, 문학 계간지 〈플라우셰어즈Ploughshares〉, 이란 관련 뉴스를 보도하는 웹사이트 〈이란 프로젝트The Iran Project〉 같은 외곽 단체들을 어떻게 이용할지 시범 운영해보았다. 따라서 우리는 어떤 전술이 먹히는지 알고 있다. …그들은 완전히 우리 손아귀에서 놀아났다."

그러나 결국 로즈의 오만함을 만천하에 드러낼 적수가 나타났다. 그는 이란 협정과 같은 협정을 비준할 헌법적인 의무를 지닌 상원을 우회하고 일반 국민과 언론매체에도 솔직하게 그 내용을 공개하지 않은 채 이란 협정을 추진했고, 결국은 오바마가 행정명령을 통해 이 협정을 관철시켰지만, 바로 그 행정명령 수단을 도널드 트럼프가 이용해 협정을 파기했다.

넓은 의미에서 보면, 언론매체가 트럼프를 경멸한다고 트럼프는 답답해하지만, 그의 주장은 절반만 맞다. 언론매체와 딥스테이트 모두—그리고 이 두 세력은 용접된 듯이 밀착되어 있다—그를 경멸했다. 물론, 사실상 그들은 일심동체이기 때문이기도 하다.

세상물정에 밝고 영리하다고 알려진 맨해튼 부동산개발업자 도널드 트럼프는 정치·군사 경험도, 워싱턴 경험도 없었다. 트럼프는 딥스테이트라는 거대한 문어의 촉수가 얼마나 되고, 어디까지 뻗어 있는지 제대로 알지 못했다. 그들은 수없이 많았다. 가장 두드러진 몇 가지 사례들을 살펴보자.

벤 로즈는 CBS뉴스 사장 데이비드 로즈의 동생이다. 로즈의 부인 앤 노리스는 전직 상원의원 바버라 박서(민주당-캘리포니아주)의 외교정책 수석자문을 지냈고, 존 케리가 국무장관일 때 부차관보를 지냈다. 로즈가 생각이 똑같은 이들끼리 똑같은 생각을 메아리처럼 주고받는 "메아리 방(echo chamber)"을 거론하고 빈정거리는 과정에서 놓친 점은, 그가 비굴하고 고분고분하다고 여긴 기자들 일부는 자기 형 밑에서 일했고 자기 부인을 담당했다는 사실이었다.

ABC뉴스 사장을 지낸 벤 셔우드는 엘리자베스 셔우드-랜덜과 남매지간이다. 그녀는 오바마 대통령 때 국가에너지안보 자문으로 여러 직책을 맡았다. 그들의 근친상간적인 관계를 보라. 주요 저녁뉴스 진행자의 3분의 2를 미국 대통령의 측근인 자문의 형제자매가 감독하고 있다. 도널드 트럼프의 최측근 자문이 ABC와 CBS 뉴스 방송국의 사장이었다면 트럼프에 대한 보도의 90퍼센트가 부정적인 내용일 리가 없을지도 모른다.

오바마의 두 번째 백악관 홍보수석 제이 카니는 클레어 쉬프먼의 남편이다. 쉬프먼은 ABC의 경륜 있는 기자였다. CNN의 워싱턴지국 부국장 버지니아 모즐리의 남편은 톰 나이즈다. 그는 힐러리 클린턴 국무장관 아래서 국무부 재정관리 부장관을 지냈다. ABC뉴스 총감독을 지낸 이언 캐머런의 부인은 (오바마 행정부에서 국가안보보좌관을 지낸) 수전 라이스인데, 그녀는 벵가지 사태가 발생하기 전에 일요일에 방송되는 토크쇼의 고정 출연자였다.

미국공영라디오(NPR) 백악관 출입기자 아리 샤피로의 남편은 오바마 백악관 법률자문실에서 일한 변호사 마이클 고틀립이다. 〈워싱턴포스트〉의 법무부 출입기자 사리 호위츠의 남편은 윌리엄 B. 슐츠다. 그는 오바마 정부의 보건복지부 법률자문역을 지냈다. 조 바이든 부통령의 전 홍보국장 쉐일라 머리(그녀도 〈워싱턴포스트〉 의회출입 기자로 일했다)의 남편은 닐 킹 주니어로서 〈월스트리트저널〉의 정치 부문 최고참 기자였다. 킹은 퓨전 GPS에서 일했다. 트럼프의 당선을 무산시키기 위해 크리스토퍼 스틸을 고용해 트럼프에 대한 부정적인 내용을 날조해 담은 문건을 작성하도록 시킨 바로 그 회사다.

막강한 영향력을 행사하는 지위를 지닌 사람들끼리 부부이거나 형제자매인 경우는 워싱턴에서는 흔하다. 클린턴의 악명 높은 보좌관 후마 아베딘의 남편은 부인을 능가하는 악명을 떨친 변태성욕자이자 나중에 중범죄자 판결을 받은 전 하원의원 앤서니 위너다. CNN의 크리스티안 아만푸어의 남편은 국무부 대변인을 지낸 제이미 루빈이다. 전직 기자이자 하버드 교수를 지낸 서맨사 파워와 그녀의 남편 캐스 선스타인은 둘 다 오바마의 백악관에서 일했다. NBC 기자 앤드레아 미첼은 자신의 남편인 경제학자 앨런 그린스펀이 공직에 있을 때 자기 남편에 대한 뉴스를 보도하기도 했다. 트럼프를 혐오하는, 〈유니비전〉 앵커 호르헤 라모스의 딸은 힐러리 밑에서 일했다.

이는 딥스테이트의 근친상간적인 관계를 보여주는 무작위로 선정한 사례들에 불과하다. 2010년 조직적으로 은밀하게, 체계적으로 서로 소통하던 언론인들의 이메일 목록인 이른바 "너절-리스트(JournoList)"가 마침내 드러났다. 워싱턴 정가의 진보 성향 기자들의 전자 대화방인데, 여기서 그들은 2008년 오바마 선거운동을 돕고 보수주의자들을 사회 주변부로 밀어낼 방법에 대해서 비공개로 은밀히 소통했다.

위키리크스(WikiLeaks)가 입수해 공개한 방대한 양의 이메일을 보면, 2016년 힐러리 클린턴 선거운동본부장 존 포데스타가 주고받은 수많은 이메일 가운데는 〈폴리티코〉의 글렌 스러쉬와 〈워싱턴포스트〉의 데이너 밀뱅크 같은 일급 기자들이 클린턴 선거운동본부와 공모해 자기들의 보도와 해설 방향과 정통적인 민주당 입장을 조율한 내용도 있다. 선거운동을 취재한 스러쉬는 포데스타와 주고받은 이메일에서 자기 자신을 "기레기(hack)"라고 부르면서 다음과 같은 말을 해 악명이 높아졌다. "난 이제 기레기니까 당신과 관련된 기사 전문을 미리 보낸다. …내가 이런 짓을 했다는 얘기는 아무한테도 하지 말고, 이 내용은 아무에게도 보여주지 말아달라. 내가 씹창 낸(fucked up) 부분이 있으면 가차 없이 말해달라."

CNBC 워싱턴 지국장이자 〈뉴욕타임스〉에 기고하는 존 하우드는 클린턴 선거운동본부에 대해 기사를 쓰면서 동시에 비공식 자문 역할도 한 것으로 드러났다. 민주당전국위원회 의장을 지냈고 CNN에서 분석가로 활동하기도 한 도나 브라질은 2016년 민주당 대선후보 경선 예비선거 기간 동안 CNN이 주관하는 타운 홀(town hall) 토론을 앞두고 클린턴 선거운동본부에 질문지를 미리 제공해놓고도 하지 않았다고 거짓말을 했다. 처음에는 그렇게 공모한 사실에 대해서 극구 부인했다. ("우리는 절대로 절대로 타운 홀 질문지를 사전에 그 누구에게도 준 적이 없다.")

위키리크스가 폭로한 또 다른 이메일에서 〈폴리티코〉 기자 켄 보겔은 민주당전국위원회 언론담당관 마크 포스텐바흐에게 자기가 작성한 기사를 "사실 확인"을 해달라며 미리 검토할 기회를 주었다. 위키리크스가 대량 방출한 이메일 가운데는 〈뉴욕타임스 매거진〉의 선임기자 마크 레보비치가 자신이 작성한 글에 담긴 내용이 맞는지 잡지에 게재하기 전에 승인해달라면서 클린턴 선거운동본부에 요청하는 내용이 있었다.

딥스테이트에서 특히 영향력이 막강한 이들은 공화당과 민주당 양쪽 정권에 두루 참여하면서, 임기가 끝나면 다시 대형 은행과 월스트리트로 복귀하고 회전문 드나들 듯 오가는 억만장자들이었다—오바마 정권 초대 재무장관 팀 가이트너, 오바마 집권 2기 재무장관 잭 루, 아들 부시 임기 말에 재무장관을 맡았던 행크 폴슨, 그리고 클린턴 정부에서 재무장관을 지낸 로버트 루빈 같은 부류다. (2008년 금융위기 때 붕괴된) 프레디맥과 패니매 같이 대출 업무를 하는 유사 공공기관 주위를 위성처럼 맴돈 프랭클린 레인즈(9000만 달러의 "상여금"

을 지급받았다)와 제이미 고렐릭(2600만 달러의 상여금을 지급받았다)도 있다. 고렐릭도 레인즈와 마찬가지로 여러 공직을 거쳤지만 금융 산업에 대해서는 아는 바가 거의 없었다. 클린턴의 정책보좌관과 오바마의 비서실장을 지냈고, 전직 하원의원이며 얼마 전 시카고 시장에서 물러난 람 이매뉴얼은 백악관에 근무한 기간과 하원의원 임기 사이의 기간 동안 금융 분야의 "전문성"을 이용해 1600만 달러를 벌어들이는 수완을 발휘했다.

물론 워싱턴 늪지대에 뒹굴면서 이익을 챙기는 표준을 만든 원조는 클린턴 부부였다. 그들은 거의 40년을 공직에 투자해 타의 추종을 불허하는 대가성 청탁의 신공을 발휘했다. 이 전직 대통령 부부는 힐러리가 미래에 그릴 정치적 궤적을 지렛대 삼아 1억 달러는 족히 넘는 개인 자산을 일구었다. 힐러리 클린턴은 국무장관으로 재직할 때부터 대선후보가 될 때까지의 기간 동안 월스트리트를 드나들며 "1분당" 1만 달러에서 6만 달러를 받고 비공개로 연설을 했다. 대선에서 패배한 후 그녀의 강연료 시장 가치는 왠지 모르게 "연설 1회당" 2만 5000달러로 폭락했다.

다시 말하지만, 딥스테이트가 몽땅 리버럴은 아니다. 위에서 언급한 사례들 못지않은 늪지대에 똬리를 튼 공화당 성향 터줏대감들을 찾아내기도 식은 죽 먹기다. 그들도 워싱턴 늪지대에 깊숙이 빨대를 꽂고 그들의 대척점에 있는 진보 성향의 터줏대감들 못지않게 트럼프를 위협으로 간주하고 있다. 트럼프만 절대불가 입장인 이들도 있고 트럼프를 지지하는 이들도 있는데, 대부분의 이런 보수 성향의 평론가들도 역대 공화당 정권에 몸을 담았었고, 배우자나 가족이 워싱턴에 근무하는 기자나 언론매체 거물이며, 4년이나 8년마다 컨설턴트나 자문역으로 선거운동본부를 들락날락한다.

워싱턴 늪지대에 서식하는 이들은 보통 자기들끼리 문제를 수습했다. 힐러리 클린턴이 국무장관 시절에 발생해 네 명의 미국인이 목숨을 잃은 벵가지 테러사건 조사 결과, 벵가지에 있는 공관 측에서 여러 차례 보안을 강화해달라는 요청을 했다는 통신 내역이 드러나면서 클린턴이 윤리적으로 궁지에 몰리자, 오바마 행정부는 보석 조건을 위반했다는 날조된 구실로 애꿎은 동영상 제작자 나쿨라 바셀리 나툴라를 구속했다. 별로 시청한 사람도 없는, 그가 제작한 동영상이 벵가지에서 무슬림들의 분노를 불러일으켜 폭동을 야기했다는 미심쩍은 주장이 제기되면서 그는 벵가지 테러사건을 야기했다는 누명을 썼다. 테러 현장에서는 알카에다와 관련된 테러집단이 사전에 치밀하게 계획한 작전을 전개했다는 증거가 나왔는데도 말이다.

이에 대한 대응 차원에서 오바마 행정부는 내부적으로 벵가지 사건에 대한 조사를 승인했고, 이 조사는 침착하고 분별력 있고 흠잡을 데 없는 워싱턴 DC 붙박이 토머스 피커링이 이끌었다. 그는 기득권층이 군림하는 나라의 상징적인 인물임을 입증했다. 피커링은 존경받는 직업 외교관이자, 초당적인 성향의 〈외교 협회Council of Foreign Relations〉의 붙박이이자, 알짜배기 조사위원회들의 공동의장을 역임했다. 험지에서 외교관 생활을 하고 여러 언어에 유창한 그는 양당 대통령들 모두의 신임을 받는 80대의 "현인"이다. 다시 말해서, 피커링은 벵가지 사건 책임소재 규명 조사위원회 의장으로 임명되어 클린턴에 대한 내부조사를 맡기에 적절한 자격 요건들을 갖추고 있었다.

이 위원회 다섯 위원 가운데 피커링을 포함해 네 명은 틀림없이 힐러리 클린턴의 국무부 팀이 추천했다. 빌 클린턴이 국무부 차관과 대사로 임명했고 클린턴의 친구로 잘 알려진 피커링이 이 조사를 맡기에는 여러 가지 이해충돌이 있을지 모른다고 감히 지적하는 이가 아무도 없었다. 그는 결국 힐러리 클린턴이 벵가지 총영사관의 보안을 강화해달라는 요청을 거절했고, 알카에다가 사전에 계획한 공격임을 이메일에서 털어놓은 지 겨우 네 시간 후에 공개석상에서는 4명의 미국인이 목숨을 잃은 이유가 논쟁을 일으킨 동영상 때문이라고 거짓 주장을 했다는 혐의를 조사하고 있었지 않은가.

그런데 피커링은 클린턴이 조사위원회에 절대로 출석하지 않도록 했다. 클린턴 보좌관 셰릴 밀스는 딥스테이트답게 위원회의 조사 결과가 공개되기 전에 미리 검토할 방법을 찾았고, 조사의 범위에 영향을 미칠 중요한 결정들을 내렸다. 결국 국무부는 애꿎은 하급 관리들 몇 명을 문책하고 정직 징계를 내렸다. 그들은 아무도 감히 건드리지 못한 힐러리의 클린턴의 국무부가 구축한 보안조치 한계 내에서 소임을 다했을 뿐인데 말이다.

온화한 성품에 존경받는 피커링이 2001년부터 2006년까지 보잉 부사장으로 일했고, 2006년부터 2015년까지 "컨설턴트"로 일했으므로 클린턴 국무장관에 이어 존 케리 국무장관을 적극 지원하고 이란에 대해 유화책을 권고하는 데 특별한 금전적 이해관계가 걸려 있다고 지적하는 이도 아무도 없었다. 피커링은 의회에 출석해 증언했고 우라늄 농축을 하지 않기로 한 이란 협정이 바람직한 협정인 이유에 대해 유려한 사설을 썼다. 그러나 그는 경제제재에서 벗어나 현금이 두둑해진 이란 신정체제가—피커링에게 넉넉한 수고비를 지불하는 기업고객인—보잉으로부터 (군사적 목적의 운송 수단으로도 쓰일 가능성이 있는) 항공기를 250억 달러어치 구매할 예정이라는 사실을 국민에게 알린 적이 없다.

피커링 같은 워싱턴 터줏대감들이 (이란 협정을 파기하겠다는 선거공약을 내건) "무식"하고 "자격 미달"인 도널드 트럼프에 대해 격분해 집단으로 사설을 게재하고 이 사설에 동의한다며 서명했을 때, 아무도 그들이 하는 말에 더 이상 귀를 기울이지 않은 게 그다지 이상할 일이겠는가?

딥스테이트 행크 폴슨—닉슨 보좌관을 지낸 존 얼리크먼의 측근이자 (힐러리의 선거운동본부에 80만 달러 이상 기부하고 힐러리에게 비공개 연설을 한 대가로 67만 5000달러를 준 기업인) 골드만삭스 최고경영자이자 전직 재무장관이며 순자산이 7억 달러에 달하는 인물—이 힐러리는 대통령답고 부패하지 않았다고 장담한다고 하면 그의 주장이 딱히 믿을 만하겠는가?

트럼프는 친구들, 적들, 중립적인 인사들로부터 딥스테이트와 싸우는 건 자살행위라는 경고를 받았다. 상원 소수당 지도자 척 슈머는 트럼프 취임식 바로 며칠 전에 트럼프가 정보기관들을 공격하면 어떤 일이 벌어질지 예측하며(서맨서 파워도 나중에 비슷한 경고를 했다) 신바람이 나서 다음과 같이 말했다. "장담컨대, 정보기관들을 건드리면 그들은 수단과 방법을 가리지 않고 보복한다."

딥스테이트 터줏대감이었던 이들은 트럼프의 앞날에 대해 경고하기를 주저하지 않았다. 중앙정보국과 로버트 멀러가 국장일 때 연방수사국에 근무했던 대테러 분석가 필 머드는 2017년 8월 CNN 진행자 제이크 태퍼와의 인터뷰에서 "정부가 (도널드 트럼프 대통령을) 죽이려 할 것이라고" 경고했다.

죽인다고? 호들갑스러운 머드가 분명히 진심에서 우러나온 그런 놀라운 예측을 하게 된 이유는 무엇일까? "그가 정부를 지지하지 않기 때문이다." 머드는 다음과 같이 구체적으로 설명했다. "정부 관리를 지낸 사람으로서 내가 한 가지 본질을 얘기해주겠다. 정부는 이 자를 죽일 것이다. 정부는 이 자를 죽일 것이다. 그가 그들을 지지하지 않기 때문이다." 머드는 암살을 암시한 이 발언을 더 소상히 설명했다. "내 말은 정부—사람들이 말하는 딥스테이트—말이다. 30년 동안 공직 생활을 한 정부 관리들을 무시하면 그들은 이런 반응을 보인다. '어쭈, 이것 봐라?'" 트럼프가 딥스테이트를 얼마나 혐오하는지에 대해 머드가 한 발언이 어느 정도나 사실인지, 얼마나 과장했는지 판단하기는 어렵다.

〈런던 서평London Review of Books〉에 기고하는 애덤 샤츠는 훨씬 직설적이었다. 그는 북아프리카 전문가로서 프랑스에 정착한 "미국 정치학자"와 대화를 나누었는데, 워싱턴에는 영구불변한 계급사회가 따라야 할 원칙들이 있다고 했다. 익명으로 트럼프를 비판한 이 인물은 샤츠에게, 트럼프가 당선되면 임기를 다 채우지 못할 가능성이 높다고 장담했다. "그는 딥스테이트에 의해 자리에서 물러나게 되든가 암살당한다."

또 다른 진보주의자로서 클리블랜드 시장을 역임했고 대통령 후보로 나서

기도 한 하원의원 데니스 쿠치니치(민주당-오하이오주)는 2017년에 다음과 같이 털어놓았다. "대통령을 끌어내려야 한다. 그는 공화국을 위협하는 존재다. 우리의 삶의 방식에 대한 명백하고 현존하는 위협이다. 따라서 이런 질문을 해야 한다. '이 사람들이 어떤 동기를 지녔나?' …이게 우리나라의 문제다. 우리는 우리나라를 보호해야 한다. 사람들은 무슨 일이 벌어지고 있는지 알아야 한다. 우리는 미국을 보호해야 한다. 민주당이냐 공화당이냐의 문제가 아니다. 지금 이 순간 어떤 일이 벌어지고 있는지와 우리나라가 내부로부터 공격을 받고 있다는 사실을 깨달아야 한다."

트럼프가 취임한 후 약방의 감초처럼 여기저기 나와서 목청을 높인 존 브레넌은 딥스테이트의 보복에 대해 한층 더 호들갑을 떨었다. 브레넌은 평생관료들은 트럼프의 지시가 반민주적이라고 여겨지면 이를 "이행하지 않을 의무"가 있다고 했다. 정상적인 시기라면 그런 허세는 사실상 대통령을 끌어내리거나 적어도 그의 국정수행을 무력화시키라는 반란 교사로 해석될 수 있다. 브레넌은 직업 관료가 트럼프의 행정명령이 헌법에 어긋난다고 자의적으로 해석하고 복종을 거부하거나 시행을 막을 수 있다고 생각했다. 이 모든 협박은 배우 알렉 볼드윈("도널드 트럼프의 정부를 전복시켜야 한다.")이나 로지 오도널("군대를 백악관에 파견해서 트럼프를 체포하게 하고 싶다.")처럼 훨씬 노골적으로 음모를 꾸며야 한다고 주장하면서, 대중의 호응을 얻는 배우와 유명 인사들의 호언장담보다 훨씬 심각한 딥스테이트의 측면을 보여준다.

러시아와 공모한 혐의에 대해 도널드 트럼프를 수사한 로버트 멀러 특검은 다음 장에서 다루도록 하겠다. 그러나 멀러 특검 수사팀 구성원들을 보면 딥스테이트의 속성과 구조를 집약해놓았다—정치적 성향, 경력, 관점 등이 말이다. 특검 임명을 둘러싸고 극심한 의견 대립이 있었고 이익충돌의 기미만 보여도 이를 피했어야 한다는 중요한 사실로 미루어볼 때, 특검을 그렇게 구성해서는 안 되었다. 이는 뉴욕-워싱턴 권력층이 무엇을 지혜롭고 지켜야 할 원칙으로 여기는지를 여실히 보여주는 또 다른 증거다.

처음 특검 임명이 발표되자 워싱턴과 뉴욕의 언론매체들은 신바람이 났다. 자기들과 같은 편인 인물이 트럼프를 표적으로 삼게 되었다고 자신만만해했다. 예컨대, 〈와이어드Wired〉는 2017는 6월 14일 "로버트 멀러가 쟁쟁한 인사들로 특검 팀을 구성하다."라는 표제기사를 실었다. 〈복스Vox〉는 8월 22일 의기양양해서 "트럼프를 끌어내릴 초특급 법률 팀을 소개한다."라는 제목의 기사를 실었다. 제하에는 냉소적이고 건방진 분위기를 풍기는 특검 팀 구성원들 그림이 실려 있고, 그 밑에는 다음과 같은 설명이 붙어 있다. "특검 로버트 멀러의 법률 팀은 전문가 일색이다. 트럼프를 대리하는 법률 팀은 맞춤법도 틀린다." 다시 말해서 소수정예 법률가들이 무식한 트럼프 법률 팀을 이기기는 식은 죽 먹기라는 뜻이다. 그러나 결국에는 트럼프 팀이 멀러의 초호화판 소수정예 법률 팀을 압도하고 이기게 된다. 이틀 후 〈데일리비스트Daily Beast〉는 멀러 특검 팀을 "로버트 멀러의 군대를 들여다보다."라고 군사 용어로 묘사했다.

이 "군대"의 군인들은 나무랄 데 없는 자격요건을 갖추었다—명문대에서 학위를 수여했고, 정부와 민간 부문을 회전문처럼 들락거리면서 경력을 쌓았고, 이념적 성향도 안성맞춤이었다—진보 성향이라기보다 딥스테이트가 미국의 가치를 온전히 그리고 적절히 표방한다는 생각을 지닌 이들이었다. 아무리 좋게 해석해도 특검 팀은 근친상간적이고 반 트럼프적인 편견으로 처음부터 훼손되어 있었다. 소련 정치가 라브렌티 베리야가 "누구든 데려만 오면 그가 무슨 범죄를 저질렀는지 찾아내주겠다."라고 했듯이, 범죄를 찾아내는 일은 거의 따 놓은 당상이었다.

어떻게 전 연방수사국 국장 로버트 멀러가 트럼프를 수사하는 특검으로 선정되었을까? 얼마 전에 해고된 연방수사국 국장 제임스 코미는 대통령에 대해 너무 화가 치밀어서 대통령과 독대해 나눈 대화를 기록한 기밀 메모를 자기 친구를 통해서 언론에 유출시켜 "특검이 즉각적으로 임명되도록 했다."라고 증언했다. 그리고 임명된 특검은 다름 아닌 로버트 멀러였다. 코미와 거의 20년 동안 여러 직책을 맡으면서 직업적으로 함께 일한 적이 있고 해고당한 코미를 뒤이을 연방수사국 국장 후보로 트럼프와 면담까지 했던 멀러를 말이다!

멀러 특검에 합류한 연방수사국 선임 수사관 두 사람, 리사 페이지와 피터 스트로크는 오래전부터 내연관계였는데, 두 사람이 주고받은 수만 건의 문자 메시지를 보면 도널드 트럼프에 대한 증오가 도를 넘고, 트럼프가 대통령에 당선되지 않도록 만전을 기해야 한다거나, 당선되더라도 성공적인 대통령이 되지 못하게 막아야 한다고 다짐하고 있다. 그들은 트럼프가 대통령이 되지 못하게 할 "보험(insurance policy)"이 필요하다고 했고, 2016년 트럼프 선거운동을 방해할 목적으로 언론에 의도적으로 기밀정보를 유출시키는 시도에 대해서도 거론하고 있다.

스트로크는 (2017년 1월 24일) 당시 국가안보보좌관 마이클 플린을 면담해 트럼프-러시아 공모 가능성에 대한 정보를 캐내려 했고, 이보다 앞서 클린턴 이메일 추문과 관련해 클린턴의 보좌관 후마 아베딘과 셰릴 밀즈를 면담했던 수사관이다. 스트로크가 면담한 이 세 사람은 모두 증언에 오류가 있었다. 그런데 오로지 트럼프가 안보보좌관으로 임명한 마이클 플린만 연방수사국에 위증했다는 혐의로 기소되었다.

페이지와 스트로크 두 사람 모두 연방수사국 부국장 앤드루 매케이브와 연락을 주고받으면서 도널드 트럼프의 당선을 막거나 그의 대통령 국정수행을 방해할 "보험"에 대해 논의했다. 이들을 조사한 감찰관이 두 사람이 내연관계이며 트럼프에 대해 편견을 지니고 있음을 보여주는 증거를 공개한 후 두 사람은 특검 팀에서 물러났다. 그러나 로버트 멀러는 두 사람이 왜 특검 팀에서 제외되었는지 그 이유를 즉시 발표하지 않았다. 언론은 딥스테이트의 한 축답게 두 사람이 시간차를 두고 특검 팀에서 물러났지만 이는 통상적인 전보발령이고 서로 무관하다고 보도했다. 그들이 사임한 이유를 대중에게 알려봤자 멀러 특검에게 도움이 되지 않는다는 듯이 말이다.

2018년 5월, 리사 페이지는 수사요원 스트로크와 주고받은 메시지에서 트럼프에게 독설을 퍼부은 내용과 스트로크와의 부적절한 관계가 드러나 논란이 일고 곧 공개될 감찰관의 조사 보고서에 치명적인 내용이 포함되리라고 예상하고 사임했다. 이 보고서에 따르면, 스트로크는 2016년 8월 페이지와 주고받은, 당시에는 공개되지 않았던 문자 메시지에서 트럼프가 절대로 대통령이 되지 못하게 막겠다며 다음과 같이 페이지를 안심시키고 있다. "아냐. 그는 절대로 대통령이 될 리가 없어. 우리가 막을 거야." 이 말을 한 사람이 얼마 후 트럼프-러시아 공모 가능성을 수사할 연방수사국 수사관으로 멀러가 특검에 합류시켰다는 사실을 기억하라.

마찬가지로 멀러 특검에 합류한 연방수사국 변호사들 가운데 또 한 인물—앞서 클린턴 이메일 수사에 배정되었던 인물—이 대선이 끝난 후 한 연방수사국 변호사에게 보낸 문자 메시지에서 트럼프에 대한 반감을 드러내며 "레지스탕스여, 영원하라."라고 말했다는 사실은 2018년 6월 공개된 감찰관의 보고서를 통해서만이 대중에게 알려졌다. 다시 말하지만, 멀러는 2018년 초까지도 그를 계속 특검 팀에 잔류시킨 이유나 이 변호사가 뒤늦게 물러나게 된 상황에 대해서 국민에게 설명은 고사하고, 이름이 밝혀지지 않은 이 연방수사국 변호사를 고용할 때 그가 이런 편견을 지녔다는 사실을 알고 있었는지 여부조차 밝히지 않았다.

법무차관 로드 로젠스타인은 로버트 멀러를 특검에 임명했다. 그러나 로젠스타인은 오바마 정권의 법무부에서 다름 아닌 당시 연방수사국 국장인 로버트 멀러가 이끈 뜨거운 논쟁거리였던 우라늄 원(Uranium One) 수사[22]를 지휘했던 적이 있다—이 사건은 미국의 선출직이나 임명직 관료가 러시아와 공모했는지 여부를 알아내려는 특검 수사와 관련이 있는 사건일지 모른다.

로젠스타인의 이해충돌은 그뿐만이 아니었다. 그는 트럼프 정권의 법무부에 재직하는 동안인 2017년 6월, 파이자(FISA) 법원에 제출한 도청영장 청구서에 적어도 한 차례 직접 서명했다. 연방수사국은 이 영장을 법원에 청구할 때 스틸 도시에 내용이 검증되지 않았다는 사실, 클린턴 선거운동본부가 스틸에게 수고비를 지급했다는 사실, 스틸이 연방수사국과의 관계를 단절하게 된 배경, 이 도시에 작성자가 직접 언론에 그 내용을 유출시켜 문건이 지닌 신빙성을 높이고 연방수사국은 언론보도를 이 도시에가 사실이라는 증거로 내세우려고 했다는 사실 등을 법원에 밝히지 않았다고 알려져 의혹에 휩싸였다.

멀러 특검 팀에 합류한 4명은 멀러 소유의 법률회사 월머헤일(WilmerHale) 소속이었다. 이 가운데 일부가 트럼프 선거운동본부장 폴 매너포트, 트럼프의 딸 이방카, 그리고 사위 재러드 쿠쉬너를 수사하고 있었는데 이들의 법률대리를 맡은 이들도 월머헤일 소속 변호사들이었다. 멀러 팀에 합류한 15명의 변호사들 가운데 적어도 7명은 민주당이나 힐러리 클린턴, 혹은 둘 다에게 정치 자금을 기부한 적이 있다고 알려졌다.

또 다른 멀러 특검 팀 구성원은 앤드루 와이스먼이다. 그도 월머헤일에서 파트너로 일했었다. 와이스먼은 트럼프가 취임한 후에도 법무부에 남은 오바마 정권의 잔류세력인 법무장관 대리 샐리 예이츠가 자기 상관인 신임 트럼프 대통령이 위험국가들로부터의 미국 입국을 유예하라는 지시를 내리자 이 지시를 따르지 않겠다고 했다는 이유로 예이츠에게 이메일을 보내 찬사를 했다. 멀러 특검 팀의 다른 사람들과 마찬가지로 와이스먼은 민주당에 기부했고 힐러리 클린턴을 지지한다고 공공연히 밝혔었다. 샐리 예이츠는 트럼프 선거운동본부 관계자들을 감시하기 위해 파이자(FISA) 법원에 제출한 도청영장 청구서에 한 차례 공동 서명했다고 알려져 있고, 이때도 스틸 도시에의 전모를 법원에 밝히지 않았다.

또 다른 특검 팀 구성원 아론 제블리는 멀러가 연방수사국 국장일 때 멀러의 비서실장으로 일했고, 역시 월머헤일의 파트너였다. 과거에 제블리는 저스틴

쿠퍼의 법률 대리를 맡았었는데, 쿠퍼는 하원 정부감독 개혁위원회에 출석해 자신이 힐러리 클린턴의 사설 서버를 설치했고, 클린턴의 단말기에 담긴 내용물에 대한 수사가 이미 관심을 모으고 있을 때 클린턴이 소지하고 있는 단말기여러 대 가운데 일부를 망치로 박살냈다고 증언했다. 문제가 된 클린턴의 이메일 서버—도메인은 clintonemail.com—는 빌이나 힐러리 클린턴이 아니라 쿠퍼 본인 명의로 등록되어 있었고, 힐러리가 국무장관을 하는 동안 이 서버를 사용했다.

멀러가 일부러 이해충돌 소지가 있는 이들만으로 특검 팀을 꾸리려고 했다면, 클린턴 이메일 추문에 깊이 관여한 인물의 법률대리를 했던 변호사를 특검에 선임한 결정보다 더 탁월한 결정은 없을지 모른다. 멀러도 언론매체도 이해갈등이 어떻게 비춰질지에 대해서는 전혀 개의치 않았고 언급하지도 않았다.

또 다른 특검 팀 구성원 지니 리도 있다. 역시 윌머헤일에서 일했던 리도 클린턴 선거운동본부에 상당한 기부를 했고 클린턴과 관련된 사건에 깊이 연루된 인물의 법률대리를 맡았었다. 그녀는 클린턴 재단뿐만 아니라 오바마의 국가안보 차석 벤 로즈의 법률대리인도 맡았다. 벤 로즈는 2012년 리비아 벵가지에 있는 미국 공관에 대한 테러공격과 관련해 하원특별위원회가 주관한 청문회에 출석해 이 공격과 관련해 그가 발표한 해명이 나중에 사실무근으로 드러난 점과 관련해 그가 어떤 역할을 했는지 추궁을 받았다.

특검 멀러가 자기 소유 법률회사 변호사나 클린턴 선거운동본부에 기부한 변호사나 클린턴 관련 추문에 연루된 인사들을 법률 대리한 변호사나 워싱턴이나 뉴욕에 거주하는 변호사들 말고는 변호사들을 구할 수가 없을 정도로 미국이 재능 있는 법률가가 씨가 말랐나? 2019년 7월, 하원 정보위원회와 법사위원회에 출석한 로버트 멀러 특검은 의원들이 특검 팀의 이념적인 편향성에 대해 추궁하자 답변을 거부했고, 다만 특검 팀 구성원들 대부분은 민간 부문이아니라 정부 내 기관들에서 차출했다고 주장했다. 그렇게 답변하면 정치적으로 불편부당한 다양한 구성원들로 특검이 꾸려지지 않았다는 사실이 희석되기라도 하듯이 말이다.

도널드 트럼프는 대통령 취임 후 그 짧은 정치역정 동안 아마존 소유주이자 역사상 가장 부유한 인물 제프 베조스와 한판 붙었다. 베조스가 소유한 〈워싱턴 포스트〉가 날이면 날마다 트럼프를 비난하면서 트럼프는 꿈에서나 그려볼 만한 방식으로 워싱턴 정치에 깊숙이 관여했기 때문이다. 게다가 2016년 대선 선거운동 당시 실리콘밸리에서 흘러나온 천문학적인 액수의 정치자금은 거의 대부분 클린턴 선거운동본부로 쏟아져 들어갔다. (선거자금 기부자들을 초당적으로 감시한다고 주장하는) 크라우드팩(Crowdpac)이 선거 전날 수집한 데이터에 따르면, 기술기업 종사자들의 95퍼센트가 힐러리 클린턴 선거운동본부에 기부했다.

크라우드팩은 "실리콘 밸리"(즉, 팔로알토, 먼로파크, 마운튼 뷰, 그리고 그 주변 지역)에서 비롯된 정치 기부금 총액의 99퍼센트가 클린턴 선거운동본부로 흘러들어갔다고 밝혔다. 자금력이 어마어마하고 인터넷과 소셜 미디어를 장악하고 있으며 은밀하게 막강한 문화적 영향력을 행사하는 실리콘밸리가 등 돌리게 만드는 행위는 정치적 자살이나 마찬가지였다.

구글, 트위터, 페이스북은 그들의 진보주의 성향 입맛에 맞게 정치적 편견을 지니고 그들의 사이트를 운영한다는 비판을 종종 받아왔다. 개인의 자유를 중시하는 이들은 소셜 미디어와 인터넷 공룡기업들이 고객들이 어디로 여행을 갔고 누구와 소통하는지 등에 대해 정보를 수집해 고객들 모르게 고객들의 사생활을 침해하고 쇼핑, 여행, 식습관, 오락 습관들을 감시한다고 비판해왔다. 트럼프의 숙적들—애플, 알파벳(구글), 아마존, 마이크로소프트, 페이스북—은 주식가치로 치면 세계 5대 기업들이다. 이 다섯 기업의 시가총액을 합하면 3조 달러가 넘는다. 스위스 국가가 보유한 순자산에 맞먹는 가치다.

1980년대에 첨단기술 기업들이 부상하기 전까지만 해도 그런 거대기업들의 행동을 관장하는 규율이 있다고 인식되었다. 독점금지법(anti-trust law)은 기업들이 경쟁을 저해하지 못하게 했다. 독점 지위를 차지하기 위해서 가격 후려치기와 담합, 덤핑, 수직적 통합을 하는 행위는 한때 대부분 불법이었다. 정부는 거대한 독점기업을 해체했다. 대중은 공룡기업이 휘두르는 힘과 언론매체와 광고를 독점적으로 사들여 여론에 영향을 미치는 역량과 규모가 상대적으로 작은 경쟁사들을 파산시키는 능력에 의심의 눈초리를 보냈다. 제조물책임법(product liability law)은 징벌적이고 불공정하게 적용되는 경우가 종종 있었지만, 그럼에도 불구하고 자사 상품을 의도적으로 오용하는 경우 기업에 책임을 물었다.

그러나 2016년 선거 무렵 실리콘밸리와 관련 기술기업들은 그러한 전통적인 규제로부터 면제되었고, 그들이 혐오하는 정당의 보복을 두려워할 필요도 없게 되었다. 결국 페이스북과 구글은 사실상 독점기업이다. 페이스북 홀로 세계 소셜 미디어 시장의 40퍼센트를 차지한다. 한 달에 20억 명의 사용자가 페북을 사용한다.

구글은 세계 검색엔진 시장의 90퍼센트를 먹어치웠다. 애플은 연간 매출이 2300억 달러이고 시장가치가 9000억 달러에 근접하고 있다. 마이크로소프트는 개인용과 사업용 워드프로세싱 시장의 85퍼센트를 장악하고 있다. 아마존 홀로 2017년 온라인 총매출의 45퍼센트를 차지했다. 아마존은 국방부와 거액의 계약도 체결했다.

구글 뉴스는 날마다 언론매체들이 쏟아내는 기사들을 한데 모아서 전달하는 거대한 사이트의 하나다. 기술 공룡기업에 대적할 경쟁자들이 부상하면 공룡기업들은 잠재적 경쟁사들에게 수십억 달러를 주고 기업을 매입해 흡수해버린다. 페이스북은 50개가 넘는 경쟁사들을 매입했다. 과거의 경쟁사이자 메시지 플랫폼의 세계 선두주자였던 왓츠앱(WhatsApp)을 190억 달러라는 아찔한 가격에 매입했다. 알파벳/구글은 유튜브를 비롯해 200여 개의 기업을 사들였다.

페이스북은 정부가 공공재로 간주하지 않는데도 자체적으로 격조 있는—
혹은 정치적으로 "적절한"—표현인지 여부에 대해 판단을 내리고 검열한다.
구글 홀로 날마다 수십억의 인터넷 사용자에게 화면으로 어떤 이미지를 보여
줄지를—이념적으로 경도된 시각으로—판단한다. 그러나 이런 공룡기업들의
경영진은 거리낌 없이 당파적인 성향을 드러낸다. 2018년 9월, 트럼프의 당선
에 뒤이어 구글의 "전 사원 참석회의(all hands meeting)"를 몰래 찍은 동영상
이 등장했는데, 이 동영상에서 구글 공동창립자 세르게이 브린은 청중에게 다
음과 같이 말했다. "이번 선거 결과는 심히 불쾌하다. 여러분도 대부분 나와 같
은 생각이라고 알고 있다." 브린은 트럼프의 승리를 유권자의 "무료함" 탓으로
돌리면서, 대체로 "데이터를 보면 무료함은 파시즘과 공산주의 혁명"으로 이
어진다고 평론했다. 그러나 그런 판단의 근거가 된 "데이터"가 무엇인지는 밝
히지 않았다. 구글 세계전략 담당 부사장 켄트 워커는 트럼프의 승리를 자기
파괴적인 부족주의 탓으로 돌렸다. "세계가 장기적으로 볼 때 자기 파괴적인
부족주의의 환경에 놓이기 전에 우리가 다음에 취해야 할 조치들은 무엇인지
를 파악하고 어떻게 대응할지를 모색해야 한다." 워커는 또한 "두려움, 외국인
혐오, 증오, (트럼프가 부상한) 이유가 궁금하겠지만 그 해답을 얻을 수 있을지
는 불확실하다."라고 말했다. 2016년 일반대중은 부족주의와 지긋지긋한 정
체성 정치 원칙에 넌더리가 나 트럼프를 뽑았다는 사실을 워커는 깨닫지 못하
는 듯했다.

페이스북, 트위터, 유튜브, 구글이 마음에 들지 않아도 이에 상응하는 대안
을 찾기가 어렵다. 특정한 동영상이 실리콘밸리가 올바르다고 간주하는 논조
를 충족시키지 않으면 유튜브는 "제한적 모드 여과" 기능을 통해 해당 동영상
의 유포를 방해한다. 보수 성향의 비영리 조직인 프레이거 유니버시티(Prager
University)가 제작한 수많은 동영상이 그런 이유로 광고가 붙지 않아 광고 수

익을 박탈당하거나 동영상 게재가 금지되었다.

이러한 기술 공룡기업들 가운데 운송, 제약, 원유, 전기 회사들이 받는 감독에 상응하는 감독을 받은 기업은 하나도 없다. 왜일까? 그러면 트럼프는 무엇 때문에 실리콘밸리와 한판 붙었을까?

거대 첨단기술 기업들은 멋진 21세기 형 상품들을 제공한다. 사람들은 그런 상품들로 문서를 작성하고 검색하고 이메일을 주고받고 포스팅을 하고 온라인 구매를 하면서 대체로 만족한다. 그러다가 고객들은 이런 독점기업들의 심기를 거슬려서 임의로 소셜 미디어 계정이 동결되고, 공개하고 싶지 않은 습관들과 개인 정보가 다른 기업들에게 팔리고, 인터넷을 사용할 때 끊임없이 광고와 정치 메시지의 방해를 받든가, 그들이 밀어붙이는 보다 폭넓은 문화적 의제들을 속수무책으로 접하게 된다.

전례 없는 자본 규모와 수익도 중요하다. 이 기업들이 내는 세금을 잃을까 봐 전전긍긍하고 세금을 걷을 생각에 꿈에 부푼 정부가 있다. 제프 베조스의 자산 가치는 2018년 여름 무렵, 1400억 달러였다. 마이크로소프트의 빌 게이츠가 2위로 900억 달러이고, 페이스북의 마크 저커버그(710억 달러)가 5위다. 인류 문명이 탄생한 이후로 개인에게 그처럼 부가 집중되었던 적이 없었다. 현대판 크로이소스 왕[23]이라 할 만했다. 그리고 문명은 여전히 벌어진 입을 다물지 못하고 있다. 반면 트럼프의 자산 총액은 베조스나 저커버그가 이따금 주식 시장에서 벌거나 잃는 액수에 비유된다.

물가상승을 감안한 달러 기준으로 이러한 신흥 억만장자들의 부의 규모는 19세기를 풍미한 록펠러 가문, 카네기 가문, 포드 가문, 멜론 가문 등 추문을 폭로하고 독점 단속이라는 문화혁명을 촉발한 이른바 악덕자본가들을 무색케 한다. 그 어마어마한 자본과 세계가 소통하는 방식을 독점한 한줌밖에 안 되는 사람들이 지금까지 본 적이 없는 막강한 정치권력을 휘두른다. 2016년 7월 이후로 그 자본과 권력은 일반적으로는 보수주의자들, 구체적으로는 도널드 J.

트럼프와 그의 공약을 겨냥해 공격하는 데 쓰였다.

공교롭게도 국가우선주의가 기술 공룡기업들이 대체로 규제로부터 자유로운 이유를 설명해준다. 이러한 세계 최대 기업들이 미국 문화와 관행을 사이버 세계에 확산시키는 데 미국인들이 그런 기업들의 손발을 묶고 싶어 할 이유가 무엇이겠나? 트럼프 본인도 국가우선주의자로서 기술 공룡기업들이 자본을 벌어들이고 자부심을 느끼게 해준다고 받아들였다. 그는 세제개혁안을 통해 법인세를 인하하고 실리콘밸리가 해외에 보유하고 있는 수천억 달러 상당의 현금을 국내로 반입해도 과세 부담을 지지 않도록 하겠다고 했다. 그러나 그 덕에 한층 더 부자가 된 이들이 선거 당일에 트럼프의 너그러운 조치를 떠올리고 그를 지지할 가능성은 희박하다.

첨단기술 기업들은 오래전부터 민주당과 공화당 양당 사이에서 능수능란하게 줄타기를 해왔다. 전통적으로 독점기업을 해체하고 규제를 강화하는 성향인 민주당은 페이스북과 아마존 같은 기업이 표방하는 진보 성향의 정치관과 서부 해안 지역의 세련된 문화를 높이 샀다. 민주당이 믿고 의지할 수 있는 돈줄이자 날마다 인터넷으로 은밀하게 진보주의적 의제를 밀어붙이는 기업들을 민주당이 무엇 때문에 규제하겠나?

트럼프가 등장하기 전까지만 해도 공화당과 보수주의자들은 경직된 자유 시장경제를 고수하고 시장에 개입하는 정책에 이념적으로 반대해왔다. 기술 독점기업들과 종종 각을 세우고 이따금 그 기업들의 공격 표적이 되었는데도 말이다. 냉소적인 실리콘밸리는 두 당을 모두 조종했다. 민주당은 기술 공룡기업이 제공하는 짭짤한 금전적 이득과 진보주의적인 정서 때문에 기업의 비리를 들추는 습성을 버렸다. 자유 시장경제 이념을 맹목적으로 고수하면서 너무나도 경직된 공화당은 자기에게 떡고물을 던져주지도 않는 손을 물 생각을 하지 못했다.

트럼프는 자기가 언론매체와 워싱턴 늪지대 터줏대감들에 맞서고 있을 뿐만 아니라 이동통신, 컴퓨터, 인터넷, 소셜 미디어로 구성된 놀라운 신세계와도 투쟁하고 있다는 사실을 헤아리지 못했다. 이러한 세계적인 공룡기업들이 공공재인지, 독점기업인지를 판단할 지침도 없었다. 이러한 기업들은 진보 성향의 독자적이고 자율적인 국가처럼 행동하면서 자기들 나름의 법을 만들었다. 실리콘밸리와 그 관련 기업들은 트럼프가 대통령이 되지 못하게 막으려고 안간힘을 썼고 이제는 대통령 국정수행을 방해하려고 혈안이 되어 있지만, 트럼프 대통령은 그저 일시적으로 신경에 거슬리는 대상이라고 여기고 두려워하지 않았다. 한편 언론매체와 민주당은 그런 기업들이 트럼프를 증오한다는 사실만으로도 석유기업 엑손이나 제너럴모터스의 사업 관행을 구태의연하고 순진해 보이게 만들 정도인 그들의 무자비한 사업 관행을 눈감아주기에 충분한 이유가 된다고 여겼다. 기득권층 공화당은 대체로 이 싸움에 관여하지 않고 방관하면서, 트럼프가 감당하지 못할 일을 저질렀거나 그들의 자유 시장경제 이념은 실리콘밸리에 대한 독점 규제와 타도에는 적용되지 않는 듯이 행동했다.

실리콘밸리는 워싱턴에서 공직을 맡은 진보 성향의 인사들에게 일자리를 제공하는 역할을 했다. 오바마의 환경보호청 청장 리사 잭슨이 가명의 이메일 계정을 사용하다 적발되어 물러나자, 애플은 그녀를 환경국장으로 채용했다. 오바마의 홍보수석 제이 카니는 공직에서 물러나 잠시 CNN에서 일한 후 아마존의 선임부사장이 되었다. 오바마의 선거자문 데이비드 플러프는 우버(Uber)가 채용했다. 오바마 행정부 경제자문 진 스펄링은 미국의 첨단기술 금융서비스를 제공하는 리플 랩스(Ripple Labs) 이사회에 합류했다. 이런 사례들은 끝없이 이어진다.

트럼프는 취임 후 3년이 지났지만 사임하지도 않았고 탄핵당하지도 않았다. 기소되지도 않았다. 그는 세상을 떠나지도 않았고 (자기 행위가 낳을 결과를 판단할 능력이 없는) 심신상실자 판정을 받지도 않았다. 트럼프만은 절대불가 입장인 이들 가운데 일부가 주장한 것처럼 리버럴 성향의 대통령으로서 통치하지도 않았다. 그는 10여 년 전 맨해튼에서 TV 유명 인사일 때 보인 여성편력과 관련해 선정적인 폭로가 나오면서 은둔하게 되지도 않았다. 이 모든 예측은 트럼프는 절대로 후보로 지명되지도 않고 당선될 리는 더더군다나 없다던 예측 못지않게 빗나갔다.

행정관료 세력, 늪지대, 딥스테이트, 뭐라고 칭하든 그들의 예측을 모조리 깨고 트럼프는 공화당 대통령 후보에 지명되었고, 대통령에 당선되었고, 여전히 통치하고 있다. 그들이 한 경고 가운데 옳았던 점은, 오로지 그가 거칠고 독설을 퍼붓는다는 사실이었다. 과거에 저지른 선정적이고 비윤리적인 행적이 묘지의 뼈다귀처럼 수북이 쌓여 있지만, 이는 오래전에 그를 지지하는 이들이 표를 던질 때 이미 결정에 반영했다.

각 단계마다 딥스테이트의 예측이 빗나가면서 그들은 자기들이 도저히 이해하기 힘든 표적을 경로에서 이탈시키기는커녕 적개심만 더욱 깊어졌고, 지금까지는 파괴시키는 데 실패했다. 2019년 3월 무렵, 매일 밤 평론가들이 유선방송 채널 뉴스 프로그램에 출연해 방금 대통령이 야기한 논란을 "폭탄 투하"라느니 "전환점"이라느니 "점점 덫이 옥죄어오고 있다"느니 "탄핵의 먹구름이 몰려온다"느니 하며 설레발을 쳤지만, 그들의 예언은 하나같이 단조롭고 판에 박힌 집단사고에 그치고 말았다. 그리고 마침내 멀러 특검 조사 보고서가 공개되면서 러시아-트럼프 공모는 태산명동서일필로 드러났다.

미국 대통령 역사상 총사령관이 이처럼 언론매체 대다수와 양당의 기득권층과 어마어마한 부를 축적한 억만장자 대부분과 연방정부 관료집단으로부터 반감을 산 적이 없었다.

트럼프는 왜 그토록 강한 반감과 두려움과 혐오감의 대상이 되었을까?

다음 세 장에서 트럼프와 그 주변 인물들이 어떤 이유로 어떻게 미국의 쇠락을 규정했고, 미국의 부활을 꿈꾸면서 마구잡이로 "미국을 다시 위대하게" 만들려고 노력했는지 살펴보겠다.

　이러한 개념과 공약들, 그리고 그러한 개념과 공약들을 받아들인 국민은 양당에서 현상유지를 바라는 기득권층과 딥스테이트와는 대척점에 놓여 있었다.

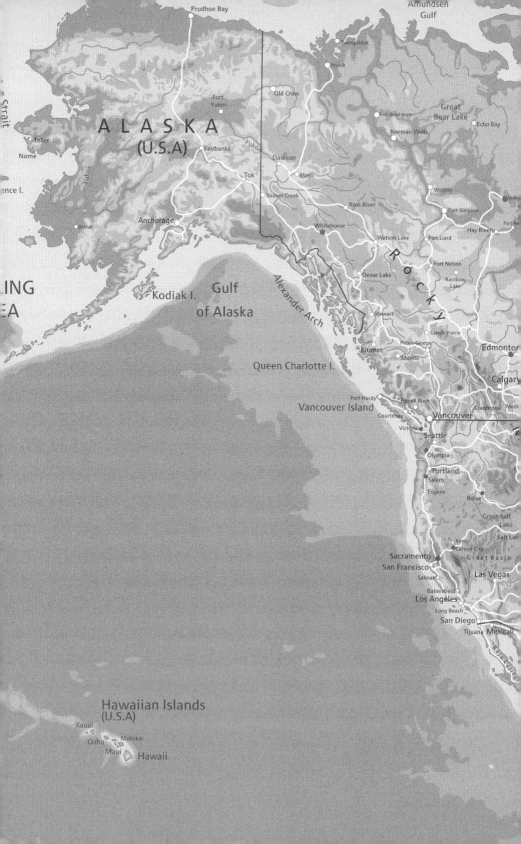

3부

트럼프 형이상학

사자는 덫으로부터 자신을 보호하지 못하고, 여우는 늑대로부터 자신을 보호하지 못한다. 따라서 덫을 감지하려면 여우가 되어야 하고, 늑대를 위협하려면 사자가 되어야 한다.

― 『군주론The Prince』, 니콜로 마키아벨리 ―

07

트럼프의 미국 쇠락론

서구 진영은 민간인이 용기를 잃었다. …그러한 용기의 몰락은 특히 지배 계층이나 지식 계층 사이에 두드러지게 눈에 띄며, 그렇게 되면 사회 전체가 비겁하다는 인상을 풍긴다.

— 1978년 하버드 대학교 졸업식 연설, 알렉산드르 솔제니친

20 16년 대선에 출마한 20명 이상의 후보들 가운데 미국이 건재하다고 주장한 이는 아무도 없었다. 아마 힐러리 클린턴만 예외였지 싶다. 그녀는 자신을 최초의 여성 대통령이자 버락 오바마의 성공적인 국정 운영 8년을 이어갈 진보적인 계승자로 포장했다. 그러나 도널드 트럼프가 말한 미국의 쇠락은 그의 공화당 경쟁자들의 비관론과도 달랐고, 급진적인 사회주의적 치유책이 절실히 필요한 처참한 사회라는 버니 샌더스의 진단과도 달랐다.

"미국을 다시 위대하게" 만들자는 트럼프의 희망적인 문구는 미국의 쇠락에 대해 세 부분으로 구성된 단순한 메시지를 제시하고 있다. 미국은 한때 위대했다. 지금은 그렇지 않다. 그러나 트럼프의 통치 하에서 미국은 다시 위대해진다. 트럼프는 선거운동 첫날 미국의 부활을 약속했다. 그리고 그 이후로 거의 날마다 그 약속을 되뇌고 있다.

그런데 트럼프는 무슨 의미에서 "쇠락"이라고 했는지 충분히 설명했나? 미국은 1990년대, 1970년대, 1950년대보다 물질적으로 혹은 영적으로 더 빈곤해졌나? 그리고 모든 미국인이 그토록 고통받고 있는가, 아니면 절반만 고통받고 있는가?

인류 문명 역사상 가장 부유한 세대 혹은 그 세대의 절반이 미국이 쇠락하고 있다는 트럼프의 암울한 진단과 그가 제시한 재활을 위한 치유책이 설득력이 있고, 심지어 낙관적이라고 생각한 이유가 뭘까?

물론 트럼프가 한 말은 대통령 선거운동에서 새로울 게 없었다.

역대 거의 모든 대통령 후보가 미국은 현직 대통령 통치 하에서 길을 잃었다는 주장을 제시하면서 출마했다. 보통 잘못을 범한 장본인은 상대 정당의 누군가였다. 좌익 진영의 "위대해야 할 시기"(존 F. 케네디, 1960), "새로운 시작"(유진 매카시, 1968), "돌아오라, 미국이여"(조지 맥거번, 1972)에서부터 우익 진영의 "미국을 다시 위대하게 만들자"(로널드 레이건, 1980), "미래를 회복하자"(미트 롬니, 2012)에 이르기까지 모두 그랬다.

로널드 레이건은 1980년 선거운동을 시작하면서 트럼프보다 앞서 다음과 같은 선거구호를 외쳤다. "희망을 버린 이들이여, 우리는 희망을 되찾을 것이다. 미국을 다시 위대하게 만들 위대한 국가적 성전(聖戰)에 동참할 것을 권한다."

그러한 회복의 약속은 매우 서구적이기도 하다. 트럼프나 레이건이 등장하기 훨씬 전부터 서구 문명의 정신 속에는 쇠락에 대한 우려가 내재되어 있었다. 서구 문화는 표현의 자유, 자기비판, 합리주의, 과학적 진보를 소중히 여기고 실천해왔다고 볼 때, 세대를 거듭할수록 삶이 물질적으로 더 풍요로워지거나 각 세대마다 적어도 그렇게 인식해야 했다. 그리고 그렇지 않을 때는 모두가 분노했다.

고대 그리스인들은 국가가 흥망성쇠를 겪고 다시 부상하는 현상을 유기적인 순환으로 보았다. 나이 들고 세상을 떠나고 태어나는 인간의 삶과 비슷했다. 8세기 말 시인 헤시오도스는 도시국가 시대가 동틀 때 자기 고향인 그리스의 작은 농촌 마을 아스크라가 이미 도덕적 쇠락의 늪에 빠졌다고 통탄했다.

당대에 호메로스가 쓴 서사시의 주제도 이와 같다. 『일리아드』와 『오디세이아』에 등장하는 서사적인 영웅들의 시대가 저물고 있었다. 이미 오래전에 초인과 반신(半神)의 영웅적 시대가 소멸하고 거의 범인(凡人)의 시대로 빠져들었다.

필로스의 전설적인 왕 네스토르는 나이가 들자 자신과 같은 사람들이 성공적으로 일궜던 과거의 호시절이 저물고 있다는 사실에 탄식한다. 트럼프처럼.

로마시대 문학에서 다음 두 구절만큼 트럼프주의를 잘 표현한 구절은 없다. 기원전 1세기 시인 퀸투스 호라티우스 플라쿠스가 자기 세대에 대해 탄식을 내뱉는 다음 구절은 트럼프주의를 더할 나위 없이 잘 표현했다. "우리 조부모세대보다 못한 우리 부모 세대가 우리를 낳았고, 부모 세대보다 못한 우리는 곧 우리보다 못한 자녀를 두게 된다." 그와 동시대 역사학자 티투스 리비우스는 전쟁에 찢기고 황폐해진 시대의 로마인들은 "질병을 견뎌낼 수도 치료를 견뎌낼 수도 없다."라는 비관적인 결론을 내렸다.

그러나 사실 로마는 근심에 빠진 리비우스가 세상을 떠난 후 500년 동안 지속되었고 동쪽인 콘스탄티노폴리스로 천도한 다음 비잔티움 제국으로 1500년 동안 지속되었다. 아서 허먼의 『서양사에서 몰락의 개념The Idea of Decline in Western History』은 특히 계몽주의 시대의 음울한 문화에 초점을 맞춘다. 뒤이어 19세기와 20세기 초 문명의 붕괴가 임박했다는 개념은 프리드리히 니체와 오스발트 슈펭글러 같은 역사적 비관론자들의 글을 관통하는 주제였다.

미국인들의 안절부절못하는 성정, 더 나은 기술과 기계에 대한 의존, 확고한 운명 의식으로 미루어볼 때 무엇이든 오로지 계속해서 개선되는 방향으로 일로매진해야 했다. 그리고 미국 역사에서 이따금 그렇지 않은 기미가 보일 때는 분노가 뒤따랐다.

그러나 트럼프의 남 탓하기는 버락 오바마의 훈계와는 사뭇 달랐다. 오바마는 몸에 익은 신중한 태도로 과거에 보였던 편견("미국은 여전히 우리 역사의 어두웠던 시기를 극복하려고 애쓰고 있다.")에서부터 게으름("그동안 우리가 좀 게을렀다. 지난 20여 년 동안 말이다." "미국에 살면 이따금 게을러지는 느낌이 들고 우리는 아주 큰 나라라서 다른 나라 사람들에 대해 전혀 알지 못해도 된다고 생각한다.")에 이르기까지 미국인이 지닌 다양한 병리현상들을 언급하면서 미국인의 잘못이라고 했다.

반면 트럼프는 다른 나라 사람들은 호들갑스럽게 비난했지만 같은 미국인들은 은근히 꾸짖지도 않았다. 그는 중국과 멕시코 같이 경제적으로 "편법을 쓰는" 외국을 집중적으로 비판했다. 그러더니 오냐오냐해서 버릇이 나빠졌다며 무임승차자인 유럽 국가들을 비판했다. 그러나 그보다 훨씬 한심한 이들은 그런 "멍청한 거래"를 하고 교활한 외국인들이 미국을 등쳐먹게 내버려둔 아무 생각 없는 미국 지도자들이었다("우리가 다른 나라들을 부자로 만들어주는 동안 우리나라의 부와 힘과 자신감은 지평선 너머로 사라졌다").

트럼프는 뭔가 감을 잡았다. 적어도 정치적으로는. 미국이 지닌 결함을 미국인이 아니라 외국인 탓으로 돌렸다는 점에서 말이다. 유권자들은 자기들이 겪는 병리현상의 원인은 자기들에게 있다는 주장을 받아들이는 데 넌더리가 났다. 특히 오바마 행정부 동안 더할 나위 없이 심했다. 2020년 11월, 부동층 유권자들이 트럼프를 지지할지는 두고 볼 일이다. 중국이 무역에서 편법을 쓰고 특허를 침해하고 기술을 도용한다는 이유로 미국이 부과한 관세로 인해 물가가 일시적으로 인상되고 중국도 미국에 보복관세를 때리면서, 중국은 2021년에 민주당이 집권하면 현상유지로 돌아가리라는 희망을 품고 트럼프 행정부를 어떻게든 버텨내겠다고 생각하고 있다.

그런데 외국이 미국보다 우월하다고 찬사를 퍼붓는 관행은 오랜 역사를 자랑한다. 1930년대에 쇠락주의자들은 과학적인 원칙을 토대로 정부와 자유 시장이 동반자라는 독특한 모델을 제시한 파시즘이 대공황을 극복한 미국보다 훨씬 낫다고 탄식했다. 무솔리니는 대공황 시대에 시대적 담론의 장이었던 뉴욕의 술집에서 인기를 모았다. 전후 공산주의라는 회오리는 미국을 비껴갔고 식민지에서 벗어나 각성한 제3세계에서 주로 공감을 얻었다. 1957년 소련이 발사한 최초의 인공위성 스푸트니크와 도미노 이론이 이를 입증하는 듯했다.

나치즘과 소련 공산주의가 몰락한 후 1970년대에 일본이라는 기업(Japan, Inc.)이 부상했다. 자기 관리가 철저하고 검소한 일본이 자기 나름의 방식으로 퇴폐적인 미국을 매장시킨다고 했다. 거품이 꺼진 일본 경제가 화석화되자 포스트모던 유럽경제공동체가 등장했고 훗날 21세기에 새 단장을 한 유럽연합은 미국의 자유 시장경제와 민주주의보다 우월한 미래의 패러다임으로 찬사를 받았다. 보다 현명한 연성권력(soft power) 유럽연합이 국민우선주의, 무자비한 자본주의, 극도의 개인주의 같은 미국의 파괴적인 개념들 없이도 승승장구하고 있었다.

유럽연합이 곧 정체에 빠지자 다음으로 중국—세계 최대 규모의 인구를 지닌 나라—이 미국의 지배적 지위를 넘볼 차세대 유망주로 떠올랐다. 중국이 훨씬 신속하고 효과적인 통치체제라는 찬사가 쏟아졌다. 〈뉴욕타임스〉에 사설을 쓰는 토머스 프리드먼은 중국의 고속철도와 신공항들을 찬양하면서 독재적인 의사결정의 효율성을 잘 이용하면 대대적인 친환경 프로젝트를 신속하게 추진할 수 있다고 주장했다. 그리고 자신감이 충만한 중국은 한껏 고무되어 의기양양했다(정치적 난관과 인구 구조적, 환경적 재앙에 직면하고 있었는데도 말이다).

미국이 상대적으로 쇠락한다는 이 모든 망상과 공포심을 관통하는 공통적인 증상은 미국인들이 미국의 건국과 헌법의 이면에 깔린 독특한 천재성, 어마어마한 국가의 부, 북미라는 탁월한 지리적 이점, 여럿이 하나가 되는 용광로, 엄격한 개인주의 정서, 계층 상향이동과 같은 미국의 제도, 자기계발과 자기집 개조와 경력 개발에 대한 집착 등을 제대로 파악한 적이 없다는 점이다.

미국은 경직된 사회에서는 불가능한 방식으로 수정하고 적응하고 재발명하고 재탄생하는 독특한 역량을 지녔다는 사실을 잊고 있다는 점도 미국의 쇠락을 탄식하는 정서에서 나타나는 공통점이다. 트럼프가 미국의 문화적 몰락을 예언한 또 다른 부류와는 다른 점은 미국이 쇠락한다는 진부한 정서를 그만의 독특한 편 가르기 시각으로 해석했기 때문이다.

2017년 1월 대통령 취임 연설에서 트럼프는 쇠락을 다음과 같이 색다르게 규정했다. 외국이 "소수 미국인 무리"와 담합해서 나머지 미국인들에게 해를 끼친 결과 나타난 징후였다.

미국 수도에 있는 소규모 집단이 정부로부터 보상을 얻는 동안 국민은 비용을 부담해왔다. 워싱턴은 번창했지만 국민은 그 부를 나눠 갖지 못했다. 정치인들은 부유해졌지만 일자리는 떠나고 공장은 문을 닫았다.

기득권층은 자기들만 보호하고 국민은 방치해두었다. 그들의 승리는 여러분의 승리가 아니었다. 그들의 개가는 여러분의 개가가 아니었다. 그들이 우리나라의 수도에서 환호하는 동안 우리나라 곳곳에서 고군분투하는 가정들은 환호할 이유가 거의 없었다.

트럼프가 등장하기 전 시대에 민주당은 진보주의적, 재분배적 시각으로 쇠락을 규정했다. 물론 그들은 과거의 곤궁한 여건과 비교해볼 때 절대적으로 개선된 빈곤층의 여건이 아니라 불평등과 부유층에 비해 빈곤층이 놓인 상대적인 곤경에 초점을 맞추었다.

정부의 도움을 받지 못하는 미국인들이 너무 많다는 주장이 나왔다. 그리고 국가의 부를 너무 극소수가 장악하고 있다는 주장도 제시되었다. 따라서 진보주의자들은 세율을 급격히 인상하고 정부 규모를 확대하고 복지혜택을 늘려야 "공정성"을 담보하고 미국을 회복시킬 수 있다고 생각했다. 아이폰을 쓰는 가난한 사람이 1990년의 억만장자가 쓰던 기기보다 고사양인 기기를 손에 쥐고 문화에 접근 가능하다는 사실은 중요하지 않았다. 싸구려 기아자동차가 20년 전 최상급 벤츠보다 더 많은 호화로운 사양을 갖추고 있다는 사실도 중요하지 않았다.

진보주의자들이 내세우는 미국이 쇠락한 또 다른 이유는 중하류층과 산업근로자 계층의 퇴폐적이고 저속한 취향이었다. 잘 속아 넘어가는 "한심한 종자들"이 소비지상주의, 무의미한 경쟁, 리얼리티 TV 쇼, 패스트푸드, 신용카드로 쉽게 빚을 내는 관행 등에 중독되었다고 했다.

컬런 머피의 『우리는 로마인가?Are We Rome?』 같은 책들은 미국의 물질과잉과 문화적 고립에 초점을 맞추고 미국이 로마제국 말기처럼 쇠락해가고 있다고 주장한다. 그런 의미에서 트럼프가 불공평을 말하면서 좌익이 정치적으로 이용하는 계급이론을 차용하되 이를 자본주의적인 해결책을 제시하는 맥락에 놓음으로써 중하류 계층으로부터 호응을 얻은 게 우연이 아니다.

예컨대, 로스앤젤레스, 포틀랜드, 샌프란시스코, 시애틀 같이 부유한 도시에서 주거비를 감당하지 못해 고군분투하는 이들을 돕는 방법은 부자들이 (환경적, 금전적, 정치적 등 여러 가지 이유로) 건축 규제정책으로 그들을 삶의 터전에서 몰아내게 놔두거나 부자들이 재산세나 어마어마한 주택담보대출을 공제받게 내버려두지 말고 새로운 주택단지들을 건설해 주택 가격을 끌어내리고 민주당 텃밭인 주의 최고 부유층에 대한 세금 감면을 없애는 데서 시작되어야 한다. 부유층은 집을 덜 짓기를 바라고 빈곤층은 더 짓기를 바란다니 해괴하기 그지없다. 게다가 부유층은 리버럴 성향이라 옳고 빈곤층은 보수 성향이라 환경, 문화, 자기 이익의 관점에서 그르다고 생각한다.

진보주의자들은 군산복합체가 마구잡이로 국방비를 지출하고 아무 생각 없이 전쟁에 뛰어들고 쓸데없이 무기에 투자하면서 미국이 쇠락하기 시작했다고 믿고 있다. 정전(正典)으로 인정받는 폴 케네디의 『강대국의 흥망The Rise and Fall of the Great Powers』에 따르면, 합스부르크나 영국 같은 과거의 제국들과 마찬가지로 미국도 국방비 지출로 기진맥진해 쇠락할 운명이었다.

마지막으로 가장 최근에 진보주의자들이 제시하는 쇠락주의 주장은 불간섭주의(laissez-faire)적 자본주의의 여파로 환경이 필연적으로 붕괴한다는 주장이다. (『총, 균, 쇠Guns, Germs and Steel: Collapse』의 저자인) 인류학자 재러드 다이아몬드는 여러 권의 저서에서 서구 문명은 본질적으로 자원 고갈과 지속 불가능한 착취에 근거를 두었다고 주장한다. 지구온난화, 인구과잉, 자원 고갈 등이 결국 서구의 생활방식을 파괴하면서 필연적으로 삶은 불안하고 덧없어진다. 이러한 종말적인 시나리오는 2019년 여름 민주당 대선후보 경선 토론에서 절정에 달했다. 토론에 참가한 앤드루 양은 해안 지역에 사는 미국인들에게 이주하라고 경고했다. "너무 늦었다. 10년 정도는 늦었다. 기후가 올바른 방향으로 나아가도록 있는 힘을 다해야 하지만, 우선 사람들을 해발고도가 더 높은 지역으로 이주시켜야 한다."

물론 트럼프는 이 모든 비관론을, 특히 미국 중산층이 지닌 해로운 소비지상주의가 종말을 맞게 됐다며 거의 희희낙락하는 좌익 엘리트 계층을, 우스꽝스럽다며 일축한다. 트럼프는 진보주의자들과는 달리 소비주의는 지양이 아니라 지향해야 하며, 그래야 중산층이 부유층이 향유하는 것들을 일부라도 향유하게 된다고 생각했다.

그러나 트럼프는 딱히 정통 보수주의 성향의 쇠락주의자도 아니었다. 물론 대부분의 보수주의자들과 마찬가지로 그도 미국이 부유한 게 당연하고 미국의 경제체제에 버금갈 만한 경제체제는 없다고 생각한다. 경기침체와 불황은 사회적, 문화적 설계자들이 무능해서 미국의 자유 시장과 자유무역 전통을 부자연스럽게 옭아매고 국내 경제체제를 정체시키기 때문이 틀림없다고 생각한다. 지미 카터 시대의 스태그플레이션과 석유금수조치, 또는 연간 GDP 성장률이 꿈쩍도 하지 않고 정체되었다는 인식, "뒤에서 이끈다(lead from behind)"는 버락 오바마의 퇴행적인 외교정책을 생각해보라.

그러나—불가지론적, 무신론적 성향이 확산되면서 영적으로 공허해지고 성혁명과 핵가족 해체, 범죄 증가, 쾌락주의, 반미주의, 문화적 상대주의, 유토피아적인 평화주의 등으로 규정되는—도덕적 타락에 대해 탄식하는 보수주의자들과도 트럼프는 사뭇 다르다. 물론 트럼프는 복음주의자들이 소중히 여기는 보수주의 이슈들을 지지했다. 그러나 트럼프 본인의 파란만장한 과거, 맨해튼에서의 화려한 생활, 세 번의 결혼, 만성적인 여성편력 등을 보면 그가 반동적인 도덕주의자(reactionary moralist)일 가능성은 희박하다.

반면 트럼프는 모두를 더 부유하게 해주면 더 강하고 더 행복하고, 따라서 나라 전체가 더 결속력이 강해지고 더 안전하고 더 안정적인 나라가 된다고 생각했다. 동성애자든, 이혼했든, 불륜을 저질렀든, 자식을 홀로 키우는 부모든, 전통적인 형태의 가족이든 상관없이 말이다. 물질적인 진보는 미국인의 보편적인 행복으로 이어지고 상처를 치유했을 뿐 퇴폐를 조장하지 않았다.

트럼프의 쇠락 개념은 좌익의 경제적 비관론도 우익의 문화적 타락도 아니었다. 자본주의자—국민우선주의자—포퓰리스트로서 그는 다른 나라들이 번영하는 데 드는 비용을 미국이 대신 치른 결과로 야기된 조작된 쇠락이라고 생각했다. 어찌 보면 이는 트럼프의 도플갱어 포퓰리스트 버니 샌더스가 주장한 불공정과 다르지 않았고, 이 덕분에 2016년 대선에서 두 사람이 나란히 부상했다는 사실은 크게 놀랍지 않다.

트럼프가 보기에 미국의 문제는 자본주의가 야기한 불평등이 아니라 (심지어 본인도 인정했듯이 본인을 포함해서) 자본주의자들에게 국가를 우선시하는 애국심이 결핍되어 있다는 점이었다. 엘리트 계층과 부유층은 다른 나라 국민들을 챙기는 만큼도 미국 국민들을 챙기지 않았다. 그들은 미국과의 교역에서 이득을 보려는 중국, 미국에서 새 출발하려는 가난한 멕시코인들, 북대서양조약기구 방위비를 감당할 여력이 없다고 주장하는 부유한 유럽인들, 미국이 자기 나라를 재건해주기를 바라는 중동 국가들보다도 자국 국민을 등한시했다.

트럼프는 엘리트 계층이 기꺼이 미국인들을 배신했기 때문에 미국이 쇠락하고 있다고 생각했다. 트럼프가 생각하는 미국의 쇠락은 과거에 일시적으로 발생하는 침체보다 훨씬 심각했다. 의도적인 선택의 결과라고 생각했기 때문이다. 이 쇠락은 미국에 내재된 운명도 아니고 해안 지역의 승자와 내륙 지역의 패자를 갈등에 빠뜨리는 쇠락이었다. 트럼프는 취임 연설에서 현재 상황을 다음과 같이 비판했다.

수십 년 동안 우리는 미국의 산업을 희생해가며 외국의 산업을 일구어주었다. 우리가 다른 나라를 부유하게 만들어주는 사이, 우리나라의 부와 힘과 자신감은 지평선 너머로 사라졌다. 공장은 차례로 문을 닫았고 우리 땅을 떠나면서 뒤에 남은 수천 만 명의 미국 근로자들은 안중에도 없었다. 우리 중산층으로부터 빼앗은 부를 전 세계에 골고루 나누어주었다.

이와 같이 트럼프가 기득권층을 싸잡아 비난하자 그들은 분개했다. 2016년 6월 선거운동이 절정에 달했을 때, 당시 대통령 버락 오바마는 트럼프가 제시한 미국이 쇠락하는 이유들을 일축했다. 너무 분개해서 청중들을 상대로 "트럼프를 광고해주게 될까봐" 트럼프의 이름 석 자도 언급하기 싫다며 다음과 같이 말했다.

우리는 회복했지만 사람들은 여전히 발로 딛고 있는 땅이 단단하지 않고 위태위태하다고 느낀다. 사람들이 불안해하면 그들을 안심시키려고 단순한 처방을 내려주고 사람들은 그 처방에 솔깃한다. 그는 그저 "나는 협상을 통해 더 나은 계약을 따낼 것이다."라고 한다. 어떻게? 정확히 어떻게 그런 협상 결과를 얻어내겠다는 건가? 무슨 마법의 지팡이라도 갖고 있나? 그에게는 해답이 없다.

트럼프는 "마법의 지팡이"라는 표현이 마음에 들었던 게 틀림없다. 소수인종의 실업률이 역대 최저 수준으로 떨어지고 중산층 임금이 2~3퍼센트 인상되는 성과를 내고 나서 그 표현을 인용하며 조롱했으니까 말이다. 트럼프는 규제를 철폐하고 세율을 인하하고 에너지 생산을 늘리고 투자를 권장하고, 공정무역을 추진하고, 불법 이민자를 줄이면서, 자신한테 일종의 마법의 지팡이가 있다고 분명히 믿었다. 그리고 그는 미국의 힘과 영향력을 이용해 호혜적인 무역을 주장하면서 협상을 통해 "더 나은 계약"을 따낼 수 있다고 생각했다.

여기서 오바마는 다시 한 번 세계화의 피해자들을 탓하는 듯하다. 그는 세계화는 막을 수 없는 추세이고 운명이며, 이를 막으려면 마법의 지팡이 같은 상상 속의 도구가 필요하다고 생각했다. 공정한 무역이나 합법적인 이민만 받아들이자고 요구하거나, 북대서양조약기구 회원국들에게 방위비를 더 부담하라고 하거나 가스와 석유를 더 많이 채굴하는 게 오로지 "마법의 지팡이"를 휘두르는 황당한 상상의 세계 속에서만 가능했다. 그가 한 말을 공화당 텃밭에 거주하는 미국인들이 알아듣게 해석하면 "어쩔 수 없으니 받아들여라."였다.

오바마가 이처럼 주장했지만, 바로 몇 주 앞서 2016년 선거운동이 한창일 때 카델 앤드 어소시에이츠(Caddell & Associates)가 실시한 여론조사에서 응답자의 56퍼센트가 다음 항목에 동의했다. "9·11 이후로 15년 동안 세계를 이끄는 강대국으로서의 미국의 힘과 권위가 실추했다." 미국의 지위가 향상되었다고 답한 이는 10퍼센트가 채 안 되었다. 겨우 응답자의 4분의 1이 미국의 힘과 지위가 변함이 없다고 답했다. 묘하게도 오바마는 1920년 이후로 그 어느 때보다도 본인이 민주당을 주 차원과 연방의회 차원에서 취약하게 만들어놓고 이임하게 된 이유를 전혀 깨닫지 못하는 듯했다. 오바마의 반박에는 일부 미국인들이 미국이 처한 상황에 분개하지만 그럼에도 불구하고 늘 상황은 개선되고 있다는 의미가 함축되어 있었다. 부분적으로 그러한 긍정적인 평가를 할 만한 근거가 있음은 부인할 수 없다.

정치학자 (『미국의 쇠락이라는 신화The Myth of America's Decline』의 저자인) 조지프 조페와 (『우리 본성의 선한 천사The Better Angels of Our Nature』의 저자인) 심리학자 스티븐 핑커 같은 경험론자들은 축적된 방대한 양의 데이터를 토대로 물질적인 측면에서 대부분의 미국인들은 과거 그 어느 때보다도 잘 먹고, 학력이 높고, 건강하고, 부유하고 안전하다고 주장한다. 현 세대는 과거 어느 시대보다도 개인이 훨씬 선택지가 많고 물리적 위험에 덜 직면하며 더 많은 권리를 누리는 축복받은 시대에 살고 있다. 그러한 낙관적인 평가는 상대적인 측면에서도 절대적인 측면에서도 정확하다. 예컨대, 애플, 페이스북, 구글, 아마존이 모두 미국 기업이라는 게 우연이 아니다. 소아마비나 에이즈처럼 암이나 심장병을 치료하거나 억제할 해답을 얻게 된다면 이는 미국 연구자들로부터 비롯될 가능성이 높다.

미국은 지금과 같은 물질적 풍요를 누린 적이 없다. 휴대전화, 대형화면 TV, 저렴한 항공여행, 패스트푸드 등을 누릴 수 있다는 점에서는 그렇다. 영양실조가 아니라 비만이 더 큰 사망 원인이다. 이따금 군중이 몰려드는 곳은 도시에 있는 식료품점이 아니라 가전제품 매장이다. 미국인은 천연두와 말라리아 같은 천형보다 보톡스와 주름제거 지방흡입술에 더 많은 돈을 쓴다.

외계인이 제2차 세계대전 직후인 1950년대에 우후죽순 들어선 작은 집들과 자동차가 한 대뿐인 가정과 원시적인 소비재들을 봤다면 1956년에 예산균형은 달성했을지 몰라도 소비자들이 최신형 아이폰과 에어조던 운동화를 앞다퉈 사면서 빚더미에 앉은 오늘날의 미국과 비교해 가난하다고 생각했을지도 모른다.

그 어떤 역사적인 기준으로 봐도 미국은 다 갖췄다. 꿈도 꾸지 않았던 천연가스와 석유를 새로 찾아냈고, 식량생산 역량은 세계 최고이며, 계속해서 신기술을 발명하고, 인구도 증가하고 있고, 막강한 군사력을 보유하고 있으며, 세계 최고 순위의 연구대학들을 자랑하고, 헌정질서가 안정적이다. 그렇다면 미국 쇠락주의자 트럼프는 자신의 지도력 없이는 미국은 심각한 곤경에 처하게 된다는 논리를 미국인들에게 어떻게 설명했을까?

트럼프는 미국의 도덕성이 아니라 정신이 병들었다고 주장했다. 세 번 결혼한 트럼프의 사생활과 미심쩍은 사업 관행, 미심쩍은 취향 등은 로마의 소설가 가이우스 페트로니우스의 『사티리콘Satyricon』에서 튀어나온 등장인물이라고 해도 손색이 없을지 모른다. 그러나 트럼프는 국경에 튼튼한 장벽을 건설하고 몰락한 산업들을 다시 국내로 귀환시키고, 제조업을 부활시키고, 세계에 미국의 석유와 가스가 넘쳐흐르게 하고, 그가 뉴욕 센트럴파크에 아이스링크를 만들었을 때처럼 신속하고 능수능란하게 공항과 교각과 도로를 재건축하는 등,

미국인이 지닌 정서인 "할 수 있다"는 자신감을 지니고 있었다.

따라서 트럼프 말의 요지는 미국이 부유하지 않다는 뜻이 아니라 지금보다 더 부유할 자격이 있다는 점이다. 아니면 지금 당장 부유하지 않은 미국인들도 부유해질 수 있다는 뜻이다. 1950년대보다 집 주변이 덜 안전하고, 도로는 더 더럽고, 노숙자는 더 만연하게 된 원인은 트럼프의 단순한 시각으로 보기에 일자리가 모자라고 경제성장이 부진하기 때문이었다. 트럼프가 보기에는 일자리는 만병통치약이었다.

2017년 2월 의회에서 행한 첫 번째 연설에서 트럼프는 획기적인 약속을 했다. "우리나라를 재건하기 위해서 미국 기간시설에 1조 원을 투자하는 법안을 통과시켜주기를 의회에 간청한다. 공공자본과 민간자본을 통해 재정을 충당하면 수백만 개의 새로운 일자리를 창출하게 된다. 이 정책의 지침이 되는 두 가지 원칙이 있다. 국산품을 구매하고 미국인을 고용하라."

한마디로, 트럼프가 보기에 미국이 당면한 쇠락은 현재의 기득권층이 미국의 경쟁국들을 상대로 승리를 쟁취할 역량은 고사하고 심리적으로 승리가 뭔지 규정할 역량도 없기 때문이라는 판결을 내린 셈이다. 트럼프는 "감히 엄두가 나지 않는다"라는 소심함을 "할 수 있다"라는 자신감으로 대체하는 일을 자신의 사명으로 보았다.

트럼프가 보기에 이러저러한 삭감, 할당, 감축 등이 필요하다는 엘리트 계층의 진단은 대체로 미국의 천재성과 자신감을 이해하지 못하거나 이를 역겨워하는 엘리트 계층의 유토피아 설계를 꿈꾸는 정서를 반영했다. 취임한 지 겨우 몇 주 만에 트럼프는 상하 양원이 모인 자리에서 자신이 행동하지 않는 미국의 정신 상태를 이미 바꿔놓았다며 다음과 같이 주장하고 있었다.

소박한 생각을 하는 시대는 끝났다. 치졸한 싸움을 하는 시대도 지났다.
우리는 우리 가슴을 가득 채우는 꿈을 공유할 용기만 있으면 된다. 우리 영혼을 뒤흔드는 희망을 표현할 용기가 있으면 된다. 그리고 그러한 희망과 꿈을 행동에 옮길 자신감이 있으면 된다. 지금부터 미국은 두려움에 짓눌리지 않고 우리가 품은 열망에서 힘을 얻게 된다. 과거의 실패에 얽매이지 않고, 미래에서 힘을 얻고, 의구심에 눈이 멀지 않고, 미래에 대한 혜안을 지침으로 삼게 된다.

수천만 명의 유권자들은 미국인이 역사상 가장 부유하고 가장 자유로운 세대가 될 수도 있는데도 점점 신경질적이고 변덕스러워지고 있다는 트럼프의 말에 동의했다. 미국인은 생각이 지나쳐서 아무것도 못 하는 마비상태가 될 지경으로 생각하고 또 생각한다. 미국인은 대부분 몸을 쓰는 일을 하지 않는다. 식량을 경작하거나 뭔가를 건설하지 않는다. 대부분은 그런 단조롭고 고된 일을 회피하고 다른 일을 하면 두둑한 보상을 받는다. 그러나 그 결과 입법, 교육, 사회 설계에서 대체로 탁상공론이 실용성보다 우선시된다. 자연은 구체적이고 때로는 두려워해야 하는 대상이기보다는 이론적이고 신격화되어 있다. 적어도 트럼프는 산업 생산과 제조업과 건설이 치유하는 힘을 지녔다고 믿는다는 점에서 그렇다. 2017년 4월, 트럼프는 건설 부문 주요 인사들을 상대로 "우리는 건설하는 이들의 나라다. 그리고 백악관에 건설업자가 입성할 때가 됐다."라고 자랑했다.

미국이 쇠락한다는 트럼프의 이론은 다양한 원인에서 비롯되었다. 2016년 선거에 대한 트럼프의 해석이 우선 그 첫 번째다. 선거인단 측면에서 보면 트럼프는 공화당 후보 경선에 출마한 다른 경쟁자들보다 자기가 훨씬 미국의 맥을 잘 짚었고, 산업이 몰락한 중서부 경합 주들에서 훨씬 공감을 살 메시지를 만들어냈다고 생각했다. 정통 공화당 성향의 경쟁자들이 보기에 가장 정설에서 벗어난 트럼프의 관점은 자본주의가 계속 확장돼도 지금 당장은 혜택이 제한적이라는 케케묵은 개념을 믿고 있다는 점이었다. 즉 트럼프는 파이가 늘 커

지지는 않으며, 다른 사람들에게 손해를 끼치면서까지 더 많은 파이조각을 먹어치우는 이들이 있다고 생각했다. 선거의 측면에서 보면, 한 나라가 세계화로 성공하면 그다지 운이 좋지 않은 또 다른 나라는 손해를 보았다. 다시 말해서 그는 미국의 해외 경쟁국과 적국들은 강경하게 대하되 자신이 어쩔 수 없는 세계화의 추세로 피해를 입은 다른 미국인들에게는 그러지 않았다.

트럼프는 2016년 선거운동에 관여했던 스티브 배넌과 스티븐 밀러 같은 괴짜들로부터 쇠락주의 이론을 취했다. 이 두 인물은 미국에서 언론매체가 가장 많이 풍자하고 정치인들이 가장 싫어하는 인물이다. 둘 다 처음부터 트럼프 지지자는 아니었다. 그러나 2016년 여름 무렵, 두 사람은 트럼프의 메시지들을 다듬어 일관성을 부여했다. 미국이 부유하다는 부인할 수 없는 현실에도 불구하고 미국은 왜 이리 허덕이고 있을까? 어떻게 부화방탕한 트럼프 같은 사람이 미국의 영적인 타락을 통탄하면서도 신뢰를 얻었을까? 그리고 보수적인 공화당원들이 제약 없는 자본주의의 혜택이라는 자유 시장 논리에 어떻게 의문을 제기할 수 있을까?

밀러와 (2017년 8월 언론에 정보를 자꾸 유출시킨다는 이유로) 트럼프가 해고한 배넌이 보기에 트럼프가 지닌 모순을 해소할 방안은 1960년대의 무한한 개인적 자유의 탐닉과 문화적 좌경화의 산물인 세대가 이미 오래전에 피상적인 탐닉을 탈피했다는 해석 방법이었다. 과거에 히피였던 이들은 대부분 히피 문화를 진정으로 흡수한 적이 없다. 대부분은 일을 하고 가족을 부양하기 시작하면서 ("히피 정신을 배반하고") 전통주의자가 되었다. 그러나 가장 영향력 있는 급진주의자 대학생들 일부는 청년시절의 좌익 운동에서 결코 빠져나오지 못했고 그들이 젊은 시절 누렸던 정치적, 개인적 탐닉을 한층 더 추구했다.

백만장자이자 세 번 이혼한 배넌은 이러한 나이든 급진주의자들이 60년대에 유행했던 급진적인 경제학과 관용적인 문화를 무기 삼아 공화당 정부든 민주당 정부든 가릴 것 없이 21세기 기득권 세력이 되어 권력의 고삐를 단단히 움켜쥐었다고 생각했다.

시위에 가담했던 세대가 20대에 그들 나름의 삶에서 추구한 과잉과 이기심이라는 똑같은 정서는 예전의 청바지, 긴 머리, 티셔츠에서 약탈적 자본주의로 변질되었다. 에세이스트 로저 킴벌이 60년대에 청춘을 보내고 이제 대학에 둥지를 튼 "정규직 급진주의자들"이라 일컬었던 이들의 재계 버전이었다.

트럼프 팀은 과거에 좌익 대항문화에 탐닉했던 유형들이 자기중심적 세대의 가치관을 할리우드, 월스트리트, 실리콘밸리, 그리고 딥스테이트에 주입하고 멋대로 휘두른다는 불만을 지속적으로 토로했다. 이들이 산업근로자 계층 미국인들에게 피해를 입히면서 자기들에게 이익이 되는 규정들을 만든 반 트럼프 진영의 거점이 되었다.

조작된 경제, 사회, 무역 정책들의 산물로 문화가 쇠락했다는 트럼프의 포퓰리스트 개념은 분노를 야기했다. 중국, 국경 개방, 산업화 지역의 붕괴, 세계화라는 악에 대한 트럼프의 공격을 전통적으로 좌익의 영역인 음모론적 시각에서 착취라는 통합된 이론으로 격상시키는 듯했다. 배넌에 따르면, "미국을 증오"하는 무리가 권력 외부자에서 이제 권력 내부자로 바뀌었고, 예전에 거리에 뛰쳐나와 시위를 일삼으면서 그들이 야기했던 해악보다 더 심각한 해악을 고위간부 회의실에서 야기하고 있었다.

2017년 〈뉴요커〉에 실린 라이언 리자의 에세이는 특히 배넌에 대해 적대적이다. 그는 배넌이 백악관에서 물러난 후 트럼프를 지지하는 "불만에 가득 찬 군중"을 일종의 유사 정치운동으로 변모시키고, 사악한 의도를 품고 막후에서 트럼프를 지배하고 조종하는 (조르주 뒤 모리에의 소설 『트릴비』에 등장하는) 상스러운 스벤갈리로 보았다.

배넌은 트럼프의 승리가 그저 불만에 가득한 군중이 들고 일어나 어쩌다가 나온 결과가 아니라 더 많은 의미를 지닌 사건으로 각인시키는 게 자기가 할 역할이라고 보았다. 선거운동 기간 동안 트럼프는 배넌과 현재 트럼프의 수석정책자문인 밀러에게 자신이 추진하는 정책과 연관지을 만한 건국의 아버지들이나 19세기 대통령들이 한 말을 찾아달라고 했다. 앤드루 잭슨 외에 그들은 알렉산더 해밀턴, 에이브러햄 링컨이 한 말을 종종 인용했다.

이 못지않게 비판적인 견해가 〈가디언〉에 실린 정치학자 토머스 프랭크의 기고문이다. 그는 배넌이 초기에 제작한 쇠락주의 다큐멘터리 〈0세대 Generation Zero〉를 어설픈 고정관념이라고 일축하면서 다음과 같이 말했다.

〈0세대〉는 역사가 냉소적으로 전개되고 끊임없이 되풀이된다고 주장한다. (대공황과 제2차 세계대전 같은) 역사적 위기가 발생하면 이를 극복하는 야심만만한 세대가 등장하고(1952년경 레빗 앤드 선즈Levitt & Sons가 2차 대전에서 돌아온 참전용사들에게 내 집 마련의 기회를 주기 위해 교외에 지어 적정 가격에 분양한 대규모 주택단지인 레빗타운Levittown을 생각하면 된다), 이들은 자녀들을 버르장머리 없이 키우는 실수를 저지르고, 이 자녀들은 퇴폐적인 삶과 자기도취 성향으로 사회를 갈기갈기 찢게 되며, 이 주기는 처음부터 다시 반복된다. 이 영화의 예고편에서도 말하듯이, "역사에는 네 가지 전환점이 있다. 위기. 절정. 각성. 해결. 역사는 반복된다. 금융시장 붕괴에 대해 알려지지 않은 이야기."

이러한 관찰자들은 배넌을 괴팍하고 편협한 인간으로 악마화하고 그가 트럼프에게 음험하고 위험한 영향을 미친다는 인상을 준다. 리자는 배넌이 백인 우월주의자이고 외국인을 혐오한다고 주장했다. 프랭크는 배넌을 어설픈 교육을 받은 보수반동적인 그의 사고로는 감당할 수도 없는 개념들을 집적거리는 창피스러운 지적 경량급 인물로 간주했다.

트럼프 팀이 이따금 추가로 내세우는 문구 "미국 우선(America First)"은 그 팀의 영혼을 들여다보는 창문이라고 알려져 있다. 이 문구는 그저 트럼프 팀을 비판하는 이들에게 트럼프 팀을 공격할 탄약만 추가로 제공해줄 뿐이다. 고립주의자, 반전주의자, 불간섭주의자이고 종종 반유대인적인 성향을 보인 1940년 찰스 린드버그(그가 벌인 운동에는 한때 존 F. 케네디와 건축가 프랭크 로이드 라이트도 가담했다)는 유대인과 영국 제국주의자들이 미국을 유럽 대륙에서 벌어진 또 다른 전쟁에 끌어들일 방법을 모색했다고 주장했다. 트럼프가 이 운동을 되살렸다는 주장이다.

물론 배넌은 그런 기득권층에 속하는 진보 성향의 비평가들과 "가짜뉴스"를 유통시키는 언론인들을 본인이 단죄하고자 하는 딥스테이트의 탐닉적인 문화의 징후라고 보았을 가능성이 높다. 예컨대, 리자는 성적으로 불미스러운 사건으로 〈뉴요커〉에서 사임했고 조지타운 대학교 강사에서 해고되었다. 또 다른 언론인 토머스 프랭크(위에 언급한 정치학자와는 다른 인물이다)는 트럼프가 대통령에 취임하기 전에 트럼프 선거운동본부 자문을 하던 앤서니 스카라무치가 트럼프 정부 관리들과 러시아 관련 투자펀드 고위관계자로 알려진 인사 간에 만남을 주선했는데 이에 대한 조사를 진행하고 있다는 기사(나중에 CNN이 이에 대한 정정 보도를 했다)에 담긴 주장을 뒷받침하지 못해 두 명의 동료들과 함께 CNN에서 해고당했다.

그러나 배넌이 내세우는 쇠락 이론이 파격적인 점은 민주당의 전통적인 아성이었던 산업근로자 계층과 우익의 연대를 주장했다는 점이다. 〈젠틀맨스 쿼털리Gentleman's Quarterly〉와의 인터뷰에서 배넌은 다음과 같이 주장했다. "엘리트 계층은 우리가 쇠락하고 있어도 개의치 않는다. 이 나라를 구할 주인공은 미국이 쇠락하는 현실을 순순히 받아들이지 않겠다는 산업근로자 계층과 중하위 계층이다."

트럼프의 보수주의적 쇠락 이론을 해석하면, 엘리트 계층이 내륙 지역의 산업근로자 계층을 희생시키면서 나라를 몰락시켜왔다는 주장이다. 정치 용어로 말하자면 민주당의 지지기반이었던 블루칼라 계층의 마음을 빼앗아 오겠다는 케케묵은 논리다. 그러나 트럼프의 보좌진은 냉소적이기는커녕 공화당 텃밭의 중산층의 부를 되찾아주고 이와 더불어 미국도 회복시킬 수 있다고 확신하고 들떠 있다. 미국의 근육인 펜실베이니아와 미시간은 다시 일어나게 되고 그들과 더불어 미국도 다시 일어나게 된다.

따라서 영스타운과 밀워키도 다시 일어나게 된다. 그리고 2019년 7월 무렵, 근로자 소득은 놀랍게도 연 3~4퍼센트 성장했다—그것도 평화 시기에 실업률이 거의 역대 최저인 3.6퍼센트를 기록하면서 말이다. 어쩌면 쇠락주의자들은 벗어나기 어려운 국가적인 경기침체의 원흉이 전쟁, 질병, 혹은 환경적 재앙과 같은 외적인 요인인 경우는 극히 드물다고 생각했을지 모른다. 그보다는 세계화의 혜택을 받은 해안 지역의 풍요와 여유로운 삶이 가져온 안일함과 무료함으로 국가가 시들어가고, 종종 그러한 풍요의 대가로 치른 희생과 원칙들을 망각하는 지경에 다다른다.

그러나 인류 역사를 통틀어 쇠락하던 국가가 운명을 역전시킨 사례는 매우 드물다. 그런데 그 드문 사례에서 보면 운명을 역전시킨 국가는 스스로를 재발명하기보다 한때 그들을 유일무이한 국가로 만들었던 가치를 회복함으로써 구원을 받았다. 이는 풍요와 횡재가 넘쳐나는 시대에 점점 실행하기 어려워지는 일이다. 다시 태어나려면 소비보다는 투자에 집중하고 국가의 관료조직과 복지 혜택의 규모를 제한하고, 화폐에 대한 신뢰를 회복하고 비싼 대가를 치러야 하는 (하지 않아도 되는) 선택적인 전쟁을 피하는 데 집중해야 한다. 또한 법치를 보존하고 능력에 따라 보상을 하고, 선조들이 소중히 여겼던 관습과 전통에 대해 국민이 자부심을 느끼도록 교육하는 한편, 법 앞에 평등을 국민에게 보장해야 한다.

불안정한 시대에—중국이 부상하고, 세계 곳곳에서 테러가 발생하고, 나라 안으로는 인종적, 민족적 갈등이 높아지고 경제성장이 정체되는 오늘날—미국은 경제적, 문화적, 군사적 탁월함을 회복하는 한편 미국 국민에게 안보와 번영과 미국적 가치의 지속을 보장해줄 수 있을까? "미국을 다시 위대하게" 만들려면 애초에 무엇이 미국을 "위대하게" 만들었는지를 기억해야 하지만, 최근 미국의 역사에서 다양한 시기에 미국의 위대함을 무너뜨리려고 위협했던 것이 무엇인지도 기억해야 한다.

트럼프의 메시지에는 각 세대마다 계층, 인종, 지역적 분열을 초월하는 이상을 중심으로 단결할지, 아니면 부족별로 결속하고 서로에 대해 편견을 고수하는 보다 자연스러운 상태에 투항할지 선택해야 한다는 내용이 함축되어 있다. 헌법을 준수할지 "개선"하다가 왜곡할지 늘 선택의 기로에 선다. 미국인은 미국 경제를 해방시킬지 정부가 더 간섭을 하게 만들지, 인간적인 결함이 많았던 과거의 상징적 인물들을 기려야 할지 수치스러워해야 할지 항상 고민한다. 늘 사후에 비판하고, 해명하고, 소송을 남발하는 미국이 완벽하진 않지만 그만하면 충분히 선하다는 정도로 자신감을 느낄 수 있을까? 어떤 나라든 다음 세대는 그들이 물려받은 나라보다 더 나은 나라를 물려주고 떠날지 여부를 결정해야 한다. 그리고 이따금 그들이 한 선택들은 그들이 집단적으로 물려받은 유산에 다시 생명을 불어넣기도 하지만 그 유산의 숨통을 끊어 영면(永眠)케 하기도 한다. 트럼프처럼 생각하는 이들은 그들이 제시한 쇠락 이론에서 한목소리로 그렇게 주장했다.

트럼프만은 절대불가 입장인 공화당원뿐만 아니라 언론매체와 진보 진영도 트럼프의 포퓰리즘을 극도로 증오했고, 특히 스티브 배넌과 스티븐 밀러 같이 트럼프를 대신해 쇠락주의를 퍼뜨리는 인물들을 증오했다. 그러면 그들이 내린 판단 가운데 어느 하나라도 진지하게 받아들였을까? 다른 건 몰라도 공감을 얻을 만한 내용들을 자기들이 이용하겠다는 이유로라도? 천만에.

그들이 보인 반응은 예상대로였다. 그들은 펄펄 뛰거나, 1년 만에 미국을 쇠락의 길에 들어서게 한 장본인이 트럼프라고 주장했다. 2016년 4월 〈뉴욕타임스〉의 칼럼니스트 데이비드 브룩스는 에세이에서, 공화당이 도널드 트럼프를 후보로 지명하는 광경을 보고 경악을 금치 못했다고 인정했다. 그러더니 곧 트럼프가 지닌 호소력을 간과했고 이를 이해하려고 노력하고 있다고 털어놓았다.

우리는 올바른 대응 방안을 찾아내야 한다. 그러려면 우선 고통을 감수해야 한다. 나는 트럼프의 성공에 놀랐다. 나 자신이 나쁜 습관에 빠져들었기 때문이다. 내 삶에서 대부분의 시간을 부르주아 계층으로 살면서 지위와 속성이 나와 비슷한 사람들과 어울려 지냈다.

그러나 뒤이어 브룩스는 자기가 속한 "부르주아 계층"을 거의 벗어나지 않는다. 설사 벗어난다고 해도 자기가 애초에 지녔던 생각을 재확인할 뿐이다. 브룩스가 위와 같은 고해성사를 하고 18개월이 지난 2018년 1월, 그는 불법 이민에 대해 우려하는, 트럼프의 지지기반인 유권자들에 대해 다음과 같이 말한다.

불법 이민을 단속하자는 이들은 본인들이 지닌 가치를 훼손하는 단일문화 체계에 갇혀 있다. 산업, 믿음, 철저한 자기관리가 그런 가치다. 물론 그들은 자기들을 등쳐먹고 자기들보다 일을 잘하는 이민자들에 대해 방어적으로 반감을 보인다. 당신도 당신이 되고 싶은 대상, 당신보다 더 나은 사람들과 마주치게 되면 그들처럼 부정적인 반응을 보이게 된다.

그러나 불법 이민과 미국이민법의 위반이 만연한 상황에 반대하는 게 "당신이 되고 싶은 대상, 당신보다 더 나은 사람들과 마주치게 되면" 보이는 심리적인 붕괴 현상이라니 어불성설이다.

MSNBC 뉴스 진행자 조이 리드(아래 발언을 하고 얼마 후, 과거에 동성애자를 혐오하는 내용의 블로그를 올린 게 드러나서 논란이 되었다)는 트럼프가 제시한 쇠락에 강하게 반발했다. 뜻하지 않게 그녀는 트럼프가 내린 진단과 징후에 대해 동의하는 듯했다. 물론 예후와 치료 방법에 대해 전혀 다른 처방을 내리기는 했지만 말이다. 한마디로 전통적인 미국이 위기에 처했다는 트럼프의 주장은 그가 마침내 과거의 그런 병적인 규범들을 종식시켰다면 바람직했으리라는 얘기다.

어느 모로 보나 도널드 트럼프는 과거에 적합한 대통령이다. 19세기 말의 무지몽매한 인물이 지지자들을 상대로 석탄을 떼고 공장을 가동시키고 제련소가 검댕을 토해내고 고등학교 겨우 졸업한 건장한 (백인) 남성이 아담한 집을 마련해 아담한 체구의 아내를 맞아 볼이 발그레한 아이 셋을 낳고, 자기는 요리도 빨래도 할 필요 없이, 금전적 여유가 있다면 곁다리로 섹시한 첩도 두고 살 기회를 주겠다며, 트럼프 본인이 지나간 시대를 되돌릴 수 있다고 속였다.

리드는 이어서 트럼프의 지지기반이 마침내 사라져가고 있다고 주장했다. 미국이 현재, 그리고 앞으로 택할 올바른 궤적은 정체성에 따라 나뉘어 서로 다투는 집단들로 구성된 느슨한 연방이고 이는 이미 오래전에 도래했어야 한다고 주장한다. 오바마가 내다본 미래상은 트럼프가 잠시 경로를 이탈한 시기를 극복하고 살아남게 된다고 주장한다.

부모가 각각 콩고민주공화국과 영국령 가이아나에서 미국으로 이민 온 리드는 자기 부모가 왜 미국으로 이민 왔는지에 대해 전혀 생각해본 적이 없다.

오바마가 등장하기 전에 그들을 미국으로 이끈 것은 무엇일까? 흑인 여성이자 이민자의 자녀인 리드가 태생적으로 결함이 있고 오바마가 등장하기 직전까지 용서받지 못할 만행으로 점철된 역사를 지녔다고 생각하는 나라에서 그런 눈부신 경력을 쌓고 부를 축적할 기회를 얻게 된 이유가 뭘까? 미국의 독특한 헌법을 제정하고 그 사례를 찾기 어려울 정도로 안정적이고 정의로운 정치체제를 구축한 이들은 누구이며, 특히 스스로를 비판할 줄 알고 끊임없이 자신을 재발명하고 변화에 적응하는 문화를 구축한 이들이 누구인가?

라틴아메리카와 아프리카에 있는 반서구적, 비서구적 문화권에서 미국보다 인종차별을 덜하고 성차별을 덜하고 동성애 혐오를 덜하면서, 훨씬 풍요롭고 훨씬 관용적이고 훨씬 친환경적인 문화와 체제가 등장한 적이 있었나? 리드는 헌법을 토대로 한 공화주의, 개인의 권리, 시장자본주의, 자기비판, 법 앞에 평등이라는 독특한 개념들이 어디서 비롯되었다고 생각할까? 그리고 그녀 본인도 과거에 표현의 자유를 누린 이유가 무엇인가? 그녀는 처음에는 동성애자에 대해 잔인하게 독설을 쏟았고 나중에는 그녀의 편협한 태도를 비판하는 이들을 향해서 독설을 쏟았지만 멀쩡하지 않은가?

결론적으로 말하자면, 워싱턴 정가 내부자들과 뉴욕의 귀족 계층은 미국이 쇠락한다는 트럼프의 주장을 유치한 발상으로 치부했다. 어설프게 습득한 지식으로 니체가 되기를 희망하는 오합지졸 집단이 만들어낸 논리라고 여겼다. 어설프게 독학으로 깨우친 이들은 외국인을 혐오하고 미국 출생자만 국민이 될 수 있다고 주장하고 인종차별주의적인 공화당 텃밭 유권자들의 불만을 그럴듯한 사상으로 얄팍하게 한 겹 씌워 포장했다고 주장했다.

그런 면에서 그들은 트럼프가 간판으로 내세운 이념이 널리 공감대를 형성했다는 사실을 보지 못했다. 그들이 힐러리 클린턴이라는 후보가 지닌 본질적인 약점과 취약점을 간과했듯이 말이다. 트럼프주의는 결국 진공상태에 존재하지 않았다. 선거 당일에 이는 무엇인가에 대한 대안이었다. 그리고 그 무엇은 2016년 말 무렵, 절반의 미국인들에게 점점 맹독성 독극물로 보이고 있었다.

2016년에 민주당은 트럼프를 무찌를 뭔가가 필요했다. 그리고 그들이 곧 깨달았다시피 그 무엇은 아무것도 아님이 드러나게 된다.

08

힐러리만은 절대불가

그녀는 행복하지 않았다—그녀는 결코 행복했던 적이 없다. 삶에 대한 이런 불만은 도대체 어디서 비롯되었을까. 무엇이든 그녀가 손만 대면 부패한다.

—『보바리 부인Madame Bovary』, 귀스타브 플로베르

<big>20</big>16년 양당이 각각 자당의 대선후보를 선출하는 경선에서 민주당은 힐러리 클린턴만이 대통령 선거에서 이길 후보라고 생각한 반면, 공화당은 도널드 트럼프만은 본선에서 반드시 패할 후보라고 확신했으니 이 얼마나 해괴한 일인가. 클린턴 말고 그 어떤 주요 민주당 인사가 나왔어도 대선에서 이겼을지 모르고, 트럼프 말고는 공화당 후보들 가운데 누가 나왔어도 선거에서 졌을지도 모를 일이라고 말하는 게 더 타당할지도 모른다.

그러나 공화당이 도널드 트럼프를 후보에 지명하면 힐러리 클린턴의 흠결은 트럼프의 흠결을 상쇄하게 된다. 그리고 트럼프가 늪지대의 물을 빼기 위해 파견된 참신한 굴러온 돌로서 선거운동을 하면 클린턴은 늪지대의 터줏대감을 대표할 가능성이 민주당 무리들 중에서 가장 높았다.

트럼프가 나이가 너무 많고 대통령직에 부적격인 인물로 보였다면, 클린턴은 한술 더 떴다. 그리고 러시아가 퍼뜨린 소문이 트럼프의 선거운동에 오물을 끼얹었다면, 그보다 앞서 힐러리 클린턴이 국무장관을 하던 기간 내내 러시아 요원들은 클린턴 부부를 이용해먹으려 했다. 어찌 보면 힐러리 클린턴이 트럼프를 대통령에 당선시킨 셈이다.

미국이 쇠락하고 있고 쇠락을 멈추기 위해서는 미국 국민이 트럼프를 뽑는 길밖에 없다는 트럼프의 주장은 차치하고, 2016년 대선에서 트럼프의 대항마였던 힐러리 클린턴 자체가 문제였다. 그리고 7월 무렵이 되자 트럼프의 백악관 입성을 가로막는 장애물은 힐러리 클린턴뿐이었다.

트럼프는 분명히 이슈를 중심으로 선거운동을 했다. 그는 미국의 실존을 위협하는 이슈들과 의견이 갈리는 구체적인 이슈들을 받아들였다. 그러나 트럼프는 힐러리 클린턴이라는 논쟁의 대상인 대항마도 있었다. 노골적으로 말하면, 트럼프가 어떤 사람이든 분명히 힐러리 클린턴은 아니라는 주장이 제시되었다. 이 두 사람은 분명히 거의 모든 면에서 모순으로 가득한 한 쌍이었다.

체격으로 보면 트럼프의 거구는 무시무시한 에너지를 발산했다. 힐러리의 굵은 허리는 기력을 소진시켰다. 무모하다는 트럼프는 술을 입에 대지도 않는다. 신중하다는 힐러리는 술을 입에 달고 살았다. 잘 재단된 의상과 세련되게 매만진 헤어 스타일로 "격조 있는 취향"을 자랑하는 힐러리는 어색해 보였다. 땅에 끌릴 듯이 긴 넥타이를 매고 태닝을 한 주황색 피부에 빗어 넘긴 금발이 역설적으로 본연의 모습처럼 자연스러워 보였다.

클린턴은 평생 정부에서 일했고, 트럼프는 정부와 종종 갈등을 빚었다. 그녀가 실제로 저지른 비행은 세간의 평판보다 훨씬 나빴다. 그에 대한 평판은 그가 저지른 비행보다 훨씬 나빴다. 그는 역겹지만 본연의 모습이었고, 그녀는 흠잡을 데 없이 단정하지만 가식적이고 어색했다. 그리고 그는 비열하고 교활했지만 보통 선견지명이 있었고, 그녀는 냉철하게 정세를 평가하지만 보통 틀린 것으로 드러났다. 트럼프는 개인에게 잔인하게 굴지 모르지만 대중에게는 친절했다. 클린턴은 자기와 가까운 친구들에게는 친절했지만 대중에게는 잔인했다.

트럼프가 힐러리가 아니라는 사실은 절반의 미국인들에게 큰 위안이었다. 다른 민주당 후보(예컨대, 조 바이든)가 민주당 대선후보로 지명되었다면 그렇지 않았을지도 모른다. 실제로 트럼프는 힐러리에 대한 부정적인 정서가 공화당 후보인 트럼프 본인(나중에 대통령인 본인)에게 얼마나 큰 힘을 실어주는지를 꿰뚫어보고 있었고, 전형적인 "사돈 남 말 하네! 그러는 너는!" 전략으로 트럼프 본인의 단점과 추문들을 상쇄시켰다.

선거 전에도 선거 후에도 도널드 트럼프와 대적한 힐러리 클린턴은 항상 두 사람이었다는 사실을 기억하라.

첫 번째는 공식적으로 드러난 그녀의 면모다. 2015년 여름 무렵 클린턴의 이력서는, 적어도 정치적으로 보면, 트럼프의 이력서보다 훨씬 휘황찬란했다. 예일 법학대학원 졸업, 인정받는 여성 변호사, 아칸소 주지사 부인, 미국 대통령 부인, 뉴욕 상원의원, 전 대통령 후보, 4년 동안 국무장관 역임. 워싱턴의 전통적인 기준으로 비교해보면, 그녀는 2016년 미국 최고위직에 오를 자격을 트럼프보다 훨씬 많이 갖추고 있었다. 그러나 다시 말하지만, 그녀는 2008년에도 민주당 경쟁자인 버락 오바마보다 훨씬 대통령이 될 자격을 많이 갖추고 있었다.

클린턴은 똑똑하고, 분별력 있고, 선거운동 전문가이고, 정치적으로 유연하고, 전투적이고, 워싱턴 내부 사정을 그 누구보다도 잘 알고 있었다. 클린턴은 경력을 쌓으면서 거의 평생 찬사를 받았다. 그녀는 이론상으로도, 가정법으로도, 미래에도 이상적인 후보로 찬사를 받았다. 그러나 구체적으로는, 직설법으로는, 그리고 현재에는 그렇지 않았다.

그녀의 제멋대로인 배우자 빌 클린턴은 결함이 많은 인물이다. 그러나 정치적으로 둔감하지는 않았다. 사실 그가 지닌 정치적 교활함은 트럼프의 정치적 촉에 맞먹거나 능가했다. 그러나 힐러리는 이론적으로는 자기 남편의 탁월한 정치 감각에 대해 으스댔지만 정작 이를 구체적으로 활용할 상황에 놓이자 부부로서의 결함과 공적인 추문들 때문에 이를 묵살했다. 그리고 2016년 이는 치명적인 결과를 낳았다.

월스트리트 투자가들과 양쪽 해안 지역의 진보주의자들의 소모임이나 힐러리 본인에게 호감을 지닌 진행자와의 비공개 인터뷰에서 힐러리 클린턴은 종종 좌익 성향의 정책들에 공감해 청중을 놀라게 했다―그러면서도 자신은 버니 샌더스 같은 사회주의자도 아니고 엘리자베스 워런 같이 폭탄을 투하해 산통을 깨는 인물도 아니라는 언질을 곳곳에 심어 넣었다.

선거자금을 모금하는 그녀의 수법은 다음과 같다. 일단 빌 클린턴보다 좌익 성향으로 선거운동을 한다. 그러나 비공개 석상에서 그녀는 재력가들에게 일단 당선되면 1990년대에 자기 남편 임기 때를 본보기로 삼아 통치하겠다고 안심시킨다. 실제로 2016년 5월, 그녀는 빌 클린턴에게 "경제를 되살리는 일을 맡기겠다. 왜냐하면 그가 그 비결을 알고 있기 때문이다."라고 공공연하게 말했다. 최초의 여성 대통령이 될 가능성이 있는 열혈 페미니스트가 자기 배우자에게 의존하겠다고 하니 아귀가 맞지 않았다.

그러나 대체로 힐러리는 2016년에 최초의 여성 최고사령관이라는 갈채를 받으며, 최초의 흑인 대통령이라는 점을 내세워 대통령 자리에 오르는 기념비적인 업적을 달성한 버락 오바마의 길을 따라가기로 했다. 그녀가 이런 정체성 정치의 간판 격으로 내세운 선거 문구 "나는 그녀 편이다(I am with her)"는 유권자들에게 흑인 대통령 오바마의 두 차례 당선에 이어 그녀를 선택하면 세 번째로 역사적인 선택을 하게 되는 셈임을 상기시켰다. 과거와는 전혀 다른 새로운 시대를 열기 위해 그녀가 선거에서 내세운 두 가지 이슈는 1) 그녀의 젠더, 그리고 2) 자기는 천박하지도 않고 전형적인 부유한 백인 남성 도널드 J. 트럼프가 아니라는 점이었다.

그러나 트럼프는 자신이 힐러리 클린턴이 아니라는 점을 써먹긴 했으나 그 외에도 간판 격인 공약들을 내세웠다. 그러나 힐러리는 자신이 여성이고 트럼프가 아니라는 점 외에 대안이 될 만한 다른 공약들을 거의 제시하지 않았다.

클린턴이 50퍼센트 이상의 미국 국민들로부터 공감을 얻은 공약을 제시했나? 논쟁의 대상인 오바마케어를 수정할 건가, 확대할 건가? 클린턴이 대통령이 되면 세금은 인상되나, 아니면 인하되나? 셰일 채굴은 더하게 되나, 덜하게 되나? 부진한 경제에는 어떻게 활력을 불어넣을 건가? 그녀는 북미자유무역협정과 범태평양동반자관계 무역협정에 찬성하는가, 반대하는가? 불법 이민과 사실상 개방된 국경에 대해서 조치를 취하기는 할 것이며, 취한다면 어떤 조치를 취할 건가?—과거에 국경 보안을 엄격히 강화하자는 입장을 표명했던 점으로 미루어볼 때 말이다. 국무장관 재직 시에 리비아 정세에 개입한 정책과 러시아와의 관계 재설정 정책은 여전히 치적으로 생각하는가, 아니면 부정하는가? "전략적 인내"와 "뒤에서 이끈다."라는 오바마의 외교정책들은 대통령이 된 다음에 지속할 전략들인가? 김정은을 무력화시킬 생각인가? 이란 협정은 파기할 건가? 아니면 버락 오바마/존 케리의 원칙을 고수할 건가? 국방 예산을 삭감할 건가, 증액할 건가? 북대서양조약기구에 대한 방위비 기여도는 늘릴 예정인가, 줄일 예정인가? 그녀가 선거운동을 하는 동안 이러한 문제들에 대한 답변은 고사하고 문제가 제기되지도 않았다.

힐러리에게는 또 다른 면이 있다. 공적으로 드러나는 면모와는 사뭇 다른 면이다. 2015년 12월 CNN 여론조사에서 그녀에 대해 압도적으로 긍정적인 평가가 최고조에 달했을 때, 어마어마한 선거자금을 확보하고 있던 힐러리는 이미 난자당한 트럼프를 가상대결에서 겨우 49퍼센트 대 39퍼센트로 앞서고 있었다. 같은 CNN 여론조사에서, 힐러리 클린턴에 대한 호감도는 거의 처참한 수준이었다. 47퍼센트가 비호감을 표했고 39퍼센트가 호감을 표했다. 그녀는 그때까지만 해도 트럼프만큼 호불호가 극명하게 갈리지는 않았고 2018년 말에 가서야 호감도가 36퍼센트로 떨어졌지만, 그녀는 조 바이든 같은 다른 민주당 인사들만큼도 호감도가 나오지 않았다.

미국 국민이 힐러리의 이면을 처음 접하게 된 시기는 1992년 당시 아칸소주지사였던 그녀의 남편 빌 클린턴이 당시 현직 대통령이었던 조지 H. W. 부시를 대선에서 패배시켰을 때이다. 당시 빌 클린턴은 중도를 표방하는 한편 보수 진영의 지지기반인 산업근로자 계층이 부시에게서 이탈해 제3당 후보로 출마한 로스 페로의 지지로 돌아서는 상황을 십분 활용했고, 힐러리가 내세운 사회적 공약들을 묵살하고 생활밀착형 이슈인 "문제는 경제야, 바보야"라는 선거 문구를 선택했다. 1990년대 초 전국적인 정치 무대에 처음 등장했을 때, 힐러리는 민주당 내의 좌파를 대표했다. 그녀는 비공개석상에서 진보주의자들을 안심시킬 방법을 모색했다. 중도를 표방한 남부 주지사 출신 남편 빌 클린턴의 뒤에는 뼛속까지 리버럴인 그녀가 버티고 있었다.

1992년 민주당 대선후보를 뽑는 예비선거 유세에서 힐러리는 빌 클린턴의 경쟁자인 캘리포니아 주지사 제리 브라운이 그녀가 아칸소주 리틀록에서 로즈 법률회사 변호사로 일할 때 보였던 윤리의식을 문제 삼자 발끈했다. 힐러리는 자기방어 차원에서 변명이라고 했지만 전업주부를 폄하하는 다음과 같은 발언으로 유권자의 30~40퍼센트를 모욕하고 말았다. "나도 전업주부로 집에서 쿠키나 굽고 차나 마실 수도 있었다. 하지만 나는 전문직을 갖기로 결심했고, 내 남편이 공직에 몸담기 전에 변호사 일을 시작했다."

클린턴은 가정을 지키면서 미국의 미래 세대를 길러내는 일이 집 밖에서 일하면서 윤리적으로 미심쩍은 행동을 하고 돌아다니는 것보다 훨씬 낫다는 반론을 이해하지 못하는 듯했다. 그 후로 30년 동안 즉흥 연설을 하면서 거리낌 없이 특정 부류의 사람들을 모욕하고 등 돌리게 만드는 능력—그리고 이는 2016년 선거에서 처참한 결과로 나타났다—이 힐러리의 등록상표처럼 되었다. 평균적인 미국인의 편협한 습관에 대해 즉흥으로 내뱉는 성향은 힐러리 클린턴이 지닌 치명적 결함이었고, 이러한 결함은 그녀의 오만함에 기름을 부었으며 미래의 적절한 시점에 숙적인 트럼프를 만났다.

대통령 부인으로서 힐러리는 툭하면 논란에 휘말렸는데 사반세기가 지난 지금도 여전히 그러한 논란은 가라앉지 않고 있다. 그러한 논란은 1992년 대선 이전에도 이후에도 무수히 많았다. 소 선물거래(Cattlecate),[24] 화이트워터(Whitewater),[25] 파일게이트(filegate),[26] 트래블게이트(travelgate),[27] 로즈법률회사 문서 분실[28] 등등 한없이 이어진다. 이러한 권력남용과 편법은 클린턴이 백악관을 떠난 후에도 계속되었다.

힐러리 클린턴이 2000년 민주당의 뉴욕주 상원 후보 선출 예비선거에 출마한 후 그녀의 남편이자 대통령 빌 클린턴이 힐러리를 지지할 가능성이 높은 푸에르토리코인이자 하시디즘 유대인인 범법자들을 사면해줬다는 주장이 제기되었다. 그녀의 재무담당 국장을 지낸 데이비드 로젠은 여러 가지 비윤리적인 기금 조성으로 형사 기소된 적이 있다.

클린턴이 평생 휘말려온 논란들에는 세 가지 공통점이 있다. 첫째, 그녀는 거짓 변명을 늘어놓을 뿐만 아니라 변명을 할 때마다 내용이 달라져서 자기가 했던 말들이 서로 모순된다. 1000달러 투자자금을 소 선물거래(cattle future market)에 투자한 지 1년도 안 돼 10만 달러로 불릴 확률은 4조 분의 1이니 말도 안 되는 주장을 하고 있는 셈이다. 더 어처구니가 없는 점은 자기가 금융 관련 신문을 읽고 직접 선물거래를 하면서 투자실력을 쌓아 신공을 발휘했다는 주장이다. 가장 어처구니가 없는 사실은 수익에 대한 세금을 내지 않았다는 점이다.

둘째, 힐러리는 과거의 추문에서 절대로 교훈을 얻는 법이 없다. 자기가 만든 추문은 모조리 "우익이 꾸민 거대한 음모"나 자기를 상대로 음모를 꾸미는 보수반동적인 어두운 세력의 농간으로 치부한다. 예컨대, 모니카 르윈스키 추문이 터졌을 때, 〈아메리칸 스펙테이터〉 잡지도 이를 수사한 케네스 스타 특검도 빌 클린턴의 팔을 비틀어 억지로 백악관 집무실에서 어린 인턴하고 육체적인 관계를 하라거나 백악관 통로에서 또 다른 구직자의 신체 부위를 움켜쥐라거나 그런 불미스러운 일에 대해 증인 선서한 상태에서 위증하라고 강요한 적이 없다.

1993년에 온 나라가 소 선물거래에 대해 황당한 해명을 접해야 했다면, 그로부터 사반세기 후 힐러리가 국무장관일 때 사설 이메일 서버를 이용한 부적절한 행위에 대한 해명은 한층 더 황당했다. 연방수사국으로부터 사설 서버에 저장된 이메일들을 제출하라는 명령을 받고 나서 소프트웨어로 그 이메일들을 흔적도 없이 말끔히 닦아냈는지(영구 삭제했는지) 여부에 대해 기자들이 질문하자, 힐러리 클린턴은 무슨 그런 황당한 질문이 있냐는 듯 웃으면서 다음과 같이 말했다. "뭐라고? 천 쪼가리나 뭐 그런 걸로 닦았냐는 말인가? 나는 디지털 같은 건 어떻게 작동하는지 알지도 못한다." 실제로 그녀의 보좌관들이 오픈소스 삭제 소프트웨어 블리치비트(Bleachbit)를 이용해 이메일을 영구 삭제하는 바람에 연방수사국 수사관들은 제출 대상인 3만 건의 삭제된 이메일을 회수하지 못했다.

2016년 버니 샌더스가 힐러리 클린턴을 대상으로 세를 확장하면서 위협적인 대항마로 떠오르자 민주당 기득권층은 클린턴이 승리하도록 만전을 기하기 위해 민주당 대선후보를 뽑는 예비선거 절차를 왜곡해야 하는 불가피한 상황에 처했다. 민주당전국위원회 의장을 지낸 도나 브라질에 따르면, 클린턴 선거운동본부와 민주당이 공모해 힐러리가 후보로 지명되는 데 유리한 여건을 조성했다.

셋째, 힐러리는 높은 지위와 딥스테이트에서 쌓은 화려한 이력의 소유자이므로 자신은 무슨 짓을 해도 책임을 면할 수 있다고 생각하는 나머지 누군가가 혐의를 의심하기만 해도 화를 낸다. 도널드 트럼프를 막아야 한다면 퓨전GPS를 시켜 크리스토퍼 스틸을 고용해 약점이나 캐고 다니는 러시아인들이 날조한 역정보를 수집해 문서를 만들게 하고 연방수사국과 법무부를 연루시켜 선거 전에 그 소문을 유출시킬 방법을 찾는다고 한들 뭐가 그리 대수냐는 태도다.

그녀가 법무부 관할 조직인 연방수사국 국장 제임스 코미의 수사를 받는 상황에서 그녀의 남편 빌 클린턴이 비행장 활주로에서 은밀하게 로레타 린치 법무부 장관과 접촉한 게 뭐가 잘못이냐는 태도다. 참고로 이 사건에 연루된 이들은 모두 도널드 트럼프를 증오할 가능성이 높다. 2016년 대선에서 버니 샌더스가 민주당 후보가 되면 트럼프가 대통령이 될 게 뻔한데 민주당전국위원회의 경선을 조작하고 CNN 타운 홀 토론에서 받을 질문지를 미리 받는다고 해서 뭐가 잘못이냐는 태도다.

힐러리는 사전에 준비된 TV 인터뷰에서는 설득력 있고 조리 있게 말을 잘하지만 기자회견이나 대중을 상대로 연설할 때는 말투나 말하는 내용이나 크게 좋은 인상을 주지 못한다. 그녀는 자신에게 호의적인 인터뷰어와 청중들에 둘러싸인 안전지대를 벗어나 선거유세에 나서면 공감을 주기는커녕 손톱으로 칠판 긁는 소리를 낸다. 흑인 청중들 앞에서 그녀는 도심 빈민가 흑인이 쓰는 말투를 쓴다. 백인 산업근로자 계층 유권자 앞에서는 아칸소주에서 쓰는 남부 사투리로 돌아간다.

리비아에서 폭도들이 카다피를 무참하게 처형한 사건과 카다피가 축출된 후 그녀가 리비아를 방문한 일과 연관이 있냐는 질문을 받은 그녀는 어처구니가 없다는 듯 눈알을 굴리더니 "아니다."라고 대답하고 그녀 특유의 상대방을 깔보는 듯한 웃음을 터뜨리면서 빈정거리듯이 덧붙였다. "있다고 확신한다."

클린턴은 2012년 9월 11일 리비아 벵가지에 있는 미국 총영사관에서 4명의 미국인이 테러공격으로 살해당한 이유에 대해서도 모순되는 주장을 했다. 공개석상에서 그리고 비공개로 희생자들의 가족들을 만난 자리에서는 인터넷에 올라온 도발적이지만 대체로 사건과는 무관한 내용인 다큐멘터리가 야기한 폭동 탓으로 돌렸다. 오바마 행정부의 정보와 국가안보 관리들이 제대로 업무를 수행하지 못해서 일어난 사건이 아니라 논란거리를 만들기 좋아하는 우익 성향의 누군가가 야기한 사건이라고 주장했다. 이 사건을 둘러싼 논란은 2016년 선거 기간 동안에도 계속 이어졌다.

그런데 이러한 주장을 하기에 앞서 클린턴은 이미 공관 습격은 알카에다가 사전에 치밀하게 계획하고 실행했고 보안이 허술했기 때문에 발생했다는 보고를 받았으며, 국무장관인 그녀의 관리감독 실패에도 일부 책임이 있었다. 사실 공격이 발생한 직후 그녀는 이집트 총리 히샴 칸딜과 자기 딸 첼시에게 공관직원들의 죽음은 테러습격 때문이라고 확인해주었을 가능성이 높다.

벵가지 사태와 관련한 의회 청문회에서 클린턴은 오래전부터 그리고 총격이 일어나는 순간에도 보안을 강화해달라는 호소를 여러 차례 공관으로부터 받았지만 그녀와 그녀의 부하직원들이 조치를 취하지 않은 이유에 대해 납득할 만한 해명을 할 수 없게 되자 점점 짜증을 냈다. 의도했든 의도하지 않았든 그녀는 4명의 미국인이 목숨을 잃은 사건을 두고 마치 성가시다는 듯한 말투로 답변을 했다. "외람된 말씀이나, 4명의 미국인이 죽었다. 그게 시위 때문인가, 아니면 어느 날 밤 문득 산책하러 나간 남자들이 어디 미국인 몇 사람 죽여볼까 하고 작심했기 때문인가? 이 시점에서 그런 얘기를 해봤자 무슨 소용이 있나?" 맨 마지막에 언급한 문장은 특히 발언의 맥락을 무시하고 2016년 트럼프 선거운동에서 홍보물에 쓰면서 클린턴이 더욱더 냉담하고 무감각한 사람이라는 인상을 주게 된다.

2008년 민주당 대선후보 경선 때 힐러리 클린턴은 경쟁자인 오바마가 무슬림일지도 모른다는 소문을 퍼뜨리는 한편 오바마 선거운동본부 측으로부터 어설프게 "백인" 산업근로자 계층 유권자의 지지를 얻으려 한다는 비난을 받았다. 2016년 대선에서 그녀는 과거에 자기가 지지를 호소했던 대상인 바로 그 유권자들을 "한심한 종자들"이라고 깔아뭉갰다.

클린턴은 광부들의 운이 다했다고 일축했고, 자기를 결코 지지한 적이 없는 공화당 텃밭 유권자들 탓을 하는 데 집중했다. 그럼에도 불구하고 2016년 여름 내내 그녀는 각종 여론조사에서 트럼프를 8~10포인트 앞섰고, 매주 그녀에 대해 차기 대통령이 확실시된다는 선언이 줄을 이었다. 그러나 클린턴은 트럼프를 상당한 차이로 따돌리고 선두를 달렸지만 그 선두가 안정적으로 유지되지는 않았다. 힐러리 클린턴은—예측 불가능한 도널드 트럼프 못지않게—자기 경쟁자가 근접공격을 가할 빌미를 제공하는 능력이 탁월했다. 보통 가장 최근에 드러난 추문과 연관되어서 말이다.

힐러리 클린턴은 자기는 트럼프와 다르다면서 트럼프에 대해 네 가지 비판을 했다. 1) 트럼프는 뒤가 구린 사업가다. 2) 그는 자기 사생활과 사업 관련 추문들에 대해 거짓말을 했다. 3) 그는 러시아와 공모해 이득을 본 듯하다. 4) 여성편력과 성희롱이 고질적이다.

그런 비판의 문제점은 딱히 그런 주장이 전부 거짓이라는 게 아니다. 그런 비판이 사실이라고 해도 힐러리 본인에게도 역으로 적용될 가능성이 높다는 게 문제였다. 그리고 그렇게 됨으로써 거의 항상 자신보다 평판이 떨어지는 트럼프에게 면죄부를 주는 역효과가 났다. 트럼프는 나는 죄인입네 하고 선거운동을 했지만, 힐러리는 나는 성인(聖人)인데 남들이 몰라주네 하고 선거운동을 했다. 죄인은 죄를 짓지만 성인은 죄를 짓지 않는다.

오바마 정권 당시 러시아 관련 기업이 북미 우라늄 광산에 전략적으로 접근해 이득을 얻으려는 어설픈 시도의 일환으로서 캐나다 에너지기업 우라늄 원(Uranium One)을 매입했다는 사실이 2015-2016년 선거운동 기간 동안 분명해졌다. 이러한 매입 협상이 진행되는 동안, 그리고 협상이 타결된 후, 크렘린궁과 연관된 러시아인들이 수천만 달러를 클린턴 재단에 기부했고 빌 클린턴을 모스크바로 초청해 연설하는 대가로 무려 50만 달러를 지불했다. 그 후 3년 동안 이 추문을 둘러싸고 언론매체에서 갑론을박이 있었다. 클린턴 진영은 힐러리는 국무장관으로서 이 거래를 승인하는 데 있어서 미미한 역할만 했을 뿐이라거나 이 기업의 매각이 전략적인 광물인 우라늄과 관련해 미국의 입지를 위협하지도 않고 클린턴 재단에 대한 기부금과 빌 클린턴의 연설료는 우라늄 원 매입에 이해관계가 걸려 있는 인사들과 무관하다고 주장했다.

반대편에서는 아직 매각 협상이 진행 중일 때, 그리고 거래가 성사됐을 때, 각종 경로를 통해 클린턴 재단과 빌 클린턴에게로 자금이 흘러들어갔다고 지적했다. 그렇다면 선거 한참 전이나 선거가 끝나고 한참 뒤에는 아무도 클린턴 부부나 그 측근들에게 자금을 지원하려 하지 않았다는 사실은 어떻게 설명할 텐가?

힐러리 클린턴의 진짜 정치적 문제점은 바로 이러한 미심쩍은 거래 때문에 트럼프의 미심쩍고 실패한 브랜드 계약—트럼프 유니버시티, 트럼프 음료, 트럼프 스테이크, 트럼프 매거진, 트럼프 항공—이 하나같이 엉망으로 운영되었거나 비윤리적인 거래라고 비판해도 공감을 얻기가 어려웠다는 점이다. 우라늄 원 매각으로 클린턴 본인의 순자산은 2001년 거의 0에서 2010년 5000만 달러로 치솟았고, 클린턴 재단은 2016년 무렵이 되자 기금이 20억 달러에 달했다. 이러한 사실은 트럼프 기업이 사기를 쳤다는 주장을 희석시켰다.

2000년 이후로 힐러리와 빌 클린턴은 함께 2억 5000만 달러의 총소득을 올렸다. 민간인인 트럼프가 이 부부보다 훨씬 뻔뻔하게 자기 이름을 팔았지만, 클린턴 부부는 공직자로서의 이름을 이용해 컨설팅을 하거나 연설을 하는 일 외에는 그 어떤 사업에도 직접 관여하지 않고도 이런 소득을 올렸다. 클린턴 부부에게 투자한 이들의 의중에는 늘 언젠가 힐러리가 빌의 뒤를 이어 백악관에 입성하게 되고, 일단 그녀가 백악관에 입성하면 스캔들은 묻히고 대가성 청탁 거래는 되살아나리라는 복선이 깔려 있었다.

도널드 트럼프는 그의 순자산 규모, 소득세 납세 자료, 자선단체 기부 액수, 미심쩍은 트럼프 재단의 규모와 속성 등에 대해 발뺌을 하면서 이런저런 변명을 했을지 모른다. 그러나 클린턴이 트럼프의 그런 취약점을 공격하려고 하자 그는 힐러리가 국무장관 재직 시 사설 이메일 서버를 이용하는 불법을 저지르고 수사관이 제출을 요구한 이메일을 포함해 3만 건의 이메일을 영구 삭제하고, 보안이 허술한 사설 서버를 통해 기밀정보를 주고받고, 그런 잘못을 하고도 하지 않았다고 거짓말을 했다는, 훨씬 널리 알려진 사실들로써 반격을 가했다.

유권자들은 트럼프는 죄인으로 알려져 있지만 힐러리는—과거에 영부인, 상원의원, 국무장관을 지냈으니—나무랄 데 없는 인물이어야 한다는 인식이 있었다. 다시 말하지만, 상대방이 힐러리가 아니라 조 바이든이거나 버니 샌더스였으면 트럼프가 힐러리의 이름 앞에 붙인 "사기꾼"이라는 낙인을 써가면서 대적하기가 훨씬 어려웠을지 모른다.

힐러리가 하드드라이브 내용물을 영구 삭제한 행위부터, 자기가 영구 삭제한 이메일에는 요가와 결혼식 등에 대한 내용밖에 없다는 황당한 주장에 이르기까지, 힐러리가 해명하기 불가능한 사실을 해명하려고 하면 할수록 신뢰가 떨어졌고, 따라서 트럼프의 사업 윤리를 비판하는 그녀 본인의 주장도 설득력이 떨어졌다. 트럼프는 국가의 영웅인 데이비드 페트레어스 장군은 민간인(그의 전기 작가이자 연인 폴라 브로드웰)에게 기밀을 적은 쪽지를 보여주었다는 이유로 경력을 망쳤는데, 힐러리 클린턴은 보안이 허술한 사설 서버를 통해 기밀 문서를 주고받는 더 중한 범죄를 저질렀는데도 처벌을 면한 이유가 뭐냐면서 공정성 문제를 거론하며 끊임없이 힐러리를 공격했다. 트럼프는 페트레어스 장군의 공책에 적은 내용을 폴라 브로드웰이 불법적으로 사용해서 미국 안보가 훼손된 사실은 전혀 없지만, 러시아인을 비롯해 여러 나라에서 미국 안보를 훼손하려는 이들이 힐러리 이메일에 접근했을 가능성이 높다고 주장했다. 2016년 오바마 행정부 하의 법무부 차관 로드 로젠스타인이 이란 핵시설에 대한 사이버 공격에 관한 정보를 의도적으로 혹은 실수로 유출시켰다는 혐의로 제임스 카트라이트 해병대 장군을 기소했다는 사실을 주목하라. 카트라이트는 혐의를 부인했지만 나중에 연방 수사관들에게 거짓말을 했다고 유죄를 인정했다.

러시아 공모 이슈와 관련해서도, 힐러리 본인도 러시아인들에게 취약했으므로 트럼프가 러시아인들과 공모했다고 주장할 입장이 전혀 아니었다. 과거에 조지 W. 부시는 남 오세티아(South Ossetia)를 위해 조지아를 공격한 러시아에 대해 보복을 했는데 이 때문에 쓸데없이 미-러 관계가 악화되었다면서 오바마 행정부가 이러한 대 러시아 정책을 거부하고 새롭게 블라디미르 푸틴에게 손을 내밀겠다고 하자, 이를 기념하기 위해 2009년 스위스 제네바에서 러시아와의 관계를 "재설정(reset)"한다면서 리셋 버튼을 누르는 쇼를 연출한 사람은 트럼프가 아니라 힐러리였다.

사실 힐러리 클린턴은 공격적인 블라디미르 푸틴에 대한 유화책에 가까운 미-러 관계 재설정 정책을 직접 실행했다. 오바마 행정부는 푸틴이 크리미아 반도와 우크라이나 동부를 합병하자 못 본 척했다. 버락 오바마는 2012년 대선의 세 번째 후보 토론에서 러시아가 미국의 실존을 위협하는 적이라고 주장한 미트 롬니를 다음과 같이 조롱했다. "미국이 직면한 가장 심각한 지정학적 위협이 뭐냐는 질문을 받고 당신은 '러시아'라고 했다. 알카에다가 아니라. 당신은 '러시아'라고 대답했다. 1980년대 외교정책을 아직도 주장하나. 냉전이 끝난 지 20년이 지났다."

오바마는 이임을 앞둔 러시아 대통령 드미트리 메드베데프를 만난 자리에서 마이크가 꺼진 줄 알고 대가성으로 보이는 거래를 공모하는 듯한 발언을 하는 게 포착되었다. 오바마는 자기가 재선을 노리는 동안 러시아가 입 다물고 얌전히 구는 대가로 동유럽의 미사일 방어에서 한발 물러서겠다는 언질을 메드베데프에게 준 게 분명했다. 마이크가 꺼진 줄 알고 오바마는 메드베데프에게 다음과 같이 말했다. "이 모든 이슈들, 특히 미사일 방어 이슈에 관한 한, 이 문제는 해결 가능하다. 하지만 그(블라디미르 푸틴)가 내게 운신의 폭을 주어야 한다. …이번이 내 마지막 선거다. 선거가 끝나면 내가 보다 융통성을 발휘할 수 있다."

오바마 행정부가 러시아의 해킹과 사이버공격에 왜 그리 수동적으로 대처했는지 그 이유는 아무도 모른다. 2014년 러시아가 크리미아반도와 우크라이나 동부를 침공했을 때 오바마가 보인 미온적인 반응은 오바마가 "선거가 끝나면 내가 보다 융통성을 발휘할 수 있다."라고 약속하고 재선된 후에 나온 반응인 것만은 분명하다. 러시아와의 관계를 재설정하고 러시아가 날조한 선거용 추문을 퍼뜨린 장본인이 도널드 트럼프가 러시아에게 유약하게 대한다고 비난하니 먹혀들지 않았다. 결국 냉소적인 시각으로 보면, 오바마는 동유럽과의 미사일 방어계획을 정말로 취소했고 오바마의 2012년 재선 전에 푸틴은 다른 나라를 침공하지 않았다는 사실을 주목하게 된다. 그리고 2015년 무렵, 오바마 행정부는 널리 조롱을 산 "재설정"한 대 러시아 유화정책을 폐기했다.

그러나 도널드 트럼프의 호색한 과거를 힐러리가 공격 소재로 삼을 가능성을 무산시킨 문제는 바로 클린턴 본인도 부적절한 성적 추문들에 연루되었다는 점이었다. 트럼프는 여러 차례 혼외 관계를 했을 가능성이 높고 선거에 출마하기로 결정한 후 과거에 관계했던 여성들에게 입을 다물겠다는 "비공개 합의서"에 서명하는 대가로 금전적 보상을 했을지도 모른다. 트럼프는 말도 험하게 했다. 그리고 트럼프의 무자비한 성차별적인 발언을 담은 녹음테이프를 누군가 몰래 유출시켜 문제가 되기도 했다. 그는 세 번 결혼했고 로지 오도널과 메긴 켈리 같은 각계각층의 여성들과 공개적으로 설전을 벌이기도 했다. 몰래 녹음된 테이프 내용은 2016년 대통령 후보 2차 토론이 열리기 몇 시간 전에 공개되었다. 〈액세스 할리우드〉라는 연예 프로그램 제작 방송중계 차량 안에서 트럼프가 방송 진행자 빌리 부시(부시 가문 사람이다)와 사적인 대화를 나누면서 자기 같은 유명인에게 들이대는 여성들이 있다며—그런 여성들은 자기 신체부위를 움켜쥐어도 내버려둔다는 등—유명인으로서 누리는 성적인 특혜라는 식으로 천박한 농담을 주고받은 내용이었다. 오래전에 트럼프가 하워드 스턴의 라디오 쇼에 출연해서 한 발언을 담은 녹음테이프도 그가 대통령이 될 만한 재목으로 부적격이라는 느낌을 주었다. 나중에 대통령이 되고 나서 그는 포르노 배우 스토미 대니얼스와 한판 붙어 독설을 주고받았는데, 트럼프는 대니얼스가 언론의 부추김에 힘입어 자기에 대한 추잡한 비난을 쏟아내자 대니얼스를 "말상(horse face)"이라며 일축했다.

그러나 힐러리가 트럼프를 역겹고 공격적인 난봉꾼이라고 공격하자("이건 끔찍한 일이다. 이 사람이 대통령이 되게 내버려두면 안 된다!") 트럼프는 그녀의 남편 빌은 단순히 여성편력이 심한 게 아니라 성폭행을 했다고 맞받아치면서 되로 받고 말로 갚았다. 트럼프의 비행과는 달리 빌은 자신의 사적 공간뿐만이 아니라 백악관이라는 공적인 공간 내에서도 비행을 저질렀다. 게다가 이러한 비행을 본인이 혼자 은폐한 게 아니라 백악관 직원들과 힐러리의 도움도 받았고, 힐러리는 자기 남편과 성적으로 연루된 여성들을 매도하고 언론매체를 이용해 이들을 비하하면서 "행실이 헤픈 또라이"라고 낙인찍는 전략을 구사했다. 힐러리는 트럼프가 범한 육신의 죄를 공격해봤자 자기가 더 많이 잃게 된다는 사실을 전혀 인식하지 못했다.

할리우드에서 "미투(Me Too)" 운동을 촉발시킨 영화제작자 하비 와인스틴─클린턴과 가까운 측근이자 지지자─이 등장한 시대인 사실로 미루어보면, 2017년 10월 무렵 트럼프 대통령은 기피인물이 되었어야 한다. 그러나 2017년에 와인스틴에게 자신이 성적으로 능욕당했다는 여성들이 공개적으로 나서면서 미투 운동이 일어나고 여성들을 농락한 남성들이 혹독한 비판을 받으면서 성추행이 진보 진영 내부에 만연한 관행임이 만천하에 드러났다. 리버럴 성향의 남성 페미니스트들이 가장 성희롱과 성추행으로 악명을 떨친 위선자들임이 드러났다. 페미니스트들은 특히 다른 사람도 아니고 자기들 편으로 알려졌던 리버럴 성향의 남성들이 성적인 비행을 일삼았다는 사실에 분노했다. 알 프랑켄, 개리슨 케일러, 마크 할퍼린, 매트 라우어, 라이언 리자, 찰리 로즈, 태비스 스마일리 등과 같은 이들은 자신들이 진보주의 성향이라는 보호막 뒤에 숨어 성추행을 일삼고 경우에 따라 성폭행도 저질렀다는 사실을 희석시키려고 했다.

반면 트럼프는 그저 늘 자기가 하던 대로 했을 뿐이다. 가족밖에 모르는 전통적인 의미의 가장이자 남편이 아니라 부유한 맨해튼 바람둥이 말이다. 그는 녹음된 내용에 대해 "남자 탈의실에서 오가는 농담"이라고 고백하면서 자기처럼 저속한 남자들을 상대로 모델이나 구직자나 미인대회 수상자 등이 이득을 얻는 대가로 자발적으로 작업을 걸기 때문에 늘 유혹을 받는다고 시인했다. 무엇보다도, 정치적인 의미에서, 트럼프 지지자들은 그의 포퓰리스트 선거공약을 지지하기로 했을 때 이미 그의 경솔한 행동들을 감안한 뒤였다.

〈액세스 할리우드〉 녹음테이프가 급속도로 확산되고 몇 시간이 지나 열린 대통령 후보 2차 토론에서 트럼프 팀은 과거에 빌 클린턴에게 성폭행이나 성추행을 당한 피해자들—폴라 존스, 캐슬린 윌리, 화니타 브로드릭—을 관중석 맨 앞줄에 앉혔는데, 앞줄에 착석한 이들 가운데 그들보다도 더 주목을 끈 인물은 캐시 셸턴이었다(그녀는 12살에 강간을 당했는데 그녀의 가해자의 변호를 힐러리 클린턴이 맡았었다). 클린턴이 이 사건에서 유죄가 분명한 가해자에게 가벼운 형량을 선고받게 해줬다며 우쭐거리는 잔인한 모습을 드러낸 녹음테이프가 있다. 겨우 10대 초반인 피해자를 힐러리는 "정서불안"이라고 했다. 그리고 힐러리는 다음과 같이 덧붙였다. "청소년 초기 나이인 아이들은 과장하거나 미화하는 경향이 있다." 토론에 앞서 트럼프 측이 마련한 기자회견에서 이제 중년이 된 셸턴은 다음과 같이 말했다. "힐러리는 12살짜리가 결코 겪어서는 안 되는 일을 나로 하여금 겪게 만들었다."

이는 정말 트럼프의 후안무치한 연출 극이었다. 그리고 그 어떤 공화당 대통령 후보도 엄두를 내지 못할 술수였다. 그런데 어쩐 일인지 트럼프의 천박함을 폭로해 정치적으로 치명타를 날리려는 시도를 하면 클린턴 부부가 저지른 여성비하와 피해자들에 대한 냉담한 태도를 상기시키고 말았다.

선거가 끝난 후 하비 와인스틴의 시대에 추행을 일삼은 것으로 확인된 인사들의 숫자만으로 보아도 트럼프의 과거 여성편력은, 심지어 포르노 배우 스토미 대니얼스와 〈플레이보이〉 잡지가 올해의 플레이메이트로 선정한 적이 있는 캐런 맥두걸 등과의 관계조차도, 사뭇 다른 맥락에서 해석하게 된다. 프라임타임 뉴스앵커를 지낸 톰 브로코 같은 리버럴의 우상이 성추행 혐의로 언론매체로부터 뭇매를 맞고, 빌 클린턴과 힐러리 클린턴이 성추행과 성폭행의 맥락에서 다시 뉴스에 오르내리는 판국에 오래전에 몰래 녹음된 테이프나 스토미 대니얼스와 오래전에 서로 합의하에 육욕을 충족시킨 사건에 대해 호들갑을 떨여유가 있겠는가?

민주당의 거물들은 뒤늦게 수십 년 전 빌 클린턴이 저지른 무모한 성 행각(그리고 그 연장선상에서 힐러리 클린턴이 이를 눈감아주고 두둔한 점)까지 소급해

들춰내면서 두 사람이 대통령의 성적인 기행에 대한 기준을 너무 낮춰놓는 바람에 진보 진영은 상대 진영의 후보이자 훗날 대통령이 된 도널드 트럼프를 상대로 쓸 무기가 없는 지경에 이르렀다고 한탄했다. 빌 클린턴의 정치적 가신이자 추종자이며 나중에 민주당 대통령 후보에 나서게 된 뉴욕 상원의원 키어스턴 질리브랜드는 선거가 끝나고 1년이 지난 후 마침내 다음과 같이 털어놓았다. "이제 세상이 변했다. 이러한 상황 하에서는 매우 다른 반응이 나와야 한다고 생각한다. 그리고 이러한 대화(빌 클린턴 대통령이 르윈스키 사건 후 사임했어야 한다고 한 그녀의 발언)에 비추어볼 때, 우리는 트럼프 대통령에 대해 그를 둘러싼 주장들에 대해 아주 다른 대화를 나누어야 한다."

2018년 6월 말, 빌 클린턴은 출판기념 순회 행사에서 여성의 신체부위를 움켜쥔 전 상원의원 알 프랑켄을 변호하고 자신이 저지른 모니카 르윈스키 관련 추문을 성인군자인 척 되짚음으로써 질리브랜드의 비판이 옳음을 확인해주게 된다. 페미니스트들이 트럼프 대통령에 대한 공격의 수위를 높이자 클린턴은 어설프게 과거에는 현재와 다른 기준이 적용되었고, 과거에 했던 행위를 오늘날 한다면 매우 다른 결과를 얻었을지 모른다고 부지불식간에 잘못을 고백하는 듯했다. 과거에 자기가 직장에서 여성을 불편하게 만든 행동이 당시에는 딱히 부적절하다고 생각하지 않았다고 주장하는 듯했다. "당신이 누군가의 의사에 반해 어떤 행동을 할 수 있는지와 관련해 규범이 많이 바뀌었다고 생각한다. …꼭 누군가를 신체적으로 공격하지 않더라도 가정이나 직장에서 그 사람을 불편하게 만들 수 있다—그냥 걸어다니기만 해도." 선거 전이든 후든 클린턴이 자신의 과거 행적을 언급할 때면 항상 힐러리 클린턴을 곤혹스럽게 만들었다.

한마디로 힐러리 클린턴이 민주당 대선후보에 지명되면서 트럼프에 대한 온갖 혐의와 추문에 대해 일종의 면역 역할을 한 셈이다. 온갖 추문으로 얼룩진 클린턴의 과거로 인해 그녀가 후보가 되면서 트럼프의 수많은 정치적 부채들은 일거에 무력화되었다. 2016년 11월 무렵, 힐러리 클린턴이 아니라는 점은 도널드 트럼프가 아니라는 점보다 훨씬 유리한 점이 되었다. 그리고 트럼프가 집권 2년차에 접어든 2018년 무렵, 유권자들은 과거를 돌이켜보면서 트럼프가 대통령이 되고 나서도 여전히 트럼프인 상황이 힐러리가 대통령이 되고 나서도 여전히 힐러리인 상황보다 차라리 낫다고 생각하는 듯했다.

2017년 말과 2018년 초 무렵, 대선에서 패배한 힐러리 클린턴은 여론조사에서 호감도가 상당히 저조하게 나타났다. 야릇하게도 그녀는 여전히 여론조사 대상이었다. 그녀는 끊임없이 출판기념 행사를 하고 연설을 하면서 매주 자신의 선거 패배를 곱씹어보는 듯했다. 그리고 그렇게 함으로써 절반의 미국 국민에게 왜 그들이 트럼프를 지지하는 도박을 한 게 옳은 선택이었는지를 상기시켜주었다. 2018년 무렵 대부분의 여론조사에서 민주당 대선후보 지명자였던 힐러리 클린턴을 긍정적으로 바라보는 유권자는 겨우 36-39퍼센트였다. 클린턴의 연설료는 90퍼센트 폭락했다. 그녀가 국무장관에서 물러난 후 최고 25만 달러였던 연설료는 선거에서 패한 후 2만 5000달러로 폭락했다. 이러한 가치의 폭락은 그녀가 더 이상 기부자들을 상대로 지렛대 삼을 공직을 맡을 가능성이 없다는 의미이거나 실패로 끝난 그녀의 선거운동을 통해서 대중은 그녀가 얼마나 정체불명의 인격체가 됐는지 깨닫게 됐거나, 아니면 둘 다를 뜻한다.

2016년 11월 대선에서 패배한 후 첫 2년 동안, 힐러리 클린턴은 수없이 많은 인터뷰를 하고 공개연설을 하고 새 회고록『자초지종What Happened』출판기념 저자 서명 행사를 열었다. 이 책과 출판기념 행사에서 그녀는 자신이 선거에서 패배한 이유에 대해 구구절절 변명을 늘어놓았고 이러한 변명은 날이 갈수록 늘어났다. 그러나 지난 8년 동안 절반의 미국인이 진보주의자들로부터 등을 돌렸거나, 적어도 2016년 11월에 절반의 국민은 클린턴을 혁신적인 해결책이라기보다 똑같은 문제만 더 일으키는 존재로 보았다는 사실을 쏙 빼먹었다.

클린턴이 패배한 이후 몇 달 만에 그녀의 패배를 야기한 장본인들의 목록은 점점 늘어났다. 그녀가 탓한 대상은 다음과 같이 다양하다. 1) 러시아, 2) 제임스 코미, 3) 자금력이 부족한 민주당전국위원회, 4) 공화당 텃밭의 인종차별주의자와 성차별주의자들, 5) 선거인단, 6) 위키리크스 이메일 폭로, 7) 우익 언론매체, 8) 주류 언론매체, 9) 공화당의 유권자 투표 방해, 10) 우익 선거자금 기부자, 11) 스티브 배넌과 〈브라잇바트 뉴스〉, 12) 페이스북, 13) 버니 샌더스, 14) 버락 오바마, 15) 넷플릭스, 16) 가짜뉴스, 17) 공화당전국위원회, 18) 자기 선거운동본부 관계자들, 19) 질 스타인, 2016년 대선 제3당 좌익 후보, 20) 앤서니 위너, 21) 사민주의자, 그리고 그 밖에 다수의 희생양.

클린턴은 자기 잘못은 절대로 시인하지 않았다. 그녀는 약점이 많은 후보였고, 유세장에서 연설이 형편없었으며, 즉흥으로 무모한 발언을 했고, 체력이 달리는 모습을 보이면서도 자기 건강에 대해 쉬쉬했고, 선거자금 동원 능력의 압도적인 우위에만 의존해 아무런 메시지도 없이 공화당의 탄탄한 텃밭에서 선거운동을 하면서 지지를 호소하는 바보 같은 짓을 하는 한편 선거의 당락을 결정할 경합 주는 방치했다. 게다가 자기 주변에서 조언을 할 가장 경륜 있는 인물을 무시했다. 바로 남편인 빌 클린턴이다. 그는 힐러리 주변의 젊고 경험이 일천한 기술과 데이터 "전문가들"에게 중서부 경합 주에 진을 치고 중산층의 지지를 얻을 메시지를 생각해내야 한다고 경고했다.

2018년 3월 초 인도 뭄바이에서 힐러리가 한 연설을 보면 그녀가 후보로서의 상품성에 스스로 흠집을 낸 이유를 사후에나마 쉽게 알 수 있다. 그녀는 2016년 대선에서 자신이 진 이유를 다음과 같이 해명했다.

미국 지도를 보면 가운데에 트럼프가 이긴 공화당 텃밭이 있다. 이 지도에는 나타나지 않지만 나는 미국 GDP의 3분의 2를 생산하는 지역들에서 이겼다. 내가 이긴 지역들은 낙관적이고, 다양하고, 역동적이고, 미래 지향적이다. 그리고 미국을 다시 위대하게 만든다는 선거 문구 자체가 퇴행적이다. 흑인이 권리를 행사하는 게 못마땅하고, 여성이 일자리를 얻는 게 못마땅하고, 인도계 미국인이 자기보다 성공하는 꼴을 못 봐주겠고, 문제가 뭐든 내가 해결해주겠다는 뜻이다.

여기서 전혀 반성의 기미가 보이지 않는 클린턴은 선거 때보다 한술 더 떠서 고국에 있는 국민을 향해 "한심한 종자들"과 "구제불능"이라는 2016년의 모욕적인 망언이 실수로 내뱉은 말이 아니었음을 다시 확인해주고 있다. 힐러리는 자기도취적인 논리에 갇혀서 무슨 이유에서든 그녀에게 반대표를 던지면 이는 인종차별과 성차별을 찬성하는 셈이고 공화당 텃밭의 경제적 낙오자들과 생각이 같은 셈이었다. 오하이오나 위스콘신의 유권자가 인도에서 미국으로 이주해 부유한 삶을 일군 이민자를 시기하기 때문에 도널드 트럼프에게 투표했다는 주장은 한마디로 어처구니가 없었다.

클린턴은 백인 기혼여성의 52퍼센트가 트럼프에게 투표했다며 그런 여성들은 백인인 자기 남편이 시키는 대로 투표하는, 남편의 부속품에 불과한 안일한 이들이라며 푸념했다. 만성적으로 여성을 농락해온 남편 빌 클린턴의 행동을 눈감아주는 데 그치지 않고 자기 남편과 힘을 합해 자기 남편과 연루된 여성들을 비하하고 매도하는 데 동참한 배우자 힐러리의 입에서 다음과 같은 말이 나오다니 참으로 공교롭다.

내게 투표하려 했고 자기 삶에서 일터에서 남성들에게 당당하게 맞섰던 백인 여성들이 갑자기 "그녀는 교도소 가니까 그녀한테 투표하지 않는 게 좋아. 끔찍하다. 어떻게 그런 사람한테 투표를 하니."라는 소리를 남편들로부터 들었다.

힐러리는 이처럼 이래저래 승산이 전혀 없는 이분법적인 논리를 전개한다. 백인 기혼여성이 백인이 아닌 기혼여성보다 자율성이 떨어진다고 주장하는 동시에 백인 남편들은 불법적인 행동을 한 사람이 대통령이 될 자격이 없다는 인식을 백인이 아닌 남성들보다 더 강하게 한다고 주장한다. 한마디로 클린턴은 남자든 여자든 백인이든 백인이 아니든, 미국 인구 전체를 고정관념으로 규정하는 쾌거를 이루었다.

선거에 패배하고 17개월이 지난 후에도 힐러리는 여전히 자기가 선거에서 진 이유를 새롭게 만들어내고 있었다. 2018년 중간선거가 다가올 무렵에도 해외에 나가 무모한 발언을 일삼았다. 이미 오래전에 대선은 잊고, 2016년 선거에서 도널드 트럼프가 승리한 선거구와 주들에서 선거운동을 하고 있던 민주당 상하 양원 후보들이 수십 명이었다. 그러니 과거에 그들의 기수였던 힐러리 클린턴이 해외에 나가서 곧 다가올 선거에서 자기들이 지지를 확보해야 할 바로 그 유권자들과 지역들을 비방하니 아무 도움이 되지 않았다. 공화당이 이긴 미주리(2016년 대선에서 트럼프가 18포인트 이상 차이로 이긴 지역)에서 재선을 위해 힘겨운 싸움을 하고 있던 민주당 상원의원 클레어 매캐스킬은 힐러리에 대해 답답한 심정을 다음과 같이 냉담하게 토로했다. "트럼프가 이긴 주에서 선거운동을 하는 우리 같은 사람들은 그녀가 자기에게 투표한 이들 뿐만 아니라 미국의 모든 유권자를 존중하고 좀 더 신중했으면 하는 바람이다." 매케스킬은 상원 의석을 잃고 의회를 떠난 후 강경 좌익으로 선회한 민주당을 신랄하게 비판하게 된다.

힐러리 클린턴이 해외에 나가서 자기 나라를 헐뜯으며 청중에게 아첨하는 행태 외에도, 해외에서 그녀가 한 훈계조의 발언을 보면 2016년 선거 이후 그녀의 삶을 관장하는 몇 가지 중심적인 논조들이 드러난다.

첫째, 힐러리 클린턴은 압도적인 차이로 자신이 승리할 기회를 놓친 이유에 대해 변명을 늘어놓는 데 집착하고 있는 듯했다.

둘째, 힐러리는, 보수 진영에서 트럼프만은 절대불가 입장이던 사람들과 마찬가지로, 공화당 텃밭의 유권자들이 도널드 트럼프가 보이는 병리현상과 비슷한 병리현상을 보이고 있다고 탓하는 듯했다. 선거가 끝나고 그녀가 이처럼 가는 곳마다 인신공격성 발언을 쏟아내자 온 사방에서 공격을 받던 도널드 트럼프 대통령은 이게 웬 떡이냐 싶었을지 모른다. 트럼프가 취임 초기에 휘청거리긴 했지만 트럼프를 증오하고 그 못지않게 트럼프의 지지자들도 증오하는 힐러리 클린턴 대신 트럼프를 뽑기를 잘했다는 생각을 유권자들에게 상기시켜주었다. 클린턴은 1980년의 지미 카터, 1988년 마이크 듀카키스, 1992년 조지 H. W. 부시, 2008년 존 매케인, 2012년 미트 롬니처럼 자신의 패배에 깨끗이 승복하고 자신의 패배를 받아들이지 않았다. 절대로.

셋째, 자신이 연루된 우라늄 원 매각, 사설 이메일 서버 설치, 클린턴 재단, 퓨전 GPS 논란, 해소되지 않고 여전히 진행 중인 논란들을 솔직하고 투명하게 정리하지 않았기 때문에 트럼프가 처한 윤리적 딜레마로부터 대중의 관심을 분산시켰다. 민주당 후보로 나섬으로써 트럼프를 당선시키는 데 혁혁한 공을 세운 힐러리 클린턴이 이제는 패배에 승복하지 않고 2016년 선거를 끊임없이 거론하면서 구질구질한 낙오자 역할을 충실히 함으로써 트럼프를 한층 더 도와주고 있다는 사실이 공교롭다.

마지막으로 힐러리는 미국의 대통령직은 계승하는 왕조 같은 직책이 아니어야 한다는 초당적인 합의가 점점 강해지고 있는 상황에서 또 다른 클린턴이라는 점이 불리하게 작용했다. 부시 가문의 젭 부시가 후보로 나섰다가 몰락했다는 사실은 부시 집안에서 대통령이 두 명이나 나왔으니 더 이상은 안 된다는 국민의 의지의 표명이었고 힐러리의 패배도 마찬가지였다. 힐러리가 2008년과 2016년에 후보로 나섰다가 실패한 데는 재임한 빌 클린턴에 이어 또 다른 클린턴이 세 번째 임기를 맡게 된다는 데 대한 거부감도 작용했다. 힐러리 클린턴의 경우, 후보인 그녀 본인이 가장 큰 문제였다는 점 외에도 그런 단점을 보완할 메시지도 없는 하자 있는 메신저였고, 따라서 후보 트럼프에게 또 대통령 트럼프에게 예상치 못한 기여를 했다.

다음 장에서는 마지못해 트럼프를 지지한 유권자들이 어떻게 트럼프라는 메신저를 트럼프가 제시하는 메시지와 분리하게 됐는지 살펴보는 한편, 그의 열렬한 지지자들은 메신저와 메시지를 불가분의 상호보완적인 관계로 봤다는 점을 다루겠다. 대부분은 트럼프가 새로운 공약들을 실행하고 편파적인 언론 매체들에 맞서 싸우면서 오래전에 누군가 했어야 할 일을 한다는 이유로 그의 성격적 결함을 어느 정도까지는 눈감아주었고, 트럼프의 임기 내내 여전히 그렇게 할 것이다. 그러나 트럼프의 2020년 재선 여부가 판가름 날 시기가 점점 다가오면서 유권자들은 여전히 그런 입장을 고수할까? 언론매체와 트럼프만은 절대불가를 외치던 공화당 세력은 메신저 트럼프가 메시지 전달에 도움이 되기보다 마침내 메시지를 파괴할 "폭탄"을 투하하는 마법의 순간을 지금까지 기다려왔다.

09

품위 없는 신형/구형 메신저

"나는 그가 한 일은 거의 모두 지지한다. 그리고 그가 한 말은 거의 모두 지지하지 않는다."라고 내 아들이 말했다.
— 2018년 2월 27일자 〈월스트리트저널〉 사설, 조지프 엡스타인

앞서 "요즘 대통령다움"이라는 제목의 장에서 트럼프가 거친 내용의 트윗을 날리고 관행을 벗어난 내용의 연설과 행동을 하면서 이를 어떻게 자신에게 유리하게 이용했는지 살펴보았다. 그러나 그는 여론조사에서 과반수 지지율을 넘기는 경우가 거의 없다는 점으로 미루어볼 때, 그가 그런 언행을 함으로써 반박불가인 업적을 무위로 돌릴지도 모른다는 단점도 있을까?

도널드 트럼프는 마음만 먹으면 품위 없게 굴 수 있다는 데 모두가 동의한다. 그의 지지자들 가운데 3분의 1은 선거가 끝난 후 트럼프에 대한 비호감을 표했고 그 수치는 그가 대통령직을 수행하는 동안 점점 늘어났다. 그러나 그의 품위 없는 언행이 대통령 역사상 전례가 없었다고 생각하는 사람은 거의 없다. 사회 전체가 천박해졌다는 보다 폭넓은 징후든, 대통령의 사소한 실수도 인터넷에서 머리기사가 되는, 전자통신으로 서로 연결된 세계가 보이는 징후든, 이미 오래전에 언론매체를 상대로 누군가 보복을 했어야 하는데 이제야 임자가 나타났다고 생각하든, 그 이유가 뭐든 상관없이 말이다. 이러한 논쟁을 틀 삼아 트럼프라는 메신저를 트럼프가 제시하는 메시지와 구분해야 할지 여부와 트럼프가 전혀 새로운 유형의 품위 없는 대통령인지, 아니면 과거에도 있었지만 최신형으로 개정된 인물인지에 대한 의문이 제기되었다.

좌익은 트럼프의 밉살스러운 성격—그의 행동거지, 어휘, 반목, 다툼—이 그가 전하는 사악한 메시지를 증폭시키면서 2009년부터 2017년까지 오바마가 실행한 정책들을 사실상 폐기한다고 생각했다. 그러나 트럼프만은 절대불가라던 우익 세력은 대부분 트럼프라는 불량한 메신저가 그래도 봐줄 만한 정도였던 보수적인 메시지를 오히려 깎아내린다고 생각했다. 그리고 앞에서 살펴본 바와 같이 트럼프를 지지한 거의 절반의 미국인들은 트럼프의 메시지는 메신저인 트럼프 본인과 구분할 수 없다고—아니, 트럼프가 아니고는 그런 메시지를 전달하지 못한다고 생각한다.

서로 모순되는 듯이 보이는 이 세 가지 입장들이 지닌 공통분모는 트럼프가 중립적인 행위자도 아니고 그가 전하는 메시지에 종속되어 있지도 않다는 점이다. 사실 그는 제2차 세계대전 후 미국의 역사에서 가장 논란을 일으키는 정치인으로 손꼽힌다. 그리고 그는 트럼프주의와 불가분의 관계다.

트럼프라는 인간에 대해 진보 진영은 그가 미국 정치와 대통령 역사상 최저점을 찍었고, 기후변화의 대재앙에서부터 국경 개방에 이르기까지 진보주의의 숭고한 믿음을 모조리 반박하는 저주스러운 체계가 인격화된 게 트럼프라고 생각한다. 사회적 인식이 높다고 자부하는 이들은 수천 만 미국인들이 불량배 같은 메신저에게 현혹되었다는 사실을 받아들이기가 힘들다. 아무 생각 없는 소비자들이 광고쟁이들이 만든 광고에 현혹되어 상품을 사들이듯이 말이다. 그러나 트럼프가 타의 추종을 불허하는 끔찍한 인간이라는 주장이 타당하려면 몇 가지 조건들이 충족되어야 한다.

첫째, 트럼프를 비판하는 이들은 트럼프를 둘러싼 선정주의와 저속한 얘기들은 대체로 우리가 사는 독특한 포스트모던 시대의 산물이 아니라고 주장했다. 전자통신으로 서로 연결된 현 시대의 산물도 아니라고 했다. 트럼프라는 괴물이 언론의 혹평을 받는 이유는 오로지 본인이 자초했기 때문이라고 했다. 편파적인 언론 보도만으로는 괴물이 더욱 흉측한 괴물로 변하지 않는다고 했다.

둘째, 과거에도 논란의 대상이 된 대통령이 있었지만 윤리적, 영적으로 트럼프만큼 추락한 인물은 없었다는 게 진보 진영의 평가다. 그들은 트럼프가 아주 독특한 사례라고 주장한다. 케네디 같은 대통령에 대해 우리가 속속들이 알았다고 해도, 아니면 우드로 윌슨의 속내를 알았다고 해도 트럼프와 그 가족이 도달한 밑바닥까지는 미치지 못했을 것이라고 주장한다.

셋째, 그에 대한 부정적인 인식이 너무 강해서 그의 품성은 오로지 그의 메시지를 훼손시키기만 할 뿐이다. 군중이 트럼프에게 속아 넘어가서 트럼프가 제시한 메시지를 좋아했을지 모르지만, 트럼프가 그처럼 일자무식의 무뢰한이 아니었다면 아마 더 크게 속아 넘어갔을지 모른다. 결국 트럼프에 대한 부정적인 인식이 그의 발목을 잡고 트럼프주의가 경로를 이탈하게 된다는 게 트럼프만은 절대불가 입장인 세력의 주장이다.

진보 진영과 반 트럼프 성향인 보수 세력의 이러한 가정 가운데 어느 하나라도 사실인 게 있을까?

현재 신격화되어 있는 진보 진영의 우상들을 살펴보자. 리버럴 성향의 언론매체의 보호막을 걷어내고 저속하고 난잡한 언행이 난무하고 사이버 감시의 눈길을 피할 수 없는 현 시대에 그들을 불러들여보자. 대통령으로서의 그들의 언행을 아주 다른 시각으로 보게 되지 않을까?

20세기 말 이전까지만 해도 언론매체는 백악관과 공모해 대통령에 대한 달갑지 않은 진실을 대중으로부터 숨겼다. 진보 성향의 우드로 윌슨 행정부가 반세기 후에 보편화된 언론매체의 보도 원칙들이 존재하는 상황에서 통치했다면 두 차례 임기를 끝마치지 못했을지 모른다.

영부인 엘렌 액슨 윌슨의 건강이 악화되어 세상을 떠나기까지 거의 1년 동안 윌슨 대통령은 극심한 우울증에 빠졌지만 이를 언론으로부터 철저히 숨겼다. 훨씬 나중에 윌슨 임기의 마지막 17개월 동안, 온갖 노력에도 불구하고 그는 대통령으로서의 임무를 거의 수행하지 못하게 되었다. 연달아 뇌졸중을 일으키면서 몸의 일부가 마비되고 시력장애도 왔다. 그의 두 번째 부인 이디스 볼링 윌슨과 주치의 케리 그레이슨 박사가 이러한 현실을 대중으로부터 철저히 숨겼다. 지금 우리는 트럼프가 혼수상태도 아니고 멜라니아가 나라를 통치하지도 않는다는 사실을 알고 있다. 백악관 주치의 로지 잭슨 박사가 트럼프 대통령을 상대로 실시한 정신건강 진단 테스트—트럼프는 몬트리올 인지평가에서 30점 만점에 30점을 받았다—를 1919-1920년에 우드로 윌슨이 받게 했다면 그는 처참한 점수를 받았을 가능성이 농후하다.

미국 국민은 프랭클린 D. 루즈벨트의 신체마비가 어느 정도인지 제대로 알지 못했다. 루즈벨트의 과거 불륜과 대통령 임기 중에도 계속된 불륜에 대해서는 더더욱 알지 못했다. 때로는 자기 딸 애나의 기술적인 도움을 받아 백악관 내에서 불륜이 이뤄질 때도 있었다. 1944년 가을 무렵, 4선을 노리던 루즈벨트는 목숨을 위협하는 일련의 질병들을 앓고 있었다. 대중이 시한부인 대통령에게 다시 투표하지 않을까봐 걱정한, 루즈벨트에게 호의적인 언론인들과 군의관들은 루즈벨트의 질병을 은폐했다—루즈벨트가 4선에 성공해 민주당 행정부를 계속 이어갈 때까지는 목숨을 부지할 수 있다는 논리 하에서 말이다.

인터넷과 소셜 미디어와 사생활을 집요하게 파고드는 언론매체가 두 눈을 부릅뜨고 지켜보는 시대에 이방카 트럼프가 멜라니아 트럼프 모르게 백악관으로 트럼프의 불륜 상대를 은밀히 불러들이는 한편, 죽을 날을 받아놓은 그의 질병을 대중으로부터 은폐하는 모의를 꾸미기는 불가능하다.

존 F. 케네디는 오늘날의 기준으로 보면 성희롱 상습범이었다. 성폭행범일 가능성도 없지 않다. 그는 백악관에서 자기 부하직원들과 밀회를 했고 보안검색도 거치지 않고 외부 여성들을 불러들여 성관계를 했으며, 백악관 출입 기자단은 이 사실을 잘 알고 있는데도 보도하지 않았다. 케네디 행정부에서 인턴을 했던 미미 알포드는 훗날 회고록에서 백악관 대통령의 침대 위에서 당시 19세였던 자신이 순결을 잃었다고 고백하고 있다. 그녀는 케네디의 지시를 받고 그가 지켜보는 가운데 백악관 수영장에서 케네디의 보좌관 데이비드 파워즈에게 구강성교를 하도록 강요받았고, 파워즈는 대통령과 혼외정사를 할 여성을 조달하는 채홍사 역할을 했다. 트럼프가 호색광이라는 주장이 난무하지만 트럼프는 적어도 백악관 지하에서 사람들을 불러모아놓고 집단 섹스를 하라고 지휘하고 있지는 않다.

존 F. 케네디의 활달한 행동거지와 가무잡잡한 용모를 들춰보면 심각하게 병든 대통령이 드러났다. 그는 중독성이 강한 각종 진통제와 스테로이드 제제에 의존하고 있었고 이 모든 사실을 대중으로부터 철저히 숨겼다. 지금 우리는 케네디의 피부색보다 트럼프의 해괴한 피부색의 원인에 대해 훨씬 더 많이 알고 있음은 분명하다.

린든 존슨은 상습적으로 외도를 했을 뿐만 아니라 부패했고, 요즘이라면 정신병 진단을 받을 만한 수준의 천박한 행태를 보였다. 그는 변기에 앉아서 대변을 보면서 국사(國事)를 논했고, 직원들 앞에서 성기를 노출시켰다—자기 자신의 남성성, 그리고 그 연장선상에서 자기가 통치하는 국가의 남성성을 과시하려는 프로이트 무의식의 발현이었던 게 분명하다. 공화당 대선후보 경선 토론회에서 트럼프로부터 "꼬마 루비오"라는 조롱을 당한 마코 루비오 상원의원이 트럼프에게 "키가 6피트 2인치인 사람이 손은 키가 5피트 2인치인 사람 손만 하다. 손이 작은 사람을 두고 뭐라고 하는지 다들 알지 않나?"라고 되받아치자 트럼프는 "내 장담컨대 아무 문제 없다."라고 응수했다. 이때 트럼프는 아마도 남성의 은밀한 신체부위를 일컬은 듯하지만, 우리가 알기로는 적어도 트럼프는 자기 부하직원들에게 그 신체부위를 꺼내보이지는 않았다.

탄핵당한 빌 클린턴의 난잡한 처신을 여기서 다시 반복할 이유는 없다. 본인에게 호의적인 언론매체들의 눈물겨운 노력에도 불구하고 백악관에서 그가 저지른 수많은 불순한 행각들은 부분적이나마 전파를 타고 대중에게 공개되었다. 그는 여성을 차별하고 혐오하는 전형적인 행태에서부터 자기 나이와 권력이 주는 이점을 지렛대 삼아 젊은 부하직원들로부터 성을 상납받고 과거에 자신과 관계가 있었다는 사실이 알려질 경우 골치 아파질 대상들의 명예를 실추시키고 인생을 파멸시키는 시도에 이르기까지 온갖 추태를 저질렀다. 트럼프의 여성편력이 클린턴 등 과거의 대통령들의 여성편력과 다른 점은, 여러 가지가 있지만, 트럼프의 탈선은 대통령이 되기 전에 일어났지 대통령 임기 중에 일어나지 않았다는 점이다.

과거든 최근이든 대통령들이 보인 이 모든 무절제한 행동들의 사례를 보면 진보주의적인 좌익은 메신저인 최고통수권자의 결함이 흠결 없는 진보주의적 메시지를 훼손해 위험에 빠뜨리면 안 된다는 판단을 내린 게 분명하다. 따라서 사실을 은폐하거나 숭고한 목적을 추구하기 위해서는 비열한 수단을 동원해도 된다는 논리로 정당화시켰다.

〈드럿지 리포트Drudge Report〉와 〈폭스뉴스〉가 이유 없이 장기간 대중 앞에 모습을 드러내지 않은 우드로 윌슨에 대해 어떻게 보도했을지 상상이 간다. 지금 유수한 의사들이 인터넷 심포지엄을 연다면 프랭클린 D. 루즈벨트의 진단서를 쓰레기로 만들었을지 모른다. 게다가 존 F. 케네디가 구글, 페이스북, 트위터, 유선방송 보도, 휴대전화 카메라가 도처에 있는 시대에 통치했다면 그의 평판은 그의 난봉꾼 동생 에드워드 케네디의 평판과 얼추 비슷했을 가능성이 높다. 에드워드 케네디는 그의 추한 행각을 언론이 보도했기 때문이 아니라 언론이 은폐하려 했는데도 불구하고 평판이 실추되었다.

트럼프의 백악관 내부사정을 폭로한 내용이라고 하나 이제 그 내용이 대부분 사실이 아닌 것으로 밝혀진, 마이클 울프의 저서 『화염과 분노Fire and Fury』, 그리고 2018년 초 주류 언론매체들이 주야장천 떠들어댄 선정적인 뉴스를 생각해보라. 울프의 뒤를 이어 언론을 상대로 트럼프 백악관 내부사정을 폭로한 이는 전 백악관 직원 오마로사 오니 매니걸트 뉴먼이다. 그녀는 도널드 트럼프와의 대화를 몰래 녹음해 이를 바탕으로 선정적인 내용을 담은 회고록을 썼다고 주장했지만 곳곳에서 거짓말을 했다. 매니걸트 뉴먼에 뒤이어 내부자의 폭로를 담은 책을 쓴 이는 백악관 추문 폭로의 원조 격인 밥 우드워드다. 여름에 출간되어 독자에게 충격을 안겨준 책 『공포Fear』에서 우드워드는 대부분 익명의 소식통을 인용해 트럼프 내각과 백악관 내부의 익명의 정보원으로부터 수집한 소문들을 소개하고 있다. 트럼프 행정부는 재앙을 초래할 위기에 직면해 있고 무능하고 위험한 인물인 트럼프가 하시라도 참사를 불러올 짓을 할까봐 전전긍긍하고 "공포"에 사로잡혀 있다는 주장이었다. 우드워드의 경고는 때마침 주식시장이 역대 최고치를 경신하고, GDP 성장률이 지난 10년 중 그 어느 때보다도 높고, 실업률이 역대 최저를 기록하고, 북미자유무역협정의 재협상이 성공적으로 타결되고, 북대서양조약기구 회원국들로부터 방위비 예산 증액 약속을 지키겠다는 확답을 받아내고, 오래전에 바로잡았어야 할 터키, 이란, 팔레스타인과의 관계를 마침내 재조정하는 시점에 나왔다.

2012년에 출간된, 우드워드 책 못지않게 소문에 의존해 대통령에 대한 폭로성 내용을 담은 에드워드 클라인의 저서 『아마추어The Amateur』에 대한 반응은 사뭇 달랐다. 이 책은 언론이 완전히 무시했다. 그러나 클라인의 저서는 울프나 오마로사의 책 못지않게 선정적이었고 오바마의 측근들이 과거에 오바마와 가까웠던 목사 제러마이어 라이트에게 뇌물을 먹여 입막음을 했고 오바마는 자기도취적이고 자기중심적일 뿐만 아니라 무지하고 정보에 어둡다고 주장했다.

울프, 매니걸트 뉴먼, 우드워드가 트럼프의 격조 없고 무모하고 거친 행태가 당대 그 어떤 대통령의 기준에서 비추어보아도 그 빈도와 해악을 끼치는 정도에 있어서 전례가 없다고 비판하고 있지만 그들의 주장은 여전히 설득력이 없다. 과거에는 이처럼 편파적인 언론이 대통령의 일거수일투족을 상시 보도한 적이 없기 때문이다. 또한 대통령 가족에게 이처럼 가까이 접근할 수 있었던 적이 없다. 루즈벨트, 케네디, 클린턴 행정부 그 어느 정권에서도 전례가 없다. 2017년 9월 무렵, 〈미디어 리서치 센터〉의 보수 성향의 매체비평가들은 바로 직전 3개월 동안 ABC의 〈월드뉴스 투나잇〉, CBS의 〈이브닝뉴스〉, NBC의 〈나이틀리 뉴스〉 등 3대 방송사의 프라임타임 저녁뉴스에서 보도한 트럼프 대통령에 대한 뉴스의 91퍼센트가 부정적인 내용이라고 발표했다.

이러한 조사 결과는 이보다 앞서 리버럴 성향인 하버드 케네디 스쿨 산하의 〈매체, 정치, 공공정책에 관한 쇼렌스틴 센터〉가 발표한 조사 결과와도 대체로 일치했다. 이 센터는 〈뉴욕타임스〉, 〈월스트리트저널〉, 〈워싱턴포스트〉, CNN, CBS, 〈폭스뉴스〉, CNBC 모회사 NBC, 그리고 〈파이낸셜타임스〉, BBC, 독일의 ARD 등 유럽의 언론매체들이 트럼프 취임 후 첫 100일 동안 보도한 내용을 분석한 결과 80퍼센트가 부정적이었다고 발표했다. 이 조사자들은 트럼프에대한 부정적인 보도는 버락 오바마에 대한 부정적인 보도의 두 배라고 발표했다. 이러한 조사 결과들은 그보다 앞서 〈퓨 리서치센터〉가 조사한 결과와도 비슷하다. 이 센터는 트럼프가 취임한 후 첫 60일 동안 언론의 보도는 오바마 행정부의 첫 두 달 동안의 보도보다 세 배 더 부정적이었다고 발표했다. 트럼프가 정상 궤도를 벗어났으므로 언론인이 지켜야 할 직업 윤리도 재설정해야 할 필요가 있다고 판단한 언론인들도 있었다. 양심 있는 언론인이라면 누구든 트럼프가 가하는 위협에 무관심할 수 없고 그의 가증스러운 행태에 맞서야 한다고 생각했다. 2016년 선거운동 초창기에 〈허핑턴포스트〉는 트럼프 선거운동본부 뉴스를 연예계 소식란에 게재하겠다고 발표했다. 〈뉴욕타임스〉의 짐 루텐버그와 CNN의 크리스티안 아만푸어 같은 대기자들은 트럼프를 혹평하면서 기자로서 그냥 중립적인 입장을 유지할 수 없다고—그리고 그래서는 안 된다고—주장했다. 백악관에 대한 불편부당한 보도가 아니라 자신들의 주장을 보도하는 게 자신들에게 주어진 유일한 도덕적 선택지라고 주장했다.

여기서 도널드 트럼프의 무절제한 행태를 무마하거나 그의 전임 대통령들을 폄하하려는 게 아니다. 다만 그를 부정적으로 묘사하는 보도들이 대부분 과거 어느 대통령에 대해서도 그 정도로 부정적으로 보도한 적이 없는 언론매체들과 끊임없이 이어지는 불화에서 비롯되었다는 사실을 지적하고 싶을 따름이다. 이러한 불균형적인 언론보도가 극에 다다라 2018년 4월 몬머스 대학의 설문조사 결과 77퍼센트가 주요 언론매체가 "가짜뉴스"를 보도한다고 답했다. 트럼프 대통령의 전임자 오바마 때도 국세청의 직권남용이나 연방수사국이 미국 시민을 감시하는 부적절한 행위를 한 데 대해 오바마 자신이 특검 수사의 표적이 되어 날마다 언론에 오르내렸다면 어떤 반응을 보였을지는 고사하고 주요 언론매체가 저렇게 편향적인 보도를 했다면 툭하면 발끈하는 오바마가 어떤 반응을 보였을지 아무도 모른다.

언론매체와 트럼프를 비판하는 진보주의자들은 그들이 역사적으로 유래가 없다고 주장하는 제정신이 아닌 위험한 대통령이 2018년 중엽 무렵 여론조사에서 대체로 성공적인 국정수행 역량을 입증하면서 긍정적인 반응을 얻은 모순을 어떻게 해결했을까? 트럼프처럼 흠결 있는 인물이 어떻게 내각의 적재적소에 인재를 등용해 안으로는 경제에 활력을 불어넣고 밖으로는 군사적 억지력을 강화했을까? 그보다 더 해괴한 사실은 트럼프는 과거에 진보 성향의 대통령들과 대통령 후보들이 지녔던 바로 그러한 입장들을 표명했다가 맹렬한 비판을 받았다는 사실이다. 북미자유무역협정과 범태평양동반자관계 무역협정에 대한 회의적인 입장, 덤핑을 한 중국 기업에 대해 보복 관세 부과, 선거에서 승리한 블라디미르 푸틴과 압델 파타 엘시시 이집트 장군과 "지위가 승격"된 시진핑에게 축하한다는 인사를 전한 일, 혹은 오바마 못지않게 행정명령을 자주 발행한 일 등 말이다. 이러한 모순이 가장 분명하게 드러난 사건이 2019년 여름 민주당 대선후보 경선 토론회였다. 민주당 후보는 하나같이 트럼프를 무능한 인종차별주의자이며 탄핵을 당해도 싸다고 맹렬히 공격했다. 그러나 좀 더 면밀히 살펴보면 20명의 후보 거의 모두가 중국에 대해 강경한 태도를 취해야 한다고 주장하고 있었다. 오바마 행정부에서는 상상조차 할 수 없는 일이었다. 선두주자인 후보들은 대체로 북미자유무역협정과 범태평양동반자관계도 비판했다. 그들은 제조업 일자리를 중서부 지역으로 되돌려놓겠다고 했고 미국의 산업을 재건하려면 "마법의 지팡이"가 필요하다는 버락 오바마의 주장은 전혀 거론하지 않았다. 그들이 내세우는 공약들도 대부분 트럼프가 내세운 공약과 비슷해 보였다. 포괄적인 정책 목표는 트럼프의 목표와 대동소이했지만 트럼프의 이름은 절대로 거론하지 않았다.

마지막으로, 반 트럼프 성향의 진보주의자들과 민주당 지지자들, 특히 언론매체 종사자들은 그들이 트럼프에 대한 반감을 강하게 표명하면 할수록 트럼프의 지위를 격상시켜주는 셈이고, 트럼프는 상대방이 얼마나 제정신이 아니고 사소한 것에도 발끈하는지를 보여줄 증거로 삼기 위해 더욱 바싹 그들의 약을 올렸다. 2019년 민주당 대선후보 경선 토론회에서 민주당 후보들은 트럼프가 경제를 망쳤다고 비난하기가 어렵게 되었다—그럼에도 불구하고 그렇게 했지만 말이다. 소수인종의 실업률이 역대 최저를 기록했고, 평화 시기의 실업률은 거의 역대 최저(2019년 7월 현재 3.7퍼센트)였으며, 근로자 임금이 강한 상승세를 보였고, 주가지수가 역대 최고점을 찍었으며, 석유와 가스 생산이 폭발적으로 증가했고, 물가와 이자율도 낮았다. 그러나 그들은 트럼프가 취약한 경제정책 부분에 대해서는 비판의 목소리를 높이지 않았다. 부시-오바마는 무모한 연방예산 지출로 어마어마한 연간 예산적자를 기록했는데 트럼프가 이를 그대로 지속하고 있었다는 점 말이다.

우리 시대의 최대 모순으로 손꼽히는 사실은 언론매체에 대한 대중의 지지율이 역대 최저를 기록했다는 사실을 언론매체 스스로 알고 있다는 점이다(2017년 봄 하버드-해리스 여론조사에서 언론을 긍정적으로 평가한다고 답변을 한 비율은 32퍼센트였다). 언론매체의 평판이 추락한 이유 가운데 하나가 그들이 도널드 트럼프에 대한 반감에 매몰돼 터무니없고 불공정한 보도를 했기 때문이라는 점은 대체로 받아들여지고 있다. 그러나 중독 말기에 나타나는 습관에서으레 그렇듯이 언론매체는 자살행위인 줄 알면서도 트럼프에 대한 집착을 포기할 수가 없다. 아니면 트럼프에 집착하는 기자들이 적어도 트럼프를 전소(全燒)시킬 수만 있다면 자폭도 서슴지 않겠다는 가미가제의 정신을 계승했는지도 모른다.

2019년 여름 무렵, 트럼프는 2016년 대선 이후로 여론조사에서 지지율이 최고치에 도달했다. 반면 가장 반 트럼프 성향이 강한 언론인 CNN은 4년 만에 최악의 시청률을 기록했다. 〈폭스뉴스〉는 2019년 중엽 경쟁사인 CNN과 MSNBC의 시청률을 합한 것보다 높은 시청률을 기록했다. 로버트 멀러 특검이 의회에 출석해 실망스러운 증언을 한 후, 트럼프 대통령이 기소되고 탄핵되리라고 예측했고 트럼프 대통령에 대해 가장 비판적인 유선방송 프로그램 〈레이첼 매다우 쇼〉는 시청률이 폭락하면서 2년 만에 50만 명 이상의 시청자를 잃었다. 트럼프에 대한 병적인 집착으로 시청자가 등을 돌리는데도 리버럴 성향의 유선방송사들이 트럼프가 대통령직에서 끌려 내려오는 모습을 보고야 말겠다는 집착을 계속 보인 이유는 언론매체의 거물들이 적어도 한동안은 상당한 금전적 손실을 보더라도 가능한 한 빨리 트럼프가 끌려 내려오는 모습을 볼 수만 있다면 그 정도는 감수할 만하다고 계산했기 때문이다.

트럼프만은 절대불가 입장인 소수 보수 세력도 그들과 마찬가지로 트럼프를 경멸했고 다른 어떤 대통령과도 비교되지 않을 정도로 트럼프가 천박하다고 생각했다. 그러나 진보주의자들과는 달리 그들이 직면한 딜레마는 더 있었다. 메신저인 대통령이 그들이 과거에 지지했을 뿐만 아니라 그들이 적어도 사적인 자리에서는 트럼프 본인이 힘을 실어주었다고 시인하는 정책을 성공적으로 실행하고 있었다는 점이다. 그럼에도 불구하고 그들은 공화당원은 인품이 중요하다며 불만을 표했다. 트럼프는 인품이 없었다. 따라서 보수주의적인 정책이 실행되면 단기적으로는 유용하지만 쓸데없이 위선적이라는 비난을 받거나 과거에 그들이 지킨 도덕적인 규범으로부터 이탈함으로써 장기적으로는 보수주의에 피해를 입히는 결과를 낳으므로 그럴 만한 가치가 없다고 생각했다.

〈내셔널 리뷰〉에 소속된 내 동료들은 대부분 트럼프의 인품이 자기들이 지닌 보수주의적 가치를 위반한다고 목소리를 높였다. 2018년 4월 에세이스트이자 음악비평가 제이 노들링어는 트럼프는 절대불가 정서를 다음과 같이 요약했다.

트럼프는 자기가 폄하하고 싶은 사람들에 대해 "꼬마"라는 표현을 즐겨 쓴다. "꼬마 마코", "꼬마 밥 코커", "꼬마 애덤 쉬프". 어른이라면 이러지 않아도 된다. 그런 말을 하면 오히려 보잘것없어 보인다. 우익 진영에서 포퓰리즘이 보수주의의 일부라는 소리를 나는 날마다 듣는다. 그리고 트럼프는 "있는 그대로 말하고" "투쟁력이 있다."라는 말도 듣는다. 하지만 솔직히 그가 있는 그대로 말하는지 잘 모르겠다. 그리고 그가 싸우는 방식은 내게는 선머슴처럼 보인다. 어쨌든, 예의범절과 품위는 분명히 보수주의의 일부다.

그의 동료 조나 골드버그도 트럼프의 인품은 그가 제시하는 보수주의적인 메시지를 대부분 깎아 먹는 듯하다고 강조했다.

캐리어(Carrier)에 공장을 멕시코로 이전하지 말라고 강요한 일부터 시작해서(그런데도 일자리는 유지하지 못했다), 트럼프에게 우호적인 싱클레어 방송 그룹에 찬사를 퍼붓는 행동과 48시간에 걸쳐서 아마존에 대한 비난을 쏟아내는 행동에 이르기까지 대통령은 기업과 언론기관들이 (경우에 따라서 해외 동맹국들도) 대통령의 전적으로 개인적인 취향과 심리적인 욕구를 고려하지 않으면 참담한 결과에 직면하게 될 가능성이 있다는 선례를 남겼다. 대통령의 감정적 폭발은 법이나 규제 같은 힘은 없지만 "정책"으로부터 철저히 분리될 수도 없다.

트럼프만은 절대불가 세력이 자기들의 주장을 뒷받침하기 위해 종종 그리스 철학자 헤라클레이토스의 수수께끼 같은 문구 "한 인간의 품성은 그의 운명을 결정한다."를 인용한다. 그러나 이는 그들이 그리스어 "에토스(ethos)"를 단순히 타고난 기질이라기보다 공적인 행동이나 도덕적 처신이라는 현대적인 의미에서 "선하거나" "악한" 품성과 유사한 뭔가로 곡해하는 데서 비롯된다.

헤라클레이토스는 잘 알려지지 않은 사상가로서 그의 저술은 조각조각 단편적으로만 존재하는데, 그가 위에서 말한 문구는 우리가 본질적으로 누구인지가 결국 우리가 어떤 사람이 될지 결정한다는 뜻일 가능성이 높다. 그는 딱히 선한 인품이 바람직한 운명으로 이어진다고도, 역으로 그 정반대라고도 주장하지 않았다. 다만 우리의 다각적인 운명은 우리가 타고나는 다양한 기질들에 바탕을 둔다는 뜻이다.

트럼프를 지지하는 이는 트럼프의 타고난 수완과 직관을 보면 그는 결국 조지 H. W. 부시 같은 인물은 절대 시도하지 못했을 방식으로 보수주의적인 메시지를 추진할 역량이 있다는 뜻이라고 주장할지 모른다. 트럼프를 비판하는 이는 트럼프 특유의 호들갑스러움과 자기절제의 결여는 그가 결국 끝없이 소동에 휘말리고 결국 무의미한 존재로 전락하게 되리라는 뜻이라고 반박할지 모른다. 둘 다 헤라클레이토스가 남긴 문구의 정당한 해석이다.

2016년 선거운동 기간 내내, 그리고 트럼프가 대통령에 취임한 후 첫 2년 내내, 트럼프만은 절대불가 입장인 보수주의자들은 트럼프라는 메신저가 대체로 보수주의적인 메시지를 어느 정도나 훼손했는지를 두고 갑론을박했다. 그러나 그들도 인정하다시피 언론매체가 편파적이고, 거짓말하고 허장성세가 심하고 저속한 언행을 일삼는 인물은 트럼프뿐만이 아니었다는 사실로 미루어볼 때, 트럼프만은 절대불가라는 이들은 트럼프가 보수주의의 품격을 얼마나 떨어뜨렸는지 가늠하기가 어려워졌다. 대법관 지명에서 탁월한 식견을 보이고 내각의 적재적소에 탁월한 인물을 발탁하고 오바마 임기 때 침체된 경제를 회복시킨 업적을 모조리 상쇄하려면 트럼프가 얼마나 더 품격을 떨어뜨려야 하는지는 더더욱 가늠하기 어렵다.

트럼프만은 절대불가를 주장하는 이들이 생각하기에 대통령이 저지른 죄악에도 심각한 정도에 따라 서열이 존재하거나 준거의 틀이 있다는 건가? 아니면 트럼프를 저속하다고 여기는 그들의 시각은 작고한 대법원 판사 포터 스튜어트가 포르노에 대해 조롱하듯 한 발언과 비슷한가? "오늘 이 자리에서 어떤 자료를 포르노에 포함시켜야 하는지 규정하지 않겠다. 그러나 나는 딱 보면 포르노인지 아닌지 안다."라는 발언 말이다.

트럼프만은 절대불가 입장인 이들은 트럼프가 오바마처럼 좀 더 분별력 있게 트윗을 날리고 횟수도 줄이거나 거친 독설을 다듬으면 그런 신랄한 비판을 받지 않으리라고 생각할지 모른다.

트럼프가 그 유래를 찾아보기 어려울 정도로 나쁜 대통령으로 낙인찍힌 이유는 독설과 저속함뿐만 아니라 트윗을 날린 횟수 때문이기도 할 가능성이 높다는 얘기다.

인품으로 말하자면, 트럼프 대통령이, 그것도 대부분 대통령이 되기 10년 쯤 전에 여성들과 추문에 휩싸였다면 인품이 없고, 따라서 보수주의 명분을 훼손한 셈인가? 그렇다면 성적으로 문란했던 루즈벨트, 케네디, 클린턴이 리버럴 진영에서 이룬 업적도 모두 무효화해야 하나? 조지 H. W. 부시가 80대와 90대에 상습적으로 몇몇 여성의 신체부위를 움켜쥐고 지저분한 농담을 해서 그들을 당혹케 했다는 보도가 나왔을 때, 보수주의자들은 그의 업적을 재평가했나?

훗날 공화당의 예의범절과 품격의 본보기로 간주되는 아버지 부시가 과거 1992년 대통령일 때도 손버릇이 나빴을지 모른다는 주장이 언론에서 제기되었다. 2003년에 부시는 또다시 미성년인 여성의 신체부위를 움켜쥐었다는 소문이 돌았다. 미국인들이 이 모든 사실을 알게 되고 그의 사생활에 대해 더 자세히 알게 되면, 부시가 침착하고 분별력 있다는 우리의 인식이 바뀔까? 은퇴 후에 미성년자의 신체부위를 움켜쥐었기 때문에, 아니면 세금을 올리지 않겠다면서 "내 입을 잘 보시오."라고 한 약속을 어겼다고 해서 그는 형편없는 대통령인가? 부시 임기 동안, 기자가 부시가 젊은 여성들의 신체에 부적절하게 손을 댔다고 주장했다면 그 기자는 어떻게 됐을까? 상원의원과 부통령을 지낸 조 바이든이 오래전부터 미성년자들을 주무르고 껴안고 귓속말을 하는 나쁜 버릇을 보여왔는데 기자들이 바이든의 나쁜 버릇보다 부시의 나쁜 버릇에 대해 보도할 가능성이 훨씬 높았을까?

2019년 7월, 1971년 당시 캘리포니아 주지사였던 로널드 레이건과 리처드 닉슨 대통령 사이에 전화 통화를 몰래 녹음한, 거의 50년 전의 녹음테이프가 공개되었다. 중공을 중국의 유일한 합법정부로 인정하기로 한 유엔 표결에 격분한 레이건이 중공에 친화적인 유엔 주재 아프리카 대사들을 인종차별적인 발언으로 맹렬히 비판하는 내용이 담겨 있었다. "아프리카 국가들에서 온 그 원숭이들—제기랄, 아직도 신발 신는 걸 불편해한다니까!" 이러한 비난받아 마땅한 폭언은 레이건의 인종차별적인 "진면목"을 들여다보게 해주는 증거인가 아니면 이러한 편견이 담긴 모욕적 발언을 하기 이전에도 그 후에도 인종차별적인 행태를 보였다는 기록이 전무한 공직자가 한순간 감정이 격해서 혼잣말로 비공식적인 상황에서 내뱉은 일탈 행위인가? 열 받은 반 트럼프 성향의 보수주의들이 과거에 트럼프의 저속한 말투 수준으로 추락했던 보수주의자는 하나도 없다고 생각한다는 게 내 말의 핵심이다. 트럼프를 이례적이라고 생각하는 까닭은 어쩌면 트럼프가 다른 이들보다 훨씬 투명하게 노출되어 있고 트럼프에 대해 전례 없이 적대적인 언론매체와 인터넷과 소셜 미디어에서 대중이 얻을 수 있는 정보에 비하면 과거의 다른 공직자들에 대해 우리가 알고 있는 내용은 빙산의 일각일 뿐이기 때문일지도 모른다.

트럼프의 등장과 함께 구체화된 이 오랜 철학적 딜레마(공직자의 공적인 이미지와 사생활의 간극)와 관련해 트럼프만은 절대불가라는 보수주의자들에게 역사가 지침이 될지도 모르겠다. 드와이트 D. 아이젠하워는 연합군의 유능한 최고사령관이었던 만큼이나 성공한 대통령이었다. 그의 국정수행 능력은 탁월했다. 아이크(Ike, 아이젠하워의 애칭)는 균형 잡힌 생각을 지니고 있었다. 그는 나약해 보이지 않으면서도 정중했다. 그는 실용적이고 합의를 조성해 일을 처리하면서도 군부와 정계의 경쟁자들 대부분과는 달리 자기도취적이거나 이기적이지 않았다. 아이젠하워의 자제력과 인내심은 종종 팽팽한 긴장관계에 놓이곤 했던 영국과 미국 간의 동맹을 계속 유지시켰으며, 영미 간의 동맹이 아니었다면 1944년 6월 노르망디 상륙작전은 불가능했을지 모른다.

그러나 현재 트럼프 시대에 직장에서 준수해야 할 규율 하에서 아이크는 절대로 대통령이 되지 못했을지 모른다. 그는 유럽에서 연합군 최고사령관으로 근무할 때 이혼녀인 그의 개인비서이자 운전사 케이 서머스비와 은밀한 관계였는데, 그는 이 불륜관계를 극구 부인했다. (게다가 그의 참모들은 이 관계를 은폐하려고 무진 애를 썼고 나중에는 대중의 관심을 얻기 위해 책을 쓴 서머스비를 폄하했다.) 오늘날의 언론매체와 정치적 환경에서는 신중한 아이젠하워를 무모하다고 평가했을지 모른다. 아니면 자기 본부에서 겨우 몇 마일 떨어진 곳에서 치열한 전투가 진행되는 동안, 입이 가벼운 서머스비와 오붓한 시간을 보냈다니 비정하고 비도덕적이라는 비난을 받았을지도 모른다. 아니면 언론매체들은 그의 경솔한 행동을 고국에서 그를 지지하는 충직한 그의 부인 매미와 비교하거나 자기 약혼녀 케이 서머스비가 아이크와 놀아나는 동안 북아프리카 전장에서 지뢰제거 작업을 하다 비극적인 죽음을 맞은 미 육군중령 리처드 "딕" 아놀드와 비교했을지 모른다.

그렇다면 아이젠하워는 나쁜 남자이지만 훌륭한 대통령이었을까, 아니면 좋은 남자이자 신적인 존재가 아니라 그저 인간일 뿐인 훌륭한 대통령이었을까? (어느 정도 깊은 관계였는지 불확실한) 한때의 일탈은 용서받을 만한가? 그렇다면 데이비드 페트레이어스 장군이 맞게 된 사뭇 다른 운명을 보라. 직업군인으로서의 경력을 파국으로 이끈 그의 불륜은 아이젠하워의 불륜과 비슷했을지도 모른다. 그러나 그는 아이크보다는 훨씬 신중했고 생사가 걸린 전쟁터의 사령관이 아니라 국제안보지원군 사령관으로서 탈레반의 폭동을 진압하고 있었다.

오늘날의 기준으로 보면, 제2차 세계대전의 우상인 더글러스 맥아더 장군, 조지 S. 패튼 장군, 특히 어니스트 킹 해군제독도 군복무 중에 부적절한 성관계를 했다는 이유로 면직되었을지 모른다(어쩌면 그보다 더한 고초를 겪었을지도 모른다). 맥아더 장군은 필리핀 국적의 이사벨 로자리오 쿠퍼—훗날 자살로 생을 마감한다—가 미성년인 16세 때부터 불륜을 이어갔고, 추문을 캐고 다니는 드루 피어슨에게 협박을 받았다. 맥아더나 (자신의 의붓조카를 유혹한) 패튼을 면직시켰다면 필리핀을 탈환해 일본제국을 상대로 실시한 수레바퀴 작전(Operation Cartwheel)이나 제3군을 이끌고 독일의 라인강까지 진격한 작전에서 얼마나 더 많은 군인이 목숨을 잃었을까?

제럴드 포드와 지미 카터는 둘 다 중서부의 흔들림 없는 가치를 상징한다. 둘 다 안정적인 결혼관계를 유지했다. 임기 중에 공직을 이용해 재물을 축적하지 않았다. 대체로 진실을 얘기했다. 그들의 행정부는 대체로 추문이 없었다. 적어도 클린턴과 오바마 행정부와 비교하면 그렇다. 그들은 연설할 때 인신공격은 거의 하지 않았다. 미국은 분명히 그들의 성실한 사생활에서 이득을 보았다. 다시 말해서 그들은 타의 모범이자 윤리적인 공복(公僕)이었다.

그러나 포드와 카터 둘 다 대통령으로서는 대체로 무능했다. 1974년부터 1981년까지 경제가 침체되면서 수천만 명의 삶이 그들 임기 동안 더 피폐해졌다. 항공산업 규제 완화와 욤 키푸르 전쟁에 뒤이어 캠프 데이비드에서 체결한 아랍–이스라엘 협정 말고 두 사람이 남긴 길이 빛날 대단한 업적이 뭔지 떠오르지 않는다. 형편없는 선거 문구 "물가상승 즉각 퇴치(Whip Inflation Now)"를 내세우고 선거운동을 한 포드와 연속해서 재앙을 초래한 카터(스태그플레이션, 아야툴라 호메이니가 집권한 이란에 대한 유화책, 우왕좌왕한 외교정책)의 실정을 지적하는 이유는 훌륭한 인품이 중요하지 않다는 뜻이 아니라 훌륭한 인품이 반드시 훌륭한 통치를 보장하지는 않는다는 뜻이다.

로널드 레이건은 인품이 훌륭했다. 대통령으로서도 성공했다. 레이건은 윤리적인 인품을 지니면 바람직한 메시지를 전달하는 데 훨씬 효과적이고 그러면 훌륭한 대통령이 된다고 주장했다. 최근에 공개된 인종차별적인 발언 외에도 레이건은 물론 성인군자는 절대로 아니었다. 그는 무뚝뚝한 아버지라는 비판을 종종 받았다. 그는 사적으로 공개적으로 무절제하고 무모한 발언을 했다. 마이크가 꺼진 줄 알고 소련을 핵폭탄으로 박살내겠다고 했고 1969년 캘리포니아 주지사일 때는 버클리 대학의 시위대를 폭력으로 진압하겠다고 협박하기도 했다. "유혈이 낭자하게 한판 붙어야 한다면 빨리 한판 붙고 끝내자. 더 이상 유화책은 없다."

야릇하게도 트럼프만은 절대불가라는 보수적인 공화당 지지자들 가운데는 트럼프가 레이건이 쌓아놓은 보수의 품격을 저버렸다고 주장하는 이들이 있다. 다시 말하지만 그들은 레이건이 1964년 배리 골드워터를 열렬히 지지한 강경파였다는 사실을 잊었다. 당시 레이건은 온건파에게 손을 내미느니 차라리 공화당이 선거에서 지는 편이 낫다고 했고, 파나마 운하를 절대로 돌려주지 않겠다고 공언했으며, "복지에 의존하는 게으름뱅이들"이라고 조롱했고, 버클리의 "쓰레기"를 청소하겠다고 단언했으며, 국내 좌익 테러조직인 공생해방군(Symbionese Liberation Army)이 빈곤한 지역사회에 제공하는 무료식품이 보툴리누스균에 감염됐기를 바란다고 했다. 당시에 레이건은 1968년과 1976년에 공화당 전당대회에 뛰어들어 훨씬 안정적이고 경륜 있는 공화당 후보들을 제치고 후보에 지명되려고 한다고 공화당 기득권층으로부터 당을 파괴하는 냉소적인 인물이라고 비난받았던 사실을 기억하는가. 공화당의 결속력을 훼손하고 진보주의자들의 농간에 놀아나는 자기도취적인 인물이라고 비난받았던 사실을 말이다.

빌 클린턴에 대해서는 더 말할 필요도 없다. 그에 대해서는 일반적으로 합의가 형성되어 있고 그 합의는 여전히 유효하다. 정치적 감각이 뛰어난 그는 때로는 유능한 대통령이었다. 적어도 예산균형을 달성하고 의회의 공화당과 타협을 하고 경제성장을 이끌고 강경 우익과 강경 좌익의 가교역할을 하고 무력으로 세르비아 대통령 슬로보단 밀로셰비치를 처단해 결국은 사임하고 전범으로 기소되게 만들었다.

그러나 윤리적으로 보면 클린턴은 20세기에 가장 무절제한 대통령으로 자리매김할지도 모른다—탄핵당했고, 변호사 자격을 박탈당했으며, 상습적으로 거짓말을 했고, 성추행을 일삼았고, 병적일 정도로 여성들에게 무자비하게 굴었고 금전적으로는 전혀 정직하지 못한 추문으로 점철된 인물이다. 2018년 클린턴은 과거에 자신의 부적절한 행동을 당대의 방탕한 정서 때문이었다고 치부하면서 성행위를 강요했다는 과거의 혐의들로부터 면죄부를 받으려고 했지만 다행스럽게도 그런 변명으로 매를 더 벌었다. 클린턴 전 대통령은 머지않아 지난 400년의 대통령 역사상 가장 부패한 전직 대통령으로 간주될지도 모른다. 아직 클린턴 재단을 둘러싼 추문들의 전모가 밝혀지지 않았고, 세계를 돌아다니며 대가성 청탁을 받았고, "롤리타 익스프레스(Lolita Express)"라고 불리는 (아동성애자) 제프리 엡스타인의 전세기를 타고 돌아다니면서 부화방탕한 생활을 한 사실로 미루어볼 때 말이다. 정치평론가들은 지금 이 순간에도 21세기 정치에 존재하는 깊은 증오와 허무주의가 클린턴의 집권 시기에는 없었다고 그 시기를 그리워하면서 의회와 힘을 합해 적자예산을 극복하고 경제를 성장시킨 본보기라며 역사를 다시 쓰려고 하고 있지만 말이다.

결론적으로 클린턴은 카터보다 훨씬 유능한 대통령이었지만 카터보다 인품은 훨씬 떨어지는 인물임이 분명하다. 조지 W. 부시와 버락 오바마는, 그들의 정적들이 온갖 주장을 했음에도 불구하고, 훌륭한 남편이자 아버지였다. 그들은 당파성이 강했지만 정치 감각이 있었다. 오늘날처럼 정치적 반목이 극심한 상황에서 역사학자들이 그들의 집권 시기를 어떻게 평가할지 아직 알 수 없지만, 둘 다 국가부채를 두 배로 늘렸다는 독특한 점이 있다. 트럼프 전까지만 해도 공화당이 최근에 배출한 그 어떤 대통령도 부시만큼 민주당으로부터 비호감을 산 대통령은 없다고 말해도 무방하다. 그리고 오바마만큼 공화당이 등 돌리게 만든 민주당 대통령도 없었다.

어찌 보면, 도널드 트럼프는 말투가 거칠었던 민주당 대통령 해리 트루먼의 인기 없었던 집권 시기(1945-1953년)를 재현하고 있다. 공화당에게 "뜨거운 맛을 보여준" 29 해리 트루먼은 프랭클린 루즈벨트 사망에 뒤이어 백악관에 입성했다. 그는 전문가와 여론의 예상을 모두 뒤엎고 1948년 선거에서 기적적으로 이겼다. 1953년 1월 이임할 당시 트루먼은 증오의 대상이 되어 있었다. 그의 마지막 지지율(32퍼센트)은 리처드 닉슨을 제외하고 이임이 임박한 그 어떤 대통령보다도 낮았고 그 기록은 여전히 깨지지 않고 있다.

굴러들어온 돌이었던 트루먼은 늘 추문이 끊이지 않았다. 부패한 캔자스시티 정치권과 깊은 관계가 있었고 트루먼의 후원자인 캔자스시티 정계거물 톰 펜더개스트와의 관계 때문이다. 1945년 4월 루즈벨트가 사망한 후 정치 신참내기인 부통령 트루먼이 대통령이 되었을 당시, 그는 제2차 세계대전의 대전략에 대해 아무것도 몰랐다. 원자폭탄 개발 프로젝트가 진행 중인 줄도 몰랐다. 그 후 7여 년 동안 트루먼은 미국을 놀라게 했고 성공적으로 나라를 통치했다.

트루먼은 내각 각료들 대부분의 반대를 무릅쓰고, 그를 비판하는 사람들을 묵살하고, 일본에 원자폭탄 두 개를 투하해 전쟁을 끝냈다. 그는 국무부 관리들 대부분의 반대를 무릅쓰고 이스라엘을 신생국가로 인정했다. 그는 제2차 세계대전의 동맹국인 소련과의 관계를 단절하고 냉전시대 공산주의 진영을 봉쇄하는 전략의 토대를 마련함으로써 루즈벨트 잔존세력을 경악하게 했다. 그는 국방부 대부분의 관리들의 반대를 무릅쓰고 군에서 인종분리 정책을 끝내고 통합시켰다. 그는 국가안보 보좌진의 반대를 무릅쓰고 군대를 파병해 남한을 구했다.

리버럴들은 같은 민주당원인 트루먼의 중앙정보국 창설에 반대했다. 트루먼은 논란의 중심에 섰던 5성 장군이자 미국의 영웅인 더글러스 맥아더를 해임해 널리 지탄을 받았다. 언론에서는 툭하면 트루먼에게 사임하라고 요구했다. 탄핵이 여러 번 언급되기도 했다. 한마디로 트루먼은 다른 대통령들이 엄두도 내지 못한 일들을 했다. 그리고 자문도 구하지 않고 워싱턴 DC의 기득권층을 대놓고 무시하면서 그런 일들을 했다.

트루먼은 이따금 욕설도 했다. 그는 밤마다 술을 마셨다. 자기 패거리와 포커도 쳤다. 그는 저속한 표현을 쓰고 정적들을 비열하게 공격해 보좌진과 대중을 놀라게 했다. 트루먼은 1948년 대선 경쟁자인 토머스 듀이를 히틀러에 비유하고 그를 편협한 자들과 전쟁에서 돈을 버는 이들의 하수인이라고 공격했다. 트루먼은 1948년에 공화당이 선거에서 이기면 미국의 자유를 위협하게 된다고 허풍을 떨었다.

트위터가 등장하기 이전의 시대에 대통령을 역임한 트루먼은 한시도 입을 다물고 있지 않았다. 그는 이런 말도 했다. "나는 젊었을 때 사창가의 피아노 연주자가 되거나 정치인이 되고 싶었다. 솔직히 말하면 둘 사이에 무슨 차이가 있나." 〈워싱턴포스트〉의 비평가가 트루먼의 외동딸이 연주회에서 보여준 실력을 혹평하자, 트루먼은 그에게 물리적 폭력을 가하겠다고 위협했다. 트루먼은 음악비평가 폴 흄에게 서신을 보내 다음과 같이 말했다. "당신은 성공하고 싶었는데 실패해서 망연자실한 노인네 같다. 언젠가 당신을 만날 날이 오기를 바란다. 그날이 오면 당신은 코를 새로 해야 할 거다. 시커멓게 멍든 눈을 문지를 두툼한 소고기스테이크도 넉넉히 장만하고. 그리고 어쩌면 아랫도리에 보호대도 차야 할 거다!" 이러한 폭언은 뼛속까지 트럼프를 닮았다.

트루먼은 트럼프의 비방은 저리가라 할 정도로 국가의 우상들을 매도했다. 그는 제2차 세계대전을 승리로 이끈 군 지도자들을 폄하했다. 그는 맥아더 장군을 해임한 데 대해 저속한 표현을 써가며 유치하게 굴었다. "내가 그를 해임한 이유는 그가 띨띨한 개자식이어서가 아니다. 물론 띨띨한 개자식인 건 사실이지만. 장군이 개자식이라고 해서 불법은 아니다. 개자식인 게 불법이라면 장군들 가운데 절반에서 3분의 2정도는 철창신세를 지고 있을 거다." 마지막 문장은 경악할 만한 비난이다. 오마 브래들리, 드와이트 D. 아이젠하워, 커티스 E. 르메이, 조지 S. 패튼, 매튜 B. 리지웨이, 그리고 윌리엄 홀시 주니어, 어니스트 킹, 체스터 W. 니미츠, 레이먼드 A. 스프루언스 같은 해군제독들이 활약한 시대에 말이다.

변덕스럽고 종종 유치하게 굴었던 트루먼의 혁혁한 업적, 특히 외교정책에서의 업적을 역사학자들이 인정하기까지 반세기가 걸렸다. 그 이유는 그가 워싱턴 DC를 좋아하지 않았고, 정을 들인 도시도 아니며, 그 도시에 머물 생각도 없고, 크게 애정도 없었다. 그는 대통령에서 물러나기가 무섭게 워싱턴을 떠났다. 트루먼의 독설조차도 결국 "평이한 말투"를 쓰고 "책임은 내가 진다(The Buck Stops Here)"라는 문구가 쓰인 팻말을 집무실 책상에 두었던 결단력 있는 지도자라는 그의 이미지에서 떼어낼 수 없는 일부로 여기게 되었다.

트루먼이 트위터에 접속할 수 있었거나 캔자스시티의 연방검사가 무한예산과 대규모 참모들로 무장하고 트루먼의 미심쩍은 과거를 파헤친다고 22개월 동안 뒷조사를 했다면 트루먼은 인신공격성 발언을 속사포처럼 트위터로 쏘아대다가 자폭했을지도 모른다.

트럼프에 대해 제기되는 의문에 대해 답하기는 아직 시기상조일지 모르지만, 사생활에 과오가 있다고 해서 반드시 대통령으로서 실패하는지는 (어쩌면 유감스러운 일일지도 모르지만) 분명하지 않다. 인품의 타락은 분명히 권장할 일은 아니지만, 인품이 타락했다고 해서 냉혹한 세계 정치 무대에서 현명한 지도자가 되지 말란 법은 없다.

가치는 절대적이고 시공을 초월한다. 그러나 공과 사의 개념, 사적인 과오와 공적인 범죄의 개념은 끊임없이 변한다. 과거에 우리는 사적인 과오와 정치인에 대해 실용주의적 노선을 택했다. 한 인간의 악습관은 그의 공적인 업무를 수행하는 데 방해가 되는 정도에 도달하거나 대중이 보기에 그가 맡은 직책을 치욕스럽게 만들 정도가 아니라면 본인 스스로 해결할 문제라고 보았다. 매일 밤 집에서 마티니 두 잔을 마시는 건 괜찮았다. 식당에서 네다섯 잔을 들이켜면 공적으로 우려해야 할 문제가 된다.

공개석상에서 "제기랄(damn)"이라는 표현을 쓰면 어느 정도 한도 내에서는 용인되었다. F로 시작하는 속어(Fuck, 씨팔)는 절대로 용납되지 않았다. 정부(情婦)를 따로 둔다면 유감스러운 일이다. 그러나 부부 간에 속궁합이 맞는지, 결혼생활이 행복한지, 부부 당사자 간의 문제를 다른 사람이 어찌 알겠나? 반면 백악관 집무실에서 성적으로 문란한 행위를 한다면 이는 변명의 여지가 없다. 사생활에서 불륜을 저질렀다면 신이 심판할 문제다. 직장에서의 성행위는 창피당할 만한 일이고 사람들로부터 비난받아 마땅하다. 선거자금을 기부한 사람의 편의를 봐주는 행태는 정치에서 유감스러운 현실이다. 그러나 그 과정에서 법을 어기거나 공익을 저해하기까지 한다면 기소 이유가 된다.

우리 시대의 가장 큰 모순의 하나는, 전통적인 기준으로 보면 훨씬 비도덕적이면서도 과거 세대들에 비해서 훨씬 경건한 척하게 되었다는 사실이다. 대통령이 격조 없는 한마디 했다고 집착에 가깝게 호들갑을 떨면서, 한 주 전체의 제조업 기반이 체계적으로 붕괴되어도 콧방귀도 뀌지 않고, 시카고 거리에서 전쟁에 준하는 폭력사태가 발생해도 눈길도 주지 않는다.

도널드 J. 트럼프는 취임한 지 얼마 되지 않았기 때문에 평가를 내리기는 이르다. 그의 개인적인 결함들은 현재의 정치적 분열과 언론매체의 증오에 깊이 매몰되어 있어서 냉정하게 판단하기가 어렵다. 트럼프에 대해서는 역사적 맥락을 무시하고 너무 격앙된 상황에서 너무 성급하게 너무 많은 평가가 내려졌다. 트럼프가 나쁜 남자이고 훌륭한 대통령인지 아니면 그 반대인지, 아니면 둘 다 아닌지도 아직은 분명치 않다. 그러나 과거가 이따금 현재의 지침이 되기도 한다면, 트럼프는 이론상으로는 분명히 공화당 예비선거에 출마했던 훨씬 신중한 경쟁자들보다 훨씬 유능한 대통령이 될 가능성이 높다. 그들보다 훨씬 더 거칠기는 하겠지만 말이다. 이러한 모순에서 다시 의문이 제기된다. 한 사람이 3억 3000만 명의 삶을 바꿀 수 있다면 결국 정확히 무엇으로 대통령의 도덕성을 평가해야 할까? 사생활에서의 개인적인 과오인가, 아니면 수천만 명의 삶을 더욱 피폐하게 만든 과오인가?

트럼프의 지지기반은 트럼프만은 절대불가 입장인 세력과는 달리 트럼프라는 메신저에 대해 그런 도덕적 딜레마에 빠지지는 않았다. 앞서 살펴본 바와 같이 트럼프의 지지자들은 다른 공화당 후보나 민주당 후보 가운데는 그 누구도 불법 이민, 산업 공동화, 세계화가 야기하는 문제를 해결하고 일자리를 창출하는 경제정책과 잭슨주의적인 외교정책을 채택하리라고 믿고 맡길 만한 인물이 없다고 생각했다. 그들은 트럼프가 사이코패스 김정은을 "로켓놀이 하는 꼬마"라고 부르든 10년 전에 맨해튼 부동산개발업자이자 투자자이자 리얼리티 쇼 진행자인 민간인일 때 포르노 배우 스토미 대니얼스와 뜨거운 하룻밤을 보냈든 개의치 않았다.

그들이 보기에 진짜 외설(猥褻)은 김정은, 그의 아버지, 그의 할아버지 같은 위험한 괴물에 대해 지난 70년 동안 시행해온 유화책이었다. 그들은 트럼프가 멕시코에게 미국 국경을 넘겠다며 북상하는 중앙아메리카 "캐러밴(caravan)"을 멕시코 국경에서 막으라고 하자 이에 환호했다. 트럼프의 지지기반에게 진짜 악당은 미국 국민도 아닌 이들이 남의 나라에게 이래라저래라 할 수 있다고 믿는 이들과 그들이 그런 어처구니없는 주장을 믿도록 부추기는 미국인들이었다.

트럼프 지지자들은 미국 대통령이 "사기꾼 힐러리"라고 입에서 단내가 나도록 언급해도 전혀 문제 삼지 않았다. 그들이 정말로 능멸한 대상은 그렇게 거침없이 직설적으로 진실을 말하는 수준까지 "추락"한 미국 대통령이 아니라, 공직자가 연달아 중범죄를 저지르고도 면죄부를 받고 여전히 워싱턴 터줏대감으로 대우받는 현실에 무관심한 워싱턴 정가였다. 어찌 보면, 트럼프는 성급하고 파괴적이고 거칠었던 알렉산더 대왕의 "한심한 종자(deplorables)" 버전이었다. 알렉산더 대왕처럼 시간낭비하지 않고 고르디우스(Gordius)의 매듭을 단 칼에 베어 복잡한 문제를 해결할 인물, 마치 서둘러 일을 해치우려는 누군가를 방해하고 외부자들의 참여를 막기 위해 설계된 불가해한 규정들을 준수해야 하는 상황에 놓인 인물 말이다.

도널드 트럼프가 2017년 대통령에 취임할 당시, 그는 그보다 낫다고 간주된 인물들이 끝없이 만들어낸 위기들을 물려받았다. 분명히 그는 "정상적인" 방식으로 이러한 위기들을 해결할 통상적인 외교술이나 기질을 지니고 있지 않았다. 그러나 그가 당선된 이유는 워싱턴 사정에 밝지 않기 때문 아니었나?

미치광이 북한 정권이 미국 서부 해안에 핵무기가 장착된 미사일을 날릴 역량을 갖추었다고 한다. 중국은 무역협정을 위반해왔을 뿐만 아니라 중국에서 사업을 하는 대가로 미국 기업들에게 기술을 넘기라고 강요해왔다. 이란은 이른바 이란협정에 서명하는 대가로 얻은 두둑한 현금으로 테러리즘에 자금을 지원하고 시리아에 개입해 학살을 자행한 아사드 정권을 지원했고, 새로 미사일을 구입하고 제조했다. 북대서양조약기구는 유럽 본토를 방어하기 위해 창설되었는데, 멀리 떨어져 있는 미국이 러시아 국경과 가까운 회원국들보다 기구 유지비용을 점점 더 많이 분담하고 있었고(이 가운데 일부 회원국은 블라디미르 푸틴의 러시아와 수익이 쏠쏠한 무역협정도 타결하고 있었고), 이 기구의 수혜자들에게 툭하면 발목을 잡혔다.

멕시코는 자국의 가난한 국민들을 자꾸 미국으로 보냈고, 이들은 보통 불법으로 미국에 입국했다. 그런 식으로 멕시코는 자국의 사회적 긴장을 완화하고 미국 내에 멕시코에 우호적인 지역사회를 구축하고 불법 체류자들이 송금하는 연간 300억 달러에 달하는 금전적 이득을 보았다. 멕시코는 자국 국민이 미국에서 사회복지 보조금을 받으면 본국에 송금할 금전적 여유가 생긴다는 생각으로 미국 이주를 부추겼다.

독일은 미국과의 교역에서 연간 650억 달러의 흑자를 본다. 그런데도 국방비를 GDP의 2퍼센트로 인상하라는 북대서양조약기구의 의무조항을 이행하지 않겠다고 버텼다. 미군 3만 5000명이 북대서양조약기구가 보장하는 안보를 지키기 위해 독일에 여전히 주둔하고 있는데 말이다. 독일은 세계에서 두 번째로 높은, 연간 2850달러가 넘는 무역흑자를 기록하면서 세계 무역을 왜곡하는 한편, 유럽연합국들 가운데 가장 반미 성향이 강한 나라라는 조사 결과가 나와 있다. 그런데 트럼프가 독일의 태도와 관행을 비판하자 적반하장으로 독일이 트럼프가 거칠고 무례하다고 발끈했다.

결국에는 완곡어법과 천박한 직설 가운데 어느 게 진짜 죄악인가? 포트 우드 학살을 "직장 내 폭력"이라고 묘사하거나 치명적인 이슬람 테러리즘을 "인간이 야기한 재앙"이라고 재규정하는 게 도덕적이고 윤리적인가? 완곡어법이 거친 외설보다 더 외설적일 수 있다는 사실을 우리는 잊는다.

과거에 전통적으로 받아들여진 방법들—딥스테이트와 기득권층이 일을 처리하는 정상적인 방법—은 수많은 실존적 난관을 해결하는 데 실패했다. "합의된 틀," "6자회담," "전략적 인내"와 같은 미사여구들은 본질적으로 북한에 현금다발을 안겨주고 핵무장을 해제하라는 정책이었지만 오히려 핵무기를 개발하는 결과를 낳았고 그 무기는 이제 미국 서부 해안의 주요 도시들을 위협하고 있다.

트럼프주의는 더 이상 금기시 되는 주제는 없다는 개념이다. 뭐든 협상의 대상이다. 성역은 없다. 따라서 트럼프의 지지기반은 트럼프라는 메신저가 메시지의 효과를 증폭시켰다는 점이 마음에 들었다. "그들 편"이 마침내 미국과 세계의 이른바 엘리트 계층에게 그들을 대신해서 한 방 날렸다. 트럼프의 신사답지 못한 행동에 대한 지지자들의 인내심은 무한히 지속된다. 트럼프가 선거 공약을 어기거나 그의 처방전이 경제를 침체시키거나 그의 허세와 벼랑 끝 전술이 미국을 큰 전쟁에 말려들게 하지만 않는다면 말이다.

다음 장에서 살펴보겠지만, 트럼프 대통령이 전하는 이설적인 메시지의 효과를 증폭시킨 것은 그가 자신에게 맞서는 자들을 향해 퍼붓는 독설이었다. 그의 지지자들은 언론매체, 딥스테이트, 공화당 기득권층, 그리고 진보주의 정체성 정치운동 세력이 부리는 광란에 비하면 트럼프의 거친 입담은 약과라고 주장한다.

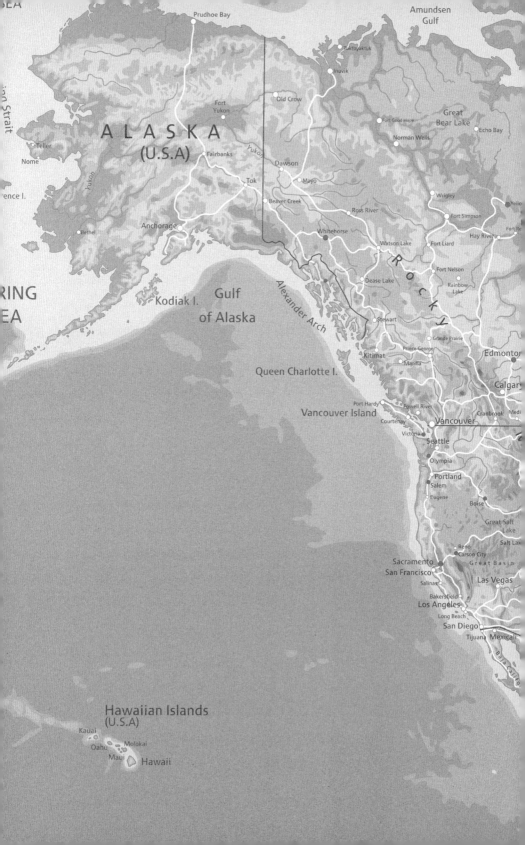

4부

트럼프 대통령의 시련, 승리, 그리고 시련

그가 아폴로 거상(巨像)처럼 세계에 걸터앉아 있는 한
미천한 우리는 그의 거대한 두 다리 사이로 지나가면서
치욕스런 육신을 뉠 무덤을 찾느라 힐끔거린다네.
인간은 결국 자기 운명의 주인이라네.
친애하는 브루투스, 과오를 범하는 게 운명 탓은 아닐세.
우리가 한낱 졸개라는 처지이기 때문일세.[30]
— 〈율리우스 카이사르Julius Caesar〉, 셰익스피어 —

10

트럼프를 끝장내자!

씨팔(fuck you), 씨팔… 그래, 난 화가 나. 그래, 난 분노가
치밀어. 그래, 나는 백악관을 폭파할까 수없이 생각하고 생
각했어.
— 2017년 대통령 취임식 당일, 워싱턴에서 열린 여성의 행진 집
회에서 마돈나가 한 연설

미국 대통령 역사상 선출된 대통령이 취임하고 첫 임기를 마치기도 전에 즉각적으로 반대 진영에서 대통령을 제거하려는 작업에 착수해 지속적으로 노력을 기울인 적이 없었다. 빌 클린턴에 대한 분노가 점점 커져 탄핵 시도가 이루어진 시기는 그가 두 번째 임기 절반을 넘겼을 때였다. 앞서 살펴본 바와 같이 트럼프에 대해 생사를 걸고 증오하는 이유는 여러 가지다. 버락 오바마의 진보주의적 통치 8년에 뒤이어 2016년 대선에서 힐러리 클린턴이 패배한 데 대한 충격이 그 한 가지 이유다. 예측 불가능하고 변덕스러운 트럼프, 아찔하게 빠른 속도로 오바마의 업적을 무위로 돌리려는 트럼프, 도덕적으로 고결하다고 자부하는 언론매체가 제정신을 잃고 균형 잡힌 보도라는 직업 정신을 저버린 현실, 목적이 숭고하다면 그 목적을 달성하는 데 수단과 방법을 가리지 않아도 된다는 진보주의자들의 신념 등도 그 이유다. 그러나 트럼프를 증오하는 이유가 무엇이든 그를 대통령직에서 끌어내리고 파멸시키려는 시도는 사실상 남북전쟁에 이은 제2의 내전에 준하는 상황을 야기했다.

도널드 J. 트럼프는 2016년 11월 8일 대통령에 선출되었다. 그는 일반유권자 투표에서는 48.2퍼센트 대 46.1퍼센트로 힐러리 클린턴에게 280만 표 차로 뒤졌다. 그러나 선거인단 투표에서는 304 대 227이라는 압도적인 차이로 이겼다—미국 역사상 일반유권자 투표에서 승자가 패자보다 득표율이 적은 다섯 번째 사례였다. 선거 결과가 나오자마자 트럼프 당선인은 격렬한 다각적인 저항에 부딪혔다. 취임식 당일에는 그보다 더 심각한 저항에 부딪혔다.

일반유권자 투표에서 뒤지고 선거인단 투표에서 이겨 선거에서 승리하고 취임한 비슷한 처지에 놓였던 4명의 전임 대통령들도 강렬한 반대와 정당성 문제에 직면했다. 조지 W. 부시는 2001년 9월 11일 테러공격이 일어나기 전까지 "간택됐지, 선출되지 않았다."라는 비난이 집요하게 따라다녔다. 존 퀸시 애덤스, 벤저민 해리슨, 러더퍼드 B. 헤이즈도 모두 선거인단과 "모종의 거래"를 했다는 의구심이 취임한 후에도 상당 기간 지속되었다.

트럼프는 과거에 일반유권자 투표에서 이기지 못한 대통령들보다 훨씬 더 대중과 정부로부터 극심한 저항에 더 일찍 직면했다. 그는 오바마–클린턴의 진보주의 정책, 공화당 기득권층, 딥스테이트에 맞서 선거운동을 했다. 이 때문에 그는 워싱턴 터줏대감들과 전통적인 정치권력 세력들로부터 버려진 고립무원의 처지에 놓였다. 패배를 맛본 기득권층이 신임 대통령을 대상으로 이렇게 강하게 반격을 가한 적이 없었다.

선거가 끝난 후 유명인들, 유명인이 될 뻔한 이들, 자투리 공인들은 도널드 트럼프를 파멸시킬 온갖 방법을 머릿속으로 짜냈지만 헛수고였다. 암살 얘기도 공공연하게 불쑥불쑥 등장했다가 논란에 휘말렸다. 그러나 트럼프의 지지율을 떨어뜨리고 그의 대통령직의 정당성을 훼손하려는 집단적인 노력은 취임하기 전부터 시작되었다.

참수는 어떤가? 코미디언 캐시 그리핀은 참수당해 피범벅인 트럼프의 머리 모형을 손에 들고 동영상을 촬영했다.

칼로 난자하는 방법은? 뉴욕 센트럴파크에서 해마다 열리는 〈셰익스피어 인 더 파크Shakespeare in the Park〉에서 매일 밤 열린 〈율리우스 카이사르〉 연극 공연에서 도널드 트럼프처럼 분장한 율리우스 카이사르가 칼에 찔려 숨졌다.

총으로 죽이는 방법은 어떨까? 억만장자 래퍼이자 자기과시 성향이 강한 스눕 독(본명 캘빈 코도자 브로더스 주니어)는 자기 뮤직비디오에서 트럼프를 닮은 등장인물에게 총을 쏴 박살낸다.

대통령을 암살하는 전형적인 방법은 어떨까? 배우 조니 뎁은 한 인터뷰에서 다음과 같은 농담을 했다. "마지막으로 배우가 대통령을 암살한 게 언제지? … 한참 됐다. 한 번 할 때도 됐지 않나."[31] 현직 대통령의 죽음을 논하는 이들은 유명 인사들 뿐만이 아니다.

민주당 주류 공직자들도 숟가락을 얹었다. 2018년 4월 캘리포니아 상원의원 카말라 해리스에게 토크쇼 진행자 엘렌 드제너러스가 물었다. "당신이 엘리베이터 안에 누군가와 함께 갇히게 된다면 트럼프 대통령, 마이크 펜스, 제프 세션스 중 누구를 선택하겠나?" 해리스는 얼굴을 일그러뜨리더니 다음과 같이 되물었다. "갇힌 둘 중 하나는 살아나오지 않아도 되지?"

2016년부터 2018년까지 유행한 트럼프 살인과 관련된 사례들은 더 있다. 〈허핑턴포스트〉에 글을 기고한 한 사람은 트럼프의 재판과 처형을 주장했다. 내 집 근처에 있는 캘리포니아 주립대학 프레스노 캠퍼스에 재직하는 역사학 교수는 대놓고 트럼프를 교수형에 처해야 한다고 주장했고, 후버연구소의 한 동료는 독일 TV에 출연해 백악관 내에서 트럼프를 암살하면 제거할 수 있다고 말했다. 미주리주 의회 의원은 자기 페이스북에 다음과 같은 글을 올렸다. "그가 암살당하기를 바란다." 배우 로지 오도널은 자기가 전자게임을 만들었는데 도널드 트럼프가 절벽에서 뛰어내려 추락사하는 게임이라고 했다.

이처럼 트럼프의 사망을 꿈꾸는 이들과 거의 협박에 가까운 발언들은 2019년에도 쭉 이어졌고 트럼프의 첫 임기가 끝날 때까지 계속 되리라고 본다. 과거에 4명의 대통령이 암살당했고 두 사람이 암살 미수로 부상을 입었다는 사실로 미루어볼 때, 대통령을 암살한다는 농담조차도 전통적으로 금기사항이었던 데는 그만한 충분한 이유가 있다. 그러나 트럼프를 무자비하게 제거한다는 생각은 통상적인 금기에서 면제되는 듯했다. 2018년 4월, 영화감독 조스 휘던은 다음과 같은 트윗을 날렸다. "도널드 트럼프가 이 나라를 죽이고 있다. 일부는 빨리, 일부는 천천히 죽이고 있지만, 그는 자기가 손대는 것은 무엇이든 망가뜨리고 파괴하고 있다. 그는 괴물들이 설치게 만들고, 총을 휘두르고, 정부의 힘을 남용하거나 뻔뻔스럽게 거짓말을 한다. 난 이제 지쳐서 증오하거나 슬퍼할 기력도 없다. 죽어, 도널드. 그냥 입 닫치고 조용히 죽어." 거의 같은 시기에 트럼프 타워에 의문의 심각한 화재가 발생했다는 보도가 나오자, 1960년대 로커 데이비드 크로스비(크로스비, 스틸스, 내쉬 앤드 영의 그 크로스비다)는 "우와… 타라, 활활 타라."라고 트윗을 날렸다.

트럼프를 살해한다는 얘기를 해도 얘기를 한 당사자들은 거의 역풍을 맞지 않는다. 스눕 독과 캐시 그리핀은 자기들이 대통령에 대해 폭력을 행사하는 논조로 마음대로 떠들어도 몇 주 동안 항공기 탑승거부 승객 목록에 오를 리가 없다고 짐작했을 것이다. 그들은 또한 그런 험악한 농담을 하거나 죽음을 암시하는 언행을 해도 그 대상이 보수 진영의 인사인 경우 연예계에서는 눈감아주는 암묵적인 동의가 있다는 사실을 잘 알고 있었다.

만약 이런 섬뜩한 농담의 대상이 트럼프가 아니라 오바마였고, 버락 오바마가 〈티파티Tea Party〉 운동 참여자들을 "티배거(Tea-bagger)"[32]라고 저속한 성적인 표현으로 모독했다는 이유로 분노한 마돈나가 백악관을 폭파하고 싶다고 발언하거나 〈셰익스피어 인 더 파크〉의 배우들이 버락 오바마를 칼로 찌르는 장면을 무대에서 보여주었다면, 오바마가 자기 볼링 실력이 장애인 올림픽 참가자 수준이라며 장애자를 폄하했다고, "들이대고 약 올리라"거나 "칼싸움에 총 들고 가라"는 선거운동 관련 조언을 했다고, "전형적인 백인"이라는 인종차별주의적인 발언을 했다고 백악관 폭파 발언이나 칼로 찔러 죽이는 장면을 연출했다면, 그들의 직업 생명은 끝났을지 모른다. 이와는 대조적으로 2013년 8월, 미주리주에서 행사를 주관하는 보수 성향의 관리들은 로데오 경진대회에서 감히 오바마 가면을 쓰고 나타난 무명의 로데오 선수를 평생 출전 금지시키기로 표결했다. 첨단을 걷고 거리낌 없고 꾸밈없고 멋지다고 자부하는 배우와 유명 인사들이 비겁하게 자기가 하는 말과 행동을 정치적으로 자체 검열한다.

선거 기간 동안 그리고 정권이 이양되는 동안 내내 트럼프는 시끄럽게 다른 이들을 공격했고, 따라서 트럼프를 공격하는 이들은 트럼프가 먼저 싸움을 걸었으니 이에는 이 눈에는 눈이라는 식으로 점점 수위를 높여 폭력성 발언을 해도 된다고 정당화했다. 배우 로버트 드 니로는 후보 도널드 트럼프를 주먹으로 한 대 치고 싶다고 했다. ("그는 이 나라의 수치다. 이 나라가 이 지경까지 왔다는 사실에 너무 화가 난다. 이런 바보 멍청이가 저 자리에까지 올랐다는 사실이 말이다. 사람들 얼굴을 주먹으로 한 대 치고 싶다고? …나야말로 그의 얼굴에 주먹을 날리고 싶다.")

그러나 드 니로는 석 달 마다 한 번씩 대통령을 사정없이 두들겨 팰 새로운 방법을 제시했는데, 자기가 트럼프를 피떡이 되도록 두들겨 패고 싶다고 한 까닭은 트럼프가 선거유세에서 자기 선거유세를 방해하는 사람을 한 대 치는 사람의 소송비용을 대주겠다고 발언한 데 대한 보복성 발언일 뿐이라고 주장했다. 2018년 토니어워즈(Tony Awards) 시상식에서 드 니로는 연단에 서자마자 "좆까, 트럼프."라고 한마디 내뱉었다는 이유로 동료 배우들로부터 기립박수를 받았다.

마돈나가 취임식 당일 시위에서 보여줬듯이, 이들이 이토록 독설을 쏟아내는 이유는 트럼프가 당선된 게 충격이고 당혹스러웠기 때문이다. 거의 모든 여론조사에서 트럼프는 선거에서 그냥 지는 데 그치지 않고 압도적으로 패배해 공화당을 파괴시키고 그가 표방한 포퓰리스트 국민우선주의라는 불량품을 영원히 사라지게 만들 것이라고 온 나라를 안심시켰다. 트럼프가 이기자 여론조사, 상식, 정치학이─이성 그 자체까지도─불신을 샀다. 트럼프의 당선은 영국군이 요크타운 전투에서 뜻밖에 처절하게 패배한 후 충격에 빠진 영국 군악대가 연주했다는 〈세계가 거꾸로 뒤집혔다〉라는 제목의 노래나 최근에 브렉시트(Brexit) 국민투표에서 유럽연합 탈퇴라는 결과가 나오자, 영국 엘리트 계층이 느낀 충격을 연상케 하는 철저한 충격이었다.

트럼프가 승리하자 집단적으로 분노한 이유는 그의 당선이 말도 안 된다는─그리고 불공정하다는─뜻이었다. 코미디언들조차도 이러한 비현실적인 결과를 받아들여야 한다는 데 제정신을 잃고 폭력적인 상상을 했다. 심야 토크쇼 진행자 스티븐 콜베어는 동성애자를 혐오하는 듯한 희한한 표현을 만들어 내 본인의 광란을 생생하게 드러냈다:

대통령 씨, 당신은 미국 대통령이 아니다. 고소해 죽겠지. 당신은 바지 단추가 튕겨나갈 정도로 식탐이 많다. 당신은 구역질 날 때까지 목구멍에 쑤셔 넣는다. 당신은 등신팔푼이다. 그런데 이젠 독재자로 변하고 있다. 빡빡머리 스킨헤드 극우세력은 무료로 나누어주는 발모제보다도 당신을 더 열렬히 지지한다. 암 퇴치를 부르짖는 사람보다 당신을 퇴치하자는 사람이 더 많다. 당신은 머리를 한 대 맞은 고릴라가 수화(手話) 하듯이 말한다. 당신 입이 쓸 데가 딱 한 군데 있다. 블라디미르 푸틴의 거시기(cock) 저장소다.

로버트 멀러가 22개월에 걸쳐 3200만 달러를 들여 트럼프가 무슨 짓을 했는지 샅샅이 뒤졌지만 러시아와 공모하지 않았다는 결론이 나왔었다는 사실을 기억하라. 정치인과 유명 인사들은 툭하면 외설적이고 저속한 표현으로 트럼프를 매도했다. 민주당전국위원회 의장 톰 페레스, 캘리포니아 상원의원 카말라 해리스, 뉴욕 상원의원 키어스턴 질리브랜드는 툭하면 "좆같은"과 "엿같은" 같은 욕설을 써가며 트럼프를 혐오하는 자기 지지자들을 선동했다. 〈뉴 리퍼블릭〉에 기고하는 한 인사는 이러한 거친 발언들을 하라고 부추기고 반 트럼프 성향의 정치인들에게 더 험악하고 외설적인 표현을 쓰라고 요구했다.

CNN 앵커 앤더슨 쿠퍼는 방송에서, 트럼프가 자기 책상 위에 대변을 모셔놔도 트럼프를 열렬히 옹호할 거라면서 한 트럼프 지지자를 비방했다. 〈폴리티코〉의 줄리아 조피는 트럼프가 자기 딸과 근친상간을 했다고 주장하는 발언을 했다. ("트럼프가 자기 딸하고 떡을 치고 있든가 아니면 친인척 등용하지 말라는 법을 어기고 있다.") 코미디언 빌 마는 트럼프와 그의 딸이 구강성교를 했다는 추접스러운 농담을 했고, 뒤이어 여러 차례에 걸쳐 트럼프의 재선을 막을 수만 있다면 경기침체도 환영한다고 말했다. 트럼프와 관련한 발언이 거칠고 저속할수록 그 발언을 하는 당사자는 "저항" 세력이 보기에 지위가 더 격상되었다.

대통령이 자연의 순리를 거스르는 최악의 범죄를 저질렀다는 환경을 조성해 널리 호응을 얻는다면 트럼프나 그의 가족은 벌을 받아야 한다는 논리적인 결론에 도달하지 않겠나?

작고한 배우 피터 폰다는 2018년 여름 이 질문에 대한 해답을 제시했다. 국경 근처에서 또다시 불법 이민 문제가 불거지자 그는 트럼프 가족을 협박하는 트윗을 연달아 날렸다. "멜라니아 트럼프의 아들 배런 트럼프를 엄마에게서 떼어내 아동성애자들과 함께 우리에 가둬보자. 어미가 자기와 결혼한 개자식에게 맞서는지 한번 보게." 역대 그 어느 대통령의 가족에 대해서도 할리우드 배우가 이 비슷한 폭언을 감히 하고도 온전하게 배우생활을 할 수 있다고 생각하리라고는 상상할 수도 없다. 어찌 보면 미국은 1860년이나 1968년과 비슷하게 증오가 만연한 사회 분위기가 되어가고 있었다.

트럼프가 등장하기 한참 전부터 20여 년 동안 연예계, 예술계, 언론계는 점점 좌경화되어왔고, 일반유권자 투표에서는 지고 선거인단 투표에서 이겨 당선된 공화당 대통령이 두 차례 배출되었으며, 보수 성향의 대통령에 대한 폭언을 점점 더 용인하는 분위기가 되었다. 2012년 HBO의 〈왕좌의 게임Game of Thrones〉에는 참수돼 꼬챙이에 꽂힌 조지 W. 부시의 머리가 ("실수로") 등장했다. 2004년 선거운동이 한창 진행 중일 때 니콜슨 베이커는 『검문소Checkpoint』를 출간했다. 부시 대통령 암살을 공모하는 등장인물들의 대화가 지루할 정도로 끊임없이 이어지는 내용의 소설이었다. (2017년에는 영국 작가 조너선 프리들랜드(샘 본이라고도 알려져 있다)가 『대통령 죽이기To Kill the President』라는 제목으로 이 책의 개정판을 출간했다. 트럼프와 비슷한 대통령을 암살하는 내용이다.)

조니 뎁이 링컨 대통령을 암살한 배우 존 윌크스 부스를 들먹이며 트럼프에 대해 독설을 쏟아내기 훨씬 전인 2004년, 경쟁이 치열했던 선거 기간 동안 〈가디언〉 객원 칼럼니스트 찰스 브루커는 사설에서 (당시 재선에 출마한)

부시를 죽일 암살범이 없다며 탄식했다. "존 윌크스 부스, 리 하비 오스왈드, 존 힝클리 주니어—정말 필요할 때는 다들 어디 가 있나?" 이러한 독설은 2008년 버락 오바마가 당선된 후 8년 동안 다행스럽게도 자취를 감췄다.

그러나 오바마 행정부가 물러난 지금 진보 진영의 광란이 재개되었고 한층 강력해졌으며 때로는 진짜 폭력사태로 이어지기도 했다. 자칭 버니 샌더스 지지자라는 제임스 호지킨슨이 자선 야구경기 연습을 하던 공화당 유명 정치인들을 향해 총을 난사해 공화당 하원 원내총무 스티브 스칼리즈가 중상을 입는 등 5명에게 부상을 입히고 나서 의회 경찰에게 저지당했다. 그는 그 자리에 모인 더 많은 보수 성향의 정치인들을 암살할 계획을 세워놓았으나 불발에 그쳤다. 2018년 9월에는 캘리포니아 카스트로밸리에서 열린 축제에서 파르자드 파젤리라는 사람이 트럼프 대통령에 대해 독설을 쏟아내고 고함을 지르다가 공화당 하원 후보인 루디 피터스를 칼로 찌르려고 했다.

2018년 6월 중엽, 단 일주일 동안 언론매체는 다음과 같은 사건들을 보도했다. 배우 피터 폰다가 이민세관국 요원들의 이름과 주소를 노출시켜 그들의 자녀들을 학교에서 괴롭히자는 트윗을 날렸다("그들의 자녀들이 다니는 학교를 알아내 학교를 포위하자… 당장 그들의 자녀들이 걱정하게 만들 필요가 있다"). 국토안보부 장관 키어스턴 닐슨은 뉴욕의 한 식당에서 식사를 하다가 미국 민주사회주의자 시위대와 마주쳤고 식당에서 쫓겨났다. 같은 시기에 미국 연방보안관들은 "트럼프 대통령의 머리에 총알을 박아 넣겠다."라고 소셜 미디어에서 트럼프 대통령을 협박한 펜실베이니아에 사는 한 남성을 찾고 있었다.

하원의원 맥신 워터스(민주당-캘리포니아주)는 도널드 트럼프에 대해 "저항" 하는 대전략이라며 주 7일 하루 24시간 언제 어디서든 물리적으로도 말로도 맞서라고 촉구했다. "트럼프 정부의 관계자 누구와도 식당이나 백화점이나 주유소나 어디서든 마주치면 바깥에 나가서 사람들을 모은 다음 그들을 위협하고 그들은 더 이상 어디서도 환영받지 못한다고 말하라."

대통령의 정당성을 훼손하기 위해 이러한 어처구니없고 생각할 수도 없는 행동을 정상적인 것으로 인식되게 만들고, 더 나아가 자연스럽고 칭송받을 만하고 심지어 반드시 필요한 행동으로 만드는 게 이러한 이들의 언행을 관통하는 공통점이었다. 트럼프에게 격렬하게 반대하는 이들 가운데 건설적인 대안을 제시해 트럼프 지지자들을 진보 진영으로 끌어들이려는 노력은커녕 트럼프가 제시한 공약들에 대해 하나하나 이슈별로 반론을 제기한 이도 없었다.

2017년 5월 선거에서 패배한 지 8개월이 지난 시점에서 힐러리 클린턴은 다음과 같이 선언했다. "이제 나는 시민운동가로 돌아와 저항운동에 동참한다."

"저항"이라니 클린턴은 정확히 무슨 뜻으로 이런 말을 했을까? 제2차 세계대전 당시 나치점령군을 방해하고 살해하기 위해 조직화된 프랑스 지하운동 게릴라투사들(레지스탕스)을 심리적으로 투사했을까? 트럼프가 프랑스를 점령한 히틀러의 준군사조직 고위대원이고 자신은 고지대에서 베레모를 쓰고 스텐 반자동 기관총을 들고 매복했다가 그의 졸개들을 습격한다고 상상했나?

사실 클린턴은 저항운동에 한발 늦게 동참했다. 트럼프가 대통령이 되지 못하게 막으려는 공식적인 시도는 선거 직후 시작되었다. 취임식 일주일 전에 〈롤링스톤〉에 저항세력을 찬양하는 글이 실렸는데, 이 글은 저항세력이, 서로 일관성도 없고 모호하긴 하나, 트럼프를 거세할 다섯 가지 전략이 있다고 했다. 1) 트럼프가 인기 없다는 점을 이용하라. 2) 그의 정치적 자본을 소진시켜라. 3) 민주당 텃밭에서 정치적 저항을 노골적으로 전개하라. 4) 공세를 취하라. 5) 소송을 걸라.

선거 직후 언론매체와 트럼프를 비판하는 민주당 세력들은 트럼프에게 우호적인 러시아인들이 버몬트주에서 전기 공급을 끊으려고 했다고 주장했다. 〈워싱턴포스트〉는 이러한 주장을 대서특필했고 패트릭 J. 레이히(민주당-버몬트주) 상원의원 같은 사람들의 발언을 인용하며 비판의 수위를 높였다. 레이히 상원의원은 다음과 같이 목청을 높였다. "이건 해커들이 단순히 재미로 저지른 사건이 아니다. 이제 이들이 우리 전기 공급 체계에 접속해 자기들 마음대로 조작해서 한겨울에 전기 공급을 차단하려 하고 있다."

〈워싱턴포스트〉의 이러한 기사에는 러시아와 트럼프가 선거 때 분명히 공모했고 이제 트럼프가 취임하기도 전에 버몬트 주민들에게 실존적인 위협을 가하고 있다는 숨은 뜻이 깔려 있었다. "대통령 당선인 도널드 트럼프는 11월 8일 선거 당일까지 러시아가 해킹을 했다는 미국 정보기관의 분석에 끊임없이 의문을 제기했다. 그는 또한 러시아 대통령 블라디미르 푸틴을 높이 평가하는 발언을 했다. 오바마 대통령이 해킹은 크렘린 최고위급에서 승인한 행위라고 주장했는데도 말이다." 〈워싱턴포스트〉는 오바마가 적어도 2014년 이후로 쭉 러시아가 해킹을 하고 개입한다는 사실을 알고 있었고, 힐러리 클린턴의 당선이 확실시된다고 믿었기 때문에 주별로 주정부가 주관하는 미국 선거를 누군가 조작한다는 주장은 가당치도 않다며 선거 전날까지도 조롱했다는 점은 지적하지 않았다.

그러나 클린턴이 패배하고 2주가 채 지나지 않아 힐러리의 보좌관과 민주당 운동가들은, 특히 제3당 후보 질 스타인이 이끄는 이들은 위스콘신, 미시간, 펜실베이니아의 투표기기가 해킹당했다고 주장했다. 친 러시아, 친 트럼프 요원들의 소행이라고 말이다. 그 어떤 증거도 제시되지 않았다. 소송은 모두 기각되었다. 그러나 사실인지 여부가 중요한 게 아니라 트럼프가 중범죄를 저질렀다는 주장을 널리 퍼뜨려 이를 믿는 사람들이 임계질량에 도달하도록 해 대통령의 국정수행 역량을 파괴하려는 게 목적이다.

이보다 훨씬 더 포괄적이고 잘 조직화된 반 헌법적인 행동은 선거인단의 투표를 왜곡해서 각 주의 선거인단 투표 결과가 일반유권자 투표 결과를 반영하지 않도록 하려는 시도였다. 결국 이러한 시도도 별 진전 없이 무산되었다. 할리우드 유명 인사들은 광고를 내서 일반유권자 투표에서 트럼프가 당선된 주의 선거인단에게 헌법에 규정된 지침을 따르지 말고 트럼프에 반대표를 던지든가 기권하라고 호소했다. 동일한 요청을 하는 온라인 서명운동에 500만 명이 서명했다. 리버럴 성향의 정치활동위원회(PAC)들은 다음과 같이 탄원했다. "그들(유명 인사들)이 여러분에게 힐러리에게 투표하라고 호소하고 있다. 선거인단 37명만 진정한 지도자에게 양심적으로 투표하면 당신들은 영웅이 된다." 2020년 대선에서도 트럼프가 일반유권자 투표에서는 지고 선거인단 투표에서는 이길지 모른다는 두려움에 사로잡힌 많은 민주당 텃밭은 2019년에 자기 주의 선거인단이 자기 주의 일반유권자 투표 결과가 아니라 전국 일반유권자 투표 결과에 따라 투표하도록 강제하는 법안을 고려하고 있다. 이는 선거인단 제도를 사실상 무력화시키는 헌법에 반하는 행위다.

저항세력은 취임식 당일에 대규모 시위를 조직했고 의원들에게 취임식에 불참하라고 요구했다. 실제로 하원의원 50명 이상이 취임식에 참석하지 않았다. 진보 성향의 하원의원들로 구성된 소집단이 2017년 11월 5개 탄핵안을 제출했다. 단 한건도 상정 되지 않았다.

12월 무렵 한 연방판사는 트럼프가 헌법에 명시된 이득 조항을 위반했으므로 물러나야 한다고 주장하는 소송들을 기각했다. 언론매체가 트럼프가 해외에 건설한 호텔과 여러 사업들에서 벌어들이는 수익이 대통령에 취임한 후 급증했다는 선정적인 보도를 하면서 부추긴 결과다. 사실 2018년 가을 무렵 〈포브스〉와 NBC는 트럼프가 대통령에 당선된 이후로 순자산 10억 달러를 손실했다고 보도하고 있었다. 그런데 언론매체가 정반대로 말을 바꿨다. 한순간에 트럼프가 대통령직으로부터 금전적 이득을 보는 헌법에 반하는 행위를 했다는 입장에서 대통령이라는 더 높은 자리에 오르더니 그의 브랜드가 지닌 호소력이 훼손되었다고 고소해하면서 이를 그가 인기 없고 무능하다는 증거라고 주장하는 입장으로 돌변했다.

일찍이 2016년 선거운동 당시, 민주당은 트럼프가 로건 법(Logan Act)을 위반했다고 공격하려고 했다. 미국의 민간인들이 미국 정부의 허락을 받지 않고 미국과 분쟁관계에 있는 외국 정부와의 외교 협상에 관여하지 못하게 한 법으로 1799년에 제정됐다. 이 법은 지금까지 딱 두 차례 집행되었다. 마지막으로 집행된 때가 166년 전이다. 허락 없이 북한을 방문해 클린턴 행정부를 격분케 한 지미 카터 전 대통령이나, 2008년 대통령 선거 운동 당시 비공식 경로를 통해 이란과 접촉한 버락 오바마나, 2018년 가망 없는 이란협정을 되살려보려고 이란 공작원들과 은밀히 여러 차례 만남으로써 트럼프 정부의 대 이란 정책을 훼손한 존 케리에 대해 로건 법 위반 여부를 조사한 적이 없다.

오바마가 퇴임한 뒤에도 법무부에 남아 트럼프 행정부의 법무장관 대리를 맡고 있던 샐리 예이츠는 트럼프가 취임하고 겨우 나흘 만에 법무부 산하기관인 연방수사국 조사관들을 백악관에 보내 마이클 플린 국가안보좌관을 심문했다. 예이츠는 오바마 행정부 관리들이 모두 떠나고 새로운 인사들이 부임하기 전에 로건 법 하에서 플린을 기소하려고 했다. 그러나 저항세력은 트럼프가 공직으로 이득을 봤다는 소송에서와 마찬가지로 로건 법 적용 계획을 헛수고라고 생각하고 포기했다. 그럴 만한 이유가 있었다. 존 케리 국무장관을 비롯해 오바마가 임명한 수많은 전직 관료들이 외국의 관리들에게 트럼프의 시도는 오래가지 않을 것이므로 심각하게 받아들이지 않아도 된다고 안심시키고 있었다.

또 다른 경로들을 통해서 트럼프의 대통령 국정수행을 무산시키려는 시도들이 진행되었다. 예일 대학교 정신의학과 교수라는 밴디 X. 리가 의회에 출석해 트럼프가 정신장애가 있다고 증언했다. 그는 의원 여러 명과 비공개로 연달아 회의를 하고 나서 다음과 같이 경고했다. "그는 곧 제정신을 잃게 된다. 지금 징후가 보이고 있다." 2018년 1월, 저항세력은 헌법 수정안 제25조를 발동해 트럼프가 정신적인 장애가 있어 대통령직을 계속 수행하기 부적합하므로 트럼프를 제거하자는 얘기를 꺼내고 있었다. 어찌 보면 리가 옳았다. 오바마가 추진했던 정책 전체를 뒤엎으려는 시도를 광기라고 규정한다면, 어쩌면 트럼프는 정말로 제정신이 아닌 게 분명했다.

리 박사는 트럼프를 진단은커녕 만난 적도 없었다. 그럼에도 불구하고 환자를 직접 진료하고 진단을 내려야 하는 직업윤리를 위반하고 트럼프를 물리적으로 제압하고 강제로 진단을 해야 할지도 모른다고 주장했다. 리 박사는 사실상 쿠데타를 주장하고 있었다. 아니면 정치적으로 골칫덩어리인 인사들을 정신적으로 불안정하므로 입원 치료가 필요하다고 매도했던, 소련의 케케묵은 수법을 써먹고 있는지도 몰랐다.

결국 백악관 주치의인 해군소장 로니 잭슨 박사는 기자회견을 열어 트럼프의 진단 결과를 발표했고 특히 트럼프가 몬트리올인지평가라고 알려진, 치매진단검사에서 30점 만점에 30점을 기록했다는 사실을 강조했다. 기자회견장을 가득 메운 기자들은 망연자실했다. 잭슨 박사는 기자들을 상대로 다음과 같이 발표했다. "나는 자신 있게 말할 수 있다. 그리고 정신건강 분야의 전문가들도 내 의견에 동의하리라 본다. 대통령에게 정신적, 인지적 문제가 있다면 이 검사가 감지했을 것이다. 아주 민감한 검사이기 때문이다. 문제가 조금이라도 있다면 30점 만점에 30점을 받았을 리가 없다."

저항세력에 가담한 정치인, 유명인, 엘리트 계층은 트럼프를 대통령직에서 끌어내리려는 그들의 시도가 번번이 실패한 이유에 대해 한 번도 의문을 갖지 않았다. 트럼프 지지자들이 2008년 11월 버락 오바마가 당선된 후 똑같은 방법을 써서 정부를 전복하려 했다면 자기들은 어떤 반응을 보였을지 생각해보지 못했음은 더 말할 필요도 없다. 트럼프 지지자들이 오바마가 미국 출생이 아니라는 (트럼프도 공유하고 퍼뜨린) 그들의 망상을 바탕으로, 아니면 오바마에 대해 발설하지 않는 조건으로 제러마이어 라이트에게 돈을 주고 입막음을 했다는 주장을 토대로, 아니면 오바마를 대통령직에서 끌어내리기 위해 보수 진영에서 운동을 조직해 오바마의 사생활에 대한 소문들을 퍼뜨렸다면 지금 트럼프에 맞서는 저항세력은 어떤 반응을 보였을지 스스로 생각해본 적이 없다.

결국 리버럴 성향의 판사들도 저항세력이 건 소송을 기각하는 상황에 직면했고, 사람들은 그들 편을 들면서 트럼프를 제거하는 데 동참하지 않았으며, 그들의 주장은 모종의 조치가 필요할 만한 증거를 바탕으로 제기된 게 아님이 드러났다. 그럼에도 불구하고 그들이 저항을 계속한 까닭은 가랑비에 옷 젖는 줄 모르듯이 눈에 띄지 않게 자꾸 톡톡 치면 얇은 껍질이 언젠가는 깨지리라고 생각했기 때문이다. 실제로 트럼프를 방해하려는 시도는 번번이 무산됐지만 이러한 시도가 쌓이고 쌓여 트럼프라는 건조물에 눈에 띄지 않는 균열을 만들면 어느 시점에 가서는 가볍게 한 방 날리면 갑자기 무너져 내리게 될지도 모를 일이었다. 2018년 중간선거 후 민주당이 하원을 장악하게 되자 2019년에 하원에서 탄핵안을 가결한 게 그런 한 방을 노린 시도였을지 모른다. 설사 트럼프 때리기를 계속해 트럼프를 대통령직에서 끌어내리지 못한다고 해도 반트럼프 운동가들과 트럼프만은 절대불가 입장인 보수 세력들은 트럼프 때리기를 통해 화풀이를 하고 스트레스를 해소하는 한편 서로에게 또 대중을 향해 자신이 얼마나 미덕이 넘치는 인물인지 과시했다. 유명 인사, 언론인, 사설 기고가, 정치인들은 모두 서로 앞다퉈 트럼프에 대한 적개심을 누가 더 기발하고 뛰어나게 표현하는지 과시했다.

이보다 더 불길한 징조도 있었다. 오바마 정권에서 임명한 상당수의 인사들이—신임 트럼프 행정부에 깊이 잠복하고 있던 잔존세력 외에도—과거에 전 정권에서 퇴임한 고위직 인사들은 보이지 않은 특징을 보였다. 트럼프에 대한 저항을 조직화한 것이다. 2017년 2월 오바마 정권에서 법무장관을 지낸 로레타 린치는(2015~2016년 클린턴의 사설 이메일 서버 수사가 진행되는 동안 부적절한 행동을 했다는 의구심을 여전히 떨쳐버리지 못하고 있는 상태에서) 감정이 과잉인 표현을 써가면서 트럼프에 저항할 것을 다음과 같이 촉구하는 동영상을 공개했다.

우리의 권리가 묵살되고 짓밟히고 심지어 퇴행하는 광경을 목격하는 사람들에게는 걱정스러운 시기다. 지금 모두들 힘들겠지만 순탄했던 적은 없다는 사실을 명심했으면 한다. 이 나라를 이끌면서 우리 건국의 아버지들이 추구한 위대한 이상에 도달하기 위해서 우리는 늘 최선을 다해야 했다. 무슨 일을 해야 할지 파악하고 서로 힘을 합해 그러한 이상을 추구하고 변화를 일으켜온 사람들은 보통 사람들, 서로 힘을 합한 개인들이다. 그들은 행진을 했고 피도 흘렸다. 그리고 목숨을 잃은 이들도 있었다. 어려운 일이다. 바람직한 일치고 쉬운 일이 없다. 예전에도 우리는 해낸 적이 있다. 또 할 수 있다.

린치는 트럼프로부터 자유로워지려면 미국인들이 인권과 자유를 획득했을 때처럼 피를 흘려야 한다는 뜻이었을까?

린치의 전임자인 에릭 홀더 전 법무장관은 트럼프 행정부로 정권이 이양되는 동안과 트럼프가 취임한 후에도 내내 전시태세를 유지했다. 선거가 끝나고 침통에 빠진 홀더는 선거인단 제도를 폐지하자고 촉구했다. 그는 트럼프를 "주황색 인간"이라고 조롱하면서 트럼프가 신나치를 옹호한다고 주장했다. 곧 그는 캘리포니아주로 가서 트럼프 행정부의 행정명령을 무산시키는 작업에 착수했고, 전국을 돌면서 저항을 촉구하면서 자신의 전 상사인 오바마처럼 "칼싸움에 총을 가져가겠다."라고 허세를 부렸다. "우리는 부적절한 행동, 바람직하지 않은 행동, 불법적인 행동은 하지 말아야 한다. 그러나 그들이 싸우려 한다면, 싸우자. 한판 붙자면 붙자. 칼싸움을 하자면 까짓 거 하자." 2018년 봄, 그는 2020년 대선에 트럼프 대항마로 출마할까도 생각했다. 코리 부커 상원의원도 홀더처럼 2008년 오바마가 선거운동 때 했던 거친 발언을 답습했다. 브렛 캐버너 대법관 인준 청문회가 진행되는 동안 그는 "면전에 들이대고 약 올리자."는 오바마의 발언을 되풀이했다. "말을 마치기 전에 행동하자고 호소하고 싶다. 그냥 왔다가 가지 말라. 당장 의회로 가라. 의회 의원들 면전에 들이대고 공세를 취하라."

2018년 중간선거 전날, 전 법무장관 에릭 홀더는 더할 나위 없이 허세를 부렸다. "미셸 (오바마)이 늘 한 말이 있다. '그들이 비열하게 굴어도 우리는 품격을 잃지 말자.' 아니다. 그들이 비열하게 굴면 우리는 그들을 발로 차야 한다. 이게 새로운 민주당이다." 힐러리 클린턴도 서로에 대한 예의 같은 것은 집어치우자는 주장에 동조하면서 다음과 같이 덧붙였다. "당신이 추구하는 명분, 당신이 소중히 생각하는 것을 파괴하려는 정당을 상대로 예의를 갖출 수 없다. 다행히 하원이나 상원을 되찾는다면, 그때 가서 서로에 대한 예의를 다시 갖추도록 하자." 외국인을 고용해 러시아가 날조한 쓰레기 정보를 돈 주고 사들여 정적의 정치 선거운동을 망치려고 한 사람이 할 말은 아니었다.

홀더는 저항세력에 가담한 대부분의 사람들과 마찬가지로 겸허함이라고는 눈을 씻고 봐도 없었고 자기반성은 더더군다나 할 줄 몰랐다. 특히나 자기 상사인 버락 오바마가 했던 칼싸움 발언을 그대로 따라하면서도 부끄러운 줄 몰랐다. 사실 2008년 오바마가 한 그 발언도 영화 〈언터처블The Untouchables〉에 나온 대사를 약간 변형시켰을 뿐이다. ("그들이 싸움에 칼을 갖고 오면 우리는 총을 갖고 가자.") 홀더는 미국 역사상 처음으로 의회 모욕죄를 저지른 각료였다. 그는 AP통신 기자들에 대한 자료를 수집하라고 지시했다. 그리고 정부 소유의 호화로운 걸프스트림 제트기에 가족과 친구들을 태우고 경호원을 대동한 채 벨몬트 스테익스(Belmont Stakes) 경마를 보러 가는 천박한 짓도 했다.

2018년 가을 내내 폭력사건이 연달아 일어나면서 정치적 공방이 점점 격해졌다. 캘리포니아 베이커스필드에 있는 하원 다수당 지도자 케빈 매카시의 지역구 사무실 창문을 통해 누군가가 큰 돌덩어리를 투척했고, 수전 콜린스 상원의원 앞으로 신경마비 물질인 리신(ricin)으로 오염된 협박 편지가 배달되었으며, 트럼프를 지지한다는 정신 나간 세자르 사이욕이 트럼프를 비판하는 민주당 인사들에게 수제폭탄을 발송했지만 다행히 터지지는 않았다. 언론은 이러한 폭력사건을 트럼프가 도발적인 내용의 트윗을 날리기 때문에 사람들이 보이는 반응이라며 정당화하거나 묵살했다.

그러나 보수 진영은 앞서 버니 샌더스의 지지자 제임스 호지킨슨이 하원의원 스티브 스칼리즈에게 총을 쏴 중상을 입힌 사건을 비롯해 이러한 폭력사건들은 진보 진영이 끊임없이 증오 섞인 발언을 쏟아내기 때문에 일어난다고 주장했다. 진보 진영은 트럼프를 비판하는 이들의 사무실에 폭탄이 배달된 까닭은 트럼프가 선거유세에서 과도한 표현을 한 게 직접적인 원인이라고 되받아쳤다. 그러나 아슬아슬한 발언과 폭력적인 행동 사이에 어떤 관계가 있는지 정확히 규정하고 모든 정치인들에게 적용될 만한 보편적인 예절의 기준을 제시하는 이는 아무도 없었다.

한편 오바마 행정부에서 국가안보 차석보좌관을 지낸 벤 로즈와 부차석보좌관을 지낸 제이크 설리번(그들은 2016년 힐러리 클린턴의 선거운동본부에서 정책자문을 했다)은 새로이 트럼프에 맞서는 외교정책 행동 조직을 결성하고 보도자료를 통해 다음과 같이 말했다. "우리는 국가안보에 대한 이 행정부의 위험한 접근방식에 효과적이고 전략적이고 지속적으로 전국적인 대응을 조직화하는 데 매진하겠다. 우리의 역할은 외교정책과 국가안보에 대한 공적 담론을 형성하고 트럼프에게 책임을 묻고 적극적으로 대안을 제시하는 일이다."

설리번은 이 단체가 "미국이 세계에서 수행해야 할 지도력에 대한 진보적인 방향을 제시하고 트럼프 행정부의 무모한 외교정책에 맞서겠다."라고 밝혔다. 다시 말해서 로즈와 설리번은 일종의 영국식 그림자 정부를 구성하겠다는 뜻이었다. 헌법이 규정한 대통령 임기제가 아니라 내각제 하에서 활동한다는 뜻이 말이다. 그리고 그렇게 함으로써 트럼프 행정부가 임기를 완수하지 못할 경우에 대비해 자기들이 준비를 하고 있어야 한다는 뜻이었다.

2018년 4월 기존의 관행을 깨고 전 영부인 미셸 오바마가 트럼프를 맹렬히 비난했다. 그녀는 유치하게 자기 남편의 임기를 성숙한 부모에 비유하고 트럼프의 통치를 그 정반대로 묘사하면서 다음과 같이 말했다. "우리가 누리는 걸 당연시 생각하면 지금 우리가 목격하고 있는 그런 일이 일어난다. 버락이 대통령이었던 8년 동안 집에 '훌륭한 부모'가 있는 느낌이었다. 책임감 강한 부모, 몸에 좋은 채소를 먹으라고 하고, 제 시간에 잠자리에 들라고 하는 그런 부모 말이다. 그런데 이제는 정반대의 부모가 등장했다. 재미있을 거라고 생각했다. 하루 종일 사탕으로 때우고 늦게까지 깨어 있어도 되고 규정을 지키지 않으니 당장은 신이 난다." 트럼프의 격의 없는 통치 스타일을 넌지시 빗댄 발언이다.

2017년과 2018년 거의 내내 미셸 오바마는 ("나는 여러분의 영원한 영부인으로 이 자리에 설 겁니다."라면서) 전국을—그리고 세계를—돌아다녔다. 그녀는 미국인들에게 도널드 트럼프를 뽑다니 얼마나 어리석은 선택이었는지를 상기시켜주었다. ("힐러리 클린턴에게 투표하지 않은 여성은 자신의 발언권을 포기한 사람이다." "여성이 대통령이 된다는 생각이 불편하다니, 뭐랑 비교하면 불편하다는 건가?)

곧 답답해진 저항세력은 헤쳐모여서 보다 탄탄하게 조직화했고 종종 연방법을 무력화시켰다. 내가 기억하기로는 가장 해괴한 정치적 변신이 일어났다. 민주당 텃밭인 주들이 주의 권리를 강조하면서 연방법을 무산시키려는 세력이 되었다. 남북전쟁 이후로 리버럴은—총기 규제와 환경 규제에서부터 과거에 인종분리정책 철폐와 버스좌석 인종별 분리로 야기된 위기에 이르기까지—연방정부의 권한을 강화해야 한다는 입장이었다. 그런데 이제 그들이 연방 이민법의 적용을 받지 않겠다고 선언하고 나섰다. 캘리포니아는 주 전체를 불법 체류자 은신처로 지정했고 지역 차원이나 주 차원의 500여 개 관할지역들이 이에 동참했다. 캘리포니아는 연방정부의 법 일부가 자기 주에는 적용되지 않는다고 선언했다. 남북전쟁 전에 연방탈퇴 입장이었던 사우스캐롤라이나처럼 말이다. 캘리포니아 가치수호 법안에 따르면 이제 캘리포니아주의 모든 도시들은 주와 지역 교도소에 구류 중인 불법 체류자들을 연방 이민세관국 요원들이 추방할 관할권을 상실한 은신처로 지정되었다.

캘리포니아 주민들과 기업들은 신설된 법 하에서 불법 체류자를 억류하고 추방하는 데 협조하지 못하도록 되어 있다. 제리 브라운 캘리포니아 주지사는 트럼프의 신앙심을 비난하기 위해 하나님까지 들먹여가며 연방정부에 대한 반항을 정당화했다. "트럼프 대통령은 신을, 신의 노여움을 두려워하지 않는다고 생각한다. 신의 노여움을 안다면 훨씬 겸허해진다." 곧이어 브라운 지사는 해외를 돌아다니면 주 차원의 최고사령관인 양 행세하면서 해외 지도자들에게 캘리포니아를 거의 자율적인 국가로 대우하라고 촉구했다. 세속주의자들이 "신의 노여움"을 들먹이고 리버럴 성향의 주들이 1960년대에 앨라배마 주지사 조지 월리스(민주당 소속)가 연방정부의 인종분리정책 철폐를 수용하지 않겠다며 써먹은 수법을 따라하다니, 정말 트럼프 시대에는 세상이 거꾸로 뒤집힌 게 틀림없다.

선거가 끝난 후 실시한 여론조사에서 캘리포니아 주민 3분의 1이 캘리포니아의 연방탈퇴에 찬성한다고 답하거나 미국으로부터 "평화롭게" 탈퇴하는 데 찬성한다고 답했다. 그런 선언이 남북전쟁을 야기한 원인 가운데 하나라는 사실에 대해 대부분 무지했다. 연방정부가 대부분의 국립공원, 군사기지, 연방정부 시설들을 캘리포니아 주 내에 소유하고 있으며 이러한 연방소유 시설들은 캘리포니아주가 연방에서 탈퇴해도 연방정부 소유이며 캘리포니아주가 몰수할 수도 없다는 사실―그랬다가는 역풍을 맞을 위험이 있다―을 알지 못하는 듯했다.

트럼프가 2018년 주 소득세와 지방 소득세 공제액을 1만 달러로 제한하는 연방세법을 새롭게 제시하자 캘리포니아 주정부 관리들은 연방세법을 무력화시킬 방법을 모색하기 시작했다. 이를 위해 검토한 해결책 가운데 하나가 캘리포니아 소득세를 "자선단체 기부"로 재규정해서 손실되는 연방세 공제액을 회수하는 방안이었다. 캘리포니아 의회는 다른 주도 똑같은 해결책을 쓰면 개인이 정직하게 소득세를 신고한다는 전제를 바탕으로 한 연방세법 전체를 마비시킬 수 있다는 생각을 못 한 게 분명하다. 그런 해결책이 어떻게 보일지도 파악하지 못했다. 높은 세금을 지지하는 리버럴 진영은 이제 가장 부유한 주의 주민들이 연방정부에 낼 세금을 탈세하도록 돕기 위해 허점을 찾으려고 혈안이 되어 있었다.

이보다 더 해괴망측한 점은 캘리포니아가 이처럼 연방법을 어기려는 시도에는 법적인 일관성도 없다는 사실이었다. 오바마 행정부 때 애리조나주는 이민법을 집행하는 데 너무 적극적으로 나섰다는 이유로 연방정부로부터 소송을 당했고 연방정부가 승소했다. 그런데 이제는 주정부들이 트럼프 시대에 와서는 정반대 주장을 하고 있었다. 그들은 연방정부의 이민법 집행을 돕지 않을 권리가 있다고 주장했다. 유일한 공통분모는 트럼프였다. 트럼프가 무슨 일을 하든지 저항세력은 그 일에 반대했다. 그리고 그러한 반대에 힘을 실어주기 위해서 필요하다면 논리를 수정하고 일관성을 만들어냈다. 반 트럼프 진영의 그 누구도 그렇게 하면 선례를 남긴다는 사실을 생각하지도 상관하지도 않았다. 앞으로 누구든 수단과 방법을 가리지 않고 미국 선거 결과를 무효화하려면 2016년에 선례가 있다는 점만 지적하면 된다.

암살 비유를 유행시키고 저항세력이 행한 시도들은 대부분 진보주의자들, 패배를 인정하지 못하는 클린턴 선거운동 관계자들, 한때 주정부에 호의적이었던 연방정부가 강경한 진보주의에서 강경한 보수주의로 변했다고 걱정하는 주정부들의 농간이었다.

그러나 선거운동 기간 중에 그리고 트럼프가 대통령이 되고 난 다음에 트럼프에 맞서 싸운 이들이 모두 좌익은 아니었다.

공화당 기득권층, 네오콘(Neocon), 우익 신앙인 일부도 일찍부터 트럼프를 혐오했다. 그러나 2016년 봄 트럼프의 공화당 후보 지명이 확실해지자 각종 집단들이 보다 공식적으로 트럼프의 후보직과 곧이어 그의 대통령 당선을 무산시키려는 행동에 돌입했다. 많은 이들이 이들을 "트럼프만은 절대불가" 세력이라고 불렀는데, 아마 2016년 〈내셔널 리뷰〉 2월 특별호의 표제 "트럼프에 반대하는 보수주의자들"에서 파생된 이름이지 싶다. 이 별칭은 약간 오해의 소지가 있다. 많은 이들이 결국 공화당 후보지명자가 된 트럼프를 지지하게 되기 때문이다. 훨씬 적합한 명칭은 "(적어도 당장은) 반 트럼프"이었을지 모른다.

그럼에도 불구하고 정치적, 군사적 경험이 전혀 없는 굴러들어온 돌인 후보에 대해 현실적인 차원에서 반대했다는 사실은 처음에는 이해할 만 했다. 과거에 리버럴이었던 트럼프가 공화당 후보가 됐으니 이념적인 차원에서 반대했다는 사실도 개연성 있다. 사생활에서도 직업적으로도 파란만장한 과거를 지녔고 현재에는 종종 어처구니없는 언행을 일삼는 논란의 대상인 후보에 대해 도덕적인 차원에서 반대한다면 납득할 만하다.

그러나 트럼프 절대불가 보수주의자들 사이에 만연한 증오심은 문화적인 거부감으로 해석하기에는 딱히 석연치가 않았다. 트럼프를 가장 격렬하게 비판한 기득권층 보수주의자들은 바람직한 공화당 공직자들이 충족시켜야 할 어떤 전제조건이 있다고 생각하는 듯했다. 자격, 학위, 업적, 공직 경험, 화려한 이력서 등으로 규정되는 조건들 말이다. 행동거지는 분명히 업무수행능력을 가늠하는 핵심적인 척도라고 여겼다. 아니, 후자는 전자 없이는 불가능하다고 생각했다.

2016년 선거운동 기간에 걸쳐 서로 다른 이러저러한 시점에 트럼프 절대불가를 주장한 기득권층 보수주의자 명망가들 가운데는 다음과 같은 이들이 있었다. 저자 윌리엄 베넷, 전 중앙정보국 국장이자 국방장관 로버트 게이츠, 전 국가안보보좌관이자 국무장관 콜린 파월, 공화당 대통령들 아래서 네 개의 부서를 이끈 조지 슐츠, 존 헌츠먼 주니어, 팀 폴렌티, 아놀드 슈워제네거 등 전직 주지사와 상원의원들, 현직 상원의원 수전 콜린스, 제프 플레이크, 마이크 리, 존 매케인, 벤 새시는 특히 예비선거 기간 동안, 그리고 경우에 따라서는 대선 기간 동안, 그리고 트럼프가 대통령에 취임한 후 거의 줄곧, 반 트럼프 성향을 강하게 드러냈다.

훗날 저항세력이 선거인단 제도를 훼손하려는 시도를 하게 되지만 이보다 앞서 2016년 3월 공화당 대선후보를 뽑는 예비선거가 끝나갈 무렵, 워싱턴 DC에 있는 육군해군 클럽에는 트럼프 절대불가 입장인 이들이 모였다. 그들은 공화당 전당대회에서 트럼프를 깔아뭉갤 방법을 모색했다. 테드 크루즈와 존 케이식을 묶어서 후보로 내세울 수 있을까? 전당대회 규정에 이의를 제기할 수 있을까? "양심에 따른 표결 조항"을 신설해서 트럼프를 지지하겠다고 선언한 대의원들을 솎아낼까? 충성당원들은 도널드 트럼프 같은 화재가 발생해 공화당을 휩싸고 전소시킬 경우에 대비해 틀림없이 방화벽을 마련해놓았겠지?

한동안 보수 진영에서 "대의원을 해방시키자"는 운동을 하자 리버럴 성향의 언론은 이를 환영했다. 보통은 공화당 내부에서 피 튀기게 싸우면 이를 지켜보며 즐기던 언론이 말이다. 이 모든 노력이 실패하자 공화당의 트럼프 절대불가 세력은 2012년 공화당 기수였던 미트 롬니 주위로 몰려들었다. (롬니는 자기가 대통령에 출마했을 때 트럼프의 지지를 호소해서 얻어내는 데 성공했고, 곧 트럼프 대통령의 국무장관 후보로 면담을 하게 된다.)

롬니는 트럼프의 주장이 "인종차별주의적이고, 여성혐오적이고, 편협하고, 외국인혐오적이고, 저속하며, 가장 최근에 들어서는 협박과 폭력을 일삼는다."라고 맹렬히 공격하다가 트럼프의 죄를 열거할 어휘가 동났다. 롬니는 다음과 같이 덧붙였다. "내가 아는 바는 이렇다. 도널드 트럼프는 가짜고 사기꾼이다. 그는 트럼프 대학교 졸업장 못지않게 무용지물인 공약을 한다. 그는 미국 대중을 속이고 있다. 자기는 백악관까지 무임승차하고 우리는 겨우 형편없는 빨간 모자나 달랑 얻는다고?"

트럼프는 롬니의 2012년 대선 패배에 대해 롬니보다 훨씬 격식을 차려서 발언했다. "내 이 말은 해야겠다. 그 선거는 이겼어야 하는 선거다. 어떻게 된 일인지 모르겠다. 그는 사라졌다. 존재감이 없었다. 속상했다. 솔직히 말해서 나는 버락 오바마가 마음에 들지 않았기 때문에 미트 롬니를 지지했다. 나는 미트 롬니를 지지했단 말이다. 그가 얼마나 의리 있는 인간인지 이제 알겠지." 그러나 2018년 여름 유타에서 상원 출마를 저울질하던 롬니는 경제와 외교정책에서 트럼프가 성공적인 업적을 달성했다고 시인하고 있었다.

상하 양원 공화당 의원들은, 특히 하원의장 폴 라이언과 상원 다수당 지도자 미치 매커널은 곤경에 빠졌다. 두 사람과 당 지도부 인사들은 대부분 공화당 후보를 뽑는 예비선거에서 트럼프를 지지하지 않았었다. 선택할 수만 있다면 2016년 대선 본선에서도 트럼프를 지지하고 싶지 않았다. 그러나 공화당 후보지명자에 대해 반대하는 입장을 취하면 당의 통합을 깨고 민주당에게 상하 양원을 모두 빼앗길지 몰랐다.

또 다른 한편으로는 어디로 튈지 모르는 트럼프를 받아들였다가는 트럼프가 열차 대참사처럼 처참하게 몰락할 때 의회 지도부까지 같이 엮여서 몰락하게 될지도 몰랐다. 민주당이 압승해 공화당원이 한 세대 동안 공직에 얼씬도 못하게 되고 의회 다수당 지위를 박탈당하고 대법원을 한 세대동안 진보주의자들에게 내주게 되면 공화당 지도부는 책임과 비난을 면치 못하게 될지 몰랐다. 결국 공화당 평당원 대다수와 지도자들은 하원의장 폴 라이언의 마뜩치 않지만 실용적인 입장을 채택했다. 힐러리 클린턴이 최악이고 트럼프가 차악이라는 점을 강조하면서 트럼프가 이따금 뱉어내는 정치적 정도(PC)에서 벗어난 발언이나 그가 과거에 휩싸였던 추문이 다시 표면화될 경우에는 가끔 거리를 유지하기로 했다. 나중에 상원 다수당 지도자 매커널은 상원의 판사 인준 규정들에 통달해서 트럼프가 지명한 수많은 연방판사들을 인준 통과시켰다.

트럼프가 공화당 후보에 지명된 후 트럼프 절대불가 입장인 이들의 수가 줄어드는 동시에, 여전히 그 입장을 고수하는 이들은 더욱 적극적으로 반대 의사를 표명했고 더욱 절박한 처지에 놓이면서 한층 절박한 시도를 감행했다. "우리의 원칙 PAC"과 "트럼프 절대불가 PAC" 같은 정치행동위원회 조직들이 결성되어 보수 성향의 제2의 대통령 후보 대안을 물색하겠다고 나섰다. 공화당 공직자는 하나같이 이 제안을 고사했다. 아들 부시 행정부에서 국가안보보좌관을 역임한 콘돌리자 라이스와 퇴역장군 스탠리 매크리스털 같은 인사들도 거절했다. 자기가 대통령을 지명한다고 자부하는 〈위클리 스탠더드〉의 윌리엄 크리스톨은 마침내 더 이상 물색할 후보가 동났다. 그는 〈내셔널 리뷰〉에 글을 쓰는 데이비드 프렌치를 후보로 내세울까 하다가 결국 무명의 에반 맥멀린으로 낙착을 보았다.

맥멀린을 선택한 사실을 보면 트럼프의 대안을 찾는다는 운동 세력이 얼마나 순진하고 트럼프를 얼마나 혐오하고 있는지 여실히 보여준다. 트럼프는 이미 포퓰리스트 경합 주를 겨냥해 1988년 이후로 그 어떤 공화당 후보도 해내지 못한 경합 주 지지를 확보하고 있었는데, 트럼프 절대불가 세력은 트럼프에 대한 대항마로 카리스마가 전혀 없는 전직 중앙정보국 요원이자 인지도가 전무한 골드만삭스 은행가이자 거드름 피우고 잘난 척하는 경향이 있는 인물을 선정했다. (2018년 중엽 무렵, 맥멀린은 여전히 그가 67만 달러에 달하는 빚을 갚지 않았다고 주장하는 선거운동 채권자들에게 시달리고 있었다.)

유타주 출신에 모르몬교도인 맥멀린은 적어도 자기 고향인 유타주만은 이길지도 모른다는 논리였다. 그가 유타주에서 이기면 거의 막상막하인 일반유권자 투표—그리고 교착상태에 빠진 선거인단 투표—의 결정이 하원으로 넘어오게 된다. 일단 선거 절차가 거기까지 도달하면 분별력 있는 공화당 인사들이 나서서 (예비선거에서 트럼프에게 패한) 테드 크루즈, 존 케이식 또는 마코 루비오 등 공화당 기득권층이 바람직하다고 여기는 대통령 후보들을 선출함으로써 나라를 구하게 된다.

트럼프가 공화당을 결속시키기 시작하고 현실적인 대안들이 사라지면서, 2016년 선거운동 기간 동안 트럼프 절대불가 운동은 서서히 해체되기 시작했고 규모가 작은 다양한 파벌들로 쪼개졌다. 물론 일부는 선거에 참여하지 않았다.

일부는 제3당 후보로서 자유지상주의자(libertarian)이자 전 뉴멕시코 주지사 게리 존슨에게 투표하게 된다. 힐러리 클린턴을 지지하는 이도 간혹 있었다. 트럼프가 공화당 후보 지명을 받을 게 확실시되자마자 〈월스트리트저널〉에 사설을 쓰는 보수 성향의 브렛 스티븐스는 클린턴을 지지한다고 발표했다. "나는 절대로 도널드 트럼프에게는 투표하지 않는다. 클린턴 여사에게 투표하자니 정말 정말 힘들다. 힐러리 클린턴은 정말 끔찍하다고 생각하지만 미국이 버텨낼 수 있다고 본다. 도널드 트럼프를 미국이 버텨낼 수 있을지에 대해서는 그다지 자신이 없다."

처음에 트럼프 절대불가를 외친 소규모 집단 가운데 3분의 1 정도는 아마 울며 겨자 먹기로 도널드 트럼프를 지지했을지 모른다. 아니면 2016년 9월 펜끝이 날카로운 에세이스트 노먼 포더레츠가 한 말이 맞는지도 모른다. "비교적 젊은—이제 그다지 젊지도 않다—네오콘은 대부분 트럼프 절대불가 운동에 합류했다. 그러나 나는 반 트럼프 운동에 반대하는 입장이다. 나는 그를, 점잖게 말해서, 그리 높이 평가하지 않으나 힐러리 클린턴은 더 끔찍하다. 둘 중에 선택해야 한다면 트럼프가 차악이다." 훗날 2019년 4월, 포더레츠는 트럼프 절대불가 운동에 대해 다음과 같이 한층 더 불만을 토로하게 되었다.

시간이 지남에 따라 주변을 둘러보면서 트럼프에 대한 증오가 점점 쌓이는 모습을 보고 거슬리기 시작했다. 나는 그들과 곧 친구관계를 끊었다. 정말로 역겨웠다. 그 증오에는 공감이 갈 만한 어떤 목적도 없었다.

트럼프가 대통령이라는 직책에 부적격이라고 생각할 수는 있다. 이해한다. 하지만 전에 친구였던 그들은 트럼프를 성토할 때마다 반드시 그를 지지하는 국민도 공격했다. 그들은 트럼프 지지자들을 치욕스럽다거나, 기회주의자라거나, 비겁하다고 했다. 브렛 스티븐스, 빌 크리스톨을 비롯해 각계각층의 사람들이 바로 이런 태도를 보였다. 나는 그런 그들의 태도가 심히 불쾌했다. 너무나도 불쾌한 나머지 나는 반 트럼프 세력에 반대하는 입장을 취하게 되었다.

놀랍게도 온갖 시나리오를 짜내고 언론매체의 관심을 받은 트럼프 절대불가 운동은 선거 당일에 거의 아무런 영향도 미치지 못했다. 공화당 지지자들을 트럼프로부터 떼어내는 역량을 영향이라고 규정한다면 말이다. 트럼프는 2008년과 2012년에 매케인과 롬니가 각각 얻은 공화당 지지율 90퍼센트와 거의 같은 지지를 얻은 것으로 추정되었다. 힐러리가 민주당 진영에서 얻은 89퍼센트의 지지보다 약간 높다. 이러한 결과는 공화당 진영에서 지각변동으로 간주되었다. 점잖은 평론가들과 사설을 쓰는 언론인들은 자기 글을 읽는 독자들이나 더 넓게는 유권자들에게 선거와 관련해 거의 아무런 영향도 행사하지 못했다. 예컨대, 보수 성향의 라디오 토크쇼 진행자 글렌 벡은 2016년 5월 다음과 같이 말했었다. "나는 내 아이들이 이 사람을 보면서 '그래, 그가 우리 대통령이야.' 라고 하는 꼴을 보고 싶지 않다. 용납할 수 없다. 나는 지지하지 않는다. 절대로 받아들이지 않는다." 그러나 2017년 무렵 글렌 벡은 무너져가는 트럼프 절대불가 기득권층을 상징하게 되었고, 곧 라디오에서 트럼프 대통령의 정책을 대부분 옹호하게 된다.

극소수 몇 명은 트럼프 절대불가 입장을 절대로 번복하지 않고 고수했다. 전직 관리들과 현직 주지사와 상원의원들과는 달리 그들은 트럼프에 절대로 반대한다는 입장을 철회하지 않았고 트럼프 임기 첫 해 내내 반대의 목소리를 한층 높였다. 특히 트럼프가 대통령이라는 현실에 분개한 언론인들은 맥스 부트, 데이비드 브룩스, 모나 채런, 엘리엇 코언, 데이비드 프럼, 로버트 케이건, 제니퍼 루빈, 브렛 스티븐스, 조지 윌, 〈코멘터리〉, 〈내셔널 리뷰〉, 〈위클리 스탠더드〉의 선임 편집자들 대다수와 〈월스트리트저널〉의 칼럼니스트 몇 명이었다.

예컨대, 2018년 5월 보수 성향 평론가들의 우두머리 격인 조지 윌은 트럼프 같은 대통령과 일하는 이는 누구든지 본인의 품격을 깎아내리는 셈이라며 맹렬하게 공격했다. 윌은 나중에 2018년 11월 중간선거에서 민주당 후보에게 투표하라고 유권자들에게 조언하게 되는데, 특히 마이크 펜스 부통령에 대한 분노를 다음과 같이 집중적으로 쏟아냈다.

> 비굴하게 아첨하고 알랑거리는 재주를 타고난 말만 번드르르한 마이크 펜스가 미국에서 가장 역겨운 공인이 될 재능이 있음을 트럼프는 꿰뚫어보았다. 그리고 은인을 권좌에서 쫓아냄으로써 정상에 도달한 펜스에 대해 대중은 유용한 지식을 축적하고 있다. 그는 오늘날 아양 떠는 공화당의 목소리를 정확하게 대변하면서 올해의 선거에서 내세우는 메시지를 분명히 밝혔다. 공화당에 투표해서 비굴한 태도가 통치임을 인정하라.

트럼프가 대통령에 취임한 후 시끌벅적하기는 했으나 리버럴 성향의 정책을 추진하지도 않았고 무능하지도 않다는 게 증명되자 트럼프 절대불가 잔존세력은 트럼프에 대한 경멸을 표할 새로운 방법을 찾아냈다. 이른바 근심스러운 이들의 모임이라는 소수 인사들은 트럼프-러시아 공모 혐의를 수사하는 로버트 멀러 특검에 트럼프 행정부가 위협을 가하고 있다며 목소리를 한층 높였다.

그러나 대개의 경우 트럼프를 비판하는 공화당 인사들은 누가 더 성마르게 독설을 쏟아내는지 다투는 처량한 신세가 되었다. 역사학자 맥스 부트는 트럼프 임기 첫 해를 평가하면서 트럼프 절대불가 세력에게 트럼프 대통령은 후보 시절이나 대통령 업무 인수인계 시기보다 더 역겹다고 주장했다.

여러모로 국내에서 그가 끼친 해악은 더 끔찍하다. 그는 법치를 훼손하고 있다. 그는 공무집행을 방해하고 있다. 대통령인 그는 로이 무어(전직 판사이자 앨라배마에서 공화당 상원 후보 지명을 받는 데 실패한 인물) 같은 괴물들을 지지한다. 그는 인종관계를 악화시키고 있다. 그는 대통령으로서는 전례가 없을 정도로 가장 노골적으로 외국인혐오증, 인종차별주의, 전반적으로 편협한 태도를 조장하고 있다.

하버드 법학대학원 교수이자 조지 W. 부시 행정부에서 법무부 관리를 역임한 잭 골드스미스는 〈애틀랜틱〉에 기고한 글에서 트럼프 절대불가 세력이 보이는 경멸적인 태도에서 특히 "절대불가"를 강조했다.

지금까지 자신이 맡은 직책의 속성에 대해 저렇게 무지하고 저렇게 허세가 심하고, 저렇게 자기 파괴적이고, 법원, 언론, (본인이 속한 당의 의원들을 포함해) 의회, 그리고 자기 행정부 소속 고위관리들까지도 무자비하게 공격하는 저렇게 뻔뻔스러운 대통령은 없었다. 트럼프는 역대 대통령들이 지닌 최악의 결점들만 모아놓은 프랑켄슈타인의 괴물이다.

그러나 골드스미스는 프랑켄슈타인 박사가 트럼프라는 괴물을 탄생시키기 전에 탄생시킨 대통령들이 누구인지는 구체적으로 밝히지 않았다.

2018년 초 무렵, 트럼프 절대불가 운동은 버티기 전략에 돌입했다. 트럼프가 아직 실패할 가능성이 있다는 전제 하에, 아니면 2018년 중간선거에서 공화당이 상하 양원을 모두 잃게 되면 훨씬 점잖고 분별력 있는 보수 성향의 현인들이 개입해 반 트럼프 전선을 형성하고 당을 재건하게 될지 모른다고 생각했다. 말썽꾸러기 애송이가 엉망진창으로 만들어놓은 당을 복구해달라는 구조요청을 받아들일 이는 트럼프 절대불가 입장을 지닌 어른이라는 주장이 단골 메뉴로 등장했다. 플로리다주에서 두 차례 공화당 소속으로 하원의원에 당선되고 2018년 중간선거에서 낙선한 데이비드 졸리는 다음과 같이 말했다. "어느 시점에 가면 트럼프가 탄 열차는 대참사를 일으키게 된다. 그럼 참사 현장에서 누가 뒷수습을 할 건가? 그가 저리 되도록 부추긴 사람들은 아닐 것이라고 생각한다."

2017년 10월 말 중간선거 불출마를 결정한 상원의원 제프 플레이크(공화당–애리조나주)는 트럼프 절대불가라는 취지의 독설을 쏟아내면서 자신의 정치 생명을 마무리했는데, 그는 상원에서 한 연설에서 트럼프 대통령에 대한 공화당의 지지를 보수주의자의 도덕성을 판단하는 시험으로 간주하는 듯했다. "다음 세대가 우리에게 '왜 아무 조치도 취하지 않았어? 왜 맞서지 않았어?'라고 묻는다면 우리는 뭐라고 답할 텐가? …나는 오늘 분연히 떨쳐 일어서서 더이상은 안 된다고 말한다. 우리는 이 비정상적인 상태가 절대로 규범이 되지 않게 하는 데 매진해야 한다." 당시 현직이었던 플레이크는 자신이 2018년 중간선거에 출마하면 당내 경선에서조차 이기지 못할지 모른다는 현실은 지적하지 않았다.

독설이 나오지 말아야 할 행사에서도 독설은 종종 튀어나왔다. 2018년 8월 존 매케인 상원의원 장례식은 사실상 누가 트럼프를 더 증오하는지 겨루는 경연장으로 변질되었다. 물론 매케인과 트럼프 대통령은 절대로 가까운 사이가 아니었다. 2016년 대통령 선거기간 동안 트럼프는 매케인의 탁월한 군복무 경력을 거칠게 매도했다. 심지어 눅눅한 북베트남 감옥에서 전쟁포로로 5년 반

동안 끔찍한 고초를 겪은 데 대해서도 독설을 퍼부었다. 매케인은 그보다 앞서 트럼프 지지자들을 "미치광이"라고 무자비하게 비난했다. 훗날 매케인은 트럼프를 파멸시키려는 절박한 심정에서 대체로 트럼프에 대한 날조된 소문으로 드러난 퓨전 GPS 문서에 대해 연방수사당국이 관심을 보이도록 하는 데 기여했다. 매케인은 오바마케어를 폐지하고 다른 정책으로 대체하려는 트럼프의 노력을 무산시키기 위해서 트럼프의 오바마케어 폐지에 찬성한다는 과거 입장을 번복해 반대표를 던져 트럼프에 대한 앙갚음을 했다. 그가 반대표를 던지면서 51 대 49로 오바마케어 폐지 시도는 무산되었다.

장례식이 진행되는 동안, 매케인의 딸 메건 매케인은 노골적으로 트럼프에 대해 맹공을 퍼부어 장례식 참석자들로부터 우레와 같은 박수를 받았다. 공화당 입맛에 딱 맞는 선거유세 연설 같았다. "우리는 미국의 위대한 한 인물의 죽음을 애도하기 위해 이 자리에 모였다. 그는 진정한 영웅이었다. 그는 그가 기꺼이 한 희생의 근처에도 오지 못할 이들로부터 저급한 평가를 받을 대상이 아니다. 그가 고통 받고 나라를 위해 봉사하는 동안 특권을 누리며 안락한 삶을 산 이들이 기회주의적으로 이용할 인물이 아니다."

그러자 장례식 분위기는 선거유세장 분위기처럼 변했다. 그로부터 16년 전에 비행기 사고로 비극적인 죽음을 맞은 상원의원 폴 웰스턴(민주당-미네소타주)의 장례식에서 일어난 참사에 비유할 만했다. 미네소타에서 열린 웰스턴의 장례식은 공직자로서의 그의 삶을 기념하는 계기가 되었어야 한다. 그러나 추도사를 하는 연사들이 당파성을 보이면서 소란스럽고 모욕적인 언사가 오가는 정치 선거유세장처럼 변질되어 이를 지켜보던 전국의 시청자들이 등을 돌렸다.

버락 오바마 전 대통령도 TV로 중계된 이 장례식에서 자신이 발언할 기회를 이용해 트럼프를 언급하면서 메건처럼 에둘러 표현하지도 않았다. "우리나라 정치는 대체로 편협하고 치졸하고 비열하다. 폭언과 모욕과 거짓으로 날조한 논란과 억지스러운 분노가 난무한다." 마찬가지로 트럼프와 전혀 가깝지 않은 조지 W. 부시 전 대통령도, 오바마 행정부 동안에는 현직 대통령에 대한 비판을 하지 않겠다고 맹세했으면서도, 트럼프 대통령을 향해 한 방 날렸다. 그는 불법 이민에 대한 트럼프의 정책과 블라디미르 푸틴과의 정상회담을 매케인과 비교했다. "그(매케인)는 모든 생명에 내재된 존엄성을 존중했다. 생명의 존엄성은 국경에서 멈추지 않으며 독재자들도 지울 수 없다."

메건 매케인, 오바마, 부시는 사람들에게 더 크게 관용을 베풀자고 호소하면서도 장례식을 현직 대통령에 맞서는 발언을 할 기회로 삼아 정치적 점수를 따려는, 그들 스스로 만들어낸 모순을 전혀 인식하지 못했다. 엄숙해야 할 장례식 분위기가 깨지고 나면 그 다음부터는 부시의 과거를 들춰내도 정당화된다. 부시는 푸틴의 눈을 들여다보고 "솔직하고" "신뢰할 만한" 영혼을 보았다고 말해 존 매케인으로부터 조롱을 받은 적이 있다.

오바마는 2008년 대선 선거운동 당시 경쟁자인 매케인을 무자비하게 공격했다. 끊임없이 매케인이 너무 늙었다고 넌지시 비꼬면서 때로는 거의 치매라는 식으로 공격했다. 부시는 2000년에 공화당 후보를 뽑는 예비선거에서 매케인이 혼외자를 낳았다는 주장을 기계처럼 반복하는 등 지저분한 선거운동을 했다는 비난을 메케인으로부터 받았다. 다시 말해서, 오바마와 부시 둘 다 제 딴에는 존 매케인에게 너무 가혹하게 군 트럼프 대통령의 무례한 행동을 거론하면서 서로 보다 예의를 갖추자고 했다가 다른 사람들로 하여금 두 사람이 과거에 했던 행태를 들여다보게 만들었다. 고인이 된 존 매케인은 한 때 이 두 전직 대통령의 정적으로서 과거에 자신을 무자비하게 폄하한 두 대통령을 비판한 적이 있는 씁쓸한 패자였다.

결국 트럼프 절대불가 세력이 주변부로 밀려나게 된 이유는 그들이 공화당 유권자 대부분의 마음을 무겁게 짓누르는 문제들에 대해 해답을 제시하기는 커녕 그러한 문제들을 제기할 역량조차 갖추지 못했기 때문이다. 트럼프에게 투표하지 않으면 사실상 힐러리 클린턴에게 투표하는 셈이고, 그렇게 되면 오바마–클린턴 정권이 적어도 12년 동안 계속되고, 그렇게 되면 법복을 입고 사회운동을 하는 인물들로 대법원이 채워질 테고, 그러면 오바마의 진보주의적 정책이 지속되면서 나라가 근본적으로 바뀌는 게 아닌가?

트럼프 절대불가 세력은 지난 여섯 차례 대선에서 다섯 차례나 공화당이 일반유권자 투표에서 이기지 못한 까닭, 지난번 공화당 대통령이 거의 역대 최저의 지지율로 이임하게 된 이유, 그 대통령이 두 차례 임기 동안 국가부채를 두 배로 늘리고, 아동낙오방지법, 공통핵심과목, 자신이 가입한 보험에 추가비용을 지불하고 해당 보험과 연관된 약국망을 통해 처방약을 구매하도록 한 메디케어 처방약 혜택 등과 같은 진보주의적인 법안을 통과시킨 이유를 반성하지 않았다. 그런데도 트럼프 절대불가 입장인 이들 가운데 누구도 이에 저항해 당을 박차고 나가거나 그 다음에 등장한 대통령 후보들을 거부하지 않았다. 트럼프 절대불가 세력은 2020년에 중서부 경합 주에서 승리를 안겨줄 공약과 전략들, 과거에 매케인과 롬니 같은 온건파와 중도파가 추진하지 않은 공약과 전략들을 추진하지도 않았다.

저항세력과 마찬가지로 트럼프 절대불가 세력도 온갖 정치적 수단과 방법을 동원했지만 도널드 트럼프를 제거하지도 트럼프 정권의 정당성을 훼손하지도 못했다. 트럼프 절대불가 입장인 〈뉴욕타임스〉 칼럼니스트 데이비드 브룩스는 2017년 4월 트럼프 절대불가 운동 세력이 겪는 고뇌를 다음과 같이 집약했다. "트럼프 절대불가 입장인 우리는 대부분 트럼프의 추문과 무능이 쌓이면 그 여세를 몰아 우리에게 힘이 실리리라고 생각했다. 그러나 그렇게 되지 않았다. 트럼프에게 환멸을 느끼게 된 지지자를 거의 만나지 못했다. 반면 한때 트럼프에 대해 모호한 입장을 취했지만 이제는 트럼프 진영에 합류한 공화당원들은 심심찮게 만났다."

대체로 영향력이 있는 언론매체, 대학, 싱크탱크 같은 조직에 적을 둔 이들은 날마다 자기들끼리 트럼프를 성토하면서 서로의 입장을 재확인했다. 트럼프 절대불가인 이들은 자신들이 평생 지지해온 입장을 트럼프가 취하면 그 입장이 오염되었다며 집단적으로 이에 반대하는 입장으로 돌아서기도 했다. 공화당으로부터 버림받고, 트럼프의 후보 지명과 당선에 대해 예측이 빗나가고, 트럼프의 업적이 별 볼일 없다거나 리버럴한 정책을 추진하리라고 오판했으면서도, 더 많은 독설로 비판하면 자신들이 한 예측이 들어맞을 가능성이 높아진다고 확신한 그들은 2017년과 2018년 내내 자기들도 좌익 저항세력처럼 트럼프 정권의 정당성을 훼손하고 그의 대통령 직책을 무력화시키게 될지도 모른다는—그렇게 함으로써 나라를 구할 수 있다는—믿음을 버리지 않았다.

트럼프 절대불가 세력(Never Trumpers)은 그들이 좌익에게 이용당하는 "쓸모 있는 바보" 역할을 한다는 비판을 받자 분개했다. 좌익은 이들이 하는 일을 어느 정도는 환영했다. 이들이 당장은 공화당과 보수 진영의 명분을 훼손하는 역할을 한다고 여겼기 때문이다. 2019년 1월, 트럼프 절대불가 입장인 찰스 사익스와 빌 크리스톨은 반 트럼프 웹사이트 〈보루The Bulwark〉를 새로 만들었다고 발표했다. 온라인 잡지인 이 사이트는 크리스톨이 이끌었던, 지금은 파산한 〈위클리 스탠더드〉의 신보수주의를 되살리겠다고 했다. 사실상 이 프로젝트는 거의 전적으로 이베이 창립자인 억만장자 피에르 오미디어가 재정을 뒷받침하고 있었다. 오미디어는 각종 진보주의적 명분들에 자금을 지원하는 좌익 성향의 정치자금 기부자로 잘 알려져 있는데, 그는 사익스와 크리스톨에게 약 100만 달러를 기부하면서 트럼프 행정부가 추진하는 정책을 저지하거나 적어도 전 공화당 관계자들 사이에 분란을 야기하는 데 쓸모가 있다고 생각했던 게 틀림없다.

트럼프 절대불가 세력은 멀러의 특검도 부추겼다. 그들은 2018년 중간선거에 뒤이어 의회가 탄핵을 추진하게 되면, 입장이 오락가락하는 공화당 온건파를 설득해 민주당과 손을 잡게 하고 탄핵을 밀어붙일 수 있다고 생각했다. 트럼프 절대불가 입장인 인사들은 CNN, MSNBC, NPR 같은 리버럴 성향의 언론매체에 끊임없이 출연해 트럼프를 깎아내리려는 진보주의자들의 노력에 신빙성을 더해주고 마치 트럼프 절대불가 입장이 "보수주의적" 입장인 듯한 인상을 심어주었다. 그래도 그들의 노력은 결실을 맺지 못했다.

2018년 무렵 〈뉴욕타임스〉, 〈워싱턴포스트〉, 〈살론〉, 〈애틀랜틱〉 같은 대표적인 진보 성향의 신문과 잡지들은 트럼프 절대불가 입장인 보수주의자들을 몇 명 고용했다. 적어도 트럼프 임기 동안에라도 (본래 변절자가 더 열성적으로 자기가 배신한 대상을 공격하듯이) 그들이 타의 추종을 불허하는 독설을 계속 쏟아내리라고 기대했기 때문이다. 실제로 그들은 가장 기세등등하게 가장 목소리 높여서 트럼프를 비판하게 된다.

〈내셔널 리뷰〉에 기고하는 찰스 쿠크는 트럼프 절대불가 입장인 제니퍼 루빈이—한때 자기가 열렬히 지지했던 입장을 대부분 포함해서—트럼프가 무슨 입장을 취하든 무조건 그 반대 입장을 취하는 점을 다음과 같이 지적했다. "널리 알려진 바와는 달리 그는 사실 '보수주의적인 시각'에서 글을 쓰지 않는다. 우리의 담론에 기여하는 바가 전혀 없는, 집요하게 트럼프에 맞서 반론을 제기하는 또 하나의 목소리에 불과하다. 그렇게 함으로써 그녀는 보수주의에 정말로 큰 해악을 끼친다."

트럼프가 러시아와 공모해 선거 결과를 왜곡하고 힐러리 클린턴을 패배시키려 했다는 혐의를 수사한 로버트 멀러 특검에 대해 수천 건의 에세이와 탐사보도가 쏟아져 나왔다. 미로처럼 얽히고설킨 복잡한 소문, 음모, 아전인수식 증언들에 대해서는 긴말이 필요 없다. 2019년 4월 멀러가 수사를 끝내고 수사 결과 보고서를 제출했지만 트럼프가 러시아와 공모해 2016년 대선 결과를 뒤집어엎었다는 증거는 찾아내지 못했다. 그 증거를 찾아내는 게 멀러 특검이 애초에 맡은 임무였다.

멀러는 러시아와 트럼프가 공모한 증거를 못 찾을 경우에 대비해 기소 가능한 또 하나의 혐의인 "공무집행 방해"도 차선책으로 마련해두었지만 이를 뒷받침하는 증거도 찾지 못했다. 멀러 특검이 22개월에 걸쳐 3200만 달러를 들여 샅샅이 뒤졌지만 트럼프가 러시아와 공모한 혐의를 찾지 못했다는 언론 보도가 흘러나오기 시작하자, 반 트럼프 운동 진영은 멀러가 공무집행 방해 혐의를 증명하는 데 집중하든가, 격분한 트럼프가 멀러 특검의 러시아—트럼프 공모 혐의 수사를 방해하려 했다는 혐의를 증명하는 데 집중하기를 바랐지만, 이에 대해 특검 본인이 나중에 트럼프가 수사를 방해한 증거는 없다고 시인하게 된다. 멀러는 트럼프가 어떤 식으로든 특검 수사를 중지시키려 했다는 주장을 입증하지 못했다. 448쪽짜리 방대한 특검 결과 보고서의 제2권은 공모를 집중적으로 다루었는데 트럼프의 무절제한 언행을 다룬 온갖 신문과 잡지 기사들을 모조리 인용하고 있고 트럼프의 선거운동 관계자들을 포함해서 500차례 이상의 증인심문을 통해 수집한 증거가 대부분이었다. 이를 통해서 트럼프가 적어도 공모 수사를 방해할 생각은 했고, 저속하고 품위 없으며 자기보존을 위해서 헌법에 위배되는 온갖 방법을 모색했다고 주장하려는 의도라는 게 뻔히 보였다. 결국 이러한 "생각 범죄(thought crimes)" 가운데 어느 것도 멀러 팀이 형사기소를 권고할 만큼 구체적이지 않았다. 그러나 적어도 민주당이 장악한 하원이 이러한 자료들을 탄핵 사유인 "중범죄와 경범죄(high crimes and misdemeanors)"로 재규정하기에는 충분한 핑곗거리를 제공해주었다.

2019년 7월, 멀러는 민주당이 장악한 하원법사위원회와 하원정보위원회에 소환되어 증언했다. 그는 의회에 출석해 근래 본 적이 없는 가장 해괴한 증언을 했다. 멀러는 심신이 쇠약해 보였고, 자기가 한 수사에 대한 간단한 질문에도 답변을 하지 못했다. 그는 100여 차례가 넘게 "제출된 보고서와 무관하다고 생각하는 그 어떤 질문에도 답변하지 않겠다."라는 똑같은 답변만 반복했다. 정신이 혼미해 보인 멀러는 자신이 트럼프에 대해 공무집행 방해로 기소하라고 권고하지 못하는 까닭은 오로지 법무부 법률고문실의 의견—재직 중인 대통령은 기소될 수 없다는 의견—때문이라고 주장했다. 그러나 그는 이 증언에 앞서 법무부 법률고문실의 그런 의견은 특검의 기소 권고 여부 결정과 전혀 무관하다는 글을 직접 작성해 공개했었고 이는 그가 의회에서 한 증언과 완전히 상반되었다. 이처럼 모순된 발언을 하고 몇 시간 후 멀러는 다시 증언을 번복하면서 공무집행 방해로 기소하라고 권고할 이유를 찾지 못했다는 본래 입장으로 되돌아갔다.

멀러의 김빠지는 증언과 압도적으로 리버럴 성향의 인사들로 구성된 특검, 그리고 특검의 핵심 인물인 변호사 앤드루 와이스먼이 언론매체에 두드러지게 노출된 점 등을 종합적으로 고려해보면 멀러 본인은 특검에서 그저 얼굴마담에 불과했다는 주장이 설득력을 얻는다. 특검 내에서 한물 간 74세의 유일한 공화당원으로서 와이스먼을 비롯한 특검 관계자들에게 수사를 맡겨 "공모" 수사를 빌미로 "공무집행 방해" 혐의를 입증할 증거를 찾아내도록 하는 한편 트럼프 대통령에 대한 법적인 조치보다는 트럼프에 적대적인 언론에 기사거리를 제공해 정치적인 공격에 기름을 부을 계기를 마련해주는 역할 말이다.

김빠진 멀러 보고서와 멀러 본인의 맥 빠진 증언을 통해 선거 전에 일었던 탄핵 논란은 근거가 없음이 분명해졌다. 민주당은 더 이상 특검수사를 통해 법적인 근거로 대통령을 제거할 명분을 얻을 수 있다는 희망을 품지 못하게 되었다. 대신 민주당이 장악한 하원은 순전히 정치적 전술로서, 즉 트럼프의 논란을 불러일으키는 연설과 정책이 "중범죄와 경범죄"를 구성한다는 주장을 토대로 탄핵을 추진해야 하는 입장에 놓이게 되었다. 민주당이 하원을 장악하고, 강경 좌익인 "4인방"이 언론매체의 주목을 받고, 2020년 민주당 대선후보 경선이 급진 좌익 추세를 보이면서, 공교롭게도 탄핵할 법적인 근거가 사라진 시점에서 탄핵할 정치적 근거가 추진력을 받기 시작했다는 냉소적인 분석도 가능하다.

멀러의 특검 팀은 트럼프 선거운동 관계자 몇 명—전 국가안보보좌관 마이클 플린, 전 선거본부장 폴 매너포트, 릭 게이츠와 조지 파파도풀로스 같은 선거운동원 몇 명—을 기소하거나 기소하겠다고 협박해 그들로 하여금 거짓 증언, 사기, 돈세탁 등의 혐의를 시인하도록 했다. 그러나 애초에 멀러 특검 조사를 촉발시켰고 심문의 근본적인 취지인 러시아 공모와 관련해서는 아무도 기소되지 않았기 때문에 결국 멀러의 수사는 과거에 시도되었던 결함 많은—그리고 위험한—특검과 비슷한 결과를 낳았다. 특히 패트릭 피츠제럴드 특검이 딕 체니 전 부통령 보좌관 루이스 리비를 기소하려 했던 사건처럼 말이다(루이스 리비는 2018년 4월 트럼프 대통령이 사면했다). 특검은 찾아내려던 증거를 어디에서도 찾아내지 못하자 별건수사를 통해서 잘못을 찾아내려고 안간힘을 썼다.

과거를 지침으로 삼는다면, 특검의 수사가 본래의 취지—이 경우에는 트럼프-러시아 공모—에서 벗어나면 법적인 수사가 아니라 정치적 수사로 변질된다는 우려스러운 사실을 깨달아야 한다. 결국 특검은 자존심과 평판 때문에 어떤 식으로든 기소하려고 무리수를 두게 되며 특검이 표적으로 삼은 대상들이 현명하지 못한 방식으로 반격을 하면 옳다구나 하고 이를 언론에 흘려 광란을 일으키고 별건 수사할 계기로 삼는다.

끝 모를 수사는 저항세력과 트럼프 절대불가 운동이 추구하는 목적에 분명히 부합했다. 트럼프가 전격적으로 기소된다느니 그의 가족도 머지않아 곤경에 처할 거라느니 끊임없이 언론에 정보가 유출되면서 트럼프의 지지율이 계속 50퍼센트를 밑돌게 만드는 데 기여했다. 2017-2019년 기간 동안 거의 내내 기소된 마이클 플린이 트럼프의 혐의를 자백한다는 등, 에너지 컨설턴트이자 트럼프 선거운동본부에서 낮은 직급으로 자원봉사를 했던 카터 페이지가 기소되어 러시아와 공모했다는 사실을 실토한다는 등, 크리스토퍼 스틸 문건이 사실임을 입증하는 새로운 증거가 나온다는 등, 트럼프의 아들이나 사위가 기소 당한다는 등, 트럼프의 개인 변호사였던 마이클 코언이 곧 트럼프가 불법을 저질렀다는 사실을 확인해주는 전화 통화 녹음테이프를 공개한다는 등 온갖 보도가 날마다 쏟아졌다. 날마다 쏟아져 나오는 이러한 뜬소문은 하나도 확인되지 않았지만, 진실을 호도하고 트럼프 정권의 정당성을 훼손하는 보다 포괄적인 목적에는 부합했다.

그러나 이 모든 노력을 어처구니없는 짓으로 만드는 실존적 모순이 늘 도사리고 있었다. 멀러가 트럼프를 수사하는 동안 연방수사국 한 세대 전체와 오바마 법무부 관리들이 소리 소문 없이 해고당하거나 사임하거나 해당기관 감독관에 의해 다른 자리로 옮겼다. 대부분이 도널드 트럼프를 수사하는 과정에서 직업윤리를 위반했거나 부적절한 행동을 했거나 불법적인 행동을 했다고 알려졌다. 이들 대부분은 2016년 클린턴 선거운동본부가 자금을 지원해 날조한 트럼프에 대한 뒷조사 문건에 깊이 연루되었거나 힐러리 클린턴 본인의 수사에 연루되어 있었다.

한마디로 공식적인 러시아 공모 수사는 용두사미로 끝났고, 공직자들은 트럼프를 음해하려는 진짜 공모에 연루되어 자리를 잃었으며, 2019년 7월 무렵 마침내 진짜 수사가 시작되었다. 어떤 면에서 보면 멀러 수사는 제임스 코미 연방수사국 국장이 트럼프 대통령과 독대하면서 나눈 대화를 기록한 기밀 메모를 유출시키면서 촉발되었는데, 멀러 특검은 문제가 드러난 오바마 시대의 정보기관 관리들을 선제적으로 보호해주는 역할을 했다. 멀러 특검 팀이 건재한 한 그리고 끊임없이 의문을 유출시키는 한 오바마 행정부에서 공모와 공무집행방해를 저질렀을 가능성이 농후한 이들에 대한 수사에 착수할 가능성은 최소한 정치적으로는 없었다.

트럼프가 연방수사국 국장 제임스 코미를 해고한 결정과는 별도로, 힐러리 클린턴이나 트럼프에 대한 수사와 관련해 이메일, 문자 메시지, 그리고 언론매체에 등장했거나 클린턴이 교사해 실시된 트럼프에 대한 뒷조사에 연루된 이들, 그리고 트럼프와 직접적 연관이 없이 직책에서 물러난 이들은 강등되거나 사임하거나 은퇴한 이들이 무수히 많았다. 여기에는 제임스 베이커, 피터 카스딕, 마이클 코턴, 데이비드 라우프먼, 앤드루 매케이브, 브루스 오, 리사 페이지, 제임스 라이비키, 피터 스트로크, 샐리 예이츠 등 연방수사국과 법무부 관리들도 포함되었다.

트럼프가 러시아와 공모했다는 황당한 소문은 2016년 선거운동이 막바지에 다다랐을 때 클린턴 선거운동 관계자와 오바마 정부가 유출했을 가능성이 높다. 이러한 소문들은 영국인이자 전직 비밀첩보원인 크리스토퍼 스틸이 작성한 이른바 퓨전 GPS 문건에서 비롯되었다—물론 분명히 규명되지 않은 외국의 정보원들의 도움을 받긴 했지만 말이다. 민주당전국위원회와 클린턴 선거운동본부의 법률대리인인 워싱턴 주재 퍼킨스 코이 법률회사의 변호사 마크 E. 엘리어스가 퓨전 GPS를 방화벽으로 고용했다. 퓨전 GPS를 시켜 스틸을 고용하게 함으로써 스틸이 날조한 문건에 클린턴이 관여되었다는 지문이 남지 않도록 중간에 차단벽 역할을 한 것이다.

스틸이 작성했고 이제 날조된 것으로 드러난 도시에(dossier)는 당파성이 짙은 정치적 목적의 산물이고 러시아인들에게서 돈을 주고 매입한, 확인되지 않은 황당한 중상비방으로 가득하다. 놀랍게도 이 문건은 연방수사국과 오바마 법무부 관리들이 파이자(FISA) 법원으로부터 러시아와 공모했다는 혐의를 받는 미국 민간인들을 도청하기 위한 영장을 청구할 때 증거로 제출되었다. 연방수사국은 법원에 도청영장을 청구하면서 증거로 제출한 도시에가 클린턴 선거운동본부가 자금을 지원해 작성된 문건이라는 사실을 파이자(FISA) 법원 판사들에게 분명히 알리지 않았고 문건에 담긴 내용을 검증하지도 않았으며, 크리스토퍼 스틸이 한 증언의 신빙성에 대해 확신하지도 않았다. 사실 연방수사국은 스틸이 과거에 연방수사국 정보원으로 일할 때 연방수사국과 체결한 합의사항을 위반했다는 이유로 관계를 단절하기까지 했다. 그리고 스틸 문건이 사실임을 뒷받침하는 증거로 법원에 제출한 언론보도는 사실 연방수사국이 언론에 유출한 정보였다.

　더욱 해괴한 사실은, 언론매체가 파고든 지 2년 만인 2018년 5월, 연방수사국이 적어도 정보원 한 명을 2016년 트럼프 선거운동본부에 침투시켰다는 사실이 드러났다는 점이다. 케임브리지 대학교 교수인 스테판 할퍼라는 사람인데, 과거에 중앙정보국과 연방수사국 두 기관과 관련이 있는 이 사람은 러시아와의 공모 소문을 추적하라는 임무를 받았고 때로는 자신을 러시아 첩보원이라고 소개하며 거짓말도 한 것으로 보인다. 그가 한 일은 기껏해야 대부분이 날조된, 클린턴 선거운동본부가 자금을 대 작성한 스틸 도시에 담긴 소문을 부채질하는 역할에 그쳤던 것으로 보인다. 할퍼가 한 가장 나쁜 짓은 트럼프 선거운동본부 관계자를 함정에 빠뜨리고 창피를 주려고 했던 일이다. 2019년 말 무렵 2년 동안 계속된 멀러 특검 수사의 광란에서 자유로워진 연방 수사관들이 은밀히 공무집행방해 혐의, 연방수사국 정보원의 불법적인 이용, 미국 국민에 대한 부적절한 도청, 파이자(FISA) 법원의 규정 남용, 기밀정보의 유출, 도청당한 미국인들의 이름을 노출시키고 이를 불법적으로 유출한 행위 등에 대해 조사하고 있었다.

　힐러리 클린턴이 사설 이메일 서버를 이용해 국무부의 공적 업무를 처리하고, 러시아가 미국에 매장된 우라늄 상당량의 소유권을 확보하고, 불법적인 도청이 이뤄지고, 도청에 등장한 미국 시민의 이름은 비공개가 원칙인데 노출된 뒤 외부에 유출되는 등 온갖 추문들이 드러나는 와중에 추가로 두 가지 모순이 드러나면서 멀러 특검 수사 전체가 훼손되었다.

　첫째, 힐러리 클린턴이 선거에서 이기기만 했다면 이런 추문도 밝혀지지 않고 멀러 특검 조사도 없었으리라는 점이다. 불법적이거나 비윤리적인 행동에 연루된 이들은 하나같이 그렇게 생각했다. 클린턴 행정부가 들어섰다면 연방수사국도 법무부도 중앙정보부도 파이자(FISA) 법원으로부터 도청영장을 발부받아 트럼프 선거운동본부 관계자들을 도청한 자세한 내용과 연방수사국이 정보원을 트럼프 선거운동본부에 침투시켰다는 사실은 고사하고 클린턴이 정적을 뒷조사해 작성한 문건이 존재한다는 사실과, 누가 작성했는지도 밝혀지지 않았을 게 틀림없다.

오바마 국가안보팀, 연방수사국, 법무부에서 스틸 도시에(Steele dossier)를 취득하거나 유포하는 데 깊이 연루된 많은 이들은 신임 클린턴 행정부로부터 비공개로 칭찬을 받았을지 모른다. 현재 추문으로 드러난 사건들은 추문이 되지 않고 묻혔을지도 모른다.

둘째, 본인의 부적절한 행동이나 의도를 다른 사람에게 "투사"하는 방어기제로 자기가 한 짓이나 품은 의도를 변명하거나 적어도 합리화하는 행태도 일정 부분 역할을 했다. 러시아와의 공모는 분명히 있었다. 그러나 크리스토퍼 스틸, 퓨전 GPS, 그리고 힐러리 클린턴 선거운동본부가 2016년 선거 막바지에 트럼프 선거운동을 훼방 놓으려고 한 공모였다. 제임스 코미가 이끄는 연방수사국의 시의적절한 지원과 중앙정보국 국장 존 브레넌의 은밀한 지원을 받아가면서 말이다. 트럼프가 선거에서 이기기 전까지만 해도 오바마 대통령은 누군가가 미국 대선의 결과를 조작한다는 생각 자체가 어불성설이고 어처구니없다며 다음과 같이 코웃음을 쳤다(오바마는 간접적으로라도 스틸 도시에의 내용을 알고 있었을 가능성이 높다).

제정신인 사람치고 미국 선거를 조작할 수 있다고 주장하는 사람은 없다. 각 주별로 분산되어서 치러지기 때문이다. 과거에 그런 일이 있었다는 증거도 없고 이번에 그런 일이 발생했을지 모른다는 사례들도 없다. 내 평생, 아니 현대 정치 역사상, 투표하기도 전에 대통령 후보가 선거 결과와 선거 절차를 문제 삼은 걸 본 적이 없다. 전례가 없다. 전혀 사실 무근이다. 소속정당을 불문하고 이러한 문제들을 진지하게 살펴본 전문가는 하나같이 투표 사기 주장은 근거가 없다고 말해줄 것이다.

물론 오바마는 아무도 선거에 개입하지 않았다고 장담할 그럴듯한 이유가 있었다. 첫째, 오바마는 2014년 이후로 미국 선거에 러시아가 개입했다는 주장이 사실인지 여부를 밝히는 데 손가락 하나 까딱하지 않았다. 둘째, 그가 추진한 러시아와의 관계 재설정 정책은 블라디미르 푸틴을 상대로 유화정책을 편 후 처참하게 실패했다. 러시아를 중동으로 다시 끌어들이고, 동유럽에서 미사일 방어 프로그램을 철폐하고, 러시아가 미국과의 미사일 협정을 위반해도 눈감아주고, 러시아가 크리미아반도와 우크라이나 동부를 침공해도 대체로 입을 다물었다. 셋째, 오바마는 클린턴이 대선에서 압도적으로 승리하리라고 너무나도 확신한 나머지 불만투성이고 성질 더럽고 성가신 트럼프는 선거에서 패배한 후 유배생활을 하게 되리라고 예상했다(그렇게 믿을 만한 이유가 전혀 없지는 않았다). 오바마는 선거가 끝나면 깨끗이 승복하지 않고 뒤끝을 보일 트럼프 같은 사람의 말에 귀를 기울이지 말라고 미리 경고했다. 러시아 공모 혐의가 제기된 이유는 힐러리 클린턴이 중개인들을 통해서 영국인 전직 첩보원을 고용해 도널드 트럼프에 대한 뒷조사를 하고 이를 이용해 후보로서의 트럼프의 위상을 깎아내리려는 일종의 보험이었다. 클린턴이 패배하자 이 날조된 문건은 그녀의 무기력한 선거운동이 실패한 핑계거리로 쓰였다. 결국 이 문건은 도널드 트럼프 행정부로 정권이 이양되는 동안 그리고 취임 후에 저항세력을 조직화하는 최후의 수단이 되었다.

다시 말해서 로버트 멀러 특검이 러시아와 공모 혐의로 트럼프를 표적으로 삼으면서 트럼프에게 정신이 팔리는 바람에 의도적이든 일부러 그랬든 퓨전 GPS−러시아 관계를 간과했다. 그리고 클린턴에게 우호적이고 편파적인 특검 구성원들이 언론에 정보를 유출시켜 트럼프가 곧 법적인 처벌에 직면하게 된다는 잘못된 확신을 심어주면서 2년 동안 언론보도를 장악하도록 내버려두었다. 멀러의 수사는 하루하루 거듭할수록 러시아가 2016년 선거에 개입했을 가능성이 높은 것으로 드러났다. 클린턴이 고용한 퓨전 GPS에 각종 역정보를 주입하고 언론에도 낭설을 퍼뜨려 공화당 후보에게 피해를 입히거나 적어도 2016년 선거 와중에 혼란을 야기함으로써 말이다.

거의 모두가 예상한 대로 클린턴이 선거에서 이겼다면 클린턴의 패배한 정적 도널드 트럼프에 대한 중상비방이 담긴 스틸이 날조한 문건을 클린턴이 사들였다는 사실을 대중에게 공개하는 데 이해관계가 걸려 있을 이는 오로지 러시아 정보요원들밖에 없는 상황이 되었으리라고 생각하면 더할 나위 없이 섬뜩하다. 러시아 정보요원들만이 적절한 시기에 자기들이 연루된 이 사건을 지렛대 삼아 클린턴으로부터 원하는 바를 얻어내려 했을 가능성이 높다. 러시아 요원들은 크리스토퍼 스틸과 그 관계자들에게 트럼프에 대해 날조한 정보를 전달함으로써 클린턴을 미국 대통령으로 당선시키는 데 일조를 했으니 이제 클린턴에게 그 대가를 지불하라고 요구했을지도 모른다. 스틸이 돈을 받고 연방수사국 정보원으로 일했었다는 사실을 기억하라.

트럼프가 임기 첫 2년 동안 정책적으로 성공했음은 부인할 수 없는 사실이지만, 2018년 여름까지도 그의 지지율은 50퍼센트를 넘는 경우가 드물었다. 이처럼 비교적 지지율이 부진했던 이유는 저항세력, 트럼프 절대불가 운동 세력, 멀러 수사, 언론매체 등 그에게 맞서는 세력이 막강하기 때문이다. 그러나 트럼프에 맞서는 세력이 트럼프 행정부 외부에만 있는 것은 아니었다.

처음에 트럼프가 그의 적들이 보이는 무절제한 증오, 그의 국정수행을 방해하려는 딥스테이트의 시도 실패, 미국 경제의 극적인 회복 등을 자신에게 유리하게 이용하지 못한 이유는 그의 발끈하는 태도 때문이었다. 좀 더 너그럽게 해석한다면, 러시아와 공모했다는 혐의를 받은 자신이 오히려 러시아 공모의 피해자였다는 사실 때문에 쓸데없이 에너지를 소모했으니 분노할 만도 하다.

11

트럼프는
비극적인 영웅인가?

오로지 홀로 존재하는 섬 같은 인간은 없다. 인간은 누구든 대륙의 한 조각이고, 전체의 일부분이다. 따라서 누구를 위해 조종(弔鐘)이 울리는지 알려고 듣지 말라. 그 조종은 바로 그대를 위해 울리나니.
— 〈뜻밖의 일을 겪을 때 드리는 기도Devotions on Emergent Occasions〉, 존 던

도널드 트럼프가 영웅일지도 모른다는 생각 자체에 대해 절반의 미국인이 소름끼친다고 할지 모르겠다. 그럼에도 불구하고 트럼프의 과도하다 싶은 행동거지와 그가 이룬 업적 사이의 모순을 해결할 수 있는 한 가지 방법은 통상적으로 대통령답지 않다고 간주되는 그의 행동이 외교정책과 국내 정책에서 오래전에 일어났어야 할 변화를 일으키는 데 긴요한 역할을 했을지 모른다는 해석이다.

호메로스의 『일리아드』와 소포클레스의 희곡(예컨대, 『아이아스Ajax』, 『안티고네Antigone』, 『오이디푸스 왕Oedipus Rex』, 『필록테테스Philoctetes』)에서부터 현대 서부영화에 이르기까지 비극적 영웅은 본질적으로 고결한 성품은 아니다. 호감을 주는 성품도 아니다. 그들은 주변 사람들에게 위험한 인물은 아닐지 몰라도 성가시고 치졸하게 군다. 감정의 기복이 심하고 변덕스러운 이런 인물들은 끝이 좋은 법이 거의 없고 때로는 그 주변 사람들도 끝이 좋지 않다. 오이디푸스는 무례하고 자기도취적이었다. 영화 〈옴브레Hombre〉에서 존 러셀(폴 뉴먼)은 오만하고 거부감을 주는 인물이다. 무능하고 오만하고 동료를 잃은 방랑하는 무리들을 구해주기는 하지만 말이다.

비극적 영웅은 보통 정서가 불안한 외톨이다. 그들은 사람들과 거리를 두고 홀로 있기를 좋아한다. 사회가 그들을 불편해한다는 사실을 알고 이해하기 때문이다. 소포클레스의 『아이아스』에서 아이아스는 독백에서, 조작된 체제와 부인할 수 없는 자신의 업적을 알아주지 않는 상황에 대해 탄식하는데, 이 독백은 속속들이 트럼프의 처지와 비슷하다. 트럼프가 부인과 떨어져서 밤늦게 홀로 우두커니 앉아서 깊은 시름에 잠긴 채 패스트푸드를 먹으며 〈폭스뉴스〉를 시청한다는 선정적인 소문과 비슷하다.

호메로스의 『일리아드』에 등장하는 비극적인 영웅 아킬레우스는 테살리아에서 튀는 인물이다. 그는 자기도취적이고 그리스의 딥스테이트 지도자들, 평범한 메넬레오스와 과대평가된 출세지향적인 아가멤논 왕이 자신의 헌신에 합당한 보상을 해주지 않는다고 심통을 낸다. 2018년 늦은 4월 미시간에서 트럼프는 지지자들에게 "가짜뉴스"를 유포하는 기득권 세력이 자신이 미-북 관계에 물꼬를 텄다는 점을 인정해주지 않는다고 다음과 같이 불만을 토로했다. "그게 트럼프 대통령과 무슨 관계가 있냐고? 다 내 덕인데?"

아킬레우스는 모든 비극적 영웅과 마찬가지로 부족적인 정서를 지녔다. 그가 가장 충성을 다하는 대상은 보다 넓은 그리스가 아니라 그의 친족과 친구들이다. 비극적 영웅은 그가 살아가는 시대와의 불화가 심하다. 승승장구해 인생의 절정에 달했을 때조차도 그렇다. 그들은 문명화되지 않았다는 평가를 받기 때문이다. 그들은 도시국가보다는 자기 패거리나 자기 부족에 대한 걱정이 앞선다. 시민으로서의 의무가 아니라 개인 관계에서의 의리가 그들이 준수하는 원칙이다. 그들은 당대의 미묘한 가치관들로 가득한 세계에서 자신들이 한참 뒤처져 있다는 사실을 뼈저리게 인식하고 있다. 고대 그리스 도시국가는 오디세우스 같은 사람이 세우지 거친 아킬레우스 같은 부족장이 세우지 않는다. 영화 〈황야의 7인The Magnificent Seven〉에 등장하는 총잡이들은 학교이사회 이사나 시장 감은 아니다. 아이아스의 강점은 대화가 아니라 행동과 분란 일으키기이고, 세상이 대립적일수록 바람직하다고 생각하므로 오늘날 국무부 관리로는 적합하지 않다.

의리와 단짝인 명예는 비극적인 영웅에게 무엇보다도 중요하다. 그들은 정정당당하지 못한 방법으로 얻은 것에 대해 분노한다. 트럼프가 날리는 수많은 트윗에는 자신이 당하는 모욕에 대한 불만과 자신이 이룬 업적에 합당한 존중을 받고 싶다는 욕망이 깔려 있다. 아킬레우스가 자신에게 전리품이 주어지지 않는다고 불평하거나 아이아스가 자기보다 못한 오디세우스가 아킬레우스의 갑옷을 차지하자 분개하는 대목을 보면 마치 그 대목에서 트럼프가 튀어나오는 듯하다. "가짜뉴스"와 조작된 "여론조사"가 자기가 이룬 경제적, 외교적 업적을 인정해주지 않는다고 씁쓸해하는 트럼프의 모습이 연상된다.

샘 페킨파 감독의 영화 〈와일드 번치The Wild Bunch〉에서 무법자 두목 파이크 비숍(윌리엄 홀든)은 자기 행동에 대해 구차하게 변명하지 않는 살인자다. 그러나 막판에 자신을 희생해 참혹한 죽음을 맞으면서 (한동안 비숍이 기꺼이 거래를 한 대상들인) 사악한 아파치 장군과 부패한 그의 혁명군 일당을 몰살시키게 된다. 1956년 존 포드 감독의 고전영화 〈수색자The Searchers〉에서 이슨 에드워즈(존 웨인)는 인디언에게 납치당한 조카를 홀로 추적한다. 그러나 에드워즈가 목적을 달성하기 위해 쓰는 수단과 남북전쟁 당시 남부동맹에 참전했을 때 한 미심쩍은 행적 때문에 의구심을 불러일으키고, 일시적으로 쓸모가 있었으나 소용이 다하자 문명화되고 있던 변경지역에 어울리지 않는 존재가 된다. 인종차별적인 반항아 에드워즈가 오래전에 납치당해 이제 성인이 된 조카를 찾아내면 인디언 대장의 아내가 된 그녀에게 무슨 짓을 할지 관객은 확신이 서지 않는다. 죽일까? 아니면 불구로 만들까? 우리는 이러한 인물들을 보면서 훨씬 예측 가능하고 믿을 만한 로버트 돌, 폴 라이언, 미트 롬니 같은 인물들을 떠올리지는 않는다.

비극적 영웅이—아리스토텔레스가 상기시켜주듯이 항상 행운에서 비운으로—운명의 반전을 맞게 되는 이유는 그 자신에게 내재된 "하마르티아(harmartia)" 즉 치명적 결함 때문이다. 그럼에도 불구하고 적어도 어떤 경우에는 이러한 문명화되지 않은 성격적 결함이 공동체에 기여하게 된다. 영웅은 보통 비극적 운명을 맞는 대가를 치르게 되긴 하지만 말이다. 비극적 영웅은 여러 가지 유용한 기술들을 습득하는 과정에서 불법행위도 저지르고 폭력에 익숙해졌던 과거를 지울 수가 없기 때문에 문명 세계는 그를 문명 세계의 일원으로 받아들일 수 없다.

위험에 처한 기득권 세력은 기득권 정서에 반하는 방법을 통해 구원받아야 하는 지경까지 추락한 처지에 대해 당혹스러워하는 듯하다. 더군다나 그런 방법은 기득권 세력 자신의 야만스러웠던 과거, 이제는 기꺼이 잊은 과거를 상기시켜주고 더더군다나 지금 자기들이 창조한 세상에서 스스로 헤쳐 나갈 능력이 없음을 상기시켜준다는 데서 당혹스러워한다. "트럼프가 일은 잘하는데 트윗 좀 덜했으면 좋겠어."라는 말을 얼마나 귀가 따갑게 듣고 있나?

트럼프는—맨해튼 부동산 업계, 세계에 자기 브랜드를 판매하는 사업, 리얼리티 TV, 투자협상 등을 통해 갈고닦은—교활하고 변덕스러운 성정 때문에 점잖고 격조 있는 워싱턴 사교계의 기피인물로 낙인이 찍혔을지 모른다. 그러나 이러한 재능은 세계의 변경지역에서 말썽을 일으키는 이란 신정체제나 북한의 김정은 같은 무법자들을 상대하는 동안 요긴하게 쓰일지 모른다. 그리고 이러한 무법자들은 널려 있고 그들은 무시무시하다. 물론 트럼프는—영화나 아테네 연극무대가 아니라—현실 세계에 살고 있고 트럼프처럼 호불호가 극명히 갈리는 굴러온 돌 같은 인물에게 가해지는 압박을 대부분의 미국인들은 상상하기 힘들다.

아주 드물게 이따금 조지 S. 패튼 같은 장군이 나타나 생사가 걸린 전쟁에서 나라를 구하는 데 동원된다. (그는 이렇게 말한 적이 있다. "사관학교 졸업생들로 구성된 군대가 있으면 전투에서 이긴다. 텍사스 A&M 사관생도[33] 몇 명만 있으면 전쟁에서 이긴다.") 그러나 전쟁이 끝나고 독일 바이에른 지역에 군사총독으로 부임한 그는 전쟁 때 쓸모 있었던 그 사나운 성정을 버리지 못해 곧 강제로 사임하게 되었다. 미국 군인들이 티거와 판터 전차들로 중무장한 SS대대와 마주하고 있는 상황이 아니니 패튼 장군은 이제 쓸모가 없었다. 전쟁이 끝난 후 평화가 찾아오자 신중한—그리고 군사적인 재능은 패튼 장군보다 훨씬 뒤처지는—오마 브래들리 장군이 점점 호감을 얻게 되었다. 그는 패튼 장군이 전투에서 이룬 업적은 절대로 이루지 못했을 인물이지만 말이다.

일본에 대해 B-29기로 저고도에서 폭격을 가하는 도쿄 대공습 작전을 설계한 커티스 르메이 장군도 다른 사람들이 할 수 없는—그리고 하지 않으려는—일을 했다. "전쟁에서 졌다면 나는 전범으로 재판을 받았을지 모른다. 군인이라면 누구든 자기가 하는 행동의 도덕적 측면에 대해 생각한다. 그러나 세상에 도덕적인 전쟁은 없다. 그 사실이 신경에 거슬리면 훌륭한 군인이 아니다."

이같이 논란의 대상인 인물들의 정신 상태와 행동이 훗날 공개되면 그들은 대중으로부터 더 멀어지고 동료들로부터 풍자의 대상이 되기까지 할 가능성이 높다—그러나 그들의 혜택을 받은 이들에게 그들이 더 이상 필요하지 않은 시점에 가서야 그런 취급을 받게 된다. 전시에 일본의 산업생산 시설이 집결된 지역의 75퍼센트를 네이팜탄으로 초토화시킬 의향이 있는 이라면 성정이 거칠고 궐련을 잘근잘근 씹는 커티스 르베이 같은 인물과 그가 동원한 굉음을 내는 B-29기를 물색한다.

훗날 평화가 찾아오고 안락하고 안전해진 미국인들은 자신들이 한때 그런 거북한 인물에게 의존해야 할 정도로 절박했었다는 사실에 경악한다. 스탠리 큐브릭 감독의 1964년 고전영화 〈닥터 스트레인지러브Dr. Strangelove〉에 등장하는 망상에 빠진 호전적인 두 장군 중 한 명은 커티스 르메이 장군을 본떴다. 궐련을 피우는 장군 잭 D. 리퍼(스털링 헤이든)과 벅 터지슨 장군(조지 C. 스콧)이 그 두 인물이다. 사실 르메이는 역사상 더할 나위 없이 신중하고 침착하고 용감한 미국 공군장군으로 손꼽힌다. 그는 1945년까지만 해도 전쟁 영웅으로 사랑을 받았지만 1964년에는 냉전시대의 유물로 무자비한 풍자 대상이 되었다.

이러한 인물들이 비극적인 동시에 영웅적인 이유는 그들은 자기들이 지닌 성정을 자연스럽게 드러내면 오로지 스스로를 파멸시키거나 그들이 보호하려는 선진 문명으로부터 추방당할 뿐이라는 사실을 알고 있기 때문이다. 그런데도 그들은 기꺼이 그 운명을 받아들이고 기여한다. 이게 바로 비극의 요소다. 정도의 차이만 있을 뿐이지 달갑지 않은 선택지로만 가득한 세상에서는 완벽한 해결책이 없다.

그러나 개인으로서 시민으로서 여러 가지 이유로 그들의 성정은 변해서는 안 될 뿐만 아니라 변할 수도 없다. 설사 비극적 영웅이 변하고 싶어 한다고 해도 말이다. 그들은 인간의 경험에 대해 과대망상적이고 절대적인 시각을 갖고 있기 때문이다. 고전적인 비극의 의미에서 트럼프는 두 가지 중 한 가지 운명을 맞게 될 가능성이 높다. 둘 다 딱히 바람직한 끝은 아니다. 뛰어난 업적을 달성하지만 인정받지 못하고 자리에서 물러난 후 더 이상 쓸모가 없어지면 배척당하게 되는 운명이 그 하나다. 그보다 가능성은 떨어지지만, 그가 맡게 될 가능성이 있는 두 번째 운명은 그의 통치에서 혜택을 받은 이들이 결국 그를 창피하게 여기고 단임으로 끝나는 경우다. 그의 거친 성정을 받아줄 만큼 효용 가치가 높지는 않다는 결론에서 말이다.

영화 〈더티 해리Dirty Harry〉에서 주인공 해리 캘러핸 형사(클린트 이스트우드)는 샌프란시스코 경찰청의 공식적인 간판 역할을 할 수 없다. 도널드 트럼프가 버락 오바마 유형의 대통령다운 인물로 보일 수 없듯이 말이다. 그러나 더티 해리는 연쇄살인범 스코피오가 다시는 무고한 생명을 해치지 못하게 만들 기술을 갖추고 있고 무자비하다. 마지막 장면에서 그는 사이코패스 스코피오를 약 올린 다음 총으로 쏴 죽여 살인범의 인생뿐만 아니라 형사로서의 자신의 인생도 끝장을 내고, 형사 배지를 물속에 던져 넣은 후 표표히 떠난다.

〈하이 눈High Noon〉의 보안관 윌 케인(게리 쿠퍼)도 악당을 처치한 후 양철로 된 별 모양의 보안관 배지를 팽개치지만, (자기 아내의 도움으로) 4명의 살인자들을 총으로 쓰러뜨린 후에야 떠난다. 해들리빌 마을의 타협적이고 법을 준수하는 원로들은 악당들을 막아내지 못한 철저히 무능한 이들이었다. 해들리빌 마을의 엘리트 계층은 악당을 처치해준 케인에게 고마워하지만, 스스로 문제를 해결할 능력이 없다는 사실이 창피하기보다는 손에 피를 묻힌 케인이 마을을 떠나야 한다는 사실이 훨씬 더 기쁘다. 겉으로 본심을 드러내지는 않지만 말이다.

소포클레스의 희곡 『아이아스』에서 아이아스는 전장을 벗어나면 제 구실을 못한다. 표리부동하고 말주변이 좋은 오디세우스와는 달리 나이든 아이아스는 시민사회의 미묘한 규율이 관장하는 새로운 세상에서 성공하는 데 필요한 수완과 유연함이 결여되어 있다. 따라서 그는 차라리 "고결하게 살거나 고결하게 죽겠다."고 생각한다. "고결하게"란 새롭게 부상하던 도시국가와는 더 이상 양립할 수 없는 한물간 흑백논리에 따른다는 뜻이다.

서부영화 고전인 조지 스티븐스 감독의 1953년 작 〈셰인Shane〉에서 개과천선의 여지도 있고 말투도 부드러운 총잡이 셰인(알란 라드)은 자신이 어떤 딜레마에 처했는지를 너무나도 잘 안다. 살인청부업자들과 살인도 서슴지 않는 목장주인들의 은근한 협박으로부터 자영농민들을 해방시키기 위해 폭력을 행사할 역량이 있는 이는 오로지 그뿐이다. (그런데 그가 그런 기술을 습득한 방식 자체가─트럼프의 경우처럼─그가 도우려는 이들을 걱정스럽게 만든다.) 그리고 무법자인 목장주인들을 자신이 지닌 탁월한 폭력행사 기술로써만이 막을 수 있다는 사실을 알고 있는 이도 셰인 본인뿐이다. 그러나 셰인이 마침내 최후의 수단인 치명적 폭력을 행사하는 순간 그가 개과천선해 안정적인 농경사회 공동체라는 문명화된 세계에 재진입할 기회를 모두 날려버리게 된다. 영화 속의 악당 3명을 총으로 쓰러뜨린 셰인은 떠나지 말라고 애원하는 꼬마 조이에게 다음과 같이 말한다. "천성은 못 바꿔. 해봤는데 나한테는 안 맞아… 조이, 살인을 하면 사는 게 사는 게 아냐. 한 번 살인을 하면 다시는 예전으로 돌아가지 못해. 옳든 그르든, 낙인이 찍혀. 절대로 사라지지 않는 낙인이 찍힌다고. 다시는 예전으로 돌아가지 못해."

트럼프는 트윗을 완전히 멈추지는 못한다. 선거유세도, 반목도, 무절제하고 종종 사악한 독설도, 심지어 진실을 이따금 기만하는 행위도 완전히 멈추지는 못한다. 설사 본인이 원한다고 해도 말이다. 옳든 그르든 그를 영원히 따라다니는 낙인이다. 그런 허세가 트럼프를 만들었고, 선하든 악하든 그는 그런 사람이다. 그의 호들갑스러운 성정은 관리 가능하고 어쩌면 한동안 완화될 수 있을지 모르지만—효과적이었지만 오래가지 못한 엄선된 내각 각료들과 퇴역 해병대 장군으로서 비서실장에 임명되었던 허튼짓은 용납하지 않는 존 켈리 등을 보면 그렇다—완전히 없어지는 못한다. 아 다르고 어 다르고, 복잡하고 애매모호한 워싱턴 같은 분위기에서 자기 생각을 거침없이 드러내는 트럼프 같은 인물은 진정으로 번성하기 어렵고 살아남기도 힘들다.

비극적 영웅은 본인이 영웅이 되려고 해서 영웅이 되는 것도 아니다. 때로 그들이 위험에 맞서거나 위기를 해소하려는 동기는 자기중심적일 수도 있고 개인적인 보복심이나 스스로를 구원하고 싶은 마음에서 비롯되기도 하고 끝 없이 다른 사람으로부터 찬사를 받고 싶은 욕망에서 비롯되기도 한다. 그들은 법보다 자신의 평판과 주변 사람들을 더 챙긴다.

〈하이 눈〉의 윌 케인은 정오에 도착하는 기차를 탄 무법자들이 해들리빌에 도착하기 전에 자기 신부와 함께 마을을 벗어날 수 있다고 생각하지만 탈출은 현실적인 대안이 아님을 깨닫고 마음을 고쳐먹는다. 살인자들을 살인해야만 구원을 받을 수 있다. 트럼프는 자신이 갑자기 신중하고 사려 깊게 행동하고, 트위터 계정을 폐쇄하고, 정적들에게 찬사를 퍼붓고, 절제된 발언을 해도, 호혜적인 차원에서 그의 정적들도 자제하기는커녕 그가 갑자기 보이는 아량을 나약함으로 해석하고 이용하리라고 생각하는 듯하다.

셰인은 피치 못할 사건이 생기지 않았다면 농촌 마을에 정착해 좀 더 오래 새 삶에 적응하기를 바랐을지 모르지만 헛수고였을 것이다. 트럼프 본인도 대통령에 출마한 이유가 수없이 많을지도 모르고 그 가운데 상당 부분 자기중심적이고 자기도취적인 이유일지 모른다. 그러나 비극적 영웅이 등장하는 까닭은 뜻하지 않게 혹은 누군가의 의도에 의해 여러 가지 상황이 발생하기 때문이고, 이러한 상황들이 발생한다는 점은 이따금 영웅이 나타난다는 사실만큼 중요하지는 않다.

비극적 영웅은 결국 퇴장하는 순간이 오고 때로는 비참한 끝을 맞이한다.

안티고네는 편협한 남성이 보이는 성차별적 태도와 도덕적 공허함과 어리석음을 가감 없이 지적하면서 그녀가 맡게 될 운명은 결정된다. 존 포드 감독의 영화 〈리버티 밸런스를 쏜 사나이The Man Who Shot Liberty Valance〉에서 톰 도니폰(존 웨인)은 정정당당한 대결이라는 본인의 영웅적인 원칙을 위반하지만 문명화된 진보라는 명분을 위해 무법자 리버티 밸런스를 영웅적이지 못한 방법으로 죽인다. 도니폰은 랜스 스토다드를 밸런스로부터 구해 화려한 경력을 쌓게 해주고 스토다드에게 마음을 빼앗긴 자기 애인을 포기하게 되며, 스토다드와 도니폰의 전 애인은 결혼한다. 이로써 그는 신본(Shinbone)이라는 변방지역이 문명화된 미래를 맞을 토대를 구축해놓는다. 소임을 다한 도니폰은 자기 집에 불을 질러 태우고 한때 모두가 두려워했던 목장주인에서 술에 쩐 부랑자로 전락한다.

비평가들이 가장 못마땅해하는 감독 토니 스콧의 영화 〈맨 온 파이어Man on Fire〉는 어찌 보면 포스트모던 판 〈수색자〉라고 볼 수 있다. 평론가들은 스콧 감독이 청부살인업자이자 경호원인 존 크리시(덴젤 워싱턴)를 자기 손으로 직접 범죄자를 처단하는 피눈물 없고 무자비한 인물로 변질시켰다고 통탄했다. 사실 크리시는 사회 부적응자이자 비극적인 영웅으로서 스스로 폭력적인 몰락을 선택한다. 그는 위험한 카르텔 납치범들을 상대할 능력이 있고 그들과 싸우는 과정에서 죽어도 딱히 개의치 않을 사람은 자신뿐임을 알고 있다. 그의 친구 풀 레이번은 크리시의 복수가 임박하자 다음과 같이 말한다. "음식이든 뭐든 인간은 어떤 분야에서든 예술가가 될 수 있어. 실력이 얼마나 좋은지에 달렸지. 크리시가 추구하는 예술은 죽음이야. 그는 이제 막 그의 걸작을 그릴 참이야." 트럼프는 톰 도니폰이나 존 크리시 같은 살인자는 아니다. 그러나 그는 쓸모 있는 기술을 지녔고 집요하기도 하다. 따라서 그는 자신의 지지율이 비교적 낮은 상태에 머무르는 이유를 파악하고 있다. 그리고 분명히 그는 오래전에 일어났어야 할 변화를 일으킬 재능이 있다는 사실을 간파하고 있다. 북대서양조약기구 동맹국들로부터 오래전에 받아냈어야 하는 방위비를 더 받아내는 변화든, 중국이 수십 년 동안 체계적으로 편법과 탈법을 써 경제적 이득을 취한 데 대한 책임을 묻는 변화든 말이다. 그러나 이러한 변화를 일으키는 데 성공한 트럼프는 자신의 끝이 그리 좋지 않을지 모른다는 점을 점점 분명히 파악하게 될지 모른다.

존 스터지스 감독의 1960년 개봉영화 〈황야의 7인The Magnificent Seven〉 마지막에, 마을의 원로는 황야의 7인 가운데 싸움이 끝나고 살아남은 이들에게 잘 가라고 작별을 고하면서 다음과 같이 말한다. "싸움은 끝났네. 자네들이 할 일은 끝났네. 우리 마을 사람들은 계절마다 나름대로 해야 할 일이 있다네. 감사를 표하는 계절이 있다면 겉으로 드러낼 텐데 말일세." 살아남은 총잡이들이 마을에 남아 정착하고 나이가 들어 무법자 칼베라와 그 일당을 죽인 행동의 도덕성과 효용성을 끊임없이 되풀이해서 따지게 된다면, 마을 사람들은 그들을 더 이상 멋지다고 여기지 않을지 모른다. ("그들은 우리가 떠나도 섭섭해하지 않을 거야.") 크리스(율 브리너)는 말에 올라 마을을 떠나면서 빈에게 자신들이 처한 딜레마에 대해 다음과 같이 말한다. "그 노인네 말이 옳아. 농부들만 이긴 셈이지. 우린 졌어. 우린 늘 져." 트럼프가 퇴임하고 나면 역대 대통령들이 한자리에 모이는 수많은 엄숙한 행사들에 참석하지 않으리라고 나는 생각한다.

악당을 해치운 총잡이들이 떠나고 안전해지고 나서야 비로소 사람들은 그들을 비극적이거나 영웅적이라고 여기고, 비극적 영웅이 사라지고 나면 그가 세운 공은 다른 사람이 차지하게 된다는 사실을 인정하는 이가 거의 없다는 사실을 크리스는 알고 있다. 설상가상으로 그런 총잡이들은 폭력적인 선행을 함으로써 정착해서 농사를 짓고 마을 사람들과 더불어 사는 농부로서의 삶은 포기하는 셈임을 크리스는 알고 있다. 그러나 그들은 문명화되지 않은 행동을 함으로써 문명을 구한다.

존 포드의 최고 걸작 〈수색자〉에서 가장 감동적인 장면은 이슨 에드워즈가 어두컴컴한 집 문을 활짝 열어젖히고 나와서 홀로 햇살이 눈부신 벌판을 가로질러 사라지는 장면이다. 그가 구해준 공동체가 그와 인연을 끊고 떠나보내는 장면을 상징적으로 보여준다. 트럼프도 운이 좋으면 그와 똑같은 운명을 자초하게 될지 모른다. 트럼프는 자신의 무절제한 언행 때문에 이미 문명에게 진 셈이지만, 그를 패배하게 만드는 바로 그 행위를 함으로써 오로지 그만이 오래전에 끝냈어야 할 일들을 마무리할 수 있는지도 모른다.

트럼프 대통령이 집권 2년차에 접어들면서 실시한 퀴니피악 여론조사에 따르면, 트럼프가 정직하다고 응답한 비율은 겨우 34퍼센트였다(63퍼센트는 그렇지 않다고 답했다). 약 38퍼센트는 그가 보통 미국인을 배려한다고 생각했고, 그보다 적은 비율(32퍼센트)이 트럼프가 자신과 가치를 공유한다고 답했다. 그가 "균형 잡힌 사고"를 한다고 답한 비율은 겨우 28퍼센트였다. 59퍼센트가 트럼프는 훌륭한 지도자로서의 자질을 지니고 있지 않다고 생각했다. 그러나 2018년 여름 무렵, 트럼프는 많은 여론조사에서 이따금 지지율이 50퍼센트에 육박했다. 경제 부문에서 긍정적인 뉴스와 외교정책에서 진전에 힘입어 지지율이 치솟았기 때문이다. 그리고 2019년 늦여름, 트럼프는 여론조사에서 평균 45퍼센트 정도의 지지율을 보였다—그러다가 정치적 무명 인사나 한물간 할리우드 유명인과 쓸데없이 한판 설전을 붙거나 부적절한 트윗 한 번 날리면 애써 끌어올린 지지율이 단번에 추락했다.

트럼프의 전투적인 성정과 타협하지 않는 관리 유형이 대통령으로서 통치하는 데 늘 해가 되는지, 아니면 예상을 뒤엎고 선거에서 이기고 대통령 임기 초기에 정치적으로 효과를 발휘한 그의 인격의 연장선상으로 봐야 할지 아무도 확실히 판단을 내리지 못하고 있다. 그리고 트럼프가 불가해하게 감정을 폭발시킬 때면 자기를 비판하는 이들과 언론매체를 불안하게 만들려고 이따금 일부러 그러는지, 아니면 절제할 줄 모르는 거친 성정을 즉흥적으로 드러내는지 아무도 모른다. 트럼프의 사나운 성정은 그의 지지기반을 결집시키지만, 그의 지지기반만으로는 유권자들 사이에서 지지도 51퍼센트를 안정적으로 유지하기 힘들다는 게 상식적인 해석이다. 트럼프의 파격적인 통치 유형, 발언, 행동거지는 자신이 추구하는 정책들을 밀고 나가기 위해 본인이 의도한 바이나 보통 그의 사나운 분노 때문에 성과가 묻히고 만다는 게 대부분의 사람들이 내린 결론이다. 그 결과 트럼프는 교활함 덕분에 일보 전진한 뒤, 어설픈 실언으로 일보 후퇴한다.

트럼프는 파격적인 방식으로 온갖 역경을 무릅쓰고 배짱 있게 원하는 바를 밀어붙여 관철시키면서 찬사를 받은 게 틀림없다. 레이건 행정부 이후로 본 적이 없는 포괄적인 세제 법안을 요구했고, 아이시스(ISIS)를 몰락시켰고, 언론매체들이 철저히 편파적이라는 사실을 폭로했고, 파리 기후협약에서 탈퇴하고, 미국 대사관을 예루살렘으로 이전했고, 이란협정을 파기했으며, 70년 만에 (유대인이 중동에서 제거되거나 프로이센인들이 독일로 되돌아가게 된 방식과는 다른 방식으로) 팔레스타인은 더 이상 난민이 아니라고 선언하고, 미식축구연맹에 맞서, 거친 표현("개새끼들"을 썼을망정 억만장자인 선수들이 미국 사회로부터 부당한 대우를 받은 피해자 행세를 하면서 경기장에 국가가 울려 퍼질 때 경건한 자세로 서서 경의를 표하지 않고 한쪽 무릎을 꿇는 모순을 드러내게 만들었다.

그러나 트럼프는 성공을 목전에 두고 자기 공을 깎아먹는 경향도 있다. 듣도 보도 못한 사람에 대해 버럭 화를 내며 트위터로 독설을 쏟아내거나, 쓸데없이 자기가 임명한 인사를 모욕하거나, 갑자기 누군가를 해고하거나, 오래전에 포르노 배우와 그렇고 그런 사이였다는 소문에 대해 서로 모순된 내용을 담은 기사들에 대해 버럭 화를 내거나, 점점 기억에서 멀어져가는 2016년 대선 선거운동의 영광스런 나날들을 선거유세 때마다 되뇌면서 결국 자기가 옳았다고 우쭐해하는 낯 뜨거운 짓을 해서 말이다.

트럼프는 취임하자마자 자초한 모순에 직면했다. 그는 "늪의 썩은 물을 빼겠다(Drain the swamp)"라는 공약을 내걸고 중서부 핵심 경합 주들에서 이겼다. 그의 지지기반은 이 구절을 평생관료 터줏대감들이 죽치고 있는 딥스테이트를 해체하는 동시에 부패할 소지가 적은 비주류 인사들로 행정부를 채우겠다는 뜻으로 받아들였다.

그러나 트럼프는 딥스테이트를 잘 알면서도 딥스테이트의 일원이 아닌 경륜 있는 인물이 필요했다. 그러나 그런 충직한 기득권 타파주의자가 몇 명이나 되겠나? 스티브 배넌이나 제러드 쿠쉬너가 낸시 펠로시, 찰스 슈머, 존 브레넌, 로버트 멀러 같은 노련한 인사들과 맞붙을 수 있을까? 마이클 플린 같은 장군은 몇 명이나 되고 그런 이들은 워싱턴 사정을 얼마나 잘 꿰뚫어 볼까?

트럼프가 풀어야 할 난제에는 두 가지 또 다른 난관이 더해진다. 하나는 정치적 난관이다. 트럼프에게 대통령이라는 직책을 안겨준 공약들은 워싱턴 정가의 초당적인 위계질서에 정면으로 반기를 드는 게 대부분이다. 경제정책 면에서 보면, 트럼프주의는 적어도 이론상으로는 공직 경험이 있거나, 명문대학 학자들이나, 주요 기업들의 경영진인 공화당 지지자들에게는 호소력이 없었다. 고위직을 탐하는 공화당원들은 대부분 아프가니스탄에서 철군하고 해외에 군사적 개입을 자제하고, 관세를 부과하고, 국경에 장벽을 건설하겠다는 트럼프의 공약들에 반대할 가능성이 가장 높은 이들이었다.

국무장관 렉스 틸러슨(석유회사 엑손의 전 최고경영자)과 수석경제자문 게리 콘(골드만삭스 전 최고경영자)은 기업경영에서의 성공과 순자산 규모가 피상적으로나마 정부에서 탁월한 능력을 보여줄 증거로서 트럼프에게 호소력이 있었기 때문에 임명되었다. 그러나 세계화를 옹호하는 글로벌리스트, 무한한 권력을 행사하는 기업계 거물로서 자부심이 강한 이 두 사람은 그들보다 한층 더 자부심이 강한 트럼프와 트럼프가 추구하는 국가우선적인 정책들과 필연적으로 충돌하게 되었고 결국 트럼프 행정부에서 쫓겨났다.

트럼프는 역대 대통령들과는 전혀 다른 생소한 통치 유형을 구축했다. 맨해튼 부동산 중개, 리얼리티 TV, 그리고 기업가 상인정신에서 비롯된 통치 유형이다. 호들갑스러움과 혼돈조차도 "활력"으로, 심지어 창의성으로 간주되었다. 무엇보다도 능력보다는 의리가 있고 생각이 같은지 여부가 가장 중요하게 여겨진다. 외모와 옷매무새도 중요하다. 시청률이 높아지기 때문이다. 누가 어떻게 말하는지는 무슨 말을 하는지 못지않게 중요하다.

트럼프가 사람을 고용하고 해고하는 과정은 유기적이기도 하다. 트럼프는 자기 팀의 자문 못지않게 자주 민간 부문의 외부인들의 자문을 받는다. 성격이 트럼프의 변덕스러운 성정과 잘 맞는 "재능" 있는 인물들을 찾아내기 위해서는 잦은 인사교체가 불가피하다. 중앙정보국 국장 마이크 폼페이오는 렉스 틸러슨 국무장관보다 훨씬 더 개입주의자일지 모른다. 따라서 개입하지 않아도 될 군사개입에 반대하는 트럼프의 입장과 폼페이오의 입장이 훨씬 어긋나지만, 폼페이오는 능력도 있고 신임 국무장관으로서 트럼프의 성정과 훨씬 잘 맞는다.

역대 행정부들에서는 "안정"과 "지속성"이 훨씬 강조되었다. 즉시 해고되었어야 마땅한, 까다롭거나 심지어 무능한 인사들도 해고되지 않았다. 그들이 갑자기 물러나면 대통령의 판단력이 형편없다는 의문이 제기되거나 세계 질서의 중심인 미국에 대한 신뢰가 무너지면서 위기를 야기하거나, 해고당한 이가 앙심을 품고 폭로성 회고록을 쓸까봐 우려되어서였다.

버락 오바마 행정부에서 유엔대사와 국가안보보좌관을 역임한 수전 라이스는 (벵가지 사태, 버그달 인질 교환, 시리아가 자국민을 대상으로 신경가스를 사용한 사례, 파이자(FISA) 도청 영장과 도청 내용에 담긴 미국 민간인의 신원 노출 등에 관해) 되풀이해서 공개적으로 새빨간 거짓말을 했는데도 해고당하지 않았다. 에릭 홀더는 의회 모독죄를 범하고도 자기 자리는 끄떡없다고 여겼다. 다른 행정부에서 수석비서관이나 내각 각료가 이임하면—예컨대 조지 W. 부시 정권의 국방장관 도널드 럼스펠드나 버락 오바마 정권의 보건복지부 장관 캐슬린 시벨리우스—통상적인 교체든가 보다 수입이 좋은 민간 부문으로의 이직이라고 발표하지 대통령과 불화를 겪어서라든가 무능해서라고 발표하지 않는다.

트럼프는 이념적인 사람이 아니다. 그는 부하직원들을 정치적 변절로 해고하지 않았다. 트럼프가 생각하는 죄악은 당 노선에서 벗어나는 행동이 아니라 정보를 유출해 홍보에 쓸데없이 문제를 야기하거나 트럼프 본인에 대한 험담을 하는 행위다. 어찌 보면 로널드 레이건도 비슷했다. 트럼프가 등장하기 전까지만 해도 레이건이 전후 시대에 가장 "해고"를 밥 먹듯이 한 대통령으로 간주되었다. 그는 잘난 척하거나, 우쭐대거나, 제멋대로 행동하는 이를 눈뜨고 보지 못했다. 알렉산더 헤이그(국무장관), 돈 리건(비서실장), 데이비드 스톡먼(관리예산실 실장)을 해고하거나 강제로 물러나게 만든 공통적인 이유는 정치적 이유가 아니라 오만하거나, 비밀을 누설하거나, 배신했기 때문이다. 낸시 레이건 여사에게 밉보인 경우도 있었다.

트럼프는 유선방송 보도 프로그램 화면에서 존재감이 있는지를 바탕으로 일부 인사들을 임용했다는 비판을 들었다. 트럼프가 〈폭스뉴스〉를 한동안 시청하면서 재치 있는 답변이나 즉흥적인 말주변 등을 보고 K. C. 맥팔랜드, 서배스천 고카, 제이 세큘로 같은 이들을 국가안보부문 관리와 법률자문으로 고용했다는 주장이다. 그리고 트럼프에 대해 우호적일수록 더욱 바람직했다. 언론매체 분석가들은 트럼프가 학력이나 공직 경력을 적절하게 갖췄는지 전혀 따지지 않는다고 노래를 불렀다. 심지어 트럼프가 이력서를 제대로 읽어보지도 않고 사람을 고용한다고까지 주장했다. 그는 학력을 바탕으로 그 사람을 판단하거나 자기가 임명할 사람의 일반적인 평판에 대해 "전문가"에게 의견을 구하지 않았다. (임명된 이들이 그와 같이 정설에 부합하지 않는 인사들이기 때문에 파격적인 성향인 트럼프와 그의 지지자들이 임명된 이들을 마음에 들어 할지도 모른다는 사실을 파악한 이는 언론계에 거의 없었다.)

역사학자들은 트럼프 취임 첫해에 "고위급"(고위급이 뭔지에 대한 정의는 분분하다) 인사들 가운데 무려 34퍼센트가 사임하거나 자리를 옮기거나 해고당했다고 고소해하며 희희낙락했다. 취임 후 첫 16개월이 끝날 무렵, 이 비율은 40퍼센트 이상으로 증가했다—임기 첫 2년 동안 역대 어느 행정부보다도 높은 인사교체 비율이다.

물러난 인사들 가운데는 2016년 선거운동 관계자들로서 트럼프와 가장 가깝고 가장 충직했던 이들이다. 국가안보보좌관 마이클 플린(25일 재직), 언론비서관 션 스파이서(182일 재직), 비서실장 린스 프리버스(189일 재직), 그리고 수석전략가 스티브 배넌(211일 재직)이다. 사임하거나 해고당한 또 다른 이들은 선거에서 트럼프를 지지하지 않았거나 기득권층에서 평판이 좋은 중도 성향의 인사들이다. 수석경제보좌관 개리 콘, 국무장관 렉스 틸러슨, 트럼프의 두 번째 국가안보보좌관 H. R. 맥마스터가 그런 이들이다.

특히 임기가 오래 가지 못한 이들은 트럼프의 비서실장, 홍보실, 대변인실, 국가안보위원회 직원들이었다. 언론 보도에 따르면, 취임 후 첫 15개월 동안, 65명의 직원 가운데 28명이 자리를 옮기거나 직업을 바꾸었다. 가장 논란이 되었던 인물들 가운데는 마이클 덥크(홍보국장), 앤서니 스카라무치(홍보국장), 호프 힉스(홍보국장), 오마로사 오니 매니걸트 뉴먼(공공연락실), 그리고 로브 포터(백악관 문서관리실)다.

이들의 임기가 이처럼 짧았던 이유는 뭐라고 언론에 보도되었을까? 정보유출 출처를 추적했더니 적발되어서, 공식 인터뷰에서 멍청한 발언을 해서, 배신해서, 사생활 추문 때문에 사임했다고 보도했다. 이들이 지닌 가장 큰 공통점은 단순히 워싱턴 정가, 특히 언론매체에 대한 이해와 경험이 부족했고 순진하게도 미국 대통령 도널드 트럼프 행정부에서 일하면 그러한 미숙함이 부채가 아니라 자산이 되리라고 넘겨짚었다는 점이다.

워싱턴의 늪지대에서 뒹굴지 않은 이들조차도 종종 트럼프 행정부에서 일하기를 주저했다. 해고당할까봐 두려워서이기도 했고, 아니면 그처럼 인기 없는 대통령 밑에서 일하면 나중에 배척당할까봐 걱정되어서기도 했다. 적어도 취임 후 첫 500일 동안은 트럼프의 지지율을 바탕으로 그들은 그런 생각을 했을지 모른다. 논란의 대상인 트럼프 밑에서 일하면 "변절자"로 거세당할까, 아니면 트럼프가 거친 항해를 하는 동안 국가라는 배의 무게중심을 잡는 의무를 다한 애국적인 미국인이라는 찬사를 받을까? 아니면 언론매체와 로버트 멀러 검사들의 표적이 되어 끊임없이 공격을 받게 될까?

트럼프 절대불가 입장인 워싱턴의 평론가 데이비드 프럼은 기득권세력이 트럼프 밑에서 일하면 경력에 어떤 오점을 남길 위험이 있는지 제시하면서 다음과 같이 결론을 내렸다. "트럼프 행정부가 당신이 옳은 일을 하리라고 당신 못지않게 확신한다면 그들이 애초에 당신에게 일을 맡겼을까?"

그러나 로버트 멀러 특검의 수사를 받고 기소되지는 않았지만 거의 파산할 지경에 이른, 트럼프 선거운동본부 관계자 마이클 카푸토는 다음과 같이 다른 의견을 내놓았다.

나는 그들이 대통령과 그의 가족을 파멸시키려 한다고 생각한다. 그들은 그의 사업도 몰락시키고 싶어 한다. 그들은 그의 친구들도 파멸시켜서 향후 50년 동안은 그 어떤 억만장자도 어느 날 자기 부인한테 "이 나라가 엉망인데 오로지 나밖에 바로잡을 사람이 없어."라고 말하는 일이 없도록 하려고 한다. 그런 사람이 나오면 그 부인이 이렇게 말하게 하려고 말이다. "당신 돌았어? 도널드 트럼프하고 그 주변 사람들이 어떻게 됐는지 못 봤어?" 이게 그들의 목적이다. …나도 트럼프 선거운동본부에 관여하기로 했을 때 나한테 이런 일이 일어날 줄 몰랐다. 그리고 나는 앞으로 내가 살아있는 동안 절대로 다시는 공화당 후보의 선거운동본부에서 일하지 않을 작정이다.

이러한 광란이 트럼프의 신경을 거슬리게 했을까?

딱히 그렇지도 않았다. 트럼프는 자기 휘하 직원들을 지치게 만들고, 자기가 임명한 인사들을 넌더리나게 만들고, 자기 보좌관들도 망연자실하게 만드는 제도적인 혼돈을 야기했을지 모른다. 하지만 그는 유권자들로부터 "늪지대의 썩은 물을 빼라."는 사명을 부여받았고, 늪지대의 썩은 물을 빼려면 물을 빼는 당사자도 빼야 할 대상인 물 못지않게 오물이 묻고 악취가 진동하게 된다. 2018년 3월 국가안보보좌관 맥마스터가 자리에서 물러난 후 트럼프는 다음과 같은 트윗을 날렸다. "가짜뉴스가 백악관이 혼돈에 휩싸였다는 참신한 논조를 만들어냈다. 틀렸다! 사람들은 왔다 가기 마련이고 나는 최종적인 결정을 내리기 전에 대화를 많이 나눈다. 아직 바꾸고 싶은 사람들이 있다(난 늘 완벽을 추구하니까). 혼돈스럽지 않다. 단지 엄청나게 활력이 넘칠 뿐이다!" 트럼프가 인사를 단행하는 방식을 주목하라. 트럼프는 돌연 국무장관을 해고하고 국가적인 우상이자 군 영웅인 H. R. 맥마스터 장군을 물러나게 한 후에도, 그가 혼돈을 야기한다는 비난에 전혀 개의치 않았을 뿐만 아니라 한층 더 "활력이 넘치게" 하겠다고 약속하면서 강제로 물러나게 만들 인사들이 더 나올 예정임을 시사했다.

이 혼란의 와중에서 트럼프가 툭하면 언론과 부딪혔다는 사실은 잊혔다. 그는 백악관 잔디밭에서 대기 중인 헬리콥터에 오를 때마다 기자들과 농담을 주고받았다. 그는 버락 오바마보다 훨씬 솔직하고 접근하기가 쉬웠다. 그의 백악관 내부 직원들은 인종, 성별, 계층, 트럼프 행정부에 관여하기 전의 정치적 성향에 있어서 대부분의 역대 정권보다 훨씬 더 다양했다. 트럼프는 트윗에서 말을 삼가는 법이 없었다. 그러나 언론은 트럼프가 접근하기 쉽고 격식을 차리지 않는다는 사실에는 관심을 보이지 않았다. 아니 오히려 트럼프가 친숙하게 대할수록 언론매체는 더욱더 트럼프를 경멸했다.

이따금 트럼프가 너그러운 태도를 보여도 주목을 받지 못했다. 공화당 대선

후보를 뽑는 예비선거 기간 동안 트럼프와 경쟁자들은 서로 중상비방을 했지만, 트럼프는 한때 숙적이었던 이들 가운데 몇 명을 내각에 영입했다. 벤 카슨은 주택도시개발부 장관으로, 릭 페리는 에너지 장관으로 발탁했다. 언론에서 트럼프가 통 크게 경쟁자들을 영입했다고 찬사를 한 이는 아무도 없었다. 그는 예비선거에서 서로 맞섰던 테드 크루즈 상원의원("그는 이제 더 이상 뺑쟁이 테드가 아니다. 그는 '알흠다운' 테드다. 나는 그를 텍사스 테드라고 부른다.")과 랜드 폴 상원의원과도 화해를 했다. 트럼프를 맹렬히 비판한 존 헌츠먼은 러시아 대사에 임명되었다. 트럼프는 민주당 인사들과 게리 콘 같은 중도 성향인 인사들도 영입했다. 인사와 관련한 소동이 가라앉은 2018년 중반 무렵 국가안보 팀은 쟁쟁한 인물들로 채워졌다. 존 볼턴 국가안보보좌관, 니키 헤일리 유엔대사, 제임스 매티스 국방장관, 마이클 폼페이오 국무장관 등이다.

쉴 새 없이 채용하고 해고하고 사람들이 오락가락하는 인사행정이 트럼프에게 손해가 됐을까? 물론이다. 적어도 첫 18개월 동안에는. 사람들이 끊임없이 회전문 드나들 듯 백악관을 들락날락한다는 비난 때문에 트럼프가 탄탄한 업적을 달성하고도 이에 상응하는 대중의 지지를 얻지 못하는 모순을 야기했다. 아니면 2018년 봄, 틸러슨과 맥마스터가 해고된 후 한 대깨트(대가리 깨져도 트럼프) 지지자가 내게 말했듯이 "트럼프가 하는 일은 다 마음에 든다. 그런데 호들갑만 좀 그만 떨었으면 좋겠다."

호들갑을 떠는 게 늘 나쁘지만은 않다. 어느 정도까지는. 초창기에 적응기간을 거친 후 트럼프는 마침내 더불어 일하기에 편안하고 자신과 생각이 같은 이들을 찾아냈고, 그들의 임기가 길어지면서 인사교체를 한 결실을 맺었다. 그러나 인사교체가 트럼프의 변덕스러운 성정을 간접적으로 보여주었다면, 대통령이 늪지대의 썩은 물을 빼기는커녕 오히려 늪의 썩은 물이 백악관으로 쏟아져 들어왔다.

몇 주 동안 트럼프가 논란에 논란을 거듭해 야기하자 광란에 빠진 언론매체는 통상적으로 쓰던 "혼돈"이라는 표현 대신 "극도의 혼돈"이라는 문구를 쓰기 시작했다. 2018년 3월 셋째 주 동안 다음과 같은 사건들이 거의 동시다발적으로 일어났다. 트럼프는 다음과 같이 사임을 요구하거나 사직서를 제출하게 만들었다. 국가안보보좌관 H. R. 맥마스터와 법률 팀을 이끄는 존 다우드를 논란의 대상인 존 볼턴과 타협불가 성향의 전 워싱턴 검사 조지프 디제노바로 대체했는데, 디제노바는 법적으로 이해충돌 가능성이 있다는 이유로 곧 물러났다. 보훈처 장관 데이비드 슐킨도 물러나고 로지 잭슨으로 대체되었다가 그의 임명이 격렬한 저항에 부딪히자 물러나야 했다.

이와 동시에 트럼프는 자기 지지기반과 공화당 기득권층과 동시에 한바탕 맞붙고 있었다. 트럼프가 1조 3000억 달러에 달하는 어마어마한 예산안에 서명하면서 진보주의자들은 환호했지만 그의 지지기반인 티파티 운동 세력과 "미국을 다시 위대하게" 지지기반은 격분했다. 트럼프가 이 예산안에 서명을 해야 국방비를 기록적으로 증액할 수 있다고 호소했지만 트럼프 지지기반은 아랑곳하지 않았다. 하원에서 공화당은 분열되어 있고 상원에서는 간발의 차로 다수당 지위를 유지하고 있었으므로 트럼프는 이 예산안에 서명하든가, 아니면 거부권을 행사하고 정부 셧다운을 하든가 양자택일하는 수밖에 선택의 여지가 없었다. 보수 성향의 라디오 토크쇼 진행자들은 2018년 중간선거에서 기권하겠다며 펄펄 뛰었다. 한편 미국상공회의소와 싱크탱크의 공화당 지지자들은 트럼프가 중국산 수입품에 대해 600억 달러에 달하는 관세를 부과하자 비난을 퍼부으면서 트럼프가 공화당의 경제 이념에 반하는 정책을 펴고 있고 중국이 더 높은 보복관세를 부과하겠다고 위협할지 모른다고 우려했지만, 중국이 무역 규정, 저작권, 특허권을 연달아 위반했다는 사실에 대해서는 입을 다물었다. 트럼프 지지층인 농부들은 대통령의 관세 부과로 대중국 농산물 수출이 줄었다며 불평했다.

국내에서는 10여 년 전 트럼프가 민간인일 때 트럼프와 합의하에 관계를 했다고 주장하는 여성들이 나타났고 그들은 트럼프의 적들의 꼬드김에 넘어가 돈과 명성을 얻으려고 온갖 주장을 하면서 트럼프의 변호사들과 또다시 한 판 붙고 있었다. 몇날 며칠을 쉬지 않고 그 여성들은 CBS, CNN, MSNBC에 출연해 트럼프와 한 성관계의 특이한 점과 입막음으로 얼마를 받았는지에 대해 선정적인 내용의 인터뷰를 했다.

트럼프와의 관계를 폭로한 포르노 배우 스토미 대니얼스와 전 플레이보이 버니였던 캐런 맥두걸은 과거에 비공개하기로 한 합의를 위반했다는 이유로 트럼프로부터 소송하겠다는 협박을 받았다. 그들은 광란에 빠진 언론매체들로부터 대통령이 콘돔을 썼는지, 그들의 성행위를 다른 이들과 비교해가며 평가했는지 등에 대한 질문들에 답변했다. 언론매체와 민주당 지지자들이 두 여성이 폭로를 하도록 계속 부채질하면서 그러한 선정적인 보도는 트럼프를 지지하는 복음주의 개신교도 지지기반에게 압력을 가하려는 술수로 보이기 시작했다. 트럼프가 이따금 도덕적으로 미심쩍은 행동을 한 게 아니라 상습적으로 죄를 범했다는 생각이 들게 만들어 치욕을 느끼고 트럼프에 대한 지지를 철회하게 만들려는 술수였다.

그럼에도 불구하고 2018년 3월 수많은 여론조사에서 일반 대중은 그런 선정적인 보도에 꿈쩍도 하지 않는 것으로 나타났다. 트럼프가 대통령이 되기 10여 년 전에 사생활이 어땠든 그건 상관할 바가 아니라는 태도였다.

다른 거물급 정치인들도 자기 현재 임기와 앞으로 달성하고자 하는 정치적 야망에 비추어볼 때, 지난 20년 동안의 사생활이 다시 거론되는 상황을 반길 리가 없다는 사실을 아무도 언급하지 않았다.

트럼프가 대통령에 취임하고 나서 트럼프 행정부에서 일하는 동안 혹은 트럼프가 백악관에 있는 동안 그와 성관계를 했다고 주장하고 나서는 이는 없었다. 과거 빌 클린턴-모니카 르윈스키 촌극이 벌어지면서 언론과 대중문화가 대통령의 행동거지에 대한 평가기준을 너무 낮춰놓았기 때문에 지금 언론이 펄펄 뛰면서 트럼프의 과거 행동을 사적인 문제로 남겨놓기보다 전국적으로 대서특필해야 할 뉴스거리로 삼는 행태에 설득되는 사람은 거의 없었다. 2017년 4월 초 〈뉴스위크〉는 (트럼프의 부인 멜라니아가 아들 배런을 출산한 직후인) 2006년 트럼프와 성관계를 했다는 포르노 배우 대니얼스의 주장이 나온 후 하버드 CAPS/해리스가 실시한 여론조사에서 트럼프에 대한 남성 유권자들의 지지율은 그 전달에 비해 50퍼센트에서 53퍼센트로 증가했다.

그 와중에 트럼프는 전 부통령 조 바이든과 트위터로 설전을 벌이느라 분주했다. 두 차례에 걸쳐 바이든은 로버트 드 니로 식으로 미국 대통령을 때려눕히겠다며 거의 물리적인 협박을 했다. 2017년 3월, 바이든은 어리석게도 다음과 같이 허세를 부렸다. "사람들이 나더러 이 신사와 토론을 하겠냐고 묻기에 일언지하에 거절했다. '우리가 고등학생이라면 나는 그를 체육관 뒤로 데려가서 흠씬 두들겨 패주겠다.'고 말했다. 내가 왕년에 탈의실에서 몸 좀 풀었던 사람이다. 내가 운동신경이 상당히 좋다. 보통 어설프게 입을 놀리는 자식은 제일 뚱뚱하고 제일 못생긴 개자식이었다." 바이든은 이보다 앞서 2016년 초에 "지금 우리가 고등학생이었으면 좋겠다. 그럼 그를 체육관 뒤로 끌고 갈 텐데. 내 희망사항이다."라고 했는데 이 발언의 확장판인 셈이다.

여느 대통령 같았으면 칠칠맞은 바이든에게 공격을 받으면 바이든이 그저 늘 그러듯이 허세를 부리려니 하고 대꾸하지 않았을 게 틀림없다. 트럼프는 달랐다. 그는 즉시 (그 특유의 "나 건드리면 죽어." 식의 보복으로써) 반격을 가했다. "미치광이 조 바이든은 자기가 센 척하지만 실제로는 비실비실하다. 정신적으로도 육체적으로도. 그런 그가 나를 협박한다. 벌써 두 번째다. 날 잘 모르는 모양인데, 나랑 붙는 즉시 쓰러진다. 맞는 순간부터 쓰러질 때까지 내내 엉엉 울면서. 조, 사람들 협박하지 마!"

거친 트럼프는 기회는 이때다 하고 내 사전에 타협은 없다 식으로 억지력을 과시하는 동시에 곧 2020년 대선 민주당 후보가 될 바이든에게 "사람들을 협박"하지 말라고 엄중히 경고했다. 트럼프는 늘 하던 대로 반격을 가하므로 그러려니 하지만 기득권층을 상징하는 바이든 같은 인물들은 사람들이 철없다고 생각하는 트럼프와 유치하게 욕설을 주고받는 지경으로 추락하면서 트럼프보다 한층 더 철없는 사람으로 간주되어 트럼프보다 잃을 게 많기 때문에 보통 한 발 물러났다. 바이든이 한 발 물러난 이유는 트럼프를 협박하는 자신이 대통령답지 않고 철없어 보인다는 사실을 깨달았기 때문이다. 그런데도 바이든은 2019년 7월 그 지긋지긋한 전철을 또 밟으면서 대통령을 물리적으로 위협했다. "나는 약자를 못살게 구는 그런 사람에게 항상 정면으로 맞섰다. 그는 내가 어렸을 때, 내가 말을 더듬는다고 나를 놀리던 골목대장 같은 자다. 나는 그런 자식들 아구창을 한 대 갈긴다."

바이든의 협박과 으름장은 곧 다른 이들에게 전염되었다. 대통령 후보로 나선 코리 부커 상원의원, 스탠포드 졸업생에 로즈 장학생에, 부모가 IBM 고위 간부인 특권 계층의 자녀인 그가 바이든에게 질세라 트럼프를 협박했다가 협박해봤자 비생산적이라고 생각했는지 멈췄다가 오락가락하면서 자기 의지로 통제 불가능한 신체 증상을 보이는 듯이 멈출 줄을 몰랐다.

"내 남성 호르몬이 솟구쳐 그를 한 대 치고 싶은 때가 있는데, 내가 한 대 치면 체력이 엉망인 노인네한테 치명타를 입히게 된다. 기력이 딸리는 인간이다. 내가 누구 얘기하는지 알지? 약한 사람을 못살게 구는 게 그 사람 술수다. 그런 사람은 그 사람이 다른 사람들에게 하는 대로 똑같이 대해줘야 한다. 그는 남의 신체적 결함을 조롱한다. 그는 다른 사람들을 진흙탕 싸움으로 끌고 들어간다."

거의 비슷한 시기에 할리우드 유명 인사들도 민주당 후보 지명자들이 꿈꾸는 대통령 두들겨 패기를 답습하고 있었다. 배우 제프 대니얼스는 따분하게 로버트 드 니로가 한 협박을 되풀이했다. "누가 나서서 이 친구 손을 좀 봐야 해. 얼굴을 한 대 칠 사람이 나서야 해." 미국 대통령을 한 대 치거나 두들겨 패겠다는 협박은 트럼프가 내뱉은 어떤 천박한 독설보다도 심각하다는 사실을 감지하는 이가 아무도 없었다. 트럼프가 주장하듯이, 트럼프가 제정신이 아닐지 모르지만 트럼프를 공격하는 상대방 진영은 트럼프보다 훨씬 더 제정신이 아니라는 점을 입증할 뿐이었다.

2017년 3월 초, 앞서 언급했듯이 언론매체들이 아무리 백악관이 혼돈 그 자체이라고 떠들어대도 트럼프의 지지율이 폭락하지 않자 답답해진 〈워싱턴포스트〉 칼럼니스트 맥스 부트는 공화당의 트럼프 절대불가 세력이 느끼는 분노와 당혹감을 다음과 같이 정리했다. "이 행정부는 혼돈 속에서 태어나고 혼돈 속에서 숨을 거두게 된다. 트럼프는 정신이 혼돈스럽고 백악관 바깥의 더 넓은 세상을 상대로 정신질환을 야기하고픈 충동을 느끼기 때문이다. 미국의 시대는 이렇게 종말을 맞게 된다. 유종의 미가 아니라 어릿광대와 더불어 막을 내리게 된다." 그러나 그가 이런 발언을 할 당시에 미국의 "시대"는 끝나가고 있기는커녕 15년 만에 최고의 GDP 성장률, 최저 실업률, 최고 에너지 생산, 최고의 기업과 소비자신뢰지수, 외교정책에서 성과를 내고 있었다. 어떻게 이런 일이 가능했을까?

미국이라는 국가의 영혼에 관한 한, 미국의 엘리트 계층—학계, 언론계, 정치계—은 그들 스스로 불안정하고 저속하고 정신 나간 사람처럼 굴면서도 그들의 문화적 우월감과 높은 학력과 특권의식에 대해 의문을 제기하는 트럼프 지지자들을 거칠게 폄하하고 천편일률적으로 고정관념의 틀에 넣어 재단하고 편견을 지니고 있음을 드러냈다. 트럼프가 누린 성공은 과거에 기득권층이 보인 업무수행 능력에 대한 사실상의 부정적 평가였고 그 연장선상에서 기득권층 본인들에 대한 부정적 평가로 간주된다는 사실을 깨달은 이가 기득권층 인사 가운데 아무도 없었다.

오바마 행정부 시기 이후로 미국과 핵심적인 동맹국과의 관계나 적국에 대한 억지력이 개선되었다는 사실을 인정하지 않을 도리가 없다. 적어도 더 이상 순진하게 러시아와의 관계를 재설정하겠다는 생각은 사라졌다는 면에서도 그렇다. 중국에 대해서는 무역규정 위반을 더 이상 용인하지 않겠다는 통지를 했다. 불균형적인 이란협정도 파기되었다. 그리고 미국은 핵무기를 개발한 북한에 대해 서서히 경제제재 압박을 한층 높이고 있다. 깡패 같은 정권들을 상대할 때 헷갈리게 만드는 경우와 예측 가능하게 만드는 경우 어느 쪽이 더 위험한 메시지인가?

"방 안에 어른"이 있어서 철없는 트럼프를 올바른 길로 이끈다는 반 트럼프 세력의 논조는 언론매체를 통해 의도적으로 확산되었다. "익명"의 고위관리들은 기자들에게 자기들이 침착하게 바른 길로 이끌지 않았다면 트럼프 행정부는 함몰되었을 게 틀림없다고 자기들이 "배경"에 든든히 버티고 있다고 언질을 주었다. 트럼프 백악관에 대한 전형적인 타블로이드 "내부자" 고발 이야기를 담은 책이 마이클 울프의 『화염과 분노: 트럼프 백악관의 내부』였다. 내용이 대부분 선정적인 폭로인 이 책은 거짓이 명백하지만(예컨대, 트럼프가 유엔대사 니키 헤일리와 그렇고 그런 사이라는 주장은 새빨간 거짓말이다), 울프의 폭로 내용가운데 일부는 백악관 전략자문인 스티브 배넌과의 인터뷰에서 비롯되었고, 이 때문에 배넌은 물러나야 했다. 백악관 관계자가 평판이 그리 좋지 않은 울프 같은 저자를 불러들여 인터뷰를 했다는 사실 자체가 트럼프의 백악관 직원들이 규율이 없고 순진하다는 사실을 보여준다.

트럼프가 2018년 3월 블라디미르 푸틴이 선거조작으로 당선되고 나서 그에게 축하 전화를 걸어 논란이 되자, 국가안보위원회 소속 누군가가 언론에 제보를 했다. 국가안보위원회 팀이 트럼프가 푸틴에게 전화를 걸기 전에 대화할 때 조심해야 할 점들을 짚어주었다며 그 내용을 언론에 유출시켰다. 그 가운데는 당선 "축하하지 말 것."이라고 주의를 환기시키는 내용이 대문자로 강조해 쓰여 있었다. 현명하고 신중한 보좌관들이 대통령에게 푸틴을 다루는 방법을 알려주었지만 고집불통에다가 거의 문맹에 가까운 트럼프가 그 내용을 읽어볼 생각도 하지 않았다고 암시하려는 꼼수였다. 그러거나 말거나—몇 달 후 트럼프는 G-7에서 축출된 블라디미르 푸틴을 자기가 직접 불러들이겠다고 발표했다. 애초에 러시아가 축출된 까닭은 크게 우려하지 않았다.

보통 트럼프가 해외 지도자에게 전화를 하거나, 직원들과 비공개로 대화를 하거나, 의회 의원들과 만나면, 48시간 내에 그 내용이 여지없이 언론에 보도되었다. 2018년 9월 5일, "익명"의 인사가 기고한 글은 그러한 "저항"이 트럼프 행정부에 깊이 잠입한 애국적인 공화당원의 작품이라고 주장했다. 위험한 트럼프의 지시를 무산시키는 "어른" 역할을 하는 게 헌법적인 의무라고 생각하고 최선을 다해서 상황을 언론매체에 유출시키고 있다고 했다.

맥마스터와 틸러슨의 해고도 트럼프 행정부가 발표하기 전에 기자들이 먼저 보도했고 그들의 후임 인사도 백악관보다 기자들이 먼저 보도했다. 아무도 믿을 수가 없었다. 트럼프 대통령과 독대한 자리에서 나눈 대화를 기록해두었다가 유출시킨 연방수사국 국장 제임스 코미도 믿을 수 없었고, 방화범에 준하는 언론인 마이클 울프에게 할 말 안 할 말 구분하지 못한 백악관 전략수석 스티브 배넌도 못미더웠고, 개발도상국으로부터의 이민에 대해 트럼프와 비공개로 나눈 대화를 공개한 민주당 상원의원 척 슈머도 믿을 수 없었다.

연방수사국, 중앙정보국, 법무부 고위관리들뿐만 아니라 백악관 직원들까지도 과거 다른 행정부에서는 볼 수 없었던 방식으로 정보를 유출시키는 이유가 뭘까?

여러 가지 이유가 떠오른다.

1) 직원들이 이처럼 부주의하고 경험이 일천하다는 사실은 트럼프가 충성심이 없는 직원들에게 충성심이 있다고 순진하게 믿었다는 뜻이다.

2) 굴러들어온 돌인 트럼프는 법무부, 국가안보위원회, 여러 부서에 남아 있

는 오바마 행정부 잔존세력을 말끔히 일소하지 않았다. 저항세력과 딥스테이트의 일원인 그들은 자기가 아는 바를 사방팔방에 떠벌려서 트럼프를 폄하하고 자기들이 중요한 인물이라는 사실을 과대 포장했다. 해고당하더라도 치욕스러운 실직자기 되기는커녕 순교자 행세를 하면서 책을 쓰거나 방송 출연으로 수입을 올릴 수 있다고 생각했다.

3) 2018년 중엽과 말엽 트럼프의 지지율이 아직 안정적으로 50퍼센트를 찍지 못하고 있었고 때로는 40퍼센트 가까이 떨어졌으므로, 트럼프 임기 첫 2년 동안 정보 유출자들은 대부분 트럼프는 끝났다고 생각하고 트럼프에 대해 내내 반감을 품어왔지만 공개적으로 드러내지는 않은 이들과 세를 규합해 트럼프 이후의 워싱턴 정가에서 경력을 쌓을 대비를 이미 하고 있었다.

4) 유출된 정보들은 대부분 로버트 멀러 특검 팀이나 특검에 동조하는 의원들로부터 비롯되었고, 트럼프가 특검 수사를 중단시키지 못하도록 하려는 방편으로 설계되었다.

5) 마지막으로 언론매체는 여전히 압도적으로 반 트럼프 성향이다. 정보를 유출하려는 사람은 누구든 자기 신분이 보호되고 그가 유출한 "폭탄"이 대서특필 되리라고 기대한다. 오바마 행정부 때와는 정반대였다. 당시 언론인들은 자기들이 좋아하는 오바마 대통령에 대한 뒷공론을 끊임없이 보도하고픈 불타는 욕망에 시달리지 않았고, 그랬다고 해도 AP통신 기자들의 경우처럼 오바마 행정부의 감시를 받았을 가능성이 높다.

이유가 무엇이든 정보 유출은 계속되었다. 해고에서부터 법적 처벌의 위협까지 온갖 해결책이 동원되었지만 소용이 없었다. 대중은 중앙정보국이 시리아 반정부 세력을 은밀히 도왔다는 사실부터 트럼프가 오스트레일리아 총리와의 전화 통화에서 오바마 집권 당시의 이민법에 대해 분통을 터뜨렸다는 내용까지 모조리 알게 되었다.

트럼프는 유명인과 정치인들과 출구 없는 싸움에 끊임없이 말려들어갔다.

그는 자기가 억지력을 다시 설정한다고 생각했다 (앞으로 자신을 섣불리 비판하며 공격했다가는 공격한 강도보다 몇 배 세게 반격을 당한다는 뜻). 실제로 그랬을지도 모른다. 그러나 트럼프는 무명 인사들과 티격태격하느라 아까운 시간을 낭비했고, 트럼프가 고립되어 있고 화를 잘 내고 유치하고 변덕스럽다는 언론의 논조에 한층 힘을 실어주기도 했다. 종종 기회주의적인 성향을 드러내는 소장파 뉴욕 상원의원이자 민주당 대통령 후보 경선에 출마하게 되는 키어스턴 질리브랜드가 트럼프를 공격하자, 트럼프는 즉시 "경량급 상원의원 키어스턴 질리브랜드, 척 슈머의 심부름꾼이자 그리 머지않은 과거에 내 사무실에 찾아와 선거자금을 기부해달라고 '애걸' 했던(그리고 선거자금만 주면 무슨 일이든 하겠다고 했던) 자가 이제 트럼프에 맞서 싸우겠다고 빌과 사기꾼 힐러리를 완전히 배신했다—빌과 사기꾼 힐러리는 이용당했다!" 곧 질리브랜드는 민주당 대통령 후보 경선 예비선거 토론회에 나와 대통령에 취임하면 가장 먼저 "대통령 집무실을 살균제로 닦겠다."라고 말했다.

저자 마이클 울프에게 많은 정보를 유출시켜 재앙을 초래한 정보원이 스티브 배넌이라는 사실이 드러나자, 트럼프는 그를 해고하고 나서도 분을 삭이지 못했다. "스티브 배넌은 나나 내 직책과 아무 관련 없다. 해고당하자 실직만 한 게 아니라 실성까지 했다." 대중이 이런 언론보도를 접하면 철없는 트럼프에게 한층 더 분노해야 하는데 대중은 트럼프가 분통을 터뜨리면 그저 한바탕 웃고 만다.

트럼프가 가장 곤경에 처하는 경우는 금기시되는 대상에 대해 거친 발언을 했을 때다. 존 매케인 상원의원의 군복무, 트럼프 계열사에 대한 민사소송을 담당한 판사의 혈통, 파키스탄 이민자이자 군복무 중 전사한 아들을 둔 부모 같은 이들에 대해 거친 발언을 하거나 국가 장례식, 9·11 추도식, 푸에르토리코와 노스캐롤라이나를 휩쓴 허리케인 같은 자연재해에 대해 거친 발언을 하고, 자기를 비판하는 이들에게 복수를 하고야 마는 경우다. 그럴 때마다 여지없이 지지도가 하락한다.

언론매체가 국무장관 틸러슨이 트럼프를 두고 "얼간이(moron)"라고 불쑥 내뱉었다는 보도를 한 뒤 트럼프가 제정신이 아니라며 선정적인 기사들로 도배하자, 트럼프는 자기는 제정신이라며 극구 변명을 하고 나섰다. "내 평생 내가 간직해온 최고의 자산이 있다면 정신적으로 안정적이라는 점과 아주 똑똑하다는 점이다. 사기꾼 힐러리 클린턴도 이 두 가지를 전면에 내세웠지만, 모두 다 알다시피, 폭삭 망했다. 나는 아주 성공한 사업가에서 출발해 TV 스타를 거쳐 미국 대통령이 되었다(그것도 첫 번째 시도에서). 이 정도면 그냥 똑똑한 게 아니라 천재라고 불릴 자격이 있다고 생각한다. 그것도 정신적으로 아주 온전한 천재다." 트럼프를 비판하는 이들은 그가 자기중심적인지, 거짓말을 하는지, 모순을 영리하게 에둘러 얘기하는 건지, 비아냥거리는 건지, 철이 안 들었는지, 순진한 건지, 뛰어난 화술을 보이는 건지—전부인지 아니면 이 중 어디에도 해당되지 않는지를 두고 갑론을박했다.

트럼프가 좀 더 거물급 표적을 노리고 공격할 때는 과장과 거친 표현으로 언론을 경악하게 했다. 김정은이 미국을 위협하자 트럼프는 김정은보다 정신적으로 훨씬 불안정해 보이려고 했다. "북한 지도자 김정은이 방금 '내 책상 위에는 항상 핵단추가 놓여 있다'고 했다. 파산하고 굶주린 정권에서 일하는 누가 김정은에게 얘기 좀 해주기 바란다. 내 핵단추는 김정은의 핵단추보다 더 크고 막강하다. 게다가 내 핵단추는 제대로 작동한다고!"

이런 허장성세가 야기하는 혼돈이 트럼프의 대통령 국정수행 역량을 추락시켰을까? 적어도 당장은 그렇지 않았다. 2018년 3월 말 무렵 여론조사에서 트럼프의 지지율은 변하지 않거나 상승했다—그리고 초여름 무렵 북한 위기를 잘 다루고 경기가 회복한 데 힘입어 트럼프의 지지율은 몇몇 여론조사에서 거의 50퍼센트에 육박했다. 2018년 6월 중엽 무렵, 트럼프는 버락 오바마가 집권했던 같은 시기에 보였던 지지율과 비슷해졌다. 9월 5일 "익명"의 인물이

〈뉴욕타임스〉에 기고한 글이 공개되고, 밥 우드워드의 폭로성 책 『공포』가 발간되고, 브렛 캐버너 대법관 인준 청문회에서 소동이 일고, 2018년 중간선거에서 하원이 40석을 잃는 등 여러 가지 요인들이 겹치면서 트럼프의 지지율은 다시 하락했다.

그러나 트럼프는 자기 행동이 "대통령다운"지에 대해서 개의치 않는 듯하다. 앞서 살펴본 바와 같이 그런 수식어 자체가 그에게는 낯설다. 그는 자신이 트윗으로 분노를 토해내면 다른 사람들이나 대중에게 어떤 영향을 미칠지에 대해 걱정하지 않는다. 그는 해고와 채용을 밥 먹듯이 하면서 선거유세에서 자기를 비판한 사람들에게 반격을 하면 자기 위상에 어떤 영향을 미치고 본인의 자신감 부족이나 불안감을 드러내는 창피한 언행이라고 비춰지지 않을지에 대해 크게 개의치 않는 듯하다. 한편 워싱턴 정가의 언론계는 서부영화에서 악당들이 영웅을 궁지에 몰아넣듯이 점점 트럼프를 옥죄어오고 있었다. 악당들이 점점 거리를 좁혀오면서 영웅을 옴짝달싹못하게 궁지에 몰아넣으면서 영웅은 악당들과의 정면대결을 피하고 떠나든가 불꽃 튀게 한 판 벌이면서 장렬하게 전사하든가 양자택일밖에는 선택의 여지가 없는 순간이 다가오고 있었다.

부시와 오바마 두 행정부의 가장 눈부신 업적은 국가부채를 두 배로 늘렸다는 사실이다. 연거푸 두 차례. 역대 3명의 대통령들은 북한이 힘을 키우도록 도와주었고 그 결과 핵무기를 장착한 미사일이 미국 서부 해안을 겨냥하고 있다. 기득권 계층을 대변하는 권위 있는 외교정책 학술지—〈포린 어페어스〉, 〈포린 폴리시〉, 〈내셔널 인터레스트〉 등등—를 다시 읽어보면 지나치게 생각이 많은 학자들과 전직 외교관들이 북한은 너무 복잡하고 사실에 어긋나고 상호 모순되는 추측이 네 겹 다섯 겹 층을 이루는 난제라는 주장이 여행경비 500달러 환불을 두고 갑론을박하다 교착상태에 빠진 부서 회의에서 탁상공론하는 이들이 하는 말처럼 들린다. 2019년 이란이 호르무즈 해협에서 유조선을 납치하면서, 이란이 핵 협정에서 한 약속을 지키리라고 믿으면 안 된다고 한 트럼프가 옳았음을 유럽에게 증명해 보였다.

지난 25년 동안 말쑥하고 품격 있는 외교관들은 김정은을 상대로 "로켓놀이하는 꼬마"라고 놀리는 발언은 감히 입에도 올리지 못했고, 북한과 끊임없이 협상했지만 연달아 판판이 뒤통수를 맞았다. 미국의 세 행정부가 북한에 핵을 확산시키지 말든가 비핵화하든가 얌전하게 구는 대가로 대대적인 지원을 했다. 그러나 이런 모든 시도는 실패했고 핵무기 개발이라는 치명적인 결과를 초래했다.

30년 동안 외교적 관행에 따라 중국이 상습적으로 무역 규정을 위반하는 데도 유화적으로 대한 결과, 풍요로워진 중국이 법을 존중하는 서구 민주주의 진영의 품에 안겼나? 중국 전문가라는 리버럴 성향의 인사들은 왜 갑자기 2019년에 중국을 격렬하게 비판하고 나섰나? 중국의 끔찍한 교화소, 무슬림 소수자들에 대한 처참한 대우, 중국 국민을 첨단 기술로 감시하는 전체주의적인 행태에 대해 목소리를 높이면서 말이다. 트럼프가 등장하기 전에는 왜 그런 우려를 강하게 표명하지 않았나?

이스라엘과 페르시아만 지역의 온건한 성향의 왕실들, 이집트, 요르단과는 거리를 두고 반미적인 신정체제 이란과 협정을 맺고 예우를 갖추면 이란의 힘과 역사를 인정해주지 않는다고 짜증을 내는 이란의 심정에 서구 진영이 공감한다고 이란이 생각하게 되리라고 생각했나? 기존의 외교정책 가운데 최악인 정책들만 한데 모아놓은 러시아와의 관계 "재설정"은 얼마나 현명한 정책이었나? 러시아가 인권을 위반한다고 끊임없이 비판하면서 러시아의 군사행동과 도발에 대해서는 눈감아주지 않았나? "부를 나누자."라거나 사업가들을 향해 "당신이 이룬 게 아니라 누구 덕에 이룬 것이다."라며 오바마는 품격 있는 담론을 제시하면서 통화량을 어마어마하게 늘리고, 이자율을 0으로 만들고, 대대적으로 새로운 규제를 만들고, 경제 활성화 정책을 펴고, 의료보험을 사실상 국유화하고, 정부 추진 사업의 일자리를 늘렸지만, 연간 3퍼센트 경제성장률을 달성하지 못하게 되자 그의 경제정책 보좌진은 미국이 그 정도 성장률을 달성하기가 이제는 구조적으로 불가능하다고 발표했다.

상대적으로 절박한 처지에 놓인 절반의 미국인들은 엘리트 계층이 국세청, 연방수사국, 법무부, 국가안보국을 무기 삼아 문건을 날조하고 당파적인 편파성을 드러내고 미국 국민의 인권을 위반해도 개의치 않는 정부를 뜯어고치려면 시류에 영합하는 전문 관료들로는 어림도 없겠다고 생각하게 되었다. 얼마나 절박했으면 집안 청소를 말끔히 한 후 미련 없이 떠날, 굴러온 돌 트럼프를 환영했겠는가.

중국이 미국의 기술을 강제로 이전받았다는 사실이 널리 인정되었지만 오바마는 중국과 맞붙을 생각이 없었다. 중국은 스프래틀리 군도를 점령해 군사기지화하고 남중국해를 오가는 해상교통을 통제하는 대담한 짓을 했지만 오바마 행정부 관리들은 아무런 조치도 취하지 않았으며, 방위비를 증액하겠다는 약속을 상습적으로 어겨온 북대서양조약기구 동맹국들에 대해 불평만 하고 어떻게 해보려는 노력도 하지 않았다. 오바마 본인은 북한이 미국 서부 해안 도시들을 타격할 역량을 확보하는 데도 못 본 척했다. 그는 멕시코가 의도적으로 미국으로 인력을 송출하고 그들이 본국으로 송금하는 300억 달러의 이득을 보는 정책을 펴는데도 멕시코와 한판 붙을 의지도 없었고, 대체로 구속력도 없는 공허한 내용이 담긴 기후변화협약을 두고 유럽연합과 맞붙지도 않았다. 중국, 멕시코, 독일과의 무역에서 어마어마한 적자가 나는데도 오바마는 크게 개의치 않았다.

우리가 제기해야 할 도덕적 의문은 총잡이 트럼프가 문명화될 수 있는지 혹은 (현재의 맥락에서 "대통령다운" 처신을 하는 정상인이 된다는 의미로 규정되는) 문명화되어야 하는지 여부가 아니다. 핵심적인 문제는 그가, 거칠더라도, 마침 적기에 대통령이 되었으니 해야 할 일을 할 수 있는지 여부다. 변방지역의 농부들은 선량한 이들이었지만 절박한 위기 상황에서 셰인 없이 기존의 관행을 따르는 해법으로 문제를 해결할 수 있었을까? 멕시코 농부들은 황야의 7인을 대체할 현실적인 대안이 없었다. 해들리빌 마을의 원로들은 윌 케인 보안관 말고는 마땅한 해결책이 없었다. 자존심이 하늘을 찌르는 아가멤논도 건방지고 위험한 아킬레우스 없이는 "학살자 헥토르"를 제거할 엄두도 내지 못했을지 모른다.

트럼프의 딜레마는 경제와 외교 정책에서 이룬 성공으로 어느 시점에 가서 태평성대라는 분위기가 조성되면 유권자들이 메시지보다는 메신저인 트럼프를 재평가하는 사치를 누리게 될지 모른다는 점이다. 이는 처음부터 쭉 그가 처한 딜레마였다. 어찌 보면 2020년은 경제가 호황을 누리고 미국이 해외에서 국민이 호응하지 않는 전쟁을 치르지 않는 상태에서 삶에 만족한 유권자들이 트럼프가 날리는 트윗과 거친 발언에 관심을 집중하는 선거로 면모를 갖추고 있는지도 모른다. 다시 말해서, 거친 언행에는 대가가 따르고 그 대가는 더 이상 거친 언행을 용납하지 않겠다는 결과로 이어질지 모른다. 비극적인 영웅은 위협이 제거된 직후뿐만 아니라 위협이 곧 사라지리라는 첫 징후만 보여도 마을에서 추방되리라는 사실을 깨닫는다. 예외 없이. 문명화된 사회가 거칠다고 인식하는 비극적 영웅은 평화로운 시기가 찾아오면 애초에 그런 비극적 영웅을 불러들인 위협 못지않게 비위에 거슬리기 때문이다.

한마디로 미국은 트럼프 대통령이 임기 동안 일으키는 화재와 자욱한 연기를 더 이상 견딜 수 없다고 생각할지 모른다. 그러나 지난 16년 동안 미국이 나아가던 방향을 생각해보면 절반의 미국인, 악당을 무찌를 영웅을 기다리는 절박한 처지에 놓인 서부영화의 마을 사람들은 미심쩍은 과거를 지닌 굴러온 돌이라고 해도 말을 타고 마을에 나타나 대부분의 정상적인 정치인들은 하지 않으려 할 뿐만 아니라 할 엄두도 내지 못하는 일들을 해치워주기를 바란다. 영웅이 부상을 입고 무대에서 퇴장해 석양 속으로 홀연히 사라지면서 대부분의 마을 사람들이 안도의 한숨을 내쉬고 몇몇 사람은 아쉬워하는 상황이 오기 전까지는 말이다.

후보 트럼프 그리고 이제 대통령 트럼프에 대한 끊임없는 비판, 트럼프의 한결같은 트윗과 선거유세에서 "가짜뉴스"를 퍼뜨리는 언론매체에 대한 반격, 좌익으로 새롭게 태어난 민주당, 트럼프 절대불가 입장인 공화당 기득권세력, 진보주의자가 장악한 문화계로 인해 트럼프가 국정수행에서 얻은 성적은 묻혀버리기 일쑤다. 그러나 트럼프가 임기 첫 3년 동안 대단한 업적을 이루었다는 사실은 부인할 수 없다. 다음 장에서 살펴보겠지만, 트럼프는 미국을 풍요롭게 만들었고, 전후 세계질서를 붕괴시키기는커녕 해외에서 미국의 힘과 영향력을 회복시켰다.

12

트럼프 씨
워싱턴에 가다[34]

트럼프는—자기중심적이고 주의가 산만하고, 비판을 받으면 화가 나서 펄펄 뛰는 방법밖에는 어떻게 대처해야 할지 모르는 등—상궤를 벗어난 성격적 결함이 많기는 하나 다행스럽게도 미국에서는 모든 게 대통령 한 사람에게 달려 있지는 않다. 재선은 된다고 치고, 설사 78세에 그가 3선까지도 바라볼 수 있다고 생각하는 노인이라고 하더라도 말이다.

—『트럼프의 임기 첫해Trump' s First Year』, 마이클 넬슨

도 널드 트럼프가 임기 첫 3년 동안 이룬 업적은 대부분의 대통령들의 경우와 마찬가지로 나라 안으로는 경제 부문에서의 성과에서부터 나라 밖으로는 외교에서 보인 수완에 이르기까지 수많은 다양한 기준을 바탕으로 평가할 수 있다. 의회에서 통과시킨 법, 대통령 행정명령, 각 부서의 정책, 사법, 경제, 정치 부문에서 임명한 인사들, 당의 의석수 득실, 국가가 지향하는 목적의식이나 그 부재 등과 지지율도 평가 기준이 된다. 백악관 전략수석을 지낸 스티브 배넌은 자기 사무실에 화이트보드를 두고 한쪽에는 선거운동 할 때 약속한 공약을, 다른 한쪽에는 취임 후 약속대로 실행한 선거공약을 기록해두었다고 한다.

2019년 늦여름 무렵 미국의 현 상황에 대해 두 가지 의문이 제기되었다. 첫째, 2016년보다 상황이 나아졌는가 아니면 악화되었나? 둘째, 변화가 있었다면 트럼프 대통령이 어느 정도나 그 변화에 책임이 있는가?

첫 번째 의문에 대한 답변은 아래 제시되어 있다. 두 번째 의문은 트럼프와 오바마의 극명한 대조를 통해 쉽게 판단을 내릴 수 있다. 오바마가 중도 성향인 빌 클린턴과는 다르듯이 트럼프는 기득권층인 부시 대통령과 다르다. 사실 트럼프와 오바마의 공약은 극과 극이다. 오바마가 한 일을 트럼프는 용의주도하게 무위로 돌렸다. 적정부담보험 법안부터 이란협정에 이르기까지 말이다.

오바마가 내린 행정명령마다 족족 트럼프는 또 다른 행정명령으로 뒤엎었다. 오바마가 정적을 번지르르한 언변으로 폄하할 때마다 트럼프의 반격은 한층 거칠고 날카로워졌다. 오바마는 경제를 관리하려고 했다. 트럼프는 경제를 해방시키려 했다. 오바마는 인간의 본성을 바꿀 수 있다고 믿었다. 트럼프는 인간의 본성에 대해 비관적이었다. 그리고 이러한 시각에 따라 아군과 적군을 대했다. 다시 말해서 트럼프 대통령은 국정수행의 틀을 2009~2017년의 안티테제로 짰고 두 행정부 하에서 어느 쪽이 나았는지 국민에게 직접 판단하도록 맡겼다.

경제적으로 보면 어느 쪽이 나았는지 평가는 자명하다. 2018년 여름 무렵부터 그리고 2019년 내내 각종 경제지표들은 지속적으로 향상되고 있었고 국민들도 근 몇 십 년 동안 보지 못한 정도로 개선되고 있다고 체감했다. 경제는 트럼프 행정부 첫 18개월 동안, 2009년부터 2016년까지 오바마 임기의 그 어느 기간과 비교해도 훨씬 빠르게 성장했다. 2018년 1사분기에 기업투자는 거의 40퍼센트 증가했다. 트럼프 임기 첫 500일 끝 무렵에는 트럼프를 비판하는 이들과 지지자들 공히 경제가 21세기 들어서 본 적이 없는 수준으로 성장하고 있다는 데 의견이 일치했다.

국내총생산은 지속적으로 확대되어 연간 3퍼센트를 훌쩍 넘었고 이는 오바마 행정부 동안 단 한 해도 달성하지 못한 진전이다. 2018년 2사분기 동안 국민총생산 성장률은 놀랍게도 4.1퍼센트에 달했다. 실업률은 그냥 낮은 수준이 아니라 2017년 12월 무렵 평화 시기로는 거의 기록적인 4.1퍼센트로 10년 만에 최저를 기록했다. 2018년 5월 무렵 실업률은 더 떨어져 39퍼센트—21세기 들어 최저—를 기록했고 이는 곧 37퍼센트로 추락한 후 2019년 여름 내내 그 수준에 머물렀다.

10여 개 주가 역사상 최저 실업률(2~3퍼센트)를 기록했다고 발표했다. 캘리포니아는 실업률을 측정하기 시작한 이후 처음으로 4.1퍼센트 실업률을 보였다. 트럼프를 비판하는 이들은 이제 경기침체를 경고하던 입장에서 완전히 돌변해 물가가 폭등하다가 결국 거품이 꺼지게 된다고 호들갑을 떨었다.

노동참여율은 63퍼센트에 도달했다. 15년 만에 최고였다. 2018년 3월 무렵 주간 실업수당 신청률은 48년 만에 최저였다. 트럼프 임기 첫 2년 동안 푸드스탬프에 의존하는 미국인이 200만 명이 줄어들면서 거의 경제적 기적에 가까운 현상이 일어났지만 주류언론에서는 거의 다루지 않았다.

그러나 미국인들은 주변의 사례들을 통해 통계자료가 정확하다는 사실을 직접 체감하고 있었다. 길에 교통량도 늘었다. 상점들은 훨씬 북적거렸고 일손

구하기가 더 힘들어졌다. 도처에 새로운 건설 현장이 눈에 띄고 기업 활동이 활발해지면서 경기침체보다는 물가상승의 우려가 높아졌다. 산업이 몰락한 중서부에서조차 과거에 활기를 잃었던 작은 마을에서 "일손 구함"이라는 푯말이 등장했다.

여론조사를 보면 경제적인 희소식으로 트럼프의 경제정책에 반대하는 민주당의 정치적 입지가 어느 정도 약해졌다. 미국이 놀라운 정치적인 변신을 했던 1983년 11월부터 1984년 11월 사이의 기간 초기와 비슷하다는 주장이 제기되었다. 당시에 대부분의 사람들이 레이건 임기 중 국내총생산이 연평균 7퍼센트 성장률을 기록하면서 "낙수 효과"를 강조한 레이거노믹스를 "미국에 찾아온 아침(Morning in America)"이라는 선거구호로 바꾸면서 1984년 재선에 성공했다는 데 동의한다. 2020년 민주당 예비선거에 출마한 후보들은 "불평등"과 "부자 감세"를 맹렬히 비판했다. 그러나 실제로 대중이 체감할 만한 정책과 관련해서 민주당은 트럼프의 경제정책에 맞설 구체적인 새로운 제안을 거의 내놓지 못했다.

트럼프의 발언과 중국과의 대결로 주가지수가 급격히 오르내리며 요동을 쳤지만 대체로 그의 행동을 보고 안심하게 되면서 적어도 30퍼센트가 올라 2017년 7월 이후로 최고치를 기록했다. 반 트럼프 정서로 똘똘 뭉쳐 경제에 대해 비관론을 편 〈뉴욕타임스〉 칼럼니스트이자 노벨경제학상 수상자인 폴 크루그먼의 예측은 완전히 빗나갔다. 대선 직후 그는 주식시장이 다시는 회복하지 못한다고 예측했었다. 크루그먼은 경제가 거의 가망이 없다면서 이에 대해 책임을 질 사람은 도널드 트럼프라고 했다. "시장이 언제 회복되느냐고 묻는다면, 절대로 회복되지 않는다는 게 정답이다. 세계적으로 경제 불황이 일어날 가능성이 높고 그 불황은 언제 끝날지 기약이 없다. 운이 좋을 수도 있다. 그러나 경제 부문에서도, 다른 모든 부문과 마찬가지로, 최악의 사태가 발생했다." 권위 있는 경제학자 래리 서머스도 트럼프가 3퍼센트 경제성장을 달성하겠다고 장담한 발언에 대해 "빠진 치아를 베개 밑에 묻어두면 돈으로 바꿔준다는 요정 이야기와 어리석은 공급 측면 경제학"을 믿는 이들이나 할 말이라고 비판했다.

그렇다면 놀라운 경제성장에 도널드 트럼프가 실제로 기여한 바는 얼마나 될까? 2018년 9월 은퇴한 후 조용히 지내던 버락 오바마 전 대통령은 중간선거를 몇 주 앞두고 선거유세 현장에 나타나 트럼프를 비판했다. 오바마는 트럼프가 경제를 회생시키는 데 성공했다는 사실을 부인하는 대신 그게 자기 덕이라고 주장하는 해괴한 논리를 폈다. 대통령이 임기 첫 2년 동안 이루는 업적이 대단히 성공적이라면 이는 사실상 그 전임자의 덕이라는 논리였다. 2019년 여름 무렵, 트럼프는 중국이 환율을 조작한다면서 중국 상품에 대한 관세를 한층 높였다. "전문가"들은 트럼프가 경제를 추락시킨다고 또다시 예측했다. 중국이 트럼프 행정부 동안 버티면서 2020년 재선에 실패하기를 바라고 있다고도 했다. 중국에 있는 서구 진영의 기업들이 중국에 있는 생산시설을 동남아시아와 멕시코로 이전하고 미국의 공장들이 더 높은 임금에 추가로 근로자들을 고용하면서 미국 실업률이 최저 수준에 머무르는 상황에서 말이다. 중국이 미국 상품에 대해 보복관세를 부과한다는 비관적인 예측에도 불구하고 소비 지출은 2019년 중엽까지 내내 지속적으로 성장했다.

트럼프의 경기부양책과 세일즈맨 같은 정책 홍보는 오바마 임기 동안 경기 부진으로 억눌렸던 미국인의 야성을 풀어놓았다. 트럼프는 중소기업, 투자자, 기업가, 대기업들에게 적어도 2017년부터 2020년까지는 세금이 인상되지 않고 인하될 가능성이 훨씬 높다는 확실한 메시지를 보냈다. 규제는 늘어나기보다 점점 줄어들 가능성이 높다는 메시지를 보냈다. 미국 정부는 수익을 추구하는 활동을 정부가 규제하고 세금을 부과하고 재분배해야 할 이기적인 행동으로 보지 않고 국민우선주의를 회복할 징후로 보고 권장한다는 메시지를 보냈다. 그리고 트럼프 본인도 일자리를 해외로 이전한 기업들에게 분노하는 한편 일자리를 다시 국내로 들여오는 기업들에 대해서는 찬사를 퍼부었다.

어떤 인상을 주는지도 시대정신도 분명히 중요하다. 2018년 늦봄 무렵 전국 자영업 연맹의 중소기업 낙관적 전망 지수는 16개월 연속해서 거의 기록적으로 높은 수준을 유지했고 2019년 6월까지 내내 강세를 보였다. 대체로 경제정책과 외교정책 모두에서 트럼프는 이제 뭐든 가능하다는 인상을 주는 듯했다. 과거의 교착상태와 진전 없는 갑론을박은 더 이상 걸림돌이 아니었다. 현상 유지를 지혜로 여기던 시절은 지났다. 북극 국립야생생물 보존지역을 개방해 시추를 허용하고, 오바마케어를 폐지하고, 중국과의 무역 조건을 재협상하고, 자본소득과 기업소득세를 삭감했으니 이제 다음에 또 무슨 일을 벌일지 누가 알겠는가?

그러나 심리적인 변화에만 그치지는 않는다. 트럼프는 법안을 통해서, 행정명령으로, 내각 각료 임명을 통해서, 적어도 임기 첫 2년 동안 대통령의 힘으로 할 수 있는 만큼 최대한 경제성장을 이루었다. 트럼프는 행정명령으로 규제를 완화해(임기 첫해가 끝날 무렵 주요 규제철폐 법안이 67개에 이르렀고 2018년 중엽 무렵 총 800개를 넘었다고 알려져 있다), 석유, 천연가스, 석탄 채굴 지역을 늘렸고, 그가 내무부와 환경보호청에 임명한 내각 각료들은 복잡한 행정절차를 대폭 간소화하면서 이 모든 정책들이 복합적으로 작용해 경제가 물 흐르듯 윤활하게 흐르고 경제성장이라는 효과를 낳았다. 트럼프를 비판하는 이들은 그가 규제철폐에 열을 올리자 이를 환경에 대한 실존적인 위협이자 불평등을 조장하는 조치로 보았다. 그의 지지자들은 당장 좋은 일자리가 필요했으므로 탄소배출이나 너무 많은 백만장자와 억만장자가 배출되는 걱정은 나중 일이었다.

공화당이 장악한 의회는 2017년 세금삭감과 일자리창출 법안을 통과시켰다. 세법을 간소화하고 재조정하자 리버럴 성향의 싱크탱크들, 대학 경제학과 학자들, 민주당 정치인들은 펄펄 뛰었다. 그들은 새로운 법으로 적자가 폭증하고 2025년에는 그 효력을 다해서 아무런 효과도 내지 못하게 되며, 불평등을 가중시키고 경제성장에는 아무런 도움도 되지 못한다며 온갖 주장을 펼쳤다. 몇 가지는 그들의 주장이 맞았을지도 모르지만(부채가 증가했다), 감세가—트럼프의 경제공약의 가장 중요한 목표인—경제성장을 견인하지 못했다는 주장은 전적으로 틀리다.

거의 모든 소득 구간에서 세금이 인하되었다. 부부에 대한 기본 소득공제액은 두 배가 되었다. 자녀 양육 세금공제도 1000달러에서 2000달러로 두 배가 되었다. 대부분의 근로자들은 가처분 소득이 늘었다. 고용주들은 감가상각 가속화로 과세 대상인 소득이 낮아지는 이득을 누렸고 법인세와 자본이득에서 세금 감면을 받았다. 기업들은 낮은 세율을 이용하기 위해 해외에 두었던 자본을 국내로 들여오기 시작했다. 무엇보다도 근로자의 임금이 2019년까지 내내 연 2~3퍼센트의 성장률을 보였다—개인 소득은 2017-2018년에 연 4~5퍼센트 성장했다. 서비스 부문 종사자들은 2019년 상반기에 임금이 3.8퍼센트 올랐고, 트럭운전사는 39퍼센트 올랐다. 10년 만에 소득 수준이 하위이거나 중간인 근로자 계층의 실질소득이 높아졌다.

크게 손해 본 이들은(의도적으로 그렇게 설계된 정책이다) 민주당 텃밭인 고세율 지역에 거주하는 고소득 봉급 전문직 종사자들인데, 이들은 2018년에 더 이상 자기들이 주정부와 지방 정부에 내는 세금을 연방세금공제로 제할 수 없게 되었다. 그 결과 캘리포니아, 코네티컷, 일리노이, 매사추세츠, 뉴욕 거주자들은 2018년 소득 신고를 할 때 납세액이 상당히 증가했다.

그러나 그들은 대부분 이런 변화에 대해 불평할 도덕적 권리가 없었다. 과거에 부유한 민주당 텃밭에 거주하는 리버럴들은 이념적인 관점에서 전반적인 높은 세율을 지지했고, 특히 부자에게서 세금을 더 많이 걷어서 재분배하고 정부복지 혜택을 늘려 부를 골고루 나누는 데 찬성했다. 트럼프는 빈정거리듯이 그들의 소원을 들어준 셈이다. 비록 이 정책으로 타격을 받는 고세율 지역들은 영원히 민주당을 지지하므로 트럼프의 지지층에게는 타격을 주지 않으리라는 무언의 계산이 깔려 있긴 하지만 말이다.

미국의 가스, 석유, 석탄 생산량도 합해서 역대 최고에 달해 미국은 세계 최대의 화석연료 생산국이 되었다. 그것도 세계 경제가 성장하면서 생산량이 부족해 유가가 배럴당 70달러가 넘은 시기에 말이다. 그러나 카르텔의 담합으로 유가가 인상되어 미국 경제에 타격을 주었던 과거와는 달리 세계 최대의 소비자이자 최대 석유/가스 생산자로서 미국은 고유가로 인해 단순히 손해를 보는 데 그치지 않고 전체적으로 볼 때 고유가의 수혜자이기도 했다.

외교정책 부문에서는 2018년 중엽 무렵까지만 해도 여전히 판단하기는 일렀다. 트럼프는 해외 정세에 관여한다면 하지 않아도 될 선택적인 공격과 개입을 종식시키겠다는 선거공약에 정면으로 배치된다고 생각하고 있었다. 그러나 힘을 강화하겠다는 잭슨주의적 공약에 발맞춰 미국의 억지력을 회복하려면 가끔 반격도 필요했다. 시리아 공습과 아프가니스탄에서 새로운 군사적 개입 규정을 실행하면서 아이시스를 섬멸하고 탈레반 영역을 잠식했다.

그러나 시리아나 아프가니스탄에 계속 지상군을 주둔시키는 정책은 전 세계에 미군을 파병하거나 주둔시켜 내전에 개입하면서 이를 인본주의적 이유든 미국의 장기적 전략적 이해든 두 가지 이유 모두로든 정당화하는 정책은 펴지 않겠다고 한 트럼프의 선거공약에 반하는 결정이었다. 당장은 트럼프가 자기 휘하 장군들의 뜻을 받아들여 아프가니스탄에 미군을 계속 주둔시키고 아이시스를 패퇴시킨 후 시리아에 평화유지군을 계속 두기로 했다. 역대 다른 대통령들이 그랬듯이 그도 중동에서 전투부대를 가능한 한 빨리 철수시키겠다고 공약했지만 말이다.

북한을 상대로 미치광이인 척하는—김정은을 "로켓놀이 하는 꼬마"라고 조롱하며 정신 나간 사람처럼 행동한—트럼프를 보고 불안해진 중국과 북한은 적어도 북한의 핵무기를 협상을 통해 제거하는 문제를 논의하는 지점까지는 끌려왔다. 경제제재가 강화되면서 서서히 북한의 목을 조이고 있고, 그런 북한은 미사일을 쏘기 시작했는데 이는 북한이 절박하다는 징후이자 절실하게 모종의 제재 완화를 바란다는 신호이기도 하다. 비핵화의 대가로 미국은 침공도, 폭격도, 남한 주도의 통일을 권하지도 않겠다고 약속하거나, 어쩌면 북한을 외교적으로 인정하겠다는 제안을 하게 될지도 모른다.

중국은 북한 핵문제에 개입해 벼랑 끝 전술을 포기하게 만들겠다는 의지를 보였다. 내 기억으로는 처음으로 미국이 미중 간의 불균형적인 무역관계를 총체적으로 재점검하겠다는 얘기를 설득력 있게 했기 때문이다. 게다가 트럼프는 과거 대통령들보다 훨씬 노골적으로 중국의 국경지대에 핵무기가 확산될 가능성이라는 망령을 떠올리게 했다. 핵확산 다음 주기에 가면 민주주의 국가인 일본, 대만, 남한, 그리고 미국의 다른 동맹국들도 핵보유국 지위를 얻게 될 가능성이 높고 핵 미사일을 실은 그들의 함대는 완전히 엉뚱한 방향으로 향하게 될지 모른다. 바로 중국과 북한이다. 결국 트럼프는 신임대통령인 자신이 물려받은 현재 상태—중국이 북한이라는 광견병 걸린 핏불의 목줄을 이따금 풀어 미국의 관심을 끌고 미국의 재원을 낭비하게 만들며 희열을 느끼는 상태—는 더 이상 용납되지 않고 지속될 수도 없다는 사실을 중국에 상기시켜주었다.

한편 트럼프는 중국의 환율조작, 기술도용, 특허와 저작권 침해, 덤핑, 체계적인 첩보 활동과 대대적인 무역 불균형 문제를 타개하려는 노력을 계속했다. 그리고 그는 이를 위해 관세부과를 점점 확대해갔고 그의 그런 정책은 중국공산당 못지않게 미국 경제학자들의 비위를 거슬렀다. 야릇하게도 이 문제에 관한 한 미국 안팎에서 트럼프를 상습적으로 비판하는 이들 가운데 그가 중국을 거칠게 대하는 데 대해 입을 다문 이가 거의 없었다. 대부분의 나라들은 상거래에서 편법을 쓰고 상업적인 우위를 정치적, 군사적 지렛대로 활용하려는 어설픈 시도를 하는 중국에 넌더리가 나 있었다. 통상적으로 민주당은 정통 자유무역주의자 공화당원들이 미국 일자리가 없어지는 상황에 대해 무관심하고 중국과 사업해서 수익을 올리는 데 혈안이 되어 있다는 불만을 제기해왔다. 그런데 2020년 대선 민주당 경선후보들은 트럼프의 외교정책을 조목조목 맹렬히 비판하면서도 중국에 대한 트럼프의 강경한 접근방식에 대해서는 희한하게 침묵을 지켰다.

트럼프 취임 후 첫 2년 동안에는 여러 가지 차질도 있었다. 그는 국경 장벽 건설에 필요한 자금을 멕시코가 대게 만들기는커녕 자금을 충분히 마련하지도 못했다. 정부를 셧다운하고, 여러 부서로부터 예산을 갹출하고, 법정에서 끊임없이 싸웠지만 말이다. 불법 이민은 트럼프의 호언장담과 이민법 집행 당국에 힘을 실어주는 행정명령으로 대폭 줄어들 것 같았지만 그런 조치들은 오래 지속되지 못했다. 국경장벽 건설이 의회의 승인을 받지 못한다면 트럼프는 결국 상당한 정치적 손해를 입게 된다. 그가 내세운 간판 공약을 이행하지 못해 지지층이 등을 돌리게 될지도 모르기 때문이다. 특히 부모 따라 미성년일 때 미국으로 불법으로 이주했어도 그동안 성실히 일했다는 증거만 있으면 추방을 면하도록 해주는 다카(DACA) 문제와 외국인 노동자들 문제에 대해 트럼프가 생각을 누그러뜨린다면 말이다.

트럼프는 국경이 개방되어 있는 까닭은 민주당이 인구 구조를 바꾸려는 전략을 추진하고 있고 정체성 정치로 벌어먹는 이들 때문뿐만이 아니라는 사실을 잊은 듯했다. 2017–2019년 공화당 의원들도 값싼 노동력을 요구하는 기업의 이익에 발목잡혀 있었다. 그리고 사회복지 당국은 이 값싼 노동력의 미국 체류를 재정적으로 지원해주고 있었다. 좌우 진영 모두 국경에 장벽을 건설한다는 주장에 경악했다. 해외에서 그리고 역사를 통해서 그런 장애물을 국경에 설치하면 국경이 안전해지는 사례들이 풍부하기 때문이다. 그러나 장벽이 없으면 중앙아메리카에서 연달아서 북상하는 불법 이민자들을 돌려보내기가 어려웠다. 멕시코는 이들을 무사통과시키고 있고 군사력을 동원해 국경에 몰려드는 군중을 해산시키는 광경은 보기에도 좋지 않다. 2019년 여름 무렵 국경을 넘어오는 대규모 불법 이민자들과 외국 국적자 수천 명을 구류하는 문제는 2020년 선거운동의 중요한 이슈로 떠올랐다. 트럼프를 비판하는 이들은 트럼프가 "집단수용소"에 상응하는 "우리"에 아이들을 가둬놓는다고 주장했다. 트럼프는 국경 개방은 장기적인 차원에서 민주당이 인구 구조적 우위를 확보해 선거인단의 구성을 바꾸려는 전략이고, 단기적으로는 트럼프를 외국인을 혐오하는 인종차별주의자이고 잔인하고 비열한 인간이라는 인상을 심어주기 위한 전술이라는 사실을 충분히 인식하지 못하고 있었다. 그러나 민주당은 불법 이민 정책과 관련해 트럼프를 공격함으로써 정치적으로 우위를 점하는 동시에 불법이민에 대한 반감이 만연해 있다는 현실, 특히 경합 주 유권자들의 반감이 크다는 현실을 무시하는 모순된 목표를 달성할 수 없었다.

최근에 있었던 가장 해괴한 정치적 사건은 이렇다. 공화당이 상하 양원을 장악하고 있는데도 대부분의 국민들이 반감을 보이는 적정부담보험 법안을 폐지하지 못했다는 사실이다. 거의 대부분의 공화당 의원들이 공화당이 대통령직을 탈환하고 의회에서 다수 의석을 확보하는 순간 즉시 폐지한다고 선거운동에서 부르짖고 다녔는데 말이다. 작고한 존 매케인은 트럼프에 대한 사적인 원한 때문에 이 법안 철폐에 반대표를 던져 단 한 표 차이로 트럼프의 오바마케어 폐지/개혁 시도를 무산시켰다.

의료보험에서 개인의 의무조항은 신설된 세법에서 제거되었고, 오바마케어의 다른 요소들도 내각 차원의 지침으로 제거되었지만, 트럼프는 지난 몇 년 동안 미국인들이 자신이 가입한 의료보험의 보험료, 본인부담액, 고용주와의 공동부담액 등이 어마어마하게 인상되는 피해를 입은 현실에 대해 아무런 조치도 취할 수 없었다. 본인이 가입한 보험을 보험이라고 할 수 있는지 의구심이 드는 지경에까지 이르렀다. 2020년 무렵 공화당이 오바마케어를 폐지하고 개혁하는 데 실패했지만 이는 2020년 민주당 대선후보로 나선 정치인들이 내세운 공약에 비하면 아무것도 아니었다. 그들은 전 국민 무료보험에서부터 불법 체류자들에 대한 무상의료까지 거의 정신 나간 수준의 사회주의적 공약들을 내세웠다.

2018년과 2019년 예산적자가 치솟았다. 한 해에 적자가 3퍼센트만 증가해도 최종적으로 적자액을 합하면 한 해에 5000억 달러에서 1조 달러 사이에 다다른다는 예측도 있었다. 세금을 삭감하고, 국방예산을 증액하고, 이미 점점 증가하는 복지수혜 비용을 무시하는 기조는 이미 21조 달러의 부채를 지고 있고 하루에 1만 명꼴로 은퇴하는 베이비부머 세대를 부양해야 하는 나라로서는 지속 불가능하다고 간주되어왔다.

트럼프 직전에 연임한 두 대통령은 각각 8년 집권 기간 동안 국가부채를 두 배로 늘렸다. 또 한 차례 그런 대통령을 감당할 여력이 미국에게 있는지는 불분명했다. 적어도 복지수혜 지출을 대대적으로 삭감하고 지출을 자제하고 거의 영구적으로 낮은 이자율을 유지해 예산을 왜곡하지 않고도 어마어마한 빚을 청산하지 않는 한 불가능했다. 경제가 폭풍성장하면서 기록적인 액수의 세수가 발생했는데 그 정도 세수만으로 국내 지출을 대대적으로 삭감하지 않고 적자를 줄일 수 있을지도 불확실했다. 2020년 연방 세수가 400억 달러 늘어났지만 복지지출이 어마어마하게 늘어 2020년 회계연도에 1조 달러에 달하는 예산적자가 발생할 가능성이 높다. 트럼프의 경우, 경제가 살아나면서 재무부가 한 달에 벌어들이는 세수가 기록적인 수준에 달한다고 발표했지만 예산적자 상황에서 크게 긍정적인 변화는 일어나지 않고 있다. 점점 늘어나는 사회안전보장 지출, 메디케어, 메디케이드를 다잡는 데 실패하고 국방비와 국내지출도 인상되었기 때문이다.

트럼프가 이따금 의회를 통해 의지를 관철시키는 데 실패하는 이유는 뭘까?

공화당 대선후보를 뽑는 예비선거에서 경쟁자들과의 불화와 대통령이 되고 난 후 무능한 공화당 의회 지도부에 대한 비판(2018년 초 하원의장 폴 라이언은 은퇴 선언을 했다) 때문에 공화당 의원들의 전폭적인 지지를 얻을 기회를 훼손했기 때문이다. 트럼프가 취임 후 첫 18개월 동안 상당 기간 지지율 50퍼센트를 달성한 적이 없다는 현실을 감안하면 법안을 통과시키기 위해서 의회의 절대적인 지지가 반드시 필요했다. 2017-2018년 상하 양원에서 공화당이 근소한 차이로 의석의 우위를 점하고 있었지만 그 가운데는 변절자와 반 트럼프 성향의 하원의원과 상원의원 몇 명도 있었다. 대통령이 제안한 법안이나 임명한 공직후보에 대해 반대표를 던짐으로써 "원칙적으로" 트럼프에게 맞서겠다는 입장을 표명—예컨대 코커, 플레이크, 매케인, 폴 같은 상원의원—하고 싶은 유혹을 공화당 의회 기득권층은 늘 느꼈다. 트럼프가 지지율 과반을 넘지 못하고 상원에서 가까스로 다수당 지위를 유지하고 있는 공화당과 갈등을 빚고 있는 한은 말이다. 트럼프의 공화당은 2018년 중간선거에서 하원 의석을 40석 잃어 하원 다수당 지위를 민주당에게 빼앗겼지만 상원에서는 두 석을 더 확보해 공화당이 다수당이 되었고 보다 보수 성향이 강한 공화당 의원들이 새로 의회에 진출하면서 상원에서 트럼프의 입지가 단단해졌다. 공교롭게도, 중간선거의 총체적인 결과는 트럼프 임기 첫 2년 동안과 크게 다르지 않았다. 하원은 이제 대놓고 적대적이었지만 상원은 훨씬 트럼프에게 우호적이었다.

앞서 언급한 바와 같이 트럼프의 지지율이 지지부진한 데는 트럼프에 대해 90퍼센트 부정적인 보도를 하는 언론매체의 영향이 컸다. 그러나 그런 편견을 바로잡을 방도는 극히 제한되어 있었다. 2020년 선거에서 공화당의 상원 우위를 유지하고 하원 다수당 지위를 되찾을 정도로 영향력을 확보하려면, 또는 재선된 트럼프 대통령이 의회 지도부와 협력해 의원들을 단결시키고 근소한 차이로 법안을 통과시키려면 트럼프 본인이 의원 개개인을 훨씬 정중하게 예우하거나, 트윗으로 폭탄발언을 하는 버릇을 자제하거나, 지지율을 50퍼센트 이상으로 끌어올리거나, 경제정책과 외교정책에서 혁혁한 성과를 거두고 그 여세를 몰아 트럼프에게 맞서면 정치적으로 어리석은 행위임을 입증해야 한다.

그러나 정치계 인사들은 트럼프가 경제정책과 외교정책에서 얻은 높은 지지가 크게 영향력 없는 인사들이 트럼프를 비판하면 인신공격성 발언을 함으로써 상쇄되는지, 트럼프 행정부가 아무리 국정수행을 훌륭하게 해내고 아무리 발언을 신중하게 하고 트윗을 자제한다고 해도 트럼프 본인의 지지율이 50퍼센트를 넘기에는 역부족인지 판단할 수가 없었다.

트럼프 국정수행에서 가장 큰 모순 중 하나는 트럼프가 대통령 직책에 부적격이라는 비난을 받는데도 보좌진이나 내각 각료들, 특히 국가안보 문제와 관련해 뛰어난 인재들을 등용한다는 사실이다. 간단히 말해서 트럼프는 기득권층(establishment)을 불신하고 종종 그들로부터 불신을 받지만 탄탄한 자격요건을 갖춘, 내부사정을 잘 아는 외부인들을 잘 찾아냈다.

2018년 12월 사임한 제임스 매티스 국방장관은 버락 오바마 행정부에서 중앙사령부 사령관으로 근무하다가 해고당했다. 전화 한 통도 없이. 그러나 2013년 퇴역할 당시, 그는 미국 최고의 4성 장군으로 간주되었었다. 트럼프의 세 번째 국가안보보좌관 존 볼턴은 2005년 상원이 휴회했을 때 조지 W. 부시 대통령이 유엔대사에 임명했지만 2006년 개회하면서 상원의 인준을 받는 데 실패해 물러났다. 볼턴은 민주당이 경멸하는 인사일지는 모르지만 지식 없거나 무능해서는 아니다.

할 말을 거리낌 없이 하는 니키 헤일리 유엔대사는 2018년 말을 기해 물러난다고 발표했는데 그녀는 한때 진 커크패트릭 유엔대사가 했던 역할을 재현했다. 그녀는 커크패트릭보다 지식에서는 경량급이었으나 더 젊고 사우스캐롤라이나에서 2차례 주지사를 지낸 정치 감각으로 이를 상쇄하고도 남았으며 재치 있는 즉답과 강인함에 있어서는 커크패트릭 못지않았다. 트럼프의 두 번째 국무장관 마이크 폼페이오는 이란협정에 거리낌 없이 반대의사를 표명하고 기독교 복음주의자임을 당당히 내세워 그의 인준에 찬성한 민주당 상원의원이 겨우 7명에 불과했다. 그러나 폼페이오의 이력은 그 폭에 있어서 타의 추종을 불허한다. 육군사관학교 수석졸업에, 육군 대위, 하버드 법학대학원 졸업, 기업가, 네 차례 하원의원 당선, 중앙정보국 국장을 지냈다.

트럼프는 과거 공화당 행정부로부터 제대로 평가를 받지 못한, 경륜과 재능 있는 보수주의자들이 많다는 사실을 깨달았다. 그가 외교정책 부문에 영입한 네 사람이 지닌 공통점은 거리낌 없이 발언하고 솔직하다는 점이었고 이 때문에 과거에 곤혹을 치르기도 했고 바로 이 점이 트럼프의 호감을 샀다—한 동안은.

취임한 지 거의 3년이 지나면서 트럼프는 수많은 워싱턴 정가의 고정관념을 깨버렸고 지금까지 고수되어온 원칙들을 파기했다. 크게 중요하지 않은 사소한 원칙에서부터 생사가 걸린 중요한 원칙에 이르기까지(팔레스타인인은 "난민"이라는 원칙, 국제사법재판소와 협력할 가치가 있다는 원칙, 파리기후변화협약은 중요하다는 원칙, 러시아가 미사일협정을 준수하리라고 믿어도 된다는 원칙) 다양했다. 이 때문에 과거 역대 대통령들 때는 없었던 논란에 휘말렸다. 트럼프주의는 행정부의 교체나 공화당의 부흥으로 인식되지 않았다는 사실을 기억하라. 트럼프주의는 워싱턴 정치의 문화적 환경과 무관하고 기여한 바도 없는 누군가가 엘리트 기득권층이 서식하는 "늪지대"의 양당 전체의 문화를 공격한다는 개념으로 인식되었다. 그런 의미에서 언론매체와 문화적 엘리트 계층은 트럼프와 그가 상징하는 바를 충분히 두려워할 만했다. 그는 보수주의의 부흥은커녕 보수주의적 혁신도 아니고 본인이 생각하기에 오래전에 무너뜨렸어야 할 대상을 파괴한 다음 재건은 다른 이들에게 맡기고 떠날 건물철거용 쇠망치 같은 존재였다. 성역은 없었고 미식축구연맹에서부터 북대서양조약기구 방위비 분담금에 이르기까지 트럼프의 변화의 손길을 피해갈 정도로 중요하지 않은 문제는 아무것도 없었다.

트럼프가 당선되고 난 후 토크쇼 진행자 오프라 윈프리에서부터 억만장자 마크 큐번에 이르기까지 온갖 유명 인사들이 2020년 대선후보로 거론된다는 소문이 무성했다. (2018년 중간선거에서 공화당 후보들을 떨어뜨리려고 어마어마한 자금을 쏟아부은) 마이클 블룸버그 같은 주요 도시 시장들도 출마를 고심했다. 트럼프를 비판하는 이들은 트럼프의 격조 없는 행동거지 때문에 대중이 분노해서 이제는 거의 누가 대통령에 당선되어도 트럼프보다 잘하리라고 생각하게 되었다고 말했다. 트럼프 지지자들은 트럼프가 딥스테이트 직업정치인들보다 못할 게 하나도 없고 국민을 섬기는 공복이라는 상실된 개념을 회복하는 데 기여했다고 반박했다. 버락 오바마나 힐러리 클린턴이 인종 장벽과 젠더 장벽을 무너뜨린다는 말이 무성했지만 대통령이 되는 길을 가로막는 가장 강력한 장벽을 깨뜨릴 생각은 아무도 하지 않았다. 군복무 경험이나 정치적인 선출직을 맡았던 경험이 전혀 없다는 장벽 말이다. 2019년에 미국에서 가장 인기 있는 여성이었다는 미셸 오바마는 2020년 트럼프의 대항마로 거론되었다. 베스트셀러가 된 그녀의 회고록과 오바마의 비교적 조용했던 임기 마지막 해에 대한 향수와 2020년 선거가 1972년과 1984년 강경한 좌익이 발호했던 상황으로 향하고 있다는 민주당 기득권층의 우려 등 여러 가지 이유에서다.

결국 대통령직에 도달하기 전까지 반드시 탄탄대로—하원의원, 상원의원, 혹은 주지사—를 거쳐야 한다는 인식은 파기되었다. 트럼프는 당대의 가장 경륜 있고 자금력이 막강하고 인맥이 넓은 민주당 후보를 패배시키면서, 군복무 경력이나 정치 경험이 전혀 없어도 유명인이라면 이론상으로는 누구든 선출될 수 있음을 입증했다. 워싱턴은 이에 경악했고 절반의 미국인들은 해방감을 느꼈다.

과거 행정부들 사이에 인기를 누렸던 워싱턴의 문화적, 정치적 기관들은 대부분 트럼프가 취임 후 거친 독설을 트윗으로 즉흥적으로 내뱉은 2년 동안 입지가 추락했다. 할리우드, 대학, 미식축구연맹의 인기와 언론매체에 대한 대중의 신뢰는 한층 더 추락했다—이러한 집단에 속한 이들이 트럼프에게 광적으로 집착하면 할수록 그들의 인기와 신뢰도는 더욱더 떨어졌다.

그런 광란극의 한 사례를 들어보자. 104년 전통을 자랑하는 백악관 출입기자단 만찬을 트럼프는 계속 불참하고 있다. 이 연례행사에서는 대통령이 적대적인 백악관 출입기자들과 농담을 주고받는다. 그러나 언론이 보도하는 백악관 관련 기사는 대부분 부정적인 데 그치지 않고 이제는 거의 광란극 수준이라는 사실을 트럼프는 잘 알고 있다. 이 행사는 오래전에 배우, 운동선수, 유명인이라면 사족을 못 쓰는 언론인들과 정치인들이 서로 잡담이나 주고받는 행사로 전락했다. 언론매체와 연예계 주관으로 보수주의자들을 조롱거리로 만드는 게 전부인 알맹이 없는 전통으로 전락했다.

트럼프는 2017년과 2018년 만찬을 모두 불참했고 이러한 불참을 자신에게 유리하게 이용했다. 엘리트 언론인들이 저속한 농담을 하고 보수주의자들의 외모를 비하하고, 서로서로에게 자신이 얼마나 정치적으로 품위 있고 미덕이 있는지 과시하는 동안, 트럼프는 미국의 중심부로 가서 "한심한 종자들"과 어울리면서 언론인들의 무절제한 탐닉을 후려쳤다. "오늘밤 이 행사 말고 또 다른 행사에 초대를 받았다. 바로 백악관 출입기자단 만찬이다. 하지만 나는 워싱턴 DC보다 미시간주 워싱턴에 있는 편이 훨씬 좋다. 지금처럼. 장담한다."

트럼프는 임기 첫 3년 동안 점점 더 공격의 수위를 높였고 지난 반세기 동안 리버럴이 당연시해왔던 고정관념과 원칙들을 총체적으로 깨부술 방법을 모색했다. 그는 워싱턴의 엘리트 언론매체의 권위를 무너뜨릴 방법을 모색했다. 그들은 진정으로 능력과 자격 있는 엘리트가 아니라 대부분이 편파적인 리버럴 집단사고에 빠져 끼리끼리 어울리는 별 볼일 없는 존재들이었다. 그는 "인권" 운동 세력도 공격했다. 진보주의자들이 장악한 정부 하에서 전후에 수조 달러의 지원을 받았으면서도 도심 빈민가들은 예전보다 여건이 악화되었다고 주장했다. 그리고 이런 비판을 해도 그리고 이런 비판을 인종차별이라고 선제적으로 공격함으로써 과거에 공격당하지 않고 보호받아온 소수인종 지도부를 비판해도 더 이상 인종차별주의가 아니었다. 트럼프는 초당적인 외교정책 기득권 세력이 이란에 대해 내린 판단이 틀렸고, 이스라엘에 대한 정책도 틀렸으며, 중국에 대한 정책도 실패했다고 주장하는 한편 그들이 이길 수도 없고 참전할 가치도 없는 전쟁에 미국을 끌어들였다고 비판했다. 그는 프로 운동선수와 유명인을 상대로 계급투쟁을 전개했고 그들의 반미 성향을 고생 모르고 산 버릇없는 부자들의 투정이고 그들이 취하는 리버럴 신념은 대부분 빛 좋은 개살구일 뿐이라고 조롱했다. 싸움꾼 트럼프는 당대의 지혜와 경외의 대상이란 대상은 모조리 조롱하고, 신성시하는 대상을 깨부수고, 거짓 우상을 타파했다. 그러다가 친구와 지지자를 잃어도 개의치 않았다. 문화적, 사회적, 경제적, 정치적 전선 등 수없이 다양한 여러 전선에서, 실존적 문제든 사소한 문제든 가리지 않고 언론매체와 대학에서부터 초당적인 정치적 엘리트 계층과 그들과 초록은 동색인 해외 엘리트 계층에 이르기까지 그토록 수많은 막강한 현상유지 기득권세력을 상대로 투쟁을 한 대통령은 지금까지 없었다.

트럼프는 비주류 블로거와 무명의 기자들을 백악관 브리핑에 참석시켰다. 그는 정규 기자회견을 거르고 기자들이 모여 있는 생소한 장소에 뜬금없이 나타나 즉석에서 질의응답을 했다. 루즈벨트 대통령이 라디오를 통해 담화를 노변정담(爐邊情談)[35]했듯이 트럼프는 날마다 대중을 상대로 트윗을 날리고 백악관을 드나들 때 마주치는 기자가 자신을 향해 목청껏 소리 높여 질문을 하면 거의 어떤 질문에 대해서도 답변을 했다. 그는 내각 회의의 형식과 내용을 직접 주관했다. 마치 리얼리티 쇼 〈어프렌티스〉를 촬영하듯이 말이다. 리얼리티 TV 시대에 미국인은 진짜 현실과 가공해서 보여주는 현실을 쉽게 구분하지 못한다는 사실을 트럼프는 알고 있었다.

선거철이면 대통령은 누구든 선거유세를 했다. 그러나 오로지 트럼프만 2016년 선거기간이 끝나고 한참 지나서도 쉬지 않고 선거유세를 했다. 경합주에서 사전에 잘 짜인 포퓰리스트 단합대회 같은 선거유세가 계속되었는데, 이런 유세에서 트럼프는 워싱턴에서 마주치는 엘리트 계층이 여전히 트럼프의 승리에 짜증이 나 있는 만큼이나 자신을 뽑아준 국민들도 여전히 트럼프의 승리에 열광하고 있다는 사실을 온 나라에 상기시켜주었다. 미시간, 오하이오, 펜실베이니아에서 열리는 이 모든 선거유세의 저변에는 "한심한 종자들"은 "이제 더 이상 참을 필요가 없고" 그들을 "한심한 종자들", "인간쓰레기", "구제불능"이라고 폄하했던 언론매체와 정치 엘리트 계층을 대놓고 조롱해도 된다는 메시지가 깔려 있었다.

트럼프는 "가짜뉴스"를 날마다 맹렬히 비판했다. 하지만 백악관에 대한 보도 열에 아홉은 부정적인 내용이니 대통령으로서는 분개까지는 아니더라도 의심할 충분한 이유가 있었다. 묘하게도 해괴하다고까지는 하지 않더라도 뜻밖의 사태가 전개되면서 트럼프의 이런 저항에 대한 지지를 얻기 시작했다. 2016년 선거기간 동안 이루어진 미심쩍은 행위와 연루되어 재배치되거나 사임하거나 은퇴한 연방수사국과 법무부 관리들의 수가 늘었다. 게다가 때로 몇몇 연방법원 판사들이 매너포트를 기소하고 플린으로부터 자백을 받아내는 과정에서 멀러 특검이 직업윤리를 지켰는지에 대해 의문을 제기하기 시작했다.

명백한 인과관계는 없지만 뉴욕과 워싱턴의 언론매체에 종사하는 수많은 거물급 인사들의 경력이 갑자기 몰락했다. 그리고 언론매체의 전례 없는 맹렬한 비판에도 불구하고 트럼프는 여전히 끄떡없는 반면, 언론계의 수많은 인사들뿐만 아니라 유명 인사와 막강한 법률회사들은 그렇지 못했다. 많은 이들이 트럼프에 대해 강한 역겨움을 표하거나 적어도 못마땅하다는 의견을 표했다. 그러나 2018년 무렵 트럼프를 못마땅해하던 그들 자신도 성희롱이나 성폭행으로 배척당하거나 창피를 당할 지경에 놓였다. 보수와 리버럴을 막론하고 페미니스트의 맹렬한 비판으로 오욕을 당하거나 직장을 잃은 수많은 이들 가운데는 아무도 그들의 평판에 의문을 제기한 적 없는, 진보 성향의 언론 기득권 세력이 있었다. 톰 브로코, 트리스 실리자, 매트 라우어, 라이언 리자, 찰리 로즈, 태비스 스마일리, 그리고 〈폭스뉴스〉의 거물급 보수주의자 빌 오라일리와 에릭 볼링이 있었다. 〈폭스뉴스〉 앵커우먼을 지냈고 트럼프를 맹렬히 비판한 메긴 켈리는 할로윈 변장에 대해 어설픈 발언을 했다가 NBC로부터 해고당했다. 트럼프를 맹렬히 비난한 뉴욕 검찰청장 에릭 슈나이더먼은 여러 명의 여성이 그로부터 성폭행을 당했다는 주장을 제기한 후 사임했다. 트럼프에 집착하면서 원색적인 증오심을 표출한 할리우드 유명 인사들—짐 캐리, 레나 더넘, 새뮤얼 L. 잭슨, 마돈나, 로지 오도널, 로버트 드 니로 등—은 대중적인 인기가 시들해졌다.

한편 트럼프는 진보 진영에서 뜻밖의 인사들로부터 지지를 받았다. 리버럴 성향으로 곧 굴욕을 당한 배우 로잰 바, 래퍼 카니에 웨스트, 새로이 등장한 보수주의자이자 흑인 사회운동가 캔디스 오웬스 같은 이들이다. 트럼프의 민주당 정적들이 가장 두려워하는 점은 그에 대한 지지가 인종에 따라 갈리지 않고 계층에 따라 갈리는 사태였다. 불법 이민을 허용하면 도심 빈민가의 흑인과 2세대 멕시코 이민자들이 일자리를 얻는 데 지장이 있다고 주장하고, 규제를 완화하고 감세하면 좀처럼 일자리를 얻기 힘든 실직자들에게 일자리를 창출하고 소득을 올려준다고 설득하고, 트럼프는 뭔가를 건설하고 근로자들을 고용하고 국산품을 애용하는 것을 좋아한다고 미국 국민들에게 상기시킴으로써, 트럼프는 이론상으로는 미래 어느 시점에 가면 흑인 표의 20퍼센트를 확보하고 어쩌면 라티노 유권자의 40퍼센트 지지를 확보할 수 있다고 생각했다. 적자가 치솟았지만 트럼프는—해마다 대대적인 예산적자를 내는 원흉인—복지 혜택 개혁과 삭감 가능성은 배제했다는 점을 주목하라. 여론조사에서 공화당이 통상적으로 얻는 수준의 지지를 넘는 정도로 소수인종 지지율이 증가한 사실로 미루어볼 때 트럼프는 2020년에 전통적으로 민주당을 지지하는 소수인종 유권자들의 표를 잠식할지도 모른다. 백인 산업근로자 계층이 민주당으로부터 대거 이탈하면서 진보 진영은 그들의 무지개 연합 세력에서 조금의 이탈도 허용할 여유가 없었다. 그러나 트럼프의 "미국을 다시 위대하게"를 빈곤층 사이에서 "빈곤층도 부유하게"와 비슷한 뭔가로 해석하면 파격적인 느낌이 들었다.

트럼프는 또한 때때로 자기가 속한 공화당 지도부와 자기가 임명한 내각 관리들까지 공개적으로 비판하는 이해할 수 없는 행태를 보였다. 트럼프가 이처럼 무차별적으로 골고루 모두 까기를 시작하자 이를 지켜보는 사람들은 그의 이런 명백한 자살행위 때문에 이따금 지지율이 50퍼센트 가까이 오르다가 도로 40퍼센트 초반으로 떨어지고 마는지, 아니면 그런 죽 끓는 듯한 변덕 때문에 그의 백악관과 내각이 기밀정보를 유출하지 않고 트럼프의 심기를 거스르지 않으려고 조심하게 되었는지 설왕설래했다. 여러 차례에 걸쳐 하원의장 폴 라이언, 상원 다수당 지도자 미치 매커널, 법무장관 제프 세션스, 법무차관 로드 로젠스타인, 전 국무장관 렉스 틸러슨 같은 내각 각료들이 트럼프에 대한 충성이 미온적이었다는 이유로 무자비하고 유치한 방식으로 트럼프로부터 공격을 받았다. 2017–2018년 공화당이 장악한 의회가 다수당으로서의 입지를 살리지 못하고 겨우 세제개혁안과 그 밖에 자잘한 법안밖에 통과시키지 못한 처참한 기록을 보인 까닭은 공화당이 트럼프의 그런 너 죽고 나 죽자 식 독설에 넌더리가 났기 때문인 이유도 있을지 모른다.

보다 본질적으로 트럼프는 이스라엘–팔레스타인 교착상태를 깼다. 트럼프가 일방적으로 미국 대사관을 예루살렘으로 이전한다고 발표하자 수많은 다른 나라들이 미국의 뒤를 따르겠다는 의견을 표명했다. 그는 이따금 팔레스타인에 대한 미국의 원조를 전면적으로 중단하겠다고 협박했고 결국은 원조를 대부분 삭감했다. 그는 페르시아만 국가 왕가들과의 동맹관계, 그리고 이집트와 요르단 두 나라와의 동맹관계를 재조정했다. 이란이 아랍과 유대인의 실존을 위협하는 공동의 적이라는 데 그들이 합의한다는 전제하에서 말이다. 이와 관련해 트럼프는 미국으로부터 수백만 달러의 원조를 받는 팔레스타인은 이스라엘 걱정은 줄이고 경제 발전에나 전념하는 한편 이따금 이란과 가까이 지내는 위험한 행동을 자제하는 게 신상에 이롭다고 주장했다.

트럼프는 파리기후변화협약도 탈퇴했다. 트럼프를 비판하는 이들은 그의 이런 이단적인 행동을 비판했지만 그들은 탄소배출을 줄이는 데 아무런 구체적인 효과가 없는 대체로 공허한 협정을 방어하는 입장에 놓이고 말았다. 인간이 야기하는 지구온난화를 줄이는 훨씬 더 실효성 있는 조항을 담았던 협정은 이른바 1997년 교토의정서였다. 그러나 민주당 의원을 모조리 포함해서 미국 상원은 이 협정에 반대하는 버드-헤이글 결의안을 95 대 0으로 통과시키면서 미국은 이 협정을 비준하지 않은 유일한 회원국이 되었다.

한편 미국 셰일개발업자들 덕분에 미국의 석유와 가스 공급량은 치솟았고 이와 더불어 훨씬 친환경적인 방식으로 전기를 생산하게 되었다. 당연히 2016-2017년 미국은 (천연가스 공급량이 늘어나고 석탄발전시설 가동이 줄면서) 이산화탄소 배출을 2퍼센트 줄인 데 반해, 유럽연합의 온실가스 배출은 1.6퍼센트 증가했다.

대부분의 전문가들은 오바마가 주도한 이란협정이 제대로 작동할 리 없고, 따라서 지속 불가능하다는 사실을 알고 있었다. 더군다나 상원의 비준을 받을 필요성을 우회하기 위해 협정이 아닌 것처럼 제시했다. 이란의 모든 핵 시설에 대한 즉각적인 공개 사찰을 허용하지도 않았다. 이란의 테러리즘과 역내에서의 공격적인 태도를 억제하지도 못했다.

트럼프가 협정을 파기하자, 오바마 행정부가 인질을 돌려받는 대신 이란정부에 현금을 지급하는 등, 이란협정에 대한 새로운 사실들이 드러났다. 게다가 오바마 행정부는 미국 은행법을 어기고 동결이 해제된 이란 자산을 서구진영 화폐로 전환해주었다. 그리고 배은망덕한 이란은 실제로 이란이 2001년 9월 11일 미국인 3000명을 살해한 알카에다 테러리스트들을 지원했다는 새로운 주장을 했다.

그러나 외교계는 관례상 오바마 대통령이 행정명령으로 마련한 협정은 존중해야 한다고 주장했다. 이란협정을 다시 샅샅이 검토해보니 이 협정이 결함투성이인 이유가 드러났다. 상원의 비준을 보란 듯이 우회한 점과 이란협정을 설계한 당사자들 가운데 몇몇이 협정이 타결된 후 "쥐뿔도 모르는" 기자들로 하여금 협정에 찬성하는 논조를 서로서로 동조하고 확산시키게 만들었다고 우쭐댔다는 점 외에도 결함은 많았다. 트럼프는 이란이 핵폭탄으로 공포를 조성하면 앞으로는 정권교체나 선제공격이나 대부분이 바라는 대로 경제제재를 다시 가해 혁명을 통해 집권한 신정체제를 서서히 붕괴시키겠다고 선언했다.

트럼프는 이란협정으로 수십억 달러의 현금이 이란의 국고로 들어갔는데, 바로 이 때문에 헤즈볼라, 시리아의 아사드 정부, 예멘의 시아파 민병대가 전쟁을 벌이고 활개를 치고 있다고 주장했다. 사실 경제제재가 지속되고 강화되었다면 이란협정 없이도 10년이 지나도 이란은 핵무기를 확보하지 못했을 가능성이 높다. 경제제재로 이미 이란의 정세가 점점 불안정해지고 있었고 외교적으로도 배척을 당했기 때문이다.

사실 이란은 자국에게 일방적으로 유리한 이 협정을 통해, 일단 경제제재가 풀리면 핵무기 비확산을 약속한 10년 동안 현금보유고를 계속 늘리고 새로 생긴 소득으로 탄도미사일과 크루즈미사일을 개발하는 데 사용하고, 시리아와 레바논 전역에 시아파 근거지를 구축하는 한편, 핵무기 연구와 기술개발을 가속화할 수 있다고 생각했을 가능성이 높다. 협정을 준수하기로 한 10년 동안 기술을 개발하는 가운데 경제적 풍요를 누린 후 이란은 상당히 신속하게 무기를 개발할 수 있게 된다.

미국 대통령이 방미 중인 프랑스 대통령이 입고 있는 외투 어깨에 떨어진 비듬을 남들이 보는 앞에서 털어주거나 북한의 미치광이 독재자에게 자기는 북한에 있는 핵단추보다 훨씬 큰 핵단추가 있다고 상기시켜주자 혼돈이 급습했다. 그 결과 미국의 경쟁국들과 적국들을 헷갈리게 만들고 허를 찌르는 소득을 올리면서 혼란이 어느 정도 관리되는 경우도 있고, 무질서가 더욱 심화되고 엉뚱한 방향으로 이탈하는 위험한 상황으로 이어지면서 혼돈이 파괴적인 양상으로 치닫는 경우도 있었다. 그리고 트럼프 행정부가 통제 불능의 상황에 빠져 있다는 느낌을 주었다. 트럼프 취임 후 첫 3년 동안 때로는 이 두 결과를 모두 초래했다.

한마디로 트럼프의 외교정책과 국내정책은 단순했다. 그런 공식적인 정책이 존재한다면 말이다.

트럼프가 전임 행정부로부터 물려받은 "정상적"이라고 간주된 해외 여건—이란협정, 중동의 핵심인 팔레스타인의 평온, 미국을 겨냥하는 핵미사일을 보유한 북한, 눈에 띄지 않게 무장 해제해온 군사적으로 거세된 북대서양조약기구, 무역 규정을 위반하고 이웃나라들을 못살게 구는 공격적인 중상주의자 중국, 쿠바, 니카라과, 베네수엘라에 내민 화해의 손길, 와해하는 유럽연합 모델에 대한 칭송, 관계를 재설정한다는 유화적인 외교정책으로 힘을 얻은 러시아, 방위비 증액 의무를 이행하지 않은 유럽 국가들의 입장을 그대로 수용—은 사실 비정상적이었다. 현상 유지는 분명히 안정적이지도 않고 지속 가능하지도 않았다. 이러한 현실을 구축하거나 정상적이라고 받아들인, 명문대학에서 학위를 받았고 분별력 있고 냉철하다는 전문가들은 그다지 전문가답지도 않았고 그들 나름의 혼돈 속에서 갈팡질팡했다.

나라 안에서는—평화 시에 실업률은 4퍼센트 밑으로 떨어지지 않고, 국내총생산은 연간 3퍼센트 성장률을 넘지 못하며, 구조적인 장애물 때문에 소수인종의 실업률은 6퍼센트 밑으로 떨어지지 않는다는—기존의 인식도 마찬가지로 틀렸다. 학계, 정치인, 싱크탱크 학자들, 대부분의 주류 언론인들은 서로 동일한 의견을 확인하고 주고받으면서 트럼프와 그의 정책에 대한 거의 집착에 가까운 그들의 집단적인 증오가 극에 달했다. 집단사고를 하는 주체가 아무리 학력이 높고 아무리 격조 있는 언행을 보인다고 해도 집단사고는 집단사고다.

트럼프가 거대한 쇠망치를 던져 기득권층이 지닌 상식이라는 유리를 산산조각 내긴 했지만 그렇다고 해서 트럼프가 지닌 본능적인 교활함이 딱히 우월한 지혜라는 뜻은 아니었다. 결국 정교한 기술을 구축하기보다 원시적인 무기를 휘두르기가 훨씬 쉽다. 트럼프는 기존의 질서는 화석화되었고 기득권층은 더 이상 그들이 요구하는 존경과 평판을 받을 가치가 없다고 주장하며 반란을 일으키고 있었다. 기존의 질서는 미심쩍은 결과를 낳았고 능력을 토대로 엘리트 자격을 부여한다는 기준에도 결함이 많다고 주장했다. 트럼프는 다방면에 걸쳐 단순히 정책과 태도만을 문제 삼은 게 아니라 그러한 전제조건들의 토대가 된 전후 질서 전체에 의문을 제기하고 있었다. 트럼프는 혁명가라기보다는 반 혁명가였다. 정체성 정치에서부터 외국과의 무역 불균형은 세계질서 유지를 위해 미국이 치러야 할 대가로서, 그래도 미국은 끄떡없다는 망상에 이르기까지 1960년대 이후로 신성시된 모든 관행들에 반기를 들었다.

트럼프 자신이 의혹을 제기한 대상보다 우월한 무엇인가를 건설할지 여부가 그가 대통령으로서 남길 업적이 될 것이다. 임기 3년째 접어들었지만 정치적으로는 크게 변하지 않았다. 절반의 미국인은 여전히 언제 어디서 도널드 트럼프 대통령이 또 무슨 말을 하고 무슨 짓을 할지 모른다는 생각에 좌불안석이다. 따라서 그들은 트럼프의 정책이라면 무조건 반대한다. 과거에 자기들이 지지했던 정책까지도 트럼프가 추진하면 반대한다. 반면 또 다른 절반의 미국인은 지금 미국의 현실에 대해 환호까지는 아니더라도 해방감을 느낀다. 유럽연합의 규범이 이 땅에서 재현되지 않게 되었고, 과거의 신념과 행동방식—정부의 몸집이 커지고, 주정부의 권한이 확대되고, 중국은 세계를 지배할 운명이라고 자신만만해하고, 피상적인 외모에 따라 계층을 분류하는 관행—이 바뀔지는 모르지만 적어도 난관에 처하게 됐다는 현실에 대해서 말이다.

지리적으로 경제적으로 점점 확연히 구분되는—그리고 어떤 면에서는 양립

불가능한—두 개의 미국 간의 분열이 치유될지, 더 골이 깊어질지는 트럼프의
실제 국정수행 능력에 달렸다.

힘겹게 뚜벅뚜벅
전진하는 트럼프
2020년과 그 이후

20

19년이 저물어 가는 현재, 미국은 트럼프가 취임한 2017년 1월 못지 않게 여전히 첨예하게 분열되어 있다. 분열된 경계선은 여전히 변하지 않았다. 대부분 부유한 해안 지역에 거주하는 도시 전문직 종사자와 고학력 엘리트 계층은 정치적으로 소수인종과 빈곤층과 연대하고 있다. 그들은 교외 지역에 사는 보수주의자들과 종종 맞서고 내륙 지역 농촌의 작은 마을에 거주하는 중산층과는 거의 항상 맞선다.

트럼프는 호소력을 확장해 더 많은 부동층이나 교외 거주 여성까지 품지는 못했지만, 바위처럼 단단한 지지층을 조금도 잃지도 않았다. 따라서 2018년 중간선거 후 선거구별 의석 분포를 붉은색(공화당)과 푸른색(민주당)으로 표시해보면 2016년 선거인단 의석 분포 지도와 대체로 비슷하다. 온통 붉은색인 미국의 방대한 내륙 지역에 비해 푸른색 일색인 양쪽 해안의 띠 모양의 땅덩어리는 훨씬 규모가 작지만 인구 규모는 땅의 크기를 상쇄하고도 남는다.

2018년 여름과 초가을 내내 선거전문가들은 2018년 중간선거에서 트럼프에 대해 급진적 진보주의자들이 일대 반격을 가해 거대한 푸른 물결이 넘실거리리라고 예측했다. 트럼프의 정책과 행동거지에 대해 오래전부터 고대해온 부정적인 평가를 내리고 마침내 트윗으로 점철된 그의 대통령직에 대해 만시지탄이 있기는 하나 결산을 하는 계기가 되리라고 생각했다.

현직 대통령을 집어삼킬 민주당의 쓰나미는 임기 첫 2년 후에 빌 클린턴 대통령이 겪은 참패(하원 53석, 상원 8석)나 2010년 버락 오바마가 겪은 한층 더 처참한 패배(하원 63석, 상원 6석)에 버금가는 타격을 주리라고 예상했다. 트럼프에 대한 쉴 새 없는 공격, 취임 후 첫 몇 달 동안 90퍼센트에 달했던 부정적인 언론보도 논조가 여전히 유지되는 상황에서 민주당은 분명히 고무(鼓舞)되는 듯했다.

선거 전날 무렵까지 민주당은 2016년 대선 당시와 비슷하게 주 의회, 연방 의회 상원과 하원 선거용으로 10억 달러라는 기록적인 액수의 선거자금을 조성했고, 진보 성향의 정치활동위원회(PAC)들은 수억 달러를 추가로 모금했다. 일부 주에서는 투표율이 그 어떤 대통령의 첫 중간선거보다도 높았다. 민주당은 트럼프가 대선에서 이긴 선거구들에 중도 성향이거나 퇴역군인 등을 대거 출마시켰고, 트럼프를 모든 이들이 누려야 할 권리가 있는 의료보험을 파기하려는 인물로 각인시키는 선거운동을 벌였다. 민주당은 공화당에게 잃은 선거구에서 유권자 지지기반을 확대하기 위해 대대적인 유권자 등록 캠페인을 전개하고 투표지 회수(ballot harvesting)[36]를 독려했다. 그러나 2018년만 해도 2020년 대선 민주당 경선에 등장한 급진주의자들은 거의 나타나지 않았다. 그들은 납작 엎드려 숨어 있었다.

선거 11일 전인 10월 27일 토요일, 정신 나간 대안우익이자 반 유대인(그리고 반 트럼프) 성향의 테러리스트가 피츠버그에 있는 유대인 예배당에 총기를 난사해 예배를 드리던 11명이 숨졌다. 그보다 나흘 앞서 리버럴 성향의 정치인들과 유명인들에게 (자칭 트럼프 지지자라는 정신병자가) 연달아 불발 폭탄을 배달시켰는데 언론매체는 이런 사건들을 트럼프가 언론인들과 좌익을 상대로 비열하게 싸운 논리적인 결과로 보도했다. 선거전 막판에 발생한 비극적인 사건들은 대법관 지명자 브렛 캐버너에 대해 진보주의자들이 무자비하게 굴었다며 분노한 보수주의자들의 원성을 묻어버렸다. 한마디로 진보주의자들은 선거 당일에도 여전히 넘실거리는 푸른 파도를 타고 있었다. 대체로 폭력 행위—미국에서의 총기난사 사건, 해외에서의 군사대결—가 발생하면 트럼프에 대한 공격에 불을 지폈다. 트럼프가 혼돈과 폭력을 구현하는 인물이라는 논리에서다.

그러나 기록적인 액수의 선거자금을 쓰고 언론매체의 대공습 지원을 받으면서 민주당은 선거는 이긴 셈이라고 김칫국을 마쳤지만, 엄밀히 통계적으로 말하면 민주당은 역사적으로 대통령 첫 임기에 대부분의 야당이 보인 성적보다 그리 나은 성적을 얻지 못했다.

1934년 이후로 대통령 첫 임기 중간선거에서 여당이 잃은 의석수는 상하 양원을 합해 평균 25석이었다. 트럼프는 하원에서 40석을 잃었고 그로 인해 하원 다수당 지위를 야당에게 빼앗겼다. 그러나 그는 상원 두 석을 추가로 얻었고 프랭클린 루즈벨트가 1934년 뉴딜 정책에 대한 국민투표에서 9석을 더 얻은 이후로 현직 대통령이 첫 임기 중간선거에서 얻은 성적으로는 우수한 편이다. 2019년 공화당 상원에 등원하는 의원들은 아마 2016년에 당선된 상원의원보다 훨씬 보수 성향이 강할 것이다. 트럼프 절대불가 입장인 상원의원들이 일부 은퇴하고 새로운 인물들이 등장했기 때문이다.

역사적인 기준으로 볼 때 트럼프의 득실을 따져보면, 그는 첫 중간선거에서 빌 클린턴과 버락 오바마보다 우수한 성적을 올렸다는 뜻이다. 두 전직 대통령은 쉽게 재선에 성공했다.

트럼프의 지지율은, 등락이 심하긴 하지만, 전임 민주당 대통령들이 대통령에 취임한 후 비슷한 시기에 보인 지지율에 상응한다. 트럼프는 첫 임기 중간선거에서 통상적으로 현직 대통령이 하원에서 평균 25석을 잃은 이유와 마찬가지 이유로 하원 장악력을 잃었을 가능성이 높다. 지지자들이 대선 승리에 취해 안이해진 반면 패배한 진영은 설욕의 칼날을 갈면서 선거에 적극적으로 참여했기 때문이다.

공화당이 장악했던 의회는 적정부담보험 법안을 파기하고 대체하겠다고 한목소리로 약속했지만 부분적으로는 작고한 존 매케인 상원의원이 반대표로 산통을 깨는 바람에 약속을 지키는 데 실패했다. 그 결과 2018년에는 민간 보험회사들 간에 경쟁이 치열해지고 보험 상품이 다양해지면서 폭등하는 보험료와 본인부담금과 고용주와의 분담금이 더 저렴해질 가능성이 없었고, 오히려 대안 없이 오바마케어를 파기하겠다는 발언이 아무 보험도 없느니보다 차라리 비싼 오바마케어라도 있는 편이 낫다고 생각하는 유권자들을 공포심으로 몰아넣었을지도 모른다.

하원 장악력을 잃으면서 트럼프는 탄핵 절차가 성공적으로 진행될 가능성에 직면했다. 트럼프는 아마 향후 탄핵 절차가 진행된다면 브렛 캐버너 인준 청문회 같은 모습—진보진영의 어릿광대놀음—이 재현되기를 바랐을지 모른다. 트럼프는 2019년에는 세법개정안에 준하는 그 어떤 법안도 더 이상 통과시키지 못했고 오바마처럼 점점 행정명령에 의존해 국정을 수행하게 되었다. 좌우 양 진영이 모두 달가워하지 않을 타협안을 내놓고 민주당 하원의원들의 지지를 얻을 가능성은 전무했다. 하원에서 다수당이 된 민주당은 핵심적인 위원회의 의장직을 맡았고 트럼프 본인에 대한 집중적인 수사를 재개하고 쉴 새 없이 소환장과 문서 요청을 남발해 행정부를 마비시키겠다고 공언했다. 그러나 멀러 특검 보고서가 공개된 후 러시아 공모 주장이 무산되고 대비책인 "공무집행 방해"로 기소하는 방안도 물 건너가고, 로버트 멀러 본인이 의회에 출석해 증언하면서 기이한 언행을 보이고, 오바마 행정부의 정보수사기관 고위 관리들이 법적인 처벌에 직면하게 될 가능성이 높아지면서, 탄핵을 밀어붙이면 오히려 다가오는 2020년 대선에서 마음이 흔들리고 있는 민주당 지지자들의 마음을 사는 데 도움이 안 될 지경에 이르렀다.

한편 상원에서는 훨씬 보수적인 상원의원들이 당선되면서 공화당이 약간의 우위를 점하게 되었고 트럼프 행정부가 추진하는 정책에 맞서겠다고 위협함으로써 양보를 얻어낸 온건한 공화당 상원의원들의 입김이 어느 정도 줄어들었다. 그리고 이제 트럼프는 하원에서 탄핵이 통과되더라도 상원에서 탄핵이 기각되어 대통령에서 물러나지 않게 될 게 확실해졌다.

그렇다면 하원에서 어마어마한 의석을 확보하고 상하 양원을 탈환한다고 장담했던 민주당의 푸른 물결은 도대체 어떻게 된 걸까? 10억 달러의 선거자금을 쓰고 NBC/MSNBC/CNN의 트럼프에 대한 보도는 부정적 내용과 긍정적 내용의 비율이 13 대 1인 상황에서 민주당이 트럼프 취임 후 2년 만에 열린 선거에서 트럼프나 공화당을 거세하지 못한 까닭은 무엇일까? 22개월에 걸친 멀러의 수사—그리고 특검 수사가 불발되자 차선책으로 나온 헌법 수정안 제 25조 발동과 트럼프 대통령이 자기 소유 공공시설에 외국 관리들을 투숙시켜 이득을 봄으로써 헌법을 위반했다는 주장, 그리고 포르노 배우 스토미 대니얼스, 트럼프의 개인 변호사였던 마이클 코언, 스토미 대니얼스의 변호사 마이클 애버나티 등이 벌인 온갖 광대극—가 지금까지 모두 트럼프의 국정수행을 방해하는 데 실패한 이유는 뭘까?

이러한 질문들에 대한 해답이 이 책 전체에 깔려 있다. 민주당 상원의원들이 인준 청문회에서 대법관 지명자 브렛 캐버너를 무자비하게 인격살인하려 한 행태에 대한 분노와 남쪽 국경에서 점점 북상하는 또 다른 대규모 이주자들에 대한 우려 외에도 2018년 11월 중간선거에서 투표한 유권자들과 2020년 대선에서 투표할 유권자들은 여전히 급진적인 진보주의 정치가 달갑지 않고 트럼프가 일으킨 경제 호황에 만족하고 있다. 2018년 주 차원의 선거에서 플로리다에서 텍사스에 이르기까지 강경 진보 성향의 주지사와 상원 후보들은, 대부분 비록 근소한 차이이긴 하나, 패배했다.

첫째, 2017년 이후로 트럼프의 경제정책과 외교정책은, 냉정하게 평가해보면, 대체로 과거에 효력을 발휘한 중도 보수 성향의 정책들이고 이러한 정책 기조는 지금도 계속되고 있다. 전 캘리포니아 주지사 아놀드 슈워제네거나 미네소타 주지사 제시 벤투라처럼 과거에 반짝 등장했다가 사라진 독자적인 성향의 정치인들과는 달리, 트럼프는 전통적인 보수주의 이슈들을 채택했고, 만시지탄이 있기는 하나, 공화당 의회와 협력해 이 이슈들을 실천하고 있다. 직관에 반하기는 하나, 도발적이고 거부감을 주는 트럼프가 과거에 선출된 독자 노선을 걷는 그 어떤 포퓰리스트보다도 훨씬 당을 효과적으로 결속시키고 있다.

둘째, 미국인은 계속 여론조사 전문가들과 정치평론가들을 무시하고 있다. 적어도 지역과 주 차원에서는 그렇다. 트럼프 본인의 이름이 투표용지에 인쇄

되지 않은 선거에서도 반 트럼프 성향인 미국인은 친 트럼프 성향인 미국인보다 훨씬 자기 목소리를 강하게 드러낼 가능성이 높다. 2016년 대선에서 얻은 교훈을 언론매체가 계속 무시하거나 똑같은 현상이 연달아 두 차례 일어날 리가 없다는 망상에 젖어 있었기 때문이다. 그러면서 트럼프를 지지하는 이들을 매도하고 트럼프를 경멸하는 이들을 성인군자처럼 떠받드는 버르장머리를 떨쳐버리지 못했다. 그 결과 플로리다, 조지아, 인디애나, 미주리 등과 같이 핵심적인 상원과 주지사 선거 결과는 선거 전에 실시한 여론조사 결과와 달랐다.

마지막으로, PC(political correctness)에 넌더리난 대중, 행정국가에 대해 반격하고픈 욕구, 진보 진영이 주구장창 쏟아내는 독설에 등 돌린 대중의 정서는 아직 절정에 달하지 않았다. 대부분의 미국인은 여전히 트럼프를 맹독성 화학 요법으로 간주하지만 절반의 미국인은 그런 강력한 약제가 꼭 있어야 현상유지(status quo)라는 치명적인 종양을 제거할 수 있다고 생각한다.

2019년이 저물면서 유일하게 남은 의문은 2016년에 처참하게 실패하고 2018년 중간선거에서도 미진한 성적을 거둔 민주당이 과연 과거의 실수에서 교훈을 얻을지 여부다. 민주당은 하원에 출마한 중도 성향의 민주당 후보들, 대다수가 군복무 이력이 있는 후보들이 중간선거에서 선전했고 소수인종과 교외 거주하는 고학력 여성 유권자들의 지지를 공고히 했다. 반면 경합 주에서 이민세관국 폐지를 주장하고, 전 국민 국영 의료보험을 주장하고, 학자금 융자빚을 탕감해야 한다고 주장하고, 트럼프를 탄핵해야 한다면서 공세의 수위를 한층 높인 급진적 진보주의자들, 현실을 전혀 파악하지 못한 민주당 후보들은 패했다.

그럼에도 불구하고 2020년에 민주당이, 둘이 합해 대선에서 3차례 승리한 지미 카터나 빌 클린턴처럼 중도 성향의 후보가 아니라 또 다른 조지 맥거번 같은 좌익을 민주당 대선후보에 지명할지는 불확실했다. 노련한 민주당원들은 중간선거에서의 승리에서 나타났듯이 정치권력을 탈환하려면 어떻게 해야 하는지 알고 있다고 생각하지만, 그 민주당의 새로운 지지기반이 보기에는 그런 실용적인 치료법을 쓰니 차라리 트럼프가 경쟁자들을 계속 압도하는 모습을 지켜보는 질병을 앓는 편이 낫다고 생각했다. 2019년 20명이 출사표를 던진 민주당 대선후보 첫 경선에서는 코리 부커, 카말라 해리스, 버니 샌더스, 엘리자베스 워런 같은 강경 좌익 성향의 후보들이 토론 분위기를 압도했고, 이들은 전직 부통령 조 바이든을 종종 공격했으며, 그 연장선상에서 과거 오바마 행정부를 공격했다. 여론조사에서 선두를 달리면서도 화들짝 놀란 바이든은 초기에 자신에게 그런 높은 지지율을 안겨준 입장들을 무슨 이유에서인지 모두 버리기 시작했다.

2019년 정치 판세에서 진짜 의문은 민주당이 그린 뉴딜, 노예 보상, 거의 영아 살해에 준하는 임신 말기 낙태 허용, 학자금 융자 빚 탕감, 선거인단 제도와 이민세관국 폐지, 부자 증세, 전 국민 메디케어, 불법 체류자 무상의료보험, 국경 개방, 미국을 세계 최대 가스와 석유 생산국으로 만든 셰일 개발과 새로운 가스관 매설 금지 등 공약을 내세우는 이유가 단순히 주요 지지기반에게 영합하려는지 여부다. 결국 이러한 이슈들은 여론조사에서 50퍼센트 긍정적인 반응을 얻지 못했고, 2019년 결집한 민주당 지지기반 사이에서 이런 이슈들이 인기를 얻었는지는 모르겠지만 2020년 대선에서는 반감을 얻을지도 모른다.

트럼프의 실제 국정수행 측면에서는, 개정판인 이 책의 최종 원고를 탈고한 2019년 가을 이후로, 트럼프의 취임 첫해 이후 크게 변한 게 없다. 경제 실적과 월별 취직률은 계속 거의 기록을 세우고 있다. 2018년 7월부터 9월 사이의 기간 동안 경제는 35퍼센트 성장했고, 10년 만에 처음으로 12개월 연속해서 성장률이 3퍼센트를 넘었다. 경제성장률은 2019년 내내 2퍼센트를 웃돌았다.

2018년 10월 한 달 동안 하루 1000개의 제조업 일자리를 포함해 25만 개의 새로운 일자리가 추가되었다. 2019년 내내 실업률은 3.6퍼센트 근처에서 안정적으로 유지되었다. 반세기 만에 평화로운 시기로는 가장 낮은 실업률이었다.

실직자 수보다 채우지 못한 일자리가 더 많았다. 임금은 2018년에 3.1퍼센트 인상되었고 2019년에도 계속 상승했다. 평균적인 가구 소득의 상승률은 더 높았다. 금융위기 직후 그 여파로 2009년에 일시적으로 반짝 증가한 이후로 그런 상승률은 처음이었다.

가장 흥미로운 현상은 실업수당을 받는 미국인 수가 겨우 163만 명으로 하락했다는 사실이다. 인구가 지금보다 1억 2000만 명이 적었던 1973년 이후로 최저치였다. 트럼프가 한때 이기는 데 신물이 나도록 이기게 해주겠다고 약속했지만 대중은 아직은 이기는 데 싫증이 나지 않았는지도 모른다. 그러나 경제적으로 안정되고 풍요로워지면서 공교롭게도 많은 유권자들이 이 상황을 점점 당연하다고 여기게 되었다. 묘하게도 이러한 안락한 느낌 덕분에 유권자들은 다시 사회적, 문화적 이슈에 관심을 집중하게 되었고 이렇게 되면 항상 트럼프에게 유리하지만은 않게 된다. 정책은 대단히 성공했으되 호감도가 대단히 낮아서 호시절을 더 많은 지지표로 전환하지 못한 대통령은 지금까지 거의 없었다. 트럼프가 독설을 자제하는 동시에 여전히 "늪지대"와 싸우면서 지지기반을 결속시킬 방법을 알아낸 이는 트럼프의 지지자 가운데 아무도 없다. 설사 트럼프가 그리할 수 있다고 해도 실제로 그리할지도 알 수 없거니와.

트럼프가 일으킨 경제 호황—재선을 판가름할 핵심적인 관건—이 지속 가능할까? 2020년 선거가 다가오면서 세 가지 난관이 떠오른다. 중국과의 무역 전쟁에서 트럼프는 중국이 혹독한 관세와 중국에서 동남아시아로의 생산시설 이전을 견디지 못하고 먼저 항복을 선언하고 어마어마한 무역 불균형을 바로잡기 위해 재협상에 나서리라는 데 도박을 걸었다. 중국은 트럼프의 정책에 불만을 품은 자유무역주의자와 수출업자들, 근심에 빠진 월스트리트 투자자들, 트럼프에 반대하는 민주당의 도움으로 미국이 경기불황에 빠지든가 무역전쟁에서 항복을 선언하든가, 트럼프가 2020년 대선에서 패배하고 중국에 보다 우호적인 미국 정부가 들어서게 될 승산이 있다고 생각했다. 다시 말해서 진짜 경기불황—적어도 관세 때문에 경기불황이 야기될지 모른다는 두려움—은 트럼프 행정부에게는 근심거리였다. 여론조사에서 나타나는 트럼프 대통령의 높은 비호감도 때문에 경제성장 없이는 경합 주 유권자들이 등을 돌릴 가능성이 높기 때문이다.

둘째, 트럼프는 부시와 오바마 두 전임 행정부가 무책임하게 야기한 어마어마한 재정적자를 물려받아 국가부채(22조 달러)가 엄청나게 쌓여 있는 시기에 2년 연속해서 거의 조 단위의 예산적자를 기록했다. 트럼프는 경제성장, 기록적으로 낮은 실업률, 상승하는 임금, 세제 개혁, 에너지 생산이 모두 복합적으로 작용하면 적자가 줄어들리라고 희망했다. 연방 세수는 증가했지만, 대부분 은퇴 연령인 베이비부머 세대의 의료비와 사회보장비 등 복지 비용은 그보다 더 빠른 속도로 증가하면서, 어느 시점에 가서는 오래전에 예고된 재정 파탄이 현실이 될지도 모른다.

셋째, 트럼프에 대한 호들갑스럽고 거의 광란에 가까운 반감은 날이 갈수록 점점 심해졌다. 언론매체는 90퍼센트 부정적인 보도 기조를 계속 이어가는 데 그치지 않고 이제는 임금이 상승하고 실업률은 낮다는 뉴스를 완전히 무시하는 바람에 부정적인 뉴스가 경제에 대한 낙관적인 데이터를 압도하고 묻어버리는 지경까지 이르렀다. 그리고 과거에 유권자들은 트럼프가 야기하는 극단적인 정치적 분열이 자신의 경제적 삶을 위협한다고 느꼈을지 모르지만 이제는 그렇지 않다는 사실이 명백해진 이상 더 이상 신경 쓰지 않았다.

과거에는 페르시아만 지역에서 이란에게 고문을 당하는 미군 소식이 매달 들려왔지만 이제는 그런 소식이 거의 들리지 않는다. 이란협정이 파기되고 더 강력한 새로운 경제제재에 직면하자 괴로워진 이란이 페르시아만 국가들, 일본, 유럽의 화물선만 선택적으로 표적 삼아 괴롭히고 있다. 북한은 2년 동안 미사일 실험을 유예하겠다는 약속을 지켰지만, 2019년 말 무렵 북한도 강력한 경제제재 아래서 신음하다가 고통을 견디지 못하고 이따금 단거리 미사일을 쏘면서 화풀이했다. 중국은 경제적인 측면에서 보면 무역전쟁에서 지고 있지만(위안화 평가절하, 실업률 상승, 경제성장 둔화), 독재국가인 중국과는 달리 미국은 2019년 말이나 2020년 대선 이후 정치적인 압박을 견디지 못하고 먼저 무릎을 꿇게 되리라고 중국은 믿고 있다. 멕시코와 캐나다는 북미자유무역협정 재협상을 마무리하는 데 동의했다. 1987년 사거리 300에서 3400마일 사이의 지대공 크루즈 미사일을 배치하지 않기로 미국과 러시아가 체결한 중거리핵전력협정을 러시아가 상습적으로 어기고 체계적으로 위반하자, 트럼프는 이 협정도 파기했다. 2019년 말 무렵 트럼프의 대 러시아 강경노선 정책이 오바마가 블라디미르 푸틴과 재설정한 대 러시아 정책을 완전히 대체했다. 공교롭게도 트럼프가 여전히 푸틴에게 유화적이라는 비난을 받고 있던 바로 그 시기에 말이다.

멀러 특검 수사는, 내가 2018년에 예측한 대로, 태산명동서일필이었다. 러시아와의 공모는 없었고 공무집행방해 혐의로 트럼프를 기소하지 않기로 한 멀러의 판단이 증거가 불충분하다는 얘긴지, 현직 대통령을 기소하면 안 된다는 법적인 견해 때문인지, 멀러 특검 보고서의 제2권이 대부분 전문(轉聞)에 불과한 뉴스기사와 증인들이 감형을 조건으로 한 발언들을 모아놓은 뒷공론 수준의 문건인지를 두고 끝없이 갑론을박이 이어졌다. 결국 대부분의 미국인들은 대통령이 죄가 없다고 결론을 내렸다. 그들은 대통령이 자신에 대한 범죄수사를 방해하는 행위를 하지도 않았으며 대통령이 백악관 내에서 폭언과 광란을 일으켰다는 보도가 사실이라고 해도 이는 범죄의 수사를 방해한 행위에 해당되지 않는다고 생각했다.

22개월에 걸친 멀러의 비극 같은 희극이 막을 내리자, 트럼프에 맞서는 이들은 다시 트럼프가 인종차별하고 "백인의 특권"을 지지하고 "백인 우월주의"를 부추긴다는 주장에 집중하기 시작했다. 2019년 8월 연달아 두 차례 총기난사 사건이 일어나면서 온 나라가 들끓었다. 텍사스주 엘패소에서 일어난 첫 번째 사건에서 22명이 목숨을 잃었다. 미치광이 인종차별주의자 범인이 특히 멕시코계 미국인을 표적 삼았다. 백인우월주의 발언부터 급진적인 환경보호주의에 이르기까지 정신 나간 발언을 모아놓은 성명서를 발표한 후였다. 그로부터 몇 시간 후 오하이오주 데이턴에서 정신질환자가 9명을 살해했다. 이번에는 범인이 좌익의 명분, 사회주의, 안티파(ANTIFA), 엘리자베스 워런에 대한 지지를 표명했다. 그러나 언론매체는 먼저 발생한 총기난사 사건을 집중적으로 보도하면서 이 사건이 트럼프의 인종차별적이고 배타적인 국경보안 정책 때문에 야기되었다고 호들갑을 떨었지만, 범인이 좌익이고 사회주의적 독재 성향이 폭력 행위로 발현된 두 번째 사건은 완전히 무시했다.

바로 며칠 전 트럼프는 트위터에서 여러 사람들과 설전을 주고받았다. 하나는 흑인 하원의원 일라이자 커밍스—2019년 10월에 세상을 떠났다—와 국경 지역의 여건과 커밍스의 선거구인 볼티모어 지역의 여건을 두고 벌인 설전이고, 다른 하나는 민주당 초선의원 "4인방"과 누가 더 극악한 독설을 쏟아낼 수 있는지 벌인 설전이었다. 총기난사 사건이 발생하자 대통령인 트럼프는 "증오심이 만연한 분위기"와 "백인 우월주의"를 조장해 엘패소 총기난사 사건을 촉발했다는 비난을 받았다. 반면 언론매체는 데이턴에서 총기난사 사건을 일으킨 좌익 범인과 급진적 성향의 버니 샌더스 지지자 제임스 T. 호킨슨이 공화당 지도부를 상대로 총기를 난사해 당시 하원 다수당 지도자 스티븐 스칼리즈에게 중상을 입힌 정치적 사건은 완전히 무시했다.

물론 2018년 선거에서도 경제정책과 외교정책의 성과는 거의 주목을 받지 못했다. 트럼프를 비판하는 이들의 광란과 트럼프 본인의 "나 건드리면 너희들 죽어" 식의 보복적 대응에 묻혀버렸다. 트럼프 본인도 계속해서 트윗을 폭풍처럼 쏟아내면서 국정수행에서는 긍정적인 평가를 받는 동시에 호감도에서는 연달아 부정적인 결과가 나오는 모순이 계속되었다. 그는 거의 날마다 유명인, 민주당 정치인, 존 브레넌, 제임스 클래퍼, 마이클 헤이든 같은 오바마와 부시 행정부 정보기관 관리들과 트위터로 설전을 이어갔다. 그들은 트럼프를 상대로 온갖 독설을 퍼부으면서 반역자라고 했고, 헤이든의 경우는 트럼프를 나치 같다고 했다.

중간선거 직전 마지막 며칠 동안, 조 바이든 전 부통령이 또다시 트럼프와 트럼프의 지지자들을 향해 폭력을 행사하고 싶다고 발언했다. 민주당의 새 얼굴인 사회주의자 알렉산드리아 오카시오-코르테스는 트럼프와 친 트럼프 성향의 공화당 의원들을 "피눈물 없는 괴물들"이라고 공격했다. 버락 오바마 전 대통령도 여전히 선거 유세장을 바쁘게 돌아다니면서 트럼프를 수치심을 모르는 상습적인 거짓말쟁이라고 매도했고, 8년 동안 단 한 차례도 국내총생산 연간 성장률 3퍼센트를 달성하지 못한 자기가 대통령을 그만둔 지 21개월 이상 지난 다음에 트럼프가 일으킨 경제 기적을 자기 공으로 돌리기까지 했다. 오바마가 가장 역점을 두고 선거운동을 해준 플로리다주와 조지아주의 민주당 상원 후보와 주지사 후보들은 패했다. 이러한 일들이 벌어지는 동안 내내, 트럼프의 지지도는 40퍼센트 중반 정도에서 안정적으로 유지되었다. 교외에 거주하는 중도 성향의 유권자들이 일부 등을 돌렸지만 말이다. 리얼클리어폴리틱스닷컴(RealClearPolitics.com)에 따르면, 10월 초까지 집계한, 트럼프에 대한 긍정적 평가는 44퍼센트였다. 라스무센 리포츠(Rasmussen Reports)가 날마다 발표하는 여론추세 조사에서 트럼프는 때로 51퍼센트 지지율을 보였다.

이제 어떻게 한다? 사람들은 탄핵에 점점 더 희망을 걸었지만 2019년에는 여전히 불확실했다. 기득권층은 다시 한 번 입이 거친 트럼프는 끝났다고 믿었다. 오히려 그는 더 많은 공격을 견뎌내면서 맷집이 강해지는 듯했는데 말이다. 한마디로 트럼프라는 모순은 지금까지 늘 그랬듯이 당시에도 여전히 그를 비판하는 진보주의자들이 풀지 못한 숙제였다. 그리고 앞으로도 영원히 풀지 못할 의문으로 남을지 모른다.

1. 2016년 대선 선거유세에서 민주당 후보 힐러리 클린턴이 트럼프 지지자들을 일컬으면서 쓴 표현.

2. 보 버그달(Bowe Bergdahl)은 오바마 정권 때인 2009년 아프간 파병 중 부대원들에게 자발적으로 탈레반에 합류한다는 쪽지를 남겨두고 탈영했다가 탈레반에게 인질로 잡혔고, 오바마 정권이 관타나모 교도소에 수감되어 있던 탈레반 테러리스트 다섯 명과 맞교환하는 조건으로 2014년 풀려났다.

3. 저자가 누구인지 알려지지 않은 『아테네인의 헌법The Constitution of the Athenians』의 저자를 고전학자 길버트 머리(Gilbert Murray)가 이와 같이 일컬었다.

4. 앤드루 잭슨 대통령이 주도한 운동으로서 보통 사람의 권리를 신장시키고 귀족 계층의 출현을 경계한다.

5. 외국인 미성년자의 발달, 구제, 교육 법안(The Development, Relief, and Education for Alien Minors Act, DREAM Act)의 적용을 받아 조건부 임시 거주권을 부여받은 이들을 일컫는 용어. 미성년일 때 부모를 따라 미국에서 불법 체류하게 된 이들에게는 일할 권리가 주어지고 추후 추가로 자격요건을 충족시키면 영주권을 취득할 수 있다.

6. "La Raza"는 인종(race)이라는 뜻으로 스페인어 문화권의 사람들을 일컫는데, 미국에서는 주로 멕시코계 미국인을 뜻하는 의미로 쓰인다.

7. 3막 길이의 희곡. 런던에 있는 구세군에서 빈곤층을 돕는 일을 하는 바버라 언더샤프트 소령 이야기.

8. 강의 시간에 교재로 사용하는 책에 인종차별, 여성차별 등 PC에 어긋나는 내용이 포함되어 있을 경우 강의 교재 목록(syllabus)에서 해당 도서 옆에 경고문을 붙이는

관행. 예컨대 『바람과 함께 사라지다』가 강의 교재라면 그 책 제목 옆에 "인종차별적 내용 포함"이라고 기재하는 방법이다.

9. 대학교에서 초청한 연사가 강연하는 내용 중에 인종차별, 성차별, 소수자에게 민감한 내용이나 PC에 어긋나는 내용이 있을 경우 심리적으로 충격을 받은 학생들이 잠시 마음을 진정시킬 수 있도록 마련한 공간으로서 컬러링 북 등이 구비되어 있다.

10. 여행에서 돌아온 게이츠 교수가 자기 집 문이 열리지 않는 걸 억지로 열려고 하자 이 광경을 목격한 지역 주민이 남의 집에 무단침입하려고 하는 줄 잘못 알고 911에 신고를 했고, 이에 지역 경찰이 출동해 게이츠 교수를 체포한 사건. 경찰이 게이츠가 교수인지 자기 집에 들어가려는지 알 길이 없었고, 신고를 받고 출동해 해야 할 일을 했을 뿐인데 게이츠 교수는 인종차별이라고 펄펄 뛰었다. 오바마는 이 사건에 대해 게이츠 교수를 두둔하고 일반적으로 경찰이 인종차별을 하는 경향이 있다는 발언을 했다.

11. 2012년 플로리다주 샌포드에서 출입이 제한된 주택단지 경비원 조지 지머먼이 911에 전화를 걸어 수상한 사람이 서성거린다고 말한다. 지머먼은 주택단지를 서성이던 흑인 트레이본 마틴과의 격투 끝에 마틴을 총으로 쏴 숨지게 한다. 지머먼은 경찰이 아니라 단순히 주택단지를 순찰하는 경비였고 백인이 아니라 흑인, 히스패닉 등 여러 인종이 섞인 혼혈이었는데도 주류언론들은 아랑곳하지 않고 백인의 인종차별로 몰고 갔다. CNN과 〈뉴욕타임스〉는 지머먼을 "백인 히스패닉"이라고 했고 NBC는 911 전화 통화 내용을 편집해서 조지 지머먼이 마치 트레이본 마틴이 흑인이기 때문에 편견이 있어서 총을 쏜 것처럼 내용을 왜곡했다가 나중에 들통이 나 사과했다. 당시 재선 선거운동에 한창이던 오바마는 "트레이본 마틴은 35년 전 나였을 수도 있다."라고 말했다.

12. 2014년 미주리주 퍼거슨에서 편의점을 턴 마이클 브라운이 그를 추격한 경찰의 총을 빼앗으려다가 경찰의 총격에 숨지자 흑인폭동이 일어났다. CNN을 비롯한 언론은 마이클 브라운이 "손들었다. 쏘지 마라(Hands up. Don't Shoot)."라고까지

했는데 경찰이 쐈다고 대서특필했다. 그러나 경찰의 행동은 정당방위였고 주류언론의 보도는 거짓말로 드러났다. 언론은 "싸움이라고는 해본 적이 없는 온순한 거인"인데 길을 걸어가는 브라운을 경찰이 서라고 하자 그는 경찰 폭력이 두려워 달아났고, 경찰이 등 뒤에서 총을 쏜 순간 브라운이 뒤돌아서서 "손들었다. 쏘지 마라."라고 했다고 보도했다. 사실은 경관이 경찰차에서 내리려고 하자 브라운이 차문을 밀어 닫고 운전석 창문을 통해 손을 뻗어 총을 뺏으려 했으며 그 과정에서 차 안으로 총이 발사되었고 브라운이 도망갔다. 경관이 추격하자 브라운이 뒤돌아 윌슨에게 달려들었고 이때 윌슨이 총을 발사했다. 익명의 여러 명의 흑인 목격자들이 경관의 주장을 뒷받침했고, 혈흔, 탄피 분석, 브라운의 손가락에서 채취된 탄약, 총을 맞은 자세 등을 분석한 결과, 브라운이 총을 맞을 당시 손을 들고 있지도 않았다는 경관의 증언도 뒷받침되었다.

13. 웹 슬라이드 쇼. 줄리아라는 가상의 여성이 등장해 일생 동안 거치게 되는 단계마다 오바마의 정책이 어떻게 삶에 도움을 주고 미트 롬니의 정책은 어떻게 피해를 주는지 설명한다.

14. 1755년 11월 1일 포르투갈의 수도 리스본에서 일어난 지진을 일컫는다. 이 지진으로 도시가 폐허가 되었고 1만 명에서 6만 명이 목숨을 잃었다.

15. C. S. 루이스(C. S. Lewis)의 저서 『인간의 말살Abolition of Man』의 첫 장 제목. 이 책에서 루이스는 "가슴"이 이성과 본능을 연결하는 필수적인 요소라고 설명한다. 중개역할을 하는 이 요소가 인간을 인간답게 만든다. "가슴"이 없으면 인간은 객관적인 현실과 객관적인 진실을 파악했다고 확신할 수 없다.

16. 헌법 수정안 제25조는 대통령이 "권한을 행사하지 못하고 직무를 수행하지 못하는" 경우에 대통령을 면직하고 대체한다고 규정한다. 직무수행불능이란 국가원수가 치명적인 뇌졸중, 심장발작, 신체적인 상해를 입었거나 불발로 끝난 암살 시도의 피해자로서 그 직접적인 결과로 신체적 혹은 정신적으로 장애자가 되었을 경우라고 명시하고 있다. 이 수정안을 작성한 이들은 이 수정안이 "국민의 지지가 낮거나 실

패한 대통령의 면직을 촉진하기 위해서라든가 그 밖의 정치적 목적을 달성하는 데 이용되라는 취지로 제정되지 않았다."라고 분명히 밝혔다.

17. 미셸 오바마가 한 발언.

18. 대통령이 소련과 무장해제 협정 협상을 시도하자 미국 군부와 정치 패거리들이 미국을 접수할 계획을 모의한다는 정치 스릴러 영화(1964년 작). 버트 랭카스터, 커크 더글러스, 프레더릭 마치, 에바 가드너 등이 출연했다.

19. 정치 명망가 집안의 아들이 한국전쟁에 참전했다가 소대원들과 함께 공산주의자들에게 잡힌 후 세뇌당한 채 미국으로 돌아와 거물급 정치인이 되는 과정에서 음모를 밝혀내는 정치 스릴러 영화(1962년 작). 프랭크 시내트라, 앤젤라 랜스베리, 로렌스 하비, 재닛 리 등이 출연했다.

20. 1978년에 제정된 해외정보감시법은 "해외 세력(foreign powers)"과 "해외 세력의 요원(agents of foreign powers)" 간에 오고간 정보 수집과 물리적 감시와 전자 감시 절차를 규정한 연방 법.

21. 외국인이나 외국 정보원을 상대로 도청을 하거나 정보를 수집하는 과정에서 우발적으로 미국 시민의 이름도 수집될 수 있다. 이렇게 수집한 정보로 만든 정보보고서를 미국 정부 내에서 회람할 때는 미국 시민의 이름은 사생활 보호 차원에서 비공개로 가려야(masked) 한다.

22. 러시아의 국영 원자력 기업 로자톰(Rosatom)은 2009년 채광 다국적 기업인 우라늄 원(Uranium One)을 매입하겠다고 발표했다. 로자톰이 이러한 매입 계획을 발표한 직후, 당시 국무장관이던 힐러리 클린턴의 남편 빌 클린턴은 우라늄 원 주식 매매를 담당한 투자은행(크렘린과 연관된 은행)으로부터 강연을 하는 대가로 50만 달러를 받고 모스크바로 날아가 로자톰 고위간부와 러시아 기업가들을 만났다. 우라늄 원 매각이 마무리된 2013년까지 우라늄 원의 주주 아홉 명은 1억 4500만 달러를 클린턴 재단에 기부한 것으로 밝혀졌다. 미국에서는 해외기업의 투자가 미국의 국가안보에 미치는 영향을 심사하고 승인 여부를 결정하는 미국 내 해외투자 조사

위원회(The Committee on Foreign Investment in the United States, 이하 시피우스(CFIUS)로 표기)라는 기구가 있다. 그런데 로자톰과 우라늄 원의 계약을 승인한 시피우스에는 당시 국무장관이던 힐러리를 비롯해 오바마 정권의 주요 각료들, 클린턴 재단과 관련 있는 여러 인물들이 다수 포함되어 있었다. 미국 의회는 우라늄 원 계약 승인에 반대했지만 오바마 정권이 그대로 밀어붙였다. 문제는 2009년부터 오바마 정권의 법무부와 연방수사국(당시 국장은 로버트 멀러)이 로자톰을 미국에서의 뇌물수수, 갈취, 돈세탁 등 중범죄 혐의로 조사하고 있었다는 사실이다. 로자톰이 이러한 중범죄 혐의가 있다면 결코 우라늄 원 매입을 허가해서는 안 되는 일이었다. 그러나 당시 오바마 정권은 2012년 재선에서 러시아와의 관계를 새롭게 설정하는 "리셋 정책(Reset Policy)"을 외교정책 성공사례로 내세우고 있었으므로 거래를 승인했다. 로자톰의 불법 행위에 대해 조사가 진행되고 있다는 사실을 오바마 정부의 고위층(법무부, 연방수사국 국장, 백악관)이 알고 있었는데도 우라늄 원 매각을 승인했다. 우라늄은 국가안보와 직결되는 광물이다. 우라늄 원은 미국에 매장된 우라늄의 20퍼센트를 보유하고 있다. 미국은 우라늄 자급률이 11퍼센트밖에 되지 않으므로 나머지 수요는 수입해야 하므로 매장량의 20퍼센트를 외국 기업에 팔아넘겨야 할 아무런 이유도 없었다.

23. 리디아의 왕 크로이소스는 해마다 그리스 델포이에 있는 아폴로 신전에 어마어마한 제물을 바치고 자신의 무병장수와 나라의 번영을 빌었다.

24. 1978-1979년, 아칸소 주지사 부인이자 변호사였던 힐러리 클린턴이 소 선물(Cattle futures) 계약에 관여했다. 그녀가 투자한 1000달러는, 그녀가 거래를 중단한 10개월 후 거의 10만 달러(2019년 달러 가치로 35만 달러가 넘는다)에 달했다.

25. 1990년대 빌 클린턴이 아칸소주 주지사 시절, 부인인 힐러리의 친구 제임스 맥두걸 부부와 함께 세운 화이트워터 부동산개발 회사의 지역 토지개발을 둘러싼 사기 사건이다.

26. 1993-1994년, 백악관 경호실장 크레이그 리빙스턴이 연방수사국으로부터 과거

공화당 행정부에서 일한 직원들과 수석보좌관 등을 포함해 수백 명의 개인들에 관한 배경조사 보고서를 요청해서 받아보는 부적절한 행동을 했다. 영부인인 힐러리 클린턴을 포함해 백악관 고위 관계자들이 정치적 목적으로 이러한 자료들을 요청했고, 자격 미달인 리빙스턴의 채용을 승인한 장본인이 힐러리 클린턴이라는 주장이 제기되었다.

27. 1993년 백악관 여행관리실(Travel Office)에서 근무하던 직원 7명이 해고되었다. 백악관은 이전 행정부에서 여행관리실의 재정과 관련해 부적절한 사항들이 발견되었다고 해명했지만 클린턴 부부의 친구들이 여행 관련 업무를 맡도록 하려고 해고했다는 비판이 일고 언론매체의 관심이 집중되자, 백악관은 해고된 직원들을 다른 일자리에 복직시켜주고 클린턴 관계자들을 여행 업무에서 제외시켰다.

28. 화이트워터 사건과 관련된 로즈 법률회사의 수임료 신청 자료가 분실되었었는데 백악관 서고에서 발견되었다.

29. 1948년 대통령 선거운동 당시 트루먼이 공화당을 공격하는 연설을 하는데 한 지지자가 "그들에게 뜨거운 맛 좀 보여줘, 해리!(Give 'em Hell, Harry!)"라고 외쳤다. 그러자 트루먼이 답했다. "나는 뜨거운 맛을 보여주는 게 아니라 진실을 말할 뿐인데 그들이 앗 뜨거 하는 거다." 그 후로 "뜨거운 맛 좀 보여줘, 해리!"는 트루먼 지지자들의 슬로건이 되었다.

30. 율리우스 카이사르의 암살 공모자 카시우스가 브루투스에게 하는 대사. 카이사르의 권력이 점점 강화되는 데 대해 위기감을 느낀 카시우스가 브루투스에게 카이사르 같은 이가 권좌에 있는 한 자기들 같은 인간들은 불명예스러운 죽음을 맞게 된다며 카이사르가 군주가 되지 못하도록 막으라고 브루투스를 설득하는 장면.

31. 1865년 에이브러햄 링컨 대통령을 암살한 존 윌크스 부스는 배우였다.

32. 남성이 선 채로 자기 고환을 자기 파트너 입에 넣는 성행위. 티백을 찻잔에 담그는 행위와 비슷하다고 해서 생긴 표현.

33. 군인을 양성하는 훈련으로 유명한 학교. 설립 초기에는 모든 학생이 의무적으로

군사훈련을 받아야 했다. 1941년 교내 극장에서 학생들이 영화를 관람하고 있던 중 극장 관리인이 들어와 영화를 중단시키고 일본이 진주만을 공격했다고 알렸고, 학교 측은 12개월짜리 속성 군사훈련 프로그램을 마련해 학생들을 전선에 내보내는 절차에 박차를 가했다.

34. 프랭크 카프라 감독의 1939년 영화 〈스미스 씨 워싱턴에 가다Mr. Smith goes to Washington〉에서 딴 제목. 어쩌다 상원의원이 된 제퍼슨 스미스가 부패한 기득권 세력에 맞서는 내용이다. 제임스 스튜어트와 진 아서가 출연했다.

35. 프랭클린 루즈벨트 대통령이 토론 형식의 라디오 방송 담화를 통해 국민들에게 정책 설명을 하고 인기를 모은 방식.

36. 우편투표지나 부재자 투표지를 유권자 본인이 아니라 제3자가 회수해 제출하는 방법.